Inhalt

Für Elena, Ana und Teodora

Geleitwort

Als Religionshistoriker, der sich auf Spätantike und Gnosis spezialisiert hat, aber auch als Osteuropaforscher und Romanist (unter anderem lehrt er rumänische Kulturgeschichte an der Universität Groningen) hat sich Ioan P. Culianu bereits durch eine große Anzahl von Aufsätzen in wissenschaftlichen Zeitschriften und durch drei Bücher hervorgetan; das jüngste (*Religione e potere*, Turin 1981) wurde in Zusammenarbeit mit zwei jungen italienischen Forschern geschrieben. *Eros und Magie* – wir erwarten noch die Veröffentlichung einer umfassenden vergleichenden Monographie über die Mythen und Techniken der ekstatischen Himmelsreise[1] – gehört zu seinen herausragenden Arbeiten.

Der Autor erinnerte sich daran, daß die italienische Renaissance eine der Leidenschaften meiner Jugend gewesen ist und daß ich meine Diplomarbeit dem Denken Marsilio Ficinos, Pico della Mirandolas und Giordano Brunos gewidmet habe, und so bat er mich, ein kurzes Geleitwort zu *Eros und Magie* zu schreiben. Allzu groß war die Versuchung, an die Entwicklungsstufen und bedeutenden Namen der modernen Geschichtsschreibung der Renaissance zu erinnern und unter anderem die jüngste Auswertung hermetischer, okkulter und alchemistischer Traditionen hervorzuheben. Wie aufregend wäre da eine geistesgeschichtliche Untersuchung über die verschiedenen Deutungen, welche die italienische Renaissance seit Jacob Burckhardt und Giovanni Gentile bis hin zu Eugenio Garin, Paul Oskar Kristeller, Ernst H. Gombrich, Frances A. Yates, Daniel P. Walker, Allen G. Debus und anderen herausragenden zeitgenössischen Forschern erfahren hat!

Leider sind in meinem Alter Zeit und Kräfte knapp bemessen. Deshalb werde ich Culianus Erörterungen nicht kommentieren; ich begnüge mich damit, deren Eigenständigkeit und Originalität hervorzuheben. So möchte ich etwa die Untersuchung einer bisher kaum beachteten Schrift Giordano Brunos anführen, *De vinculis in genere* (*Über fesselnde Kräfte im Allgemeinen*), die Ioan P. Culianu mit dem *Fürsten* Machiavellis vergleicht (S. 140f.). Hatte Ficino den Eros mit der Magie gleichgesetzt (denn, schrieb er, »das Werk der Magie besteht darin, die Dinge einander näherzubringen«), so verfolgte Giordano Bruno die Wirkungsmöglichkeiten der erotischen Magie bis zu ihren letzten Konsequenzen. *Alles* kann durch die Imagination manipuliert werden, das heißt durch die Phantasmen erotischen Ursprungs und Wesens, die man bei irgendeinem Subjekt oder in einer beliebigen Gemeinschaft hervorruft; unter der Bedingung, daß der Operator mit Hilfe der Magie gegen die eigenen Phantasmen gefeit ist. Mit Recht erkennt der Autor in der in *De vinculis* dargelegten Technik den unmittelbaren Vorläufer einer modernen Disziplin: der angewandten Psychosoziologie.

> »[. . .] der Magier von *De vinculis* ist der Prototyp der unpersönlichen Massenmedien, der indirekten Zensur, der globalen Manipulation und der Brain Trusts, die ihren geheimen Einfluß auf die Massen des Abendlandes ausüben« (S. 141).

Ich habe dieses Beispiel herausgegriffen, einerseits weil *De vinculis* immer noch kaum bekannt ist, aber auch weil nach Giordano Brunos Tod Reformation und Gegenreformation eine radikale Zensur des Imaginären erfolgreich durchgesetzt haben. Der Grund dafür war gewiß religiöser Art: Phantasmen waren Götzen, die vom ›inneren Sinn‹ hervorgebracht wurden (S. 276 ff.). Und selbstverständlich gelang es der Zensur, die ›Wissenschaften‹ zu beseitigen, die auf der Beherrschung des Imaginären beruhten, insbesondere den phantasmischen Eros, die Gedächtniskunst und die Magie. Mehr noch, dem Autor zufolge gelang schließlich der Reformation eine siegreiche Offensive gegen das Imaginäre, und dadurch wurde die Kultur der Renaissance zerstört.

Diese Zensur des Imaginären, welche die abendländischen Kirchen beseelte, ließe sich mit der bilderstürmerischen Krise der Ostkirche im 8. und 9. Jahrhundert vergleichen.[2] Das theologische Argument war dasselbe: der Bilderverherrlichung lag Götzendienst zugrunde. Dagegen betonten die ikonenverehrenden Theologen den Zusammenhang von Geistigem und Natürlichem: Die Fleischwerdung Christi hatte das alttestamentliche Bilderverbot aufgehoben. Glücklicherweise setzte die Synode von 843 den Ikonenkult endgültig wieder ein. Glücklicherweise, denn gerade die Betrachtung der Bilder erschloß den Gläubigen den Zugang zu einer mannigfaltigen Welt von Sinnbildern. Nicht zuletzt waren die Bilder geeignet, die religiöse Erziehung der Ungebildeten zu vervollständigen und zu vertiefen. (Bei allen ländlichen Bevölkerungen Osteuropas hat die Ikonographie diese Rolle auch tatsächlich erfüllt.)

Wie die meisten Historiker ist auch Ioan P. Culianu davon überzeugt, daß »auf theoretischer Ebene die durchgreifende Zensur des Imaginären zur Entstehung der Naturwissenschaften und der modernen Technologie führte« (S. 316). Dagegen haben andere Forscher die Rolle der schöpferischen Imagination bei den großen Genies der abendländischen Naturwissenschaft, von Newton bis Einstein, hervorgehoben. Dieses komplexe und heikle Problem kann hier nicht angeschnitten werden (denn die schöpferische Imagination spielt vor allem beim Fortschritt der Mathematik und der theoretischen Physik eine entscheidende Rolle, weniger in den ›Naturwissenschaften‹ und in der Technologie). Halten wir vielmehr Culianus Beobachtungen über das Fortleben, oder das Wiederaufkommen, einer bestimmten ›Magie‹ in den zeitgenössischen psychologischen und soziologischen Wissenschaften fest. Es ist beachtenswert, daß dieses Buch, das mit der Geschichte des Begriffes des ›inneren Sinnes‹ von Aristoteles bis hin zur Renaissance anhebt, mit der Faust-Sage in Marlowes und Calderóns Deutung endet. Nun veranschaulichen diese beiden Schriftsteller, wenn auch auf verschiedene Weise, den Aufschwung des Puritanismus: Ihre literarische Einbildungskraft wurde durch das, was der Autor als ›exzessiven Moralismus‹ bezeichnet, wenn auch nur mühsam im Zaum gehalten.

Mircea Eliade
Universität Chicago,
Februar 1982

Vorwort

Ein Buch – eine Phantasmensaat, die ein Unbekannter ernten wird – ist zu allererst eine Bilanz von Untersuchungen, Errungenschaften und vor allem von Niederlagen. Dafür, daß sie mir geholfen haben, die Niederlagen zu überwinden, habe ich mehreren Personen zu danken, die in zuweilen entscheidender Weise zu der Fassung des Buches beigetragen haben, die dem Leser jetzt vorliegt. Ohne die Ermutigungen, ohne die unvergleichlich sachkundigen Ratschläge und ohne den tatkräftigen Beistand Mircea Eliades hätte ich diese Untersuchungen, die ich etwa 1969 begonnen hatte, vielleicht unterwegs aufgegeben. In meiner Zuneigung und Dankbarkeit ist Christinel Eliades Gestalt mit der des Meisters innig verbunden.

Daß Yves Bonnefoy bereit war, diesen Text in seine angesehene Reihe ›Idées et Recherches‹ aufzunehmen, hat meine Freude darüber gesteigert, daß nach zwölf Jahren mühsamer Forschung das Manuskript abgeschlossen wurde und die Freiheit, mich anderen Bereichen zu widmen, endlich errungen war.

Zwischen 1970 und 1972 hatte ich meiner Studienleiterin an der Universität Bukarest, Nina Façon (1908-1974), zwei Studien über das Denken Giordano Brunos vorgelegt.[1] Nina Façon, eine wissenschaftlich gründlich gebildete rumänische Gelehrte, die einer unwiederbringlich aussterbenden Gattung angehörte, wich den ideologischen Gefahren, die der Titel meiner im Juni 1972 eingereichten [auf italienisch geschriebenen] Diplomarbeit barg, nicht aus: *Marsilio Ficino (1433-1499) e il platonismo nel Rinascimento.* Diese drei Studien bilden den Kern des vorliegenden Buches. Es ist meinem verehrten Lehrer Cicerone Poghirc zu verdanken, daß ich meine Diplomarbeit zurückerhalten konnte, als ich sie bereits endgültig verloren glaubte; doch dieses Jugendwerk erwies sich als zu mangelhaft, um eine tragfähige Grundlage bieten zu können.

Eine erste, 1979 abgeschlossene rumänische Fassung des Buches stieß auf unüberwindliche Schwierigkeiten hinsichtlich der Übersetzung, Schwierigkeiten, die ich nur dadurch lösen konnte, daß ich selbst eine französische Fassung erstellte. Diese wurde von Dominique G. Laporte berichtigt, der mich desgleichen auf einige Mängel des Buches aufmerksam machte und mir einen Titel vorschlug, den ich um so bereitwilliger annahm, als er eine Beziehung (deren Richtigkeit ich betonen muß) andeutet zwischen der Utopie George Orwells *1984* und dem schicksalhaften Jahr, das die alte Welt zum Einsturz brachte: 1484. Zwei Jahre vergingen, ehe die neue französische Fassung abgeschlossen wurde. Diese Verzögerung gestattete mir nicht nur, mir meinen eigenen Standpunkt in einigen Aufsätzen, die nicht unbeachtet blieben,[2] klarzumachen, sondern auch die Bibliographie von Grund aus zu überprüfen und einige schüchterne Schritte in die Wissenschaftsgeschichte der Renaissance und jene Probleme zu wagen, die diese dem heutigen Forscher stellt. Mit einer gewissen Ernüchterung mußte ich feststellen, daß außer einer äußerst geringen Anzahl objektiver, jedoch nicht immer anregender Bücher, die meisten Untersuchungen über dieses Zeitalter in rationalistischen Vorurteilen ertranken. Da diese Literatur unbrauchbar war, blieb nichts anderes übrig, als sich mit Geduld zu wappnen und die Urtexte aufmerksam zu lesen.

Ich muß darauf verzichten, alle Personen vollständig aufzuzählen, die mir halfen, dieses Werk zu vollenden: in Italien, in Frankreich und in Holland. In Groningen gab mir Hans Georg Kippenberg die Möglichkeit, ein Seminar über die Magie in der Renaissance zu halten. Jenes Seminar gab mir die Hoffnung, daß die Arbeit, die nun veröffentlicht wird, nicht ohne Widerhall bleiben werde – unter der Bedingung, daß der Leser die Schwierigkeiten des ersten Teils bewältigt.[3]

Schließlich sei meiner Frau für den Stoizismus gedankt, mit dem sie über die Ausarbeitung der beiden aufeinanderfolgenden Fassungen dieses Buches wachte – denn alles das stellt nur einen winzigen Teil der Arbeiten der vergangenen Jahre dar, in denen ich vier Bücher und etwa hundert Aufsätze veröffentlicht habe. Unter letzteren gibt es mehrere, die sich ebenfalls mit der Renaissance befassen. Allerdings wurde keiner dieser Aufsätze in das vorliegende Buch aufgenommen.

Einer der ersten Leser dieses Buches, Hans Peter Duerr, hat durch sein Werk auf entscheidende Weise dazu beigetragen, einige meiner Ansichten über die Renaissance genauer zu fassen. Indem er mich anregte, das herausfordernde Werk Paul K. Feyerabends zu lesen, gab er mir die Gelegenheit, einige der Schwächen dieses Philosophen zu erkennen. Jedenfalls ist es Feyerabend, der – vielleicht wider Willen – heute das Problem einer neuen Wissenschafts*geschichte* aufwirft, einer Geschichte, die noch immer ihrer Erforscher harrt. Die Erforschung kann aber nur unter der Bedingung geschehen, daß die Forscher Feyerabends *historische* Behauptungen außer acht lassen, denn sie sind gerade dem Rationalismus verpflichtet, den Feyerabend verwirft.

Ein letzter Dank geht an den Verlag Flammarion, dessen Mitarbeiter nicht nur Sachkunde, sondern eine seltene Freundlichkeit bewiesen, was meine Zusammenarbeit mit ihnen sehr angenehm machte.

Ioan Petru Culianu
Groningen, den 3. Juli 1983

Danksagung

Die amerikanische Ausgabe dieses Werkes, das jetzt in der Übersetzung von Margaret Cook erscheint, ist eine überarbeitete Fassung meines Buches *Éros et Magie à la Renaissance* (Paris: Flammarion, 1984). Mit Ausnahme der Anhänge, die in der vorliegenden Übersetzung weggelassen wurden, ist diese Ausgabe fast identisch mit der italienischen, die bei Mondadori veröffentlicht wurde.[1] Die Einleitungen zu diesen beiden Ausgaben sind in Chicago geschrieben worden, wo ich das Frühjahrsquartal 1986 als Gastprofessor der Religionsgeschichte und als Hiram Thomas Guest Lecturer verbrachte. In dieser Zeit hielt ich ein Seminar über Renaissance-Magie und genoß die Anregungen der Studenten. Überdies wurde mir die besondere Ehre zuteil, bei mehreren Gelegenheiten Allen G. Debus zu begegnen, was mein Interesse an der Lullischen Gedächtniskunst und an der astrologischen Medizin der Renaissance erneut erweckte.

Die angenehme Zeit, die ich in Chicago zubrachte und für die ich allen meinen Kollegen an der Divinity School und insbesondere deren Dekan Franklin I. Gamwell danke, wurde von einem sehr traurigen Ereignis überschattet: dem Tod Mircea Eliades. Er schrieb nicht nur ein Geleitwort zu diesem Buch, sondern ermutigte auch dessen Verfasser über fünfzehn Jahre lang, seine Forschung fortzusetzen. Es ist unmöglich, in wenige Worte zu fassen, wie viel ich Mircea Eliades Lehre und Vorbild zu verdanken habe. Freunden und Schülern pflegte er weit mehr zu geben als die meisten anderen Professoren: Liebe, unerschütterliche Begeisterung und bejahendes Nachdenken. Seinem Werk und dann auch dem Mann selbst begegnet zu sein, war das entscheidende Ereignis meiner Entwicklungsjahre.

Glücklicherweise zeigte Frau Margaret Cook, welche die undankbare Aufgabe auf sich genommen hat, ein umfangreiches, mit Fachbegriffen beladenes Werk zu übersetzen, mehr als professionelles Interesse daran. Das ist für einen jeden Autor ersprießlich, der die meiste Zeit damit verbringt, daß er die Weltanschauungen der Vergangenheit zu verstehen versucht, und somit einer Beschäftigung nachgeht, für die er selten öffentlichen Beifall erntet.

Die Presse war nachsichtig mit diesem Buch, und nicht ohne Befriedigung nahm ich hin und wieder begeisterte Besprechungen zur Kenntnis. Bis jetzt gab es nur eine negative Reaktion, doch ich fühlte mich erleichtert, als ich sie las: Wenn die Dinge zu glatt gehen, würde das Buch binnen kurzem vergessen sein. Schließlich sollte es in mancher Hinsicht herausfordern.

Seit 1984 hielt ich gelegentlich Vorträge über Renaissance-Magie, ein Unternehmen, von dem ich künftig absehen werde. In Chambéry, wohin mich Jean Burgos eingeladen hatte, ergab es sich, daß drei echte Hexen meinem Vortrag beiwohnten und mir vorwarfen, über Dinge zu reden, die ich nicht aus eigener Erfahrung kannte. Das gab ich nur allzu gern zu und bat um Nachsicht für einen armen Historiker, der lediglich seine Arbeit tat. Dies wurde anscheinend nicht gewährt, da seltsame Dinge geschahen: Einige Teilnehmer fielen in Ohnmacht, während mein Kollege, der Afrikanist Hans Witte, und ich furchtbare Kopfschmerzen bekamen, die noch anhielten, als wir den Ort bereits verlassen hatten. Eine rationale Erklärung dafür fanden wir in dem furchterregenden Mistral, einem Wind, der so unheilvoll ist, daß in Marokko das traditionelle Gesetz einem Ehemann zu vergeben pflegte, wenn er während der windigen Jahreszeit eine seiner Gemahlinnen umbrachte. (Bedauerlicherweise scheint das Umgekehrte nicht zu gelten.)

Seit dem französischen Entwurf dieses Buches (1982) habe ich meine Ansicht über die Ursachen des großen Hexenwahns im 16. und 17. Jahrhundert geändert. Das war das Thema meiner ersten Hiram Thomas Lecture am 5. Mai 1986 vor einer überaus freundlichen Zuhörerschaft (»The Witch and the Trickstress in Dire Straits: I. The Witch: Who Did the Hunting and Who Put and End to it?«). Leider war es aus verschiedenen Gründen nicht möglich, das Manuskript für die vorliegende Übersetzung vorzubereiten. Ich hätte es gern als einzelnes Kapitel in dieses Buch aufgenommen. [Wurde in die 2. rumänische Ausgabe 1999 als Anhang XII aufgenommen.]

Als ich am Netherlands Institute for Advanced Study (N. I. A.S.) in Wassenaar (Den Haag) weilte, traf ich Walter Gerbino von der Universität Triest, dessen Untersuchungen sich mit der Psychologie kognitiver Prozesse befassen. Er erklärte mir, daß die Mnemotechnik heute besondere Beachtung genießt. Er selbst versuchte, mögliche Beziehungen zwischen Sehen (Bild) und Gedächtnis nachzuweisen.

Ich bin Adriana Berger dankbar, die auf die Bitte der University of Chicago Press den französischen Text vor der Übersetzung durchsah und einige Anregungen gab.

Nicht zuletzt geht mein Dank an Hillary Suzanne Wiesner, die meine zahlreichen Korrekturen zu diesem Buch überaus wohlwollend ausführte.

I. P. C.
N. I. A. S., Wassenaar (Den Haag),
Oktober 1986

Einleitung

Immer noch ist man der Meinung, daß unsere Weltanschauung und die des Menschen der Renaissance durch einen unüberbrückbaren Abgrund getrennt sind. Als sichtbares Merkmal dieses Bruches gilt die moderne Technologie, die Frucht der ›quantitativen Wissenschaft‹, die sich seit dem 17. Jahrhundert entwickelt hat. Aber obgleich uns die maßgeblichen Kenner der Wissenschaftsgeschichte darüber belehren, daß die Erkenntnisse eines Newton, eines Kepler, eines Descartes, eines Galilei und eines Francis Bacon überhaupt nichts mit der sogenannten ›quantitativen Wissenschaft‹ gemein haben, fährt man gleichwohl fort, auf denselben irrtümlichen Meinungen zu beharren wie unsere Vorfahren, die Rationalisten des 19. Jahrhunderts. Diese glaubten schließlich fest an die Idee der Vernunft und des Fortschritts, die sie bis zum bitteren Ende verteidigten. Eine Kluft zwischen dem Kindesalter der Menschheit zu postulieren, das mit der Renaissance zu Ende ging, und deren Reife, die in der modernen Technik gipfelte, diente damals dazu, die gesellschaftlichen und politischen Zwecke unserer Fortschrittsbefürworter zu unterstützen, die sich von feindseligen Kräften umgeben wähnten oder es auch tatsächlich waren. Heutzutage aber, da die greifbaren Beweise, die uns die Technologie bietet, den allzu sehnsüchtigen Blick in die Vergangenheit jeder Illusion berauben, ist es unerläßlich, diese Haltung von Grund auf zu überprüfen.

Die Vorstellung, die sich der moderne Mensch von der Magie macht, ist seltsam: Er erblickt darin nur eine lächerliche Ansammlung von Rezepturen und Verfahren, die von einer primitiven, unwissenschaftlichen Naturauffassung herrühren. Bedauerlicherweise tragen die wenigen ›Fachleute‹, die sich an die Erforschung dieses Gebiets heranwagen, dieselben Vorurteile mit hinein. Die Werke, die mit dieser beharrlichen Tradition brechen, kann man an den Fingern einer Hand abzählen.

Gewiß, es ließe sich schwerlich behaupten, die Methode der Magie habe etwas mit der Methode unserer Naturwissenschaften gemein. Denn die Struktur der Materie wird dort gänzlich außer acht gelassen und die physikalisch-chemischen Vorgänge werden geheimen, im Kosmos waltenden Kräften zugeschrieben. Und dennoch hat die Magie dies mit der modernen Technologie gemein, daß sie vorgibt, mit anderen Mitteln zu denselben Ergebnissen zu gelangen wie letztere, denn zu den üblichen Wundertaten des Magiers gehören: Kommunikation über weite Entfernungen, blitzschnelle Fortbewegung, Reisen durch Raum und Zeit.

Gleichwohl hat die Magie nicht auf dieser Ebene fortbestanden, und so verhöhnt sie alle jene, die sie seit langem als verschwunden betrachten. Es sind die modernen psychologischen und soziologischen Wissenschaften, die sich unmittelbar aus der Magie herleiten. Deshalb ist es zunächst nötig, ein richtiges Bild von dem Wesen und der Verfahrensweise der Magie zu gewinnen, um sich eine Vorstellung davon bilden zu können, was wir ihr heute noch verdanken.

Im Prinzip ist die Magie, mit der wir uns hier befassen werden, eine Wissenschaft vom Imaginären, das sie mit eigenen Mitteln erforscht und das sie beliebig zu manipulieren vorgibt. Auf ihrer höchsten Entwicklungsstufe, die sie im Werk Giordano Brunos erreicht, ist die Magie eine Beherrschungsmethode des Einzelnen und der Massen, die auf einer vertieften Einsicht in die persönlichen und kollektiven erotischen Triebe gründet. Man kann darin nicht nur den fernen Ahnherrn der Psychoanalyse erkennen, sondern auch vor allem den der angewandten Psychosoziologie und der Massenpsychologie.

Als Wissenschaft von der Manipulation der Phantasmen (Vorstellungsbilder) wendet sich die Magie vornehmlich an die menschliche Einbildungskraft, in der sie nachhaltige Eindrücke zu erwecken versucht. Der Magier der Renaissance ist Psychoanalytiker und Prophet, aber er nimmt auch moderne Berufe vorweg wie: Public Relations-Chef, Propagandist, Geheimagent, Politiker, Zensor, Massenmedien-Intendant, Werbefachmann.

Die der Renaissance bekannten Wirkungsweisen der Phantasie sind mehr oder weniger komplex: Der Eros ist die erste, die sich ohne den Eingriff des menschlichen Willens bereits in der Natur kundgibt. Die Magie ist nichts anderes als ein angewandter, gelenkter, vom Operator angeregter Eros. Aber es gibt auch andere Aspekte der Manipulation von Phantasmen: einer davon ist die wundersame Gedächtniskunst. Die Verbindung zwischen

Eros, Mnemotechnik und Magie ist insofern unauflöslich, als es unmöglich ist, die Magie zu verstehen, ohne zunächst die Grundsätze und Mechanismen des Eros und der Mnemotechnik untersucht zu haben.

Indem wir die Imagination im Zeitalter der Renaissance und die Wandlungen, die sie während der Reformation durchlief, untersuchen, leisten wir gleichsam Bahnbrechendes. Es wäre indessen naiv zu behaupten, daß unser Buch nicht an eine lange Tradition historischer und wissenschaftsphilosophischer Untersuchungen anknüpft, die es sich mitunter zu berichtigen vornimmt.[1]

Der Gegenstand, dessen historische Wechselfälle wir im Verlaufe dieser Untersuchung erforschen werden, ist die *menschliche Imagination*, wie sie in den Dokumenten über Eros und Magie in der Renaissance zum Ausdruck kommt. In gewisser Weise können magische Mechanismen mit den Leistungen der modernen Wissenschaft und Technologie verglichen werden. Magie und Wissenschaft stellen letztlich imaginäre Bedürfnisse dar, und der Übergang von einer magisch geprägten Gesellschaft zu einer wissenschaftlich geprägten läßt sich vor allem durch einen *Wandel des Imaginären* erklären. In dieser Hinsicht geht dieses Buch neue Wege: Es untersucht die Wandlungen mehr auf der Ebene des *Imaginären* selbst als auf der Ebene der wissenschaftlichen *Entdekkungen*.

Wenn wir uns heute rühmen dürfen, über wissenschaftliche Kenntnisse und eine Technologie zu verfügen, die es früher nur in der Phantasie der Magier gegeben hat, so müssen wir auch zugeben, daß seit der Renaissance unsere Fähigkeit abgenommen hat, auf die Vorstellungsbilder (Phantasmen) der eigenen Einbildungskraft (Phantasie) – und auch auf diejenigen anderer – einzuwirken. Die Beziehung zwischen Bewußtem und Unbewußtem hat sich tiefgreifend gewandelt, und unsere Fähigkeit, das eigene Imaginäre zu beherrschen, ist verlorengegangen.

Es ist nicht nur interessant zu erfahren, wie das Verhältnis eines Menschen der Renaissance zu den eigenen Phantasmen gewesen ist, sondern auch zu verstehen, durch welche weltanschaulichen Gründe die Entwicklung die uns bekannte Wendung genommen hat. Dies kommt im Grunde einem rechten Verständnis der Ursprünge der modernen Wissenschaften gleich, die ohne den

Wandel der menschlichen Imagination nicht hätten auftreten können. Nun waren die bestimmenden Faktoren weder wirtschaftlicher Art, noch rührten sie von einer angeblich historisch voranschreitenden ›Entwicklung‹ unseres Geschlechtes her. Die ihr zugrundeliegenden Kräfte waren auf psychosozialer Ebene regressiv, auf gesellschaftlich-politischer Ebene sogar ›reaktionär‹. Wie kommt es also dazu, daß man diesen Entwicklungsfaktoren trotzdem die Heraufkunft eines Geistes verdankt, der allmählich zu einem Aufschwung der modernen Wissenschaften führen sollte? Dieses Rätsel der Geschichte sucht unser Buch zu lösen.

Um dem Unbehagen des Lesers angesichts allzu schockierender Behauptungen vorzubeugen – deren erste lautet, daß wir weiterhin in einer Welt leben, in der die Magie noch eine Rolle spielt –, haben wir die Texte für sich sprechen lassen. Dabei stellte die Philologie lediglich ein Werkzeug dar, das uns den Zugang zu den Quellen ermöglichte. Sie war keineswegs Selbstzweck. Heutzutage stehen wir am Scheideweg zwischen zwei erkenntnistheoretischen Annahmen: der einen, die bis ins Zeitalter der Aufklärung zurückreicht und glaubt, daß der wissenschaftliche Fortschritt kumulativ ist und daß alles in allem die Menschheit die Wahrheit schließlich finden wird; und der anderen, die erst seit einem Vierteljahrhundert besteht und glaubt, daß alle Weltanschauungen gültig sind, daß sie alle von der Wahrheit entfernt sind und daß es keinen Übergang zwischen ihnen gibt. Dieser Annahme zufolge sind das Weltbild der Renaissance und das der modernen Naturwissenschaft, obgleich sie zeitlich zusammenhängen, in keiner Weise voneinander abhängig: Sie sind einfach *nicht miteinander vergleichbar.* Unsere Untersuchung neigt dazu, diesen Standpunkt zu bestätigen. Die Wissenschaft der Renaissance ist ein kohärentes System, das auf der seelischen (oder eher geistigen, *pneumatischen*) Dimension der Dinge beruht, die als durchaus wirklich angesehen wurde. Sind aber die intersubjektiven Vorgänge, deren Vorhandensein die Magie behauptet, auch wirklich? Gewissermaßen. Heutzutage, da die Manipulation durch Bild und Wort auf Grund der Massenkommunikation ein noch nie dagewesenes Ausmaß erreicht hat, haben wir Beweise dafür.

Wenn jedoch eine gewisse Wahrheit in den Wissenschaften der Renaissance enthalten ist, weshalb ist dann aber jener umwälzende Wandel aufgetreten, der sie – seit dem 17. Jahrhundert – zurückgedrängt und zerstört hat? Die Soziologie hat schon lange die Verlagerung der Berufsinteressen hin zu Wissenschaft und Technik im puritanischen England festgestellt, die eine Berührung von wissenschaftlichen Berufen und religiösem Puritanismus herbeiführte.[2] So wurde der Einflußbereich des Puritanismus, der Max Weber zufolge zur Herausbildung des »Geistes des Kapitalismus«[3] führen sollte, derart erweitert, daß er die gesellschaftlichen Bereiche mit einschloß und zum Aufstieg der modernen Wissenschaft und Technologie beitrug.

Doch ist Vorsicht geboten, wenn wir die historischen Ursachen für endgültig und *primär* halten, denn in den meisten Fällen läßt sich ein Zirkelschluß kaum vermeiden. Wenn wir beispielsweise versuchen, die Reichweite des Kapitalismus zu definieren, so können wir nicht entscheiden, ob es das Ergebnis der (religiösen) Vernunft, das zur Idee des Besitzens führt, oder ob es nicht der Besitz ist, der sich in religiöse Gründe hüllt, um sich selbst zu rechtfertigen. Das Dilemma ist nicht lösbar: habgierige Vernunft oder vernunftgesteuerte Habgier? Wie dem auch sei, die wissenschaftliche Revolution in Europa, die zur Vernichtung der Renaissancewissenschaften führt, ist von *religiösen* Faktoren verursacht worden, die nichts mit den Wissenschaften selbst zu tun haben. Es ist immer die Religion, welche die europäischen Gesellschaften zu waghalsigen Unternehmungen verleitet, deren Folgen wir noch immer nicht abzusehen vermögen. Der Historiker, der verschiedene Weltbilder, das wissenschaftliche System, die Technologie und die Institutionen einer der großen Kulturen der Vergangenheit kennt, muß früher oder später doch zu dem beklemmenden Schluß gelangen, daß alle Ideengeflechte oder kollektiven ›Programme‹ gleichermaßen gültig sind und daß die Vorstellung vom linearen Fortschritt der Menschheit deshalb grundfalsch ist. Letzten Endes liegen jedem kulturellen System Mythen zugrunde, unserem eigenen ebenso wie dem der Renaissance – und das gilt, wie Stephen Toulmin glänzend nachgewiesen hat, nicht zuletzt von den ›exakten Wissenschaften‹.[4] Und wer hätte sich von der höchsten Stelle des Palatins aus je träumen lassen, daß das Römische Reich nicht ewig wäre?

Unlängst wurde ich von der Frage einer jungen Archäologin überrascht, als wir die großartigen Bauwerke von Chicago bewunderten. »Glaubst du nicht«, fragte sie, »daß eines Tages von alldem nur Schutt übrig bleibt?« Ich hatte nie daran gedacht und habe seitdem nicht mehr daran gedacht. »Es wird *eine Menge* Arbeit geben für Leute wie dich«, war alles, was ich erwiderte. Aber ihre Frage riß unergründliche Abgründe auf.

Möge der Leser selbst in diese Abgründe der Geschichte blikken.

Chicago,
Mai 1986

TEIL I

Die Phantasmen am Werk

Supprime gl'eminenti, e inalza i bassi,
Chi l'infinite machini sustenta,
Et con ueloce, mediocre, et lenta
Vertigine, dispensa
In questa mole immensa
Quant'occolto si rende e aperto stassi.

Giordano Bruno[1]

Nieder drückt die Hohen und erhöhet die Niedren
Der aufrecht erhält das unendlich Getriebe,
Und in schnellem, mäßigem und langsamem
Wirbel teilt er jeweils zu
In dieser Unermeßlichkeit,
Was wird verborgen und was bleibt enthüllt.

KAPITEL I

Die Geschichte der Phantasie

1. Vom inneren Sinn

Einige Vorbemerkungen

Die europäische Zivilisation ist aus der Begegnung vieler Kulturen hervorgegangen, deren Weltbilder so verschieden waren, daß ihre Synthese gewaltiger geschichtlicher, von fanatischem Glauben begleiteten Umwälzungen bedurfte. Oft wurden frühere Vorstellungen von den später herrschenden Kulturen in ihrem Sinne umgedeutet und umgestaltet. So war es vornehmlich die Kultur eines besiegten Volkes, der Griechen, die von einem Eroberervolk, den Römern, wieder aufgerichtet wurde. Wir wollen dies an einem zentralen Beispiel verdeutlichen: dem Begriff des ›Eros‹.

Im griechischen Denken war die Sexualität der Liebe untergeordnet. Man kannte die ursächliche Beziehung zwischen Geschlechtsverkehr und Fortpflanzung, sah in ihm aber keine rein zeugende Zweckbestimmung. Auch wurde die Mutterschaft keineswegs als Teil einer Liebesbeziehung verstanden, sondern auf ihre Rolle in der gesellschaftlichen Ordnung beschränkt. Die Frucht der ehelichen Vereinigung würde ein neuer, dem Staat nützlicher Bürger sein: ein Soldat oder eine Soldatenmutter. Die profane Liebe, etwa die eines Alkibiades, galt als Mischung von leiblicher Anziehungskraft, Kameradschaft und der durch außergewöhnliche Vorzüge erweckten Achtung. Diese Art der Liebe war von mächtiger Leidenschaftlichkeit geprägt und bezog sich vornehmlich auf gleichgeschlechtliche Beziehungen.

Unter dem Vorwand, ihre unbeherrschbare poetische Raserei sei staatsgefährdend, scheute sich Platon nicht, die Dichter aus seinem Idealstaat (*Politeia*) zu verbannen. Doch wollte er die ungeheure Gefühlsmacht[1] – den Eros, der auch die Dichtung beflügelt – für die Gesellschaft nutzbar machen. Die Liebe, die Sokrates in den platonischen Dialogen lehrt, stellt einen stufenweisen Aufstieg in der Seinsordnung dar. Auf der unteren Ebene befindet sich die sichtbare, die der physischen Welt aufgeprägte

Schönheit und auf der höchsten, die ideale Schönheit der geistig erfaßbaren Welt – Ursprung der Merkmale weltlicher Schönheit –, die als einziger Quell des Wahren, Guten und Schönen gilt und zu der das Seiende hinstrebt. Liebe ist der Name dieses Verlangens, das – in mannigfachen Erscheinungsformen, selbst in der primitivsten Gestalt sexueller Anziehung – noch immer in seinem Wesen die Sehnsucht nach transzendenter Schönheit wahrt.

Platon trennte die ›echte‹ Liebe von Sexualität und Fortpflanzung. Er verlieh dem Eros den Rang des *Bindegliedes* zwischen dem Seienden und dem wesenhaften Sein, τὸ ὄντως ὄν. Der Liebende schlechthin ist der Philosoph (φιλόσοφος): der Weisheitsliebende. Damit ist Platons ›Liebe‹ die Kunst, sich zu der Wahrheit, die auch Güte und Schönheit ist, emporzuschwingen, indem man dem Diesseits entsagt. Als bewußte Anziehung und bewußtloses Streben zugleich hat bei Platon selbst der profane Eros etwas Unwägbares. Der Leib ist ihm lediglich Werkzeug. Die Liebe hingegen, selbst die geschlechtlich gerichtete, gehört zu den Seelenvermögen. Schließlich betont die Maieutik des Sokrates die *Umwandelbarkeit* des Eros – selbst des sinnlichen, leibseelischen – in geistige Schau.

Aristoteles stellte die platonische Leib-Seele-Dichotomie nicht in Frage. Als Naturwissenschaftler sah er aber die Notwendigkeit, das Verhältnis zwischen den beiden Wesenheiten empirisch zu bestimmen, deren Vereinigung vom metaphysischen Standpunkt beinahe unmöglich scheint und eines der tiefsten Geheimnisse der Welt darstellt. Diese Sichtweise des Aristoteles, die höchstwahrscheinlich von der sizilischen oder empedokleischen Medizin angeregt wurde,[2] zeitigte zwei Ergebnisse, die von unabsehbarer Bedeutung für das abendländische Denken waren. Der Eros wird, wie die Sinnestätigkeit auch, als eine der Voraussetzungen für die Wechselbeziehung zwischen Seele und sinnlich wahrnehmbarer Welt (κόσμος αἰσθητός, *mundus sensibilis*) aufgefaßt. Dies führt dazu, daß er sich dem unbedingten Reich der Seele entzieht. Deshalb gilt es, die Wirkungsweise des Eros und den Vorgang der sinnlichen Erkenntnis in Zusammenhang mit der pneumatischen Wesensart und mit der feinstofflichen Physiologie eines zwischen Seele und Leib vermittelnden Organs zu untersuchen.

Nach Aristoteles besteht dieses Organ aus Geist (πνεῦμα), und somit aus derselben Substanz wie die Sterne. In der Beziehung der Seele zum Leib erfüllt er die Aufgabe des ersten Organs (πρῶτον ὄργανον). Das Vorhandensein eines solchen Organs ist die Voraussetzung zur Lösung des Widerspruchs zwischen Körperlichem und Unkörperlichem. Es ist so subtil, daß es dem immateriellen Wesen der Seele gleicht. Dennoch ist es ein Körper, und als solcher kann es mit der Sinneswelt in Berührung treten. Ohne dieses astrale Pneuma, das heißt, das Pneuma, das aus derselben Substanz wie die Sterne besteht, als Medium hätten Seele und Leib voneinander kein Bewußtsein, da jeder für den Bereich des jeweils anderen blind ist. Denn die Seele besitzt nicht eine Öffnung zum Sein, die es ihr erlaubte, nach unten zu blicken, und der Leib ist nur eine Organisationsform weltlicher Elemente – ein Gefüge, das ohne die ihm durch die Seele eingeflößte Lebenskraft sofort zerfallen würde. Nach Aristoteles werden alle vitalen Tätigkeiten – wie etwa die Bewegung – von der Seele durch die Vermittlung des im Herzen angesiedelten πρῶτον ὄργανον dem Leib übertragen. Zugleich öffnet der Leib vermittels der fünf Sinne für die Seele ein Fenster zur Welt. Die Botschaften der Sinne treten in das erste Organ ein, wo sie in eine für die Seele verständliche Sprache übersetzt werden. Dieser Sprache gibt Aristoteles die Bezeichnung Phantasie (φαντασία) oder innerer Sinn. So werden Sinnesbotschaften von der Seele als sogenannte *Phantasmen* (Vorstellungsbilder) wahrgenommen, und sie vermag nur das zu erfassen, was ihr in Form von Phantasmen vermittelt wird; kurzum ἄνευ φαντασμάτων – ohne Phantasmen – kann sie nichts erkennen.[3] Wilhelm von Moerbekes Übersetzung des Aristoteles gibt den aristotelischen Satz im Lateinischen so wieder: *Numquam sine phantasmate intelligit anima* (»Deshalb erkennt die Seele vernünftig nie ohne Vorstellungsbilder«).[4] Und Thomas von Aquin macht in seiner *Summa Theologica*, deren Einfluß in den folgenden Jahrhunderten unermeßlich war, fast wörtlich von diesem aristotelischen Satz Gebrauch: [. . .] *intelligere sine conversione ad phantasmata est ei* [scil. *animae*] *praeter naturam* (»das Erkennen ohne Hinkehr zu den Phantasiebildern liegt außerhalb ihrer [der Seele] Natur«).[5] Die Vorstellung von dem *sensus interior*, dem aristotelischen inneren Sinn oder Gemeinsinn (κοινὴ αἴσθησις, *sensus communis*), war der Scholastik und dem abendländischen Denken bis hinein ins 18. Jahrhundert vertraut, bewahrte noch bei Descartes seine volle Bedeutung und trat –

vielleicht zum letzten Mal – auf den ersten Seiten von Kants *Kritik der reinen Vernunft* (A 37, B 66) auf. Bei den Philosophen des 19. Jahrhunderts hat sie bereits an Glaubwürdigkeit eingebüßt und ist zum historischen Kuriosum herabgesunken, das sich auf Fachbücher beschränkt oder Geistreicheleien vorbehalten ist: ein Beleg dafür, daß diese Vorstellung in Gebildetenkreisen nicht völlig in Vergessenheit geraten war. Ohne zu wissen, daß für Aristoteles der Intellekt selbst das Wesen eines Phantasmas hat, daß er φάντασμα τις ist, könnte man den Sinn des Scherzwortes von Kierkegaard nicht verstehen: »Das reine Denken ist ein Phantasma.«[6]

Im Grunde läuft alles auf ein Verständigungsproblem hinaus: Die ›Sprache‹ der Seele und die des Leibes sind nicht nur miteinander unvereinbar, sondern auch füreinander *unhörbar.* Allein der innere Sinn vermag sie beide zu vernehmen und zu verstehen. So fällt ihm die Aufgabe zu, je nach Richtung der Botschaft von der einen Sprache in die andere zu übersetzen. Da aber der Wortschatz der Seelensprache aus Phantasmen besteht, muß alles, was die Seele zu erfassen hat – einschließlich der Lautsprache –, in eine Folge von Phantasmen übertragen werden. Aus dem absoluten Vorrang der Seele über den Leib folgt, daß *auch das Phantasma den absoluten Vorrang über das Wort hat*, daß es der Lautbildung und dem Verständnis aller sprachlichen Botschaft vorausgeht. Es gibt daher eine Grammatik der gesprochenen und eine der phantasmischen Sprache. Da der Intellekt der Seele entstammt und selbst seinem Wesen nach phantasmisch ist, genießt er den Vorzug, die phantasmische Grammatik zu verstehen. Er versucht, die Seele zu verstehen und ihre latenten Möglichkeiten zu erkunden. Dieses Verständnis der phantasmischen Grammatik durch den Intellekt – eher Kunst denn Wissenschaft – bildet die Grundvoraussetzung aller phantasmischen Operationen der Renaissance: Eros, Gedächtniskunst, Magie, Alchemie und praktische Kabbala.

Das phantasmische Pneuma

Die aristotelische Theorie des phantasmischen Pneumas ist nicht aus dem Nichts entstanden. Aristoteles hat bereits bestehende Ansichten zu einem neuen System zusammengefügt. Aristoteles ließe sich, um den Begriff Aby Warburgs aufzugreifen, der »selektive Zeitwille« (*Grundbegriffe* I, Notizbuch, 1929, S. 26), nicht aber auch die Erfindung des Inhalts dieser Lehre zuschreiben.

Daß wir an die großen Momente in der Geschichte des phantasmischen Pneumas erinnern, entspricht nicht einem Sammlerwahn. Da sie sich mit Aristoteles zufriedengaben und die Vorgeschichte aus den Augen verloren, haben selbst erfahrene Deuter der Renaissance Wesen und Einheit der mannigfaltigen pneumatischen Operationen nicht erfaßt. Solange das Phänomen unverstanden ist, bleibt alle Gelehrsamkeit wirkungslos. Denn diese beschränkt sich zumeist auf Erscheinungsformen. Die entscheidende Frage nach den kulturellen Voraussetzungen, die seine Wirkungsweise in einer gegebenen Epoche bestimmen, wird selten gestellt.

Nun ist die Lehre von dem phantasmischen Pneuma kein vereinzeltes Kuriosum, das die vormoderne Wissenschaft ersonnen hat. Vielmehr gewährt diese Lehre uns Einblick in Denkweise und Absicht jener Wissenschaft und zeigt den Hoffnungshorizont[7] des vormodernen Menschen auf.

Bereits im 6. Jahrhundert v. Chr. sprach der Sizilier Alkmaion von Kroton, ein den Lehren der Pythagoreer nahestehender Arzt, von einem vitalen Pneuma, das in den Arterien des menschlichen Leibes zirkuliere. Die Lehre, daß das Pneuma einen feinstofflichen Teil des Blutes bildet, stammt von der sizilischen Medizinschule, die unter der Leitung von Empedokles von Akragas (Agrigentum) stand – einem griechischen ›Schamanen‹[8] des 5. Jahrhunderts v. Chr. Der *Iatromant* (Heiler, ἰατρός, und Wahrsager, μάντις) Empedokles war seinerzeit als größte Autorität auf dem Gebiet der Behandlung der Katalepsie oder des Scheintodes (ἄπνους) bekannt.[9] Von Empedokles' eigener Auffassung des vitalen Pneumas ist nichts bekannt, aber seine Schüler hielten es für eine subtile Ausdünstung des arteriellen Blutes; das venöse Blut sei nicht pneumatisch. Vor allem sei der Sitz des Pneumas, das Herz, für die lebenswichtigen Körperfunktionen verantwortlich.

Die sizilische Theorie gleicht der *prāṇa*-Theorie der Upaniṣaden (vor allem der *Chāndogya*- und *Taittīriya-Upaniṣad*), insofern sie sich bei der Erklärung lebenswichtiger Funktionen des Begriffes der subtilen Fluida bedient. Wie wir andernorts gezeigt haben, entwickelten sich die mystischen Theorien und Techniken, in denen das ›Herz‹ oder der ›Sitz des Herzens‹ im Mittelpunkt stehen, aus dieser subtilen Physiologie heraus.[10]

Die von Hippokrates, dem Zeitgenossen des Sokrates, gegründete Ärzteschule von Kos unterschied sich dadurch von der sizilischen Schule, daß sie einen anderen Ursprung und Sitz des Pneumas lehrte. Den Hippokratikern zufolge war das arterielle Pneuma der Atem und dessen Zentrum das Gehirn.

Diese Lehre gab Praxagoras von Kos an seinen in Alexandrien wirkenden Schüler Herophilos von Kalchedon weiter. Sie trug zweifellos zu der Synthese des Erasistratos von Keos bei, eines jüngeren Mitbürgers des Herophilos. Erasistratos, dessen Lehrmeinungen dank den Schriften Galens auf uns gekommen sind, versuchte, die Ansichten der beiden Schulen dadurch zu versöhnen, daß er die Dezentralisierung des Pneumas vorschlug.

Um die Empedokleer zufriedenzustellen, erklärte er die linke Herzkammer zum Sitz des *vitalen* (ζωτικόν) Pneumas, und um den Hippokratikern nicht zu widersprechen, wies er das *seelische* (ψυχικόν) Pneuma dem Gehirn zu. Die rechte Herzkammer (Ventrikel) enthält nach seiner Auffassung venöses Blut, während das Pneuma zwar in den Arterien zirkuliert, aber – der hippokratischen These zufolge – nichts als Atem ist: Eine Theorie, die Galen ablehnte. Für ihn enthielten die Arterien ein Gemisch von Blut und Pneuma.[11]

Allein schon wegen des Anklangs, den sie bei Platon fanden, hätten die Grundsätze der sizilischen Schule eine genaue Untersuchung verdient. Darüber hinaus war die sizilische Auffassung für Aristoteles und Zenon von Kition, den Begründer der Stoa, die Grundlage eigener Seelenlehren und – wie vor allem bei Zenon – einer ganzheitlichen und analogischen Deutung von Mikro- und Makrokosmos.

Es gibt zwei Anhaltspunkte, die eine Verbindung Platons zur sizilischen Heilkunde nahelegen. Zum einen weilte Philistion, ein Vertreter der sizilischen Schule, um 360/370 v. Chr. in Athen,[12] und die Werke Platons enthalten Elemente der sizilischen Lehre.[13] Zum anderen ist das Interesse bekannt, das die Stoiker der Theorie der Sinneserkenntnis entgegenbrachten, und sie könnte eine der vielen Entlehnungen aus der sizilischen Heilkunde sein. Denn die pneumatische und die Galenische Medizin befassen sich später eingehend mit diesen Fragen. Mitunter läßt sich erst durch die Vermittlung des Stoizismus älteres medizinisches Gedankengut rekonstruieren.

Platon übernimmt zwar nicht den Begriff des Pneumas, aber seine Erklärung der Entstehung von Sehen (*Timaios* 45 B-D) und

Hören (*Timaios* 67 B) könnte sich von den Lehren der Sizilier herleiten. Die Theorie der Entstehung optischer Bilder verweist auf das Radarprinzip: die Augen, Träger eines inneren Feuers, entsenden einen feuerartigen Strahl durch die Augäpfel hindurch, einen Strahl, der auf das »äußere Feuer« stößt, das ein sinnlich wahrnehmbarer Körper hinausstrahlt. Später beschränkt Aristoteles[14] die Anzahl der »Feuer« auf eins, nämlich auf das »äußere Feuer«, das beim Akt des Sehens in den Augen gespiegelt wird. Für Platon entsteht das Hören durch den Aufprall einer Schallwelle auf die Ohren, einen Aufprall, der sich auf »Gehirn und Blut« überträgt, »um auf diese Weise zur Seele zu gelangen« (*Timaios* 67 B). Diese Erklärung kommt derjenigen nahe, welche die Stoiker dem Phänomen geben werden, allerdings mit dem einen Unterschied, daß sie die Schallwelle als *vokales Pneuma* bezeichnen.[15]

Im Anschluß an Platon stellt sich eine engere Verbindung zwischen den medizinischen Lehren Siziliens und den großen Denkern der Zeit ein, vor allem dank der bemerkenswerten Tätigkeit des Diokles von Karystos, eines Zeitgenossen, wenn nicht gar Vorläufers des Aristoteles.[16] Es ist heute noch verfrüht, um zu ermessen, was Aristoteles dem Diokles verdankt. Vergleicht man die aristotelische Theorie des phantasmischen Pneumas mit dem stoischen Begriff des ἡγεμονικόν – des ›Gebieters‹ der Seele, einem Begriff, der auf Grund der Hypothesen der empedokleischen Medizin ausgearbeitet wurde, ist es jedenfalls möglich, wenn nicht sogar nötig, zu schließen, daß Aristoteles von Diokles angeregt wurde und nicht umgekehrt.

Für Zenon bilden die den Lehren des Diokles entlehnten Hypothesen und vor allem der medizinische Begriff des Pneumas das Gerüst einer ausgestalteten mikro- und makrokosmischen Seelenlehre, die den kühnsten Versuch des hellenistischen Geistes darstellt, den Menschen mit der Welt, das Untere mit dem Oberen zu versöhnen. Die Magie der Spätantike, die auf Grund der stoischen Synthese entwickelt wurde, findet sich in den Grundsätzen der Magie der Renaissance wieder. Sie ist lediglich eine praktische Weiterbildung der empedokleischen medizinischen Theorien, wie die Stoa sie ausgearbeitet hatte.

Während das Pneuma für Aristoteles nur eine feinstoffliche Seelenhülle war, so war für die Stoiker wie für die hellenistischen Ärzte das Pneuma die Seele selbst, die den Leib gänzlich durchdringt und über alle seine Tätigkeiten herrscht: über die Motorik, die fünf Sinne, die Ausscheidungen, das Ausstoßen des Samens. Die stoische Theorie der Sinneserkenntnis steht in enger Beziehung zu der des Aristoteles: Ein Herz-›Synthetisator‹, das Hēgemonikón, empfängt alle pneumatischen Ströme, die ihm durch die Sinnesorgane übermittelt werden und erzeugt »erfassende Vorstellungen« (φαντασία καταληπτική), die von dem Logos, dem Verstand, geprüft und angenommen oder verworfen werden.[17] Der Logos vermag nur die »Abdrücke in der Seele« (τύπωσις ἐν τῇ ψυχῇ) zu erkennen, die das Hēgemonikón (lat. *principalis*, *principatus*) erzeugt, das von seinem Sitz im Herzen, dem Zentrum des Leibes, wie die Spinne inmitten ihres Netzes allen Informationen auflauert, die ihm von den Sinnen zugeleitet werden.[18] Für Chrysippos von Knidos »erfolgt die Wahrnehmung eines Gegenstandes durch einen pneumatischen Strom, der vom Hēgemonikón ausgeht und sich auf die Pupille richtet, wo er mit dem Luftanteil in Berührung kommt, der sich zwischen dem Sehorgan und dem wahrzunehmenden Gegenstand befindet. Diese Berührung erzeugt in der Luft eine gewisse Spannung, die sich in Gestalt eines Kegels ausbreitet, dessen Spitze sich im Auge befindet und dessen Grundfläche unser Sehfeld begrenzt.«[19] Eine ähnliche pneumatische Zirkulation beseelt die fünf Sinne sowie die Erzeugung von Stimme und Sperma.[20] Spätere Stoiker wie Epiktetos, die vielleicht vom platonischen ›Radarprinzip‹ beeinflußt waren, nahmen sogar an, daß das Pneuma aus dem Sinnesorgan hinaustrete, um mit dem Sinnesobjekt in Berührung zu kommen und dem Hēgemonikón das wahrgenommene Bild zurückzubringen.[21]

Die Theorie der pneumatischen Erkenntnis, die auf ältere medizinische Theorien zurückgeht, aber von der Stoa vervollkommnet wurde, findet durch die Ärzteschule des Athenaios von Attaleia, der sich im 1. Jahrhundert n. Chr. in Rom niederließ, wieder Eingang in die Fachwissenschaft, aus der sie einst hervorgegangen war. Der Lehre der ›pneumatischen‹ Ärzte zufolge, deren Hauptvertreter der unter Kaiser Trajan in Rom wirkende Archigenes aus dem syrischen Apameia war, greift das Hēgemonikón nicht unmittelbar in den Prozeß der Sinneserkenntnis ein. Der große Klaudios Galenos, die medizinische Autorität des 2. Jahrhunderts n. Chr., wird insofern von den ›Pneumatikern‹ angeregt, als er annimmt, daß das Hēgemonikón sich nicht im

Herzen, sondern im Gehirn befindet. Er weist ihm dennoch die wichtige Funktion einer συναίσθησις zu: der ›Synthetisierung‹ der pneumatischen Informationen.[22]

Im Mittelalter wurden Galens Werke von der arabischen Medizin benutzt und blieben dadurch erhalten. Das kulturelle Ereignis, das manche die ›Renaissance des 12. Jahrhunderts‹ nennen, war die Wiederentdeckung der griechischen Antike durch arabische Übermittlung.[23] Galen trat vermittels der lateinischen Übersetzungen arabischer Interpreten wieder in der europäischen Kultur auf.[24] Anfang des 13. Jahrhunderts verzeichneten die mittelalterlichen Handbücher des gesamten Wissens neue Kenntnisse, die fortan zum Gemeingut der Epoche wurden.

Eine der bekanntesten Summen der Zeit war *De proprietatibus rerum libri XIX*. Sie wurde zwischen 1230 und 1250 von dem Minoritenbruder Bartholomaeus Anglicus verfaßt, der in Magdeburg und an der Sorbonne gelehrt hatte. Die unzähligen Wiegendrucke, die achtzehn Ausgaben und die Übersetzungen dieser Summa in sechs Volkssprachen reichen nicht aus, um eine Vorstellung von dem damaligen Ansehen dieses leider recht mittelmäßigen Werkes zu geben. Eine bezeichnende Einzelheit: Anfang des 14. Jahrhunderts war das Exemplar, das Petrus von Limoges (Petrus de Limonicis) gehört hatte, an das Pult der Kapelle der Sorbonne gekettet.[25]

Die Psychologie der Seelenvermögen oder die Theorie der ›Seelenkräfte‹ legt Bartholomaeus im dritten Buch seiner Summa[26] dar, nach lateinischen Übersetzungen aus dem Arabischen wie etwa der *Hysagoge in medicinam* [*Isagoge ad artem parvam Galeni, Isagoge in Tegni Galeni*] von Ḥunain ibn Isḥāq, auch Johannitius genannt, einem irakischen Arzt des 9. Jahrhunderts,[27] nach den Schriften des Constantinus Africanus oder Kompilationen wie *De motu cordis* von Alfredus Anglicus und dem pseudoaugustinischen *De spiritu et anima*, einem Werk des 12. Jahrhunderts, das heute Hugo von St. Victor oder eher Alcher von Clairvaux zugeschrieben wird.

Nach dieser von Bartholomaeus recht unbeholfen zusammengefaßten Lehre, in der sich Galenismus und Aristotelismus mischen, besteht die menschliche Seele aus drei Teilen: die vernünftige oder intellektuale Seele, die ewig, unverweslich und unsterblich ist, die sinnliche Seele, die aus geistiger Substanz besteht, und die vegetative Seele. Die vegetative Seele ist Menschen und Pflanzen, die sinnliche Seele Mensch und Tier gemein, während die vernünftige Seele nur dem Menschen eignet (III, 7). Die vegetative Seele bewirkt Zeugung, Aufrechterhaltung und Wachstum des Leibes; sie herrscht über Nahrungsaufnahme, Verdauungs- und Ausscheidungstätigkeit (II, 8). Die sinnliche Seele – um die es uns hier geht – besitzt drei Vermögen oder Kräfte: das *natürliche*, *vitale* und *animalische*. Es hat den Anschein, daß die sinnliche Seele vermittels des natürlichen Vermögens, das seinen Sitz in der Leber hat und sich dem Leib durch venöse Zirkulation überträgt, lediglich die Funktionen der vegetativen Seele – Nahrungsaufnahme, Zeugung und Wachstum – übernimmt (III, 14). Der Sitz des vitalen oder geistigen Vermögens ist das Herz, das vermittels des in den Arterien zirkulierenden Geistes den gesamten Organismus belebt. Das *animalische* Vermögen hat seinen Sitz im Gehirn. Es besteht aus drei Teilen (III, 16): *virtus ordinativa*, *sensitiva* und *motiva*. Der Unterschied zwischen den ersten beiden ist recht schwer auszumachen, so daß ihn Bartholomaeus selbst an einer Stelle (III, 12) vergißt und nur bei der Beschreibung des sinnlichen Vermögens verweilt.[28]

Die vordere Kammer oder der vordere Ventrikel des Gehirns,[29] Sitz der Einbildungskraft (oder, in der Sprache des Bartholomaeus, der *virtus imaginativa*, die eine Unterart der *virtus ordinativa* darstellt) ist erfüllt von Nervenendungen, welche die Verbindung mit den Sinnesorganen herstellen. Derselbe Geist – der hier ›sinnlich‹ genannt wird – zirkuliert in den Nerven und Arterien (III, 9). Das läßt darauf schließen, daß den von Bartholomaeus dargelegten Lehren die der arabischen Medizin geläufige Auffassung zugrunde gelegen hat, daß das Herz der einzige Erzeuger des vitalen Geistes ist, der, sobald er das Gehirn erreicht, als sinnlicher Geist bezeichnet wird. Die Botschaften der fünf ›äußeren‹ Sinne werden vom Geist bis zum Gehirn hinaufgeleitet, wo der *innere Sinn* oder der *Gemeinsinn* sitzt. Die Tätigkeit des Gemeinsinnes ist bei Bartholomaeus die der *virtus ordinativa*, die sich in den drei Gehirnventrikeln befindet: im vorderen Ventrikel als Sitz der Einbildungskraft, im mittleren als Sitz der Vernunft und im hinteren als Sitz des Gedächtnisses. Die Einbildungskraft (*virtus imaginativa*) wandelt die Sprache der Sinne in eine phantasmische Sprache um, so daß die Vernunft (Ratio) die Phantasmen erfassen und verstehen kann. Die Daten der Imagination und der Vernunft werden im Gedächtnis niedergelegt (III, 10).

Bartholomaeus' Lehre ist exemplarisch für die Vorstellungen eines ganzen Zeitalters, für Vorstellungen, die auch von Albertus Magnus, Roger Bacon und Thomas von Aquin geteilt wurden. Die meisten dieser medizinischen Theorien waren bereits seit der zweiten Hälfte des 11. Jahrhunderts in der lateinischen Übersetzung des karthagischen Arztes Constantinus Africanus zugänglich. Nach einem abenteuerlichen Leben fand dieser in den Klöstern des Montecassino seinen Seelenfrieden und widmete sich der Übertragung von arabischen medizinischen Werken, die geraume Zeit unter seinem eigenen Namen in Umlauf waren.[30] Endlich legte im 12. Jahrhundert der bedeutende Übersetzer Gerhard von Cremona,[31] der sich in Toledo im Übersetzerkollegium des Erzbischofs Raimund niedergelassen hatte, unter anderem eine lateinische Fassung der Werke Avicennas (Ibn Sīnā, 990-1037) vor, in denen die Theorie des phantasmischen ›Synthetisators‹ und der Gehirnkammern bereits zum Topos geworden war.

2. Flut und Ebbe der Werte im 12. Jahrhundert

Die Originalität eines Zeitalters wird nicht nach dem Inhalt seiner weltanschaulichen Systeme, sondern nach seinem »selektiven Zeitwillen« beurteilt, das heißt nach dem *Deutungsraster* oder dem *hermeneutischen Filter*, durch den die Epoche ihre Vorläufer betrachtet.[32] Dieses Filtern hat zwei Wirkungen semantischer Art. Die erste, die auf die Organisation des kulturellen Gefüges zielt und dadurch außerhalb seiner liegt, ist als ein ebenso komplexer wie subtiler Vorgang der Erschließung oder Verdrängung bestimmter weltanschaulicher Inhalte zu begreifen. Die zweite, die innerhalb des kulturellen Gefüges stattfindet, ist eine systematische Verzerrung, die sogar zu einer semantischen Inversion führen kann.

Daher sollte der Ideenhistoriker nicht nur die im Grunde stets wiederkehrenden weltanschaulichen Inhalte einer Epoche bestimmen, sondern ihren »selektiven Zeitwillen« zu durchschauen suchen.

Eine Weltanschauung läßt sich beschreiben. Ein Deutungssystem ist hingegen nicht ohne weiteres zu erfassen, aber es ist entscheidend, denn nur an ihm läßt sich die Originalität einer kulturellen Entwicklungsstufe ermessen. Es ist stillschweigend, verborgen, aber auch objektiv und unerbittlich gegenwärtig und zeigt sich in seiner Komplexität nur flüchtig, um sich dem Forscherblick sofort zu entziehen. Wer sich mit Geistesgeschichte befaßt, muß also die geheimen Fäden, welche die Ideen mit dem unsichtbaren Willen der Zeit verknüpfen, aufspüren.

Es ist unmöglich, in die Hintergründe der Renaissance des 15. Jahrhunderts einzudringen, ohne zuerst einen Blick auf die der Renaissance des 12. Jahrhunderts geworfen zu haben.[33] Denn die Theorien über den phantasmischen Eros wurden zu jener Zeit ausgearbeitet. In der Dichtung des *dolce stil novo* erreichten diese Theorien ihre Glanzzeit, verfielen aber dann in Manierismus.

Der »selektive Zeitwille« der italienischen Renaissance des 15. Jahrhunderts deutete vor allem die Ideen des 13. Jahrhunderts um. So war es kein Zufall, daß Marsilio Ficino, dessen Abhandlung über die Liebe einem Nachkommen von Guido Cavalcanti[34] zugeeignet wurde, darin einige von dessen erotischen Theorien ausführlich darlegte. Denn als Hauptvertreter der *Fedeli d'Amore* (Getreuen der Liebe)[35] hatte Guido Cavalcanti eine empirische Psychologie des Eros aufgestellt, die sich von der Ficinos nicht wesentlich unterschied.

Ficinos junger Zeitgenosse Giovanni Pico, den wir im dritten Kapitel näher kennenlernen, versuchte die Abhandlung des Meisters in Bausch und Bogen zu widerlegen, ließ alle Höflichkeit fahren und stürzte sich auf das Werk Cavalcantis, dem er mangelnde Tiefe vorwarf. Schließlich bezeichnete er eine *canzona* seines Freundes Girolamo Benivieni als vorbildliches Liebesgedicht, dessen Auslegung er selbst unternahm. Seine Beziehung zum älteren Ficino ließe sich vielleicht als Symptom eines Ödipuskomplexes deuten, wäre dieser Begriff nicht bereits entwertet. Das Beispiel Picos ist sehr aufschlußreich. Denn der junge Mann vergaß, was er andernorts sehr wohl wußte, nämlich daß eine kulturelle Epoche sich nicht anhand ihres Ideengehalts bestimmen läßt, sondern vielmehr anhand des Deutungsfilters, den sie einsetzt. Er verlangte von Guido Cavalcanti,[36] was Ficino nie gefordert hätte: daß er nämlich bereits die platonisierende Deutung des 15. Jahrhunderts hätte berücksichtigen sollen. Benivienis *canzona* unterscheidet sich von einer Guido Cavalcantis nur insofern, als daß sie Pico die Deutung lieferte, die er auch ohne

Benivienis Gedicht entwickelt hätte, denn sie glich *seiner eigenen* Lesart des Eros. Ficinos platonisierende Lesart der *canzona* Guido Cavalcantis stellte einen neuen hermeneutischen Ansatz dar, der ihm überdies erlaubte, seinem Vorläufer, dem Vorfahr eines Menschen, dem er zugeneigt war, eine Huldigung zu erweisen. Der Unterschied zwischen Picos Kommentar und dem kommentierten Text ist nur prosodischer Art. Indem er es ablehnte, den *Inhalt* der *canzona* zu deuten, sprach er sich für eine Zurückweisung aller Hermeneutik aus. Für Ficino galt Cavalcantis Werk, insofern es etwas *Deutbares* aussagte. Für Pico hingegen galt es nicht, weil es nicht etwas bereits *Gedeutetes* bot, wie es das Werk seines Freundes Benivieni tat. Im übrigen besteht kein grundlegender Unterschied zwischen den Theorien Ficinos und denen Picos, obschon der jüngere dem älteren die Vulgarität seines Herangehens an die subtilen Probleme der Liebe immer wieder vorwarf.[37]

Ob die Renaissance des 12. und 13. Jahrhunderts ehrerbietig wie bei Ficino oder verächtlich wie bei Pico betrachtet wurde, in jedem Fall gebührt der Florentiner Renaissance bei der Wiederentdeckung der ersten Renaissance die chronologische Priorität.

Moderne Gelehrte, die manchmal diese Wiederentdeckung mit einer Zusammenfassung oder dem wortwörtlichen Wiederaufgreifen von Ideen verwechseln, schreiben diese Priorität nur Mario Equicola zu. Dieser hatte in seinem *Libro de natura de amore* die provenzalische Dichtung gedeutet. Der lateinische Urtext des *Libro*, auf Grund dessen die italienische Übersetzung von 1509-1511 angefertigt und zuerst 1525 in Venedig gedruckt wurde, war um 1494-1496 entstanden,[38] unmittelbar nach Picos Tod. Nun stimmt zwar, daß sich Mario Equicola unmittelbar auf die Lyrik der Troubadours bezog und daß Cavalcanti ein späterer Vertreter einer italienischen Schule war, die den Kodex der Troubadours durch einen starren und ›wissenschaftlichen‹ ersetzte, indem sie sich auch die Lehren der sizilischen Schule[39] aneignete und mit der Schule von Bologna wetteiferte; aber beide Erfahrungen überlagern sich insofern nicht, als der ›Stilnovismus‹ und die provenzalische Dichtung aus derselben Geisteshaltung hervorgegangen waren: aus der höfischen Liebe.

Die Akkulturation des Abendlandes

Der Zuschauer, der die Gedanken und weltanschaulichen Strömungen auf der Bühne des 12. Jahrhunderts beobachtet, ist von deren Vielfalt verwirrt. Ein flüchtiger Streifzug durch die Kulissen läßt ihn erkennen, daß die zahlreichen Fäden von einer Hand gehalten, vielleicht von einem einzigen »selektiven Zeitwillen« gezogen worden sind.[40]

Die geistigen Strömungen des 12. Jahrhunderts könnten mit einer gewaltigen Ebbe und Flut von kulturellen Botschaften und Werten verglichen werden. Spanien zur Zeit der *Reconquista*[41] ist einer der wichtigsten Brennpunkte dieses kulturellen Austausches. In dem Maße, wie das christliche Königreich Kastilien vorrückt und die Araber sich zurückziehen, strömen sofort die ›Spezialisten‹ und Abenteurer herbei, die, von dem Reichtum und der Kultur der Muslime gebannt, ihre fieberhafte Übersetzungstätigkeit beginnen. Bald kommt – vor allem dank dem in Toledo ansässigen Übersetzerkollegium – das lateinische Abendland auf den Gebieten der Medizin, Philosophie, Alchemie und Religion in Berührung mit den Hauptdenkmälern der arabischen Kultur und damit des griechischen Altertums. Dabei gibt die Religion Anlaß zu Widerlegungen. Rodriguez Ximénes de Rada (Rodrigo de Toledo) und Petrus Venerabilis, Abt von Cluny, kommen dieser Aufgabe gewissenhaft nach. Die neue Philosophie fordert zur Auseinandersetzung heraus und wird nicht ohne weiteres vom christlichen Abendland angenommen, außer im Falle eines jüdischen Philosophen aus Córdoba, Salomon ibn Gabirol, dem das ›Glück‹ widerfuhr – unter den latinisierten Namen Avicebron, Avencebrol oder Avemcembrom –, für einen Christen gehalten zu werden. Doch sobald der arabische und der griechische Aristoteles ans Licht kamen, hat die Scholastik ihren Mann gefunden. Bis zur Wiederentdeckung Platons und des heidnischen Neuplatonismus vermochte keine Autorität mit diesem Meister zu wetteifern. Auch der Medizin nimmt man sich sofort an, um so mehr als der Galenismus der Araber in vielen Hinsichten mit den Lehren des Aristoteles übereinstimmte. Die Zeit der großen Synthesen, der Summen, war angebrochen.

Was die arabische Kultur Spaniens in ihrer Ebbe mitnahm, ist schwer zu sagen: vielleicht die Spuren christlicher Mystik, die bei Ibn ʿArabī, dem großen Ṣūfī-Meister des 13. Jahrhunderts, auszumachen sind. Jedenfalls waren es die Christen, die von diesem Austausch der Werte mehr gewonnen haben.

Neben der Akkulturation, die sich an der Westspitze Europas vollzog, drangen auch stetig Elemente aus dem Orient ein, welche die Grundfesten der mittelalterlichen Gesellschaft zu erschüttern drohten. Die alte universalistische Gnosis des Mani, die lange verborgen geblieben war und im Untergrund wirkte, brach im 10. Jahrhundert in den Lehren des bulgarischen Popen Bogomil wieder hervor. Der Bogomilismus, der bald Byzanz erreichte, führte die ganze Rüstkammer der dualistischen Gnosis mit. Die Bogomilen hielten den Widersacher Gottes für den Schöpfer der sichtbaren Welt und für den Gott des Alten Testaments, das sie fast gänzlich verwarfen. Sie predigten den *Enkratismus*, d. h. die Ehelosigkeit sowie die Enthaltung vom Geschlechtsverkehr, damit sich das böse Geschöpf Satans nicht fortpflanze, und den *Vegetarismus*, damit sich das im Tierreich befindliche satanische Element nicht in den Menschen einkörpere. Zudem empfahlen sie den *Antinomismus*, d. h. den Ungehorsam gegenüber den von der bürgerlichen und geistlichen Obrigkeit erlassenen Gesetzen.[42]

Der Katharismus, der um die Mitte des 12. Jahrhunderts wirksam wurde, stellt zweifellos den westlichen Zweig des Bogomilismus dar.[43] Vereinzelte Spuren der dualistischen Gnosis lassen sich seit Anfang des 11. Jahrhunderts in Frankreich und Italien finden. Um 1015 lehrte eine Gruppe von Adligen, Geistlichen und Nonnen aus Orléans ebenfalls den Enkratismus, den Vegetarismus und den *Doketismus*, d. h. die Auffassung, daß Christus nie einen wirklichen Menschenleib angenommen hatte. Er gehörte ebenfalls zum festen Bestand der dualistischen Lehren.[44] Ein zweiter Fall in Monforte in Piemont gleicht dem in Orléans aufs engste, sowohl was den Bezug auf den Charakter der Glaubensvorstellungen als auch die Herkunft und das gesellschaftliche Umfeld der Gruppenmitglieder anbelangt. Die kirchenfeindlichen, doketistischen, antinomistischen, enkratistischen und vegetarischen Adligen von Monforte nahmen die *Endura* (Freitod durch Verhungern) der Katharer vorweg, und zwar durch ihre Vorstellung, daß die dem Tode nahen Sektenmitglieder rituell getötet werden müßten, damit ihnen das Leiden des Todeskampfes erspart bleibe.[45] Anfang des 12. Jahrhunderts sind bogomilische Einflüsse in der antiklerikalen und ikonoklastischen Häresie des Petrus von Bruis und des Wanderpredigers Heinrich[46] sowie im Glaubensbekenntnis zweier Bauern aus Soissons, Clément und Ébrard (1114), nachzuweisen.[47] Tanchelm (Tanchelinus) von Antwerpen und Eudo de la Stella (Eon von Stella), zwei höchst sonderbare Gestalten, scheinen durch den Gnostizismus der ersten nachchristlichen Jahrhunderte geprägt worden zu sein; Tanchelm berief sich insbesondere auf Simon Magus aus Samaria.[48]

Die Katharer aber, jene dualistischen Gestrengen des 12. und 13. Jahrhunderts, waren die einzigen, die sich nach dem Vorbild der Bogomilen[49] in mächtigen Kirchen zusammenschlossen, die in Südfrankreich und Norditalien für die katholische Kirche eine ernste Bedrohung darstellten. Im Kampf gegen die Katharer schuf und vervollkommnete die Kirche das schreckenerregende Werkzeug der Inquisition.

Der Unterschied zwischen den Katharern und den Ketzern von Orléans und Monforte ist nicht auf weltanschaulicher Ebene zu suchen, sondern vielmehr auf der Ebene der tatsächlichen Macht, welche die Katharer durch ihre rege Predigertätigkeit errungen hatten. Obwohl die Katharer ihre Lehrmeinungen anders rechtfertigten als die Gruppe von Orléans und Monforte, lehrten sie den *Antikosmismus*, d.h. den Widerstand gegen die böse, von Satan erschaffene Welt, den Doketismus, den Enkratismus, den Antinomismus, den Antiklerikalismus und den Vegetarismus. (Den Verzehr von Fischen ließen sie jedoch zu, denn diese galten ihnen als geschlechtslos, durch Wasser urgezeugt und wurden deshalb von ihren kargen Mahlzeiten nicht ausgeschlossen.)

Worauf es uns hier ankommt, ist nicht, die Geschichte des mittelalterlichen Dualismus zu erzählen, sondern die Herausbildung der Liebeslehren im 12. und 13. Jahrhundert. Sehr beachtenswert ist nun, daß die im Grunde puristische Ethik der Katharer in gewissen Fällen die Ausschweifung zuließ: eine angesichts der gesellschaftlichen Ordnung der Katholiken ernste Form von Gesetzesfeindlichkeit (Antinomismus). Als Enkratiten duldeten die Katharer die Ehe nicht: *Legitima connubia damnant* (Sie verurteilen die rechtmäßigen Ehen). *Matrimonium est meretricium, matrimonium est lupanar*, »Die Ehe ist Hurerei, die Ehe ist ein Dirnenhaus«, erklärten sie und widersetzten sich der ›Legalisierung des Konkubinats‹. »Die Ehe verurteilen sie scharf [. . .]«, erklärte der Inquisitor Bernard Gui, »sie behaupten, man befinde sich darin in dem Zustand ewiger Sünde. Sie leugnen, daß der liebe Gott die Ehe gestiftet habe. Sie erklären, daß es keine geringere Sünde sei, seine Frau fleischlich zu erkennen, als blutschänderischen Umgang mit seiner Mutter, Tochter oder Schwester zu pflegen.«[50]

Da der Weg der katharischen Einweihung von dem einfachen *Gläubigen* (*credens*) zum *Vollkommenen* (*perfectus*) führte, wurde andererseits das außereheliche geschlechtliche Versagen der Gläubigen öffentlich (*publice*) zugegeben. Es galt als weitaus verwerflicher, mit der Ehefrau zu schlafen, als einer anderen beizuwohnen: *facere cum uxore sua quam cum alia muliere.* Diese Anschauung öffnete der Ausschweifung Tür und Tor, einer Ausschweifung, welche die katholische Kirche wegen der gesellschaftsfeindlichen und negativen demographischen Folgen mindestens genauso fürchtete wie die dualistische Lehre der Katharer.[51]

Die kulturelle Flut, die das Abendland überrollte und die Entwicklung der Scholastik des Hochmittelalters ebenso wie die Entstehung dualistischer Sekten begünstigte, kann in einem gewissen Maße als ›importiertes Phänomen‹ beurteilt werden. Als die Flut verebbte, strömten westliche und östliche Einflüsse in die eigenständige und seltsame Weltanschauung der *höfischen Liebe* zusammen.

Mit dem Katharismus hatte die höfische Liebesauffassung einerseits die Verachtung der Ehe und andererseits eine zweideutige Haltung gemeinsam, die dem geschlechtlichen Umgang zwar grundsätzlich feind war, tatsächlich aber durch den ausschweifenden Lebenswandel der Troubadours widerlegt wurde. Wie die katharischen Gläubigen scheinen manche Troubadours geradezu der Zügellosigkeit gefrönt zu haben. Indessen hatte die höfische Liebe viel mehr mit der arabischen Medizin und Mystik gemein.

Die Idealisierung, ja Hypostasierung (Vergöttlichung) der Frau – ein wesentlicher Bestandteil der höfischen Liebe – durchdrang seit langem die mystische Dichtung der Araber. Diese Dichtung blieb im übrigen nicht von der Anklage des Dualismus verschont, denn dieser wurde weder von den Muslimen noch den Christen geduldet. 783 wurde der Dichter Baššār ibn Burd als *zindīq* (Freigeist, Ketzer) oder Kryptomanichäer (als Katharer *avant la lettre*) zum Tode verurteilt, »weil er die Frau, der er sein

Gedicht gewidmet hatte, mit dem Geist (*rūh*), dem Vermittler zwischen Mensch und Gott, gleichgesetzt hatte«.[52] Nur eine unzugängliche Frau kann vergöttlicht werden. Als katharisches Gegenstück zur Geschichte Baššārs erinnert Roger Boase daran, daß Gervais von Tilbury ein junges Mädchen nur deshalb dem Scheiterhaufen überantwortete, weil es seine erotischen Annäherungsversuche abgewiesen hatte.[53]

Im Islam war die Gleichsetzung der Frau mit einer übersinnlichen Wesenheit mehr oder weniger üblich, ohne daß eine solche frei von Zweideutigkeit gewesen wäre. Der persische Ṣūfī-Mystiker Sanāʿī, der um 1150 starb, stellte einerseits eine *Madonna Intelligenza* mit den Zügen einer Frau dar: einen Wegweiser für Wallfahrer in der Welt der islamischen Neuplatoniker.[54] Andererseits verfaßte er gegen die Frauen eine der grimmigsten Schmähschriften, die es je gegeben hat.[55] Hier geht es zweifellos um den doppelten Aspekt der Frau: den *natürlichen* Aspekt, der den Frauenhaß des Asketen auslöst und rechtfertigt, und den *wesentlichen* Aspekt, unter dem die Frau, taoistisch gesprochen, die ›andere Himmelshälfte‹ ist.

Der Ṣūfī-Mystiker Ibn al-ʿArabī aus Murcia (1165-1240), der den Gegensatz zwischen den beiden Gesichtern der Frau abmilderte, betrachtete die Frau nur in ihrer idealen Gestalt. 1201 dichtete er in Mekka einen *Dīwān*, den er Niẓām (Einklang, Harmonie), der Tochter des edlen Imāms iranischer Abkunft Ẓāhīr ibn Rustam, zueignete.[56] Der Prolog des *Tarǧumān al-ašwāq* (Deuter der Begierden) betitelten *Dīwāns* gibt intime Bekenntnisse preis:

> »Nun hatte dieser geistige Lehrer (*šaiḫ*) eine Tochter, eine schlanke junge Maid, welche die Blicke aller bannte, die ihrer ansichtig wurden; deren schlichte Anwesenheit jeder Gesellschaft zur Zierde gereichte und die jeden, der sie betrachtete, in Verwirrung (*taḥayyur*) versetzte. Ihr Name war Niẓām (*Harmonia*) und ihr Beiname lautete ›Auge der Sonne und Quell der Schönheit‹ (*ʿayn al-šams wa'l-bahā'*). Gelehrt und fromm, wie sie war – das geistige und mystische Leben war ihr aus eigener Erfahrung vertraut –, verkörperte sie das ehrwürdige Alter der beiden heiligen Städte [Mekka und Medina] und die züchtige Jugend der großen, dem Propheten treu gebliebenen Stadt [das himmlische Mekka der Engel]. Der Zauber ihres Blickes, die Anmut ihres Gespräches waren von derartigem

Liebreiz, daß ihre Worte wie aus einer Quelle hervorsprudelten, wenn sie plauderte; faßte sie sich kurz, so war sie ein Wunder an Beredsamkeit; führte sie etwas gelehrt aus, so war sie deutlich und klar [. . .]. Wären da nicht die kleinmütigen Seelen, die Ärgernis erregen und zu übler Nachrede neigen, würde ich hier die Schönheiten darlegen, mit denen Gott sowohl ihren Leib als auch ihre Seele überhäufte, welch letztere ein licht- und glanzspendender Garten war [. . .]. Zu der Zeit, als ich mit ihr verkehrte, beobachtete ich aufmerksam die edlen Gaben, die ihre Person schmückten und der Gesellschaft ihrer Muhme und ihres Vaters zusätzlichen Glanz verliehen. Sodann erkor ich sie zum Eingebungsquell der Liebesgedichte (*ġazal*), die das vorliegende Buch enthält und die Minnedichtungen sind, aus zierlichen und lieblichen Sätzen bestehen, obgleich es mir keineswegs gelang, auch nur einen Bruchteil der Ergriffenheit kundzutun, die meine Seele erlebte und die der Umgang mit jener Maid in meinem Herzen erweckte: weder die reine Minne (*wudd*), die ich empfand, noch die Erinnerung, die ihre treue Freundschaft mir im Gedächtnis hinterließ, noch das, was die Anmut ihres Geistes und die Sittsamkeit ihrer Haltung ausmachte, denn sie war Gegenstand meines Sehnens (*su'āl*) und Ziel meines Hoffens (*mā'mūl*), die Reine, die Jungfrau (*al-ʿAḏrā'al-Batūl*, die klassischen Attribute Mariä). Indessen glückte es mir, einige Gedanken meiner Sehnsucht in Verse zu fassen, die ich als kostbare Gaben und Kleinodien hier niederlege. Ich ließ meine sehnsuchterfüllte (*tawwāq*) Seele deutlich aussprechen, ich wollte andeuten, welch innige Verbundenheit ich mit ihr empfand, welch tiefe Bekümmernis mich in jener, nun längst vergangenen Zeit peinigte und welches Bedauern mich bei der Erinnerung an die edle Gesellschaft dieser Maid noch immer ergreift.«[57]

Obgleich Ibn ʿArabī beteuert, daß seine Gedichte symbolisch zu verstehen sind, daß die sichtbaren Schönheiten nur die übersinnlichen Wirklichkeiten aus der Welt der engelhaften Geistwesen heraufbeschwören, klagt ihn ein Gelehrter aus Aleppo an, eine sinnliche Liebe verschleiert zu haben, um seinen Ruf als tugendstrenger Denker zu retten. Ob wirklich oder erfunden, dieser Zweifler nimmt hier den ihm gebührenden Platz ein: Es ist der Sittenrichter oder Sittenwächter, der die Lauterkeit der Absicht des Liebenden anzweifelt. Nun ruft der Zweifel beim Liebenden

Widerspruch hervor, und dieser Widerspruch macht schließlich die Erklärung des Wesens der höfischen Liebe aus. Der Zweifler ist hier nicht eine wahre oder fiktive Gestalt, sondern er erfüllt vielmehr eine *Funktion* innerhalb der Struktur der literarischen Gattung, die von den Getreuen der Liebe gepflegt wurde – von den Troubadours bis hin zu Dante. Um die gemeinen Andeutungen zu widerlegen, entschließt sich Ibn ʿArabī dazu, einen ausführlichen Kommentar zu seinem *Dīwān* zu schreiben, in dem er das erklärt, was Henry Corbin die »theophanische Anschauungsweise« nennt, die den Getreuen der Liebe kennzeichnet. So wird Niẓām »zur erhabenen und göttlichen, wesenhaften und hochheiligen *Weisheit* (Sophia), die sich dem Verfasser dieser Gedichte mit einer solchen Süße *sichtbar* zu erkennen gab, daß sie Freude und Jubel, Rührung und Verzückung bei ihm hervorrief«.[58]

Die intelligible Schönheit, die sich in der sinnlichen Schönheit des Weiblichen kundgibt, ist ein bejahender und ergreifender Ausdruck des Platonismus, dem der andalusische Mystiker obliegt. Diese Vorstellung hat zweierlei zur Folge: Zuerst ist das, was zum Intelligiblen gehört, mit weiblicher Schönheit versehen, wie der Engel, der mit den Zügen einer »Prinzessin aus den Reihen der Griechentöchter«[59] erscheint; zweitens hat alles, was in den Machtbereich des Intelligiblen fällt, teil an den jungfräulichen Tugenden wie die heilige Fātima von Córdoba, die im Alter von neunzig Jahren noch immer wie ein junges Mädchen aussieht.[60] Im Gegensatz zu Sanāʾī, der lehrt, daß die sinnliche Welt eine Täuschung ist, in welcher der Schönheit kein wirkliches Sein zukommt, steht Ibn ʿArabī dieser Wahrheit äußerst gleichgültig gegenüber und hält an der Vorstellung von dem Zusammenhang zwischen sinnlicher und intelligibler Schönheit fest.

Doch wenden wir uns wieder den abendländischen Getreuen der Liebe zu. Einer der auffallendsten Züge der höfischen Liebe ist die ›Berufung zum Leiden‹, die der Getreue bekundet. Die Geheimhaltung der Liebe stellt eines der wesentlichen Bestandteile des erotischen Rituals dar. In diesem Vorgang der willentlichen Entfernung vom Liebesobjekt, einer Ferne, welche die Befriedigung des Begehrens auf unbestimmte Zeit hinauszögert, muß man eines der Geheimnisse der abendländischen Tradition erblicken. In diesem Fall ist keine Schranke zu hoch, auch die nicht, die der Liebende selbst aufrichtet, indem er sich den Anschein gibt, der Leichtlebigkeit zu frönen, die eine Stimmung öffentlichen Mißtrauens erzeugt.

Er beabsichtigt dadurch, nicht nur nicht die Gunst, sondern geradezu die *Verachtung* der geliebten Frau abzutrotzen, auf daß sie ihm unzugänglicher werde denn je. Statt die Qualen seiner Leidenschaft lindern zu wollen, ist ihm, um sie zu verschärfen, jedes Mittel recht. Er ist zur Krankheit berufen und lehnt es ab, dem gemeinen Gesetz der Befriedigung des Verlangens gemäß geheilt zu werden, sei es nun heimlich – wie die Liebespaare – oder gesetzlich – wie die Eheleute.[61]

Daß der Heros von pathologischen Formen befallen werden kann, ist in der Geschichte der Medizin nichts Neues. Eine Anspielung auf die *cogitatio immoderata* (das maßlose Nachdenken), die durch ein weibliches Bild in Gang gesetzt wird, erscheint selbst in dem sehr konventionellen Traktat *De amore* des Kaplans Andreas (Andreas Capellanus), eines Sittenstrengen des 12. Jahrhunderts, dem das Unglück widerfuhr, für einen Katharer gehalten zu werden:[62]

> »Wenn ein Mann eine Frau sieht, die zur Liebe reif ist und als Erwachsene frei über sich zu verfügen hat, beginnt er sogleich, in seinem Herzen ihrer zu begehren. Je mehr er nun über sie nachsinnt, desto heller flammt seine Liebe zu ihr auf, bis er sich ganz in sie verloren hat. Er beschäftigt sich dann in seinen Gedanken fortwährend damit, wie die Frau wohl ihre Zeit hinbringt; er stellt sich ihren Leib vor, gibt sich in seiner Phantasie mit ihrer Lebensweise ab, träumt den Geheimnissen ihres Leibes nach (*rimari*, wörtlich: spalten, durchwühlen, durchstöbern) und sehnt sich, die Geliebte ganz zu erobern, zu besitzen.«

Das weibliche Phantasma kann sich dann des ganzen pneumatischen Apparates des Liebenden bemächtigen und besorgniserregende Störungen hervorrufen – es sei denn, das Begehren findet die ihm naturgemäße Befriedigung. Unter der Bezeichnung *ʿišq* (Liebesglut) wurde dieses Liebessyndrom von Avicenna beschrieben, dessen *Liber canonis* im christlichen Hochmittelalter das meistbenutzte Lehrbuch der Medizin war. Aber bereits Constantinus Africanus sprach von diesem Syndrom in seiner Übersetzung des *Liber regius* des ʿAlī ibn al-ʾl-ʿAbbas al-Maǧūsī, der unter dem Namen Haly Abbas bekannt ist. Im Anschluß an Constantinus legten Arnaldus von Villanova und Vinzenz von Beauvais[63] die Semiologie des pathologischen Eros fest und reihten ihn unter die Arten der Melancholie ein.[64]

Die Bezeichnung des Syndroms lautet *amor hereos*, latinisiert *heroycus*, und dessen Etymologie ist noch umstritten: Sie könnte sich von griechisch ἔρως durch Kontamination mit ἥρως, Held,[65] herleiten oder unmittelbar von ἥρως (was Marsilio Ficino vermutet),[66] denn einer alten Überlieferung zufolge waren die Heroen bösartige, den Dämonen vergleichbare Luftwesen.[67]

Daß die *melancholia nigra et canina* und der *amor hereos* miteinander verwandt sind, wird dadurch erklärt, daß abnorme erotische Symptome seit Aristoteles mit dem Melancholie-Syndrom in Zusammenhang gebracht wurden. Hildegard von Bingen (1098-1179) folgt dieser Überlieferung und schreibt den Melancholikern unbegrenzte sexuelle Fähigkeiten zu:

»Eine weitere Gruppe von Männern gibt es, deren Gehirn ist fetthaltig, Hirnhaut und Gefäße sind wirr geformt; ihre Gesichtsfarbe ist düster, wobei ihre Blicke mitunter flammend und wie der Blick von Schlangen sein können. [. . .] Ihr Mark ist zwar nur mittelmäßig entwickelt, doch vermag es so heftig zu brennen, daß sie im Verkehr mit Frauen unenthaltsam sind und sich wie Tiere und Vipernzeug benehmen. [. . .] so können sie kein richtiges Liebesverhältnis zu irgendeinem Wesen haben. Davon werden sie verbittert, habgierig und voller Torheiten, auch voll überschüssiger Leidenschaft. Beim Verkehr mit Frauen sind sie ohne Maß und verhalten sich wie die Esel. Wollen sie aber von der Wollust zuweilen Abstand nehmen, werden sie leicht krank im Kopf oder gar wahnsinnig. [. . .] Gleichwohl ist der Beischlaf, den sie doch mit ihren Frauen besonnen ausführen sollten, wild und widerwärtig und von einer lebensgefährlichen Art, indem sie sich nämlich benehmen, als seien sie reißende Wölfe. Manch einer von ihnen verkehrt allerdings auch trotz der Kraft seiner Gefäße und des brennenden Dranges in seinem Marke gerne auf eine menschliche Weise mit ihnen; dennoch behält er instinktiv noch einen Haß auf ihr Geschlecht.«[68]

Ficino erkennt die Verwandtschaft zwischen Melancholie und erotischer Pathologie an,[69] und in dem Begriff *melancolia illa heroica* verbindet Melanchthon beide miteinander.[70]

Die vollständigste Ätiologie der Krankheit findet sich in dem Abschnitt »De amore qui hereos dicitur« aus dem *Lilium medicinae* (1305) des Arztes Bernardus Gordonius (um 1258 bis 1318), eines Professors der Medizin in Montpellier:[71]

»Die Krankheit, die *hereos* heißt, ist eine melancholische Unruhe, die durch die Liebe zu einer Frau bewirkt wird. Die *Ursache* dieses Leidens besteht im Verfall der abschätzenden Kraft (*virtus aestimativa*) durch eine Form und durch eine Gestalt, die sich stark eingeprägt haben. Wenn sich jemand in eine Frau verliebt, denkt er übermäßig an ihre Gestalt, ihre Figur, ihr Verhalten, denn er glaubt, sie sei die schönste, die ehrwürdigste, die außergewöhnlichste und leiblich wie seelisch höchstbegabte, die es gibt. Deshalb begehrt er sie inbrünstig, läßt alles Maß und allen Anstand fahren und glaubt, daß er glücklich würde, wenn er sein Begehren zu befriedigen vermöchte. Die Urteilskraft seiner Vernunft ist dermaßen gestört, daß er sich das Bild der Frau unablässig vorstellt und alle Tätigkeiten aufgibt, so daß er es kaum vernimmt, wenn jemand zu ihm spricht. Und da es sich um ein ununterbrochenes Grübeln handelt, kann sie [die Krankheit] als melancholische Unruhe bestimmt werden. Sie wird *hereos* genannt, weil die Herren und die Adeligen wegen des Überflusses an Lüsten diesem Leiden oft anheimzufallen pflegten [. . .].«

Die Semiologie des Syndroms ist folgende: »Die *Anzeichen* sind Unterlassung des Schlafes, des Essens und Trinkens. Der ganze Leib wird geschwächt, die Augen ausgenommen.« Er erwähnt noch die Gefühlslabilität, den unregelmäßigen Puls und die Manie des Umherschweifens. Die Prognose ist beängstigend: »Werden [die Kranken] nicht gepflegt, so werden sie irre und sterben.« Endlich muß die Behandlung der Krankheit mit »leichten Mitteln« wie Überredung begonnen werden oder mit »starken« wie Geißelung, Reisen, erotischen Vergnügungen mit mehreren Frauen, Ausflüge in die freie Natur (*coito, digiuno, ebrietà e exercitio*, »Geschlechtsverkehr, Fasten, Trunkenheit und Leibesübungen«, wird später Ficino empfehlen). Nur »wenn alle anderen Heilmittel versagen«, rät der Doktor Bernardus Gordonius, sollte man die Fähigkeit einer alten grimmigen Megäre in Anspruch nehmen, um einen plötzlichen Umschwung zu bewirken. Die alte Vettel müßte unter ihrem Gewand einen mit Monatsblut durchtränkten Lappen tragen. Dem Patienten gegenüber müßte sie zunächst die schlimmsten Schmähungen über die Frau, die er liebt, ausstoßen und müßte, sollte sich das als wirkungslos erweisen, den Lappen aus ihrem Schoß hervorholen, ihn dem Unglücklichen vor die Nase halten und ihm ins Gesicht schreien: »Deine Freundin ist so, sie ist *so*!« und ihm nahelegen, daß sie nichts als ein »Übel der Natur« ist, wie der *Hexenhammer*[72] es ausdrücken wird.

Ermüdet gelangt der Arzt zur Schlußfolgerung:
»Wenn er sich nicht einmal dadurch zu einem Sinneswandel durchringt, dann ist er kein Mensch, sondern ein leibhaftiger Teufel [. . .].«[73]

Wie eine so große Frau durch die so kleinen Augen eindringt

Betrachtet man die ausführliche Beschreibung des *amor hereos* bei Bernard de Gordon näher, dann stellt man fest, daß es sich um eine phantasmische Ansteckung handelt, die sich in einer melancholischen Auszehrung des Subjekts äußert, allerdings sind die *Augen* davon ausgenommen, denn sie werden nicht geschwächt. Warum werden ausgerechnet die *Augen* nicht betroffen? Weil gerade das Bild der Frau durch die Augen in den Geist eindrang und durch den Sehnerv an den sinnlichen Geist, an den Gemeinsinn, übermittelt wurde. Das zum Phantasma gewordene, zwanghafte Bild überflutet die drei Gehirnkammern (Ventrikeln) und verursacht eine Störung der *virtus aestimativa* oder der Vernunft, die sich in dem zweiten Ventrikel befindet. Daß die Augen nicht an der allgemeinen Schwächung des Organismus teilhaben, liegt daran, daß der Geist durch diese Leibesöffnungen mit dem zu einem zwanghaften Phantasma gewordenen Gegenstand wieder in Berührung zu treten versucht: mit der Frau.

Außerdem ist es bemerkenswert, daß das erotische Syndrom nur die – zwangsläufig *negative*, denn wir befinden uns auf dem Gebiet der leibseelischen Pathologie – medizinische Semiologie der höfischen Liebe darstellt, die von den Getreuen der Liebe angepriesen wird. Tatsächlich scheinen diesen alle Mittel willkommen zu sein, um der unheilvollen pneumatischen Ansteckung nicht zu entrinnen, sondern *um sie herbeizuführen*. Man hat zu Recht von einer ›semantischen Inversion‹ gesprochen, von einer umgekehrten Aufwertung von pathologischen Symptomen, die von der griechisch-arabischen *materia medica* beschrieben wurden.[74] Selbst der *locus amoenus* (reizende Ort), den man bei der Behandlung des *amor hereos* empfiehlt, tritt in der provenzalischen Dichtung in der bekannten Funktion wieder auf.

Daraus läßt sich schließen, daß die höfische Liebe die Wirkung eines deformierenden Zeitwillens war, der die Vorstellung von *Gesundheit*, so wie sie die Medizin jener Zeit bestimmte, umwertete. Durch diese *Umwertung* schlug das – von den gelehrten Abhandlungen empfohlene – matte Gleichgewicht der Seelenkräfte in eine Krankheit der Intelligenz um, wohingegen die durch Liebe ausgelöste Krankheit des Geistes schließlich als die wahre Gesundheit von Seele und Leib angepriesen wurde. Nur daß – und hier weichen wir vom Standpunkt Giorgio Agambens ab – diese Umwertung nicht zuerst durch den *amor hereos* in der provenzalischen Dichtung, sondern bereits viel früher, in der Ṣūfī-Mystik, durch den von Avicenna beschriebenen Begriff *ʿišq* ausgelöst wurde. Sogar die antinomistische Haltung des Getreuen der Liebe, die darin besteht, daß er, um die reine Flamme seiner Leidenschaft besser aufrechtzuerhalten, einen lockeren und liederlichen Lebenswandel vortäuscht, wird von der im Ṣūfītum *malāmīya* oder *malāmatīya* genannten Haltung vorweggenommen, die – nach der Deutung, die Ibn ʿArabī von dem Wundertäter Abū Yaḥyā al-Sinhachī[75] übernahm – »die Gesundheit durch scheinbare Zügellosigkeit des Verhaltens verhüllt«.[76]

Die semantische Inversion des leibseelischen Gesundheitsbegriffs gelangt im *dolce stil novo* zu voller Entfaltung, denn dieser unternimmt es, die durch das Bild der Frau ausgelöste phantasmische Ansteckung peinlich genau zu beschreiben. Das Geheimnis der Getreuen der Liebe beruht gerade darauf, daß dieses Symptom zur höchsten geistigen Erfahrung führen soll: Das bedeutet nichts anderes, als daß das »edle Herz« nicht nur von den Vorschriften der Medizin entbunden ist, sondern sich in dem Maße veredelt, als es bereit ist, aus den Lüsten der an ihm zehrenden Krankheit Nutzen zu ziehen.

Diese Krankheit ist die von Guido Cavalcanti geschilderte Erfahrung: von dem Augenblick an, in dem der visuelle Geist das Bild der Frau auffängt und es in die vordere Gehirnkammer, den Sitz der Einbildungskraft (*virtus imaginativa*), zurückbringt, bis hin zu dem Augenblick, in dem das weibliche Phantasma das ganze Pneuma heimsucht und sich hinfort durch die geistigen Bahnen des fieberhaften Organismus ausbreitet. So wird es kaum wundernehmen, daß sich der sizilische Dichter Giacomo da Lentini diese kindisch anmutende Frage stellen konnte: Wie kommt es dazu, daß eine so große Frau in meine Augen, die doch so klein sind, in mein Herz und mein Gehirn einzudringen vermochte?[77] Auch Ärzte der Antike – wie etwa Galen – machte dasselbe Phänomen stutzig: *Si ergo ad visum ex re videnda aliquid dirigitur* [. . .] *quomodo illum angustum foramen intrare poterit?*[78]

Averroës (Ibn Rušd, 1126-1198) erwidert auf die (im übrigen erheuchelte) Verwunderung der einen und der anderen: Es geht nicht um einen leiblichen Eindruck, sondern um einen *phantasmischen*. Der Gemeinsinn empfängt die Phantasmen diesseits der Netzhaut und leitet sie an die Einbildungskraft weiter.[79]

Dante ging in seiner erotischen Pneumophantasmologie noch weiter. Im XXI. Sonett seiner *Vita nova* erblickt er die Dame als geistiges Gefäß, das durch Augen und Mund überläuft: *miracolo gentile*.[80] Sein Erlebnis findet nicht in einem inneren pneumatischen Kreis statt, sondern stellt gleichsam eine Umgießung des Geistes dar, die eine gewisse, wenn auch unwillkürliche Wechselseitigkeit des Verlangens voraussetzt. Durch eine Art von *significatio passiva* wandelt sich das Objekt des Begehrens in ein Subjekt um, aus dem – ohne das Wissen des Subjekts – die Liebe ausströmt.[81] Die jungfräuliche Unschuld, welche die Qualen der Liebe steigert, wird zur wonnevollen Qual des Getreuen der Liebe.

Mit seiner *Vita nova* betritt Dante ein geheimnisvolles Gefilde, das unsere unzulänglichen Kenntnisse der mittelalterlichen Seelenlehre noch nicht zu erklären vermögen: das des Traumes, der Vision.

3. Das Gefährt der Seele und die vorgeburtliche Erfahrung

Die empirische Psychologie des Eros, die man bei Ficino wiederfindet, war außerstande, den Anspruch der Renaissance auf Gedankentiefe zu befriedigen. Die phantasmische Erkenntnistheorie stellte lediglich das letzte Glied einer umfassenden Pneuma- und Seelenlehre dar.

Wie wir im Verlaufe dieser Untersuchung noch sehen werden, ist die Verwandtschaft von Eros und Magie so eng, daß die Unterscheidung dieser Wirkkräfte nur gradueller Art ist. Als phantasmische Erfahrung, die durch die bereits bekannten geistigen Bahnen erfolgt, macht sich die Magie den Zusammenhang zwischen individuellem und kosmischem Pneuma zunutze. Diese pneumatische ›Allverbundenheit‹ liegt auch der Tiefenpsychologie des Eros zugrunde (vgl. unten, Kapitel IV, 2).

Durch die Lehre von der Einkörperung der Seele wird nicht nur der Zusammenhang des Pneumas aufgezeigt, sondern auch das kosmische Wesen aller geistigen Tätigkeit. Dabei handelt es sich selbstverständlich um eine verfeinerte Spekulation über die Beziehungen zwischen Mikro- und Makrokosmos, die von einer zweifachen Projektion begleitet wird, welche zur Kosmisierung des Menschen und zur Anthropomorphisierung des Universums führt. Dieser Grundsatz, den die meisten Wissenschaftshistoriker unablässig wiederholen, ohne sich bewußt zu sein, daß es sich um ein einfaches Schema handelt, das unzählige Abwandlungen zuläßt, ist dermaßen allgemein, daß er nichts zu erklären vermag. Denn wie kommt es dazu, daß der Mensch ein Ebenbild des Kosmos ist – und übrigens *welches* Kosmos? Das sind Fragen, deren Beantwortung bei weitem nicht eindeutig ist, und es genügt, eine gute Philosophiegeschichte zu lesen, um das zu erfahren.[82]

Die Renaissance kennt nämlich nicht nur eine, sondern wenigstens vier Kosmologien: die geozentrische, geschlossene Kosmologie des Aristoteles, des Ptolemaios und des Thomas von Aquin; den unendlichen Kosmos des Nikolaus von Kues, dessen allgegenwärtiger Mittelpunkt Gott ist; den Kosmos des Aristarch und der Pythagoreer, der durch die ›heliostatische‹[83] Theorie des Kopernikus[84] wissenschaftlich begründet wird; und schließlich das unendliche Universum Giordano Brunos, zu dem unser heliozentrisches Planetensystem gehört. Dazu könnte man noch die alte Theorie des Heliozentrismus, wie sie der Platon-Jünger Herakleides Pontikos (von Pontos) vertrat, rechnen, die im Mittelalter nie aufgegeben und später von Tycho Brahe[85] wieder aufgegriffen wurde. Keines dieser kosmologischen Modelle schließt die Magie aus, weil diese auf dem *Zusammenhang* von Mensch und Weltall gründet, der nicht durch einen einfachen Wandel der Theorien über die Beschaffenheit der Welt beseitigt werden könnte. Ein Magier wie Giordano Bruno und ein pythagoreischer Astrologe wie Kepler haben keinerlei Schwierigkeit, sich der neuen Philosophie anzupassen. Was sich von einem Kosmos zum anderen verändert, ist nur die Vorstellung von der Würde der Erde und des Menschen. Auch von dieser Lehrmeinung gibt es beträchtliche Abwandlungen. Im aristotelischen Universum nimmt die Erde die *niedrigste* Stellung ein, die ihrer ontologischen Minderwertigkeit entspricht, denn sie ist ein Ort der Unbeständigkeit, der raschen Veränderung, des Entstehens und Vergehens. Alles, was sich diesseits der Mondsphäre befindet, ist sozusagen in eine Art kosmische Hölle verbannt, aus der man nur entrinnt, wenn man über die Mondsphäre hinausgeht.[86] Dagegen sind die Planetensphären göttlich, und jenseits des Fixsternhimmels erstrecken sich die Wohnstätten Gottes.

Vielleicht zum Spaß, aber auch als Folge der Tatsache, daß die Erde nur ein ›verkommenes‹ Gestirn ist, fragte sich bereits im 14. Jahrhundert Nicolaus von Oresme, ob die Vorstellung von der *Festigkeit* der Erde nicht unvereinbar mit ihrer Minderwertigkeit sei. Tatsächlich bedeutet ›Festigkeit‹ Bestand, und es sind die Sterne des achten Himmels, die fest sind, denn sie stehen höher als die Wandelsterne. Deshalb stellt Nicolaus von Oresme die Hypothese von der Bewegung der Erde auf, denn diese ist zu gemein, um beständig zu sein.[87]

Der tiefe philosophische Grund, weshalb Nikolaus von Kues (Nicolaus Cusanus) die Unendlichkeit des Universums lehrt, geht auf eine Vorstellung zurück, die der des Nicolaus von Oresme entgegengesetzt ist. Cusanus verwirft die aristotelische Theorie der Elemente. Für ihn trifft man im Kosmos keinerlei Unterscheidungen, weder ontologische noch räumliche, zwischen Hoch und Tief, Oben und Unten an. Es gibt weder eine unzerstörbare Welt aus Äther und reinem Feuer jenseits, noch eine zerstörbare aus den vier groben Elementen diesseits der Mondsphäre. Die Erde ist zwar »nicht kugelförmig [. . .], wenn sie auch der Kugelform sich nähert«,[88] und sie dreht sich um die eigene Achse. Die Auffassung des Aristoteles, »daß diese Erde das Schlechteste und Unterste ist«, *quod terra ista sit vilissima et infima*, treffe nicht zu:

> »Die Erde ist also ein edler Stern, der ein Licht, eine Wärme und einen Einfluß besitzt, die andersartig sind und sich von allen anderen Sternen unterscheiden, wie auch jeder Stern sich von jedem anderen in Licht, Wesen und Einfluß unterscheidet.«[89]

Cusanus bemüht sich – ebenso wie sein später Jünger Giordano Bruno –, die hohe metaphysische Würde der Erde – und mithin des Menschen – aufzuwerten, eine Würde, die ihr die aristotelisch-pythagoreische Kosmologie entrissen hatte. In diesem neuen Weltbild wird eine durchgreifende Reform des Christentums angestrebt, eine Reform allerdings, deren humanistischer, um nicht zu sagen anthropozentrischer Charakter die Magie zuläßt und ermutigt.

Ficino nun, der Begründer einer wiederauflebenden Magie, ist mit den Gedanken des Cusanus kaum vertraut.[90] Nimmt man aber einmal an, daß das Weltsystem, das Cusanus aufstellte, und die alte astrologische Magie, dessen Exeget Ficino werden sollte, miteinander nicht unvereinbar waren, dann ist es von untergeordneter Bedeutung, daß sich Ficino für die traditionelle, ptolemäische Kosmologie und Astrologie entschied. Innerhalb seines Denkgebäudes hätte Cusanus[91] sehr wohl eine Magie entwickeln können, aber für einen reinen Metaphysiker seines Ranges war das wahrscheinlich von nur geringem Reiz. Hingegen ist Ficino, sieht man einmal ab von seinem Thomismus und Platonismus, die ihn zur Wahl des kosmologischen Systems zwangen, nicht allzu weit entfernt von Kepler, der sich mit dem Studium der pythagoreischen Astralmusik beschäftigte.[92] Die Weltanschauungen, das Streben und die Beweggründe eines Ficino und eines Kepler weisen keine wesentlichen Unterschiede auf, darüber besteht bei zeitgenössischen Historikern kein Zweifel mehr.[93]

Im zweiten Teil unseres Buches werden wir versuchen, die wahren weltanschaulichen Ursachen zu untersuchen, die diese Veränderung der menschlichen Imagination herbeiführten, und ohne die der Übergang von den qualitativen zu ausgesprochen quantitativen Grundsätzen der Wissenschaft nicht möglich gewesen wäre.

Kehren wir aber zu Ficinos Einkörperungslehre zurück, die in einem gewissen Maße den Ursprung der engen Verwandtschaft von Mensch und Welt erklärt. Wie im Falle der Pneumophantasmologie hat eine uralte Lehre der Astrologie die Hypothese eines vorgeburtlichen kosmischen Wissens hervorgebracht, das sich in die Seele einprägt und das Schicksal des Einzelnen bestimmt. Seit dem 2. Jahrhundert n. Chr. wurde diese Vorstellung mit der Geschichte der Einkörperung der Seele, ihrer Herabkunft zur Erde und Rückkehr zum Himmel in Verbindung gebracht. Man stellte sich nun vor, daß die in die Welt eindringende Seele sich die planetarischen Konkretionen anverwandelt, die sie erst im Verlaufe ihres Ausgangs aus dem Kosmos abstreift. Dies erfolgt beim Aufstieg, der sie zu ihrer Heimstätte zurückbringt (vgl. unten, Anhang I). Diese von den Neuplatonikern ausgestaltete Lehre vom ›Seelengefährt‹ hielt später in die Astromagie Ficinos und seiner Jünger wieder Einzug.

Die hellenistische Volksastrologie, deren Urheberschaft man dem ägyptischen Gott Hermes Trismegistos oder dem Pharao Nechepso und dem Priester Petosiris zuschrieb, wurde in mehreren Büchern überliefert, von denen die meisten verschollen oder nur in lateinischen Fassungen aus der Renaissance erhalten geblieben sind. Sie umfaßte etwa die *Genika* (Universalastrologie), *Apokatastaseis* (Lehre von den astralen Gebietern der verschiedenen Weltalter), *Brontologia* (›Donnerbücher‹, Deutung von Finsternissen, Blitzen und Gewittererscheinungen), κοσμικὰ ἀποτελέσματα (Neujahrsprognosen), *Salmeschiniaka* oder *Salmeschoiniaka* (individuelle und iatrologische Astrologie), κλῆροι (Planeten-Lose), *Melothesie* (Sympathie zwischen den Planeten und der astralen, im Mikrokosmos enthaltenen Information; der medizinische Zweig dieser Lehre hieß *Iatromathematik*), Pharmakopöe und Pharmakologie usw.[94]

In einer Reihe von Aufsätzen, deren allzu fachwissenschaftlicher Charakter es uns hier erspart, den Inhalt eingehend darzulegen (siehe unten, Anhang I), haben wir nachgewiesen, daß die Vulgärgnosis des 2. nachchristlichen Jahrhunderts sich bereits die astrologische Lehre von den κλῆροι (Losen) einverleibt und sie zu einem wahren Übergang der Seele durch die Planetensphären umgestaltet hatte, wobei die Seele sich die immer materieller werdenden Konkretionen anverwandelt, welche sie an den Leib und an die Welt hienieden ketten. Der alexandrinische Gelehrte Basileides und dessen Sohn Isidor, aber auch die volkstümliche Gnosis des 3. und 4. Jahrhunderts, die durch die in Nag' Ḥammādī und anderweitig entdeckten Traktate in koptischer Sprache auf uns gekommen ist, belehren hinreichend über den Vorgang der Verderbnis der Seele. Das *Corpus Hermeticum*, eine Sammlung von pseudoepigraphischen Schriften, die zwischen 100 und 300 n. Chr. verfaßt wurden, berichtet uns ebenfalls von dem Herabstieg des Ur-Menschen in den Kosmos und von der Reise der Seele durch die Planetensphären bei ihrem Eingang in die himmlische Heimat. Anklänge an diese rein negative Fassung der Einkörperung (ἐνσωμάτωσις) sind auch an einigen Stellen des *Aeneis*-Kommentars des Servius, des gegen Ende des 4. Jahrhunderts wirkenden Grammatikers, erhalten geblieben.

Im Gegensatz dazu schreiben die Neuplatoniker von Porphyrios bis Proklos den Planeten keinerlei dämonischen Einfluß zu, sondern nur einige *Qualitäten*, wie kontemplative Begabung, praktische Intelligenz bis hin zu Zeugungsfähigkeit und Leibeswachstum; Eigenschaften, welche die Seele bei ihrem Abstieg erwirbt und die sie während ihrer Rückkehr zum Himmel wieder in den Planetensphären ablegt.

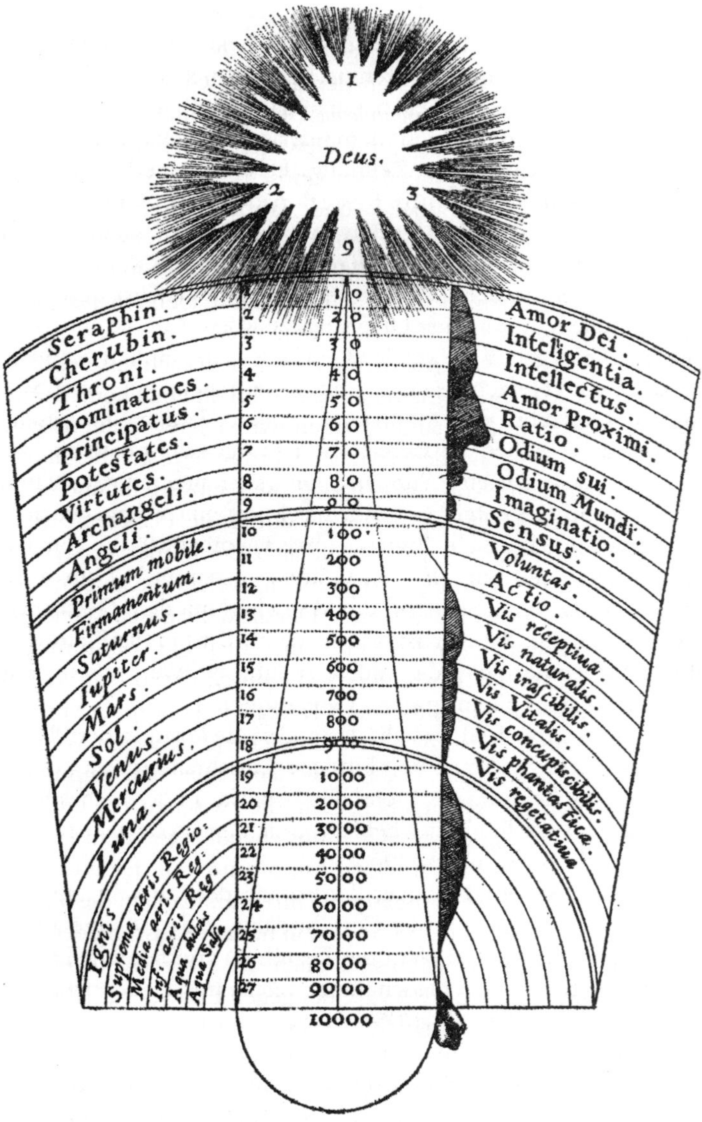

Abb. 1: Abstieg und Wiederaufstieg der Seele. Nach Robert Fludd, *Utriusque cosmi, maioris scilicet et minoris, metaphysica, physica atque technica historia*, II, Oppenheim 1619, a, 1, S. 259.

Es ist bedeutsam, daß das neuplatonische Gefährt (ὄχημα) der Seele, deren Geschichte von Gérard Verbeke, Hans Lewy, Erec Robertson Dodds und anderen nachgezeichnet wurde (vgl. Anhang I), schließlich mit dem pneumatischen Synthetisator des Aristoteles verschmolzen ist: dem siderischen Pneuma, das angeboren ist und durch den Zeugungsakt weitervererbt wird (*De partibus animalium* 659 b 16). Es spielt dabei keine Rolle, daß die Spätplatoniker, vor allem Proklos, auf die Theorie von den *zwei* Seelen-Gefährten zurückgegriffen haben, um den Widerspruch zwischen dem in den Gestirnen erworbenen Gefährt und einer Seelenhülle rein irdischen Ursprungs zu lösen. Auf die eine oder andere Weise gehen die astralen Gewänder oder Hüllen der Seele und der vom Herzen gezeugte subtile Geist ineinander über, was Synesios erlaubt, diesem phantasmischen Vorgang kosmische Würde zu verleihen. Tatsächlich ist das Organ der menschlichen Imagination nicht eine Substanz, der es an anderen Qualitäten mangelt; im Gegenteil, es handelt sich um einen Apparat, dem sich eine vorgeburtliche Information eingeprägt hat, die von den Gestirnen – den himmlischen Göttern – stammt.[95] Nun weist diese geistige Verwandtschaft des Menschen mit dem Göttlichen zwei Seiten auf: die eine ist restriktiv und wird in die Ficinische Eroslehre einbezogen, die andere beruht auf Wechselseitigkeit und ermöglicht die magischen Operationen.

Die restriktive Seite besteht darin, daß die Position der Planeten bei der Geburt eine unerbittliche Einschränkung der freien Willensentscheidung des Menschen bewirkt. In der Liebestheorie spiegelt sich dies in der Lehre von den erotischen Vereinbarkeiten und Unvereinbarkeiten wider.

Die Wechselseitigkeit oder das Prinzip der Umkehrung (Inversion) der Tätigkeit ist die Gewähr dafür, daß eine Operation, die im phantasmischen Geist des Einzelnen vonstatten geht, zur Erlangung bestimmter Gaben führt, welche uns die Gestirne wegen der Konsubstantialität (Wesensgleichheit) und der zwischen uns und ihnen bestehenden Familienbande gewähren.

Im Falle des Eros erlaubt die Theorie vom astralen Gefährt, nicht nur das *Wie* der Liebe, sondern auch das *Warum* zu begründen. Sie gibt uns die tiefen, transzendenten Gründe unserer Wahl an.

KAPITEL II

Empirische Psychologie und Tiefenpsychologie des Eros

1. Ficinos empirische Psychologie und ihre Quellen

Dem Geist, einem grundlegenden Begriff der Ficinischen Astrologie und Seelenlehre, widmet der Platoniker von Careggio eine außerordentliche Aufmerksamkeit. Man könnte fast sagen, daß er in jeder seiner Abhandlungen eine andere Definition davon gibt, wobei er durch den Gebrauch neuer, knapper und gesuchter Ausdrücke wörtliche Wiederholungen vermeidet.

»Da die Seele«, schreibt er in seiner *Theologia Platonica de immortalitate animorum* (VII, 6), »äußerst rein ist, so wird sie mit diesem dichten und irdischen Leib, der [auf Grund seiner Natur] von ihr weit entfernt ist, nicht anders verbunden als durch ein sehr feines und lichtes Körperchen, welches wir Spiritus nennen, von der Wärme des Herzens aus dem feinsten Teil des Blutes erzeugt und von dort durch den ganzen Leib ausgegossen. Die Seele, die leicht in diesen ihr sehr verwandten Geist eindringt, breitet sich zunächst überall in ihm aus, um ihm dann, nachdem sie durch seine Vermittelung den ganzen Leib durchdrungen hat, Leben und Bewegung zu verleihen und ihn dadurch lebendig zu machen. Und durch den Geist herrscht sie über den Leib und bewegt ihn. Und alles, was der Leib dem Geiste übermittelt, nimmt die Seele, die in diesem gegenwärtig ist, wahr: eine Tätigkeit, die wir Wahrnehmung heißen. Hernach beobachtet und beurteilt die Seele diese Wahrnehmung, und diese Beobachtung heißt Phantasie.«[1]

Mehr Einzelheiten werden im Traktat *De vita sana* gegeben: Der Geist wird »von den Ärzten als ein sanguiner, reiner, subtiler, warmer und leuchtender Dunst des Blutes definiert. Er wird von der Wärme des Herzens und zwar vom subtileren Blut erzeugt, er fliegt zum Gehirn empor; die Seele gebraucht ihn bei der beständigen Ausübung sowohl der inneren und als auch der äußeren Sinne.«[2]

Die ausgeklügelteste Definition findet sich im Traktat *De vita coelitus comparanda*: Der Geist ist danach »ein sehr feiner Körper, kaum noch Körper und beinahe schon Seele; oder kaum noch Seele und beinahe schon Körper. In seiner Kraft gibt es ein Mindestmaß von irdischer Natur, etwas mehr Wassernatur und mehr noch Luftnatur. Aber das Höchstmaß gehört zur Natur des Sternenfeuers [. . .]. Er ist seinem Wesen nach ganz leuchtend und warm, feucht und belebend [. . .].«[3]

Und die Theorie von der Unmöglichkeit aller Erkenntnis *sine conversione ad phantasmata*, ohne die Rückführung der sinnlichen Sprache auf die Phantasmensprache, wird in dem folgenden Passus aus *De amore* (VI, 6), dem Kommentar zu Platons *Gastmahl*, vorgetragen:

> »Andererseits nimmt [der Geist] mittels der Sinneswerkzeuge die Bilder der in der Außenwelt befindlichen Körper auf, welche in der Seele nicht haften können, weil diese eine unkörperliche Substanz und vorzüglicher als die Körper ist, mithin von ihnen nicht durch Aufnahme der Bilder unmittelbar beeinflußt werden kann. Die Seele aber nimmt, weil sie dem Geiste in jedem Teile gegenwärtig ist, die aus ihm wie aus einem Spiegel zurückstrahlenden Bilder der Körper mit Leichtigkeit wahr und bildet hierdurch ihr Urteil über jene Körper.«[4]

Die Spiegel-Metapher, die beim Pneuma angewandt wird, soll uns in dem Kapitel, das sich den im Hinblick auf die Theurgie[5] vollzogenen Seelenläuterungen widmet, ausführlicher beschäftigen (IV, 1 und 3). Jedenfalls ist es nicht unnötig, daran zu erinnern, daß zunächst ein Gegenstand *gesehen* werden und dessen Bild über die pneumatischen Bahnen bis hin zum Gemeinsinn übermittelt werden muß, damit auf der glatten und leuchtenden Oberfläche des Geistes ein Phantasma (Vorstellungsbild) entsteht. Selbstverständlich ist das Phantasma nicht nur visueller oder audiovisueller Art; es wird sozusagen *synästhetisch* erzeugt, durch die Mitwirkung mehrerer oder aller Sinne zugleich hervorgebracht. Und dennoch spielt bei der Entstehung der Phantasmen das Sehen die wichtigste Rolle: Das ist einer der Gründe, warum man es in der platonischen Tradition als den ›edelsten Sinn‹ betrachtet.

Wir erinnern uns, daß in Platons Theorie des Sehens das Bild durch einen Kreislauf entstand, in dem der Sehstrahl, der durch die Augen entsandt wurde, an seinen Ausgangsort zurückgebracht und von dort dem Gehirn zugeleitet wurde. Aristoteles ließ hingegen nicht zu, daß ein feuriger Strahl die Augen verließ. Stoiker und Pneumatiker entschieden sich jeweils für die eine oder andere dieser Lehren. Für die einen, wie Epiktet oder Galen – aber auch für Epiktets Zeitgenossen, den Platoniker Plutarch von Chaironeia (*Quaestiones convivales* V, 7) –, verläßt das Pneuma das Sinnesorgan, um mit dem Sinnesgegenstand in Berührung zu kommen und dessen Bild zum Hēgemonikón zurückzubringen.[6] Für die anderen breitet sich dieses Bild durch die Luft der Umwelt aus.

Ficino hält an der Auffassung Platons und Galens fest: beim Akt des Sehens dringt das ›innere Feuer‹ durch die Augen hinaus, vermischt sich mit dem pneumatischen Dunst und selbst mit dem dünnen Blut, das den Geist hervorgebracht hat. Diese Theorie wird von Aristoteles selbst bestätigt, der berichtet, daß Frauen, die sich während der Monatsblutung in einem sehr sauberen Spiegel betrachten, auf dessen Oberfläche »einen blutartigen Nebel« hinterlassen.[7] Nun kann es sich dabei nur um dünnes Blut handeln, das vom Pneuma durch die Augen mitgeführt wurde (*De amore* VII, 4).

Dieses Phänomen liegt zwei verwandten geistigen Tätigkeiten zugrunde: dem bösen Blick und der Liebe. Ob er die sich daraus ergebende Vergiftung erleidet oder auslöst, der Uneingeweihte ist sich des Geschehens nicht bewußt. Es genügt, daß ihn jemand anblickt: der vom anderen ausgesandte pneumatische Strahl wird durch die Augen in seinen geistigen Organismus eindringen und, wenn er im Herzen angelangt ist, eine Störung oder gar eine Verletzung hervorrufen, die in eine Blutvergiftung ausarten kann. Im entgegengesetzten Fall, wenn das Subjekt zum Beispiel von den schönen Augen der Frau gebannt ist und sich an ihnen nicht satt sehen kann, strahlt er durch seine Augen soviel mit Blut gemischten Lebensgeist aus, daß sein pneumatischer Organismus geschwächt wird und sein Blut sich verdickt. Das Subjekt geht wegen der durch die Augen entweichenden Lebensgeister und wegen des austretenden Blutes schließlich zugrunde (*De amore* VII, 4).

Die ›Liebespfeile‹, welche die Dichter der Pléiade später in hohen Ehren halten werden, waren bei Ficino nicht einfach eine Metapher. Sie waren mit unsichtbaren pneumatischen Spitzen versehen und durchaus fähig, auf die getroffene Person verheerend zu wirken. Hatte nicht bereits Platon gesagt, daß die Liebe eine Art Augenkrankheit sei (ὀφθαλμία: *Phaidros* 255 CD)? Und schrieb Plutarch dem Sehen nicht »Wunderkraft« zu?[8]

Auch beim ›bösen Blick‹, der Bezauberung (*fascinatio*) oder *jettatura*, ist dieselbe Ursache festzustellen:

»Die Bezauberung ist ein Bannen, das, von dem Geiste des Zauberers ausgehend, durch die Augen des Bezauberten bis zu dem Herzen desselben gelangt. Das Werkzeug der Bezauberung ist der Geist, d. h. ein gewisser reiner, heller, feiner, von der Wärme des Herzens aus dem reineren Blute erzeugter Dunst, der stets ihm ähnliche Strahlen durch die Augen aussendet. Diese ausgesandten Strahlen führen den geistigen Dunst mit sich, der Dunst aber das Blut, wie man bei triefenden und roten Augen sieht, deren bis zu den Augen eines Andern gesandter Strahl zugleich den Dunst des verdorbenen Blutes mit sich führt und die Augen des Begegnenden mit einem ähnlichen Übel ansteckt.«[9]

So schreibt Agrippa von Nettesheim entsprechend der Vorstellung Ficinos. Dieselbe Auffassung vertreten auch Geronimo Cardano, Giovanni Battista della Porta und Johannes Weyer,[10] während Leonardo da Vinci, der diese Ansichten ebenfalls teilt, uns darüber belehrt, daß es auch Gelehrte gab, welche die Unmöglichkeit eines solchen Phänomens behaupteten:

»Die Mathematiker, die sagen doch, daß keine geistige Kraft vom Auge ausgehe; denn sonst könnte es nicht ohne starken Schwund sein Sehvermögen gebrauchen, und sonst müßte das Auge, selbst wenn es so groß wäre wie der Erdkörper, bei der Betrachtung der Sterne verzehrt werden.«

Leonardo setzt ihnen den Volksglauben entgegen – auf den auch Ficino zurückgreift:

»Die Jungfrauen haben in ihren Augen angeblich die Macht, die Liebe der Männer zu fesseln.«[11]

Die den ganzen Leib erfassende Vergiftung und das Augenbluten sind nur die am wenigsten subtilen pathologischen Wirkungen des Eros. Auf der Ebene der phantasmischen Mechanismen bietet uns die empirische Seelenlehre Ficinos indessen die aufschlußreichsten Analysen.

In denselben pneumatischen Bahnen, in denen die Ansteckung des Blutes erfolgt, zirkulieren auch Bilder, die im Spiegel des Gemeinsinnes in Phantasmen (Vorstellungsbilder) umgewandelt werden. Wenn der Eros am Werk ist, führt das Phantasma des geliebten Gegenstandes ein eigenes Dasein, das um so beängstigender ist, als es auf alle anderen Phantasmen und Gedanken des Subjekts eine Art Vampirismus ausübt. Das bedeutet: Eine krankhafte Erweiterung seiner Tätigkeit, die in ihren Wirkungen als Konzentration und Besessenheit zugleich bezeichnet werden kann. Konzentration, weil sich das ganze Innenleben des Subjekts auf die Kontemplation eines einzigen Phantasmas beschränkt; Besessenheit, weil dieses phantasmische Monopol unwillkürlich ist und weil dessen Nebenwirkung auf die leibseelischen Zustände des Subjekts zu den lebensgefährlichsten gehört.

Bemerkenswert ist nun der Umstand, daß der eigentliche Gegenstand der Liebe bei der Einsetzung des Phantasmas nur eine Nebenrolle spielt: Er ist nur Schein, keine wirkliche Wesenheit. Der wahre, stets gegenwärtige Gegenstand des Eros ist das Phantasma, das sich des geistigen Spiegels bemächtigt und ihn nicht mehr losläßt. Nun stellt dieses Phantasma ein *wahrgenommenes* Bild dar, das die Schwelle des Bewußtseins überschritten hat; aber der Grund, warum es diese zwanghaften Ausmaße angenommen hat, liegt in der tiefsten Schicht des individuellen Unbewußten. Eigentlich lieben wir keinen *anderen* Gegenstand, kein uns fremdes Wesen, denkt Ficino, der damit die Analytische Psychologie C. G. Jungs vorwegnimmt (*De amore* VI, 6). Wir verlieben uns in ein unbewußtes Bild.

»[. . .] der Liebende prägt die Gestalt des Geliebten in seine Seele ein. Die Seele des Liebenden wird also zum Spiegel, welcher das Bild des Geliebten zurückstrahlt.«[12] Das setzt eine recht verwickelte Dialektik der Liebe in Gang, bei der das Objekt in ein Subjekt umgewandelt und das Subjekt selbst völlig enteignet wird; dieses wiederum fordert in seiner Angst, durch die Beraubung seines Subjektseins vernichtet zu werden, sein Daseinsrecht verzweifelt ein.

Das Phantasma, das sich der Seelentätigkeiten ausschließlich bemächtigt, ist das Bild eines Gegenstandes. Da der Mensch nun Seele ist und diese vom Phantasma völlig ausgefüllt wird, tritt ein solches Phantasma fortan *an die Stelle* der Seele. Daraus folgt, daß das seiner Seele beraubte Subjekt kein Subjekt mehr ist: der phantasmische Vampir hat es von innen heraus verschlungen. Daraus ergibt sich, daß sich das Subjekt nun auf das Phantasma übertragen hat, welches das Bild des Anderen, des Geliebten ist. Metaphorisch ließe sich also sagen, daß sich das Subjekt in das Objekt seiner Liebe umgewandelt hat.

Eine seltsame Lage wird sichtbar, die, wenn sie weiterhin fortbesteht, in Ausweglosigkeit mündet: Eine seelenlose Person bricht zusammen und stirbt (die Subtilität Ficinos geht nicht so weit, sich vorzustellen, was der Seele nach dem Tode widerfährt; er behauptet lediglich, daß der Geliebte in doppelter Gestalt lebt und der Liebende überhaupt aufhört zu sein). Doch gibt es hier ein Entrinnen aus diesem Ungleichgewicht: wenn nämlich der Geliebte seinerseits das Liebesangebot annimmt. In diesem Falle wird er zulassen, daß das Phantasma des Liebenden in seinen pneumatischen Apparat eindringt, sich darin niederläßt und den Platz seiner Seele einnimmt; mit anderen Worten, daß der Geliebte dem vernichteten (geliebten) Subjekt einen Ort gewährt, in dem sein Subjektsein dem Nichts entrinnen und ein Dasein erwerben kann. Was in diesem Falle nicht schwer wiegt, denn der Geliebte war bereits als Subjekt an die Stelle der Seele des Anderen getreten. Wenn er diesem eine Seele zurückgibt, bleibt ihm selbst auch eine übrig. A ist zu B geworden und B zu A, und alle sind zufrieden.

Eine ausgetüftelte und letztlich recht materialistische Dialektik, die aber der *Animus-Anima*-Dialektik von C. G. Jungs Analytischer Psychologie vorgreift. Übertragen auf A liebt B sich selbst und umgekehrt. Die hetero-erotischen Beziehungen sind im Grunde eine Form von Narzißmus, glaubt Ficino. In dem Falle, in dem das Objekt, das sich an die Stelle des Subjekts gesetzt hat, diesem die Möglichkeit verweigert, sich selbst zu lieben, ihm sozusagen den pneumatischen Spiegel entreißt, ohne den er praktisch zum Nichtsein zusammenschrumpft, kann der Geliebte als Mörder des ihn Liebenden bezeichnet werden. Nachdem er verzweifelt an das Tor der Augen des Anderen gepocht hat, wird dieser Narziß, der keinen Zugang zu einer glatten Oberfläche zu finden vermochte, auf der er sich widerspiegeln kann, zugrunde gehen.

Ein Narziß ohne Spiegel ist ein Selbstwiderspruch. Daraus folgt, daß die Bedeutung des mittelalterlichen Ausdrucks *gefährlicher Spiegel* (*miroir perilleux*) sich nicht auf das pneumatische Organ eines *anderen* bezieht, sondern auf das des Subjektes selbst. Die Einbildungskraft (Imagination) des Subjekts, die so leichtfertig war, das verzehrende Phantasma zu empfangen, hat das Subjekt aus der eigenen Wohnstätte verjagt und es auf den Pfaden des Nichtseins umherziehen lassen, dort, wo die Körper keinen Schatten haben und die Spiegel nur das Nichts zurückwerfen.

2. Die Gedächtniskunst

Die Gedächtniskunst, die auch ein phantasmischer Vorgang ist, und deren Grundsätze in den ausgezeichneten Büchern von Paolo Rossi und Frances A. Yates behandelt werden, stellt ein Zwischenglied zwischen Eros und Magie dar. Sie wird uns hier allerdings nur beschäftigen, um den weltanschaulichen Horizont Ficinos und anderer Theoretiker der phantasmischen Liebe – wie Francesco Colonna und Giordano Bruno – zu verstehen.[13]

Die Gedächtniskunst ist eine Manipulationstechnik der Phantasmen (Vorstellungsbilder), die auf der aristotelischen Lehre von der absoluten zeitlichen Vorrangigkeit des Phantasmas gegenüber dem Wort beruht und von dem phantasmischen Wesen des Intellektes (siehe unten, Kapitel I, 1) handelt. Die strenge Folgerung, die sich daraus ergibt und die Thomas von Aquin in seinem Kommentar zu Aristoteles' *De memoria et reminiscentia* zieht, besteht darin, daß sich alles Sichtbare auf Grund seiner innewohnenden *Bild*natur leicht merken läßt, während abstrakte Begriffe oder Wortfolgen (linguistische Sequenzen) irgendeiner Stütze durch Phantasmen bedürfen, um im Gedächtnis behalten werden zu können.[14] Deshalb empfiehlt Thomas von Aquin, auf die mnemotechnischen Regeln zurückzugreifen, die in der Schrift *Ad Herennium* enthalten sind. Sie wird fälschlich Cicero zugeschrieben und ist auch unter dem Namen *Rhetorica secunda* bekannt.

Es steht außer Zweifel, daß die Gedächtniskunst im Mittelalter in den Klöstern angewandt wurde, um das Erlernen von abstrakten Begriffen zu ermöglichen. Im 14. Jahrhundert befassen sich zwei Traktate in italienischer Volkssprache damit. Petrarca sind diese Regeln keineswegs fremd.[15]

Doch die Zeiten ändern sich, und seit der Wiederentdeckung von Quintilians *Institutio oratoria* – die der Mnemotechnik im übrigen nicht gewogen ist – im Jahre 1416 bemächtigen sich die Humanisten der Gedächtniskunst, um die Künste und die Tugenden der Alten anzupreisen. Während sich das Mittelalter *ad maiorem gloriam Dei* des pseudo-ciceronischen Traktates *Ad Herennium* bediente, um sich das gewaltige Gebäude der theologischen Begriffe geistig besser vergegenwärtigen zu können, erblickt der Humanismus in der *Ars memoriae* eine wichtige Waffe im Bereich des gesellschaftlichen Aufstiegs. Durch ein unfehlbares Gedächtnis sichert man sich Vorteile über die anderen.[16] Zu dieser Kunstgattung gehört der Traktat des Juristen Petrus von Ravenna: *Phoenix, sive artificiosa memoria* (Venedig 1491).

Der Leser des Buches von Frances Yates erinnert sich zweifellos an die Grundsätze dieser Kunst, die wir hier ohne Rücksicht auf Einzelfragen frei zu rekonstruieren versuchen. Da die Wahrnehmungen an sich einen phantasmischen Charakter besitzen, der sich daher leicht merken läßt, geht es nun darum, einen beliebigen sprachlichen oder begrifflichen Inhalt – etwa ein Gedicht oder eine Klassifikation der Tugenden – einer Bildfolge zuzuordnen. Nun können diese Bilder einem beliebigen *Ort* entstammen, nichts hindert sie aber daran, Phantasmen zu sein, die für diese Gelegenheit von dem Einbildungsvermögen erzeugt werden. Im ersten Fall muß der Ort sorgfältig ausgewählt werden, denn tatsächlich erfordert diese Kunst eine vollständige Konzentration, die sich nur in der Einsamkeit erwerben läßt. Daraus folgt, daß man die mnemonische Tätigkeit in einer Kirche, auf einem Friedhof, in einem verlassenen Schloß oder zu Hause ausüben muß, wobei man alle Gesellschaft und jede Ablenkung meidet. Die *Teile* des Ortes muß man sich in einer bestimmten *Reihenfolge* einprägen. Jedem Teil ist eine Sequenz der Botschaft oder der Begriffsreihe zuzuordnen, die auswendig gelernt werden soll. Die unauflösliche Einheit, die beide Diskurse – der phantasmische und der sprachliche – bilden, wird sich dank dem imaginären Charakter des phantasmischen Diskurses für immer ins Gedächtnis einprägen. Weder bei dem, was man memorieren kann, noch bei der Wahl der dabei anzuwendenden Phantasmen besteht irgendeine Einschränkung. Schließlich können, wie wir bereits bemerkten, die Phantasmen – und hier liegt die Quelle der Emblemata, *imprese* (Gleichnisse) und der Wappensprüche der Renaissance – dem Einbildungsvermögen ohne jedwede objektive Stütze unmittelbar entspringen. In diesem Fall werden sie so konstruiert sein, daß sie mit ihren Teilen die Segmente der zu merkenden Botschaft abdecken.

Das Prinzip der zeitlichen Vorrangigkeit des Phantasmas gegenüber dem Wort führte in einigen Fällen zu Ergebnissen, deren Nutzen und Anwendbarkeit durchaus zweifelhaft sind, wie etwa die Alphabete, die Johannes Romberch 1520 in seinem *Congestorium artificiose memorie*[17] vorgeschlagen hatte, in dem jeder Buchstabe des Alphabets durch einen mit dem jeweiligen Buchstaben beginnenden Vogel ersetzt wurde: A = *Anser* (Gans), B = *Bubo* (Eule) usw.[18] Der florentinische Dominikaner Cosmas Rossellius ersetzte dann die Vögel durch Tiere. Auf diese Weise wurde das Wort ›A-E-R‹, Luft, mit Hilfe eines Esels (*asinus*), eines Elefanten und eines Rhinozeros memoriert![19]

Dabei handelt es sich nur um Extremfälle des Verfalls der Gedächtniskunst, die man weder mit den echten Verfahren noch mit den überraschenden Errungenschaften dieser Kunst verwechseln darf. Der Humanismus hat eher die nutzbringende als die spekulative und geistige Seite der Gedächtniskunst betont, die Marsilio Ficino dennoch zu kennen und zu schätzen scheint.

Die Renaissance kennt zwei Arten der Gedächtniskunst: eine streng auf Nützlichkeit bedachte, die sehr bald in den Alphabeten Romberchs und Rossellis und auch in einigen *imprese* und Emblemata rein spielerischen Charakters ausartet; die andere ist eine Fortsetzung der mittelalterlichen Mnemotechnik und der Universalkunst des Raymundus Lullus. Diese zweite Gedächtniskunst versucht mit Hilfe verschiedener Methoden eine Phantasmenwelt zu erschaffen, die intelligible Wirklichkeiten zum Ausdruck bringen soll. Und von diesen Wirklichkeiten ist unsere Welt nur ein entferntes und unvollkommenes Abbild.

> *Quidquid recipitur, ad modum recipientis recipitur*: »Was immer empfangen wird, wird auf die Weise des Empfangenden empfangen.«[20]

Nun ist die dem Menschen eigentümliche Art und Weise das Phantasma (Vorstellungsbild), das sich im Spiegel des Pneumas spiegelt. Das Pneuma ist das einzige Mittel, über das er verfügt, um die intelligiblen Wirklichkeiten zu erkennen. Es geht im Grunde darum, eine Operation auszuführen, die mit der sinnlichen Erkenntnis einhergeht. Dieser Vorgang besteht in der Übertragung der Umwelt in eine imaginäre Sprache, so daß die Seele Kenntnis davon nehmen kann. Im Gegensatz dazu stellt die intelligible Erkenntnis die Übertragung der in die Seele eingeprägten Wirklichkeiten in eine phantasmische Sprache dar, so daß die diskursive Vernunft – die eine objektive, wenn auch machtlose Instanz ist – diese Wirklichkeiten geistig erfassen und sich deren bemächtigen kann.

Die *Hieroglyphen* Ficinos, mit denen wir uns jetzt beschäftigen werden, sind Symbole dieser intelligiblen Erkenntnis. Doch die Nachfolger Ficinos gehen sehr viel weiter: Sie behaupten sogar, daß die Regeln der phantasmischen Sprache, welche die intelligiblen Beziehungen überträgt, geeignet seien, in Gestalt eines *Theaters* aufgeführt zu werden, um von jedem betrachtet und erlernt werden zu können, den es danach verlangt.

Der Gedanke des Theaters kam dem Friauler Giulio Camillo Delminio um 1480 in den Sinn, und er scheute keine Mühe, ihn in die Tat umzusetzen. Giulio Camillo, Professor an der Universität von Bologna, war kein Scharlatan. Es gelang ihm, Franz I. von seinem Theater zu überzeugen, und mit Unterstützung des Königs ließ er sich 1530 in Paris nieder. 1532 hielt er sich in Venedig auf, wo Viglius Zuichemus, der Briefpartner von Erasmus, ihn aufsuchte. Sein Brief an Erasmus beschreibt in einem spöttischen Tonfall das Theater unseres Künstlers des himmlischen Gedächtnisses, das der Rotterdamer Humanist weder schätzen noch verstehen konnte. 1534 weilte Giulio Camillo wieder in Paris, aber es gelang ihm nicht, sein Theatergebäude zu vollenden. Diese Holzkonstruktion gab es noch 1558 am Hofe Frankreichs – davon zeugt ein Brief von Gilbert Cousin, dem Sekretär des Erasmus. Unterdessen wurde Giulio Camillo an den Hof von Alfonso Davalas, Marquese del Vasto, dem spanischen Gouverneur von Mailand, berufen. Ihm blieb nur noch die Zeit, sich dahin zu begeben, wo er 1544 verstarb.[21]

Giulio Camillo, ein bescheidener und zurückhaltender Mann, dessen Latein ihm den Spott von Zuichemus eintrug, hat wenige Schriften hinterlassen. Er beschäftigte sich mit Rhetorik und hatte *Le Idee, overo Forme della Oratione da Hermogene considerate* – das Hermogenes von Tarsos[22] zugeschriebene Werk – übersetzt, aber anscheinend auch das Werk Pico della Mirandolas[23] und vielleicht auch das auf Ficino fußende Werk von Francesco Giorgio (Zorzi)[24] studiert. Seine Hauptbeschäftigung galt dem Aufbau eines kosmischen Modells. Nun stammt dieses kosmische Modell sicherlich von dem Florentiner Neuplatonismus.

Camillo hatte das Projekt in seiner kleinen dunklen Abhandlung *L'Idea del Theatro* dargelegt, die 1550 in Florenz und Venedig veröffentlicht wurde. Sein Gebäude in Gestalt eines Amphitheaters mit sieben Rängen oder Stufen, das in sieben Bereiche unterteilt war, sollte eine *imago mundi* darstellen, in der alle Ideen und Gegenstände auf Grund ihrer jeweiligen Zugehörigkeit zu den Planeten den geeigneten Platz finden sollten. Wie alle künstlichen Systeme war auch dieses dazu verurteilt, nicht mehr verstanden zu werden, sobald die Planetenreihen aus der Mode kamen. Wir werden später sehen, daß die Planetenreihen auf Grund von Entsprechungen zwischen einem Planeten und bestimmten Tieren, Pflanzen und Steinen zustande kamen. Den Menschen der Renaissance leuchtete noch ohne weiteres ein, daß Löwe, Gold und Heliotrop zur Sonnenreihe gehörten; aber es war nur eine kulturell geprägte Einsicht, die unwirksam wurde, sobald die astrologischen Prinzipien ihre Glaubwürdigkeit einzubüßen begannen. Das Projekt Giulio Camillos war, wie Frances Yates treffend beobachtet hat,[25] magischer Art. Mehr als aus den Spekulationen Pico della Mirandolas[26] schöpfte er aus dem Ficinischen Traktat *De vita coelitus comparanda* (siehe unten, Kapitel IV, 3). Der Stoff, der durch die Theaterfiguren versinnbildlicht wurde, stammte ebenfalls aus dem Florentiner Platonismus. So wurde beispielsweise die Vorstellung der Einkörperung durch das Bild der Pasiphaë und des Stiers auf der Tür zum fünften Theaterrang dargestellt.[27] Pasiphaë versinnbildlichte die vom Leib (Stier) angezogene Seele, ein Motiv, das sowohl von Plotin als auch von den Kirchenvätern mit der (schwarzen) Magie, der γοητεία, in Zusammenhang gebracht wurde.[28] Bei ihrem Herabsteigen durch die Planetensphären mußte sich die Seele ein Luftgefährt (das Pneuma) erwerben, das ihr gestattete, sich in einen stofflichen Leib einzukörpern.[29] Es ist leicht verständlich, daß die Verwirklichung aller Einzelheiten dieses Projekts, das nicht nur Bilder, sondern auch kryptische Formeln enthielt, die Kräfte eines einzigen Menschen überstieg. War dieser verschwunden, nahm niemand seinen Platz ein, um sein Werk fortzusetzen. Im Grunde war der Ehrgeiz Giulio Camillos kein geringerer, als eine *universi figura*,[30] eine kosmische Figur herzustellen, *ex qua tamen beneficium ab universo sperare videntur*, durch die man eine Wohltat vom Weltall zu erhalten hoffte.

Ficino selbst, der die Verwirklichung einer *universi figura* sehr eingehend schilderte, gehörte nicht zu denjenigen, die, wie Giulio Camillo, die Redekunst pflegten. Deshalb kam er vermutlich auch nie auf den Gedanken, daß die *imago mundi* die Gestalt eines Theaters annehmen könnte. Für ihn nahm der phantasmische Ausdruck der intelligiblen Welt keine so konkreten Formen an, wie es bei Camillos Theaterfiguren der Fall war. Im Gegenteil, dieser phantasmische Ausdruck mußte etwas Rätselhaftes, dem Uneingeweihten Unzugängliches sein.

Um diesen Ausdruck zu erreichen, eigneten sich die ägyptischen Hieroglyphen vortrefflich. Sie hatten zunächst das hohe Ansehen der Tradition: Platon selbst hatte sich dazu geäußert (*Phaidros* 274 C-275 B) und auch Plotin in seinen *Enneaden* (V, 8, 6).

> »Wenn die ägyptischen Priester göttliche Geheimnisse kundtun wollten, verwendeten sie nicht die kleinen Zeichen einer Schrift, sondern Wiedergaben ganzer Pflanzen, Bäume oder Tiere; denn Gottes Kenntnis der Dinge kommt nicht von vielfältigem stückweisem Denken (*excogitationem multiplicem*), sondern von der reinen und festen Form des Dinges selbst.«[31]

Ficino blieb in seinem Plotin-Kommentar nicht dabei stehen; sondern nahm des weiteren – im übrigen willkürlich – auf eine Hieroglyphe des Horapollon Bezug.[32]

Die Horapollon zugeschriebene und von einem unbekannten Schriftsteller namens Philippos ins Griechische ›übersetzte‹ Schrift *Hieroglyphika* stellte ein recht neues Glanzlicht in Florenz dar. Der Codex wurde 1419 [oder 1422] von dem Kaufmann Christoforo de' Buondelmonti auf der Insel Andros entdeckt und nach Florenz gebracht. Der griechische Text wurde erst 1505 veröffentlicht, 1515 folgte eine lateinische Übersetzung. Er muß den Zeitgenossen Ficinos wohl sehr vertraut gewesen sein, bezog doch Leon Battista Alberti in seinem Werk *De architectura* (1452) einige phantasievolle Erklärungen der Hieroglyphen daraus. Die Mode der Pseudo-Ägyptologie hatte gewaltigen Erfolg, vor allem in der Kunst der Emblematik, die Giovanni Andrea Alciato (1492-1550), ›Emblematum Pater et Princeps‹, der Vater und Fürst der Emblematik, im 15. Jahrhundert entwickeln sollte, ohne aus dem Werk seines Vorläufers Pierio Valeriano Bolzanio (Giovanni Pietro delle Fosse, 1477-1558) *Hieroglyphica sive de sacris Aegyptiorum aliarumque gentium literis commentarii* zu schöpfen.[33]

Den Hieroglyphen – Symbole, die den zwiefachen Vorzug hatten, das Interesse der göttlichen Platoniker erregt zu haben und gleichermaßen bei den Zeitgenossen Ficinos im Schwange zu sein – kam in den Vorstellungen des letzteren eine recht eigentümliche Bedeutung zu, die von André Chastel in seinem schönen Buch *Marsile Ficin et l'Art* herausgearbeitet wurde.

Wie Eugenio Garin dargelegt hat, hielt Ficino die Philosophie für eine Einweihung in die Mysterien,[34] die in einem stufenweisen intellektuellen Aufstieg bestand und als Erwiderung von Seiten der intelligiblen Welt eine phantasmische Offenbarung in Gestalt von *figurae*[35] empfing. Diese *figurae*, Gestalten einer inneren, von der Seele selbst inszenierten Phantasmagorie, stellten die Art und Weise dar, in der sich die Seelenschau dem *oculus spiritalis* erschloß, einem Organ, von dessen Dasein der innere Sinn durch unermüdliche Versenkung erfuhr.[36] Diese Erfahrung, die P. O. Kristeller[37] anschaulich beschrieben hat, führte zur Bildung eines ›inneren Bewußtseins‹, das als phantasmische Operation aufzufassen war, d. h. als eine *visio spiritalis* in der augustinischen Bedeutung dieses Ausdrucks.[38] Tatsächlich handelte es sich um die Entdeckung eines Verbindungsmittels zwischen der Vernunft und dem Intellekt (der Seele). Dieses Mittel ist das geistige Auge, ein mysteriöses Organ, das uns erlaubt, zu den höheren Seinsebenen aufzublicken.[39]

André Chastel glaubt, daß sich der Begriff *hieroglypha* bei Ficino nicht auf eine Figur bezieht, welche die Seele durch die Vermittlung des Pneumas an die Vernunft weiterleitet. Vielmehr handele es sich um ein Meditationssymbol, das »den Geist in einer Spannung erhält, die der ekstasenahen Kontemplation förderlich ist, um den Talisman des *oculus mentis*«.[40]

Pseudo-ägyptische Hieroglyphen, Emblemata und *imprese* entsprachen vortrefflich dem spielerischen Geist des Florentiner Platonismus, dem mysteriösen und ›mysterischen‹ Charakter, den Ficino diesem verlieh.

> »Es war die Art des Pythagoras, Sokrates' und Platons, göttliche Geheimnisse mit Bildern und Hüllen zu verdecken, seine Weisheit gegen die Anmaßung der Sophisten bescheiden zu verhehlen, ernst zu scherzen und absichtsvoll zu spielen, *iocari serio, et studiosissime ludere.*«[41]

Diese berühmte Ficinische Formel – die Übersetzung eines Xenophon-Wortes, das sich auf das Verfahren des Sokrates bezog – stellte im Grunde die Quintessenz aller phantasmischen Operationen dar, ob es sich nun um Eros, Gedächtniskunst, Magie oder

Alchemie handelte – den *ludus puerorum*, das Kinderspiel schlechthin. Was denn anderes tut man im Grunde in allen diesen Fällen, als *mit* den Phantasmen zu spielen?

In den Dialog *De ludo globi* (*Vom Globusspiel*, 1463) des Nikolaus von Kues wurden unter anderem auch folgende Verse eingefügt, die wohl kaum aus seiner Feder stammen dürften:[42]

[. . .]

Luditur hic ludus, sed non pueriliter.	Man spielt dieses Spiel, doch nicht
At sic	nach Kinderart. Sondern so,
Lusit ut orbe novo sancta Sophia deo.	wie die heilige Weisheit es Gott vorspielte am Anfang der Welt.
Sic ludit, quisquis per caeli aprica	So spielt ein jeder, der durch des
domosque	Himmels sonnige Orte und durch die ätherischen
Aetherias quid agant cernere sancta venit.	Häuser kommt, um zu sehen, was die heiligen Wesenheiten tun.
Sol oriens, ludis sic, Augustine, canendo,	Du, aufgehende Sonne, du spielst so, Augustinus, singend,
Musica cum nobis te modulante data est.	Als die Musik durch deine Begleitung uns ward gegeben.
Sic omnes lusere pii, Dionysius et, qui	So spielten alle Frommen, auch Dionysius, der
Increpuit magno mystica verba sono.	ließ die mystischen Worte erschallen mit mächtigem Klange.

Der *ludus globi* ist das mystische Spiel schlechthin, das Spiel, das die Titanen den Knaben Dionysos spielen ließen, um sich seiner zu bemächtigen und um ihn umzubringen.[43]

Aus der Asche der von Zeus' Blitzen erschlagenen Titanen erstand das Menschengeschlecht, ein wegen des Göttermordes seiner Ahnen schuldiges Geschlecht, das nicht gesündigt hatte. Aber weil den Titanen ein Teil des Gottes beigemengt war, erbten die Menschen auch einen Funken, der von dem ermordeten Kind herrührte, von dem göttlichen Kind, dessen Spiel das Bild der Zeitalter ist: »Aiōn ist ein Knabe, der ein Brettspiel spielt, Königtum eines Knaben!«[44]

3. Der phantasmische Eros und die Befriedigung des Verlangens

Wo es um Eros geht, geht es um Verlangen. Wo es um Verlangen geht, geht es um dessen Befriedigung.

Das gilt ebenso für Sigmund Freud wie für die Theoretiker der Liebe im Mittelalter und in der Renaissance, allerdings mit einem Unterschied: Letztere, die wegen ihrer Freiheit und ihrer Offenheit bisweilen erstaunliche Kenntnisse über die menschliche Sexualität zeigen, lassen durchaus auch andere Formen der Erfüllung des Verlangens gelten. Da der Eros tatsächlich geistiger Natur ist, sich also auf einer Ebene zwischen Seele und Leib, zwischen der intelligiblen und der sinnlich wahrnehmbaren Welt befindet, kann er zu dem einen oder dem anderen dieser kosmischen Bereiche hinneigen. Weil das Verlangen aber das Verfolgen eines Phantasmas ist und dieses Phantasma auch zu einer Welt gehört, zur imaginären Welt – zum *mundus imaginalis* –, gibt es noch eine dritte Möglichkeit, und zwar die, daß der Eros ganz und gar in einem phantasmischen Umfeld wirkt.

Der geistige Eros hat die Aufgabe emporzuführen: Das ist die Problematik Dantes, wie sie Robert Klein[45] vortrefflich dargelegt hat; die natürliche Liebe, die zum Leib hinneigt. Es ist die Erfahrung so manches Schriftstellers aus der Schule Boccaccios, von der in der Freudschen Psychoanalyse nur noch der starrsinnige Wille, die Vielfalt der Erscheinungsformen des Eros auf eine Einheit zurückzuführen, übriggeblieben ist. Es versteht sich von selbst, daß diese beiden Traditionen eines gemeinsam haben: die Anerkennung, wenn nicht des Wesens, so doch zumindest der phantasmischen Wirkungsweisen des Eros. Für die einen wie für die anderen bestehen die Vorstufen des Verlangens in der Einsetzung eines Phantasmas ins Subjektinnere. Bei den einen wird dieses Phantasma die Fähigkeit besitzen, ihren schlummernden Willen zu wecken, sie zu ihrer Reise durch den intelligiblen Kosmos anzutreiben und sie dabei zu begleiten. Es wird eine heroische Leidenschaft sein, die schließlich zur Verschmelzung des Jägers mit dem Gegenstand seiner Jagd führen wird – nach einem Bild, das Ficino gebraucht und das Giordano Bruno später wieder aufgreifen sollte. Bei den anderen wird das Phantasma nur ein ebenso peinliches wie drängendes Bedürfnis nach physischer Entladung sein, das sich in dem Maße verstärkt, als seine Erfüllung sich verzögert.

In diesem Fall wird man einen grundlegenden Gegensatz feststellen zwischen der medizinischen Vorstellung vom phantasmischen Eros, der das Gleichgewicht des Organismus stört und nach sofortiger Befriedigung heischt, damit dieses Gleichgewicht wiederhergestellt werde, und der Vorstellung der Getreuen der Liebe, die eine radikale Ablehnung der ersteren darstellt und die (durch mangelnde Befriedigung entstandene) Gleichgewichtsstörung zugunsten einer tiefen geistigen Erfahrung fordert und nutzt. Dieser deformierende Zeitwille, der zunächst in der Medizin der Zeit zum Einsatz kommt, liefert später noch manchen Anlaß zum Hohn gegen die Bekenner der mystischen Liebe, deren von jedem Sinn entleerte Vorstellungen gleichbedeutend werden mit einer erotischen Strategie, in der die rein verbale Verklärung der Frau nur ein Winkelzug ist, um schnellstmöglich ihren Widerstand zu brechen.

Der Konflikt zwischen diesen beiden großen Traditionen bedeutet zugleich eine relative Abhängigkeit voneinander. Der erotische Mystizismus definiert sich im Gegensatz zur naturalistischen Richtung, während diese ihren Standpunkt in ausdrücklicher oder stillschweigender Polemik gegen den Idealismus und Intellektualismus der Getreuen der Liebe begründet.

Eine dritte Richtung, ebenso unscheinbar und dunkel wie die anderen berühmt und beharrlich, wäre beinahe unbemerkt geblieben oder den anderen beiden angeglichen worden. Es kann in der Tat Phantasmen ohne Bezug auf ein wirkliches Objekt geben, aber wegen ihrer Bildnatur kann es keine Phantasmen geben ohne irgendeine physische Grundlage. Deshalb ist eine Phantasmengeschichte stets deutungsbedürftig: Man kann darin entweder das Symbol von Abenteuern im intelligiblen Kosmos erblikken oder eine Allegorie über wirkliche Begebenheiten.

Wenn es auch viele Theoretiker des phantasmischen Eros gab, so blieb die Anzahl der Schriftsteller, die das Wirken der Phantasmen zu beschreiben versuchten, leider äußerst beschränkt. Einer von diesen ist der ehrwürdige Predigerbruder aus Treviso, Francesco Colonna, der, nachdem er die Würde eines Sakristans im Kloster der Heiligen Johannes und Paulus zu Padua erlangt hatte, 1527 im Alter von vierundneunzig Jahren verstarb.[46] Er war der Verfasser eines in seiner Art einzigartigen Werkes, der *Hypnerotomachia Poliphili*, das nach dem Explicit des Buches am 1. Mai 1467 abgeschlossen worden war; veröffentlicht wurde es aber erst

1499 von Aldo Manuzio auf Kosten eines Magistrats aus Verona namens Leonardo Crasso.[47]

Der Inhalt der *Hypnerotomachia* fügt sich bestens in die Zeit um 1467 ein. Tatsächlich steht das Werk außerhalb der Geistesströmung, die Marsilio Ficino seit etwa 1463 ausgelöst hatte.[48] Von unserem Standpunkt aus ist die Tatsache, daß sich dieses Werk dem Einfluß Ficinos entzieht, von unschätzbarem Wert. Selbst wenn sie einen persönlichen Standpunkt über die Liebe ausdrücken, was nicht allzu oft vorkommt, ist bei Pico della Mirandola, Pietro Bembo, Baldassare Castiglione, Leone Ebreo oder Melanchthon das unauslöschliche Gepräge des Ficinischen Denkens bemerkbar. Im Gegensatz dazu ist Colonna, obwohl auch er sich der Gattung des phantasmischen Eros bedient, eigenständig und unnachahmlich: zwar weniger im Hinblick auf die Gedanken – das gemeinsame Erbe des Zeitalters, dessen Systematiker Ficinos sein sollte – sondern mehr hinsichtlich des literarischen und didaktischen Gehalt seines Buches (siehe Anhang II, S. 333 ff.).

4. Die Phantasmen am Werk

Machen wir uns mit den Phantasmen vertraut. Wortwörtlich bedeutet der Titel *Hypnerotomachia* ›Liebeskampf im Schlaf‹ oder ›Traumliebesstreit‹. Man erwartet, daß jemand von Phantasmen träumt, die in einen erotischen Streit verwickelt sind. Vielleicht sind es die eigenen Traumphantasmen. Und genau das trifft auch zu: Zwei Phantasmen, das Phantasma des Träumers – Poliphilo – und das des von ihm geliebten jungen Mädchens – Polia – stehen im Mittelpunkt der Handlung.

Der Leser erfährt, daß Poliphilo Polia sucht, weiß jedoch weder weshalb noch wie. Von den dreihundertelf Seiten der Guégan-Kerver-Ausgabe entfallen zweihundertfünfzig Seiten auf den ersten Teil, während der zweite Teil, der die zum Verständnis unentbehrlichen Erklärungen gibt, nur sechzig Seiten umfaßt. Nun erzählt der erste Teil das endlose Umherirren Poliphilos durch die Ruinen des Altertums, durch Triumphzüge, Emblemata und *imprese*, die allesamt eine geheime Bedeutung haben. Wie Frances A. Yates trefflich bemerkt hat, könnte es sich um ein »außer Kontrolle und in wildes phantastisches Schwelgen gerate-

Abb. 2: ». . . die heiligen bakchischen Orgien . . .« *Hypnerotomachie* I, 14, S. 111, ed. Guégan-Kerver [ed. Polizzi, S. 175].

Abb. 3: ». . . die jammervollen, nackenden und zerzausten Jungfrauen . . .« *Hypnerotomachie* II, 3, S. 264 [ed. Polizzi, S. 359]. Holzschnitt von Jean Cousin und/oder Jean Goujon.

nes künstliches Gedächtnis« handeln.[49] Am Schluß findet Poliphilo Polia wieder, und die Liebenden verfechten ihre Sache vor dem himmlischen Gericht der Venus. Der zweite Teil, der diese beiden Monologe enthält, ist also eine *Binnenerzählung* und das Ende ist dazu bestimmt, das Rätsel noch mehr zu verwirren: Man erfährt, daß alles, was sich zugetragen hatte, nur Poliphilos Traum gewesen war, und daß die Suche nach Polia und die Befriedigung des Verlangens folglich nichts anderes gewesen sind als phantasmische Abenteuer.[50] (Siehe Anhang III, S. 337ff.)

5. Die Tiefenpsychologie Ficinos

Herabkunft der Seele

»[. . .] und indem die Seelen von der Milchstraße durch das Zeichen des Krebses hindurch herabsinken, hüllen sie sich in ein himmlisches durchsichtiges Gewand, mit welchem bekleidet sie sich in die irdischen Leiber einschließen. Denn die Ordnung der Natur erfordert, daß die im höchsten Sinne reine Seele sich mit diesem höchst unreinen Körper nur durch Vermittelung einer reinen Hülle verbinden kann, welche zwar weniger klar und rein als die Seele, jedoch reiner und durchsichtiger als der Leib ist und daher von den Platonikern für das geeignete Bindemittel zwischen der Seele und dem irdischen Leib gehalten wird. Daher [wegen dieses Herabsteigens] kommt es, daß die Seelen der Planeten unsere Seelen, und ihre Körper unsere Körper in jenen sieben Gaben, welche uns zu Anbeginn von Gott verliehen wurden, bestärken und befestigen. Der gleichen Bestimmung liegen ebenso viele [sieben] dämonische Wesenheiten ob, welche die Mitte zwischen den Himmelsbewohnern und den Menschen einnehmen. Die Gabe der Betrachtung stärkt Saturn durch Vermittelung der saturnischen Dämonen, die Fähigkeit zu herrschen und zu regieren Jupiter durch seine jovialischen Dämonen. In gleicher Weise fördert Mars durch die martialischen Dämonen die Seelengröße. Die Sonne verhilft mittels der Sonnendämonen zur Klarheit der Sinne und des Urteils, womit auch das Voraussagen der Zukunft zusammenhängt. Venus reizt durch die venerischen Geister zur Liebe. Merkur regt durch die merkurischen Dämonen [die Fähigkeit des Deutens und des Aus-

Abb. 4: Ithyphallischer Pan [Priapus!]. *Hypnerotomachie* I, 17, S. 124 [ed. Polizzi, S. 189].

drucks] zum Erklären und Reden an. Der Mond endlich fördert durch die lunarischen Dämonen das Zeugungsgeschäft.« (*De amore* VI, 4, Hasse.)

Abgesehen von der Vorstellung, daß die Planeten ihren jeweiligen Einfluß auf Leib und Seele ausüben, ist dieser Passus Ficinos von den *Commentarii in Somnium Scipionis* (I, 12) des lateinischen Neuplatonikers Macrobius beeinflußt, denen wiederum ein Traktat des Porphyrios zugrunde gelegen haben dürfte.[51] Die Schrift des Macrobius war im Mittelalter in Umlauf, und es ist nicht ausgeschlossen, daß Ficino einen Wilhelm von Conches zugeschriebenen Kommentar dazu gekannt hat, von dem sich eine Abschrift des 14. Jahrhunderts in der Biblioteca Nazionale zu Florenz befindet.[52]

Der Verfasser der *Philosophia mundi*, der den Vorgang der Zeugung behandelt, unterteilte die Gebärmutter in sieben Kammern, die den Samen auffangen, und in denen »die menschliche Gestalt wie eine Münze geprägt wird«.[53] Es ist für Wilhelm von Conches durchaus wahrscheinlich, daß die sieben Unterteilungen den Planeten entsprechen, deren Einfluß auf die Entwicklung des Embryos so im voraus von der göttlichen Weisheit, die in die Natur eingeprägt ist, angelegt wäre.

Diese, die menschliche Gestalt prägenden ›Siegel‹, die *cellulae impressione humanae formae signatae*, finden sich bei Ficino allerdings nicht auf der Ebene der irdischen Gebärmutter, sondern des himmlischen Mutterschoßes. Man kann tatsächlich den Vorgang der Kosmoswerdung der Seele, den Eingang ins physische Universum, mit der Schwangerschaft vergleichen, die zum Wachstum des Embryos führt. Einerseits gibt es die Kind-Seele, die sich nach unten neigt und in die kosmische Matrix herabsteigt, welche aus den sieben Planeten besteht; andererseits gibt es den Leib des Kindes, der bereit ist, die Seele zu empfangen. Bei Wilhelm von Conches ist der Parallelismus vollständig, denn die menschliche Gebärmutter entspricht dem Kosmos.

Diese Entsprechung gibt es auch bei Ficino im Rahmen seiner Tiefenpsychologie, wobei er diese nicht allzu kompliziert werden läßt. Die Grundlage alles dessen bildet der Begriff ›Planeten-*Gepräge*‹ oder -›*Figur*‹, verbunden mit einer recht sonderbaren Theorie über den Einfluß der Gestirne auf die erotischen Wahlverwandtschaften, die durch kein Lehrbuch der Astrologie bestätigt wird. Ficino stellt (*De amore* VI, 5) fest, daß bestimmte planetarische Typen – der jupiter- (jovialische), sonnen- (solare), mars- (martialische) und venushafte (venerische) – sich besser als die übrigen (lunarischen, saturnischen, merkurischen) dazu eignen, Liebespfeile zu empfangen, und auch, daß sie derjenigen Person den Vorzug geben, die zu demselben Typus gehört wie sie – etwa der Jupiterhafte einem Jupiterhaften usw.

Um die tiefe und unbewußte Anziehung zwischen den Geschlechtern zu erklären, gibt er ein Beispiel, das für die ganze oben genannte Reihe als Muster gilt. Nehmen wir an, daß eine Seele zu dem Zeitpunkt in den Körper herabsteigt, in dem Jupiter im Tierkreis herrscht. Sie wird in sich selbst ein jupiterhaftes Bild entwerfen, das sich auch in ihrem pneumatischen Gefährt ausprägen wird. Eine andere Figur derselben Art muß sich zudem in dem Samen ausprägen, der über bestimmte Eigenschaften verfügt, um dieses Bild empfangen zu können. Wenn er nicht darüber verfügt, werden sich die Charakterzüge des Jupiter schwächer übertragen und das Ergebnis wird eine gewisse Disharmonie des Leibes sein. In dem Augenblick, in dem dieser anmutlose Jupiterhafte einem Jupiterhaften begegnet, der das Glück hatte, einen geeigneten Samenkeim zu finden, wird er sich in dessen Schönheit verlieben, ohne sich dessen bewußt zu sein, daß der tiefe Grund seiner Zuneigung in der Anziehung besteht, die man für denselben planetarischen Archetyp empfindet, vor allem dann, wenn er sich besser in einen irdischen Leib eingekörpert hat.

> »Die unter dem gleichen Gestirn Geborenen sind, wie gesagt, so beschaffen, daß, wenn das Bild (*simulacrum*) des Schöneren von ihnen durch die Augen in die Seele des anderen dringt, es vollkommen mit jenem Urbilde übereinstimmt, welches sich im Anbeginn der Erzeugung in der ätherischen Hülle der Seele sowohl wie in dieser selbst ausgeprägt hat.« (*De amore* VI, 6, Hasse.)

Die beiden Urbilder sind Abbilder eines und desselben Planeten-Archetyps, wenn auch das eine weniger vollkommen ist als das andere. Es findet ein *tiefes Wiedererkennen* statt, und das Verlangen danach, dem anderen nachzueifern, wird die schwächste jupiterhafte Gestalt erfassen. Diese wird sodann danach streben, sich nach dem Vorbild des anderen zu vervollkommnen.

Ficino behauptet ausdrücklich, daß dieser unbewußte Abdruck in der Seele kein Phantasma ist. Im Gegenteil, es stellt eine

Tiefenmatrix dar, die den phantasmischen Vorgang in dem Maße bedingt, in dem sie den empfangenen Phantasmen gebietet, sich einem vorgeburtlichen Archetyp anzugleichen.

Diese Theorie der *facies* oder des vorgeburtlichen menschlichen Bildes stammt aus einer sehr archaischen Schicht von Glaubensvorstellungen, der man auch bei den sogenannten ›primitiven‹ Völkern begegnet. Die späten Neuplatoniker haben ihr eine philosophische Prägung gegeben. In der Folgezeit hat die von Moses de León verfaßte kabbalistische Schrift *Zōhār* die Vorstellung von einem ewigen Abdruck in der Seele wieder aufgenommen:

> »›Ich habe ihn geschaffen, wahrlich ich habe ihn gemacht‹: Wie bereits erläutert ward, beziehen sich die Worte ›Schaffen wir den Menschen nach unserem Abbild, nach unserem Ebenbild‹ auf die Hochzeit, nämlich auf die Zeit der Vereinigung von Abbild und Ebenbild, und so entsprang der Mensch aus Mann und Weib. In dem Buche des Königs Salomo steht geschrieben, daß in der Stunde der ehelichen Vereinigung auf Erden Gott eine menschenähnliche Gestalt entsendet, die über der Vereinigung schwebt, und wäre sein Auge dazu fähig, der Mensch würde eine solche Gestalt über seinem Haupte sehen. In jener [menschenähnlichen] Gestalt wird das Kind gezeugt, bevor aber diese Gestalt über eines Menschen Haupt schwebt, wird das Kind nicht gezeugt, denn diese Gestalt wird für das Kind vorbereitet, bevor es zur Welt kommt.«[54]

Mit Hilfe der neuplatonischen Lehre vermag Ficino die empirische Psychologie des Eros auf eine transzendente Grundlage zu stellen. Der Bereich der empirischen Psychologie wird durch die völlig unbewußte Wahl eingeschränkt, welche die Seele zwischen den als Liebesobjekten geeigneten Phantasmen trifft.

Melancholie und Saturn

Unter den Planetentypen nimmt Saturn in den Vorstellungen Ficinos eine Sonderstellung ein. Es handelt sich zweifellos um eine Rechtfertigung *pro domo sua*, denn Ficino bezeichnet sich selbst als saturnisch, da an dem Tage seiner Geburt (dem 19. Oktober 1433) Saturn in das eigene Domizil im Zeichen des Wassermanns eintrat.[55] Der ›ästhetische Einsiedler‹, der regelmäßigen Anfällen von Überschwenglichkeit und Verzweiflung ausgesetzt ist, kataton[56] und *pessime complexionatus*, aber auch zur Kontemplation der Höhen des Seins begabt, ist nichts anderes als das Ergebnis von Ficinos Introspektion.

Es versteht sich von selbst, daß die Ficinische Erklärung des melancholischen Syndroms in einer Kultur geprägt wurde, die uns fremd geworden ist. Das Problem der saturnischen Melancholie wurde von Erwin Panofsky und Fritz Saxl in ihrer berühmten Studie zu Dürers *Melencolia I* eingehend untersucht.[57] Wir kommen hier nur darauf zurück, um einiges zu verdeutlichen.

Die Seelenlehre des Altertums beruhte auf einer sehr interessanten vierteiligen Klassifikation, welche die Haupttemperamente von dem Überwiegen eines der vier Säfte im Organismus ableitete: gelbe Galle, Phlegma, Blut und schwarze Galle, *atra* (*nigra*) *bilis*, griechisch μέλαινα κολή, daher auch das Wort ›Melancholie‹ (μελαγκολία).

Die vier Elemente, die Himmelsgegenden, die Einteilung des Tages und des menschlichen Lebens entsprechen diesen vier Körpersäften. Die Reihe der *gelben Galle* umfaßt das Feuer, den Wind Eurus, den Sommer, den Mittag und das reife Alter; die des *Phlegmas* das Wasser, den (Wind) Auster, den Winter, das Alter; die des *Blutes* die Luft, den Zephyr, den Frühling, den Morgen, die Jugend; schließlich umfaßt die Reihe der *schwarzen Galle* die Erde, den Wind Boreas, den Herbst, den Abend und das Alter von sechzig Jahren. Das Vorwalten eines dieser Säfte bestimmt die vier Temperamente: cholerisch oder gallig, sanguinisch, phlegmatisch und melancholisch. Die körperlichen Züge oder die *complexio* (›Säftemischung‹, Gemütsverfassung) stehen in engem Zusammenhang mit den Charakteren.[58]

Die Melancholiker sind gemeinhin *pessime complexionati*: mager und finster, darüber hinaus unbeholfen, niederträchtig, schlaff, nachlässig, feige, unehrerbietig, schläfrig, faul, kurzum, es sind Menschen ohne Treu und Glauben, denen es an Rücksicht im Umgang mit Menschen fehlt. Das Emblem des schwarzgalligen Temperaments ist ein alter Geizhals, der auf nackter Erde liegt.

Diese wenig schmeichelhafte Charakterisierung des unseligsten unter den vier psychosomatischen Grundtypen entsprach in der Astrologie derjenigen, die man traditionsgemäß dem schwarzen Schaf unter den Planeten gab: Saturn, dem Gebieter über Steinbock und Wassermann.

Eine systematische Beschreibung der Eigenschaften von Planeten und Tierkreiszeichen gibt der Iatromathematiker (astrologische Mediziner) Johann Virdung von Haßfurt, ein Bewunderer Ficinos, in seinem *De cognoscendis, et medendis morbis ex corporum coelestium positione.*

Saturn ist ein kalter und trockener Planet.[59] Der Saturniker hat ein »breites, häßliches Gesicht, kleine Augen, die zur Erde blikken, das eine größer als das andere und darin einen Flecken oder eine Mißbildung; große Nasenlöcher und fleischige Lippen, zusammenstoßende Augenbrauen, schwarzes, rauhes, struppiges, leicht gewelltes Haar, unregelmäßige Zähne. Er ist zumeist bartlos, oder aber die Barthaare sind schütter, ansonsten sind der Leib und besonders die Brust behaart. Er ist sehnig, hager und hat eine trockene Haut, lange Beine, mißgebildete Hände und Füße, mit einer Spalte an den Fersen. Der Leib ist nicht allzu groß, honigfarben und stinkt wie ein Ziegenbock [. . .]. In seiner Komplexion walten Kälte und Feuchtigkeit vor [. . .]«.[60] Die seelischen Eigenschaften, die Saturn verleiht, sind kaum anziehender: Der Saturniker neigt dazu, über die Ratschläge, die ihm Wohlmeinende erteilen, nachzusinnen, da er aber misanthropisch ist, befolgt er sie nicht.

Es widerfährt ihm zwar selten, aber wenn er sich in jemanden verliebt, ist er ebenso leidenschaftlich wie in seinem Haß. Der Zorn packt ihn leicht, aber er vermag sich lange zu beherrschen. Da er gefräßig ist, ist er gemeinhin dickleibig, und sein Gang ist langsam. Ob Geizkragen, Betrüger, Heuchler, Dieb, Hexer oder Magier, man ist zweifellos in seinem Leben diesem schweigsamen Menschen begegnet, der Wucherer, Ackerbauer, Revolutionär, Aufrührer von Beruf ist. Demnach ist der Saturniker trübselig und einsam, ohne Vertrauen zu Gott und zu seinen Mitmenschen.[61]

Das von Saturn beherrschte Sternzeichen des Steinbocks »ist übermäßig kalt und trocken, zerstörend und todbringend für Gräser, Bäume und Saatkörner [. . .]. Es ist ein weibliches, nächtliches, Herz des Südens, sonnenwendisches, winterliches, bewegliches, verschlungenes, erdiges, melancholisches Sternzeichen«.[62]

Jeder dieser beiden unglücklichsten psychosomatischen Typen, deren Charakterzüge einander so ähnlich sind, daß sie sich schließlich kaum noch voneinander unterscheiden lassen, weist allerdings einen außergewöhnlichen, seine Schwächen aufwiegenden Vorzug auf.

Bereits Theophrast, der auf Aristoteles zurückgreift,[63] unterscheidet zwei Arten von Melancholie: die eine, von der *kalten* schwarzen Galle erzeugte, entspricht den oben erwähnten Wesensmerkmalen, während die andere, vom Vorwalten des *warmen* Saftes erzeugte, dem Subjekt seelische Labilität und Unbeständigkeit verleiht, die mit Genialität einhergehen. Folgende Symptome treten nach Aristoteles bei der ›warmen‹ Melancholie auf:

»Freudenanfälle, Verzückung, Labilität, Genialität.«

Ist die Temperatur der Galle mäßig, so verschwinden die exzentrischen Merkmale aus dem Verhalten des genialen Melancholikers, ohne allerdings seine außergewöhnlichen Fähigkeiten zu beeinträchtigen.[64]

Welches sind die außerordentlichen Naturanlagen des Melancholikers? Nach Albertus Magnus[65] zeitigt die warme Melancholie – oder *melancolia fumosa* (πνευματώδης)[66] – zwei äußerst wichtige Wirkungen auf die phantasmische Tätigkeit des Subjekts. Die erste besteht in der *Beweglichkeit* der Phantasmen im feinstofflichen Organismus; die zweite in der besonderen Fähigkeit der Phantasmen, in dem Pneuma *eingeprägt* zu bleiben. Außer einem ungeheuren Gedächtnis verleiht dies außergewöhnliche analytische Fähigkeiten. Deshalb, so sagt Ficino, »sind alle großen Männer, die sich je in einer Kunst ausgezeichnet haben, Melancholiker gewesen, ob sie als solche geboren wurden, oder ob sie es durch unermüdliche Versenkung geworden sind«.[67] Heinrich von Gent, der die besondere Befähigung der Melancholiker für die Künste wegen ihres überaus entwickelten phantasmagorischen Vermögens anerkannte, sprach ihnen jedoch jede Neigung zu abstraktem Denken ab. Ficino macht diese Ungerechtigkeit wieder wett, indem er den Melancholiker dem Saturniker gleichsetzt. Hatte jener traditionsgemäß als ein genialer Labiler gegolten, so wies dieser auch eine wesensmäßige Zweideutigkeit auf, denn er wird von dem über ihn gebietenden Planeten zu einer Einsamkeit gezwungen, die entweder von einer Perversion oder den höchsten kontemplativen Fähigkeiten begleitet wird:

> »Saturn bezeichnet nicht ohne weiteres Eigenschaft und Schicksal des Menschengeschlechtes, sondern vielmehr den von andern abgesonderten, den göttlichen oder stumpfsinnigen, glückseligen oder von äußerstem Elend bedrückten Menschen.«[68]

Daß Saturn außer einer Reihe von Widerwärtigkeiten seinen Botmäßigen eine außergewöhnliche Neigung zu metaphysischer Kontemplation und zum *abstrakten* (ohne gegenständliche Stütze auskommenden oder sich mit einem Mindestmaß an phantasmischer Tätigkeit begnügenden) Denken verleiht, ist eine Vorstellung, die so alt ist wie die hellenistische Astrologie. Als von der Erde am weitesten entfernter Planet steht Saturn im aristotelisch-ptolemäisch-thomistischen System dem Fixsternhimmel, mithin dem Empyreum am nächsten. Ihm kommt also eine besonders bevorzugte Stellung zu, die schlecht zu den ausschließlich negativen Eigenschaften paßt, die ihm die babylonische Astrologie zugeschrieben hatte. Diese Zweideutigkeit bleibt in der Lehre von dem Herabstieg der Seele auf die Erde bestehen: Macrobius und Proklos sprechen Saturn kontemplative (θεωρετικόν) Fähigkeit und Vernunft (λογιστικόν) zu, während Servius ihm Trägheit (*torpor*) und Feuchtigkeit zuschreibt, der hermetische *Poimandres* indessen Lügenhaftigkeit und der Kommentar zu Macrobius aus dem Florentiner Codex nicht mehr und nicht weniger als *tristitia*, was im Mittelalter gleichbedeutend mit *acedia* oder Melancholie ist. Ficino selbst folgt, wie wir bereits gezeigt haben, Macrobius und Proklos.

Klibansky, Panofsky, Saxl und Wind haben nachgewiesen, daß die Verschmelzung von melancholischem Syndrom und ›Saturnismus‹ von Ficino vollzogen wurde. Da er nicht verstanden hat, daß die Originalität Ficinos nicht darin bestand, neue Vorstellungen auszusprechen, sondern die bereits bestehenden auf originelle Art und Weise miteinander zu verbinden, hat G. Agamben den oben genannten Gelehrten jüngst entgegengehalten, daß die Vorstellung von der Zweideutigkeit der Melancholie eine während des ganzen christlichen Mittelalters wohlbekannte Tatsache gewesen sei.[69] In der Tat war die Zweideutigkeit des Saturn dem Mittelalter weniger fremd als dem Altertum, aber Ficino gebührt wahrscheinlich das Verdienst, die beiden Gesichter des ›Saturnismus‹ mit den beiden Gesichtern der Melancholie – dem bestialischen und dem genialischen – ineinsgesetzt zu haben. Durch diese Ineinssetzung erhielt der Melancholiker von Saturn, was ihm von Anfang an immer versagt geblieben war: die Befähigung zur Metaphysik. Und der Saturniker konnte auch das Einbildungsvermögen und die prophetische Veranlagung anpreisen, die ihm die Melancholie verlieh:

»Das Gestirn des Unheils ist auch das des Genius; es löst die Seele gebieterisch vom Scheinbaren ab, es erschließt ihr die Geheimnisse des Weltalls; durch die Prüfungen der Melancholie hindurch verleiht er eine durchdringendere Sensibilität *ad secretiora et altiora contemplanda conducit.*«[70]

Agrippa von Nettesheim, von dem sich Albrecht Dürer bei seiner *Melencolia I* anregen ließ, wiederholte bereits die Gedanken Ficinos, ohne mehr die traditionellen Einteilungen zu berücksichtigen. In seiner Klassifikation bezog sich die Ziffer I, die in dem berühmten Kupferstich Dürers aufgegriffen wurde, auf diejenigen Saturniker, deren *Einbildung über die Vernunft herrscht* – auf die großen Künstler und Handwerker. Das wäre früher ein Selbstwiderspruch gewesen, denn die Stärke Saturns liegt ja gerade in der Vernunft und nicht in der phantasmischen Fähigkeit. Nur die von Ficino durchgeführte Identifikation von Melancholiker und Saturniker erlaubte es Agrippa, die Wesenszüge dieser ansonsten verschiedenen Typen zu vermengen.

Im übrigen gaben weder Ficino noch Agrippa vor, etwas Neues zu sagen, wenn sie behaupteten, daß die Melancholie die Fähigkeit zum Hellsehen und zur Vorahnung verlieh, da sie ja bekanntlich eine Art von *vacatio*, das heißt eine Ablösung der Seele vom Leib ist. In den Klassifikationen des Mittelalters wurde die Melancholie mit dem Schlaf, der Ohnmacht und der Einsamkeit unter die sieben Formen von *vacatio* eingereiht.[71] Nun ist der Zustand der *vacatio* durch ein unbeständiges Band zwischen Seele und Leib gekennzeichnet, was die Seele in bezug auf die sinnliche Welt unabhängiger macht und ihr gestattet, ihre leibliche Schlacke außer acht zu lassen, um sich gewissermaßen besser um die eigenen Angelegenheiten zu kümmern. Wenn sie das Bewußtsein ihrer Freiheit erwirbt, gibt sich die Seele der kontemplativen Betrachtung der intelligiblen Welt hin. Auch wenn sie nur in der Zwischenwelt umherschweift, hat sie dennoch die Fähigkeit, Ereignisse wahrzunehmen, die in großer – sowohl räumlicher als auch zeitlicher – Entfernung stattfinden. Denn man kann sagen, daß in der intelligiblen Welt die Zeit nicht *entfaltet* ist: darin sind Vergangenheit, Gegenwart und Zukunft nicht voneinander geschieden, denn alles ist *sub specie aeternitatis*. Deshalb kann die Seele, die einen Blick auf den ewigen Archetyp der Zeit wirft, Erkenntnisse erlangen, die nicht der sinnlichen Erfahrung entspringen. Selbstverständlich erfolgt das alles nur dann, wenn die pneumatische Hülle, die die Seele schützt, durchsichtig genug ist, um ihr das *Sehen* zu ermöglichen, und das kann eine Naturanlage, eine erworbene oder eine akzidentielle Eigenschaft sein.[72]

Dieser pneumatische *Scharfsinn* der Melancholiker wird von einem späten Renaissancedenker mitten im Reformationszeitalter treffend erläutert, dem kalabrischen Dominikaner Tommaso Campanella, Verfasser der Schrift *De sensu rerum et magia* (*Del senso delle cose e della magia*, »Vom Sinn der Dinge und von der Magie«), im Kapitel »De sagacitate melancholicorum purorum, et impurorum; et de daemonoplexia,[73] et consensu aeris nobiscum« (Von der Geistesschärfe reiner und unreiner Melancholiker und von der Heimsuchung durch Dämonen und der Sympathie der Luft für uns). Gemäß der aristotelischen Tradition unterscheidet Campanella eine ›warme‹ (reine) Melancholie und eine ›kalte‹ (unreine) Melancholie. Die zweite ist, »wie Origenes klug schreibt, [. . .] Sitz der bösartigen Geister und des Teufels. Dieser sieht, daß der Körpergeist durch den [melancholischen] Dunst verseucht ist und daß der Geist vor Grauen zur Untätigkeit gezwungen wird, und darnach, da er unrein und schwer ist, ergötzt er sich an diesem Ruß (*fuligini*, *fuligo*) [der den Geist umnebelt], dringt darin ein und bedient sich [des Geistes], um der Vernunft Grauen einzujagen und sie zu hemmen, und er genießt den fremden Sitz [in den er eingedrungen ist].«[74] Im Gegensatz dazu ist die reine Melancholie »warm und ein Kennzeichen scharfsinniger Geister, jedoch nicht Ursache; die Ursache des Scharfsinns ist die Feinheit und die Leidensfähigkeit (*passibilitas*) der Geister. Deshalb verlangt es die Melancholiker nach Einsamkeit, denn jedwede Bewegung reizt den feinen Geist; deswegen ziehen sie sich von der Gesellschaft anderer zurück und denken viel nach, denn es gibt viele Verstandestätigkeiten, die nur in der Subtilität entstehen und erwachen. Mehr als die anderen Menschen hat der Melancholiker die Fähigkeit zur Vorahnung in Träumen, denn sein Geist ist feiner und geeigneter als der grobstoffliche Geist, die unmerklichen Luftbewegungen zu empfangen.«[75] Nun wissen wir bereits, daß die pneumatischen Wellen, die Druck auf die umgebende Luft ausüben, von einem anderen Geist abgefangen werden können. Ist dieser recht geübt, wird es ihm gelingen, nicht nur diejenigen Wellen wahrzunehmen, deren Länge mit den Fähigkeiten seiner Sinnesorgane (Sehen, Gehör) zusammenfällt, sondern auch die unfaßlichen pneumatischen Bewegungen, wie etwa die des Denkens. Es geht einfach darum, einen hinreichend ›reinen‹ (das heißt *sauberen*) phantasmischen Apparat zu haben, der auf Wellenlängen unterhalb der Wahrnehmungsschwelle reagieren kann. »Wenn sie jemanden sehen«, sagt Campanella, »erraten sie seine Gedanken sofort, indem sie die unfaßliche Bewegung erfassen, die von seinem Geist beim Akt des Denkens in der Luft ausgeprägt wird, und sie sind ebenfalls fähig, jede Wissenschaft schnell zu erlernen, wenn der Ruß sie nicht daran hindert.«[76]

Man zahlt in dieser Welt für alles, und am teuersten zahlt man für übernatürliche Fähigkeiten. Der zur außersinnlichen Wahrnehmung fähige Melancholiker Ficinos ist willenlos, ein Außenseiter, neigt zum Selbstmord, wovon ihm – nach dem berühmten Vorbild des Porphyrios, das Plotin hochhält – abgeraten wird. Die Ursache seiner Unfähigkeit, sich mit seiner Sterblichkeit abzufinden, ist eine inbrünstige Sehnsucht nach seiner himmlischen Heimat, nach der intelligiblen Welt, die Sehnsucht nach einem ›verlorenen Objekt‹, die man in Freuds Beschreibung des melancholischen Syndroms wiederfindet.[77] Bei dieser Deutung fließen das neuplatonische und das christliche Erbe Ficinos ineinander. In der Tat hatte sich der Kontrast zwischen ›kalter‹ oder ›unreiner‹ Melancholie und ›warmer‹ oder ›reiner‹ Melancholie im Mittelalter in den Gegensatz verwandelt zwischen der *tristitia mortifera* oder *diabolica* oder auch *tristitia saeculi*, die den Gläubigen dazu antreibt, weltliche Vergnügungen zu suchen, statt tiefer Langeweile, die, nach dem Urteil Wilhelms von Auvergne (des Bischofs von Paris), ihm alles göttliche Wissen einflößt, und der *tristitia salutifera* oder *utilis* oder auch *tristitia secundum deum*, die dem Gefühl entspringt, von Gott verlassen zu sein.[78] Deshalb, fährt Wilhelm von Auvergne fort, hatten viele *viri sanctissimi ac religiosissimi* (fromme Männer) seiner Zeit den innigen Wunsch, von der Krankheit der Melancholie befallen zu werden, um eine inbrünstigere Sehnsucht nach Gott zu empfinden.[79]

Wenn die Vorstellung von der verlorenen Heimat verkümmert, bleiben nur noch die unheilvollen Symptome der Melancholie übrig. Kierkegaard, dessen »intime Vertraute die Schwermut« ist, gibt uns in seinen *Diapsálmata* eine meisterhafte Beschreibung davon:

»Gar nichts mag ich. Ich mag nicht reiten, das ist eine zu starke

Bewegung; ich mag nicht gehen, das ist zu anstrengend; ich mag mich nicht hinlegen, denn entweder müßte ich liegenbleiben, und das mag ich nicht, oder ich müßte wieder aufstehen, und das mag ich auch nicht. Summa summarum: gar nichts mag ich.«[80]

André Chastel zufolge brach sich die Vorstellung von dem ›romantischen‹, unausgewogenen, katatonen Genie, das Anfällen von jäher Begeisterung ausgesetzt ist, die seine Willenlosigkeit aufwühlen, durch das Werk Ficinos Bahn in die moderne Welt:

»Das Genie, das ein Wechselspiel von Eingebung und Verzweiflung erfährt, vom *furor* heimgesucht und sodann von seiner inneren Kraft verlassen wird, entspricht keinem gängigen Typus: Es spricht uns wegen der dramatischen Spannung seines Abenteuers an.«[81]

Ob sie Genialität verleiht oder nicht, die Melancholie ist vor allem ein pathologisches Syndrom, das dem *Corpus Hippocraticum* und Aristoteles ebenso bekannt ist wie Sigmund Freud. Aristoteles erwähnte bereits einige Melancholiker – Herakles, Bellerophontes, [Aias], Heraklit, Demokrit,[82] den Dichter Marakos[83] –, und Ficino fügt einige hinzu. Sappho, Sokrates, Vergil und Lucretius.[84] Die Klöster des Mittelalters wurden von der Geißel der *acedia* (*acidia*) heimgesucht, und in den Schlössern des 11. und 13. Jahrhunderts hallten die schwarzgalligen Gesänge und Verse der Troubadours und der Getreuen der Liebe wider, die alle an dem verheerenden Syndrom des *amor hereos* litten, das auch eine Art von *melancolia fumosa* war. Im 15. und 16. Jahrhundert hielt die schwarze Galle reiche Ernte. Unter den Opfern befanden sich Ficino, Michelangelo, Dürer und Pontormo. Das elisabethanische England hatte seine eigenen, etwa die Dichter John Donne und Richard Crashaw. Im 19. Jahrhundert war das Dandytum eine Tarnung der von der Melancholie geschlagenen Wunden, etwa bei de Quincey, Coleridge, Nerval, Baudelaire, Huysmans, Strindberg.

Es ist sehr wahrscheinlich, daß sich diese Verwüstung auch durch den heimlichen Zusammenhalt zwischen dem Leidenden und seiner Krankheit erklären läßt, denn das Streben nach dem ›nützlichen Leiden‹ beschränkte sich nicht nur auf die Zeitgenossen Wilhelms von Auvergne, sondern erfaßte alle diejenigen, die aus dem einen oder anderen Grund mit dem ihnen vom Dasein Gebotenen unzufrieden waren. Sie stießen an die Grenzen des Da-seins: wonach alles *so* ist und nicht anders sein kann.

Dieser Zustand müßiger Langeweile oder gelangweilten Müßiggangs – auch Lethargie genannt – ist ontologisch gerechtfertigt und stellt bei Ficino die Folge einer Phänomenologie des Alltagslebens dar, die das, was Pascal und Heidegger später dachten, vorwegnimmt.

Der in die Welt Verbannte (*exul*) lebt in einem Zustand beständiger Teilnahmslosigkeit oder Trauer (*maeror*), deren Ursprung rätselhaft bleibt. Da er nicht allein leben kann, sucht er immerzu die Gesellschaft anderer und versucht durch Vergnügungen (*oblectamenta*) seine Unruhe zu vergessen. So verfällt er in eine Art Raserei, die sein Leben so unecht wirken läßt wie ein Traum.[85]

Gewiß, dieser Analyse mangelt die Pathetik Pascals, aber dessen Vorstellung ist derjenigen Ficinos sehr eng verwandt:

»Sie [die Menschen] haben einen geheimen Trieb, der sie dazu bringt, nach Ergötzung und Beschäftigung außerhalb ihrer selbst zu suchen, [und] von der Ahnung ihres unausgesetzten Elends herrührt; und sie haben noch einen anderen geheimen Trieb, der von der Herrlichkeit unserer ursprünglichen [heilen: von Pascal gestrichen!] Natur übrig geblieben ist, der sie erkennen läßt, daß das Glück wirklich nur in der Ruhe und nicht in der Aufgeregtheit bestehe; und aus diesen beiden gegensätzlichen Trieben bildet sich in ihnen ein wirres Vorhaben, das sich vor ihrem Blick in dem Grunde ihrer Seele verbirgt und sie dazu bringt, sich durch Unruhe nach Ruhe zu sehnen und sich immer wieder einzubilden, die Befriedigung, die sie nicht haben, würde ihnen zuteil, wenn sie sich dadurch, daß sie bevorstehende Schwierigkeiten überwinden, das Tor zur Ruhe aufstoßen können.« [. . .] »So ist es – erwägt man es ernstlich – noch mehr zu bedauern, daß der Mensch sich an solch eitlen und niedrigen Dingen ergötzen kann, als daß er sich wegen seines wirklichen Elends grämt; und seine Ergötzungen sind unendlich viel weniger vernünftig als seine Langeweile.«[86]

KAPITEL III

Gefährliche Beziehungen

1. Giovanni Pico della Mirandola, Fortsetzer Ficinos

Das vollkommene Einvernehmen zwischen Ficino und Pico, bei dem jeder dem anderen gegenüber mit mehr oder weniger aufrichtigen Artigkeiten nicht sparte, währte nicht lange. Außer der gemeinsamen Zugehörigkeit zum saturnischen Typus, der allein zur eindringlichen Betrachtung der göttlichen Wahrheiten befähigt ist, fällt es schwer, sich zwei Persönlichkeiten vorzustellen, die sich stärker voneinander unterschieden.

Ficino, Sohn des Leibarztes von Cosimo de' Medici, wird von seinem Gönner ausersehen, das Werk Platons ins Lateinische zu übersetzen. In seiner Jugend fühlte er sich zum Augustinismus hingezogen, doch bald findet er sich mit der Scholastik ab, deren glanzvollster Vertreter er in der Renaissance zweifellos werden sollte. Er war mit leiblichen und seelischen Gebrechen geschlagen, war bucklig, stotterte leicht[1] und verfiel oftmals in Anfälle von melancholischer Verzweiflung, die so entsetzlich waren, daß er einmal fast verhungert wäre. Außerdem war er das Haupt der Akademie von Careggi und Geistlicher; diese Ämter gestatteten ihm jedoch nicht, sich den ihm obliegenden öffentlichen Pflichten zu entziehen. Er fand sich damit ab, ein gesundes und genügsames Leben zu führen, seine Melancholie durch Diät, Spaziergänge, Musik, einige rituelle Übungen und astrologische Magie zu vertreiben.

Giovanni Pico war genau das Gegenteil davon; der begnadete Philologe und Theologe hatte Jugend, Adel und Reichtum auf seiner Seite. Als ein eher radikaler Geist, dem gleichwohl diplomatische Qualitäten nicht fehlten, erlebte er seine Abenteuer und Mißgeschicke. Das Ende seines kurzen Lebens wurde durch die Bekehrung zum asketischen Ideal Savonarolas geprägt. Nach zahlreichen Widrigkeiten, die sich bis zum Tode Innozenz' VIII. hinzogen, erhielt er die Vergebung des Papstes Alexander VI., aber die Dienste, die er der Kirche erwies, beschränkten sich auf eine Widerlegung der wahrsagenden Astrologie.

Nun bewundert der junge Pico einerseits den florentinischen Platon so sehr, daß ein Großteil seines Werkes sowohl dem Geiste als auch dem Buchstaben nach dessen machtvolles Gepräge trägt; andererseits erlaubt er sich jedoch oft, einen polemischen, mit Sarkasmus untermischten Tonfall anzuschlagen, um die ›Vulgarität‹ Ficinos bei den ernsthaftesten philosophischen Fragen zu brandmarken. Seinerseits richtet der Platoniker von Careggi, der in Pico höchstwahrscheinlich nur einen außergewöhnlich begabten Jünger, einen seiner Akademie höchst würdigen *mirandus iuvenis*[2] erblickte, an den Jüngeren Worte, deren fast unmerkliche Ironie deren äußerste Höflichkeit wieder aufhebt. Auf die Dauer mußte Pico die Bevormundung durch Ficino als unerträglich empfunden haben, und seine Auflehnung, welche die Deutung der Liebe betrifft, ist der Beweis für diesen Zustand gereizter Abhängigkeit.

Es handelt sich mehr um eine *discordia concors* als um eine *concordia discors*, denn, obwohl er Ficino eine Lektion in Platonismus erteilen will, bleibt Pico gleichwohl, vielleicht ohne es zu wissen, unter dessen beherrschendem Einfluß. In seinem ausgezeichneten Buch über Giovanni Pico hat Henri de Lubac lange bei den Umständen der Abfassung des *Commento sopra una canzona de amore* von 1486[3] verweilt und unter den Gründen, die Pico bewogen haben, diese Schrift nicht zu veröffentlichen, auch seine Angst hervorgehoben, Ficino zu verletzen, »dessen Deutungen der *Commento* mehr als einmal anfocht«.[4] Ficino, den gemeinsame Freunde zweifellos über die Dreistigkeit des jungen Mannes unterrichtet haben müssen, hielt es für angebracht, an Germain de Ganay zu schreiben, daß man hinsichtlich der Veröffentlichung des *Commento* Picos letzten Willen respektieren sollte, der diese Jugendschrift verworfen hatte.[5]

Der Gewandtheit Ficinos, deren Zweck zweifellos darin besteht, den Schein zu wahren, entspricht die Verlegenheit Girolamo Benivienis. Den *Commento* hat Biagio Buonaccorsi 1519 in die Werkausgabe Benivienis aufgenommen; Benivieni schreibt die Verantwortung für die Veröffentlichung Dritten zu und hält den nötigen Abstand zu einer Schrift, die sowohl Pico als auch er selbst *come Platonico, et non come Christiano*[6] verfaßt hatten. Die respektlosesten Stellen über Ficino wurden von Buonaccorsi aus der Ausgabe von 1519 sorgsam entfernt, und Giovanni Picos *Opera*, die sein Neffe Gianfrancesco drucken ließ, enthalten diese gereinigte Fassung des *Commento*. Ein anderer Brief Benivienis, derjenige an Luca della Robbia, der im Anhang der *Opera* abgedruckt ist, beklagt abermals die Veröffentlichung dieser *ineptie puerili*.[7]

Picos Unbehagen, Benivienis Verlegenheit, Ficinos Protest und die heilsame Zensur Buonaccorsis – alles das läßt vermuten, daß im Jahre 1486 ein ernsthafter weltanschaulicher Bruch zwischen dem ungestümen jungen Grafen und dem besonnenen Domkanonikus[8] eingetreten war. Was war geschehen?

Wenn man die vollständige, 1942 von Eugenio Garin herausgegebene Fassung der Schrift liest, staunt man über die Heftigkeit der Angriffe Picos auf Ficino:[9] »Unserem Marsilio«, einem Geist, welcher der heiklen Aufgabe, mit der er beauftragt wurde, nämlich Platons *Gastmahl* zu kommentieren, unwürdig ist, wird vorgeworfen, den Gegenstand der Liebe, mit dem er sich befaßt, zu besudeln (*pervertendo*). Selbst wenn man annimmt, daß der systematische Geist Ficinos, das scholastische Erbe, von dem auch Pico selbst nicht frei ist, seinen Leser oft reizen mag, läßt sich die Aggressivität des jungen Nebenbuhlers dennoch nur durch persönliche Ressentiments erklären, denn die ›Lektion‹, die er Ficino zu erteilen gedenkt, beschränkt sich im Grunde auf eine beinahe wörtliche Wiederholung Ficinischer Gedanken und Ausdrücke. Sieht man von dem deformierenden Zeitwillen ab, der sich vor allem auf nebensächliche Fragen bezieht, ohne den Gesamtzusammenhang der Anschauung Ficinos zu berühren, dann erhält man eine allgemeine Darstellung, die dem florentinischen Platon begeisterte Zustimmung entlockt haben würde, hätte sie die bereits erwähnten Schmähungen gegen ihn ausgespart.

Da der Eros ein Instrument ist, das dabei behilflich ist, die intelligiblen Stufen, die Gott von seinen Geschöpfen trennt, zu durchlaufen, wäre es undenkbar, den Gegenstand der Liebe zu behandeln, ohne sich zunächst der Ontologie zu widmen. Da aber andererseits der Mensch unter den Geschöpfen eine Sonderstellung einnimmt, ist er der einzige, der alle Stufen des Kosmos in sich zusammenfaßt: von Gott bis herab zur Materie. Deshalb ist er auch als einziger fähig, die Stufenfolge der Schöpfung, die sich in unsichtbaren Welten verliert, bis ans Ende emporzusteigen. Dieses System von aufeinander folgenden Zwischengliedern des Seins, die auf eine immer niedrigere Ebene übertragen werden, heißt

›alexandrinisches Schema‹ und wurde von Plotin den von ihm bekämpften gnostischen Systemen entlehnt.[10] Im Denken des ersten Neuplatonikers enthält es eine ἀποστροφή (πρόοδος, *processio*) oder die Entfernung vom Wesen des Seins, die nur der Mensch allein durch den umgekehrten Vorgang der ἐπιστροφή (*conversio*) oder die Rückkehr zum Sein auszugleichen vermag.

Bei Ficino sind die Stufen des Hervorgangs (*processio*) folgende: Gott, engelhafter oder universaler Intellekt (*mens angelica = multitudo idearum*: Engelsgeist), Vernunft (*ratio animae*), Meinung (*opinio*), Natur und Körper (*mente, ragione, oppenione e natura; mente angelica*).[11] Durch ihre Mittelstellung hat die Seele wie der zweistirnige Janus[12] teil an der intelligiblen und an der sinnlichen Welt. Deshalb wird sie *copula mundi* oder *nodus mundi*[13] (Verbindung und Knoten der Welt) genannt, während der Mensch-als-Mikrokosmos, *parvus mundus*, ein *vicarius Dei in terra*, ein Stellvertreter Gottes auf Erden ist.[14] (Siehe Anhang IV, S. 349 ff.)

Giovanni Pico gibt die Begriffe und Bestimmungen Ficinos und die Stufen der Entfaltung des Seins wörtlich wieder: Der Mensch ist *vincolo et nodo del mondo*,[15] das Bindeglied zwischen der Engelswelt und der Natur. Er besitzt selbstverständlich zwei Körper: der eine, den die Platoniker ›himmlisches Gefährt‹ nennen, ist die unvergängliche Hülle der vernünftigen Seele; der andere besteht aus den vier Elementen und unterliegt den Gesetzen von Wachstum und Verfall.[16] Auch ist der Mensch mit zwei Sehorganen ausgestattet: das eine ist auf die sinnliche, das andere auf die intelligible Welt gerichtet, wobei das zweite Sehorgan dem *oculus spiritalis* von Ficino entspricht. Pico faßt den Abstieg der Seelen in den Leib getreu nach dem Kommentar Ficinos zum *Gastmahl* auf:

> »Unter den menschlichen Seelen haben einige das Wesen Saturns, andere das Wesen Jupiters und andere das der anderen Planeten. Und darunter verstehen [die Platoniker], daß eine Seele der Seele des Saturn-Himmels enger verwandt sein und mehr entsprechen kann als der Seele des Jupiter-Himmels oder umgekehrt.«[17]

Man hat den Eindruck, daß Pico bemüht ist, die wenig orthodoxen Konsequenzen dieser Theorie zu umgehen, denn er behauptet ausdrücklich, daß die einzige wesentliche Ursache dieser Unterschiede in Gott selbst, dem alleinigen Schöpfer der Seelen, liege. Aber unmittelbar nachdem er von dem »Seelengefährt« gesprochen hat, fügt er unvorsichtigerweise hinzu, daß »die vernünftige Seele von ihrem Stern herabsteigt«, was der Glaubensbeteuerung des vorhergehenden Abschnittes zu widersprechen scheint. Da die kirchliche Zensur, die auch Ficino nicht verschonen sollte, sich bereits allzu fürsorglich seiner angenommen hatte, kann man sich des Eindrucks nicht erwehren, daß Pico hier bewußt Selbstzensur übt. Diese unbefangene Gewandtheit, die ihn dazu bringt, einen Gegenstand nur teilweise darzulegen, den der sachkundige Ficino bereits in aller Freimütigkeit und ohne Rücksicht auf möglichen Tadel dargestellt hatte, wird Pico den gefürchteten Ärger nicht ersparen.

Man könnte hier sicherlich ein Vorspiel zu der in den *Disputationes adversus Astrologiam divinatricem* enthaltenen Polemik gegen die Astrologie erblicken. Aber in diesem Fall scheint die Hypothese, daß diese Schrift mit der Absicht verfaßt worden wäre, von der Kurie die unerläßliche Vergebung zu erwirken, um in den Dominikanerorden eintreten und angeblich den Kardinalspurpur anlegen zu dürfen, nicht jeder Grundlage zu entbehren.[18] Und das gilt um so mehr, als der *Commento* die ganze Geschichte der Einkörperung wiederholt, die Ficino dem Macrobius entlehnt hatte, mit dem Abstieg der Seele durch das Tor des Krebses, das Erwerben des astralen Gefährtes und ihrem Wiederaufstieg durch das Tor des Steinbocks,[19] und auch noch hinzufügt, die astrologische Physiognomie sei durch die Tatsache gerechtfertigt, daß der irdische Leib aus der Seele gebildet wird.[20] Wenn er nun die Wahrheit dieser Lehre annimmt – die Ficino selbst mit einem Ausdruck, der seiner Doppelzüngigkeit alle Ehre macht, in seiner *Theologia* als »platonische Fabel« bezeichnet hatte –, sehen wir ihn kaum alle Ansprüche der Astrologie insgesamt widerlegen. Gewiß, zwischen 1486, dem Jahr der Abfassung des *Commento*, und 1494, seinem Todesjahr, das die *Disputationes* unvollendet ließ, wurde Pico von dem Bannstrahl der Kurie getroffen, dann erst fand er beim Prediger Savonarola seinen Seelenfrieden. Seine Bekehrung, so echt sie gewesen sein mag, wirft die Frage nach einem Bruch zwischen seinen Jugendschriften und den *Disputationes* wider die Astrologie auf. Nach dem Tode von Innozenz VIII. vergab der neue Papst Pico. Mußte er nicht nun, da er zur Reife gelangt war, danach streben, sein Ansehen in den Augen Roms endgültig wiederherzustellen? Pico, dem Ficinos kleinliche Gesinnung fremd ist – dieser hatte sich 1490 »nach dem Geburtstag Innozenz' VIII. erkundigt [...], um ihm zum Dank (das ist der Gipfel!) dafür, daß er es abgelehnt hatte, ihn wegen der Astrologie zu verurteilen, ein Heilmittel zuzubereiten«[21] –, verfaßt einen gewaltigen Traktat gegen die Astrologie, um sich von seinen Jugendsünden reinzuwaschen, dies auf die Gefahr hin, sich den Widerstand Ficinos und dessen Anhängern zuzuziehen. Diesmal verschont Pico seltsamerweise den alten Meister, den er im *Commento* nicht herabzuwürdigen zögerte:

> »Er hatte [...] genügend Urteilskraft, um den großen Apologeten, dessen apostolische Absicht mit der seinigen identisch war, nicht mit den Menschen zu vergleichen, die er allesamt für Feinde des christlichen Glaubens hielt.«[22]

Jedoch versäumt es Henri de Lubac nicht, auf die Solidarität hinzuweisen, die wegen der Verurteilung, welche die Trilogie *De vita* 1489/90 erfahren hatte, »und zwar durch diejenigen, die zwei Jahre zuvor gegen Pico zu Felde gezogen waren«,[23] Pico mit Ficino verband.

Setzt man im übrigen die Lektüre des *Commento* fort, kann man über die Heftigkeit der Angriffe Picos auf Ficino nur erneut staunen (hatte er seine Urteilsfähigkeit vergessen?). Stimmten denn nicht beide darin überein, daß das Wesen der Liebe geistiger Art ist und daß die Gestalt (*species*) des Geliebten durch die Augen hindurchgeht und bis zum im Herzen befindlichen inneren Sinn vordringt?[24] Hatten es sich nicht beide angelegen sein lassen, die verheerenden Wirkungen des *amor hereos*[25] zu beschreiben, dieser phantasmischen Krankheit, »dermaßen unheilvoll und giftig, daß sie in den vollkommensten und stärksten Seelen beinahe unheilbare Schwäche zu verursachen vermochte«?

Wenn diese *discordia concors* zwischen Pico und Ficino beim ersteren keine auffallend neuartige Deutung der Liebe hervorzubringen vermochte, verdankt man seinem eigensinnigen deformierenden Willen eines der anregendsten und beharrlichsten Motive der erotischen Spekulation des 16. Jahrhunderts: die *mors osculi* oder den Liebestod. Der Ursprung dieses Motivs ist zwiefach: Sein Ausgangspunkt ist die Phänomenologie Ficinos, mit dem Vorgang der Entfremdung des Subjekts, das verzweifelt nach einem Ort sucht, an den es seine Subjektivität heften kann. Es ist ein Syndrom, das dem *amor hereos* sehr ähnlich ist, welches Francesco Colonna zu schildern wußte, ohne des Ficinischen Systems zu bedürfen. Wie in den meisten seiner Deutungen widersetzt sich Pico der ›gemeinen‹ Hermeneutik Ficinos. Da er die intersubjektive Exegese ablehnt, beschäftigt er sich ausschließlich mit dem Liebestod als Moment innerhalb der Dialektik des mystischen Eros. Deshalb übernimmt er die Symbolik der Kabbala, die uns die zweite Quelle dieses Motivs verrät.

Diese *binsica*, *mors osculi* oder *morte di bacio* (Liebestod), die Pico auf vier Spalten beschreibt,[26] ist eine leibliche Erschöpfung, die von geistiger Ekstase begleitet wird. Niemand kann sich zum intelligiblen Leben emporheben, ohne zunächst dem sinnlichen Leben entsagt zu haben. Doch wenn die Seele die sterblichen Überreste verlassen haben wird, wird sie durch geistige Regeneration zu einer neuen Daseinsform aufgerufen wie Alkestis, die durch den Willen der Götter wieder zum Leben erweckt werden konnte, weil sie sich nicht geweigert hatte, aus Liebe zu sterben.[27] Pico, der von der christlichen und kabbalistischen Deutung des *Šīr ha-Šīrîm* (*Hohen Liedes* I, 1: *osculetur me osculo oris sui*) Gebrauch macht, behauptet, der Liebhaber sei das Sinnbild der Seele, die Geliebte die Intelligenz und ihr Kuß die ekstatische Vereinigung. Der Kuß auf den Mund, *bacio*, ist unter den Stufen der sinnlichen Liebe die letzte und die höchste, die als Symbol der ekstatischen Liebe gelten könnte:[28]

> »*Binsica* oder *morte di bacio* bezeichnet den intellektuellen *raptus*, während dessen die Seele sich so stark mit den Dingen vereinigt, von denen sie getrennt ist, daß sie, wenn sie sich vom Leibe trennt, diesen vollends verläßt.«

Eine derartige Erfahrung sei »Abraham, Isaak, Jakob, Moses, Aaron, Maria (oder Elia) und einigen anderen« zuteil geworden.[29]

Was hatte es mit dieser rätselhaften *mors osculi* auf sich? Pico und seine Nachfolger teilen auch andere Einzelheiten mit, die uns dieses mystische Phänomen zu umgrenzen helfen. Es ist eine überwältigende Vision der Welt des Intelligiblen, die Pico mittels allegorischer Deutung in der Fabel von Teiresias wiederfindet, die Kallimachos erzählt: Weil er Artemis nackt gesehen hatte, »was nichts anderes bedeutet als die ideale Schönheit, den Quell aller echten Weisheit«, erblindet Teiresias, büßt seine leibliche Sehkraft ein, erhält aber die Gabe des Weissagens, des nicht leiblichen Gesichtes. Dasselbe widerfuhr Homer unter der Macht der Eingebung, die ihn die Mysterien des Geistes betrachten ließ. Und auch Paulus wurde nach seiner Reise in den dritten Himmel blind.[30] Die *morte di bacio*, eine vollkommene Schau der engelhaften Intelligenzen ist eine Entrückung in den Himmel, eine *vacatio* (Abkehr vom Irdischen), während der Leib im Zustand der Katalepsie verharrt, so scheint uns Celio Agostino Curione zu belehren, der den Anhang zu den *Hieroglyphica* des Florentiners Pierio Valeriano Bolzani verfaßte.[31] Mit wenigen Abwandlungen kehrt die Beschreibung der *binsica* bei Baldassar Castiglione (*Libro del Cortegiano*), Egidio da Viterbo, Francesco Giorgio Veneto (Zorzi), Celio Calcagnini, Leone Ebreo (*Dialoghi d'amore*, ed. Caramella, S. 46f.) und Giordano Bruno (*Heroici furori* II, 1, 7) wieder.[32]

Mit Bruno, der »vermutlich einer der antidemokratischsten Philosophen war, die es je gegeben hat«,[33] dringen wir nun in die unergründlichen Arcana des Eros ein.

2. Die zweideutigen Götter des Eros

Giordano Bruno, ein Verfechter des phantasmischen Zeitalters[34]

Als er in Venedig gefangen gehalten wurde, bevor man ihn der Römischen Inquisition auslieferte, sagte Giordano Bruno bei seinem Verhör vom 30. Mai 1592 aus, er habe sich in Paris auf Grund seiner Vorlesungen »einen derartigen Ruf erworben, daß mich der König Heinrich der Dritte eines Tages zu sich beschied, um sich zu erkundigen, ob die Gedächtniskunst, die ich pflegte und lehrte, natürlich sei oder auf magischer Kunst beruhe; worauf ich ihm befriedigende Auskunft gab; und was ich ihm selbst sagte und bewies, sah er auch ein, daß es nämlich nicht auf magischer Kunst beruhte, sondern auf Wissenschaft. Und darnach ließ ich ein Buch über das Gedächtnis unter dem Titel *De umbris idearum* drucken, das ich Seiner Majestät zueignete; und aus diesem Anlaß berief er mich zum außerordentlichen Professor mit Gehalt; und ich setzte meine Vorlesungen in dieser Stadt etwa fünf Jahre lang fort [. . .], wonach ich mich wegen der sodann ausbrechenden bürgerlichen Wirren beurlauben ließ und mit einem Empfehlungsschreiben von demselben König nach England ging, wo ich bei dem Gesandten Seiner Majestät wohnte, der Seigneur de Mauvissière hieß, mit Namen Michel de Castelnau; in dessen Haus ich nichts anderes zu tun hatte, ich galt eben als sein Edelmann«.[35] Da Brunos natürliches Gedächtnis seinem künstlichen Gedächtnis unterlegen war, irrt er sich über die Dauer seines ersten Pariser Aufenthaltes, der 1581 begonnen und im Juni 1583 geendet hatte, woraufhin er sich unter dem Schutz Michel de Castelnaus bis Oktober 1585 in London niederließ.[36]

Auf Grund einer seltsamen perspektivischen Täuschung hat man in Giordano Bruno den Herold der Zukunft, des freimaurerischen und liberalen Europa sehen wollen, dabei trat dieser abtrünnige neapolitanische Mönch überall als einer der letzten verbissenen Verfechter der Kultur des phantasmischen Zeitalters auf. Das erklärt seine bitteren Enttäuschungen in den protestantischen Kreisen, in denen er sich binnen kurzem unwohler fühlte als im Schoße der Kirche, die er unvorsichtigerweise verlassen hatte:[37]

> »Weder in London noch in Marburg noch in Wittenberg noch in Helmstedt, nicht einmal in Frankfurt erfreute er sich des liberalen und freigebigen Empfangs, von dem er geträumt hatte. Calvinisten und Peripatetiker hatten ihn erbarmungslos gehetzt. Auch bei den Lutheranern war er keineswegs erfolgreicher, obgleich die Lehre Melanchthons die deutschen Protestanten zu einer gastfreundlicheren Offenheit hätte erziehen müssen.«[38]

Einzig die Bilderstürmerei seiner Jugend, durch die sich Bruno die ersten Konflikte mit den kirchlichen Behörden zugezogen hatte, gleicht von weitem dem Protestantismus. Seine ganze Bildung, auf die er so stolz war und die ihm eine gewisse Berühmtheit eingebracht hatte, gehörte im Gegenteil zum Reich der Vergangenheit, des Phantasmischen, der geistigen Akrobatik: alles in allem zum Bereich des seiltänzerischen Sonderbaren, wie das Theater Giulio Camillos. Um einiges aus seinen Werken zu verstehen, wurde die – wegen seines Märtyrertodes neugierig gewordene – Nachwelt, die sich dieser Werke mit einer gewissen Sorgfalt annahm, genötigt, etwa acht Zehntel davon wegzulassen: alle mnemotechnischen und magischen Abhandlungen. Sie erklärte sich nichtsdestoweniger zufrieden, denn Bruno war ein Verteidiger des Kopernikus gewesen und sogar der erste, der die Vorstellung von der Unendlichkeit des Weltalls mit dem Heliozentrismus verknüpft hatte. Und dennoch, welch ungeheuerer Abgrund trennt diesen neuplatonischen Pantheisten von solchen Rationalisten wie etwa Spinoza! Als er den Mangel der Werke Brunos an spekulativem Interesse für das neue Zeitalter gewahrte, zögerte Hegel, der dessen Lehre für kraus und abstoßend hielt, nicht, sie mit der Bezeichnung ›bacchantisch‹ zu belegen, was vermutlich von seiner Unfähigkeit, sie zu lesen, herrühren mochte.[39] Alles das beweist, daß Bruno – weit davon entfernt, der Mann der Zukunft zu sein, von seinem Zeitalter gerade deshalb verkannt worden ist, weil er von Grund aus einer für den neuen rationalistischen Geist zu subtilen, zu verwickelten Vergangenheit angehörte: Er war nun einmal der Nachfahre jener, welche die kaum noch zugänglichen Geheimnisse des phantasmischen Zeitalters lehrten: Mnemonik und Magie.

Skandal in London

In London stand Bruno bald im Mittelpunkt eines Skandals, wenn nicht sogar von zwei Skandalen. Bereits 1584 zeigte er sich, in der Widmung des *Spaccio de la Bestia trionfante* an Sir Philip Sidney, so empfindlich gegen die »verletzenden und schmerzlichen Unhöflichkeiten«, deren Zielscheibe er wurde, daß er erwog, das Land zu verlassen. Mit Sicherheit spielten Sidney und vielleicht der alte Freund Brunos Fulke Greville (Folco Grivello, wie er ihn nennt), in dieser Angelegenheit eine wichtige Rolle, so daß er noch bis zum Herbst des nächsten Jahres in London weilte.

Der erste Skandal wurde von einem unglücklichen Wortgefecht mit zwei Oxforder Gelehrten hervorgerufen, die Bruno in der kleinen, Michel de Castelnau gewidmeten Schrift *La Cena de le ceneri* (*Das Aschermittwochsmahl*) zu verewigen beschloß. Die beiden Streitparteien wetteiferten erbarmungslos hinsichtlich ihrer Taktlosigkeit. Gewiß hatte der Südländer unrecht, sich allzu sehr auf die Einhaltung der Gesetze der Höflichkeit zu verlassen, während die Barbaren, die diese *toto orbe divisa*[40] Insel bewohnten, nur um ihre Würde und ihre Unabhängigkeit besorgt waren. Die Verachtung, mit denen Bruno die beiden Oxforder – »die am Griechischen und ebensowohl am Bier Geschmack fanden«[41] – reichlich bedachte, wurde so zum Ausdruck gebracht, daß er sich schließlich auch die aufrichtige Freundschaft Fulke Grevilles verscherzte.[42]

Das Schauspiel des Disputes ist denkwürdig: Nachdem Bruno einem harmlosen Gelehrten, einem »zahmen Esel«, geschickt erwidert hatte, nahm sich ein anderer, »dessen Unwissenheit seiner Anmaßung gleichkam«, seiner an. Der Neapolitaner schont diesen »wilden Esel«, dieses »ungesittete Schwein ohne Umgangsformen«, dessen goldene Ketten besser durch ein Halfter ersetzt worden wäre, nicht.[43]

»Sieh her, schweige und lerne«, sagt ihm dieses stattliche Lasttier, »ich werde dir Ptolemaios und Kopernikus beibringen.«[44] Der Nolaner ereifert sich darüber, daß der Oxforder Doktor ihn belehren will, die Erde stünde bei Kopernikus im Zentrum des Epizykels auf dem dritten Kreis um die Sonne. Tatsächlich aber war an jener Stelle nur der Einstich des Zirkels zu sehen, mit dem der Epizykel der Erde und des Mondes eingezeichnet worden war.[45]

Alles das mutet recht seltsam an, wenn man bedenkt, daß England das erste Land war, in dem der Heliozentrismus auf Beifall gestoßen war. 1576 veröffentlichte Thomas Digges, ein Schützling von Dr. John Dee, *A Perfit Description of the Caelestiall Orbes, according to the most aunciente doctrine of the Pythagoreans, latelye reuiued by Copernicus and by Geometricall Demonstrations approued*, in der er S. K. Heninger zufolge »durch einen verblüffenden Sprung der Phantasie [. . .] den kühnen Schritt tat, ein unendliches Weltall zu postulieren«.[46] In Wirklichkeit scheint Digges nicht dieselben Vorstellungen wie Bruno verfochten zu haben; für ihn war nur das Empyreum, der Wohnsitz Gottes, unbegrenzt, was nicht die unbestimmte Vervielfachung der Anzahl der Welten zur Folge hatte.[47]

Der Zufall wollte es, daß ausgerechnet in dem Jahr, in dem Bruno nach London kam, John Dee – der einzige, der ihn hätte verstehen und würdigen können – sein Vaterland verließ. Er war im übrigen dermaßen unbeliebt, daß die Menge die Gelegenheit wahrnahm und gleich nach seiner Abreise nach Polen sein Haus verwüstete.[48] Die gescheiterte Begegnung mit Dee bedeutete für Bruno ebenfalls eine versäumte Gelegenheit, die Familie von Digges kennenzulernen. Er mußte mit den beiden Oxforder Doktoren vorliebnehmen, was ihm den bereits erwähnten verdrießlichen Skandal einbrachte. Man wird uns entgegenhalten, daß Bruno hier als Bote der wissenschaftlichen Wahrheit handelte, aber die ›Wahrheit‹ von Kopernikus und Bruno entspricht keineswegs dem Bild, das wir uns davon machen. Wenn Bruno diesem ›Deutschen‹ einen gewissen Scharfsinn des Urteils zugesteht – er versäumt indessen nicht zu erklären, daß er selbst »weder mit den Augen des Kopernikus noch mit denen des Ptolemaios, sondern mit seinen eigenen sah«[49] – , so geschieht dies aus denselben pythagoreischen Gründen, die

Kopernikus veranlaßt hatten, den Geozentrismus durch sein heliostatisches Weltsystem zu ersetzen. Darin bewegt sich Bruno auf den Spuren des »göttlichen Cusanus«,[50] dessen Argumente er nur wiederholt und mit einer ganz und gar persönlichen polemischen Leidenschaft ziert.

Vergessen wir nicht, daß Anfang des 16. Jahrhunderts katholische Denker wie der Kardinal Pierre de Bérulle und der Pater Marin Mersenne – dieser war nicht einmal ein Verfechter des heliozentrischen Weltbildes – die gewaltige Bedeutung erfaßten, die das kopernikanische Sonnensystem für die theologische Einbildungskraft hätte darstellen können. Wenn ihr Heroldsruf ungehört verklang, so war das vor allem der sittenstrengen Haltung zu verdanken, welche die katholische Kirche, bedingt durch ihre erstarrte Auslegung der Heiligen Schrift, zu einer ebensolchen Starrheit bei der Verteidigung des Thomismus zwang. Die Sache Brunos, die ebenso die Sache der Kardinäle von Kues und von Bérulle war, war für solche Puritaner gleichermaßen verloren, denn für diese gaben nur Nützlichkeitserwägungen den Ausschlag. Die Bibel ist gut, unterrichtet uns deren Vertreter Smitho in der *Cena de le ceneri* (IV), weil sie Gesetze gibt, und »das Ziel der Gesetze sei nicht so sehr die Wahrheit der Dinge und Gedanken, sondern vielmehr die Güte der Sitten, der Nutzen der Kultur, die Gemeinschaft der Völker und Einrichtungen zur Wohlfahrt des menschlichen Zusammenlebens sowie auch die Erhaltung des Friedens und die Förderung der Staaten. Oft und bei vielen Gelegenheiten ist es daher ein Zeichen von Torheit und Unwissenheit, die Dinge nach ihrer Wahrheit statt nach der jeweiligen Nützlichkeit und Zuträglichkeit darzustellen«.[51] Der Mann der Zukunft war nicht Giordano Bruno, sondern der Puritaner Smitho.

Der Streit um den Heliozentrismus, der gewaltiges Aufsehen erregte, überschattete lange Zeit eine andere Kontroverse Brunos mit diesen Puritanern, die in mehreren Hinsichten viel wichtiger war: Die Auseinandersetzung über die Gedächtniskunst.

Kaum in England angelangt, beeilte sich Bruno, Michel de Castelnau das kleine Werk *Explicatio Triginta sigillorum* zu widmen, das John Charlewood zusammen mit anderen mnemotechnischen Schriften druckte. Der Gesandte Frankreichs wird dieses Geschenk wohl mit einer gewissen Verlegenheit empfangen haben: In puritanischen Kreisen wurde er als Übersetzer einer

Schrift von Petrus Ramus ins Französische freundlich aufgenommen; Ramus war 1572 dem Massaker der Bartholomäusnacht zum Opfer gefallen. Nun war dieser Pädagoge, dessen Ruf als Hugenotte ihm in England eine sehr warmherzige Aufnahme sicherte, ein unerbittlicher Gegner der alten Mnemotechnik.

Ramus, der die scholastische Seelenlehre verschmähte, glaubte weder an den Vorrang des Phantasmas vor dem Wort noch an das phantasmische Wesen des Intellektes. Die erste Bedingung des Gedächtnisses, die Umwandlung in ein Phantasma zu bewerkstelligen, war mithin aufgehoben. Seitdem brachen die gigantischen Konstruktionen von den inneren Phantasmen in sich zusammen: Sie wurden durch eine Aufstellung des Gegenstandes in ›dialektischer Ordnung‹ ersetzt, die sich auf Grund ihres ›natürlichen‹ Charakters eignete, in das Gedächtnis eingeprägt zu werden.[52]

Gleichwohl ist das Hauptargument von Petrus Ramus gegen die inneren Phantasmagorien religiöser Art: Es ist das biblische Verbot der Bilderverehrung. Die Gedächtniskunst wird wegen ihres götzendienerischen Wesens verurteilt.[53] Man versteht mühelos, warum die Puritaner sich im Kampf gegen die Kirche unverzüglich dieser Waffe bemächtigten, die ihren äußeren Ikonoklasmus durch einen inneren ergänzte.[54] Die alte Gedächtniskunst wurde hinfort mit der katholischen Kirche in Zusammenhang gebracht, während das bilderlose Gedächtnis des Ramus von der calvinistischen Theologie übernommen wurde.[55]

In London, wo Ramus der Mann der rationalistischen Gegenwart und Zukunft war, konnte Bruno als Vertreter einer obsolet gewordenen Vergangenheit keine günstige Aufnahme erwarten, um so mehr als andere Persönlichkeiten, deren Einfluß in England mächtig war, wie etwa Erasmus oder Melanchthon, sich ebenfalls gegen die Gedächtniskunst ausgesprochen hatten.[56]

Wenn es Bruno dennoch gelang, einen Jünger zu gewinnen und sich die stillschweigende Nachsicht Sir Philip Sidneys zu sichern, so verdankte er dies größtenteils dem Andenken an John Dee.[57] Dieser war der Philosophieprofessor von Sidney, Greville und Edward Dyer gewesen, was vielleicht erklärt, weshalb Greville Bruno näherkam und weshalb dieser nicht müde wurde, Sidney von Gedächtniskunst strotzende Schriften zu widmen – in der Hoffnung, diesen für seine Vorstellungen zu gewinnen.

1584 brach der Konflikt aus, Bruno nahm jedoch nicht persönlich daran teil. Sein Schüler Alexander Dicson, der eine von Brunos mnemotechnischen Schriften angeregte Abhandlung, *De umbris rationis*, veröffentlicht hatte, zog wiederholte Angriffe von Reverend William Perkins aus Cambridge, eines überzeugten Ramisten, auf sich. Unter dem Pseudonym ›Heius Scepsius‹, das sich von Metrodoros von Skepsis ableitete, dem Verfasser eines auf dem Tierkreis beruhenden mnemotechnischen Systems und auch eines der von Bruno benutzten Systeme, erwiderte ihm Dicson in seiner *Defensio pro Alexandro Dicsono.*[58] Die prophetische Stimme von Perkins erhob sich von neuem in dem Büchlein *A Warning against the Idolatrie of the Last Times*, in dem dieser schreckliche Ausspruch das puritanische Begräbnis der Gedächtniskunst begleitete:

> »Ein Ding, das man mit Hilfe der Einbildungskraft im Geiste aufstellt, ist ein Idol.«[59]

Nun stehen dem Geistlichen vor Schrecken die Haare zu Berge, wenn er daran denkt, daß einige Gedächtnistheoretiker wie Petrus von Ravenna nicht davor zurückschreckten, selbst den Gebrauch schlüpfriger Bilder zu empfehlen, die fähig waren, unzuträgliche Leidenschaften zu erregen. Perkins machte es sich zur Pflicht, diese perverse Kunst für immer aus England zu verbannen und handelt so im Interesse aller Frommen.[60]

Es gäbe in dieser Polemik nichts Seltsames, hätte nicht Dicson, der im Kreise Sidneys verkehrte, seine beiden Opuscula bei Thomas Vautrollier drucken lassen, einem Calvinisten, der auch die ersten Werke des Petrus Ramus in England veröffentlicht hatte. Obgleich übrigens auf der Titelseite der beiden Werke, die Bruno 1584 und 1585 Sidney widmete, Paris als Druckort erscheint, steht fest, daß sie in London gedruckt wurden.[61] Nun hatte Sidney einen Namen als Ramist, und Sir William Temple widmete ihm in demselben Jahr 1584 seine Ausgabe der *Dialecticae libri duo* des Petrus Ramus.

Wie ist dieses Rätsel zu verstehen? Frances A. Yates vermutet, daß Sidney *The Defence of Poesie* (1585), das Manifest der Renaissance in England, eine glühende Verteidigung der Einbildungskraft gegen die moralischen Bedenken eines Perkins, nicht hätte schreiben können, wenn er überzeugter Puritaner und Ramist gewesen wäre.[62] Da die beiden gegnerischen Lager mit seiner Unentschlossenheit rechneten, hat jedes von ihnen versucht, ihn für seine Sache zu gewinnen; im übrigen drängte die Zeit, denn der Ritter verstarb 1586, vielleicht noch bevor er seine Vorliebe für die Partei Brunos und Dicsons diskret kundgetan hätte.

Der demütigende Mißerfolg, der in der *Cena* geschildert wird, war Bruno nützlich. Er brauchte nicht lange, um die Situation zu erfassen und sich mit dem Dialog, der nun mit den Puritanern zu führen war, abzufinden. Die beiden Bücher, die er Sidney widmet, sind von dieser klugen Entscheidung geprägt.

Das zweite Buch, *De gl'heroici furori*, das uns jetzt beschäftigt, kann ohne einen Streifzug durch die mnemotechnische ›Küche‹ des Nolaners nicht verstanden werden. Obwohl ohne unmittelbaren Bezug auf das in den *Heroischen Leidenschaften* verwendete System, wird der *Spaccio* es uns wesentlich erleichtern, Brunos Technik und sein Bestreben, sich den englischen Sitten anzupassen, zu verstehen.

Der *Spaccio* schlägt ein künstliches Gedächtnis vor, in dem – nach der alten Gliederung des Metrodoros von Skepsis – der Ort und die Ordnung im Tierkreis bestehen, und zwar nicht in der Fassung mit den zwölf Zeichen und sechsunddreißig Dekanen, sondern in der Hygin (*Astronomica*, Venedig 1482) entlehnten mit achtundvierzig Konstellationen, die bereits Johannes Romberch in seinem *Congestorium* angewandt hatte. Aber um etwaigen Bedenken von seiten des Puritaners Sidney und der anderen Leser seines Traktates zu begegnen, läßt sie Bruno sogleich wissen, daß er nicht gesonnen sei, das unsinnige System der Konstellationen beizubehalten: im Gegenteil, es handele sich um einen *Spaccio*, eine *Vertreibung* der Tiere, die von der widersinnigen Einbildung der Alten in den Himmel gehoben wurden. In Gestalt einer kraftvollen Satire der Astrologie und der klassischen Mythologie, einer Satire, die dem Geschmack seines englischen Publikums entgegenkam, versucht der *Spaccio*, die Grundsätze der Mnemotechnik in Ehren zu halten.

Die achtundvierzig Konstellationen, die sechsundvierzig Bezirken zugeordnet sind, werden von einem Zug von Göttern – Personifikationen der Seelenvermögen – besetzt, die Jupiter, der »uns alle vertritt«, zum Schutzherrn haben. Dieser ersetzt dann die Götter durch eine Schar positiver und negativer moralischer Wesenheiten, deren Anzahl je nach Bezirk variabel ist. Das führt auf dem kreisförmigen Bild zu einer recht komplizierten Anordnung im Raum. Ein weiteres Gebilde, das in allen Feldern frei bewegt werden kann, wird darübergelegt: Es beinhaltet Glück, Reichtum, Armut und deren unzählige Gefährten (*Spaccio* II, 2 f.).[63]

Bruno erklärt selbst, daß es andere mögliche mnemonische Systeme gebe und faßt zwei davon zusammen, die er anderswo verwendet hat. Das erste ist das des *Sigillus sigillorum* von 1583, das dem Theater Giulio Camillos ähnelt und in der Anordnung der Figuren aus sieben Planetenfeldern besteht (*Spaccio* III, 2). Das andere, das er kabbalistisch nennt und das der *ars combinatoria* entsprechen könnte, sieht eine Vervielfachung nach einem ziemlich verwickelten Verhältnis vor, was die folgende Reihe von Feldern ergibt: 1 (Erstes Prinzip), 4, 12, 72, 144 usw.

Die Vorsichtsmaßregeln, die er getroffen hatte, indem er die Fabeln der Alten verhöhnte und die Tugenden anpries, erlaubten ihm, den Angriffen irgendeines Perkins vorzubeugen, ohne seine Kunst aufzugeben. Dieses Vorgehen kam übrigens einer halben Bekehrung zum Ramismus gleich, denn alle Phantasmen, die den Tierkreis bevölkerten, wurden sorgsam verbannt: geblieben waren nur die Tugenden und Laster.

Mnemotechnische Phantasmen

Nach diesem diplomatischen Kunststück hat sich Bruno in seinem Unternehmen ermutigt fühlen müssen. Es war Brauch, daß der Adressat der Widmung die Druckkosten übernahm, und Philip Sidney dürfte nicht gegen diese Regel verstoßen haben. Indem er seinen Namen verschwieg, zog es der Drucker vor, sich der Verantwortung zu entziehen, das Werk eines Hergelaufenen veröffentlicht zu haben, der in London Anstoß erregt hatte. Sidneys Stillschweigen über Bruno (weniger verwunderlich als das Michel de Castelnaus) wurde von denselben Rücksichten vorgeschrieben und bedeutet durchaus nicht, daß der Ritter den *Spaccio* mißachtet hat. Im Gegenteil, manch unauffälliges Zeichen der Wertschätzung muß Bruno darauf hingewiesen haben, daß er sich auf dem rechten Weg befand. Die Geschichte schweigt sich darüber aus, aber ohne Sidneys Ermutigung und Freigebigkeit ist es undenkbar, daß der ungestüme Neapolitaner das Versprechen, das Land zu verlassen, gehalten und ihm auch noch sein nächstes Buch, *De gl'heroici furori* (1584) gewidmet hätte.

In den *Heroischen Leidenschaften* wird die Mnemotechnik in den Dienst des Eros gestellt. Die Methode wird bereits im zweiten Teil des dritten Dialogs des *Spaccio* dargetan, wo Bruno die wörtliche Übersetzung der berühmten Stelle aus dem hermetischen *Asclepius* in bezug auf die Statuen Ägyptens gibt:

> »Siehst du, Asclepius, diese belebten Statuen, erfüllt mit Sinn und Geist, die zu den verschiedensten würdigen Werken fähig sind? Diese Statuen, sage ich, sehen Künftiges voraus, verursachen Siechtum und bringen Heilmittel, Jubel und Traurigkeit hervor in den menschlichen Gefühlen und Leibern – je nach den Verdiensten eines jeden.«[64]

Diesmal besteht das von Bruno benutzte Material aus phantasmischen Emblemata, deren Ansehen sich ebenfalls von den hermetischen Statuen herleitet. Sind diese geistigen Konstruktionen nicht letztlich Figuren, die auch von der Magie eingesetzt werden? Hier beschränkt sich zwar deren Gebrauch auf das Memorieren der Etappen des Eros; ist aber nicht der Eros selbst eine emporführende Macht, welche die ekstatische Vereinigung der Seele mit Gott herbeiführt?

Auf den ersten Blick enthalten die *Heroici furori* eine Reihe von kommentierten Sonetten, eine Gattung, die Dante mit seiner *Vita nova* berühmt gemacht hatte. Wie Giovanni Pico, dessen *Commento* er manches Motiv entlehnt, zögert Bruno nicht, auch einige Gedichte wiederzugeben, die nach Francesco Fiorentino von Luigi Tansillo aus Venosa (1510-1568), der Hauptgestalt und dem Wortführer Brunos in dem Dialog, stammen.[65] Doch die Mehrzahl der Sonette sind Schöpfungen des Verfassers selbst, ob es sich um Verskommentare zu den Emblemata des Eros oder um Verdichtungen der ›heroischen Leidenschaften‹ handelt.

Im *Sigillus sigillorum* hatte Bruno bereits den tiefen Grund des *ut pictura poesis*[66] erklärt, der Entsprechung von Malerei und Dichtkunst. Zeuxis ist der Maler der inneren Gedächtnisbilder und zeichnet sich in der *phantastica virtus*, in der Einbildungskraft, aus. Seinerseits verfügt der Dichter über eine außergewöhnliche Denkkraft, dessen Quelle ebenfalls geistig ist.

> »Deshalb sind die Philosophen gewissermaßen Maler und Dichter und die Dichter Maler und Philosophen [. . .]«[67]

Da der Intellekt tatsächlich phantasmischer Natur ist, muß der Philosoph die Phantasmen zu handhaben wissen und ein großer Maler des Geistes sein. Sagt denn nicht auch Aristoteles, »verstehen bedeute, die Phantasmen zu betrachten«?[68] Der Ort, an dem die Phantasmen reflektiert werden, ist, wie wir bereits wissen, der Spiegel des Pneumas.

Philosophie, Dichtung, Malerei: Das alles ist in *De gl'heroici furori* enthalten. Diese drei Momente der phantasmischen Spekulation sind unauflöslich miteinander verbunden, so daß es unmöglich ist, sie voneinander zu trennen, ohne die Einheit des Gegenstandes zu zerstören. Nach dem Siegeszug des Rationalismus sind wir leider außerstande, die Phantasmagorien der großen Gedächtniskünstler zu begreifen, und sehen uns genötigt, einen scharfen Schnitt vorzunehmen zwischen dem, was uns mit unseren einfachen logischen, historischen und vergleichenden Mitteln zu erfassen möglich ist, und dem, was wir nach einer kurzgefaßten Beschreibung beiseite lassen müssen, damit wir uns nicht von der Mnemotechnik der Renaissance hinreißen lassen.

Der fünfte Dialog des ersten Teils stellt eine Unterweisung in fünfzehn Kapiteln über die Kunst des Gedächtnisses dar, die sich auf geistige Operationen bezieht. Die *imprese*, welche die Momente der Kasuistik des Eros versinnbildlichen, werden in Sonetten erläutert, die ihrerseits wieder zum Gegenstand von Prosakommentaren werden. Um einen Eindruck von den Operationen zu vermitteln, die der Maler Zeuxis durchführte, genügt es, das dritte mnemotechnische Bild anzuführen, das unter dem Schild der ›heroischen Leidenschaft‹ erscheint:

> »Der Dritte führt auf seinem Wappen einen nackten Knaben, der, ausgestreckt auf einer grünen Wiese und den erhobenen Kopf auf einen Arm gestützt, die Augen gen Himmel gewandt hält, wo über den Wolken verschiedene Gebäude, Türme, Blumen- und Obstgärten zu sehen sind. Auch ein aus Feuer bestehendes Schloß ist dort und in der Mitte steht die Inschrift: *Mutuo fulcimur* [Wir stützen einander].«

Oder etwa das siebente Wappen:

> »Aber was soll jene Darstellung der Sonne mit einem inneren und einem äußeren Kreis und das Motto *Circuit* [Sie bewegt[e] sich im Kreis] bedeuten?« usw.[69]

Zwölf weitere *imprese*[70] werden im ersten Dialog des zweiten Teils kommentiert. Eine einzige *impresa* eröffnet den folgenden Dialog, die den Hauptgegenstand des Brunoschen Traktates enthält. Der Abbé Pluche mag an Bilder dieser Art gedacht haben, als er 1739 schrieb:

> »Wenn der einzige Zweck eines Bildes der ist, mir zu zeigen, was man mir nicht sagt, ist es lächerlich, sich anzustrengen, um es zu verstehen [. . .]. Und wenn ich den Sinn dieser geheim-

nisvollen Personen schließlich erraten habe, dann finde ich gewöhnlich, daß der belehrende Inhalt kaum die Kosten der Verpackung wert ist.«[71]

Zugegeben, unsere Geisteshaltung bringt uns dazu, eher dem Abbé Pluche recht zu geben als den Renaissance-Philosophen der symbolischen Formen. Die Mühe, diese komplizierten Botschaften zu verschlüsseln und zu entschlüsseln, den *ludus serius*, der seinen Sinn in der geheimnisvollen Verknüpfung von geistigen Operationen fand, deren Zweck darin lag, die Erkenntnis der Seele zu bereichern, hat keinerlei Bedeutung mehr, da wir weder die Grundsätze noch die Zweckmäßigkeit dieser Erkenntnis teilen. Diese Bilder des künstlichen Gedächtnisses müssen in ihrem richtigen geistesgeschichtlichen Umfeld verstanden werden, das vergeistigt und zugleich phantasmisch war. Sonst ist die Gefahr allzu groß, darin ein Spiel bar jeden Ernstes zu erblicken, das sich in einen endlosen Irrgarten verwandelt, in dem jeder Sinn verloren geht.

Die Zweideutigkeit des Eros

Ein italienischer Autor hat jüngst in dem Titel der *Heroici furori* eine Anspielung auf das mittelalterliche Syndrom des *amor hereos* oder *heroycus* erkennen wollen.[72] Aber selbst wenn Bruno zweifellos mit dieser Form der Melancholie vertraut gewesen wäre, beim Entwurf seines ethischen Traktates hatte er etwas ganz anderes im Sinn.

Die heroische Liebe wird bei Bruno einerseits in ausdrücklichem Gegensatz zur ›natürlichen‹ Liebe und andererseits zum passiven Erwarten der göttlichen Gnade, die eine bestimmte Art von Mystik kennzeichnet, aufgefaßt.

Zunächst setzt der heroische Eros sein positives Dasein zum natürlichen Eros in Gegensatz, »der in die Knechtschaft der Zeugung lockt«. Der Gegenstand des letzteren ist eine Frau, der des ersteren die Gottheit selbst. Derselbe Kontrast trennt ihn von der melancholischen Befindlichkeit:

> »Seine Leidenschaft (*furore*) ist kein Ausfluß schwarzer Galle[73] [. . .]. Sondern ist eine Hitze, die von der Sonne der Vernunft in der Seele entfacht worden ist, und ein göttlicher Drang (*impeto*), der ihm Flügel wachsen läßt.«[74]

Es ist dies eine Anspielung auf den Mythos des *Phaidros* (246-247, 248 C) und auf die Flügel der Seele, die anläßlich des verderblichen Ereignisses unseres Eintretens in die Welt Schaden erleiden und nur von einigen wenigen Auserwählten wiedererlangt werden können, namentlich von den Philosophen.[75] Dieser Form des erotischen Enthusiasmus kommt es zu allererst auf »die Anmut (*gratia*) des Geistes und die Zuneigung des Gefühls« an, nicht auf die Schönheit des Leibes.[76]

Doch um welche Anmut handelt es sich dabei? Es ist nicht die Gabe, die man passiv erwartet und erhält, sondern es ist eine Errungenschaft der aktiven Kontemplation. Gern verhöhnt Bruno den Heiligen, der ohne jede persönliche Anstrengung in ein *vas electionis* (Gefäß der Gnadenwahl) umgewandelt wird. Der Heros (oder sogar der Dämon), den er ihm entgegensetzt, ist kein Gefäß, sondern der Handwerker, der es herstellt. Auch wird der Heilige mit einem Esel verglichen, der die Heiligtümer trägt,[77] der Held hingegen mit dem heiligen Gegenstand selbst. Bei jenem kann man die »Wirkung des Göttlichen«, bei diesem die »Vortrefflichkeit des eigenen Menschseins« betrachten.[78] In dem Brunoschen Begriff der ›heroischen Leidenschaft‹ haben die Kommentatoren »die Vorstellung der universalen Immanenz des Göttlichen« erkennen wollen, die »zu einer kohärenten universalistischen Schlußfolgerung über den Erkenntniswillen und die Erkenntnisfähigkeit des Menschen führt«.[79] »Der Kern der *Heroischen Leidenschaften* ist die Umwandlung des Menschen in Gott, die ὁμοίωσις θεῷ [Anähnlichung an Gott]«, sagt E. Garin;[80] und G. Gentile dazu:

> »Die Erhöhung des Geistes vollzieht sich im Vorgang der Wahrheitsfindung.«[81]

Das alles macht Bruno, wie P. O. Kristeller treffend bemerkte,[82] zu einem würdigen Vertreter des Neuplatonismus der Renaissance, zu einem Jünger der Florentiner Schule, deren Meister Marsilio Ficino gewesen war. Brunos schwer einzuordnende Originalität und Echtheit brechen indessen schon auf den ersten Seiten seiner Schrift in überschwenglichem Feuerwerk aus.

Brunos Opfer ist diesmal Francesco Petrarca, Vertreter einer unwürdigen und erniedrigenden Liebesleidenschaft.

> »Und bei meiner Treu, wenn ich mich schon dazu herbeilassen will, den Verstand jenes toskanischen Dichters, der sich an den Ufern der Sorgues so verliebt in eine Frau aus Vaucluse gebärdete, als edel zu verteidigen und nicht behaupten will, daß er als Verrückter in Ketten gehört hätte, werde ich mich bemü-

hen, zu glauben, und anstrengen, die anderen davon zu überzeugen, daß er, dessen Verstand zu besseren Dingen nicht fähig war, diese Melancholie eifrig nähren wollte, um den eigenen Geist blitzen zu lassen, indem er die Gefühle einer hartnäckigen, gemeinen, viehischen und tierischen Liebe[83] entfaltete [. . .].«[84]

Das Werk Petrarcas wird als Ergebnis dieser zwanghaften Betrachtung eines Gegenstandes dargestellt, der seiner keineswegs würdig war, als verlorene Mühe einer krankhaften Einbildung, gegen deren verderblichen Einfluß er mit aller Kraft kämpft:

»Seht also nun auf Papier gedruckt, in Bücher eingeschlossen, vor die Augen gestellt und vor die Ohren zum Tönen gebracht: Einen Lärm, ein Getöse, einen donnernden Schwall von Allegorien, Impresen, Mottos, Briefen, Sonetten, Epigrammen, Büchern, weitschweifigem Gekritzel, von Todesschweiß, verbrauchtem Leben, so schrill, daß die Gestirne davon taub werden, mit Klagen, deren Widerhall bis in die Höhlen der Unterwelt gelangt, Schmerzen, welche die Lebenden bestürzen, und Seufzern, welche die Götter vor Mitleid vergehen lassen. All dies für jene Augen, jene Wangen, jenen Busen, jenes Weiß, jenes Rot, jene Zunge, jene Zähne, jene Lippen, jene Locke, jenes Gewand, jenes Tuch, jenen Handschuh, jenes Schühchen, jenen Pantoffel, jene Sittsamkeit, jenes Lächeln, jenen Schmollmund, jenes verwaiste Fenster, jene verfinsterte Sonne, jene Beklommenheit, jenen Ekel, jenen Gestank, jenes Grab, jenen Abort, jene Monatsblutung, jenes Aas, jenes Sumpffieber, jenen gewaltigen Betrug der Natur, die uns mit einer reinen Äußerlichkeit, einem Schatten, einem Phantasma, einem Traum, einer nur der Fortpflanzung dienenden Circeïschen Zauberkunst[85] durch die Erscheinung der Schönheit verführt.«[86]

Dieser maßlose Frauenhaß, verrät uns Bruno in der Widmung an Philip Sidney sehr freimütig, wurde nicht durch Impotenz verursacht, ob sie nun von magischer Behexung oder von der Kälte der Säfte herrühren mag. Im Gegenteil, versichert er uns, ohne sich zu brüsten: Von der verbotenen Frucht habe er gegessen, ohne je satt geworden zu sein, denn der Schnee des Kaukasus oder des Ripheus reichen nicht aus, die Glut seiner Adern zu kühlen. Aber der Bereich der sinnlichen Liebe muß von dem der göttlichen Betrachtung mit einer Geistesschärfe getrennt werden, die Petrarca, diesem verklemmten Sinnenmenschen, fremd war.

Brunos Antipetrarkismus[87] stellt im Grunde einen Versuch dar, die Selbstgefälligkeit des Unterbewußten für den Bereich des reinen Bewußtseins zu beanspruchen, während in den Schriften Petrarcas diese Unruhe systematisch zur geistigen Würde erhoben werde, die sie nach Ansicht des Nolaners nicht verdient. In der Ethik Brunos haben die Phantasmen einer entarteten Einbildung nichts zu suchen.

Dies entsprach einer Haltung, die nicht frei war von Zweideutigkeit: zunächst deshalb, weil er die Frau als Gebrauchsgegenstand hinnimmt, vorausgesetzt, daß dieser Gebrauch nicht von der Hervorbringung von Phantasmen begleitet wird; zweitens deshalb, weil er selbst nicht zögern wird, eine Frau in eine Hypostase (göttliche Wesenheit) umzuwandeln, wobei er bemüht ist, gegenüber Dante Abstand zu halten, in dem er nur einen Gefährten des unglücklichen Petrarca erblickt ... Die weibliche Hypostase Brunos ist nicht Beatrice, in deren Gestalt Dante den Bereich des Profanen nicht von dem des Göttlichen zu trennen wußte. Der unbekannte Vorläufer Brunos scheint in diesem Sinne ein frauenhassender Mystiker vom Schlage Sanā'īs zu sein, für den die weibliche Hypostase der Vernunft (*Madonna Intelligenza*, siehe Kapitel II) überhaupt nichts Kontingentes an sich hat.

Obschon dieser Vergleich einer gewissen Stimmigkeit nicht entbehrt, sagt er nichts über den geschichtlichen Zusammenhang aus, der auf Bruno gewirkt hat. Nun muß daran erinnert werden, daß wir uns mitten in der Reformation befinden und der Puritanismus – in seiner Bedeutung als zeitenthobene Kategorie – sich sowohl auf protestantischer als auch auf katholischer Seite verschärft. Gewiß ist es für Protestanten wie für Katholiken äußerst schwerwiegend, daß ein abtrünniger Mönch keineswegs Anstalten macht, seine fleischlichen Beziehungen zu verheimlichen. Gleichwohl ist seine Haltung läßlich, wenn er den hochheiligen Grundsatz der Hexenjagd anerkennt, den das tragische Manifest des Puritanismus, der *Malleus maleficarum* (*Hexenhammer*) der Inquisitoren Sprenger und Institoris anführt:

> »Was ist das Weib anderes als [...] ein mit schönen Farben bestrichenes Naturübel?«[88]

Brunos Frauenhaß ist das Erbe seiner Zeit, in Verbindung mit der regen Gedächtnisschulung des ehemaligen Dominikaners, ein

Erbe, das ihm gestattet, eine beinahe uneingeschränkte Beherrschung der Phantasmen des Unterbewußten auszuüben. *In diesem Sinne stellt dieser ›Ritter des Unendlichen‹ das vollkommenste, mithin am wenigsten menschliche Ergebnis des phantasmischen Zeitalters dar: Ein zu freier Willensentscheidung Fähiger, der keineswegs von den unheimlichen Kräften seines Wesens gehemmt wird, da er gelernt hat, diese Kräfte zu bändigen.*

Ebenso wie im Prolog des Ibn ʿArabī zu seinem *Dīwān* ist Brunos Widmung an Sidney eine Unschuldsbeteuerung, die in seinem Falle schließlich Verdacht erregt. Wogegen mußte er sich denn verteidigen, hatte ihn doch niemand beschuldigt, an eine konkrete Frau als Empfängerin seiner Liebesgedichte gedacht zu haben? Indessen widerlegt Bruno diesen Verdacht derart energisch, daß er die Mutmaßungen künftiger Biographen vorwegzunehmen scheint.

Seine ursprüngliche Absicht, teilt uns Bruno mit, sei es gewesen, seine Schrift *Cantica* zu überschreiben, doch er gab sie auf, damit man ihn nicht bezichtigt, seine Eingebung aus einer ›gemeinen‹ (das heißt ›naturgemäßen‹, geschlechtlichen) Liebe zu einer Person aus Fleisch und Blut bezogen zu haben.

Alles das zog ihm die im wesentlichen wohlbegründeten, jedoch in bezug auf ihre Ergebnisse lächerlichen Verdächtigungen von Antonio Sarno zu, der in einem Aufsatz von 1920[89] nachzuweisen versuchte, daß Brunos Liebesgedichte keiner geringeren als Elisabeth I. von England gegolten hätten und daß der Verfasser sie erst später, *post festum*, vermittels des philosophischen Kommentars in metaphysische Lyrik umgewandelt hätte. Obwohl Bruno die Vorstellung, daß die *Heroischen Leidenschaften* als poetische Liebesbekenntnisse an eine *Frau* gedeutet werden könnten, als entsetzliche Beleidigung widerlegt, so schließt er in der Tat unmittelbar danach alle Vertreterinnen des weiblichen Geschlechtes, welche die Britische Insel, *toto orbe divisa*, bewohnen, von dem Begriff ›Frau‹ (der für ihn – leider! – erniedrigend ist) aus; nicht Frauen seien diese, sondern Nymphen (Bd. II², S. 317). Denn *toto orbe divisa* bedeute nicht nur »weit getrennt vom Festland« in räumlichem, sondern auch in einem ontologischen Sinn: im Vergleich zu Europa sei England *fremdstämmig* (man hat bereits erkannt, zu welcher Doppeldeutigkeit dieses Scheinlob Brunos – selbst der eigenen Absicht nach – Anlaß gibt, denn Bruno ist weit davon entfernt, ein Bewunderer der britannischen Kultur des 16. Jahrhunderts zu sein). Unter diesen Nymphen erglänzt die unvergleichliche, »einzigartige Diana« – die Königin Elisabeth – wie die Sonne unter den Gestirnen:

[. . .] *l'vnica Diana,*
Qual é tra uoi quel che trá gl'astri il sole.
(*Iscusation del Nolano. Alle piu virtuose, e leggiadre dame*)[90]

Nun sind die Gedichte Brunos durchaus nicht von einer Frau eingegeben, sondern seinem eigenen Bekenntnis nach von einer Göttin, einer Herrin der Nymphen, Diana, die zum Teil mit der Königin Elisabeth I. gleichzusetzen ist. Alles das ist unbestreitbar, aber die Schlußfolgerung, die Antonio Sarno und Francesco Flora daraus ziehen, ist letzten Endes äußerst seicht.

Im Herzen der Lehre Brunos

Im Zentrum der ethischen Lehre Brunos steht Ficinos Motiv der Enteignung des Subjekts, des Verlustes und der Übertragung seiner Subjektivität auf das Objekt. Selbstverständlich wird diese Lehre wie bei Giovanni Pico auf die mystische Liebe angewandt, deren Objekt die Gottheit selbst ist. Daher die Gegenwart der *mors osculi*, wie man später sehen wird, ebenso wie die Geschichte der neun Blinden, die zwar, bisweilen wortwörtlich, die Ekloge (Hirtengedicht) *Cecaria* des Neapolitaners Marco Antonio Epicuro aufgreift, aber nicht weniger von der Theorie der prophetischen Blindheit beeinflußt ist, die Giovanni Pico in seinem *Commento* entworfen hatte.

Auf dem Schachbrett dieses erotischen künstlichen Gedächtnisses ist das ›Standbild‹ Dianas mit Abstand die wichtigste Figur: die Königin, in buchstäblichem und in übertragenem Sinne. Aber die Funktion dieses Phantasmas beschränkt sich nicht darauf, eine berühmte Gestalt, im vorliegenden Fall Elisabeth I., darzustellen. Die Symbolik des Hofes von England stieß auf die begeisterte Zustimmung des Nolaners, um so mehr als sie mit seiner eigenen Metaphysik vortrefflich übereinstimmte, in der eine weibliche Wesenheit namens Amphitrite,[91] deren manifestierte Hypostase Diana ist, eine erstrangige Rolle spielt. In Gestalt einer Königin transzendiert Diana nicht nur die Phänomenologie des phantasmischen Eros, sondern auch den Bereich der menschlichen Einbildung. Überhaupt: Ihre Gegenwart ist kein Merkmal einer unzugänglichen Liebe – die eines armen ausländischen Geistlichen zur Königin eines seltsamen Landes –, sondern das Sinnbild von geistigen Abenteuern und metaphysischen Wesenheiten.

Bruno kennt die Liebestheorie Ficinos ebenso wie den *Commento* Giovanni Picos gründlich. Ein Teil der *Heroischen Leidenschaften* (II. Teil, 3. Dialog) besteht aus Fragen und Antworten zwischen dem Herzen und den Augen, diesen pneumatischen Organen, deren Rolle in der Psychologie des Eros wohlbekannt ist. Dennoch wird die neue Scholastik, deren berühmtester Vertreter Ficino gewesen war, gern von Bruno in seiner 1582 in Paris veröffentlichten Komödie *Candelaio* verhöhnt.[92] Die Figur Scaramuré, Magier und marktschreierischer Astrologe, sagt darin einen den Werken Ficinos fast wörtlich entlehnten Passus her:

»Die Bezauberung erfolgt kraft eines leuchtenden und feinen Geistes, der aus der Wärme des Herzens vom reinsten Blute erzeugt wird, der in Gestalt von Strahlen durch die geöffneten Augen hinausgesandt wird, welche mit starker Einbildungskraft blicken und schließlich das erblickte Ding verletzen: sie rühren an das Herz und ziehen fort, um den Leib und den Geist anderer zu affizieren.«[93]

Schließlich läßt Bruno auch hier erkennen, daß Ficinos Lehrgebäude ihn nicht befriedigt. Im Proprolog zur Komödie (Bd. III, S. 27 [L. 15,40-16,1]) macht er sich über die kontemplativen Melancholiker und deren außergewöhnliche Kräfte lustig (*quelli* [. . .] *à quai Saturno hà pisciato il giuditio in testa* [. . .] [diejenigen, denen Saturn den Verstand in den Kopf gepißt hat]).

Ohne es ausdrücklich auszusprechen, verachtet Bruno Ficino wegen seiner Pedanterie. Das läßt sich durch das phantasmische Wesen von Brunos Bildungshintergrund erklären, der im Grunde aus der Ficinischen Lehre hervorgeht. Aber während die Schriften Ficinos sehr genaue und oftmals langatmige Beschreibungen der phantasmischen Mechanismen enthalten, sind diejenigen Brunos *lebendige Schilderungen von inneren Abläufen.* Ficinos Manierismus trägt scholastische Züge und besteht im Gebrauch ausgeklügelter Formeln, die unwandelbare Begriffe ausdrücken sollen; Brunos Manierismus ist mnemotechnisch und besteht in der peinlich genauen und oft ebenfalls langweiligen Darstellung der Phantasmen des künstlichen Gedächtnisses. Die Ebene, auf der Bruno und Ficino einander begegnen, ist der *Stil*, der bei beiden sehr gesucht ist, während Bruno eine ausgesprochene Vorliebe für die Mode der Oxymora (scheinbaren Widersprüche) hat, die im 16. Jahrhundert stark entwickelt war. Wie Johannes vom Kreuz macht sich Bruno Ausdrücke für die mystische Liebe zu eigen, wie etwa: *In viua morte morta uita uiuo.*[94]

Die Erklärung dieses Ausdrucks führt uns zurück zu Ficinos Theorie der Übertragung der Subjektivität:

> »Er [das Subjekt] ist nicht tot, denn er lebt im Objekt: er ist nicht lebendig, denn er ist in sich selbst tot« (*ebd.*).

Ein anderer Ausdruck dieses Sich-Verzehrens aus Liebe ist selbstverständlich die *morte di bacio*, Giovanni Picos *binsica*, in der »die Seele gleichsam ermattet ist, weil sie in sich tot und im Objekt lebendig ist«.[95]

Bruno wäre kein echter Gedächtniskünstler, würde er keine ›Standbilder‹ und kein geeignetes Szenarium verwenden, um diesen entscheidenden Augenblick in der Dialektik der mystischen Liebe, die im Verlust der Subjektheit besteht, zu veranschaulichen. Der Mythos, der ihm zu diesem Zweck am besten geeignet zu sein scheint, ist derjenige Actaeons, des jungen Jägers, der Diana beim Baden an einer Quelle überrascht hatte, weshalb er von der Göttin in einen Hirsch verwandelt und schließlich von den eigenen Hunden zerfleischt wurde. Die Fabel Actaeons hatte sich von jeher zu den verschiedensten Deutungen geeignet. Der verbannte Dichter Ovid, der sie in seinen *Metamorphosen*[96] erzählte, klagte in den *Tristia* (II, 105 ff.) darüber, das Schicksal Actaeons erlitten zu haben, wobei die Zerstückelung allerdings durch die Verbannung nach Tomis ersetzt wurde. In Brunos Jahrhundert war die Geschichte ebenso bekannt wie in dem Ovids. Der Verfasser, der uns hier die Abbildung liefert, um diese Geschichte Actaeons zu veranschaulichen, ist der Edelmann Jacques du Fouilloux aus dem Poitou (1519-1580). Der aus Gâtine Gebürtige ist ein Vorläufer Casanovas und auch des Marquis de Sade – wobei er sich jedoch darauf beschränkte, die eigene Gattin zu mißhandeln. Du Fouilloux verfaßte eine seinerzeit berühmte Abhandlung über die Weidmannskunst, die selbstverständlich *La Venerie* hieß. Zusammen mit der erotischen Dichtung *Adolescence* wurde sie 1561 bei ›De Marnefz et Bouchetz frères‹ in Poitiers gedruckt.[97]

Du Fouilloux war ein Fachmann der Hirschjagd, was ihm eine *Complainte du cerf* eintrug, die von Guillaume Bouchet in Verse gefaßt und am Ende der Ausgabe von 1561 veröffentlicht wurde.[98] Der Hirsch verteidigt seine Sache und stößt schließlich folgenden Fluch aus:

»Mais si tu demourois en tes maux courageux,
Despitant la puissance, et le courroux des Dieux,
Puisse-tu rencontrer Diane Cynthienne,
Toute nue baigner dedans quelque fontaine,
Et ainsi qu'Acteon, comme moy cerf tourné,
Bramer devant ton chien dessus toy attiné,
Qui sucera ton sang [Abb. 5], jusqu'atant que l'on pense
Ceste peine cruelle esgaler ton offence.«

Doch verharrst du in deinen Freveln mutig durchaus
Und forderst die Macht und den Zorn der Götter heraus,
Du könntest die Cynthische Diana sehn an der Stelle,
Wo vollends entblößt sie steigt in ihr Bad, eine Quelle,
Und so wie Actaeon, wie ich ein verwandelter Hirsch,
Röhren vor deinem Hunde, der dich greift an auf der Pirsch,
Und wird saugen dein Blut, bis man befunden hat,
Daß diese Grausamkeit wiegt auf deine schändliche Tat.

Diesem gejagten Jäger ist das berühmte Sonett Brunos aus den *Heroischen Leidenschaften* gewidmet, das wir hier in beinahe wörtlicher Übertragung geben:

»Alle selue i' mastini, e i' ueltri slaccia	Los in die Wälder Hof- und Hetzhunde läßt
Il Giouan Atteon, quand'il destino	Der Jüngling Actaeon, als nun das Schicksal
Gli drizz'il dubio et incauto camino,	Ihm weist den ungewissen und gefahrvollen Weg,
Di boscarecchie fiere appó la traccia.	Im Dickicht wildem Getier auf der Fährte.
Ecco trá l'acqui il piu bel busto et faccia,	Mitten in Wassern schönster Busen, schönstes Gesicht,
Che ueder poss'il mortal et diuino,	Die Sterbling und Gott je zu schauen vermögen
In ostro et alabastro et oro fino	Von Purpur, Albaster und zartem Golde
Vedde; e'l gran cacciator douenne caccia.	Er sah; und der große Jäger ward zum Gejagten.
Il cervio, ch'á piu folti	Den Hirsch, der hin zu dichter bewachsenen
Luoghi drizzau'i passi piu leggieri,	Orten leichteren Schrittes sich wandte,
Ratto uoraro i' suoi gran cani et molti.	Rasch seine großen zahlreichen Hunde zerrissen.
I'allargo i' miei pensieri	Hoher Beute entgegen weite ich aus

Ad alta preda, et essi á me riuolti	Meine Gedanken, und sie, gerichtet auf mich,
Morte mi dan con morsi crudi et fieri.«	Beißen grausig und wild mich zu Tode.

(Siehe Anhang V, S. 353 ff.)[99]

In Brunos Sonett kommt es nicht auf die Erzählung, sondern auf die Figuren an. Nun sind diese Figuren *Standbilder des künstlichen Gedächtnisses.* Man muß sich die Szene beinahe wie auf einem flämischen Kupferstich in der Antwerpener Ausgabe der *Metamorphosen* (1591, S. 84-85) vorstellen: Eine Göttin, die halb nackt den Fluten entsteigt, und ein in einen Hirsch verwandelter Jäger, der von den eigenen Hunden zerrissen wird. Göttin, Jäger und Hunde sind die phantasmischen Träger eines mnemonischen Inhalts, den Bruno in seinem Kommentar schildert. Diana muß man sich mit alabasterfarbener Haut, purpurroten Lippen (oder Brüsten) und Haaren aus feinem Gold vorstellen. Nur ihr Oberleib taucht aus den Wassern empor, das heißt, sie besitzt eine sichtbare und eine verborgene Seite. Die Wasser versinnbildlichen die sinnliche Welt, die nach dem Ebenbild der intelligiblen Welt geschaffen wurde. Der sichtbare Teil Dianas stellt »die Potenz und die äußere Wirkung [dar], die man mit der Kraft und dem Akt des Schauens und mit der Hinwendung des sterblichen oder göttlichen Geistes, sei es eines Menschen oder eines Gottes, erblicken kann«.[100] Der Alabaster der Hautfarbe ist Sinnbild der göttlichen Schönheit, der Purpur der hohen Macht und das Gold der göttlichen Weisheit.

Die Hunde sind in Hof- und Hetzhunde eingeteilt, was ganz und gar nicht zufällig ist. Die Hofhunde stellen den Willen des Subjekts dar, die Hetzhunde den diskursiven Intellekt, die διάνοια. Das von Jäger und Hunden gejagte Wild stellt die »intelligiblen Erscheinungen der idealen Begriffe« vor, »die verborgen sind, von wenigen verfolgt, von sehr wenigen aufgespürt werden, und die sich nicht allen zeigen, die sie suchen«.[101]

Das Gedicht Brunos muß als ein *Bild* aufgefaßt werden, das vor unseren Augen gezeichnet wird, ein Bild, das für immer in den Sammlungen des künstlichen Gedächtnisses gespeichert bleibt. Es stellt gewissermaßen die Quintessenz der Verstandestätigkeiten dar, deren Objekt, die Wahrheit, die Schönheit zugleich ist, auch das Objekt des Eros ist.

Wie auf dem Kupferstich der *Metamorphosen* muß das im Ge-

Abb. 5: Hirschjagd. Du Fouilloux, *La Vénerie*, Abb. 73, S. 111.

dächtnis vorgestellte Standbild Actaeons den Kopf eines Hirsches haben, um die Wandlung des Subjekts in das Objekt deutlich zu machen. Wie und weshalb wird der Jäger zur Beute?

> »Durch die Tätigkeit des Intellekts, mit dem er die begriffenen Dinge in sein eigenes Sein verwandelt. [. . .] Er formt die intelligiblen Erscheinungen auf seine Weise und nach Maßgabe seines Fassungsvermögens, denn sie werden aufgenommen auf die Weise dessen, der sie empfängt, *ad modum recipientis*.«[102]

Nur wegen der Grenzen des Intellekts ist das Subjekt außerstande, die Herrlichkeit und den Glanz der göttlichen Wahrheit zu erfassen; in der Tat zwingt dieser phantasmisch Empfangende die intelligible Welt dazu, sich in Gestalt von *Phantasmen* zu zeigen. Es ist keine Erkenntnis *facie ad faciem* (von Angesicht zu Angesicht) der Seele, sondern im Gegenteil eine mittelbare, pneumatische Erkenntnis.

An dieser Stelle tritt die ekstatische Vereinigung ein: Der machtlose Bauer schreitet auf dem Schachbrett der Erkenntnis voran und sieht sich unversehens in die Königin verwandelt, in Diana, das Objekt seiner Suche. Der Intellekt wird zunichte gemacht, zerschmettert: Die Jagd wird nur »durch die Tätigkeit des Willens« fortgesetzt, »wodurch er [das Subjekt] sich in das Objekt verwandelt. [. . .] denn die Liebe *verwandelt in den geliebten Gegenstand*«.[103] Es handelt sich um einen verdeckten Übergangsritus von einer Daseinsstufe zur anderen, der durch das Bild der Zerfleischung, der Zerstückelung versinnbildlicht wird:

> »Dann beißen ihn *seine großen zahlreichen Hunde zu Tode*. Hier endet sein Leben inmitten der verrückten, sinnlichen, blinden und phantasmischen Welt: und er führt nun ein geistiges Leben: er lebt das Leben der Götter, ernährt sich von Ambrosia und berauscht sich mit Nektar.«[104]

Hatten bisher Maler und Dichter die Oberhand, so kommt der Philosoph danach zum Zuge und gibt eine Erläuterung der Allegorie Actaeons, die übrigens derart einfach ist, daß es schon wundernimmt, daß sie stets falsch gedeutet wurde:

> »Niemand hält es nämlich für möglich, die Sonne zu schauen, den universalen Apollo, das absolute Licht in seiner höchsten und vorzüglichsten Erscheinung: wohl aber seinen Schatten, seine Diana, die Welt, das Universum, die Natur in den Dingen, das Licht in der Undurchsichtigkeit der Materie: also das in der Finsternis leuchtende Licht. Unter den Vielen also, die

aufbesagten und anderen Wegen zur Genüge in diesem verlassenen Wald umherlaufen, gibt es sehr wenige, die bis zur Quelle der Diana vorstoßen: Viele begnügen sich damit, wilde und weniger edle Tiere zu jagen, und der größte Teil findet und erfaßt gar nichts, weil er die Netze in den Wind hängt und schließlich die Hände voll Fliegen hat. Äußerst selten, meine ich, sind die Actaeons, welche das Schicksal ausersehen hat, die nackte Diana schauen zu können und über die schöne Gestalt der Natur derart in Verzückung zu geraten, und von den beiden Lichtern (Augen) des doppelten Glanzes göttlicher Güte und Schönheit derart getroffen zu werden, daß sie sich in einen Hirsch verwandeln und fortan nicht mehr Jäger sind, sondern (Jagd)Beute, denn das letzte Ziel und das Ende dieser Jagd ist es, in den Besitz jener flüchtigen und scheuen Beute zu gelangen, durch die der Erbeuter selbst zur Beute, der Jäger zum Gejagten wird; denn bei allen anderen Arten der Jagd, die man auf einzelne Dinge macht, fängt der Jäger die anderen Dinge, indem er sie mit dem Mund der eigenen Intelligenz aufsaugt; aber bei jener göttlichen, allumfassenden Jagd geschieht das Ergreifen auf solche Weise, daß er gezwungenermaßen selbst auch begriffen, aufgesogen und geeint wird: So wird er aus einem gemeinen, gewöhnlichen und zum alltäglichen Volk gehörenden Menschen zu einem wilden Wesen, wie ein Hirsch oder ein Bewohner der Wildnis, lebt wie ein Gott unter hohen Bäumen, lebt in den *nicht durch Menschenkunst gestalteten Gemächern* (*stanze non artificiose*) höhlenreicher Berge, wo er die Quellen der großen Flüsse bewundert, wo er rein und unberührt von gemeinen Begierden dahinlebt [. . .].«[105]

Die beiden Fragmente, die das Ritual des Übergangs des Subjektes auf die Stufe des Geistes erläutern, weisen unmißverständlich darauf hin, daß dieser Übergang in der *Überwindung der phantasmischen Erkenntnis* besteht. In der sinnlichen Welt ist der Mensch dazu verurteilt, nur auf phantasmische Art zu erkennen; dagegen erkennt der große Eingeweihte im Sinne Brunos, der Zugang zur intelligiblen Welt hat, ohne die Vermittlung der Phantasmen, *facie ad faciem*, ohne einer geistigen Vermittlung zwischen dem Leib und der Seele zu bedürfen, denn er lebt nur in der und durch die Seele. Es handelt sich selbstverständlich um einen paradoxen Zustand, dessen Seltsamkeit und Außergewöhnlichkeit Bruno keineswegs verhehlt:

»So verschlingen die Hunde, [das heißt] die Gedanken an göttliche Dinge, diesen Actaeon, so daß sie ihn *als gesellschaftliches, gemeines Wesen töten* (*facendolo morto al uolgo, alla moltitudine*), ihn aus den Verstrickungen der verwirrten Sinne[106] lösen, aus dem fleischlichen Kerker der Materie befreien; deshalb braucht er nun nicht mehr durch Ritzen und Fenster seine Diana zu betrachten: *sondern ist nach dem Niederreißen der Mauern ganz Auge mit dem ganzen Horizont im Blick.* So daß er Alles wie Eines schaut, nicht mehr in Unterscheidungen und Zahlen sieht, was durch die Vielfalt der Sinne, die gleichsam verschiedene Ritzen sind, zu einer Verwirrung beim Sehen und Erfassen führt. [. . .] Er sieht Amphitrite, den Quell aller Zahlen, aller Erscheinungen, aller Seinsgründe, sie ist die *Monas*, das wahre Wesen des Seins aller Dinge: Und wenn er sie auch nicht in ihrem Wesen und im absoluten Lichte sieht; so sieht er sie in ihren Hervorbringungen, die ihr ähnlich und ihre Abbilder sind: denn aus der Monas, welche die Gottheit ist, geht diese Monas hervor, welche die Natur, das Universum, die Welt ist; dort schaut und spiegelt sie sich *wie die Sonne im Mond* [. . .]. *Diese* [*zweite Monas*] *ist Diana*, das Eine, welches das Seiende selbst ist, das Seiende, welches das Wahre selbst ist, die wahre erfaßbare Natur, in die Sonne und Glanz der höheren Natur einströmen [. . .].«[107]

Actaeon

Das mnemonische ›Standbild‹ Actaeons ist das Phantasma des Subjekts auf der Suche nach der Wahrheit, einer Suche, bei der es alle irrationalen und rationalen Mittel seiner Seele gebraucht. Wie jeder Mensch in der Welt ist auch Actaeon mit *Sensibilität* und *Phantasie* begabt, die zwei Erkenntnisquellen sind: der natürlichen Außenwelt und der seelischen Innenwelt. Darüber hinaus ist Actaeon ein *Mensch der Gesellschaft*, der an dem öffentlichen Leben mit seinen Einschränkungen, seinem Geschwätz und seinen Vorurteilen teilnimmt.

Die Betrachtung der nackten Göttin bedeutet Actaeons Tod: Dieser geht aller Eigenschaften, welche die Stellung des Menschen in der Welt kennzeichnen, verlustig – der Geselligkeit, der Empfindsamkeit und der Phantasie. Aber der Tod ist nur die schreckliche Seite einer Einweihung, eines Übergangsritus hin zur geistigen Ebene des Subjekts. Diese zeichnet sich durch eine *unmittelbare Erkenntnis* der intelligiblen Welt aus, die über die öffentliche Meinung, die Sinneswahrnehmung und die pneumatischen Phantasmagorien hinausgeht.

Actaeon, das Subjekt, wird hinfort ein ›bei Lebzeiten Toter‹ sein, ein Daseiender, dessen Dasein paradox ist, weil es nicht mehr den vorherbestimmten Bedingungen seiner Gattung gemäß ist. Im Grunde hat ihn die traumatische Erfahrung, die er durchlaufen hat, in den Gegenstand seiner eigenen Suche, in die Gottheit selbst verwandelt. Actaeon ist kein Mensch mehr, er ist Gott geworden. Deshalb ist die Fortsetzung seines gesellschaftlichen Daseins unter Menschen, die ihm nicht mehr artverwandt sind, eine Paradoxie. Deshalb sind im Werke Brunos die Sinnbilder der *coincidentia oppositorum* im Überfluß vorhanden: denn er faßt tatsächlich die Daseinsmöglichkeit eines Menschen ins Auge, der sich seines Menschseins entledigt und mit der Gottheit erfüllt, ohne sich aber aus seinem irdischen Aufenthaltsort zu verbannen. Wie das Subjekt, das seine Subjektivität verliert, ist es ein Toter; aber ebenso wie jenes Subjekt gewinnt er sein Dasein nur in dem Maße zurück, als er von dem Objekt zurückgeliebt wird, das sich so in ihn selbst verwandelt. In dem traumatischen Vorgang, den Actaeon erleidet, als er die an der Quelle badende Diana überrascht, *gibt* sich die Göttin in Wirklichkeit *hin*, sie läßt sich besitzen, jedoch auf die einzig mögliche Weise: nämlich indem sie Actaeon in einen Hirsch verwandelt, in ein vertrautes Tier, in eine Person, welche die Ebene ihres alten Dasein verlassen hat, um eine Daseinsform zu erlangen, in der sie ihre Gefährtin, die nackte Göttin, genießen kann.

Man ahnt bereits Brunos *Mutmaßung* (von seiner Anmaßung wollen wir absehen): Er behauptet, selbst dieser ›bei Lebzeiten Tote‹ zu sein, dieser aus den Zwängen der menschlichen Gattung Befreite. Er stellt sich als einen religiösen *Führer* dar, der wie Thomas von Aquin, Zarathustra (Zoroaster), Paulus usw. das ›Siegel der Siegel‹ aufgebrochen hat, der von der jungfräulichen Göttin geliebt worden ist, von der unnahbaren Diana.[108]

So betrachtet, ist es leicht zu verstehen, daß ihn die Inquisition dem Scheiterhaufen überantwortet hat. Hätte er im Grunde nicht eines kleinen Wunders fähig sein sollen, um sich zu retten? Und war die kluge und listige Inquisition nicht davon überzeugt, daß ein solches Wunder noch niemandem gelungen war? In jedem Hexenprozeß – und meines Erachtens war derjenige Brunos einer – wiederholte sich die Passion Jesu: Hatte man ihn nicht aufgefordert, sich zu retten, wenn er es könnte? Nun besteht gewiß einer der tiefsten Bedeutungen der christlichen Wahrheit in der Tatsache, daß Jesus sich dem Willen seines Vaters beugt, der, statt ihn zu retten, vielmehr beschließt, ihn in ein heiliges Opfer zu verwandeln, um die Sünden der Menschheit zu sühnen (*O felix culpa, quae talem ac tantum meruit habere Redemptorem! . . .*).[109]

Es ist nicht ausgeschlossen, daß Bruno im eigenen Scheiterhaufen den letzten Akt eines Vorgangs erblickt hat, der sich bereits viel früher in ihm vollzogen hatte: das Abwerfen seines Menschseins, den Übergang zu einer göttlichen Ebene. Zeugen im übrigen seine letzten, stets mißdeuteten Worte nicht davon?

> *Maiori forsan cum timore sententiam in me fertis quam ego accipiam*: [»Mit größerer Furcht verkündigt ihr vielleicht das Urteil gegen mich, als ich es entgegennehme.«][110]

Wenn Bruno der Apostel einer neuen Religion hat sein wollen, so ist ihm dies zweifellos gelungen: Sein Name hat den Geist und die Stimme manches Freimaurers, Freigeistes, Revolutionärs, Materialisten oder Anarchisten des 19. Jahrhunderts entflammt, und der Platz, an dem sich heute das Standbild Brunos erhebt, dort, wo vor der päpstlichen Kanzlei auf dem Campo de' Fiori einst der Scheiterhaufen gestanden hat, ist ein traditioneller Treffpunkt der Anarchisten Roms geblieben. Leider haben alle diejenigen, die ihn zu einem Vorkämpfer für ihre gesellschaftliche oder politische Sache gemacht haben, sein Werk und seine Persönlichkeit kaum verstanden und aus seinem Martyrium nur den Kampf gegen die Kirche im Gedächtnis behalten. Nun ist Bruno gewiß zum Propheten einer Religion geworden, die er nicht nur nie verkündigt hatte, sondern deren Ideale den seinigen vielmehr schroff entgegengesetzt sind. Der antidemokratischste aller Denker – als Symbol der Demokratie!

Heute ist es möglich, Brunos wahre Absichten zu rekonstruieren und zu verstehen. Weit davon entfernt, ein Vorkämpfer für Fortschritt, Demokratie, Technologie oder gar Ökologie zu sein, ist Bruno nur ein Denker, der versucht, den spitzfindigsten, sonderbarsten Werten des abendländischen Mittelalters neue Lebenskraft einzuhauchen. Wäre dieses Unterfangen nicht blutig gescheitert, es wäre – ohne das grauenhafte Ende seines Protagonisten – bestimmt gewesen, neben den Hervorbringungen eines Giulio Camillo, eines Petrus von Ravenna oder eines Fabio

Paolini für immer unter den Absonderlichkeiten der Geschichte verschüttet zu bleiben.

Diana

Während das ›Standbild‹ Actaeons einfach und eindeutig war, weist dasjenige Dianas mannigfache Aspekte auf, die zwar eine unauflösliche Einheit bilden, aber dennoch einzeln untersucht werden können. So ist Diana gleichzeitig die *Natur*, der *Mond*, aber auch die *Königin* Elisabeth I. von England.

a) Die Natur

Als er in einen Hirsch verwandelt wird, erfährt Actaeon in Wirklichkeit eine *Offenbarung*: Er betrachtet die Göttin in ihrer Nacktheit.

Nun ist Diana, welche »die Welt, das Universum, die Natur« ist, die Tochter, das heißt das Bild der Amphitrite, »der Quell aller Zahlen, aller Erscheinungsformen, aller Seinsgründe«. Die vollständigste Definition Dianas lautet:

> »Diana ist das Eine, welches das Seiende selbst ist, das Seiende, welches das Wahre selbst ist, die wahre erfaßbare Natur, in die Sonne und Glanz der höheren Natur einströmen, denn die Einheit ist geschieden in erzeugte und erzeugende oder hervorbringende und hervorgebrachte.«[111]

Daraus darf man nun nicht den allzu eilfertigen Schluß ziehen, daß diese Naturauffassung eher den magischen Werken Brunos entspricht, weil sie sich von der im Dialog *De la causa, principio, et Uno* dargelegten philosophischen Lehre entfernt. Selbst wenn man einräumt, daß es vielleicht Unterschiede zwischen dem Wortschatz der magischen Abhandlungen Brunos und seinen philosophischen Schriften gibt, so läßt sich kein wesentlicher Unterschied in bezug auf Grundsatz und Methode ausmachen.

Für Bruno ist die Materie das Substrat des Kosmos, und der Kosmos ist beseelte Materie. Das Universum ohne die Weltseele, die körperliche Substanz ohne die unkörperliche Substanz sind unvorstellbar. Es gibt nur die akzidentielle, äußere und materielle Form, die Veränderungen unterliegt, während die Materie selbst und die substantielle Form, die Seele, »unauflöslich und unzerstörbar« sind. Dieselbe Materie empfängt gleichwohl verschiedene »Daseinsformen«. In ihrer Einheit ist die Materie – wie die platonischen χώρα (Raum; vgl. *Timaios* 52 B) – nur geistig zu erfassen. Ihre Potenzen sind aktiv und passiv; da der Akt einmalig und begrenzt ist, fällt er bei den bedingten Wesen nicht mit der Potenz (Möglichsein) zusammen. Akt (Wirklichsein) und Potenz (Möglichsein) sind nur im ersten Prinzip (Seinsgrund) vollkommen miteinander identisch, und nur dieses Prinzip allein *ist alles, was sein kann.*

Das Universum (Diana), das als *simulacrum* (Abbild, Ebenbild) der ersten Natur (Amphitrite) in Erscheinung tritt, ist alles, was sein kann, denn es enthält alle Materie; aber es ist nicht alles, was wirklich sein kann, wegen der Unterschiede zwischen den Formen, welche die Einzelwesen annehmen. Es ist nur der »*Schatten* der ersten Wirklichkeit (*atto*) und des ersten Vermögens (*potenza*)«; in ihm sind Wirklichsein und Möglichsein nicht dasselbe, da sie es in seinen Teilen nicht sind. Das Universum ist »ent-faltet« (*esplicato*), zerstreut, geschieden (*distinto*), während das erste Prinzip (Seinsgrund) »ein-gefaltet« (*complicato*), »alles in allem und eins und dasselbe als das schlechthin Einfache ohne Verschiedenheit und Unterscheidung« ist. Verderben, Tod, Laster, das Ungeheuere rühren von dem Mangel und dem Unvermögen der Dinge her, die danach streben, mehrere Dinge gleichzeitig zu sein, und versuchen, nach Maßgabe ihres Seinsvermögens Sein zu erlangen, denn dieses Vermögen geht über die Wirklichkeit (*atto*) hinaus und kann deshalb nur dürftig verwirklicht werden. Da es aber widersinnig ist, daß etwas mehrere Dinge zugleich ist, gelingt es dem einzelnen Wesen lediglich, sein Wesen in ein anderes Wesen umzuwandeln.[112]

So ist das sichtbare Universum, Diana, der Schatten der Weltseele, der Amphitrite: ein von Wesen wimmelnder Schatten, den man nichtsdestoweniger in seiner ungeschiedenen Einheit betrachten kann. Diana nackt zu überraschen bedeutet, diesen Schatten wahrzunehmen, sich von ihm fesseln zu lassen und die einem partikularen Seienden eigentümlichen Einschränkungen aufzugeben. Actaeon, der ein ver-einzeltes Dasein zu führen glaubte, wird sich – solange er noch die Möglichkeit dazu hat – schließlich dessen bewußt, daß er nur ein Schatten eines Schattens ist: eins mit dem Ganzen.

b) Der Mond

Daß der Mond *nocturnae forma Dianae* sei, sagt nicht nur der Dichter Ovid (*Metamorphosen* XV, 196): Es handelt sich um einen bei den Römern verbreiteten Glauben.[113] Sofern seine Diana, die das Universum ist, auch ein lunarisches Verhalten aufweist, scheint Bruno diesen Glauben zu teilen.

Erinnern wir uns daran, daß Diana in *De gl'heroici furori* die Tochter der Amphitrite ist: »denn aus der Monas, welche die Gottheit ist, geht diese Monas hervor, welche die Natur, das Universum, die Welt ist; dort schaut und spiegelt sie sich *wie die Sonne im Mond* [...]«. Im Rahmen dieses Vergleichs, der nicht vorgibt, die genaue Struktur der Wirklichkeit wiederzugeben, spielt Amphitrite die Rolle der Sonne (= intelligible Welt) und Diana die des Mondes (= sinnlich erfaßbare Welt), dieses nächtlichen Gestirns, welches das Licht der Sonne zurückstrahlt.

Amphitrite, eine Nereïde, die durch ihre Vermählung mit Poseidon in den Rang einer Göttin erhoben wurde, ist eine weitere Schlüsselfigur in Brunos künstlichem Gedächtnis. Amphitrite hat zwei Gesichter, je nach dem Diskurs, in den sie eingebettet wird: im metaphysischen Diskurs stellt sie die intelligible Welt dar; im politischen Diskurs die Königin Elisabeth.[114]

Stärker wird das erste Gesicht der Amphitrite in der *Cabala del cavallo Pegaseo* (1585) erhellt. Hier ist die Göttin ein Quell des *Geistes*, des *Pneumas*:

> »Alle Geister stammen von Amphitrite her, von einem Geist, und zu diesem kehren sie alle zurück.«[115]

Die ergötzliche Geschichte des Esels Onorio, die den Hauptgedanken des *Spaccio de la bestia trionfante* fortspinnt, ist den moralischen Schriften (*Moralia*) Plutarchs frei nachempfunden.

Onorio stammte aus der Umgebung Thebens. Er war gefräßig, und eines Tages lockte ihn eine gemeine Distel. Als er sie mit den Zähnen zu fassen versuchte, stürzte er in eine Schlucht und brach sich die Knochen. Sterbend wurde ihm bewußt, daß sein Geist sich nicht von dem anderer beseelter Lebewesen – wie etwa dem des Menschen – unterschied. Während sein Leib in die Erde einging, flog Onorios Seele, die allen anderen Seelen ebenbürtig war, empor. Als sie am Lethe-Strom angelangte, gab sie vor, ihren Durst zu löschen, doch in Wirklichkeit behielt sie ihre ekstatischen Abenteuer ungetrübt im Gedächtnis.

Ist es möglich, in Brunos Amphitrite die mondhafte Persephone Plutarchs zu erkennen, die ebenfalls die Königin der Seelen ist?[116] Höchstwahrscheinlich gibt es eine Verbindung zwischen den beiden Vorstellungen, aber Brunos Amphitrite scheint kein ausgesprochen mondhaftes Wesen zu eigen zu sein, es sei denn, man setzt sie Diana, der eigenen Tochter, gleich, damit sie die Königin von England darstellen kann.

c) Die Königin

Die von der französischen Literatur des 16. Jahrhunderts rücksichtslos ausgeschlachtete[117] Theorie Ficinos, die besagte, daß sich die Liebe durch die Augen kundgibt, hatte eine recht seltsame und unerwartete Konsequenz. Da die Frau als diejenige betrachtet wird, die das Herz des Liebenden *verwundet*, kennzeichnen »kriegerische Bilder« und »Kriegerwortschatz« das weibliche Wesen schlechthin.[118] Bei Philippe Desportes kommen Ausdrücke wie »ceste belle meurtrière« (»diese schöne Mörderin«), »ma guerrière« (»meine Kriegerin«), »ma belle homicide« (»meine schöne Männermörderin«) überaus häufig vor.[119] Die andere Tradition, welche bei Du Bellay, Pierre de Ronsard, Jacques Grévin, Pontus de Tyard und Brantôme reichlich zur Geltung kommt, verwandelt die Frau in eine »Göttin«, »Göttliche«, »süße Unmenschliche« usw.[120] Selbstverständlich laufen die beiden Traditionen sehr oft zusammen, wie etwa in den Versen von Philippe Desportes:

> »Cette belle déesse, ah! non seulement belle,
> Ains Bellone et guerrière, ainsi m'a surmonté.«[121]
> [Diese schöne Göttin, ah! die nicht lediglich schön ist,
> Sondern auch kriegerisch wie Bellona, überwältigte mich.]

Das Schwärmen für den Reichsgedanken hat seinen Höhepunkt erreicht. Du Bellay nennt Franz I. und Heinrich II. »Gallische Hercules« und »große Weltmonarchen«, »(älteste) Kinder der Götter«. Heinrich II. ist Jupiter, Katharina von Medici die »große Juno, seine Gefährtin« (*la grand' Junon, sa compaigne*).[122] Brantôme findet an derselben Art von Bildern Gefallen, wenn er etwa das Aussehen einer Prinzessin schildert: »Ein Leib von der schönsten, herrlichsten und prachtvollsten Gestalt, die man je gesehen, begleitet von einer derart würdevollen Haltung und Hoheit, daß man sie viel eher für eine Göttin vom Himmel denn für eine Prinzessin auf Erden hält«, und ferner: »Eine [. . .] übermenschliche und himmlische Prinzessin, in jedem Betracht vollendet und vollkommen.«[123]

Diese märchenhafte Stimmung umgibt alles, was mit dem Königtum zusammenhängt. Zur Zeit Heinrichs II. ist der »Louvre, mehr als das Haus des Königs, es ist ein Heiligtum, in dem Hofleute, Dichter, Künstler ihre Gottheit nach einem Ritus anbeten, der mit der Zeit noch stärker ausgestaltet wird«.[124]

England, das in der Person der Königin Elisabeth alle Ideale der universalen Monarchie wieder aufleben sieht, erfindet einen eigenen Königskult nach französischem Vorbild, der aus gemeinsamen, aber auch aus Einzelzügen besteht, die den persönlichen Lebensverhältnissen Elisabeths entlehnt sind. Diese kann selbstverständlich nicht ›Britannischer Hercules‹ genannt werden. Ein weiterer Vergleich drängt sich beinahe von selbst auf: Da sie unverheiratet ist, was in den Augen der Öffentlichkeit einer Berufung zu immerwährender Jungfräulichkeit und Keuschheit gleichkommt, wird die Königin mit allen berühmten Jungfrauen verglichen, ob es sich nun um Astraea[125] handelt oder um eine Vestalin,[126] um Ariadne,[127] um das Sternbild der Jungfrau,[128] um die Jungfrau Maria (was auf die lautliche Verwandtschaft zwischen *Beta* und *Beata* Maria anspielt).[129] Der bevorzugte und sozusagen vollendete Vergleich ist der, welcher sie zur Göttin der Jagd, zu Diana macht, die auch unter den Namen Cynthia und Belphoebe bekannt ist.[130]

Diese Namengebung ist wegen Dianas gleichzeitig kriegerischen und jungfräulichen Wesens zwar durchaus gerechtfertigt, jedoch in einer Hinsicht heikel: Bekanntlich ist Diana (Cynthia, Belphoebe usw.) eine Mondgöttin. Was hat aber die Königin Elisabeth mit dem Mond zu tun? Eine alte Symbolik findet für diesen letzten Zweifel eine überraschende Lösung: Während die Sonne traditionsgemäß mit dem Papsttum in Verbindung gebracht wurde, war der Mond Sinnbild des Reiches[131] (oder auch umgekehrt, je nach Übereinkunft). In Übereinstimmung mit dieser Lehre wird die Königin von England, die mit der Göttin Diana verschmilzt, zum Gegenstand eines Mondkultes, der von einer ganzen Dichterschule entwickelt wurde, die sich ›School of Night‹ nannte und deren berühmteste Vertreter Walter Raleigh und George Chapman waren.[132]

Giordano Bruno, ein fanatischer Verfechter der Reichsidee, wird in London zum glühenden Anhänger des obskuren Kultes der Göttin Diana. Aber der Symbolik, die er sich binnen kurzem zu eigen macht, kommt bei ihm eine metaphysische Bedeutung zu, die Raleighs und Chapmans Jüngern wahrscheinlich entging. Der unerhört kühne Bruno, der stets ein großer Kenner und

Lehrer der Gedächtniskunst bleibt, wendet sich an sein erlesenes Publikum in einer Sprache, die nicht mehr allen vertraut war. Das ›Standbild‹ des künstlichen Gedächtnisses, das die in England verfaßten Dialoge beherrscht, ist dasjenige der Diana. Nun brachten Sidney und Greville, von Eingeweihten wie Raleigh und Chapman ganz zu schweigen, Diana unmittelbar mit der Königin Elisabeth in Verbindung, oder, was auf dasselbe hinausläuft, *sie vermochten sich Diana ohne besondere Mühe vorzustellen, denn in ihrer Phantasie nahm sie wie von selbst die Züge der verehrten Königin an.* Die Allegorie, die Bruno erfand, um seine persönlichen metaphysischen Gedanken und mnemonischen Techniken einzuführen, hatte überdies den Vorteil, ihrem Verfasser einen guten Ruf bei der Angepriesenen zu verschaffen – bei der Königin selbst. Unglücklicherweise zwangen wirre politische Gründe, oder vielmehr die Ungnade, in die der Ritter Sidney gefallen war, Bruno dazu, sich vom englischen Hof zu entfernen, ohne daß er die Zeit gehabt hätte, die vergebens erwarteten Früchte seines Lobes zu ernten.

Das Gleichnis von den neun Blinden

Die Gegenwart Dianas in Brunos phantasmischem Theater war nicht das einzige Anzeichen seiner Britannisierung. Durch die Vermittlung des französischen Gesandten, der daran teilgenommen hatte, lernte Bruno zweifellos die Allegorie kennen, die der Ritter Henry Lee 1575 in Woodstock zu Ehren der Königin aufgeführt hatte und die in einem kleinen Werk, das Ende desselben Jahres erschien und von George Gascoigne auf englisch, lateinisch, italienisch und französisch geschildert wurde. Henry Lee, der beste Kriegsmann im Zeitalter Elisabeths, Freund von Philip Sidney, veranstaltete ein *Entertainment*, in dem die Geschichte des Einsiedlers Hemetes dargestellt wurde. Als dieser seine Sehkraft verloren hatte, erlangte er sie sogleich in dem besten Land der Welt wieder, das vom weisesten Herrscher regiert wurde.[133]

Diese durchsichtige Allegorie, die Bruno vermutlich gelesen hat, rief bei ihm eine Jugenderinnerung wach: Das Hirtengedicht *Dialogo di tre ciechi* oder *Cecaria* des Neapolitaners Marco Antonio Epicuro, das er zweifellos über weite Strecken auswendig kannte. In den letzten Dialogen des zweiten Teils der *Heroischen Leidenschaften* ahmte er die Ekloge Epicuros frei nach, wobei er sein Augenmerk auch auf die Deutung der Blindheit des Propheten gerichtet hatte, eine Deutung, auf die er bei Giovanni Pico gestoßen war.

Die handelnden Personen von Brunos Parabel sind neun Blinde, mnemonische, neun Arten der Liebe darstellende ›Standbilder‹, die durch innere Schwäche oder durch äußerlich bedingtes Versagen zur Sinnlichkeit neigen, wozu auch das klassische Syndrom des *amor hereos* nach der Darstellung Giovanni Picos gehört.

Der erste ist ein Blindgeborener; der zweite wurde »von der Schlange der Eifersucht gebissen« (II, 4); der dritte wurde, als er aus der Finsternis heraustrat, von dem intelligiblen Licht geblendet; der vierte verlor seine Sehkraft, weil er nur in dieses Licht gesehen hatte; der fünfte, weil er zuviel geweint und somit verhindert hatte, daß der Sehstrahl durch seine Pupillen herausdringt; der sechste, weil er seinen ganzen Körpersaft in Tränen verausgabt und das Häutchen seiner Augen sich eingetrübt hatte, so daß sie die Sehstrahlen nicht mehr zurückwerfen konnten; der siebente litt an demselben Gebrechen, diesmal aber wegen der verheerenden Glut seines Herzens; die Augen des achten wurden durch die Liebespfeile, die wohl eine »schöne Männermörderin« auf ihn abgeschossen hatte, schwer verwundet; endlich wurde die Blindheit des neunten durch Mangel an Selbstvertrauen bewirkt.

Was war geschehen?

Die neun ungestümen Jünglinge beschwören den Himmel, sie die Liebe finden zu lassen.

> »Einer (wer, werde ich dir noch sagen), der mutiger war als die anderen, brach schließlich in folgende Worte aus: Ach, wenn es doch dem Himmel gefiele, daß uns heute, wie einst in glücklicheren Jahrhunderten, jene Zauberin Circe erschiene, die es vermochte, mit Pflanzen, Erzen, Giften und Zauberkünsten der Natur gleichsam Zügel anzulegen.«[134]

Ihr Gebet wird erhört, und plötzlich wurde auf dem Berg der Circe allen ein wunderbares Schloß sichtbar. Sie treten darin ein und stehen Circe gegenüber, der Sonnentochter, *dives Solis filia* (*Aeneis* VII, 11), die sie blendet. Die neun irren zehn Jahre lang umher, bis sie an der Britischen Insel landen, am Strom »Tamesi« (Themse), wo sie den einheimischen Nymphen begegnen und ihnen ihre Sache erklären. Circe hatte ihnen ein kostbares Gefäß mitgegeben, das nur dann geöffnet werden konnte, wenn sie »hohe Weisheit und edle Keuschheit mit Schönheit vereint«[135] erreicht haben würden. Eine Nymphe öffnet das »verhängnisvolle Gefäß«, und die Neun erlangen ihre Sehkraft wieder und beginnen, einen fröhlichen Rundtanz (eine *ridda*) zu tanzen. Ihr Lied ist eine Dankeshymne an das gütige, sich ewig drehende Schicksal:

»Sondern drehet sein Rad / hebt es bald hoch, zerrt bald es herab – / gleichwie der Wechsel von Tag und Nacht.«[136]

Eine andere Hymne feiert dann die Geburt des göttlichen Kindes Anadyomene aus den Fluten, die Jupiter in den Himmel aufnimmt. Diese ozeanische Göttin ist ein anderes ›Standbild‹ der Königin von England, die an das sechste Buch von Edmund Spensers *Faerie Queene* (1596) erinnert, deren mehr oder weniger durchsichtiger Bezug ebenderselbe Hof Englands ist mit seinen ›Nymphen‹ und deren Herrin, der *faire one.*[137]

Circe

Ein weiteres ›Standbild‹ von Brunos künstlichem Gedächtnis beschließt die Reihe, die mit Actaeon begann: Es ist das ›Standbild‹ der Zauberin Circe, der Tochter des Sonnengottes, die aber selbst eine Mondgottheit ist.[138] Sie stellt im übrigen das furchterregende Gesicht der Großen Göttin der Natur dar, die Diana ist: Circe ist die Bindende, Diana die Lösende, Circe die Blindmachende, Diana die Heilende.

Giovanni Gentile glaubte, daß Circe bei Bruno die katholische Kirche[139] versinnbildlichte, unter deren Joch der Philosoph die »glückliche Erde Campaniens« (II, 5) betreten und die er erst im Lande der britannischen Nymphen losgeworden war, wo er gleichsam die Sehkraft wiedergewonnen hatte.[140] Zu Gentiles Zeit wußte man über die Gedächtniskunst nur wenig, und alle Welt erblickte in Bruno lediglich den Vorkämpfer gegen die Kirche. Nun könnte Circe nicht die katholische Kirche sein, weil sie nur ein – übrigens sehr wichtiges – ›Standbild‹ im mnemonischen System des Nolaners ist. Sie ist im Besitz des ›Siegels der Siegel‹, steht dem magischen Gedächtnis vor und ermöglicht vermittels der Planetendämonen die Ausführung der verschiedensten Operationen.[141]

Während Diana das Universum in seiner Einheit darstellt, ist Circe die Herrin der magischen Operationen, deren Zweck gerade darin besteht, die Teile der Welt zu vereinigen, sie miteinander in Beziehung zu setzen. Ohne Circe gäbe es keine Diana: Es gäbe kein Heilmittel ohne das Gift.

TEIL II
Der große Manipulator

Vinculum quippe vinculorum amor est.
Die Fessel der Fesseln ist freilich die Liebe.[1]

KAPITEL IV

Eros und Magie

1. Identität der Substanz, Identität der Operationen

Der Urheber der Gleichung Eros = Magie, deren Glieder zweifellos umkehrbar sind, ist Ficino.[1] Als erster hebt er die Identität der Substanz dieser beiden Manipulationstechniken der Phantasmen sowie ihrer operationellen Verfahren hervor.

Die Liebe ist selbstverständlich ein Zauberer (*magus*) – dieser Ausdruck wurde ebenfalls von Ficino geprägt.[2] Und dies verhält sich so, »weil alle Macht der Zauberei auf der Liebe beruht. Die Wirkung der Magie besteht in der Anziehung, welche ein Gegenstand auf einen anderen auf Grund einer bestimmten Wesensverwandtschaft ausübt. Die Teile dieser Welt hängen, wie die Gliedmaßen (d. h. die Organe) eines Lebewesens, alle von einem Urheber[3] ab und stehen durch die Gemeinsamkeit ihrer Natur in Zusammenhang. Wie also in uns das Gehirn, die Lunge, das Herz, die Leber und die übrigen Körperteile voneinander etwas empfangen, sich gegenseitig fördern und untereinander in Mitleidenschaft stehen, so hängen die Teile dieses großen Lebewesens, d. h. alle Weltkörper in ihrer Gesamtheit, untereinander zusammen und teilen einander ihr Wesen mit. Aus dieser allgemeinen Verwandtschaft entspringt gemeinsame Liebe, aus dieser die gegenseitige Anziehung: und dies ist die wahre Magie.«[4]

Das bedeutet letztlich, daß die Operationen des Eros und der Magie eng miteinander verwandt, ja sogar identisch sind, denn beide Techniken finden ja in ein und derselben Substanz statt – in dem universalen *Pneuma* (vgl. Kapitel V). Darüber hinaus waltet der Eros in allen geistigen Tätigkeiten vor und gewährleistet dadurch das Zusammenwirken aller Bereiche des Universums. Dieses wiederum ist in allen seinen Teilen von demselben *Pneuma* beseelt, von den Sternen bis hinab zum bescheidensten Grashalm. Liebe ist der Begriff, mit dem man die Kraft bezeichnet, welche die Kontinuität der ununterbrochenen Kette von Wesen gewährleistet; *Pneuma* ist der Begriff, mit dem man die gemeinsame und einzige Substanz bezeichnet, welche diese Wesen in gegenseitige Verbindung setzt. Wegen des und durch den Eros verwandelt sich die ganze Natur in eine große Zauberin.[5]

Wenn die Magie Liebe ist, so gilt auch das Umgekehrte. Mathematische Gleichungen sind stets reziprok und transitiv. Die Beziehungen in der Philosophie unterliegen nicht demselben Gesetz. Und dennoch bringt in diesem Falle die Identität der Substanz, die diese beiden Glieder miteinander in Beziehung setzt, auch eine operationelle Identität mit sich, die zuläßt, daß beide Glieder umgekehrt werden können: Die Liebe ist ihrerseits Magie, denn ihre Operationen sind mit den magischen Operationen identisch. Was denn anderes tut letztlich der Verliebte durch alle seine Gebärden, Worte, Gefälligkeiten und Gaben, als über den Gegenstand seiner Liebe ein magisches *Netz* auszuspannen?[6] Alle Überredungskünste, die er entfaltet, sind *magische* Mittel, deren Zweck darin besteht, den anderen an sich zu *binden.* Ficino gebraucht selbst einmal den Begriff *rete*, der ›Netz‹ oder ›Netzwerk‹ bedeutet, um diese Operation zu umschreiben. Streng genommen tun der Verliebte und der Magier dasselbe: Sie werfen ihre ›Netze‹ aus, um sich bestimmter Gegenstände zu bemächtigen, um sie anzulocken und an sich zu binden.

Später (Kapitel VI) werden wir Gelegenheit haben, den Wortschatz der Magie zu untersuchen: Der Ficinische Begriff *rete* (Netz) greift lediglich andere landläufige Wörter auf wie *illex*, *illecebra* oder *esca* (Lockvogel, Lockung, Lockspeise), die fast alle soviel wie ›Lockmittel‹ bedeuten. Wie ein Jäger spannen der Verliebte und der Magier – der selbst in die Natur, in Diana, verliebt ist – ihre Netze, legen ihre Lockmittel, ihre Köder und ihre phantasmischen Lockvögel aus, um ein höchst kostbares Wild einzufangen. Es versteht sich von selbst, daß Qualität und Größe des Wildes variabel sind. Der Verliebte entfaltet seine Begabungen, um den pneumatischen Apparat des Geliebten zu beherrschen.[7] Dagegen kann der Magier entweder die Objekte, die Individuen und die menschliche Gesellschaft unmittelbar beeinflussen oder die Gegenwart von mächtigen unsichtbaren Wesen, von Dämonen und Heroen,[8] anrufen, deren Beistand er zu erhalten hofft. Er ist gehalten, sich Kenntnisse über die Netze und die Köder anzueignen, die er einsetzen muß, um die gewünschte Wirkung zu erzielen. Bei Giordano Bruno heißt diese magische Operation ›binden, fesseln‹ (*vincire*) und deren Verfahren werden allgemein mit ›Fesseln‹ (*vincula*) bezeichnet. Die Lehre von der Identität von Liebe und Magie, die bereits von Ficino angedeutet wurde, wird nur von Giordano Bruno zu ihren äußersten Konsequenzen geführt.

Da sich der erste Teil unseres Buches den Phantasmen des Eros und zum Teil auch dem künstlichen Gedächtnis widmet, scheint der Gegenstand der *erotischen Magie* zur Fortführung unserer Darstellung am besten geeignet zu sein. Wir erörtern ihn hier unter dem Vorbehalt, daß er erst dann vertieft werden kann, wenn wir den Mechanismus und die Quellen der pneumatischen Magie untersucht haben (Kapitel V). Das Funktionsprinzip, das der pneumatischen Magie zugrunde liegt, wurde bereits auf den vorangegangenen Seiten beiläufig besprochen. Damit der Leser das Folgende verstehen kann, wird er gebeten, sich stets vor Augen zu halten: *Die Magie ist eine phantasmische Operation, die sich den Zusammenhang und Zusammenhalt zwischen dem individuellen und dem universalen Pneuma zunutze macht.* Wir werden später sehen, auf welche Weise diese Kontinuität gewährleistet wird und durch welche Mittel die Magier hoffen, die Mitwirkung übernatürlicher Wesenheiten für sich zu gewinnen. Außer dieser Voraussetzung, die aller Magie gemeinsam ist, weist die erotische Magie noch andere, verblüffend modern anmutende Aspekte auf, die einer besonderen Behandlung bedürfen. Bruno ist der erste, der den Begriff der Magie bis zu den letzten Konsequenzen führt und diese ›Wissenschaft‹ als unfehlbares psychologisches Instrument auffaßt – sowohl zur Manipulation von Massen als auch von Einzelnen. Die Kenntnis der geeigneten ›Fesseln‹ (*vincula*) ermöglicht es dem Magier, seinen Traum vom Herrn der Welt zu verwirklichen: Er wird über Natur und menschliche Gesellschaft nach Belieben verfügen. Indessen ist dies eine Operation, der beinahe unüberwindliche Schwierigkeiten entgegenstehen.

2. Manipulation von Massen und Einzelnen

Giordano Brunos *De vinculis in genere* (*Über fesselnde Kräfte im Allgemeinen*) gehört zu jenen verkannten Schriften, deren Bedeutung in der Geistesgeschichte diejenige berühmt gewordener Werke bei weitem übertrifft. Wegen des Freimutes, ja des Zynismus, den diese Schrift bei der Untersuchung ihres Gegenstandes entfaltet, ließe sie sich mit Machiavellis *Principe* vergleichen, dies um so mehr, als beide Werke verwandte Gebiete behandeln: Brunos Werk befaßt sich mit psychologischer Manipulation im allgemeinen, dasjenige Machiavellis insbesondere mit politischer Manipulation. Doch wie blaß und lachhaft nimmt sich heutzutage die Gestalt des machiavellischen Abenteurers und Fürsten gegen die des Psychologen und Magiers bei Bruno aus! Die Abhandlung *De vinculis in genere*, die bis Ende des 19. Jahrhunderts [1891] unveröffentlicht blieb, kaum gelesen und kaum verstanden wurde, ist dennoch eine Schrift, der heute der wahre und einzige Ehrenplatz unter den Theorien der Massenmanipulation gebührt. Ohne es zu wissen, haben die weltbeherrschenden Intelligenztrusts sich davon anregen lassen und die Gedanken Brunos in die Tat umgesetzt. Eine solche Kontinuität könnte sicherlich bestanden haben, denn Bruno scheint einen gewissen Einfluß auf jene Geistesströmung am Anfang des 17. Jahrhunderts ausgeübt zu haben, die unter dem Namen ›Rosenkreuzer‹ bekannt ist und deren Wirkung gewaltig war.[9] Doch unseres Wissens hat es weder vor noch nach Bruno irgendeinen Verfasser gegeben, der diesen Gegenstand in empirischer Hinsicht behandelt hätte, und zwar abgesehen von jedweden Betrachtungen ethischer, religiöser oder gesellschaftlicher Art. Denn niemandem wäre es eingefallen, an ein derartiges Unternehmen *aus dem Blickwinkel des Manipulators selbst* heranzugehen, ohne sich zunächst – als Grundsatz seiner Forschung – auf irgendein unantastbares göttliches oder menschliches Recht zu berufen, in dessen Namen die Manipulation verurteilt würde.

Im 19. Jahrhundert kann man selbstverständlich Ideologen wie Karl Marx oder Friedrich Engels finden, die glauben, die Religion sei »*Opium* des Volkes«.[10] Darin wiederholen sie übrigens nur einen Ausspruch aus Brunos *De vinculis*, in dem die Religion nur unter ihrem Aspekt, ein mächtiges Instrument der Massenmanipulation zu sein, aufgefaßt wird. Aber während Marx und Engels humanitäre und utopische Ideale haben, denkt Bruno nicht im geringsten daran, die Würde oder den Wohlstand des Menschen aufrechtzuerhalten: Das einzige Recht, das er ins Auge faßt, kommt weder Gott noch den Menschen, sondern nur dem *Manipulator* selbst zu.

Gegen Ende des 19. Jahrhunderts legte Gustave Le Bon den Grund zu einer Wissenschaft, die ›Massenpsychologie‹ heißt (seine *Psychologie des foules* erschien 1895, dt. *Psychologie der Massen*, Leipzig 1908) und von Sigmund Freud weiterentwickelt werden sollte, dessen Schrift *Massenpsychologie und Ich-Analyse* (1921) viel Aufsehen erregte. Aber das Ziel von Le Bon und Freud ist es, die psychologischen Mechanismen freizulegen, die innerhalb einer Masse wirken und deren Zusammensetzung lenken, und nicht, zu lehren, *wie man eine Masse beherrscht.* Die Wissenschaft lehnt es auf Grund ihrer moralischen Bedenken ab, einen Standpunkt zu beziehen und überläßt ihn gern dem Politiker – etwa einem Adolf Hitler, dem Verfasser von *Mein Kampf.*

Alle Welt hat von dem *Fürsten* Machiavellis reden hören, und viele Politiker eiferten seinem Vorbild nach. Aber erst heute kann man ermessen, wie sehr *De vinculis* den *Fürsten* an Tiefe, Aktualität und Bedeutung übertrifft: heute, da kein Staatsoberhaupt und kein politischer Machthaber der westlichen Welt sich mehr träumen läßt, wie Machiavellis Fürst handeln zu können, andererseits aber würden sie durchaus verfeinerte Überredungs- und Manipulationsmittel einsetzen, welche die Intelligenztrusts ihnen zur Verfügung stellen können. Um die Aktualität von *De vinculis* zu verstehen und zur Geltung zu bringen, müßte man über die Tätigkeit dieser Trusts unterrichtet sein, müßte man einen Blick in die Lehrbücher der Spionageschulen werfen können, von deren Tätigkeit man sich immerhin eine Vorstellung machen kann auf Grund dessen, was aus den Kulissen dieser Organisationen manchmal nach außen durchsickert, und deren *Ideal* darin besteht, die Ordnung und den allgemeinen Wohlstand dort, wo er vorhanden ist, zu sichern.

Der Fürst Machiavellis ist der Vorfahr des politischen Abenteurers, dessen Gestalt im Begriffe ist zu verschwinden. Dagegen ist der Magier von *De vinculis* der Prototyp der unpersönlichen Massenmedien, der indirekten Zensur, der globalen Manipulation und der Brain Trusts, die ihren geheimen Einfluß auf die Massen des Abendlandes ausüben. Der Magier Brunos ist sich vollends darüber bewußt, daß man, um die Massen wie auch einen Einzelnen anzuziehen, sehr wohl die Komplexität der Erwartungen des Subjekts berücksichtigen und die Illusion erzeugen muß, *unicuique suum* (jedem das Seine) zu geben. Deshalb erfordert die Brunosche Manipulation eine lückenlose Kenntnis des Subjekts und seiner Wünsche, ohne die es keine ›Fessel‹, kein *vinculum* geben kann. Deshalb gesteht auch Bruno selbst ein, daß es sich um eine äußerst schwierige Operation handelt, die nur dann erfolgreich durchzuführen ist, wenn die dazu erforderlichen Fähigkeiten, wie Intelligenz, Scharfsinn und Intuition, der Aufgabe gewachsen sind. Die Komplexität der Aufgabe läßt sich nicht verringern, denn die Illusion muß vollkommen sein, um die mannigfachen Erwartungen zu befriedigen, die zu erfüllen sie sich vornimmt. Je mehr Kenntnisse der Manipulator über diejenigen besitzt, die er zu ›fesseln‹ gedenkt, um so mehr steigt seine Erfolgschance, denn er wird das geeignete Mittel zu wählen wissen, um das *vinculum* herzustellen.

Man erkennt, daß sich Brunos erotische Magie zum Ziel setzt, einem Manipulator zu gestatten, Einzelne und Massen zu beherrschen. Seine grundlegende Voraussetzung ist die Annahme, daß es ein gewaltiges Manipulationsinstrument gibt und daß dies der Eros im weitesten Sinne ist: *das, was man liebt*, von der körperlichen Lust, über Reichtum, Macht bis hin zu Unvorstellbarem und Ungeahntem. Alles wird in bezug auf den Eros definiert, denn Abneigung und Haß stellen lediglich die negative Seite derselben universalen Anziehung dar:

»Alle Affekte und Fesseln des Willens lassen sich auf zwei zurückführen und beziehen, nämlich auf Abneigung und Begehren oder Liebe und Haß. Gleichwohl läßt sich der Haß selbst auf Liebe zurückführen, woraus folgt, daß die einzige Fessel des Willens die Liebe ist. Es ist erwiesen, daß alle anderen Affekte, in die sich irgendjemand versetzt und die er zum Ausdruck bringt, formal, grundlegend und ursprünglich nichts als Liebe sind. So ist etwa der Neid die Liebe irgendeines Menschen zu sich selbst, der weder Überlegenheit noch Gleichheit von seiten eines anderen erträgt; dasselbe gilt von der Eifersucht. Entrüstung ist Liebe zur Tugend [. . .]; Schamhaftigkeit und Furcht (*verecundia*, *timor*) sind nichts anderes als die Liebe zur Ehrbarkeit und zu dem, wovor man sich fürchtet. Das läßt sich auch von den anderen Affekten sagen. So ist der Haß nichts anderes als die Liebe zum Gegensätzlichen oder Entgegengesetzten. Ebenso ist der Zorn nur eine Art der Liebe. Für alle diejenigen, die zur Philosophie oder zur Magie geboren sind, ist es ganz und gar offensichtlich, daß *die höchste, wichtigste und allgemeinste Fessel* (*vinculum summum, praecipuum et generalissimum*) dem Eros zukommt: und deshalb haben die Platoniker die Liebe den Großen Dämon, *daemon magnus*, genannt.«[11]

Die magische Handlung findet durch die indirekte (*virtualem seu potentialem*) *Berührung* statt, durch *Töne* und *Figuren*, die ihre Macht auf das Sehen und das Gehör ausüben.[12] Sie dringen durch die Öffnungen der Sinne ein und prägen der Einbildungskraft gewisse Affekte von Anziehung oder Abstoßung, Genuß oder Abneigung ein.[13]

Töne und Figuren werden nicht zufällig ausgewählt; sie stammen aus der Geheimsprache des Weltgeistes.[14] Der Manipulator muß wissen, daß unter den Tönen die tragischen Harmonien mehr Leidenschaften auslösen als die komischen[15] und daß sie dadurch fähig sind, auf zweifelnde Seelen einzuwirken.[16] Dann muß auch die Persönlichkeit des Subjekts berücksichtigt werden, denn, wenn es leicht zu beeinflussende Menschen gibt, so gibt es auch andere, die auf unerwartete Weise auf die Magie des Tones reagieren wie jener Barbarenkaiser, der glaubte, es handele sich um das Wiehern von Pferden, als er eine höchst kunstvolle Instrumentalmusik hörte.[17]

Ihrerseits sind die *Figuren* fähig, Freundschaft oder Haß, Verlust (*pernicies*) oder Auflösung zu verursachen.[18] Dieses künstliche Phänomen läßt sich im übrigen anhand der Tatsache täglich nachprüfen, daß die Menschen und die Dinge, die wir gesehen haben, in uns spontan Sympathie oder Antipathie, Abneigung oder Anziehung erregen.[19]

Gesichtssinn und Gehör sind nur die Nebentore, durch die der »Seelenjäger« (*animarum venator*), der Magier, seine »Fesseln« und Lockmittel einschleusen kann.[20] Die Pforte und der hauptsächliche Zugang (*porta et praecipuus aditus*) zu allen magischen Operationen ist die *Phantasie*,[21] das einzige Tor (*sola porta*) zu allen inneren Affekten und die »Fessel der Fesseln« (*vinculum vinculorum*).[22] Die Macht des Imaginären wird durch das Eingreifen des Denkvermögens verstärkt: denn gerade dieses ist imstande, die Seele zu unterwerfen (*ebd.*). Es ist dennoch unerläßlich, daß die ›Fessel‹ durch die Phantasie hindurchgeht, denn »es gibt nichts in dem Verstand, was nicht früher von den Sinnen wahrgenommen wurde (*quod prius non fuerit in sensu*), und es gibt nichts, was ohne die Vermittlung der Phantasie von den Sinnen zur Vernunft gelangen könnte«.[23]

Abgesehen vom Manipulator selbst, von dem erwartet wird, daß er seine Imagination (zum mindesten theoretisch) vollkommen beherrscht, ist der gemeine Sterbliche unbeherrschten

Phantasien unterworfen. Nur besondere Berufe erfordern die *willentliche* Anwendung der Einbildungskraft (etwa der Beruf des Dichters und des bildenden Künstlers); für alle anderen wird der Bereich des Imaginären der Willkür äußerer Ursachen überlassen. In diesem Fall müssen die Phantasien, die durch eine willentliche, aber andersartige Tätigkeit des Subjekts selbst erregt werden, unterschieden werden von den Phantasien, die einer fremden Quelle entspringen. Diese können ihrerseits von Dämonen ausgelöst oder durch menschlichen Willen herbeigeführt werden.[24]

Es geht um den Willen des Manipulators, der von ganz besonderer Art sein muß. Tatsächlich ermahnt Bruno jeden Phantasmen-Operator – in diesem Falle den Gedächtniskünstler –, seine Gefühle und Phantasien zu regulieren und zu kontrollieren, damit er nicht vielmehr von ihnen beherrscht wird, wenn er sie zu beherrschen glaubt. »Sorge dafür, daß du dich nicht aus einem Operator in ein Werkzeug der Phantasmen verwandelst«: Das ist die größte Gefahr, die dem Jünger droht.[25] Der wahre magische Manipulator muß imstande sein, »die Phantasie zu ordnen, zu berichtigen und einzurichten, *ihre Erscheinungsformen nach Belieben zusammenzusetzen*«.[26]

Der Mensch scheint mit einem überaus komplexen Gehirn ausgestattet zu sein, das über keine Sondervorrichtungen verfügt, die ihm erlaubten, die Reize auf ihre Herkunft hin zu analysieren: Kurzum, der Mensch ist außerstande, die Informationen aus den Träumen von denen, die ihm von den Sinnen übermittelt werden, also das Imaginäre von dem Greifbaren unmittelbar zu unterscheiden.[27] Bruno erlegt dem Operator eine übermenschliche Aufgabe auf: Er muß zunächst die Informationen nach ihrer Herkunft sofort und eindeutig einordnen und sich dann gegen alle Gefühlsregungen immunisieren, die von äußeren Ursachen hervorgerufen werden. Kurzum, er ist gehalten, auf keinen einzigen Reiz aus der Außenwelt mehr zu reagieren. Um zu vermeiden, daß er seinerseits ›gefesselt‹ wird, darf er sich weder von Mitleid noch von der Liebe zum Guten und Wahren noch durch irgend etwas anderes bewegen lassen. Um auf andere Kontrolle ausüben zu können, muß man zunächst von jeder Kontrolle, die von den anderen ausgeht, abgeschirmt sein.[28]

Mit einem Scharfsinn ohnegleichen trennt Bruno zwischen Theologie (mit der Grundlegung der Moral, die, vergessen wir das nicht, eine ausschließlich theologische Disziplin war) und

»weltlicher Spekulation« (*civilis speculatio*), als deren Vertreter er auftritt. Für die Theologie gibt es eine wahre Religion und falsche Glaubensvorstellungen, gibt es ein Gutes und ein Böses, die weitgehend ideologischer Art sind. Da kann es sich nicht um die *Manipulation* von Einzelnen oder Massen handeln, sondern nur um einen Auftrag, dessen Ziel in der Bekehrung zur einzigen Wahrheit besteht. Im Gegensatz dazu gibt es für Bruno nur einen einzigen hochheiligen Grundsatz, nur eine einzige Wahrheit, und diese lautet: *Alles ist manipulierbar*, es gibt *absolut niemanden, der sich intersubjektiven Beziehungen zu entziehen vermöchte*, ob es sich um einen Manipulator, einen Manipulierten oder ein Manipulationsinstrument handelt.[29] Die Theologie selbst, der christliche Glaube und jeder andere Glaube sind nichts anderes als Überzeugungen der Masse, die durch magische Operationen erzeugt wurden.

Damit eine Operation gelingen soll – Bruno wird nicht müde, es zu beteuern –, müssen der Operator und seine Subjekte gleichermaßen von deren Wirksamkeit überzeugt sein. Der *Glaube* ist die Vorbedingung aller Magie: »Daher bewirken alle Operatoren, ob es nun Magier, Mediziner oder Propheten sind, ohne vorangehenden Glauben nichts«,[30] daher auch das Wort des Hippokrates:

> »Der erfolgreichste Arzt ist jener, dem die meisten Vertrauen schenken.«[31]
>
> »Die erste Grundlage der universalen Vereinigung [. . .] besteht darin, daß es nicht nur in uns, die wir magisch wirken, Glaube und auch Leichtgläubigkeit gibt, sondern auch bei den Empfangenden. Das ist die unerläßliche Bedingung, ohne die man nichts erreicht [. . .].«[32]
>
> »Der Glaube ist die große Fessel, die Fessel der Fesseln (*vinculum vinculorum*), der alle anderen gleichsam entsprießen: Hoffnung, Liebe, Religion, Frommheit, Angst, Geduld, Freude [. . .], Entrüstung, Haß, Zorn, Verachtung und dergleichen mehr [. . .].«[33]
>
> »Es ist erforderlich, daß der Operator einen aktiven Glauben und das Subjekt der Operation einen passiven Glauben besitzt. Vor allem ist der letztere bei jedem Subjekt erforderlich, denn ohne ihn vermag kein Operator, ob er nun ein natürlicher, rationaler oder göttlicher ist, irgend etwas zu bewirken [. . .].«[34]

Es ist klar, daß die Unwissenden am stärksten dazu neigen werden, sich durch die Phantasmen der Theologie und der Medizin überreden zu lassen:

»Es ist also leichter für gewisse Menschen, jene zu binden (*vincire*), denen er (d. i. der Operator) weniger bekannt ist, so daß er aus der Meinung und der Vorstellung des Glaubens, durch den die Potenz der Seele sich disponiert, öffnet und entfaltet, [operiert]. Wie wenn man die Fenster öffnet, um die Sonne zu empfangen, die sonst geschlossen gehalten werden, so wird ein Zugang zu den Eindrücken gegeben, welche die Kunst des Bindenden erfordert, indem in der Folge die Fesseln eingeflößt werden, als da sind: Hoffnung, Mitleid, Furcht, Liebe, Haß, Unwillen, Zorn, Freude, Geduld, Verachtung des Lebens, des Todes und der Fortuna [. . .].«[35]

Die Erwähnung des Propheten neben dem Magier und dem Arzt ist nicht zufällig. Die offensichtlichste Konsequenz von Brunos Spekulationen besteht darin, daß alle Religion eine Form von Massenmanipulation ist. Durch den Einsatz wirkungsvoller Techniken wußten die Religionsstifter die Imagination der unwissenden Massen nachhaltig zu beeinflussen, ihre Gemütsregungen zu steuern und sich ihrer zu bedienen, indem sie Gefühle wie Selbstverleugnung und Opferbereitschaft wachriefen, die unter natürlichen Umständen nicht auftreten.

Aussagen dieser Art führen leicht zu Mißverständnissen. Das geläufigste Mißverständnis wäre zu glauben, Bruno übe hier eine soziologische Kritik an der Religion. Nun ist er ebenso weit davon entfernt wie von der Theologie, die er nicht zu ›entlarven‹, sondern nur aus einem weiter gefaßten operationalen Gesichtswinkel zu betrachten versucht. Bruno verurteilt die Religion nicht im Namen humanitärer Grundsätze, die ihm völlig fremd bleiben. Im übrigen beschäftigt er sich auch nicht mit der Religion an sich, sondern nur mit der Art und Weise, wie sich eine beliebige Religion gründen läßt, vorausgesetzt, daß man eine zur Bekehrung der Massen geeignete Botschaft ersinnt und daß die Massen bereit sind, diese anzunehmen. Hingegen wird der Manipulator selbst um so überzeugender und in seinem Glauben und seiner Überredungskraft um so unerschütterlicher sein, als es ihm gelingt, in sich selbst und in den anderen die *philautía*, die Eigenliebe, den Egoismus zu erreichen.[36] Alles ist manipulierbar, lehrt Bruno; aber der Manipulator hat nicht das Recht, sich seiner Macht über die Massen zu selbstsüchtigen Zwecken zu bedienen. Andererseits scheint die Selbstliebe beim Subjekt die Erzeugung von ›Fesseln‹ zu begünstigen.

Im allgemeinen ist es leichter, einen dauerhaften Einfluß auf die Massen auszuüben als auf einen Einzelnen. Die *vincula*, die man für die Massen gebraucht, sind von allgemeinerer Art. Im Falle eines Einzelnen ist es zunächst erforderlich, seine Vorlieben und Ängste, was sein Interesse weckt und was ihn gleichgültig läßt, sehr genau zu kennen:

> »Es ist nämlich leichter, viele als einen einzigen zu fesseln (*vincire*).«[37]
>
> »Es ist nicht so schwer (glaube ich) zu fesseln und zu lösen (*vincire et solvere*), als die Fessel zu finden für diejenigen Vorhaben (sage ich), in denen die Fesseln mehr auf den Zufall als auf die Natur und die Kunst bezogen werden sollen.«[38]

Es gibt zweifellos Kategorien des Alters, der Physiognomie usw., denen jeder Einzelne zugeordnet werden kann, aber im allgemeinen muß die Vielfalt der Veranlagungen eines jeden, mithin die Vielfalt der ›Fesseln‹ (*vincula*) berücksichtigt werden, die auf ihn angewandt werden können. Zwischen zwei Individuen gibt es keine vollkommene Entsprechung.[39]

Die verschiedenen Individuen sind nach verschiedenen Kriterien manipulierbar: Die Schönheit, die Sokrates überwältigt, überwältigt nicht Platon, die Menge hat andere Vorlieben als die Auserwählten, Männer haben einen anderen Geschmack als Frauen, es gibt Menschen, die Jungfrauen vorziehen, andere wiederum fühlen sich zu leichten Frauen hingezogen.[40] Was dabei aber unverändert bleibt, ist die Qualität der ›Fessel der Fesseln‹, des *vinculum vinculorum*, der die Liebe ist (oder die Wollust und übrigens die Phantasie, was aber letztlich auf dasselbe hinausläuft).

3. *Vinculum vinculorum* (Die Fessel der Fesseln)

Den Ausdruck *vinculum vinculorum*, ›Fessel der Fesseln‹, wendet Bruno – wie wir bereits festgestellt haben – auf drei unterschiedliche Dinge an: auf den Eros, auf die Phantasie, auf den Glauben. Gewiß, man weiß bereits, daß der Eros eine phantasmische Operation ist, was die Zahl der Begriffe auf zwei reduziert. Man erfährt des weiteren, daß die Imagination der Nährboden ist, auf dem der Glaube entstehen und gedeihen kann, was darauf hinausläuft, daß im Grunde das *vinculum vinculorum* der Synthetisator ist, der Phantasmen empfängt und hervorbringt.

Indessen behält Bruno sich diesen Ausdruck meistens vor, um die außerordentliche Macht des Eros, des *daemon magnus*, zu beschreiben, der allen magischen Tätigkeiten vorsteht. Diese nutzen im Grunde nur die individuellen Neigungen und Haltungen sehr geschickt aus, um dauerhafte Fesseln herzustellen, deren Ziel darin besteht, den Einzelnen oder die Gruppe dem Willen des Manipulators zu unterwerfen.

Das Postulat dieser Operation ist, daß niemand dem magischen Kreis entrinnt: Jeder wird entweder manipuliert oder ist selbst ein Manipulator. Wenn er eine außergewöhnliche Beherrschung über seine eigene Phantasie erlangt und wenn er ebenfalls den Ballast der Selbstliebe, die ihn angesichts der Lobhudeleien und der Beleidigungen der anderen verwundbar machen würde, abgeworfen hat, ist der Manipulator bestrebt, die Eigentümlichkeiten, Reaktionen und Gefühlsregungen dessen, den er binden will, intuitiv zu erkennen und zu durchdringen, um seine Techniken ausüben zu können. Wie ein Spion, der sich Material für eine künftige erotische Erpressung zu beschaffen sucht, muß der Magier alle Indizien sammeln, die ihm erlauben, sein Subjekt irgendeiner Kategorie zuzuordnen. Eine schwierige Aufgabe, die, ist sie einmal bewältigt, die Bewegungen des *vinculum* auslöst, deren es vier Arten gibt: Die erste ist die Anwendung der Fessel (*iniectio seu invectio*), die zweite die eigentliche Fessel (*ligatio seu vinculum*), die dritte die sich daraus ergebende Anziehung (*attractio*) und die vierte das Genießen des Objekts, das diese Operation ausgelöst hat (*copulatio quae fruitio dicitur*). Es handelt sich selbstverständlich um eine erotische Fessel, die sich »vermittels aller Sinne vollzieht, durch welche die Fessel herbeigeführt wurde [. . .]. Deshalb will der Liebende ganz in den Geliebten eindringen, mit der Zunge, mit dem Mund, mit den Augen usw.«[41] Im allgemeinen erreicht die Fessel die Seele »durch die Erkenntnis, bindet sie durch den Affekt, zieht sie an durch Genuß«.[42]

Was ist der Zweck dieser Beschreibung des *vinculum cupidinis*, der Fessel des Begehrens? Diese Frage ist schwieriger, als es scheint, denn der Brunosche Traktat ist in vielfacher Hinsicht undeutlich. Da wir bereits eine Antwort darauf gefunden haben, müssen wir sie nur noch begründen.

Eine erste Möglichkeit wäre die, daß Bruno seine Phänomenologie nicht zum Behufe der Manipulation entwirft, da er die Liebe als eine natürliche Fessel behandelt, sondern einfach um ein Paradigma für jede andere künstliche, magische Fessel aufzustellen. Er sagt tatsächlich nie *expressis verbis*, daß das Ziel des Operators darin bestehe, aus dem, was gemeinhin mit ›allzumenschlichen Schwächen‹ bezeichnet wird, aus den natürlichen Veranlagungen der Libido, Nutzen zu ziehen.

Dieser Hypothese stehen mehrere Umstände entgegen, von denen wir einige bereits erwähnt haben, deren wichtigster aber noch erläutert werden muß. Tatsächlich wird das Verb *vincire*, »fesseln«, in Zusammenhängen gebraucht, wo dessen aktive, operative Bedeutung außer Zweifel steht:

> »Fesseln kann (*Vincire ergo novit*), wer den universalen Begriff (*universi rationem*) hat oder wenigstens die Natur der einzelnen Sache, die gefesselt werden soll, ihre Anlagen, ihre Neigung, ihre sittliche Haltung, ihre Gewohnheit und ihr Ziel kennt.«[43]

Dieser Passus scheint uns übrigens den Schlüssel zum Brunoschen Traktat zu geben – denn besteht er nicht aus einer Analyse der Veranlagungen und Eigentümlichkeiten der »zu fesselnden Dinge«, der *particulares res vinciendae*?

Eine zweite, noch hinfälligere Hypothese wäre die, daß Bruno einfach eine Phänomenologie des Eros ausarbeitet wie Ficino und Giovanni Pico. Dem widerspricht der Grundgedanke des Traktates, der bereits in seinem Titel erscheint: Es handelt sich nicht um abstrakte Mechanismen des Eros, sondern um *vincula*, um die *Erzeugung* von Banden, die durch die Tatsache erheblich vereinfacht würde, daß alle ›Fesseln‹ sich auf das erotische *vinculum* beschränken. Es trifft also zu, daß die Phänomenologie des Eros ein Paradigma der *vincula in genere* ist; aber diese sind *magische* Fesseln, deren sich der Manipulator bedient, um Individuen oder Verbände von Individuen zu manipulieren.

Eine dritte Hypothese, welche die Vorstellung der Manipulation nicht in Frage stellt, besteht darin, daß die Kenntnis der erotischen Phänomenologie dem Operator nicht nur dazu dient, seinen Einfluß auf die Außenwelt auszuüben, sondern auch eine vollkommene Immunität in bezug auf ›Fesseln‹ aller Art zu erwerben. Das ist ganz und gar wahrscheinlich und läuft darauf hinaus, daß der Brunosche Operator derjenige ist, der alles über die Liebe weiß, *um zu lernen, nicht zu lieben.* Denn nur der Liebende kann gefesselt werden:

> »Die Liebe, so wie sie sich im Liebenden befindet, wird passiv genannt, und sie ist eine Fessel (*vinculum*). Auf eine andere Weise wird sie auch aktiv genannt, dann ist sie dasjenige, was einen dazu bringt zu lieben.«[44]

Eine vierte und letzte Hypothese, welche die Fähigkeit des Operators, Liebesfesseln hervorzubringen oder sich gegen sie zur Wehr zu setzen, ebenfalls nicht in Frage stellt, besagt, daß eine von Brunos Absichten darin bestände, seinem Jünger und Leser *medizinische* Kenntnisse zu vermitteln, die diesem dazu dienen sollen, erotische Probleme vorurteilsfrei anzugehen, »aufzulösen [zu entfesseln]«, die imaginären *vincula*, die seine Patienten binden, zu zerbrechen. Das ist in bestimmten Fällen sehr wahrscheinlich und wird durch den Gebrauch des Verbs *exsolvere*, dem Antonym von *vincire*, bestätigt, der neben diesem auftritt.[45] Die Stelle ist interessant, denn sie weist darauf hin, daß die Bereitschaft des Subjekts *ad quomodolibet vinciendum et exolvendum*, »auf jede beliebige Weise zu fesseln und aufzulösen«, sehr wichtig ist. Es ist demnach klar, daß die Tätigkeit des Operators nicht nur die Ausübung eines magischen Einflusses beinhaltet, sondern ebenso dessen Gegenteil, nämlich die Befreiung von den *vincula*, an denen der Patient leidet.

Folglich muß der Traktat *De vinculis in genere* als ein praktisches Lehrbuch für den Magier gedeutet werden, aus dem dieser lernt, die Individuen gemäß ihrer Gemütsanlagen zu manipulieren, sich selbst von jedwedem gefährlichen Einfluß des Eros fernzuhalten und die Patienten zu heilen, die einer mächtigen erotischen Behexung zum Opfer gefallen sind.

Der Grundgedanke des Traktates ist, daß »die Liebe in allem herrscht«, daß »die mächtigste Fessel von allen die der Venus ist«:[46] Der Eros »herrscht über alle und erregt sie, lenkt sie, bringt sie in Bahnen und mäßigt sie. Durch diese Fessel werden die übrigen Fesseln gelöst, wie die weiblichen von der Fessel der Venus gebundenen Tiere andere Weibchen, die Männchen aber andere Nebenbuhler nicht dulden. Speise, Trank und manchmal sogar das Leben selbst achten sie gering [. . .]«.[47] Folglich: *vinculum quippe vinculorum amor est*, »ist die Fessel der Fesseln allerdings die Liebe«. Und auch: »[. . .] alle Fesseln beziehen sich auf die Fessel der Liebe, ob sie von der Fessel der Liebe abhängen oder in der Fessel der Liebe bestehen.«

»Die Liebe bildet die Grundlage aller Affekte. Wer nämlich nichts liebt, hat keinen Grund, sich zu fürchten, zu hoffen, zu rühmen, sich zu überheben, zu wagen, zu verachten, anzuklagen, zu entschuldigen, sich zu erniedrigen, nachzuahmen, in Zorn zu geraten und von allen übrigen Modi dieser Art affiziert zu werden.«[48]

Es geht hier selbstredend um den Manipulator selbst, der im Reich des Eros eine unumschränkte Macht ausübt, sich selbst jedoch von allen *vincula*, von allen Fallen, die ihm die Liebe stellt, in Schutz zu nehmen wußte.

Was ist das *vinculum*? Es ist selbstverständlich die *Schönheit* im weitesten Sinne. Diese Schönheit, die fesselt, besteht aber nicht in einer bestimmten Proportion der Gliedmaßen.[49] Es handelt sich um einen »unkörperlichen Grund« (*ratio incorporea*),[50] der je nach der Anlage des Einzelnen verschieden ist. So kann es vorkommen, daß ein junges Mädchen von vollkommener Schönheit weniger gefällt als ein anderes, das theoretisch weniger schön ist. Das erklärt sich durch eine geheime *Entsprechung* (*condispositio*)[51] zwischen dem Liebenden und dem Gegenstand seiner Liebe.

Wie wirkt das *vinculum*? Es wird selbstverständlich durch die Phantasie ausgelöst, die ihre eigene Autonomie und Realität hat:

»Es hat nämlich die phantasmische Erscheinungsweise (*species phantastica*) die ihr eigene Wahrheit, aus der folgt, daß sie auch wahrhaftig wirkt und wahrhaftig oder sehr mächtig dadurch das Fesselbare bindet.«[52]

Auch dringt das *vinculum* durch die »Pforte der Imagination« (*porta imaginationis*)[53] in das Subjekt ein. Es »erreicht die Seele durch Erkenntnis, bindet sie durch den Affekt und zieht sie an durch Genuß«.[54] Dem Gesichtssinn kommt bei dieser Operation eine wesentliche Rolle zu, und recht oft verzehrt sich der Liebende, weil er den Gegenstand seiner Liebe nicht sehen kann.[55]

Der interessanteste Teil des Brunoschen Traktates ist den verschiedenen Arten von *vincula* gewidmet. Davon gibt es eine große Anzahl, denn die Zuneigung, die jeder um sich verströmt, unterscheidet sich je nach dem Empfänger:

»Mit einer jeweils anderen Fessel küssen wir die Kinder, den Vater, die Schwester, die Gattin, die Freundin, den Wüstling und den Freund.«[56]

»Es gibt viele Formen des Samens, der Venus, der Liebe, der Fessel« (*Multiplex semen, multiplex Venus, multiplex amor, multiplex vinculum*).[57]

»Es soll die Frau an eine Frau, das Kind an ein Kind, der Mann an einen Mann, der Mann an eine Frau, der Mensch an Höhere, Gleiche, Niedere, an natürliche und künstliche Dinge gebunden werden. Die Dinge sollen an die Dinge gebunden werden [. . .].«[58]

Im Prinzip ist der Mensch bei der Wahl der ›Fessel‹ freier als das Tier: Einer Stute wird es nicht schwerfallen, sich einem Hengst hinzugeben, eine Frau gibt sich nicht jedem hin.[59]

Obgleich es beinahe unmöglich ist, die Natur derjenigen ›Fesseln‹ genau zu bestimmen, die fähig sind, diesen oder jenen zu binden, gibt es gleichwohl einige allgemeine Regeln, auf Grund deren die Subjekte nach Alter, Temperament, Physiognomie und gesellschaftlichem Rang eingeteilt werden können. Diese Klassifizierung erleichtert die Wahl der *Gattung* der ›Fesseln‹, reicht jedoch nicht aus, deren Art festzustellen.

So ist das Kind zum Beispiel für erotische Verführungen weniger empfänglich. Erst nach der Erfüllung seines vierzehnten Lebensjahres wird es fähig, auf erotische Reize zu reagieren. Am anfälligsten sind die Geschlechtsreifen, denn ihre Zeugungskraft ist stärker entwickelt – und unter diesen sind es vor allem die Jugendlichen, weil für sie der Eros eine neue und lang ersehnte Erfahrung darstellt und auch weil die Gefäße, durch die der Samen fließt, noch eng sind und die erotische Lust mithin heftiger ist.[60]

Von den vier Temperamenten neigen die Melancholiker am stärksten dazu, den Verführungen der Wollust zu erliegen, denn sie sind mit einer mächtigen Phantasie begabt, die imstande ist, sich alle möglichen Arten von erotischer Lust vorzustellen. Aber diese Begabung für Spekulation und Kontemplation macht sie auch gefühlsmäßig labil. Darüber hinaus streben die Melancholiker nach der Wollust als solchen, sie denken nicht an Fortpflanzung.[61]

Auch die Physiognomie hilft dem Operator, das Subjekt einer erotischen Klasse zuzuordnen. So sind zum Beispiel die Menschen, die ein schlankes und sehniges Schienbein, eine vorspringende und gekrümmte, einem Ziegenbock gleichende Nase besitzen, eine Art von Satyrn, die stark zur Geschlechtslust neigen. Ihre Zuneigung ist nicht von Dauer, und ihre Glut erlischt schnell.[62]

Gesellschaftlich höher Gestellte wollen geehrt und geschmeichelt werden. Ihre Schmeichler haben leichtes Spiel, wenn sie nur nicht übertreiben. Es genügt, wenn sie »mäßige Tugenden rühmen, die Laster verharmlosen, mögliche Anklagen entschuldigen und die Verbrechen in Tugenden verkehren«,[63] um ihren Herrn zu »fesseln«.[64]

Schließlich gibt es seelische, leibliche Genüsse oder beides zugleich,[65] es gibt eine natürliche Liebe und eine abstrakte Liebe, welcher der *heremita masturbans* huldigt.[66] Außer diesen Allgemeinheiten spricht Bruno auch einige sehr kryptische Regeln zur Beherrschung der Sexualität aus, die wir nun zu deuten versuchen.

4. Ejakulation und Zurückhaltung des Samens

Einige Stellen von *De vinculis* sind besonders interessant, denn sie scheinen darauf hinzuweisen, daß die Praxis des *coitus reservatus* der Brunoschen Magie nicht fremd ist. Nun ist bekannt, daß diese Praxis den chinesischen Taoisten[67] und den tantrischen Yogins in Indien und Tibet[68] eigentümlich war. Es wäre überraschend, zu entdecken, daß sie auch im Abendland nicht unbekannt war.

Indessen sind die einschlägigen Passagen bei Bruno derart lapidar, daß sehr viel Aufmerksamkeit nötig ist, um ihre Bedeutung zu erfassen, ohne sie zu verzerren. Da es sich nur um wenige Sätze handelt, geben wir dem Leser die Möglichkeit, den lateinischen Text selbst einzusehen:

> *Iactu seminis vincula relaxantur, retentione vero intenduntur. Taliter debet affectus qui vincire vult, qualiter qui vinciri debet. Propterea in conviviis et post convivia inspirare introducitur in ossibus ignem Cupido. Vide. Continentia est principium vinculi, abstinentia praecurrit famem, haec melius cibum attrahit.* (»Durch den Ausstoß des Samens werden die Fesseln gelockert, durch die Zurückhaltung gestrafft. Der Affekt, der fesseln will, muß so beschaffen sein wie der, welcher gefesselt werden soll. Deshalb fängt bei Gastmählern und wenn wir erhitzt sind das Feuer des Cupido zu glühen an. Schau nur. Zurückhaltung ist der Anfang der Fessel, Enthaltsamkeit zieht den Hunger nach sich, und dieser zieht wiederum die Speise besser an.«)[69]

> *Vinculum fit ex prolifico semine quod ad actum suum rapitur, nititur atque rapit; ideo hoc emisso secundum partem, perit secundum partem vinculi vis.* (»Die Fessel entsteht aus dem fruchtbaren Samen, der zu seinem Akt hingerissen wird, zu ihm strebt und ihn fortreißt: Wenn dieser zum Teil ausgestoßen wird, geht daher auch teilweise die Kraft der Fessel zugrunde.«)[70]
> *Cupidinis vincula, quae ante coitum intensa erant, modico seminis iactu sunt remissa et ignes temperati, obiecto pulchro nihilominus eodem permanente.* (»Die Fesseln des Cupido, die vor dem Beischlaf angespannt waren, werden durch einen mäßigen Ausstoß des Samens gelockert und die Feuer gemildert, selbst wenn der Gegenstand des Begehrens weiter fortbesteht.«)[71]

Zugegeben, die Aufzeichnungen Brunos, die knapp sind bis zur Unverständlichkeit, lassen mehrere Deutungen zu. Eine erste Hypothese haben wir bereits ausgesprochen: Es soll sich um eine Praxis der Zurückhaltung des Spermas handeln, um den *coitus reservatus*. Man weiß, daß die Taoisten durch eine derartige Praxis, die von Übungen der ›Embryonal-Atmung‹ begleitet wurden, Lebenskraft und Langlebigkeit zu erlangen suchten, während die Tantriker im Rahmen einer sehr viel verfeinerteren feinstofflichen Physiologie durch den *maithuna* die Erweckung der schlummernden kosmischen Kräfte bewirkt und sie bis zum ›tausendblättrigen Lotos‹ *(sahasrāra-cakra)* am Scheitel hinaufgeleitet haben sollen, wenn sie in einen Zustand der Ekstase eintraten. In beiden Fällen stellt der *coitus reservatus* ein unerläßliches Mittel dar, das Ziel der Operation zu erreichen.

Da Bruno in einer Abhandlung über erotische Magie von der Zurückhaltung des Samens spricht, ist es durchaus berechtigt, zu fragen, ob er nicht eine Praxis derselben Art im Sinne hat.

Man entdeckt aber bald, daß Bruno nicht daran denkt. Worum es ihm geht, ist bekanntlich die Art und Weise, wie man verführen, Fesseln und Bindungen erzeugen kann. Nun bemerkt er, daß die Fesseln sich lösen, ist der Genuß einmal erlangt. Will man die Kraft einer Fessel aufrechterhalten, so darf man sie deshalb nicht genießen.

Doch auf wen bezieht sich das: auf den Operator oder auf das Subjekt, das durch den Eros behext werden soll? Sollte der Operator gemeint sein, so weiß man bereits, daß dieser frei von jeglicher Bindung sein muß, also wäre es für ihn angebrachter, den Samen auszustoßen, damit die Fessel sich löst. Dagegen ist es ihm vor allem darum zu tun, das Subjekt nicht zu einer Befriedigung des Verlangens gelangen zu lassen, denn der Genuß führt zur Zerstörung der ›Fessel‹.

Noch sind wir nicht ins Herz der Brunoschen Botschaft eingedrungen. Unter den kryptischen Stellen, die wir übersetzt haben, gibt es eine, die uns auf den richtigen Weg bringen könnte:

> »Die Fessel entsteht aus dem fruchtbaren Samen, der zu seinem Akt hingerissen wird, zu ihm strebt und ihn fortreißt.«

Das will vermutlich heißen, daß einer, der inbrünstig *begehrt*, die Macht besitzt, den Gegenstand seines Begehrens in seinen Machtbereich zu ziehen. Ergießt er dagegen seinen Samen, wird die Kraft seines Begehrens geschwächt, und somit nimmt auch die Kraft der ›Fessel‹ ab. Deshalb muß der Operator *die Fessel verstärken*, das Sperma zurückhalten, denn »wer fesseln will, ist angehalten, dieselben Affekte zu entwickeln, wie der, welcher gefesselt werden soll«.[72] Das ist die *transitive Wirkung* der Magie: um eine Emotion oder einen Affekt auszulösen, muß der Operator sie zuerst in sich selbst entwickeln, um sie dann zielsicher auf den phantasmischen Apparat seines Opfers übertragen zu können.

Was Bruno sagen will, hat keinerlei Bezug auf die Praktiken des *coitus reservatus*: Er empfiehlt dem Operator einfach, *enthaltsam* zu sein und gleichzeitig das Subjekt *inbrünstig zu begehren*. Behauptet er im übrigen nicht, daß »je heiliger sie waren, desto stärker lockten sie [die anderen] an«?[73] Dennoch muß auch er eine Art von Liebe hegen, die sich von der abstrakten Liebe des ›masturbierenden Einsiedlers‹ von Grund aus unterscheidet. Er muß tatsächlich dieselbe Leidenschaft sorgsam in sich entwickeln wie diejenige, die er in seinem Opfer zu erwecken gedenkt, aber er muß gleichwohl darauf achten, daß die eigenen Phantasmen nicht von ihm Besitz ergreifen, und auch darauf, nie zu der Befriedigung des Begehrens gelangen zu wollen, denn andernfalls löst sich die Macht der Fesseln auf.

Die Lehre von einer Beziehung zwischen der Enthaltsamkeit des Operators und seinen magischen oder visionären Fähigkeiten ist altehrwürdig und vielgestaltig. Wir haben gesehen, daß die Medizin der Antike bereits eine enge Beziehung zwischen den fünf Sinnen, der Entstehung der Stimme und der Absonderung des Spermas festgestellt hatte (Kapitel I, S. 34). Stimme und Sperma werden von der Medizin der Renaissance eng miteinander in Verbindung gebracht, denn sie stellen die einzigen Wege dar, auf denen der Geist *wahrnehmbar* aus dem Leib heraustritt.[74] Es versteht sich von selbst, daß ein allzu großer Spermaverlust nicht nur die Stimme, sondern auch alle anderen geistigen Tätigkeiten des Subjekts in Mitleidenschaft zieht und daß umgekehrt viel Reden dieselbe Wirkung zeitigen wird.[75] Das Gegenteil von Pneumatorrhö ist die Ansammlung von Pneuma, die sich unter anderem durch sexuelle Enthaltsamkeit erlangen läßt.

Alle diese Vorstellungen wurden von Franciscus Mercurius van Helmont (1614-1698), dem Sohn des berühmten Iatrochemikers Johannes Baptista van Helmont (1577-1644) in seiner 1667 erschienenen *Alphabeti vere naturalis Hebraici brevissima Delineatio*,[76] in gedrängter Form zusammengefaßt:

> »Ich will anders nicht zu verstehen geben / als daß die mehrberührte *materia* [= der Samen] da deß Menschen wesen inne steckt / wenn dieselbe nicht leiblich ausgesäet / sondern zu einer geistlichen krafft zertheilet und verzehret wird / seine Menschenkrafft als denn unzertheilbar allenthalben hin mit sich führen muß« und »Genung daß man siehet / wie die Stimme von der Natur unserer Fortpflanzung *dependire* / und daraus ihre menschliche Lebens-krafft erlangen müsse.«[77]

In seinem *De vinculis* spielt Bruno zweifellos auf eine ähnliche Lehre an und preist die Enthaltsamkeit wegen ihrer Fähigkeit, *vincula*, magische Fesseln zu erzeugen. Einzigartig ist, daß es sich nur um eine *physische* Enthaltsamkeit handelt, denn auf der seelischen Ebene empfiehlt Bruno im Gegenteil, daß man wollüstige Phantasmen hervorbringen solle, deren Zweck darin besteht, den inneren Sinn des Subjekts zu beeinflussen.

Zusammenfassend kann festgestellt werden, daß der Operator Brunos angehalten wird, zwei gegensätzliche Tätigkeiten auszuführen: Einerseits muß er peinlich darauf achten, sich nicht verführen zu lassen, und dafür muß er die Liebe, einschließlich der Selbstliebe bis auf den letzten Keim in sich ausmerzen; andererseits ist er nicht frei von Leidenschaften. Im Gegenteil, er muß in seinem phantasmischen Apparat gewaltige Leidenschaften entfachen, vorausgesetzt, sie sind unfruchtbar und er ist von ihnen losgelöst. Denn es gibt kein anderes Mittel zu behexen, als in sich selbst zu erfahren, was man bei seinem Opfer herbeiführen will.

Es ist eine seltsame, fast unglaubliche Methode, die gleichwohl die oben übersetzten lapidaren Textstellen befriedigend erklärt und die sich auch in den Empfehlungen bestätigt findet, die

Bruno in seinem *Sigillus sigillorum* den Gedächtniskünstlern gibt: »Erregt euch«, sagt er ihnen fast wortwörtlich, »die Völker, die am stärksten zu erotischen Lüsten (*libido*) und zu Haß neigen, sind die tätigsten.«[78] Es gibt kein künstliches Gedächtnis ohne eine sehr starke Affektivität, ohne daß die Bilder emotional aufgeladen würden. Und es kann keine höhere Intelligenz und Kontemplation geben, die nicht durch die Pforte der affektiven Bilder hindurchgegangen wären (*ebd.*, 22-23, S. 166-167).

Man errät unschwer, wie viel Urteilsvermögen Brunos Methode von seiten des Operators erforderte. Dieser wird ermahnt, gleichzeitig ›warm‹ und ›kalt‹, liebestrunken und vollkommen gleichgültig gegen jede Leidenschaft, enthaltsam und ausschweifend zu sein. Das erklärt die Fülle an Oxymora in seiner Dichtung, das Nebeneinander von einander entgegengesetzten Bildern und Sinnbildern. Am häufigsten schildert er seinen Gemütszustand als eine Mischung von Feuer und Eis: was man nach dem Studium seiner magischen Praktiken nur allzu gut verstehen kann.[79]

5. Über die Magie als allgemeine Psychosoziologie

Wenngleich sie wenig orthodox ist, hat uns Brunos erotische Magie gestattet, genauer zu erkennen, zu welchen äußersten Konsequenzen die Identität von Substanz und Operation zwischen Eros und Magie führen konnte.

Wir müssen nun zurückkehren und noch einmal fragen, worin die Verwandtschaft zwischen Eros und Magie besteht, das heißt: Wo hört der Eros auf und wo fängt die Magie an? Die Antwort scheint sehr einfach zu sein: In dem Augenblick, in dem sich der Eros kundtut, gibt auch die Magie sich kund. Deshalb stellt die erotische Magie im Grunde den Nullgrad aller Magie dar.

Wir müßten noch die Definition der Magie als *geistiger Operation* vertiefen. Jedenfalls handelt es sich um ein transitives Postulat, auf Grund dessen sich feststellen läßt, daß jede andere geistige Operation gleichzeitig auch magisch ist. Nun ist der Eros die einfachste *natürliche* pneumatische Tätigkeit, und zwar diejenige, die bei allen intersubjektiven Vorgängen eintritt; das setzt voraus, daß alle erotischen Phänomene zugleich magische Phänomene sind, bei denen das Individuum entweder die Rolle des Manipulators oder die des Manipulierten oder aber die des Instrumentes der Manipulation spielt.

Damit ein Subjekt an magischen Operationen teilnimmt, ist es nicht nötig, daß die Vorstellung der Magie selbst die Bewußtseinsschwelle überschreitet. Da es keine Handlung gibt, die nicht auf die eine oder andere Weise eine Bewegung des Pneumas voraussetzt, läßt sich sogar behaupten, daß das ganze Dasein eines Individuums zum Bereich der natürlichen Magie gehört. Und da die Beziehungen zwischen den Individuen nach – im weitesten Sinne dieses Beiwortes – ›erotischen‹ Kriterien geregelt sind, ist die menschliche Gesellschaft auf allen ihren Ebenen nichts als wirkende Magie. Selbst ohne sich dessen bewußt zu sein, nimmt jedes Lebewesen, das wegen der Beschaffenheit der Welt in ein intersubjektives Netz einbezogen wird, an einem magischen Vorgang teil. Da er diesen Mechanismus als Ganzes verstanden hat, ist der Operator der einzige, der zunächst als Beobachter der intersubjektiven Beziehungen auftritt und gleichzeitig eine Erkenntnis gewinnt, die er sich dann nutzbar zu machen weiß.

Alles das gleicht seltsamerweise der Vorstellung des ›Übertragungsprozesses‹ nach Jacques Lacan, für den die Welt selbst nichts anderes ist als ein unermeßlicher Apparat zum intersubjektiven Austausch, wobei jeder der Reihe nach die Rolle des Patienten und des Analytikers spielt. Der Therapeut selbst nimmt, ohne daß Lacan es *expressis verbis* sagt, eine dem Operator Brunos vergleichbare Stellung ein: Da er den Mechanismus der Welt erfaßt und begriffen hat, daß die Welt nur eine Austausch-Maschinerie ist, beobachtet er alles das, um Nutzen daraus zu ziehen. Diesen Nutzen sollte er gewiß auf den Patienten übertragen, um dessen Heilung herbeizuführen.[80]

Die Möglichkeiten des Magiers sind umfassender; die des Arztes verhältnismäßig beschränkt. Nehmen wir zwei Individuen A und B und deren Beziehung, die wir Y nennen. Nehmen wir weiter an, daß A B liebt und daß B die Liebe nicht erwidert: Y, ihre Beziehung, wird auf diese Weise definiert. Es ist die Aufgabe des Magiers, Y zu verändern: Wenn er sich in den Dienst von A stellt, wird er Gunstbezeugungen von B für ihn erwirken. Aber nehmen wir an, daß der Familie von A sehr daran liegt, daß A seine törichte Leidenschaft für B aufgibt: indem er sich in seinen Dienst stellt, verändert der Operator Y und ›heilt‹ A. Diese Aufgabe fällt dem Arzt zu. Es kann auch sein, daß A ein magischer Manipulator ist und daß er Gunstbezeugungen von B erlangen will. Er ist Magier, nicht Arzt. Drei Fälle, davon zwei von Magie im eigentlichen Sinne und einer von Medizin. Wo genau liegt die Grenze zwischen diesen beiden Disziplinen? Man erkennt unschwer, daß die Zuständigkeiten des Arztes in dem Fall juristisch begrenzt sind, wenn die Zuneigung von A gegen die Interessen der Gesellschaft verstößt, was darauf hinausläuft, daß sie den Bereich des Normalen verläßt. Dagegen kann der Praktiker der erotischen Magie im allgemeinen seine Begabungen gegen die Gesellschaft und gegen den Willen eines Einzelnen einsetzen.

Nehmen wir weiterhin an, daß A ein vielfaches Subjekt ist, eine Masse, die einförmige Reaktionen hat. B ist ein Prophet, ein Religionsstifter oder ein politischer Anführer, der durch den Gebrauch von magischen Überredungsmitteln A unterwirft. Seine Praktiken sind ebenso wie die des Arztes zulässig, denn unser Operator schreibt der Gesellschaft die Regeln selbst vor, indem er einen gesellschaftlichen Konsens erreicht.

Drei Hypostasen ergeben sich: Magier, Arzt, Prophet. Sie sind unauflöslich miteinander verbunden und kaum scharf voneinander abzugrenzen. Der ›Psychoanalytiker‹ gehört auch dazu, denn sein Wirkungsbereich grenzt ans Rechtswidrige und Übermenschliche (zugegeben, seine Lage bleibt bis heute unverändert: Ein Chirurg wird ihn kaum als ›Kollegen‹ ansprechen, selbst wenn er einen Doktortitel trägt).

Mit der Spezialisierung und der Abgrenzung der Zuständigkeitsbereiche ist man geneigt zu sagen, daß die anderen beiden Praktiker der Brunoschen Magie, der eigentliche Magier und der Prophet, heutzutage verschwunden sind. Es ist indessen wahrscheinlicher, daß sie sich einfach unter einem schlichten und legalen Erscheinungsbild getarnt haben, wobei das des Analytikers nur eines von vielen und letztlich nicht einmal das wichtigste ist. Der Magier beschäftigt sich heute mit Public Relations, Propaganda, Marktforschung, Meinungsumfragen, Werbung, Information, Gegeninformation, Desinformation, Zensur, Techniken der Spionage und sogar der Kryptographie, einer Wissenschaft, die im 16. Jahrhundert einer der Zweige der Magie gewesen war (Kapitel VII). Diese Schlüsselfigur der heutigen Gesellschaft stellt nur eine Weiterentwicklung des Brunoschen Manipulators dar, dessen Grundsätze sie befolgt, wobei sie darauf bedacht ist, ihnen eine technische und unpersönliche Erscheinungsform zu verleihen. Die Historiker sind daher im Unrecht, wenn sie behaupten, daß die Magie seit dem Aufkommen der ›quantitativen Wissenschaft‹ verschwunden ist. Diese hat nur einen Zweig der Magie ersetzt, wobei sie übrigens deren Träume und Zwecke mit Hilfe der Technik fortsetzt. Elektrizität, schnelle Verkehrsmittel, Rundfunk und Fernsehen, Flugzeug und Computer verwirklichten nur jene Verheißungen, welche die Magie zuerst ausgesprochen hatte und die zum Rüstzeug des Magiers, der sich übernatürlicher Mittel bedient, gehörten: Lichterzeugung, blitzschnelle Fortbewegung von einem Ort zum anderen, Kommunikation über weite Strecken, Fliegen durch die Lüfte und ein unfehlbares Gedächtnis. Man kann sagen, daß die Technologie eine demokratische Magie ist, die es jedermann gestattet, in den Genuß der außergewöhnlichen Fähigkeiten zu gelangen, deren sich einst nur der Magier rühmte.

Dagegen hat nichts die Magie in dem Bereich ersetzt, der ihr eigen war, nämlich dem der intersubjektiven Beziehungen. Sofern Soziologie, Psychologie und angewandte Psychosoziologie immer noch eine operative Seite haben, stellen sie heutzutage die unmittelbaren Fortsetzungen der Renaissance-Magie dar.

Was darf man durch die Kenntnis der intersubjektiven Beziehungen zu erreichen hoffen? Eine homogene, weltanschaulich gesunde und regierbare Gesellschaft. Brunos Manipulator unternimmt es, den Subjekten eine angemessene Erziehung und Religion zukommen zu lassen:

> »Man muß stets äußerste Sorgfalt darauf verwenden, wo und wie jemand erzogen wird, wo und wie er seine Studien treibt, mit welcher Pädagogik, welcher Religion, welchem Kult, welchen Büchern und welchen Verfassern. Denn alles das bringt durch sich selbst und *nicht durch Zufall* alle Eigenschaften des Subjekts hervor. [. . .]«[81]

Überwachung und Auslese sind die Pfeiler der Ordnung. Man muß nicht mit Einbildungskraft begabt sein, um zu verstehen, daß die Funktion des Brunoschen Manipulators vom Staat übernommen wurde und daß dieser neue ›integrale Magier‹ damit beauftragt wird, das nötige ideologische Instrumentarium herzustellen, um eine gleichförmige Gesellschaft zu schaffen.[82]

Ist der westliche Staat heute ein wahrer Magier, oder ist er ein Zauberlehrling, der dunkle und unbeherrschbare Kräfte in Bewegung setzt?

Schwer zu sagen. Jedenfalls ist der Magier-Staat – vorausgesetzt, daß es sich nicht um gemeine Taschenspieler handelt – dem Polizei-Staat bei weitem vorzuziehen, jenem Staat, der nicht zögert, alle Freiheiten und die Illusion der Freiheit zu unterdrükken, um seine überholte ›Kultur‹ zu verteidigen, wobei er sich in ein Gefängnis verwandelt, in dem jede Hoffnung verloren ist. Zu viel Subtilität und zuviel Geschmeidigkeit sind die Hauptmängel des Magier-Staates, der entarten und zu einem Zauberer-Staat werden kann; ein völliger Mangel an Subtilität und Geschmeidigkeit ist der Hauptfehler des Polizei-Staates, der zu einem Kerker-Staat entartet ist. Aber der wesentliche Unterschied zwischen beiden, der vollends zugunsten des ersteren spricht, liegt darin, daß die Magie eine Wissenschaft der Metamorphosen ist, sie hat die Fähigkeit, sich zu wandeln, sich allen Umständen anzupassen, sich zu verbessern, während die Polizei hingegen nur bleibt, was sie ist: In diesem Fall der rückhaltlose Verteidiger veralteter Werte, einer sinnlosen Oligarchie, die dem Leben der Nationen schadet. Das System der Zwänge ist dazu verurteilt, zu verfallen, denn das, was es verteidigt, ist nur ein Haufen von Leerformeln ohne jede Lebenskraft. Dagegen kann es der Magier-Staat kaum erwarten, neue Möglichkeiten und neue Taktiken zu entwickeln, und es ist gerade der Überschuß an Vitalität, der sein Funktionieren stört. Mit Sicherheit ist auch er nur imstande, einen winzigen Teil seiner magischen Ressourcen auszuschöpfen. Aber man ahnt, daß diese Ressourcen außerordentlich vielfältig sind, und dieser Reichtum an Ressourcen könnte im Prinzip den ausgetrockneten Baum der polizeistaatlichen Ideologie mühelos entwurzeln. Weshalb aber geschieht das nicht? Weil die Subtilität seiner inneren Spiele die Aufmerksamkeit des Magier-Staates erschöpft und er kaum darauf vorbereitet ist, das Problem einer grundlegenden und wirksamen Magie hinsichtlich seiner Außenbeziehungen ins Auge zu fassen. Dieses Intelligenz-Ungeheuer ist unbewaffnet, sobald es darum geht, langfristige Operationen zu planen oder sich in seinen internationalen Beziehungen ein ›reizendes‹ Gesicht zu verschaffen. Sein schonungs- und rücksichtsloser Pragmatismus zeichnet schließlich ein Bild von ihm, das nicht nur falsch ist, sondern in den Augen seiner Partner auch abstoßend wirkt, und dieser Mangel an Versprechungen und an spitzfindigen Diskursen erweist sich letzten Endes als ebenso kontraproduktiv wie seine offensichtlichen Exzesse der Intelligenz und seine wohlbekannte Unfähigkeit, radikale Lösungen vorzuschlagen.

Wenn man darüber staunen muß, daß der Polizei-Staat immer noch funktionieren kann, so kann man sich auch fragen, warum es dem Magier-Staat, der über unbegrenzte Ressourcen verfügt, so schlecht geht, daß er zugunsten der ideologischen und territorialen Vorstöße des anderen täglich an Boden zu verlieren scheint.

Die Schlußfolgerung ist unumgänglich: Es rührt daher, daß der Magier-Staat seine Intelligenz darin erschöpft, innere Ablenkungsmanöver zu ersinnen, wobei er sich als unfähig erweist, eine langfristige Magie auszuarbeiten, um die Hypnose außer Kraft zu setzen, die von vorrückenden Polizei-Kohorten bewirkt wird. Doch scheint ihm die Zukunft dennoch zu gehören, und selbst ein vorübergehender Sieg des Polizei-Staates läßt keinen Zweifel darüber aufkommen: Der Zwang durch Gewalt wird sich den subtilen Verfahren der Magie beugen müssen – dieser Wissenschaft der Vergangenheit, Gegenwart und Zukunft.

KAPITEL V

Die pneumatische Magie

1. Der Nullgrad der Magie

Den Nullgrad der Magie stellt derjenige Eros dar, der die Konstruktion einer erotischen Magie – einer Form von intersubjektiver Magie – ermöglicht, einer Magie, die kraft des Gesetzes der pneumatischen Wechselwirkung zwischen den Individuen wirkt. Es versteht sich von selbst, daß diese Wechselwirkung in Ficinos Theorie von vorgeburtlichen Umständen astrologischer Art vorbestimmt ist. In den Theorien Giordano Brunos spielen diese eine untergeordnete Rolle.

Von Ficino bis Bruno erfährt die Lehre von der erotischen Magie vergleichbare Umgestaltungen wie der Begriff der ›Übertragung‹ von Freud bis Lacan. Bei Freud stellt die Übertragung ein zwar komplexes, jedoch auf die Beziehung von Analytiker und Patient beschränktes Phänomen dar; bei Lacan ist die Welt des Menschen als Ganzes nur eine Funktion einer Übertragung gewaltigen Ausmaßes, wo jeder der Reihe nach die Rolle des Analytikers und die des Patienten spielt. Ebenso war der Eros für Marsilio Ficino die Beziehung zwischen zwei Individuen, dem Liebenden und dem Geliebten; für Bruno ist der Eros das Movens der intersubjektiven Beziehungen überhaupt, einschließlich der Massenphänomene.

Eine andere wesentliche Umgestaltung, die der Eros von Ficino bis Bruno erfährt, betrifft die Rolle, die dem Operator bei der Erzeugung oder Abschwächung der erotischen Beziehungen zukommt. Ohne das Syndrom des *amor hereos* und seine verderblichen Folgen noch die Bedeutung des Arztes bei der Heilung desselben unbeachtet zu lassen, vernachlässigt Ficino den Aspekt der *Erzeugung* des Eros, deren Ursachen für ihn transzendent sind. Dagegen befaßt sich Bruno insbesondere mit der Möglichkeit der erotischen Manipulation von Einzelnen und Massen.

Ficino beschreibt das hypnotische Phänomen, das bei der *natürlichen* Äußerung des Liebesgefühls spontan auftritt; Bruno beschäftigt sich vor allem mit der aktiven und willentlichen, *auf* ein individuelles oder kollektives Subjekt *gerichteten* Hypnose, deren Erzeugungsregeln denjenigen der spontanen Liebe folgen. Es geht um eine tiefe Erkenntnis und Intuition, die das Unbewußte (oder Unterbewußte) des Subjekts durchmustern, um uneingestehbare Schwächen herauszugreifen: wodurch es ›gefesselt‹, manipuliert, hypnotisiert, verfügbar gemacht werden kann. Nicht nur die Magie gebraucht diese ›psychische‹ Methode, sondern auch die Medizin, denn deren Erfolg hängt nicht so sehr von der Wirksamkeit der Heilmittel ab, die sie verabreicht, als vielmehr von dem Vertrauen des Subjekts zu seinem Heiler.

So ist auch die Religion ein Phänomen von kollektiver Hypnose, die von einem Propheten über eine Masse von Individuen ausgeübt wird. Ein Religionsstifter ist gewissermaßen ein transzendentes Instrument, denn er handelt nicht um selbstsüchtiger Ziele willen. Die Bedingung seines Gelingens besteht darin, eine Stimmung bei seinem kollektiven Subjekt zu erzeugen, die dieses gefügig macht und zu einer rückhaltlosen Selbstverleugnung und Opferbereitschaft befähigt. Hat sich eine Religion einmal durchgesetzt, kann sie nur durch jene aktive Kontrolle fortbestehen, die sie auf die Erziehung der Individuen ausübt und die auch eine repressive Seite haben muß, damit verhindert wird, daß der Einzelne sich der entpersönlichenden Vormundschaft (Entmündigung) entzieht oder daß er wieder umprogrammiert werden kann. Dasselbe Kriterium entscheidet selbstverständlich über die Beförderung eines Individuums innerhalb der religiösen Hierarchie.

Ausgehend von der Zweierliebe Ficinos, die den Nullgrad des Eros ebenso wie den der Magie darstellt, sind wir nun bei Phänomenen von unerhörter Komplexität angelangt. Die Psychosoziologie des Paares wandelt sich bei Bruno zu einer *allgemeinen Psychosoziologie*: einer interdisziplinären Wissenschaft von beklemmender Modernität, deren Tragweite zu erfassen und deren ›Gebrauchswert‹ zu ermessen weder die ›klassische‹ Psychologie noch die ›klassische‹ Soziologie imstande waren.

Denn wenn es heute etwas gibt, dessen Gebrauchswert bisweilen selbst den Wert der Technologie übersteigt, ist es gerade die allgemeine Psychosoziologie, eine Wissenschaft von der Prägung des Einzelnen in und gemäß einem vorgegebenen Kontext, eine Wissenschaft der Manipulation und der intersubjektiven Beziehungen. Man darf deren Bedeutung nicht danach beurteilen, daß sie innerhalb der akademischen Welt immer noch schwach vertreten wird, denn dieser wohnt von Haus aus eine größere Trägheit inne als jedem gesellschaftlichen System in Bewegung. Nichtsdestoweniger sind die Grundsätze der Psychosoziologie längst in die bestehenden institutionellen Strukturen eingedrungen. Der Ahnherr dieser Disziplin der Gegenwart und der Zukunft ist aller Wahrscheinlichkeit nach die erotische Magie Giordano Brunos.

2. ›Subjektive‹ und ›transitive‹ Magie

Jedermann weiß, daß die Magie vorgibt, nicht nur auf Individuen einzuwirken, die mit einem pneumatischen Leib ausgestattet sind, sondern auch auf die unbeseelte Welt und niedere beseelte Lebewesen. An sich ist diese landläufige Meinung zwar nicht falsch, aber es muß ein anderes Prinzip geben, das die Wirkungsweise der Magie begründet, damit deren ungeheure Tragweite außerhalb der intersubjektiven Beziehungen erklärt werden kann.

Der englische Gelehrte Daniel Pickering Walker hat vorgeschlagen, die Magie in eine ›subjektive‹ (die auf das Subjekt selbst einwirkt) und eine ›transitive‹ (auf die Umwelt einwirkende) einzuteilen. Was er allerdings unter *transitive magic* versteht, müßte vielmehr – was wir bereits getan haben – als ›intersubjektive Magie‹ bezeichnet werden:

> »Der Gebrauch der auf beseelte Lebewesen gerichteten transitiven Magie fällt teilweise mit der praktischen Psychologie zusammen. Diese Form der Magie hat den Zweck, die Gefühle anderer Menschen zu beherrschen und zu steuern, indem sie deren Imagination in einer spezifischen und nachhaltigen Weise verändert. Diese magischen Techniken beruhen vorzugsweise auf sexuellen Gefühlen, weil man sie als besonders machtvoll und grundlegend anerkannte, aber auch weil sie tatsächlich enger mit der Einbildungskraft verbunden sind als die anderen natürlichen Triebe. Abhandlungen über Zauberei wurden beinahe zu einer pornographischen Gattung; und Bruno (*De vinculis in genere*) unternahm den bemerkenswerten Versuch, eine Technik der Beherrschung aller Gefühle zu umreißen, die ausdrücklich auf sexueller Anziehungskraft beruht.«[1]

Überdenkt man die vorausgegangene Darlegung, so stellt sich Walkers Schema als zu einfach heraus. Als eine Form von transitiver Magie unterscheidet sich die intersubjektive Magie von anderen Operationen wegen der Qualität des Gegenstandes, auf den sie einwirken soll: tatsächlich ist ihr Objekt selbst ein Subjekt, dessen Struktur der des Operators gleicht. Das gilt nur teilweise für Tiere – die auch mit einem pneumatischen Synthetisator ausgestattet sind –, aber keineswegs für Pflanzen und Unbeseeltes. Die Prinzipien der subjektiven und intersubjektiven Magie wirken nicht mehr in den niederen Bereichen der Natur, denn diese sind zur phantasmischen Hervorbringung nicht befähigt und können aus ebendiesem Grunde nicht unmittelbar von der Imagination des Manipulators beeinflußt werden.

Geht man von den Klassifikationskriterien Walkers aus, dann müßte das Schema der Formen der Magie verhältnismäßig wenig komplex ausfallen. Die subjektive Magie ist tatsächlich eine Vorstufe aller Magie, denn sie zielt darauf, das individuelle Pneuma dergestalt umzuwandeln, daß es in die Lage versetzt wird, magische Operationen auszuführen. Im übrigen ist die subjektive Magie selbst ›intersubjektiv‹, aber mit dem einzigen Unterschied, daß die Einflüsse, die sie ausübt, auf den Operator selbst zurückwirken, wobei dieser im buchstäblichen Sinn sein eigener Patient ist. Daraus folgt, daß alle Magie wesentlich *transitiv* ist, selbst dann, wenn ihre Wirkung in einem geschlossenen Kreis stattfindet.

Giordano Bruno zufolge muß man ferner die eigentliche Magie von der Medizin unterscheiden, einer Form der geistigen Heilung, die ein Subjekt voraussetzt, dessen leibseelische Funktionen gestört sind, und beide muß man wiederum von der Religion unterscheiden, einer Form von (altruistischer) Magie, die auf ein kollektives Subjekt einwirkt. Schließlich könnte die intersubjektive Magie keine Veränderungen in den niederen Bereichen bewirken, es sein denn, man würde ihre Grundsätze berichtigen und so jene Bereiche in eine allgemeine Theorie der Magie einbeziehen. Jedenfalls würde wegen der mangelnden phantasmischen Hervorbringung bei den niederen beseelten Wesen und bei den unbeseelten Wesenheiten der Unterschied zwischen intersubjektiver Magie und allgemeiner Magie weiterhin bestehen bleiben.

Diese Schlußfolgerungen führen zu einer Klassifikation der

Formen der Magie, die sich erheblich von der Walkerschen unterscheidet:

Die *allgemeine Magie*, die eine wesentlich *transitive* Operation ist, zerfällt in:

1) *Intersubjektive Magie*, die eine Identität oder eine Analogie hinsichtlich der pneumatischen Struktur zwischen dem Operator und dem Patienten voraussetzt;

2) *Extrasubjektive Magie*, deren Wirkung sich auf niedere Wesen richtet oder die jedenfalls nicht auf der pneumatischen Wechselwirkung von zwei Subjekten beruht.

Ihrerseits kennt die *intersubjektive Magie* einen Sonderfall: die *intrasubjektive* (bei Walker subjektive) *Magie*, bei welcher der Operator sein eigener Patient ist.

Schließlich erhält die intersubjektive Magie, wenn sie sich auf die Heilung eines gestörten leibseelischen Organismus bezieht, die Bezeichnung *Medizin*, während sie, wenn sie auf ein kollektives Subjekt wirkt und diesem eine allgemeine Orientierung des Daseins vorgibt und besondere Verhaltensregeln vorschreibt, sich von der *Religion* nicht mehr unterscheiden läßt.

Im allgemeinen stellt die Magie eine Technik der Manipulation der ›Natur‹ dar. Für uns bedeutet der Begriff ›Natur‹ ein streng festgelegtes Gefüge, in dem es gleichwohl Spielräume des Zufalls gibt, vor allem in komplexen Mikrosystemen wie dem Atom. Das Wort ›Zufall‹ wird gleichermaßen (im übrigen unabsichtlich) auf abhängige Systeme angewandt wie etwa das derjenigen Tier- oder Pflanzenarten, die eine recht große Anpassungsfähigkeit in bezug auf ökologische Veränderungen aufweisen. Das hat oft den Schluß erlaubt, daß die natürliche Auslese dem ›Zufall‹ unterliegt, was zweifellos innerhalb einer Kategorie wie derjenigen der *Art* gilt, jedoch sinnlos wird, sobald man das alles auf den allgemeinen Determinismus der Natur bezieht.

Im Denken der Renaissance ist der Begriff ›Natur‹ sehr viel weiter gefaßt als der unsrige, weil er auch alle möglichen nicht quantifizierbaren Seinsformen umfaßt – von den Göttern, Heroen und Dämonen des Neuplatonismus bis hin zu den ›elementischen Geistern‹ des Paracelsus –, von denen wir keinerlei Vorstellung mehr haben, weil wir ihnen nie begegnet sind und sie nie beobachtet haben. Es steht fest, daß man diesen Wesenheiten unseren ›Natur‹-Begriff entschieden abgesprochen hat. Dagegen war die ›Natur‹ der Renaissance damit übervölkert, und die Magie rühmte sich, deren außerordentliche Eigenschaften nutzbringend zu verwenden.

Zweitens ließ der natürliche Determinismus des Renaissance-Denkens dem Zufall keinen Spielraum. Alles trug das strenge und unerbittliche Gepräge des Schicksals, wobei der freie Wille selbst nur eine Erfindung der Theologen war, der man nur blind zustimmen konnte. Wir glauben heute, daß unsere Begegnungen und unsere Gefühle dem Zufall zu verdanken sind; ein Mensch der Renaissance würde uns hingegen mit unserem Horoskop vor Augen beweisen, daß sie durch die Stellung der Planeten im Tierkreis an dem Tag unserer Geburt und an dem Tag unserer Begegnungen vorherbestimmt waren. Es ist sogar möglich, daß er mehr tut und unserem Willen hilft, sich seiner eigenen geheimen und öffentlichen Neigungen bewußt zu werden. Wenn jemand arm ist, während er sich danach sehnt, reich zu sein, wenn er in eine Person verliebt ist, die ihn verachtet, wenn er mächtige Feinde hat, die seine Vorhaben vereiteln; wenn die Sonne scheint, während es regnen sollte oder umgekehrt, dann greift man zur Magie. Nun weiß der magische Operator, der ein Kenner des natürlichen Determinismus ist, daß es innerhalb dieses Determinismus auch Breschen gibt, das heißt günstige Augenblicke, in denen sein Wille in die Ereignisse im Weltall einzugreifen und sie zu verändern vermag. Die Weltstellung des Menschen hat ihre Grenzen, die der Magier zu überschreiten vermag. So kann er sich beispielsweise ohne die üblichen Einschränkungen durch Zeit und Raum fortbewegen, er kann Menschen und Wetterbedingungen beeinflussen usw. Zettelt X etwas gegen Y an? Man kann es in Erfahrung bringen. Will X Y beseitigen? Das läßt sich herausfinden. Wünscht sich X Nachrichten von Y, der sehr weit entfernt ist? Nichts leichter als das. Will X von Y geliebt werden? Dem steht nichts im Wege. Will man Regen oder schönes Wetter? Wird bald gemacht; und so weiter.

Auch die Medizin ist ein Sonderzweig der Magie. Wenn der natürliche Determinismus den leibseelischen Organismus des Patienten erfaßt hat, weiß, sobald die Diagnose gestellt wurde, der Wille des Arztes wirkungsvoll einzugreifen, um die Dinge wieder ins Lot zu bringen.

Was sind die eigentlichen Heilmittel der Magie? Es ist unmöglich, sie zu verstehen, ohne den natürlichen Determinismus in seiner Gesamtheit untersucht zu haben.

3. Die Allverbundenheit der Dinge

Die Lehre von einer makro- und mikrokosmischen Homologie hat in der abendländischen Kultur eine altehrwürdige Geschichte. Es kommt höchst selten vor, daß ein griechischer Philosoph oder ein christlicher Theologe nicht tief von ihr geprägt wurden, und Henri de Lubac hat unlängst gezeigt, daß sie dem mittelalterlichen Denken ebensowenig fremd ist wie dem der Renaissance.[2] Bereits im Hellenismus trat die Lehre in zwei Formen auf, die in ihrer späteren Entwicklung fast ebenso wichtig waren. Beide findet man bei den Denkern der Renaissance wieder.

Es ist sehr wahrscheinlich, wie Anders Olerud nachgewiesen hat,[3] daß Platon von dem *Corpus Hippocraticum* angeregt wurde, als er die Homologie zwischen Weltall und Mensch aufstellte. Dennoch bleibt die theoretische Begründung, die er seiner Lehre insgesamt gibt, der eigenen Ideenlehre verpflichtet. Dieser zufolge hat die sensible Welt ein vorherbestehendes, beständiges und ewiges Urbild: die intellektuale oder noetische Welt. Seinerseits vereinigt der Mensch, der aus Leib und Seele besteht, diese beiden Welten in sich: sein Leib ist gewissermaßen das Abbild der sensiblen Welt; seine Seele ist ein Abriß der Ideenwelt. Da der noetische Kosmos in seinen wesentlichen Urformen (Matrices) alles einschließt, was in der niederen Welt sinnlich erfahrbar wird, so folgt daraus, daß der vernünftige Teil der menschlichen Seele nicht weniger umfaßt als das intelligible Urbild und Vorbild der Schöpfung.

Das platonische Postulat liegt der Theorie der Magie nicht unmittelbar zugrunde, deren Grundsätze von der Spätantike bis hin zur Renaissance mehr oder weniger unverändert geblieben sind. Es ist die stoische Pneuma-Lehre, die den Ausgangspunkt aller dieser Spekulationen hinsichtlich der praktischen Magie bildet.

Den Stoikern galt der Kosmos als lebendiger, vernunftbegabter Organismus, der fähig war, vernünftige Mikrokosmen hervorzubringen: *animans est igitur mundus composque rationis* (»also ist das Weltall selbst beseelt und mit Denkfähigkeit begabt«).[4] Die Lehre von der universalen Sympathie wurde von Zenon von Kition ausgesprochen und von Kleanthes von Assos und dessen Nachfolger Chrysipp weiterentwickelt. Nach dem Vorbild des Menschen, der ein Hēgemonikón, einen ›Gebieter‹ (den Herz-

›Synthetisator‹) besitzt, ist auch der Makrokosmos mit einem Hēgemonikón ausgestattet, das sich in der Sonne, dem Herzen der Welt (*cor mundi*), befindet.[5]

> »Die Übereinstimmung zwischen der menschlichen Psychologie und der Psychologie des Kosmos ist also vollständig: Ebenso wie das seelische Pneuma unseren ganzen Organismus beseelt, ebenso dringt auch das kosmische Pneuma bis in die entlegensten Winkel dieses großen Organismus, der Welt genannt wird, ein.«[6]

Chrysipp, Verfasser von zwei Büchern über die Weissagungskunst,[7] bedient sich der Theorie von der Kontinuität des Pneumas, um mantische Phänomene zu begründen. Die Aufmerksamkeit, die Cicero diesem Gegenstand widmet,[8] scheint darauf hinzudeuten, daß die Stoa sich aktiv mit der Traum-Weissagung beschäftigte. Während des Schlafes, belehrt uns Cicero, löst sich die Seele »von dem Umgang mit dem Leib«, *a contagione corporis* (*De divinatione* I, 113; I, 63; I, 70), um durch die Zeit zu wandern und Vergangenes und Künftiges zu erfahren. Nach dem Ergebnis zu urteilen, unterscheidet sich die Tätigkeit der Schlafenden durchaus nicht von derjenigen, welche die Propheten im Wachzustand vollziehen: *nam quae vigilantibus accidunt vatibus, eadem nobis dormientibus.*[9] Um Orakel kundzutun, bedienen sich die *vates* (Seher) äußerer Reize, vor allem bestimmter Ausdünstungen (*anhelitus*) der Erde,[10] in denen man das »mantische Pneuma« erkennen muß, den wahrsagenden Geist, den der Platoniker Plutarch von Chaironeia erwähnt.[11]

Von der mantischen Tätigkeit bis zur echten Magie ist es nur ein Schritt. Während die Wahrsagerei letztlich die Geschicklichkeit darstellt, mit der man sich des natürlichen Entweichens des Pneumas bedient, ist die Magie der spätantiken Papyri nichts anderes als eine Reihe von praktischen Methoden, um den göttlichen Geist anzuziehen, zu nähren und anzuhäufen oder aufzuspeichern. In den meisten Fällen wird das Pneuma in einen zu diesem Behufe hergestellten stofflichen Gegenstand oder in ein Tier eingeschlossen. Hat der Magier diesen Vorrat an geistiger Kraft angelegt, so kann er darauf vertrauen, die Kenntnis der Zukunft oder die Verwirklichung irgendeines praktischen Zweckes zu erlangen.[12]

Das Verdienst, die platonischen, aristotelischen und stoischen Elemente, welche die theoretische Grundlage der Renaissance-

Magie bilden, in einer originellen Synthese vereinigt zu haben, gebührt Synesios von Kyrene, der zunächst ein Jünger der neuplatonischen Martyrin Hypatia von Alexandrien (gest. 415) gewesen war, sich schließlich zum Christentum bekehrte und Erzbischof wurde.[13]

Für die Stoiker war das Funktionsverhältnis zwischen Herz-Synthetisator (Hēgemonikón) und Pneuma genau festgelegt: Das Hēgemonikón »gleicht einem Empfänger, dem alle von den Sinnesorganen gesammelten Eindrücke übermittelt werden«.[14] Andererseits arbeiten die Philosophen der Stoa auch eine Theorie der vom Hēgemonikón hervorgerufenen Phantasmen aus. Bei Chrysipp heißt die deutliche Vorstellung des sinnlich wahrgenommenen Gegenstandes, der im Herz-Synthetisator zustande kommt, φαντασία καταληπτική oder »erfassende Vorstellung« und führt auf natürliche Weise zu der Zustimmung des Logos, συγκατάθεσις.[15] Der Hauptunterschied zwischen Aristoteles und den Stoikern besteht darin, daß für diese *das Pneuma die Seele selbst ist*, während es für jenen nur ein Vermittler von ätherischem Wesen zwischen Seele und physischem Leib ist. Deshalb ist die Phantasie bei den Stoikern – Zenon und Kleanthes zufolge – ein »Abdruck in der Seele«, τύπωσις ἐν ψυχῇ. Später wird Epiktet feststellen, daß die Phantasmen vom Zustand des Pneumas beeinflußt werden, das sie empfängt und erzeugt. Er greift auf einen Vergleich zurück:

> »Wie sich die Häuser, die am Ufer eines klaren Gewässers stehen, auf der ungetrübten Oberfläche spiegeln, so spiegeln sich auch die äußeren Gegenstände in unserem seelischen Pneuma; daraus folgt, daß sie vom gegenwärtigen Zustand dieses Pneumas beeinflußt werden.«[16]

Damit die im Spiegel des Pneumas reflektierten Bilder ihrem Gegenstand genau entsprechen und ihn getreu wiedergeben, muß auch das Pneuma selbst ruhig und rein sein.[17] Es ist also Epiktet, der die moralischen Überlegungen der Stoa fortsetzt, weiterentwickelt und sie mit der Lehre vom Geist in Zusammenhang bringt: Ein reines Pneuma, einen blankpolierten Herz-Spiegel zu haben, bedeutet, tugendhaft zu sein. Nun stimmt die Stoa hier mit der ganzen platonischen Überlieferung überein, deren wichtigste praktische Errungenschaft darin bestand, mit Hilfe einer geeigneten Technik die Trennung der Seele vom Leib zu bewirken, damit jene nicht von diesem besudelt wird. Seit dem 2. nachchristlichen Jahrhundert gibt man einer Technik dieser Art den Namen ›Theurgie‹, mit dem man vornehmlich eine Läuterungstätigkeit der Seele bezeichnet, die der Wahrsagung und der hohen heilsamen Magie, aber auch und vor allem dem Streben nach einem besseren Schicksal nach dem Tode dient. So wird die theurgische Vorstufe zu jedem Vorgang, der zu den Praktiken der spirituellen Magie gehört, darin bestehen, das eigene Pneuma oder Hēgemonikón oder auch sein Herz zu läutern.

Nur mit Hilfe dieser theoretischen Voraussetzungen lassen sich zahlreiche orientalische Techniken der Mystik und Magie verstehen, die sehr großen Wert auf die Reinheit und den Glanz des ›Sitzes des Herzens‹ legen, wie Taoismus, Yoga, Ṣūfītum oder Hesychasmus. Ob er nun mit den Begriffen *hsin*, *antar hṛdaya ākāśaḥ*, *qalb* oder καρδία bezeichnet wird, dieser ›Herzraum‹ stellt stets den phantasmenerzeugenden Synthetisator dar, dessen Reinheit die unerläßliche Bedingung aller Kundgebungen des Göttlichen ist.

Während bei Iamblichos die Theurgie einen Ehrenplatz einnimmt, beschäftigt sich Synesios eher mit der Rolle des pneumatischen Synthetisators in Wahrsagekunst und Magie. Die Synthese, die er in seinem Traktat *De insomniis* (der Titel lautet manchmal *De somniis*, was genau dasselbe bedeutet – 1489 hat ihn Marsilio Ficino ins Lateinische übersetzt) schafft, greift Ficino in seiner Theorie über Magie wieder auf, die er in *De vita coelitus comparanda* darlegt.[18]

Dem platonischen Dogma zufolge enthält die Seele die Abdrücke der sinnlich wahrnehmbaren Gegenstände.[19] Die Erkenntnis wird durch Vergleichung erreicht: Auf Grund der präexistenten Information, welche die Seele enthält, erkennt diese den Gegenstand wieder. Um einen Gegenstand wiederzuerkennen, muß man ihn aber zunächst wahrnehmen, was nur im Synthetisator stattfinden kann. Dieser übernimmt die Funktion eines *Spiegels*, aber eines *doppelseitigen Spiegels*, der sowohl das Obere (die ewigen Archetypen der Seele) reflektiert als auch das Untere (die Information der Sinnesorgane).[20] Der Synthetisator ist selbstverständlich pneumatischer Natur:

»Wenn es aber ein seliges Tun ist, Gott mit Augen zu schauen, so ist es Sache einer noch erhabeneren Schau, ihn mit Hilfe der Phantasie zu erfassen; denn sie ist der Sinn der Sinne, weil das vorstellende Pneuma (φανταστικὸν πνεῦμα) das umfassendste Sinnesorgan und die erste Verleiblichung der Seele ist.[21] Aber dieses wohnt im Inneren und regiert über das Individuum wie von einer Burg (ἀκρόπολις) aus; die Natur hat nämlich rings um es die ganze Tätigkeit des Kopfes gebaut.«[22]

Im Unterschied zur stoischen Tradition siedelt Synesios den Synthetisator nicht im Herzen, sondern im Gehirn an. Darin folgt er nicht Galen, sondern Platon selbst (dem er auch die Metapher von der Burg entlehnt), bei dem der Kopf des Menschen-als-Mikrokosmos viel bedeutsamer ist als das Herz.[23]

Wir sahen bereits, daß Epiktet (III, 3, 20) das Pneuma mit einem mit Wasser gefüllten Becken – einem flüssigen Spiegel – verglich. Plutarch ist der erste, der von einem *reinen Spiegel* spricht.[24] Bei Synesios gibt dieser zweiseitige Spiegel den Bildern, die sich auf den beiden parallelen Oberflächen reflektieren, die Gelegenheit, sich auf neutralem Boden zu treffen. Als Vermittler zwischen der intelligiblen und der sensiblen Welt erlaubt dieser Spiegel, wenn er vollkommen rein ist, dem inneren Sinn, die Welt von oben zu betrachten, die von dem vernunftbegabten Seelenteil zusammengefaßt wird, und ermöglicht dadurch der Seele, die sinnlichen Gegenstände, deren Bild durch die äußeren Sinne dem Gemeinsinn übermittelt wird, wahrzunehmen und zu beurteilen. *Bei Synesios wird der pneumatische Synthetisator zum eigentlichen Bereich von Wahrsagung und Magie.* Damit irgendein Ergebnis erzielt werden kann, muß das Pneuma rein sein – nichts Fleischliches darf die Klarheit des Spiegels eintrüben.[25] Die Traum-Weissagung, über die uns Cicero bereits unterrichtet hat, beruht auf demselben Grundsatz: Die Ereignisse der beständigen und ewigen, d. h. zeitenthobenen Welt der Erkenntnis spiegeln sich im reinen Pneuma und bilden wahrheitsgemäße Traumbilder, an die sich der Mensch im Wachzustand erinnern kann. In seiner Lobrede auf den pneumatischen Synthetisator sagt Synesios: »[. . .] und wer weiß, ob nicht diese Art der Wahrnehmung als höher erachtet werden muß. Denn wir kommen mittels ihrer häufig mit Göttern zusammen, die uns warnen, prophezeien oder uns sonstwie über die Zukunft aufklären. Daher wundere ich mich auch gar nicht darüber, daß jemandem als Geschenk des Schlafes ein Schatz zuteil wurde, und wenn ein künstlerisch Unbegabter, sobald er sich schlafen gelegt, im Traum mit den Musen zusammentrifft und teils selbst sprechend, teils hörend ein regelrechter Dichter wird (solches hat sich in unseren Tagen zugetragen), so halte ich auch das nicht für allzu unglaubhaft«,[26] bekennt schließlich der Erzbischof von Ptolemais.

Doch hier gibt es noch mehr. Da der phantasmische Synthetisator die Möglichkeit einer Begegnung mit der von göttlichen Mächten bevölkerten Welt bietet und da dem platonischen Dogma zufolge die diesseitige Welt der intelligiblen Welt entspricht, ist es möglich, auf den Synthetisator einzuwirken, um numinose Wesenheiten anzurufen. Diese Anrufung, die zum Verkehr mit Göttern und Dämonen führt, kann durch den Einsatz bestimmter Substanzen, Formen und Farben, für welche die höheren Wesen empfänglich sind, erreicht werden.

Bevor er sich seiner eigenen Möglichkeiten bewußt wird, befindet sich der Mensch-als-Mikrokosmos in einem Universum, dessen Teile, das Unten und das Oben, miteinander *übereinstimmen*, ohne daß er es bemerkt. Wenn er die Struktur dieser Übereinstimmung, die Entsprechungen zwischen dem sichtbaren Weltall und dessen unsichtbaren Prototyp erfaßt haben wird, kann er sich deren bedienen, um die unbekannten Wesen, die an der Schwelle zwischen den beiden Welten lauern, die Dämonen und selbst die überhimmlischen Götter, herbeizurufen. Es ist die Lehre von der *Signatur* der Dinge, der kosmischen Homologien, die Michel Foucault so glänzend analysiert hat.[27] Und es ist auch die Definition der Magie bei Synesios:

> »Die Teile dieses Weltalls, die mit dem Menschen mitempfinden und mit ihm *übereinstimmen*, müssen miteinander durch irgendein Mittel vereinigt werden [. . .]. Und vielleicht stellen die magischen Beschwörungen (μάγων ἴυγγες) eines dieser Mittel dar, denn sie beschränken sich nicht darauf zu bezeichnen, sondern *beschwören* auch. Wer die Verwandtschaft der Teile des Weltalls versteht, ist wahrhaft weise: Er kann die Wohltaten der höheren Wesen auf sich ziehen, indem er mit Hilfe der Töne (φωνάς, der Materien (ὕλας) und der Figuren (σχήματα) die Gegenwart der weit von ihm Entfernten auffängt.«[28]

Neben diesem verfeinerteren Ausdruck der Verwandtschaft zwischen Mensch und Welt gebraucht Synesios auch die traditionelle platonische Theorie, derzufolge »der Nus die Bilder (εἴδη) des Seienden in sich beschließt«.[29] Nun ist ein Jahrtausend nach Synesios der Kardinal Nikolaus von Kues noch immer davon überzeugt, daß der Geist (*mens*) des Menschen-als-Mikrokosmos (*parvus mundus*) »die lebendige Beschreibung der ewigen und unendlichen Weisheit« ist: »Dann findet der Geist durch eine Bewegung seines Vernunftlebens in sich das niedergeschrieben, was er sucht«.[30]

Dagegen ist Ficino Platoniker und zudem Magier:

> »Platon hat recht mit seiner Vorstellung von einer Maschine der Welt, die so zusammengesetzt ist, daß die himmlischen Dinge auf Erden eine irdische Beschaffenheit und daß ebenso die irdischen Dinge im Himmel eine himmlische Würde hätten. Im verborgenen Leben der Welt und in der Vernunft (*mens*), der Königin der Welt (*regina mundi*), gibt es himmlische Dinge, die mit vitalen und intellektualen Eigenschaften ausgestattet und mit Vortrefflichkeit begabt sind. Überdies bestätigt dies das [Prinzip] der Magie, die den Menschen erlaubt, die himmlischen Wesenheiten mit Hilfe von niederen Dingen, die zu günstigen Zeiten eingesetzt werden und den höheren Dingen entsprechen, an sich zu ziehen (*per inferiora videlicet superioribus consentanea posse ad homines temporibus opportunis coelestia quodammodo trahi*) . . .«[31]

Deutlicher läßt sich das Grundprinzip der Magie kaum aussprechen. Man ist aber noch fern davon zu ahnen, als wie komplex sich die Untersuchung der ›niederen Dinge‹ und der ›günstigen Zeiten‹ ebenso wie die Vielfalt der ›himmlischen Gaben‹, zu denen die Magie Zugang verschaffen soll, erweisen wird.

4. Die Theorie der Strahlen

Die Untersuchung der magischen Papyri der Spätantike würde den Rahmen dieses Buches sprengen. Gleichwohl sind einige Bemerkungen nötig: Die jüngsten Erforschungen der *Papyri Graecae Magicae*, die Karl Preisendanz[32] herausgab und Hans Dieter Betz zum ersten Mal vollständig in eine westliche Sprache übersetzte, beweisen, daß die Magie eine Tradition ehrwürdigen Alters darstellt, die *einheitliche* Züge aufweist.[33] Unterirdische, von der Spätantike ausgehende Strömungen erreichen Byzanz in der Zeit von Michael Psellos und dringen durch arabische Vermittlung im 12. Jahrhundert nach Westeuropa ein. Das spricht für eine ununterbrochene Kontinuität der Verfahren der prakti-

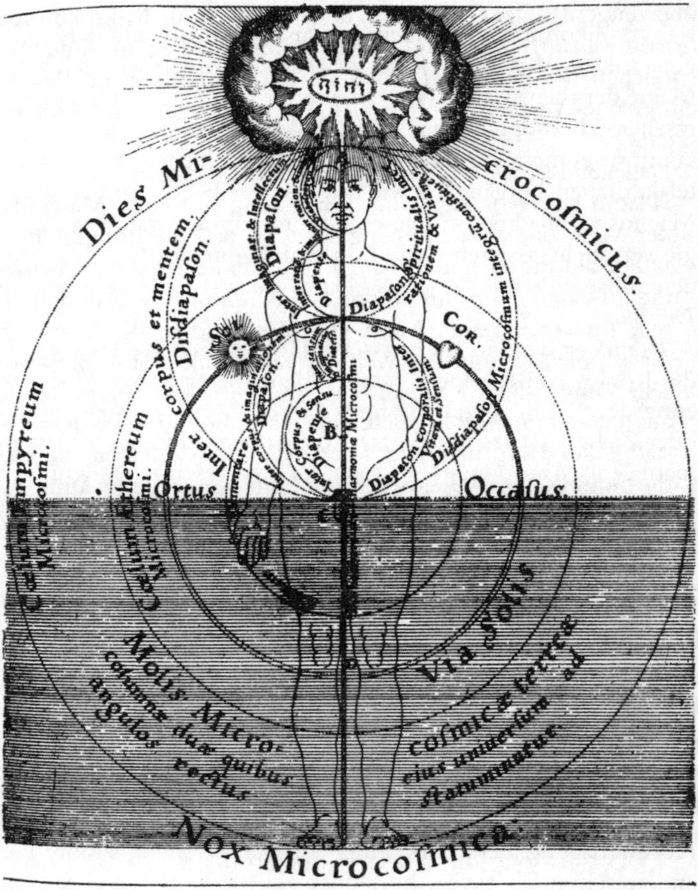

Abb. 6: Der Mensch als Mikrokosmos. Nach Robert Fludd, *Utriusque cosmi . . . historia*, II, a, 1, S. 275.

schen Magie, die ihre Grundsätze und ihre Instrumente unablässig vervollkommnet, vor allem im Zusammenhang mit der einzigen exakten ›Wissenschaft‹ der Zeit, der Astrologie. Obgleich die Magie der Renaissance viel verfeinerter ist, da sie von neuplatonischer Theosophie und Anthropologie durchtränkt ist, versäumt sie es nicht anzuerkennen, daß sie ihren ehrwürdigen mittelalterlichen Vorgängern wie etwa Roger Bacon und Albertus Magnus verpflichtet ist. Diese sind ihrerseits der arabischen Magie verpflichtet, deren Grundwerke unbedingt untersucht werden müssen: Pseudo-Mağrīṭīs *Picatrix* und al-Kindīs Abhandlung *De radiis*.

Picatrix ist der Titel der 1256 am Hofe Alfons' X. des Weisen, des Königs von Kastilien,[34] entstandenen lateinischen Übersetzung des pseudoepigraphischen Werkes *Ǧāyat al-ḥakīm fi'l-siḥr* oder *Ziel des Weisen in der Magie*, die dem andalusischen Mathematiker al-Mağrīṭī (gest. um 1004-1007) zugeschrieben wurde.[35] Der Einfluß des *Picatrix* auf die Magie der Renaissance läßt sich schwerlich leugnen.[36] Gleichwohl muß aber auch bemerkt werden, daß dieser Einfluß vor allem praktischer Art ist und die Bedeutung kaum rechtfertigen würde, die Marsilio Ficino und Giordano Bruno der rein theoretischen Seite der Magie zumaßen.

Gewiß, auch der *Picatrix* kennt die Unterscheidung zwischen ›Theorie‹ – der Astrologie – und ›Praxis‹ – der Herstellung von Talismanen (I, 2, S. 256, Matton). Indessen geben sich die Verfasser von Magie-Büchern der Renaissance damit nicht zufrieden: Für sie hat die Astrologie eine ontologische Grundlage und Rechtfertigung, deren Erklärung einerseits im Neuplatonismus, andererseits in der tieferschürfenden Schrift des al-Kindī gesucht werden muß.

Nachdem er den allgemeinen Grundsatz des magischen Werkes ausgesprochen hat, welcher der Glaube des Operators ist (I, 4, S. 261), ein Grundsatz der unaufhörlich wiederholt wird, beschränkt sich der *Picatrix* darauf, Rezepte zur Anfertigung von Talismanen auf Grund der Stellung der Planeten im Tierkreis zusammenzustellen und den Text von ›Planetengebeten‹ mitzuteilen, die an die personifizierten Gestirne zu richten sind. In diese Aufzählungen werden philosophische Gemeinplätze eingeschoben wie etwa die Homologie zwischen Makro- und Mikrokosmos (S. 297 ff.). Die Talismane sollen hingegen mannigfache

Wirkungen haben, und die ersten beiden Bücher des *Picatrix* stellen einige davon vor: (dauerhafte) Liebe oder die Vereinigung zweier Menschen zu bewirken; den Schutz der Mächtigen der Erde oder die Achtung der Diener herbeizuführen; die Reichtümer zu vergrößern und den Handel zu fördern; einer Stadt Glück zu bringen; einen Feind oder eine Stadt zu zerstören; die Errichtung eines Bauwerks zu verhindern; einen Häftling aus seinem Gefängnis zu befreien; einen Menschen aus seiner Unterkunft zu verjagen; Freunde auseinanderzubringen; zu bewirken, daß jemand den Zorn des Königs auf sich zieht; den Erfolg des Fischfangs zu gewährleisten; Skorpione zu vertreiben; Wunden zu heilen; den (finanziellen) Erfolg eines Arztes zu sichern; die Ernte zu steigern und Pflanzen zu vermehren; verschiedene Gebrechen zu heilen usw.

Die magische Astrologie des Ficino schöpft reichlich aus den Rezepten des *Picatrix*, doch dessen Einfluß ist vornehmlich quantitativer, nicht qualitativer Art. Das eindrucksvolle Gebäude der spirituellen Magie der Renaissance darf nicht mit diesem mittelmäßigen Sammelsurium von empirischen Verfahren, das den *Picatrix* ausmacht, verglichen werden. Da den Philologen die leichte Aufgabe zufiel, bei Ficino ganze Abschnitte zu entdekken, die dem *Picatrix* entlehnt waren, haben sie allzu eilfertig mit einer historischen Erklärung höchst allgemeiner Art vorlieb genommen, derzufolge der ins Lateinische übersetzte arabische Traktat eine der Hauptquellen des Florentiner Platonikers gewesen wäre.

Die Unzulänglichkeit dieser Art von *Quellenforschung*, die ausschließlich die wörtlichen Entlehnungen eines Werkes aus älteren Werken erforscht, läßt sich unschwer durchschauen. Stellen wir uns einmal einen Wissenschaftler vor, dem es darum ginge, den künstlerischen Einfluß, unter dem ein christliches Baudenkmal gestanden hat, aufzuzeigen. Da er nun weiß, daß dieses Denkmal auf den Trümmern eines alten Mithras-Tempels errichtet worden war, wird er bestrebt sein, ein vollständiges Verzeichnis der Steine des heidnischen Tempels zu erstellen, die bei der Errichtung der neuen Basilika verwendet worden sind. Sollte er beispielsweise feststellen, daß 60% der Steine des christlichen Bauwerks von dem heidnischen Denkmal herrühren, so müßte er nach den Grundsätzen der *Quellenforschung* daraus schließen, daß die Basilika zu 60% ein mithraischer Tempel ist; dem wird die Wirklichkeit nur allzu bald widersprechen, denn beide Bauwerke haben nur den Rohstoff, das völlig nebensächliche Baumaterial miteinander gemein. Sobald es aber darum ginge, Unterschiede des Stils und der Funktion auszumachen, würde sich diese *Quellenforschung* als gänzlich unfähig erweisen, diesem Vorhaben zu dienen, denn sie ist durch eine seltsam verzerrte Sichtweise außerstande, die beiden Gebäude in ihrer Einheit zu erfassen. Ebensowenig reicht die große Anzahl der Stellen des *Picatrix* aus, die in der Ficinischen Magie fast wörtlich gebraucht werden, um einen tiefen Einfluß des *Picatrix* auf Ficinos Magie festzustellen.

Obgleich Ficino ebenso wie Roger Bacon den Traktat al-Kindīs über die Sternenstrahlen in hohen Ehren hält, entlehnt er nur recht selten wörtliche Ausdrücke daraus, was der *Quellenforschung* genügen würde, al-Kindī als Hauptquelle Ficinos auszuschließen.[37] Und dennoch läßt sich unschwer erkennen, daß die Magie Ficinos, eine Wissenschaft der geheimen Entsprechungen in der Natur, reichlich von al-Kindīs Theorie der universalen Strahlungen angeregt ist. Es gibt selbstverständlich einen großen Unterschied zwischen diesen beiden Denkern: Ficino, welcher der platonischen Tradition treu bleibt, gibt den Strahlungen al-Kindīs den allgemeinen Namen Eros, und auf Grund dieser Vorstellung entwickelt Giordano Bruno die erotische Magie, mit der wir uns im vorangehenden Kapitel beschäftigt haben und auf die wir noch zurückkehren müssen.

Der Traktat *De radiis* des berühmten Abū Yūsuf Yaʿqūb ibn Isḥāq al-Kindī (gest. um 873) ist nur in einer anonymen lateinischen Übersetzung aus dem 12. Jahrhundert überliefert.[38] Der Grundgedanke dieser Schrift besagt, daß jeder Stern sein Eigenwesen besitzt, das er auf die Umwelt durch seine *Strahlen* überträgt. Nun wandelt sich der Einfluß der Sternstrahlen auf die irdischen Gegenstände je nach den wechselseitigen *Aspekten*, welche die Sterne und die Objekte miteinander bilden. Im übrigen fangen die *materiae praeiacentes* [c. 2, 220, 221; vor ihnen liegende Stoffe, Substanzen] die Qualitäten der Strahlen auf verschiedenartige Weise auf, je nach ihren innewohnenden Eigenschaften, die *erblich* sind (woraus zum Beispiel zu ersehen ist, daß der Sohn des Königs mit der Fähigkeit zu herrschen begabt sein wird und der Handwerkersohn mit der Fähigkeit, dem Beruf seines Vaters nachzugehen).

Außer der höchst technischen Terminologie gibt es bisher keinen wesentlichen Unterschied zwischen al-Kindī und jedem anderen Traktat über astrologische Magie, einschließlich des späteren *Picatrix*. Doch al-Kindī geht bald über den engen Rahmen dieser Vorstellung hinaus. Für ihn senden nicht nur die Sterne Strahlen aus, sondern auch die *Elemente*:

»Alles, was ein wirkliches Sein in der Welt der Elemente hat, sendet nach allen Richtungen Strahlen aus, die auf ihre Weise die ganze elementare Welt erfüllen« (III, S. 88).[39]

Da die materielle Welt in ihrer Ganzheit eine Zusammensetzung der vier Elemente darstellt, ist das auch der Grund, weshalb sich dabei die Strahlen der *elementaren Zusammensetzungen* herausdifferenzieren, von denen keine der anderen gleicht.

Al-Kindī zufolge befinden wir uns mitten in einem Netz von Strahlen, die ebenso von den Sternen wie auch von allen anderen Objekten der Erde ausgehen. Das ganze Weltall, von dem am weitesten entfernten Stern bis hin zu dem schlichtesten Grashalm, wird durch seine Strahlungen in jedem Punkt des Raumes, in jedem Augenblick der Zeit gegenwärtig, und seine Gegenwart variiert selbstverständlich je nach der Intensität und den wechselseitigen Einflüssen der universalen Strahlen, so daß kein einziges Ding mit irgendeinem anderen identisch sein kann. Darüber hinaus übertragen sich auch die seelischen Affekte (Freude, Schmerz, Hoffnung, Furcht) auf die Umwelt in Gestalt von unsichtbaren Strahlen, die ebenfalls Veränderungen bewirken je nach der Disposition der *materia praeiacens* (betroffenen Materie).

»Auf Grund seiner wohlausgewogenen Komplexion gleicht der Mensch [. . .] dem Weltall selbst. So ist er ein Mikrokosmos, und so erklärt man sich, warum er eine Macht empfängt, durch eigene Tat[kraft] Bewegungen in einer geeigneten Materie herbeizuführen – eine Macht wie sie das Weltall besitzt –, allerdings unter der Voraussetzung, daß sich im voraus eine Imagination, eine Absicht und ein Glaube in der menschlichen Seele herausgebildet haben. In der Tat stellt sich ein Mensch, der irgend etwas zu bewirken wünscht, zunächst die Form des Dinges vor, dem er seine Handlung in einer gegebenen Materie eindrücken will; nachdem er sich die Form [das Bild] des Dinges vorgestellt hat, je nachdem er dieses Ding als ihm nützlich oder unnütz beurteilt, begehrt oder verachtet er es in seiner Seele. Und hat er das Ding seinem Verlangen für würdig erachtet, begehrt er lange die Akzidentien, dank deren das Ding – nach der Meinung, die er sich darüber gebildet hat – *in actum* (in Wirklichkeit) existieren kann.

Nun sind die Akzidentien, die dazu beitragen, eine Bewegung hervorzurufen, die Leidenschaften der Seele, in bezug auf die wir behaupten, daß die menschliche Imagination und Vernunft eine Ähnlichkeit mit dem Weltall erreichen, sofern die Erscheinungsformen (*species*) der weltlichen Dinge durch die Übung der Sinne tatsächlich (*actualiter*) darin eingeprägt sind. Deshalb hat der *spiritus ymaginarius* (phantasmische Geist; das φανταστικὸν πνεῦμα des Synesios) Strahlen, die denen der Strahlen des Weltalls entsprechen; aus ihnen folgt daher die Kraft, entfernte Dinge durch die eigenen Strahlen zu bewegen, wie die obere und die untere Welt durch die eigenen Strahlen die Dinge zu verschiedenen Bewegungen veranlaßt.

Wenn sich der Mensch im übrigen ein materielles Ding vorstellt, dann erhält dieses Ding ein wirkliches Dasein je nach der Erscheinungsform in dem phantasmischen Geist (*spiritus ymaginarius*). So sendet dieser Geist Strahlen aus, welche die äußeren Dinge bewegen ebenso wie das Ding, dessen Abbild er [der Geist?] ist. Das im Geiste vorgestellte Bild entspricht also, der Erscheinungsform nach, dem tatsächlich hervorgebrachten Ding nach dem Vorbild des Bildes kraft des willentlichen oder natürlichen Werkes oder des Bildes von beiden zugleich. Aus diesem Grund darf man sich nicht darüber wundern, wenn das Geburtsthema (*constellatio*), das ein Bild im Geiste des Menschen erzeugt, dasselbe Bild bei einem anderen Subjekt erzeugt, denn das eine unterscheidet sich lediglich hinsichtlich seiner Materie von dem anderen« (V, S. 95-97).[40]

Der bereits ausgeprägte Glaube des Operators ist die unerläßliche Bedingung zum Gelingen seiner magischen Tat:

»Mit Sicherheit ist das erste und hauptsächlichste Akzidens, das zur Erzeugung eines Dinges durch das geistige Urbild nötig ist, das Verlangen des Menschen, der sich vorstellt, daß das Ding gemacht werden kann« (*ebd.*, S. 97).[41]

Die magische Manipulation erfolgt durch Töne (Gebete, Beschwörungen) und durch Gebärden:

»Es gibt zwei Arten von Handlungen, dank deren – wenn sie vorschriftsmäßig vollzogen werden – eine im Geiste vorgestellte Sache *in actum* gelingt: nämlich der sprachliche Ausdruck und die Betätigung der Hand. Es gibt in der Tat eine bestimmte Rede, die in der Welt Bewegungen in den Einzelwesen bewirkt, wenn sie durch den Mund des Menschen ausgestoßen wird – während mit ihr Imagination, Glaube und Verlangen zum Ausdruck gebracht werden« (*ebd.*, S. 98-99).[42]

»Die *in actum* hervorgebrachten Töne senden Strahlen aus wie alle anderen tatsächlichen Dinge und [. . .] wirken durch ihre Strahlen ebenso auf die Welt der Elemente ein wie auf alle anderen Einzeldinge. Und da es unzählige verschiedene Töne gibt, zeitigt jeder tatsächlich ausgestoßene Ton seine Wirkung auf die anderen elementaren Dinge, und diese Wirkung unterscheidet sich von der Wirkung der anderen. Nun haben die Töne ebenso wie die Kräuter und die anderen Dinge ihre eigene Wirkung von der himmlischen Harmonie empfangen und gleichermaßen eine Qualität von sehr unterschiedlicher Wirkung auf die verschiedenen Dinge« (VI, S. 100).[43]

Alles das beweist, daß al-Kindī reichlich aus der spirituellen Magie des Synesios schöpft, der den Einsatz von Tönen (φωνάς), Materien (ὕλας) und Figuren (σχήματα) empfiehlt, kraft deren »der wahre Weise, der die Verwandtschaft der Teile des Kosmos kennt, Einfluß auszuüben vermag« auf jeden beliebigen Gegenstand.[44]

Doch kehren wir zur Magie der Töne zurück: Es gibt zwei Arten von magischen Tönen, nach ihrer *astrologischen* (nach dem Gestirn, dem Ziel der Operation und der Position des Sternenhimmels) oder *elementaren* Entsprechung; diese üben Einfluß auf die Elemente und die Zusammensetzungen von Elementen aus wie die Körper von Pflanzen und Tieren.

»Um ein Ergebnis zu erzielen, sind im übrigen beim Vortragenden stets Anspannung des Geistes und Vorstellung der Form erforderlich, die er in der Materie dank der Aussendung der Töne tatsächlich (*actualiter*) zu verwirklichen wünscht« (*ebd.*, S. 101).[45]

Dieser Magie der Töne liegt eine Theorie vom natürlichen Ursprung der Sprachen zugrunde. Jeder Ton wurde je nach seiner Bestimmung von der himmlischen Harmonie gebildet. Die Bedeutung der Wörter ist nicht willkürlich, aber es ist möglich, daß ihre natürliche Bestimmung nicht mit ihrer Bedeutungsfunktion, die ihnen vom Menschen zugewiesen wurde, zusammenfällt.

»Fallen andererseits in einem Ton die von der himmlischen Harmonie gesetzte Bedeutung und die vom Menschen beigelegte zusammen, dann wird die Macht der Bedeutung dieses Tons verdoppelt« (*ebd.*, S. 103).[46]

Man erkennt hier den Ursprung der späteren kabbalistischen Theorien von der ›natürlichen Sprache‹, die das Hebräische ist:

»Da das Hebräische die Sprache der Schöpfung war, war es eine natürliche Sprache, in der die Wörter das Wesen der Dinge bezeichneten, die sie sowohl hervorbrachten als auch darstellten.«[47]

Selbstredend gebraucht die Ton-Magie al-Kindīs ebenso verständliche Formeln in einer künstlichen Sprache wie auch unverständliche Formeln, die die Wirksamkeit der Operation verdoppeln, wenn sie in der ›natürlichen Sprache‹ ausgesprochen werden.

Was läßt sich durch den Gebrauch magischer Töne erlangen? Fast alles: Vorahnungen, Telekinese, psychosomatische Wirkungen auf Tier und Mensch, Behexung eines menschlichen Subjekts, die darin besteht, die Richtung seines Willens zu ändern, und schließlich paradoxe Phänomene zu bewirken, wie das Schwimmen schwerer Gegenstände auf dem Wasser oder deren Schweben durch die Lüfte, Regen, Blitz und andere meteorologische Phänomene, Feuer auf Entfernung löschen usw. (*ebd.*, S. 104-109). Die wirksamsten Formeln sind die *Wunsch*-Formeln, denn sie kommen vom *Herzen*, und dieses ist die Mitte des Menschen-als-Mikrokosmos (*ebd.*, S. 111).

Eigenschaften und operative Fähigkeiten der magischen Figuren und Charaktere sind denen der Töne sehr ähnlich (*ebd.*, S. 119-123). Der Traktat al-Kindīs wird mit einer äußerst bemerkenswerten Theorie der Opfer abgeschlossen (IX, S. 123). Das Tier wird als ein Mikrokosmos betrachtet, dessen gewaltsamer Tod eine Bresche in den Makrokosmos schlägt: in diese Bresche dringt der Wille des Operators ein, der eine Veränderung der Umstände und der Dinge herbeizuführen vermag. Das geopferte Tier steht selbstverständlich in Beziehung zu dem zu erreichenden Ziel.

Das Universum al-Kindīs – ebenso wie das der modernen Physik – besteht aus zwei Energiezuständen: dem elementaren und dem Strahlungszustand. Die Elemente verbinden sich ihrerseits miteinander, um Zusammensetzungen zu bilden, deren

Strahlungen neue Eigenschaften haben. Jeder Gegenstand der Welt befindet sich im Zentrum einer universalen Übertragung von Strahlungen, deren Feld je nach der Position des Objekts in Raum und Zeit variiert, so daß es keine zwei Objekte geben kann, deren Verhalten hinsichtlich des Ausgehens und Empfangens von Strahlen vollkommen identisch ist. Der italienische Schriftsteller Dino Buzzati, der sich vorstellte, daß der Todeskampf eines einfachen, aus Versehen zertretenen Käfers Folgen kosmischen Ausmaßes hätte, scheint sich in den Geist al-Kindīs vollkommen hineinversetzt zu haben, denn für diesen bedingt jedes Ereignis, selbst das belangloseste, eine universale Strahlung (die beim gewaltsamen Tode besonders intensiv ist). Aus diesem Prinzip bezieht die Magie sogar ihren Seinsgrund, der darin besteht, Strahlungen auszusenden, deren ›Wellenlänge‹ die vom Operator anvisierten Empfangsstationen erreichen kann. Die Adressaten der Botschaften werden genötigt, gemäß der Absicht zu reagieren, die der Strahlung eingeprägt ist. Nun darf man nicht aus den Augen verlieren, daß die Strahlen al-Kindīs *pneumatischer* Natur sind, daß seine Magie eine *spirituelle Magie* ist, welche diejenige des Synesios von Kyrene fortsetzt und weiterbildet. Das bedeutet, daß der Mensch, der mit einem phantasmischen Synthetisator ausgestattet ist, gezielt Affekte erzeugen kann, die er in den pneumatischen Raum hinausstrahlt und dem empfangenden Geist eines anderen Individuums derselben Gattung entgegenstrahlt. Die Wirksamkeit dieser intersubjektiven Magie wird durch die Beschaffenheit des menschlichen Aggregats und durch den Glauben des Operators gewährleistet.

Heutzutage, da eine Glaubensvorstellung dieser Art den Rahmen der religiösen Einrichtungen verläßt und bei Subjekten auftritt, die davon überzeugt sind, daß ihre eigenen Emotionen transitiv sind, daß diese auf andere Individuen oder auf die körperliche Welt einwirken können, nimmt man allgemein an, es handele sich um einen Zustand von Geistesstörung, und bezeichnet ihn als ›Schizophrenie‹. Nach der Definition von Pierre Janet, die C. G. Jung wieder aufgegriffen hat und die nunmehr klassisch geworden ist, wird die Schizophrenie von einem »abaissement du niveau mental« (einer Herabsetzung der Bewußtseinsschwelle bzw. -spannung), mithin durch einen Kurzschluß zwischen Traumleben und Tagbewußtsein, zwischen der Welt unserer Phantasmen und der wirklichen Welt gekennzeichnet. Wenn man Edgar Morin Glauben schenkt, so kommt dieser Kurzschluß mühelos zustande, denn das überaus komplexe menschliche Gehirn verfügt über kein besonderes Instrument, das ihm erlauben würde, den Traum vom Wachzustand zu unterscheiden.[48]

Der Ethnopsychoanalytiker und Anthropologe ungarischer Herkunft Géza Róheim hat die Ähnlichkeit zwischen dem magischen und dem schizophrenen Verhalten herausgearbeitet und so den Weg zur Deutung der Magie als einer ›institutionalisierten Schizophrenie‹ eingeschlagen. Gewiß, es gibt eine entfernte Analogie zwischen der Methode der Magie und der ›Schizophrenie‹ genannten Geisteskrankheit. Gleichwohl sind sie nicht zu verwechseln. Es ist wahr, daß der Magier fest davon überzeugt sein muß, daß er fähig ist, seine eigenen Emotionen einem anderen Subjekt übermitteln oder andere transitive Taten dieser Art vollbringen zu können, aber er bleibt sich stets dessen bewußt, daß die Phantasmagorie, die er erzeugt hat, ausschließlich in dem ihr eigenen Bereich, das heißt in der menschlichen Imagination, zur Wirkung gelangt. Das scheint um so mehr zu stimmen, als es sehr seltene Fälle gibt, in denen der Operator an offenkundigen Symptomen von Schizophrenie leidet, was ihn ohne weiteres aus der Menge der anderen vollkommen gesunden Magier heraushebt. Beim schizophrenen Operator behält die innere Phantasmagorie schließlich die Oberhand und drängt sich als fremde Macht auf (siehe etwas weiter unten den Fall von Monsieur Berbiguier und seiner Kobolde). Erinnern wir uns daran, daß Giordano Bruno nicht müde wurde, den Manipulator von Phantasmen auf die Gefahren aufmerksam zu machen, die seine Tätigkeit birgt und die in dem Verlust der geistigen Gesundheit gipfeln. Also darf *im Prinzip* weder der Magier als Schizophrener noch die Magie als ›institutionalisierte Schizophrenie‹ betrachtet werden. Im Gegenteil, es gibt Analogien zwischen bestimmten Typen von Magie und der Psychoanalyse, deren Methode innerhalb bestimmter Grenzen den Vergleich mit den ›Heilern‹ Giordano Brunos zuläßt. Sobald man den Traum als eine dem Unbewußten entspringende phantasmische Hervorbringung und die Schizophrenie als einen Zustand der Verwechslung von Traumgehalten und sinnlich wahrnehmbaren Inhalten betrachtet, darf man sich nicht über die Entsprechungen zwischen den Phantasmen der Schizophrenen und den von Magiern eingesetzten wundern. Schließlich haben beide dieselbe Herkunft, nur daß im

Falle des Magiers die Phantasmen vom Operator willentlich erzeugt und gesteuert werden, während sie sich dem Kranken als fremde Wirklichkeiten aufdrängen und ihn ›besessen‹ machen. Jungs Hypothese von den ›Archetypen‹,[49] die präformative Kategorien der phantasmischen Produktion sind, beruhen größtenteils auf Analogien zwischen den Phantasien von Patienten und dem mythisch-magischen Geistesgut der Menschheit.

Wie werden nun diese Sachverhalte von der Völkerkunde gesehen, die nicht unmittelbar berufen ist, ein Urteil über den geistigen Gesundheitszustand der Personen zu fällen, mit denen sie sich beschäftigt?

Das Buch des schottischen Anthropologen Ian M. Lewis *Ecstatic Religion* (London 1971) versucht eine Antwort auf diese Frage zu finden.[50]

Lewis entwirft eine recht aufschlußreiche Typologie des ›Operators von Geistern‹ (übernatürlichen Wesenheiten) und gelangt zu der Schlußfolgerung, daß es drei Klassen gibt:

a) *Der Teilnehmer an ekstatischen Kulten* (wie etwa dem Dionysos-Kult im alten Griechenland oder dem *zar* in Nordafrika), der unfreiwillig von den ›Geistern‹ besessen wird;

b) *Der Schamane*, der zuerst von den Geistern beherrscht wird und dann seinerseits zu ihrem Beherrscher wird (der *wounded surgeon*, um mit T. S. Eliot zu reden[51]);

c) *Der Zauberer*, der, indem er die Geister nach seinem Willen beherrscht, sie gegen das passive Subjekt richtet, das wider seinen Willen von ihnen besessen wird.

Wer sind die ›Geister‹? Sind es Wesen, denen objektives Dasein zukommt, oder Phantasmen, auf imaginärer Ebene objektivierte Hervorbringungen, die dem Unbewußten entspringen?

Die Geister sind Phantasmen, die eine autonome Existenz erwerben auf Grund einer Visualisierungs-Praxis, die in jeder Hinsicht der Gedächtniskunst gleicht. Gleichwohl kommt es nicht selten vor, daß sie in Erscheinung treten, ohne auf diese Art und Weise angerufen worden zu sein – und zwar wenn die Zauberer sich halluzinogener Drogen bedienen, oder im Falle von Geisteskrankheiten. Im wesentlichen lassen sich zwei Klassen von Wesen unterscheiden, die mit Geistern verkehren: Die einen rufen die Geister an, indem sie sie erfinden; die anderen empfangen sie und vermögen sich ihrer nur durch eine bewußt ordnende Tätigkeit zu bedienen.

Es steht außer Zweifel, daß die ihre Gegenwart aufdrängenden Geister aus dem Unbewußten hervorbrechen; aber woher kommen die anderen, die ›erfundenen‹? Aus derselben Quelle, denn ihre Vorbilder, die durch Tradition überliefert werden, waren seinerzeit der Phantasie eines anderen Operators entsprungen. Der Magier oder Zauberer der Renaissance lernt sie aus den Lehrbüchern der hohen Magie kennen wie etwa der *Steganographia* des Abtes Trithemius (obgleich diese größtenteils nur ein Lehrbuch der Kryptographie ist) oder aus der *Occulta philosophia* seines Jüngers Agrippa von Nettesheim oder auch aus den Lehrbüchern der niederen Magie, die im *Antipalus maleficiorum* desselben Trithemius, eines sehr gelehrten Okkultisten, genannt werden (siehe unten, Kapitel VII und Anhang VI).

Folglich gibt es nur zwei Arten von Phantasmen-Operatoren: Diejenigen, die von der unbewußten Hervorbringung überfallen wurden und denen es nur mit großer Mühe gelang, diese zu ordnen; und diejenigen, deren Tätigkeit gänzlich bewußt gewesen ist und darin bestanden hat, mnemotechnische Phantasmen zu ersinnen, denen ein autonomes Dasein verliehen worden ist. Nur die ersteren sind mit den Schizophrenen zu vergleichen, mit dem einzigen Unterschied, daß sie gelernt haben, einen *modus vivendi* mit ihrer unbewußten Produktion zu finden, die in den meisten Fällen durch den Gebrauch von Halluzinogenen hervorgerufen wurde. Darunter gibt es auch – und dieser Tatbestand läßt sich mühelos nachprüfen – wirkliche und eigentliche Schizophrene wie Monsieur Berbiguier Anfang des 19. oder Dr. Ludwig Staudenmaier Anfang des 20. Jahrhunderts, die magische Glaubensvorstellungen und Techniken benutzen, um Ordnung in ihre schwer gestörten Geisteszustände zu bringen. Weit davon entfernt, die Magie in diesen Fällen als ›institutionalisierte Schizophrenie‹ zu betrachten, muß man darin vielmehr ein – im übrigen recht wirksames – Heilmittel *gegen* den verheerenden Einbruch einer Geisteskrankheit erblicken. *Die Magie ist durchaus nicht unordnungstiftend; ganz im Gegenteil, sie ist ein Mittel, um ein friedliches Miteinander zwischen dem Unbewußten und dem Bewußtsein wieder herzustellen*, nämlich dort, wo dieses Miteinander entweder durch das Hereinbrechen einer Geisteskrankheit oder durch den freiwilligen Gebrauch von Chemikalien mit psychedelischer Wirkung in eine Krise geraten ist. Der Magier ist ein Analytiker, der nur dann seinen Beruf auszuüben vermag, wenn er sich zuvor selbst hat analysieren lassen. Aber der Zugang zum Unbewußten kann ihm auf zwei verschiedene Arten ermöglicht werden: durch einen krankheitsbedingten, durch äußere Mittel herbeigeführten ›Einbruch‹ oder dadurch, daß er sich die Überlieferung einverleibt. Im zweiten Fall ist eine Analogie mit der Schizophrenie ebenso unstatthaft wie im Falle jedes Lernenden, einschließlich des Wissenschaftlers.

Diese Betrachtungen, die wir im weiteren Verlauf entwickeln werden (vgl. unten, Kapitel VII), dienten als Einleitung zur Darstellung der intersubjektiven Magie von al-Kindī bis Giordano Bruno. Der Begriff der ›Strahlung‹, der bei jenem grundlegend ist, weicht nach und nach dem Begriff des Eros. Die pneumatische Harmonie des Universums ist von Ficino bis hin zu Bruno das allgemeine Postulat, und ihr Werkzeug ist der Eros. Durch dessen Wirkung erfährt das Universum einen bestimmten *concentus*, der Ordnung, Harmonie, Integration bedeutet, und dessen verblüffendste Definition Ficino in einem seiner Briefe ausspricht:[52]

> »Ich kann nicht umhin, meine guten Freunde, die Macht des Gesetzes zu bewundern, denn die Ordnung und die Harmonie (*concento*) des Gesetzes sind ja notwendig in den Elementen der Welt, in den animalischen Säften, in der Lebensweise der Tiere und selbst in einer Gemeinschaft von Räubern, denn diese würden sich nicht zusammengesellen, wenn es in allem diesem nicht eine gewisse Ordnung gäbe.«

Man ist weit entfernt von den Theorien der Selbstzerstörung des Bösen. Im Gegenteil, selbst im Bösen gibt es eine Ordnung, denn andernfalls würden die Verbrecher nicht zusammenbleiben.

Diese allgemeine Harmonie, deren wichtigstes Instrument der Eros ist, wird bei Ficino nicht in eine Theorie eingefaßt, die der al-Kindīs vergleichbar wäre. Erst Giordano Bruno gibt dem Sachverhalt seine wahre Komplexität zurück – in seiner Vision von einem Universum, in dem jedes Individuum und sogar jedes Objekt durch unsichtbare erotische Verbindungen mit den anderen verknüpft ist. Der Ausdruck *vinculum vinculorum amor est* läßt sich durch einen analogen Ausdruck ersetzen, den man al-Kindī zusprechen könnte, ohne seinem Denken Gewalt anzutun: *vinculum vinculorum radius est*, »die Fessel der Fessel ist *der Strahl*«.

Der Energetismus al-Kindīs führt in den Psychologismus Brunos ein, für den die Dinge keine kalten, unfruchtbaren und fast trägen Strahlungen aussenden, sondern lebendige Strahlen, von Leidenschaften gefärbt, die allein schon durch ihr Vorhandensein Sympathie oder Antipathie, Liebe oder Haß einflößen. Der objektiven Übertragung al-Kindīs steht die höchst subjektive Übertragung Giordano Brunos gegenüber; ausgehend von dieser universalen Magie gewinnt der Begriff der *intersubjektiven Magie* an Umriß und Gestalt.

5. Die pneumatische Magie

Die spirituelle Magie der Renaissance, deren erster und wichtigster Vertreter Marsilio Ficino ist, gründet in dem Prinzip der universalen pneumatischen Sympathie. Die erste Folgerung aus diesem Prinzip lautet, daß der Mensch, der mit einem Hēgemonikón ausgestattet ist, das sich im allgemeinen im Herzen, dem im Kosmos der Sonne entsprechenden Organ befindet, die Fähigkeit besitzt, der eigenen Phantasie willentliche Veränderungen aufzuprägen. Diese Veränderungen übertragen sich kraft der Kontinuität des Pneumas auf die Objekte, auf welche die Wirkung des Operators abzielt.

Dieses Phänomen ist natürlich, kommt ohne bewußte Manipulation von seiten des Senders und/oder des Empfängers der pneumatischen Strömung zustande und kennt einen Nullgrad des Selbstbewußtseins, welcher der Eros ist. Dieser stellt Bande zwischen den Individuen her nach Maßgabe der transzendenten Information, welche die pneumatischen Vehikel ihrer Seelen bei ihrem Abstieg durch die Planetenhimmel angesammelt haben.

Die eigentliche Magie stellt hingegen ein Wissen dar, das dem Operator die pneumatischen Strömungen, die geheime Beziehungen zwischen den Teilen des Universums herstellen, zu nutzen erlaubt. Nun sind diese Beziehungen regelmäßig und lassen sich in sieben große Planetenreihen einordnen, und zwar so, daß die ganze Natur mit ihren Reichen, dem Mineral-, dem Pflanzen- und dem Tierreich – die menschliche Spezies mit einbegriffen – mit den sieben Wandelgestirnen und mit den anderen Sternen durch unsichtbare Bande verknüpft wird. Der Magier ist vor allem ein Kenner dieser Bande, besitzt die Fähigkeit, jeden Gegenstand der Welt der entsprechenden Reihe zuzuordnen und dadurch die Wohltaten des über die betreffende Reihe herrschenden Gestirns auf sich zu ziehen.

Die Vielfalt der Vertreter der Renaissance-Magie darf bei den Forschern nicht den Eindruck erwecken, als wären ihre wesentlichen Entwicklungslinien ebenso mannigfaltig, denn letztlich erweisen sie sich als verhältnismäßig einfach. Der Ausgangspunkt der Renaissance-Magie ist der Traktat Marsilio Ficinos *De vita coelitus comparanda* (1489), der folgende Prinzipien ausdrücklich ausspricht: Ebenso wie die Weltseele in der Sonne verdichtet ist, von wo aus sie in alle Teile des Universums durch die *quinta essentia* (der Äther oder das Pneuma) ausstrahlt, so ist auch die menschliche Seele im Herzen verdichtet und durchdringt den Leib durch den Geist. Die Dinge haben einen unterschiedlichen Grad von Verlangen nach der *quinta essentia*, was bedeutet, daß bestimmte Dinge eine pneumatische Fähigkeit besitzen, die der anderer unvergleichlich überlegen ist.

Was ist die *quinta essentia*? Es ist ein kosmischer Geist, der dieselbe Vermittlungsfunktion zwischen Weltseele und Weltkörper erfüllt wie der menschliche Geist zwischen der einzelnen Seele und dem einzelnen Leib. Diese Quelle aller Zeugung und allen Wachstums »können wir entweder Himmel oder *quinta essentia* nennen« (Kapitel III).[53]

> »Daß es [das Weltall] ebenso beseelt ist wie jedes beseelte Wesen, ja sogar in sehr viel höherem Maße, das beweisen nicht nur die platonischen Lehren, sondern auch die Zeugnisse der arabischen Astrologen. Darin weisen diese nach, daß bei einer Hinwendung (*applicatio*) unseres Geistes auf den Weltgeist, die durch die *ars physica* (Talisman-Magie) und den Affekt (*affectus*) erreicht wird, dieser die himmlischen Güter zu unserer Seele und unserem Leib herabsenken läßt. Das erfolgt hienieden durch unseren Geist in uns, der ein Vermittler ist und dann durch den Weltgeist gestärkt wird, und [erfolgt] dort allerdings durch die Strahlen der Sterne, die günstig auf unseren Geist einwirken, denn dieser ist nicht nur dem Wesen der Strahlen ähnlich, sondern wird dann selbst mehr zu einem himmlischen Ding.«[54]

Ficino ist ein Synesios, der im Hinblick auf die Theorie vom Seelengefährt durch spätere Neuplatoniker wie Proklos und Macrobius und hinsichtlich der Theorie der universalen Entsprechungen durch al-Kindīs Theorie der Strahlungen, durch dessen astrologische Magie und den *Picatrix* berichtigt wurde.

Wie wir an anderer Stelle nachgewiesen haben,[55] setzt Ficinos spirituelle Magie zwar ebenso Operationen durch die Vermittlung von Dämonen voraus, aber die eigentliche Dämonomagie wurde erst vom Abt Trithemius von Würzburg entwickelt, einer zwielichtigen Gestalt, der wir den letzten Abschnitt von Kapitel VII widmen. Eine Verbindung von Ficinischer Magie und Trithemischer Dämonomagie ist in den drei Büchern *De occulta philosophia* zu finden, einem wenig originellen, jedoch sehr einflußreichen Werk des Heinrich Cornelius Agrippa. Die Magie Giordano Brunos schöpft vornehmlich aus Ficino und nutzt aber auch Albertus Magnus, Trithemius und Agrippa als zusätzliche Quellen. Tommaso Campanella hingegen, ein abtrünniger kalabrischer Dominikaner am Anfang des 17. Jahrhunderts, dessen politische Utopie (*Der Sonnenstaat*) einen entscheidenden Einfluß auf einen deutschen Freundeskreis, der die ›Posse‹ (*ludibrium*) der Rosenkreuzer veranstaltet hat, ausgeübt zu haben scheint,[56] treibt auch eine pneumatische Magie Ficinischer Herkunft, deren (harmlose) Rituale vom Papst Urban VIII. hochgeschätzt wurden.[57]

Von Ficino bis Campanella waren zahlreiche Autoren mit der Ficinischen Pneuma-Theorie vertraut, deren magische Seite sie nicht immer verwerteten. Unter anderem wären zu nennen: Giovanni Pico, Francesco Cattani da Diacceto, Ludovico Lazzarelli, Jacques Gohory, Pietro Pomponazzi, Francesco Giorgi (Zorzi), Pontus de Tyard, Guy Lefèvre de la Boderie u. a.[58]

KAPITEL VI

Die intersubjektive Magie

1. Intrasubjektive Magie

Da jede Magie, die nicht das Eingreifen von Dämonen voraussetzt, intersubjektiv ist, ist es möglich, daß der Operator die magische Tätigkeit auf sich selbst bezieht. In diesem Falle haben wir es mit *intrasubjektiver* Magie zu tun.

Dieser Zweig der Magie ist besonders wichtig, da er in gewisser Hinsicht die Propädeutik für die höheren Tätigkeiten der pneumatischen Kunst darstellt.

Wie es auch in der Natur magische Phänomene (die Anziehungskraft des Magneten, um nur das geläufigste zu nennen) und in der menschlichen Gesellschaft (die Anziehung der Liebenden) gibt, so gibt es geborene Operatoren, wenn auch deren Wirkungsbereich beschränkt ist und nicht der Beherrschung durch den Willen unterliegt. Doch im allgemeinen kann man sich – mit oder ohne natürliche Veranlagung – zum Magier *ausbilden*. Und ebenso wie der angehende Psychoanalytiker keinen Zugang zur Praxis der Psychoanalyse hat, ohne sich zuerst selbst einer Lehranalyse unterzogen zu haben, so hat auch der Magier, der befähigt ist, seine Kunst auszuüben, sie zunächst an sich selbst erprobt.

Da die Magie im allgemeinen eine geistige Operation ist, muß der sie Ausübende über bestimmte Eigenschaften verfügen, die den meisten Menschen fehlen. Bei diesen wird tatsächlich der ursprünglich durchscheinende und reine ätherische Leib durch die Berührung mit dem grobstofflichen Leib trüb und dicht. Alle materiellen Unreinheiten haften an ihm und machen dadurch seine anfängliche Lichtheit und Geschmeidigkeit zunichte. Da nun der Geist das Gefährt der Seele und die Seele das Bindemittel zwischen der geistigen und der natürlichen Welt ist, wird diese wunderbare Verbindung abgebrochen, sobald das Gefährt zu langsam geworden ist, als daß es der Seele gestatten könnte zu reisen, oder zu unrein, als daß die von der Seele ausgesandten phantasmischen Botschaften bis zum inneren Sinn vorstoßen könnten.

Das Pneuma ist ein zweiseitiger Spiegel, dessen eine Seite die von den äußeren Sinnen stammenden Wahrnehmungen und dessen andere Seite die Phantasmagorien der Seele widerspiegelt. Ist die der Seele zugekehrte Seite nicht rein genug, so fällt das Individuum in einen niederen, gleichsam tierischen Zustand zurück. Wie aber läßt sich dieser bei den meisten Sterblichen fast allgemeine Mißstand überwinden? Nun, nichts leichter als das: Es geht darum, den Spiegel blank zu putzen, die erworbenen, nicht angeborenen Unreinheiten zu beseitigen, dem benebelten Geist die ursprüngliche Durchsichtigkeit sowie Reinheit, Geschmeidigkeit und Härte wiederzugeben.

> »Denn dieser Geist ist ein Vermittler zwischen dem grobstofflichen Körper der Welt und deren Seele; und die Sterne und die Dämonen bestehen in ihm und durch ihn. [. . .] Dieser [Weltgeist] wird vom Menschen vor allem durch seinen eigenen Geist, der seinem Wesen nach jenem [Weltgeist] gleicht, aufgesogen, besonders wenn man ihn durch Kunst jenem angleicht, das heißt, wenn er in höchstem Maße himmlisch[1] wird. Nun wird er dann himmlisch, wenn man ihn von Besudelungen und allem anderen dem Himmel Unähnlichen, das ihm anhaftet, reinigt. Wenn es Verunreinigungen gibt, nicht nur in den Eingeweiden, sondern auch in der Seele, auf der Haut, in der Kleidung, in der Wohnung und in der Luft, so können sie den Geist häufig verseuchen« (*Vita coel.*, IV).[2]

Man begreift ohne weiteres, daß sich der Ficinische Magie-Lehrling einer strengen Disziplin unterziehen muß, um sich von allem fernzuhalten, was sein Pneuma anstecken und verunreinigen könnte. So ist er nicht nur verpflichtet, strengste Diät zu halten, sondern auch Reinigungen zu vollziehen, auf die Sauberkeit seines Leibes, seiner Kleidung und seiner Wohnstätte zu achten, den Ort seiner Spaziergänge, die Personen, mit denen er verkehrt, die Worte, die er wechselt, auszuwählen und selbstverständlich sich in Tugend zu üben. Alle diese Verfahren, welche die *expurgatio a sordibus*, die »Reinigung von Befleckungen« zum Ziel haben, werden von spezifischeren äußeren Mitteln begleitet:

> »[. . .] zuerst werden die umnebelnden Dünste mit Hilfe von reinigenden Arzneimitteln vom Geiste getrennt. Zweitens wird der Geist mit Hilfe von leuchtenden Dingen leuchtend gemacht, drittens wird dafür gesorgt, daß er gleichzeitig feiner und stärker wird. Schließlich wird er in höchstem Maße

himmlisch gemacht [. . .], wenn er vor allem den Strahlen und dem Einfluß der die Himmelskörper beherrschenden Sonne ausgesetzt wird« (*ebd.*).[3]

Unter den sieben Planeten der sogenannten ›chaldäischen‹ Reihe (Mond, Merkur, Venus, Sonne, Mars, Jupiter, Saturn) gibt es drei besonders günstige (Sonne, Jupiter, Venus), die Ficino »die drei Grazien« nennt. Ihrem Einfluß – wie dem des Mars – kommt bei der Reinigung des Pneumas eine ebenso grundlegende Bedeutung zu.

Wir wissen bereits, daß es Reihen von Gegenständen gibt, die nach ihrer Zugehörigkeit zu den Planeten eingeteilt werden. Wenn es nicht möglich ist, sich unmittelbar den Strahlen der günstigen Planeten auszusetzen, dann genügt es, die ihnen zugeordneten Gegenstände zu benutzen. Um den Geist beispielsweise ›sonnenhaft‹ zu machen, muß man eine gesunde Diät halten, in *loci amoeni* mit milder und reiner, mit Licht und Pflanzendüften erfüllter Luft lustwandeln, aber man muß ebenso von Substanzen, wie Wein und Zucker (*ebd.*, I),[4] Pflanzen, Metallen und solaren oder jupiterhaften Edelsteinen Gebrauch machen.

». . . Wurde unser Geist mit Hilfe von natürlichen Dingen sorgsam (*rite*) vorbereitet und gereinigt, so vermag er durch die Sternenstrahlen viel vom kosmischen Lebensgeist zu empfangen. Das allem innewohnende kosmische Leben verbreitet sich offenbar in den Gräsern und Bäumen, die gleichsam die Körper- und Haupthaare des Erdkörpers sind. Darüber hinaus strotzt es von Steinen und Metallen, die gleichsam die Zähne und Knochen sind. Sie keimt auch in den lebendigen Muscheln, die an der Erde und an den Steinen haften.[5] [. . .] Ebenso kann man durch den häufigen Gebrauch von Pflanzen und anderen Lebewesen viel von dem Weltgeist in sich aufnehmen [. . .]« (*ebd.*, XI).[6]

Die Edelsteine, die als Trank zubereitet oder als Talismane getragen werden, prägen dem Geist die Eigenschaften der Gestirne ein und schützen den Organismus vor der Pest oder vor Giften usw. (*ebd.*, XI-XII, XIV).

Zwar ist die pneumatische Reinigung eines der Themen, die Synesios unablässig behandelt, aber der Bischof von Kyrene vertieft die theurgischen Verfahren nicht, durch welche die Reinigung vollendet werden soll. Auf diese Verfahren stößt man in einem anderen Zusammenhang, und zwar in den *Oracula chaldaica*, einem Werk aus dem 2. nachchristlichen Jahrhundert von Iulianos dem Theurgen, dem Sohn von Iulianos dem Chaldäer, das teilweise erhalten ist und von den Neuplatonikern und dem byzantinischen Gelehrten Michael Psellos kommentiert wurde. »Das vollendende Wissen (τελεστικὴ ἐπιστήμη)«, schreibt Psellos in seiner *Expositio in Oracula Chaldaica*, »weiht die Seele gewissermaßen durch die Kraft der [irdischen] Materien dieser Welt ein [. . .]. Der Chaldäer aber behauptet, uns nur dann zu Gott emporführen zu können, wenn wir das Gefährt der Seele durch materielle Weihen gekräftigt haben. Denn er glaubt, daß die Seele gereinigt und mit Hilfe von Steinen, Pflanzen, Anrufungen zum Aufstieg (ἀνάβασις) wohl befähigt werden könnte.«[7] Die Anspielung auf das Seelengefährt geht nicht auf die echte Lehre der *Orakel* zurück. Psellos dürfte sie den ihm vertrauten neuplatonischen Kommentatoren entlehnt haben. Dagegen werden die rituellen Verfahren zur Reinigung der Seele, damit diese fähig wird, die theurgische Erhöhung zu vollziehen, in den *Orakeln* selbst dargelegt.[8]

Wie wir gesehen haben, war das Motiv der pneumatischen Reinigungen bereits im späten Stoizismus aufgetreten. Auf der Grundlage der sizilischen Medizin hatten die Stoiker eine recht komplexe Seelenlehre ausgearbeitet, durch die sie ihre tiefsinnige Beschäftigung mit moralischen Fragen auf eine empirische Grundlage zu stellen versuchten. So bedeutet etwa Tugend bei Epiktet, über ein ruhiges, reines und durchsichtiges Pneuma zu verfügen; und umgekehrt hängt die Erlangung dieses lauteren und klaren ›Herzspiegels‹ ganz und gar von der sittlichen Lebensführung des Einzelnen ab.

Die ›Reinigung des Herzens‹ durch die Ausübung der Tugenden und den Einsatz wirksamer Klänge und anderer mehr oder weniger ›magischer‹ Verfahren stellt eine sehr alte Beschäftigung des Orients dar. Die *Upaniṣaden* arbeiten bereits eine sehr komplexe feinstoffliche Physiologie aus, wobei sie die Rolle eines Herz-Synthetisators zugrunde legen, der *manas* genannt wird und der von keiner Schule der indischen Philosophie – einige Materialisten vielleicht ausgenommen – jemals in Frage gestellt wurde. Während des Schlafes ziehen sich die Energien oder *prāṇa*s in das *manas* oder den inneren Sinn zurück (ein Phänomen, das »Teleskopie«[9] der *prāṇa*s genannt wird); im Wachzustand bewegen sie sich im subtilen Körper. In den mystischen Praktiken spielt der ›Herzraum‹ oder der ›Weltraum [Hohlraum] im Herzen‹ eine wesentliche Rolle:

> »Wahrlich, so groß dieser Weltraum ist, so groß ist dieser Raum inwendig im Herzen; in ihm sind beide, der Himmel und die Erde, beschlossen; beide, Feuer und Wind, beide, Sonne und Mond, der Blitz und die Sterne, und was einer hienieden besitzt und was er nicht besitzt, das alles ist darin beschlossen« (*Chāndogya-Upaniṣad* VIII, 1, 3).[10]

Es versteht sich von selbst, daß es von dem *hṛdaya ākāśaḥ* abhängt, ob man im Herzen die Gegenwart der Gottheit oder des Geistes erkennt, und viele mystische Praktiken, einschließlich der Vorstufen des Yoga, haben die Reinigung des subtilen Organismus zum Ziel, die Wiederherstellung seiner ursprünglichen Reinheit.

Das *hsin* oder Herz ist im Taoismus und im Ch'an-Buddhismus ebenso wichtig. Selbst wenn es nicht erwähnt wird, versteht man, daß der Taoist den Göttern im Innern einer Höhlung des eigenen subtilen Organismus begegnet, die dem *hṛdaya ākāśaḥ* entspricht. Die Visualisierungsmethoden, deren er sich bedient, sind mit denen des Yoga und der abendländischen Gedächtniskunst vergleichbar.

Der Ṣūfī im Iran hingegen wendet eine Reihe von Verfahren an, um die »Reinheit des Herzens (*qalb*)« zu erlangen, das wichtigste davon ist der Gebrauch mystischer Anrufungsformeln Gottes (*ḏikr*), der persischen Mantras.

Seinerseits wendet der hesychastische[11] Mystiker im Christentum ein Verfahren an, das Kardioskopie genannt wird und darin besteht, den Herzraum (καρδία) zu visualisieren und zu versuchen, ihm Reinheit und Durchsichtigkeit zu verleihen. Ebenso wie der Yogin und der Taoist gebraucht auch der Hesychast verschiedene Formeln und Atemrhythmen, die immer mehr verlangsamt werden.

Das sind allerdings Allgemeinheiten, bei denen wir nicht lange verweilen wollen, denn selbst eine flüchtige Analyse dieser Grundprobleme der Religionsgeschichte würde einen Raum erfordern, der uns hier nicht zu Gebote steht. Kann man also den Schluß ziehen, daß die indische Philosophie die Quelle ist, aus der sich alle mystischen Spekulationen und Techniken, die mit dem ›Herzen‹ zusammenhängen, herausentwickelt haben? Ohne daß man es ausschließen könnte, ist es dennoch kaum wahrscheinlich.

Der Mensch reagiert auf äußere Reize durch Gefühlsregungen, die unmittelbar in Adrenalin-Ausstöße umgesetzt werden. Jeder äußere Einsatz wird von einem inneren Antrieb begleitet, der im ›Herzraum‹ erlebt wird. Nun ist »die erste ›Sprache‹, das ›Verb‹, ein körperlicher Ausdruck«, und die verbalen Schemata »sind das Bezugssystem aller möglichen Gebärden der Gattung *Homo sapiens*«.[12] Greifen wir einige verbale Schemata aufs Geratewohl heraus, die sich auf das Herz beziehen: Jemand, der unfähig ist, vom Kummer eines anderen gerührt zu werden, legt ›Hartherzigkeit‹ an den Tag, hat ein ›Herz von Stein‹ oder ›kein Herz im Leibe‹; im Gegensatz dazu hat jemand, der seinen Gefühlen freien Lauf läßt, ein ›weiches, zartes Herz‹, und wer bei seinem gesellschaftlichen Tun keinerlei böse Absichten hegt, weil er sich vorstellt, daß die anderen auch keine haben, besitzt ein ›reines Herz‹. Jener trägt das Herz auf der Zunge, hat ein Herz aus Gold, ist herzensgut, aber es kann vorkommen, daß ihm schwer ums Herz ist, daß er sich etwas zu sehr zu Herzen nimmt, etwas auf dem Herzen hat und aus seinem Herzen keine Mördergrube macht. Man kann Dinge leichten Herzens tun und sogar von ganzem Herzen, aber dennoch nicht das Herz haben, herzlos zu sein. Wenn uns etwas am Herzen liegt, wünschen wir, daß es uns zu Herzen geht und wir hängen unser Herz daran. Die Beherzten bringen es nicht übers Herz, ihr Herz auszuschütten, wenn ihnen schwach ums Herz wird. Und die Angelegenheiten des Herzens führen dazu, daß wir unser Herz verlieren, schenken oder auch an gebrochenem Herzen sterben, uns in jemandes Herz stehlen, jemanden in unser Herz schließen, an Herzschmerz leiden oder daß uns alle Herzen zufliegen und so weiter.

In allen diesen Ausdrücken muß eine Wahrheit außersprachlicher Art beschlossen sein, eine Wahrheit, die nahezulegen scheint, daß das Herz der Sitz der Empfindsamkeit, aller Gefühlsregungen und das moralische (oder unmoralische) Organ schlechthin ist.

Wenn der Deutsche mit dem Kopf denkt, so gibt es Völker, die – wie etwa die Mandschus – »mit dem Herzen (*gun'in*) ›denken‹ (*gun 'imb'i*)«.[13] Sie sind krank, wenn ihr Herz »umschattet« ist (*gun'in bur 'imb'i*), während die Gesunden ein »klares Herz« haben. Sergej M. Shirokogoroff findet an diesen Vorstellungen nichts Sonderbares:

»Hier sei darauf hingewiesen, daß die Gefühlswahrnehmung

des ›Überschattens‹ durchaus zulässig ist, und daß die Vorstellung vom Herzen als Organ des Denkvorgangs durchaus positivistisch ist, denn das Denken wird in seiner Gefühlsäußerung vom Herzen wahrgenommen. (Der positivistische Standpunkt der Europäer versucht, das ›Denken‹ besonderen Bereichen des Gehirns zuzuordnen, was eine naive positivistische Vorstellung ist, die auf verschiedenen Hypothesen beruht, vor allem auf einer abstrakten Vorstellung vom Gehirn. So gesehen ist der europäische ›positivistische‹ Standpunkt nicht allzu weit entfernt von dem der Mandschus, die mit Recht von dem Herzen als Ort des Denkvorgangs sprechen dürfen, weil sie es so *empfinden.*)«[14]

Aristoteles stritt ab, daß man ohne Phantasmen denken könne. Nun sind die Phantasmen gefühlsmäßig gefärbt und, obgleich sie dazu neigen, jeden verfügbaren Platz zu besetzen, ist das ›Herz‹ der Ort, der ihnen am meisten zusagt, denn *das Herz empfindet die Gefühle.* Setzt man diese leibliche Gegebenheit voraus, die in der *wirklichen* Äußerung der Gefühlsreaktionen *im Herzraum* besteht, so ist es nicht ausgeschlossen, daß mehrere Völker der Antike unabhängig voneinander analoge Theorien aufgestellt haben, wie etwa die vom *manas* in Indien oder vom *hēgemonikón* in Griechenland.

Da sich der konkrete Charakter der Emotionen nicht leugnen läßt, kann man ebensowenig das Vorhandensein eines Ortes abstreiten, an dem sie sich äußern, eines Ortes, der anatomisch mehr oder weniger dem Herzen entspricht. In dieser Lokalisierung ist die anthropologische Erklärung für die Entstehung des *subtilen* Organs zu suchen, das man Herz nennt, eine Erklärung, deren Alter sehr viel ehrwürdiger sein dürfte als das der Entdekkung des gleichnamigen anatomischen Organs. Als Projektionsfläche von inneren Phantasmagorien muß das ›Herz‹ den menschlichen Geist seit frühester Zeit beschäftigt haben. Indem sie die körperlichen Energien mit den Emotionen gleichsetzten, haben die indische Philosophie und die griechische Medizin das Herz zu einem Depositorium von beidem, zu einem zentralen Organ des Lebens und der Kommunikation mit der Außenwelt werden lassen. Man sieht ohne weiteres ein, daß die visionäre Tätigkeit nur dort geortet werden konnte, wo die Phantasmen vorzugsweise zum Ausdruck kommen, nämlich im Mittelpunkt des subtilen Organismus.

Und wie steht es mit dem ›Kopf‹? Man kann auf das gewaltige

Material zurückgreifen, das Richard Broxton Onians[15] und Anders Olerud[16] zusammengestellt haben, um sich eine Vorstellung davon zu machen. Es scheint, daß die Würde, die Platon dem menschlichen Kopf im *Timaios* (44 D, 90 A) zuspricht, auf einem Komplex archaischer Vorstellungen beruht, die zwei Organe des Bewußtseins unterscheiden: das ›Herz‹ (κῆρ oder κραδίη), Sitz einer vegetativen Seele (θυμός), und der ›Kopf‹, Sitz der ψυχή. Nach Onians wäre θυμός der »blood-soul« (Blut-Seele) und ψυχή der »breath-soul« (Atem-Seele), aber der ursprüngliche Unterschied zwischen diesen beiden Begriffen dürfte nicht erheblich sein, denn das Wort θυμός selbst ist mit anderen indoeuropäischen Wörtern verwandt, die den Dunst oder Atem bezeichnen (lateinisch *fumus*, sanskritisch *dhūmaḥ*, slavisch *dymu* und *duchu*). Die ψυχή hingegen ist, wie das lateinische *animus*, der ›Hauch, Odem‹ schlechthin, denn sie leitet sich vom Verb ψύχω (hauchen, blasen, atmen) her. Ihre Ortung im Gehirn ist jedoch fragwürdig.[17] Im Gegenteil, bei einer Reihe von Glaubensvorstellungen stellt die ψυχή die *ganze* leibliche Atmung dar, ist mit dem σπέρμα verbunden und »atmet durch das Geschlechtsorgan«.[18]

Erst in der platonischen Ontologie und Anthropologie tritt eine genaue Unterscheidung zwischen ›Kopf‹ und ›Herz‹ auf, die deutlich zugunsten des ersteren ausfällt.

> »Der menschliche Kopf, der einer Kugel gleicht, ist das Abbild des Kosmos. Der Kopf ist der Mikrokosmos schlechthin, der Leib und dessen Glieder sind Anhängsel oder, wie es bei Platon heißt, der Leib ist ein untergebener Diener. Im *Timaios* 44 D betont er, daß die Seele im Kopf wohnt, genauso wie die Weltseele im sphärischen Kosmos wohnt.«[19]

In demselben Dialog (*Timaios* 90 A) fügt Platon hinzu:

> »Was nun also die wesentlichste Seelenform bei uns angeht, so muß man sich folgendes denken: Als einen beschützenden Geist hat der Gott sie einem jeden gegeben, diese Kraft, von der wir sagen, daß sie an oberster Stelle in unserem Leib wohne und uns von der Erde fort zur Zusammengehörigkeit mit den Dingen am Himmel erhebt, da wir denn ein Gewächs sind, das nicht von Erde ist, sondern himmlisch, und so sagen wir ganz recht. Denn dahin, von wo aus der erste Ursprung der Seele erwachsen ist, richtet die Gottheit Haupt und Wurzel von uns aus und richtet den ganzen Leib auf.«[20]

Und auf Grund dieser ontologischen Polarisierung, die räumlich gefaßt wird (Oben – Unten), und die gleichzeitig eine *moralische* Polarisierung ist (Gut – Böse), postuliert Platon die Lehre einer dreiteiligen Seele, die der Dreiteilung des menschlichen Leibes in ›Kopf‹ (vernunftbegabte Seele), ›Brust‹ oder ›Herz‹ (vernunftlose Seele) und ›Bauch‹ (triebhafte Seele; *Timaios* 69 B ff.) entspricht. Das dem ›Kopf‹ völlig untergeordnete ›Herz‹ ist bei Platon der Sitz der Gemütsregungen, aber es ist nicht das visionäre Organ schlechthin, denn diese Rolle wird – etwas überraschend – der *Leber* zugesprochen.[21] Erst bei der Stoa werden die Beziehungen zwischen ›Kopf‹ und ›Herz‹ neu gefaßt und die Tugenden mit der ›Reinheit des Herzens‹ in Zusammenhang gebracht. Die Magie der Renaissance ist dieser Vorstellung noch verpflichtet, denn ihr ist es im wesentlichen um die ›Reinigung des Herzens‹ zu tun.

Der Begriff ›Theurgie‹ bezeichnet bisweilen diese Reinigungen, deren Zweck darin besteht, dem Pneuma seine ursprüngliche Durchsichtigkeit, Feinheit, Geschmeidigkeit und Härte wiederzugeben.

Das Bild des Theurgen im Sinne Ficinos, des Praktikers der intrasubjektiven Magie, verstieß durchaus nicht gegen die Sitten seiner Zeit. Fern davon, die Geister der Verstorbenen zu beschwören, um Vorstellungen zu geben, wie der von Benvenuto Cellini beschriebene Nekromant;[22] fern davon, durch die Lüfte zu fliegen und Mensch und Tier zu verzaubern, wie herkömmliche Hexen es taten; selbst weit davon entfernt, wie Heinrich Cornelius Agrippa der Pyrotechnik oder wie der Abt Trithemius der Kryptographie zu huldigen, ist der Magier Ficinos eine harmlose Gestalt, deren Gewohnheiten in den Augen eines guten Christen nichts Anstoßerregendes oder Schockierendes an sich haben.

Wir können sicher sein, daß, wenn wir ihm einen Besuch abstatten, er uns den Vorschlag machen würde, ihn bei seinem täglichen Spaziergang zu begleiten. Um unerwünschten Begegnungen aus dem Wege zu gehen, würde er uns heimlich zu einem Zaubergarten führen, einem lauschigen Ort, wo das Sonnenlicht in der frischen Luft nichts als Blütenduft und pneumatische – vom Gesang der Vögel ausgeströmte – Wellen kreuzt. In seinem weißen Wollgewand von vorbildlicher Reinheit würde unser Theurg vielleicht die Luft rhythmisch ein- und auszuatmen beginnen und, nachdem er eine Wolke erblickt hat, aus Angst vor

Erkältung beunruhigt heimkehren. Er wird anfangen die Leier zu schlagen, um den heilsamen Einfluß Apollons und der anderen himmlischen Grazien herabzuziehen; dann wird er sich niederlassen, um eine karge Mahlzeit einzunehmen, bei der er neben etwas gekochtem Gemüse und einigen Blättern Salat zwei Hahnenherzen verzehren wird, um das eigene Herz zu kräftigen, und ein Hammelhirn, um sein Gehirn zu stärken. Der einzige Luxus, den er sich leisten würde, wären einige Löffel weißen Zuckers und ein Glas guten Weines, wiewohl aus der Nähe betrachtet ein unauflösliches Pulver in den Wein gemischt ist, in dem zerriebener Amethyst zu erkennen wäre, der ihm gewiß die Gunst der Venus einbringt. Man wird bemerken, daß sein Haus ebenso sauber ist wie seine Gewänder und daß unser Theurg sich ein- oder zweimal täglich gründlich wäscht – ganz im Gegensatz zur Mehrheit seiner Mitbürger, die seine guten Gewohnheiten nicht zu befolgen brauchen.

Man wird nicht verwundert sein, daß dieser Mensch, der sehr darauf bedacht ist, niemanden zu stören und der überdies reinlich ist wie eine Katze, weder den Zorn der weltlichen noch den der kirchlichen Obrigkeit auf sich gezogen hat. Er wurde nach Maßgabe der eigenen Duldsamkeit geduldet, oder es ist vielmehr Gleichgültigkeit gegenüber seinen weniger verfeinerten Fachgenossen, deren Pneuma dem seinigen an Durchsichtigkeit nie gleichzukommen vermochte.

2. Intersubjektive Magie

Die intrasubjektive Magie ist nur ein Sonderfall des intersubjektiven magischen Kreislaufs, der nach dem Grundsatz der Kontinuität des universalen Pneumas wirkt.

Der Wortlaut dieses Grundsatzes hat sich von Synesios bis Ficino kaum gewandelt. Hören wir Ficino:

> »So darf niemand glauben, daß sich irgendwelche göttlichen Wesenheiten (*numina*), die vollends von der Materie getrennt sind, durch irgendwelche irdischen Materialien anziehen lassen, vielmehr (*potius*) lassen sich Dämonen anziehen und Gaben aus dem beseelten Weltall und von den lebendigen Sternen. Man darf sich wiederum nicht wundern, daß die Seele durch materielle Formen verlockt (*allici*) werden kann, denn

sie selbst [die Weltseele] erzeugt Lockmittel (*escas*) dieser Art, die sich dazu eignen, sie selbst zu verlocken, und sie wohnt stets und gern darin. Es gibt in diesem ganzen lebendigen Weltall nichts, das so ungestalt ist, als daß es keine Seele hätte, als daß sich keine Gabe der Seele darin befände. Deshalb nannte Zoroaster derartige Entsprechungen zwischen den Formen und den in der Weltseele bestehenden Gründen ›göttliche Lockmittel‹ (*divinas illices*) und Synesios bekräftigte, daß es magische Reize sind« (*Vita coel.* I).

»[. . .] manche bestätigen diese magische Lehre, *daß nämlich die Menschen mit Hilfe niederer Dinge, die mit den höheren übereinstimmen, zur rechten Zeit gleichsam himmlische Dinge herabziehen* [. . .]« (*ebd.*, XV).[23]

Diese beiden Stellen erfordern einige Erläuterungen. Ficino behauptet, die Weltseele sei selbst der Quell aller Magie, denn in ihrer Freiheit habe sie entschieden, diese Entsprechungen zwischen der oberen und der niederen Welt herzustellen. Kraft eines solchen Prinzips gibt es bestimmte Gegenstände, mit deren Hilfe es möglich ist, höhere Wesenheiten anzurufen, und die Tradition bezeichnete diese Objekte als Köder, Lockmittel, Reize, Verführungen usw. (so könnte man die Wörter *esca*, *illex*, *illecebrae* übersetzen). In ihrer Güte hat die Seele selbst die Möglichkeit geschaffen, sich unter gewissen Umständen demjenigen Weisen hinzugeben, der mit diesen Gegenständen umzugehen versteht. Die Natur existiert, damit der Mensch darüber verfügt: Es ist, als ob der Fisch selbst aus dem Wunsch heraus, den Menschen zu ernähren, diesem beibringt, den Angelhaken herzustellen.

Die Ficinische Definition der Magie ist knapp und klar: Die magischen Operationen zielen auf die Erlangung von Fernwirkungen durch unmittelbare Ursachen ab, insbesondere durch die Einwirkung auf das Höhere vermittels des ihm entsprechenden Niederen (*per inferiora consentanea*), das als »Lockmittel« (*escae, illices, illecebrae*) dient und zur rechten Zeit (*temporibus opportunis*) das Höhere »anlockt« (*allici*).

Strenggenommen handelt es sich um einen transitiven Mechanismus, der zuerst die physischen Ursachen in Bewegung setzt, um übersinnliche Wirkungen zu erzielen. Ihrerseits schlagen die Wirkungen in neue Ursachen um, die wiederum Wirkungen physischer Art zeitigen.

Um sich eine deutliche Vorstellung von diesen Operationen

zu machen, müßte man die Bedeutung der drei Bestandteile untersuchen, aus denen die Tätigkeit der magischen »Verlockung« (*allici*) besteht: Die höheren Wesenheiten (*superiora*), die ihnen entsprechenden oder mit ihnen »sympathisierenden« niederen Dinge (*inferiora consentanea*) oder die »Lockmittel« (*escae, illices, illecebrae*) und die »günstigen Zeiten« (*tempora opportuna*).

Die höheren Wesenheiten

»[. . .] vielmehr lassen sich Dämonen anziehen und Gaben aus dem beseelten Weltall und von den lebendigen Sternen« (*sed daemones potius animatique mundi munera stellarumque viventium*), sagt Ficino im ersten Kapitel von *De vita coelitus comparanda.* Ein kurzgefaßter Ausdruck, der aber die Hilfsmittel, die sich der Magier zu beschaffen hofft, unmißverständlich benennt.

Das nächste Kapitel dieses Buches wird sich hauptsächlich mit den verschiedenen Kategorien von Dämonen, den pneumatischen Wesen der Zwischenwelt befassen. Hier bleibt uns nur noch übrig, die »Gaben der beseelten Welt« und die »Gaben der lebendigen Sterne« näher zu bestimmen.

Die »Gaben der beseelten Welt« sind natürliche Pneuma-Gefäße, welche die Fähigkeit besitzen, den menschlichen Geist kraft des Gesetzes des pneumatischen Zusammenhalts der Teile des Weltalls zu ernähren.

> »Diese *quinta essentia* kann zunehmend von uns einverleibt werden, wenn man weiß, wie man sie am besten trennt, denn sie ist mit anderen Elementen[24] vermengt, oder wenn man wenigstens weiß, wie man häufig Gebrauch von diesen Dingen macht, in denen – vor allem in ihrer reineren Form – diese reichlich vorhanden ist, als da sind: edler Wein, Zucker, Balsam, Gold, Edelsteine, Myrobalanen und überaus angenehm duftende und leuchtende Dinge« (*Vita coel.* I).[25]
>
> »Indem man sich der Pflanzen und anderer beseelter Wesen häufig bedient, ist es möglich, viel von dem Weltgeist zu erhalten [. . .]« (*ebd.*, XI).[26]
>
> »Wenn man wünscht, daß ein Nahrungsmittel vor allem die Form des Gehirns annehmen soll (*rapiat prae ceteris formam cerebri tui*: womit ausgedrückt werden soll, daß es Einfluß auf das Gehirn usw. ausübt) oder die der Leber oder des Magens, muß man soviel wie möglich Gehirn, Leber oder Magen von Tieren essen, die von der menschlichen Natur nicht allzu weit

entfernt sind« (wahrscheinlich Säugetiere, aber nicht ausschließlich; *ebd.*, I).[27]

Aber das Herzstück der Ficinischen Abhandlung ist der Beschreibung der »Gaben der lebendigen Sterne« (*munera stellarum viventium*) gewidmet. Die Astrologen, die Ficino aus Liebe zur Tradition »platonische Philosophen« nennt, haben universale Himmelsfiguren aufgestellt, die in ihren Teilen die Erscheinungsformen (*species*) aller niederen Dinge enthalten. Im Tierkreis gibt es zwölf Zeichen und sechsunddreißig Dekane, was insgesamt achtundvierzig *universales figurae* ergibt, denen noch die dreihundertsechzig Grade des Tierkreises hinzuzufügen sind (*ebd.*, I). Diese *figurae* stellen den Ort dar, an dem sich die sieben Planeten bewegen, die untereinander Aspekte bilden. Die »Gaben der lebendigen Sterne« sind die Eigenschaften der Planeten je nach ihrer jeweiligen Position, das heißt nach den »günstigen Zeiten« (*tempora opportuna*).

Der menschliche Leib ist ein Abbild des physischen Kosmos, und jeder der sieben Planeten hat darin einen besonderen Einflußbereich. Diese Entsprechungen heißen *astrale Melothesie*[28] und bilden den Kern der Lehre, welche in der Hermes Trismegistos zugeschriebenen *Iatromathematica* dargelegt wird.[29]

Soli oculus dexter, Lunae sinister.
Saturno auditus, auresque, Iovi cerebrum.
Cruor, sanguisque Marti, Veneri olfactus, gustusque.
Mercurio lingua, et gurgulio.[30]

Das ist die theoretische Grundlage der Konstruktion der Aderlaßmänner (*homines phlebotomici*) oder der Bilder, die den Einfluß von Planeten, Sternzeichen und Dekanen genau anzeigen. Da die Planeten, Sternzeichen und Dekane bisweilen sehr komplizierte Kombinationen bilden, muß man in Wirklichkeit für jede Planetenposition ein neues Verzeichnis der Entsprechungen erstellen, einen neuen Aderlaßmann konstruieren.[31] Die Heilmittel der Iatromathematik hängen ganz und gar von der genauen Aufzeichnung dieser Figuren ab, denn auf Grund der Planeten und der Sternzeichen, die in einem gegebenen Augenblick einen bestimmten Körperteil beherrschen, wird der Gebrauch der entsprechenden Heilkräuter festgelegt.

»Wenn auch nicht eigentlich der Heilung wegen, bedient man sich weiterhin seltsamer, auf astrologischen Angaben beruhender Rechenmaschinen, so zum Beispiel der ›Sphaira des Petosiris‹, die nach F. Boll im ersten Jahrhundert unserer Zeitrechnung erfunden wurde. Bei der Behandlung des Patienten war das griechische Prinzip der Melothesie zu berücksichtigen, wonach Anatomie und Physiologie von den Sternen beherrscht werden: jedes Tierkreiszeichen regiert über einen Teil des Körpers, jeder Planet regiert über ein Organ. Ein Chirurg kann ein krankes Glied nicht operieren, wenn der Mond in dem Tierkreiszeichen steht, dem dieses Glied angehört, denn sonst würde die Feuchtigkeit dieses Planeten sofort zu den ernstesten Komplikationen führen.«[32]

Im fünften Kapitel von *De vita coelitus comparanda* beschreibt Ficino die astrale Melothesie, im sechsten und im zehnten Kapitel desselben Werkes befaßt er sich mit dem Prinzip des Aderlaßmannes, ohne allerdings ins einzelne zu gehen.[33] Wenn man den Raum, den Ficino diesem Gegenstand widmet, mit den gelehrten Konstruktionen eines echten Iatromathematikers, wie Johannes Virdung von Haßfurt,[34] vergleicht, läßt sich daraus schließen, daß es sich dabei um einen marginalen, wenngleich im Gesamtzusammenhang der Ficinischen Magie unerläßlichen Bereich handelt. Was Ficino tatsächlich in höchstem Maße beschäftigt, ist nicht die Heilung von Krankheiten des Leibes, sondern die Reinigung des Geistes und die geistigen Vorteile, die der Arzt aus der Stellung der Gestirne ziehen kann.

Erinnern wir uns daran, daß drei der sieben Planeten, die Ficino »die drei Grazien« nennt (Sonne, Jupiter und Venus), günstig sind. Mars und Saturn sind unheilvoll, während Merkur mal zur einen, mal zur anderen Gruppe neigt. Wie ist es nun möglich, die Eigenschaften des heilsamen Planeten auf das individuelle Pneuma zu lenken?

»Wenn du möchtest, daß dein Leib und dein Geist Kraft von einem Glied (bei Ficino bedeutet das Wort *membrum* ›Organ‹) des Weltalls empfängt, beispielsweise von der Sonne, suche nach den Dingen, die unter den Metallen und Steinen am meisten sonnenhaft sind, noch mehr unter den Pflanzen und besonders unter den beseelten Wesen, insbesondere den Menschen. (Es folgt die Liste der sonnenhaften Metalle, Steine, Pflanzen, Tiere und Menschen.) [. . .] Ebenso, wenn dein Leib nicht von Jupiter im Stich gelassen werden soll, bewege deinen Leib am Tage und in der Stunde Jupiters und unter seiner Herrschaft und benutze unterdessen jupiterhafte Dinge. (Es

> folgt die Aufzählung.) [. . .] Doch wie die Kraft der Venus durch Turteltauben, Tauben, Bachstelzen und durch weitere Dinge angezogen werden mag, das zu verraten verbietet mir das Schamgefühl« (*Vita coel.* I).[35]

Nach der Art der Tätigkeit, die es anzuregen gilt, zu urteilen, sind alle Planeten gleich wichtig: Saturn herrscht über die hohe Philosophie und die Geheimwissenschaft, Jupiter über Naturphilosophie und Politik, Mars über die männlichen *certamina* (Wettkämpfe), Sonne und Merkur über Redekunst, Musik und Ruhm, Venus über Feste und der Mond über die Nahrung (*ebd.*, II). Der Einfluß der Planeten auf die Körperteile entscheidet über die Art der jeweils zu verabreichenden astrologischen Heilmittel (*ebd.*, VI). Die Pharmakologie ist im übrigen einer der wichtigsten Zweige der Magie (*ebd.*, XI, XIII, XV). Alles das kann mit einem knappen Ausdruck zusammengefaßt werden:

> *Res naturales atque etiam artificiosae habent virtutes a stellis occultas, per quas spiritum nostrum stellis eisdem exponunt* (*ebd.*, XII, Kaske, Clark, S. 298 [547]). – »Natürliche und sogar künstliche Dinge beziehen geheime Kräfte von den Sternen, durch welche sie unseren Geist denselben Sternen aussetzen.«

Die Lockmittel

Das Ziel der pneumatischen Magie Ficinos besteht darin, die geistigen, leiblichen, seelischen und gesellschaftlichen Bedingungen des Operators oder seines Klienten zu verbessern. Theurgie und Medizin sind die Hauptbeschäftigungen des Magiers. Pflanzen, Steine, Metalle und verschiedene andere Substanzen, die je nach der Position der Planeten im Tierkreis verwendet werden, üben einen günstigen Einfluß auf den Geist des Theurgen oder auf den Gesundheitszustand eines Kranken aus. Je nach Fall können Amulette, Talismane und Bilder vorbeugende oder heilende Wirkung zeitigen. Es versteht sich von selbst, daß dieselben Heilmittel eingesetzt werden können, um Ziele ganz anderer Art zu erreichen: etwa gesellschaftlichen Erfolg, die Fähigkeit, einen Beruf mühelos zu erlernen oder auszuüben, Eintracht in intersubjektiven Beziehungen usw. Man kann sich ohne weiteres vorstellen, daß es für jede Unternehmung eine günstige Position der Sterne gibt und ein Mittel, wie man sich diese Position zunutze machen kann. Ficinos Augenmerk war hingegen vornehmlich auf Theurgie und Iatromathematik gerichtet.

Das Rüstzeug der Magie besteht in einer Reihe von Substanzen, die in einer bestimmten Beziehung zu den Sternen stehen. Davon kann man unmittelbar oder mittelbar Gebrauch machen. Im ersten Fall handelt es sich um Tränke oder um einfache Talismane. Im zweiten Fall geht es um komplexere Gegenstände, die nach den ›günstigen Zeiten‹ gefertigt werden, um den heilsamen Einfluß einer bestimmten Konfiguration der Himmelskarte einzufangen und aufzuspeichern:

> »Man schreibt manchmal den aus Metallen und Steinen gefertigten astrologischen Bildern Wunderkräfte zu« (*Vita coel.* XII).[36]

Der Gebrauch von Talismanen widersetzt sich dem freien Willen durchaus nicht.

> »Auch Albertus Magnus sagt in seinem *Speculum astronomiae*:[37] ›Dem freien Willen wird durch die Wahl einer günstigen Stunde nicht Gewalt angetan; es zu verschmähen, eine [günstige] Stunde für den Beginn großer Unternehmungen zu wählen, zeugt nicht von Freiheit, sondern vielmehr von Überstürzung‹« (*ebd.*).[38]
>
> »[Pseudo-]Ptolemaios sagt im *Centiloquium*,[39] daß die Bilder der niederen Dinge den himmlischen Gesichtern unterworfen sind und daß die Weisen des Altertums bestimmte Bilder zu fertigen pflegten, wenn die Planeten ähnliche himmlische Figuren bildeten, die gleichsam Vorbilder der unteren [irdischen] Dinge waren« (*ebd.*, XIII).[40]

Wir können auf die Lehre von den Bildern kaum näher eingehen, die Ficino nach hermetischen, neuplatonischen und arabischen Quellen darlegt. Wir wissen bereits, daß mit jedem Planeten hienieden eine Reihe von Dingen zusammenhängt (*ebd.*, XIV, XV). Diese bilden den Rohstoff zur Fertigung der astrologischen Talismane. Jedenfalls schreibt Ficino diesen Eigenschaften zu, die denen von Heilmitteln und Salben unterlegen sind (*ebd.*, XV, am Schluß).

Die günstigen Augenblicke

Die *tempora opportuna*, um ein Heilkraut zu pflücken oder einen Heiltrank oder einen Talisman zuzubereiten, hängen gänzlich von der Stellung der Planeten im Tierkreis und in den himmlischen Häusern ab (zu den »Häusern« siehe oben, Anhang I). Die Komplexität der Vorbereitungen für diese astrologischen Operationen ist von Fall zu Fall verschieden. Von den einfachsten (Kapitel IV, VI, XV) bis hin zu den verfeinertesten (Kapitel XVIII) gehorchen sie allesamt demselben Prinzip, das oben ausgesprochen wurde. Ein Beispiel möge genügen:

»Um ein langes Leben zu erwerben, pflegten die Alten aus dem Stein Feyrizech, das heißt Saphir,[41] ein Bild des Saturn zu fertigen, in der Stunde des Saturn, wenn dieser aufsteigend und glücklich aspektiert war. Die Form war ein alter Mann, der auf einem recht erhabenen Thron oder auf einem Drachen saß, sich das Haupt mit einem dunklen Leinengewebe bedeckte, die Hände über seinen Kopf erhob, eine Sichel (*falx*) oder Fische in seiner Hand hielt und ein dunkles Gewand trug« (Kapitel XVIII).[42]

Bilder dieser Art sind größtenteils aus dem *Picatrix* entnommen. Sie entsprechen den Planeten und den personifizierten Wesenheiten des Tierkreises (Zeichen, Dekane, Grade), deren Erfindung der *Picatrix* den Indern zuschreibt.[43] Ein Beispiel genügt, um die Verwandtschaft der beiden Darstellungen aufzuzeigen:

»In dem ersten Dekan (lat. *facies*) des Widders steigt ein Mann auf mit roten Augen, von hohem Wuchs, mutigem Sinn und selbstbewußtem Wesen; er hat einen großen weißen Mantel an, den er an seinen Hüften mit einem Strick befestigt hat; er ist zornig und steht auf einem Fuß und hält Wache und paßt auf.«[44]

Diese Beschreibungen sollten sich zweifellos in die Phantasie des Operators einprägen, wenn er Gebete an die Planeten richtete. Die ›Planeten-Gebete‹ des *Picatrix* enthalten im übrigen eine Aufzählung der Eigenschaften, die den betreffenden Gestirnen zugeschrieben wurden, und der Operator sprach sie höchstwahrscheinlich mit auf das innere Bild der Sterngottheit gerichtetem Blick:

»O du Herr, dessen Name mächtig, dessen Ansehen groß und dessen Pneuma erhaben ist, o du Herr Saturn, du kalter, trokkener, dunkler, Wohltäter, aufrichtiger in der Liebe, worthaltender, Freund, einziger, unvergleichlicher, fest bindender, undurchdringlicher, treuer im Versprechen, müder, schlaffer, der du für dich bleibst mit Kummer und Traurigkeit, der du dich abscheidest von Freude und Fröhlichkeit, du bejahrter Greis, listenreicher, erfahrener, tückischer, hinterlistiger, kluger, verständiger, der du gedeihen läßt und zerstörst, dessen

> Ungunst elend und dessen Gunst glücklich macht! Ich bitte dich, o Urvater, bei deinen großen Wohltaten und deinen edlen Eigenschaften, mögest du mir so und so tun.«[45]

Es läßt sich ohne weiteres ermessen, wie eng die Beziehungen zwischen eigentlicher Magie, Gedächtniskunst und Glyptik (Steinschneidekunst) gewesen sein müssen. Die Talismane sollten personifizierte Wesenheiten des Tierkreises darstellen, die der Operator sich gemerkt und die er seiner Phantasie eingeprägt hatte, um sich ihrer zu nützlichen Zwecken zu bedienen. Jede Anrufung dieser Wesenheiten mußte von ihrer augenblicklichen Visualisierung begleitet sein. Diese seltsamen Gestalten, denen ein selbständiges Sein eignet und die im pneumatischen Apparat des erfahrenen Magiers *wirklich* in Erscheinung treten, sind im Grunde nichts anderes als die berühmten *Dämonen*, die alle Bereiche des Weltalls bewohnen.

KAPITEL VII

Die Dämonomagie

1. Einige Grundbegriffe der Dämonologie

Wer kennt nicht die Dämonenscharen des Christentums, deren wohltuendste Tätigkeit darin bestand, unausgesetzt Naturzwänge (Schläfrigkeit, Hunger, erotisches Verlangen) auf die Menschen auszuüben, die den Hochmut besaßen, sich über sie erhaben zu wähnen? Zweifellos waren die Dämonen gleichermaßen fähig, beängstigende kinetische Phänomene hervorzurufen, die mehr als einen Heiligen beinahe bezwungen hätten und die sich nicht auf einfache Halluzinationen zurückführen lassen.

Die Kunst des Mittelalters und der Renaissance schreibt ihnen die sonderbarsten und abstoßendsten Gestalten zu, die dem Tierreich entlehnt wurden: Dies reicht von Käfern zu kurzschwänzigen Zehnfüßlern, von kriechenden Seegurken zu Lurchen, vom Fisch Oxyrrhynchos zu gepanzerten Sauriern, und nicht zu vergessen sind Schlangenwesen, Fledermäuse und sogar vogelartige Kriechtiere, die gewissermaßen die Entdeckungen der Paläontologie vorwegnehmen.[1]

Die Jünger der *Oracula Chaldaica* (λόγια Χαλδαικά) vermochten numinose Wesenheiten erscheinen zu lassen, vor allem die Göttin Hekate und die Seelen griechischer Heroen und berühmter Philosophen wie Platon.

Der Anrufung der Götter folgte oftmals ihr In-Erscheinung-Treten (*Autophanie*, αὐτοφάνεια).[2] Das Erscheinen Hekates ist dafür sehr charakteristisch:

> »Nach dieser Anrufung wirst du entweder ein Feuer betrachten, das sich hüpfend wie ein Kind auf einen Luftstrom zu bewegt; oder ein formloses Feuer, dem eine Stimme entfährt; oder ein überquellendes Licht, das sich dröhnend um die Erde windet: oder ein stärker als das Licht glänzendes Roß oder auch ein Kind, das auf den Rücken eines flinken Rosses gestiegen ist, flammend oder mit Gold bedeckt oder, im Gegenteil, nackend oder auch mit einem Bogen in der Hand, aufrecht auf dem Rücken [des Rosses] sitzend.«[3]

Bei ihren magischen Praktiken bedienten sich die Theurgen häufig eines goldenen Zauberkreisels (στρόφαλος, στροφάλιγξ), in den mystische Zeichen eingraviert wurden und in dessen Mitte ein Saphir eingefaßt war. Man konnte ihn mit Hilfe eines Lederbandes drehen, während der Theurg die magischen Formeln sprach und von Zeit zu Zeit unartikulierte, Tierschreien gleichende Laute ausstieß, um böse Geister abzuwehren. Dieses Instrument, das noch Proklos, einer der letzten Platoniker, benutzt hatte, hieß Iynx (ἴυγξ), nach dem Namen einer Art Feuervogel (Wendehals, *Jynx torquilla*), der Botschaften zwischen der geistigen und der sinnlichen Welt übermitteln sollte.[4] Mit Hilfe eines Iynx war Proklos imstande, Regen zu erzeugen ebenso wie der Verfasser der *Orakel*, Iulianos der Chaldäer, der sich rühmte, dies im Jahre 174 vollbracht zu haben, als er an einem Feldzug Marc Aurels als Soldat teilgenommen hatte. (Leider läßt sich wohl kaum feststellen, wer der Urheber des Wunders ist, denn die christlichen Kriegsteilnehmer der Legio Fulmina, die heidnische Partei und ein anonymer ägyptischer Magier nahmen dieses Verdienst jeweils für sich in Anspruch.)[5]

Jedenfalls waren Zauberrad oder Zauberkreisel der Theurgen übersät mit magischen Zeichen – man findet sie auf chaldäischen Talismanen wieder –, die wahrscheinlich in graphischer Form dieselben Symbole darstellten, die ebenfalls als feierliche Formeln (σύνθημα) ausgesprochen werden konnten, da sie vom höchsten Geist in die Welt »gesät« wurden.[6] In bestimmten Fällen sollten diese Figuren den ›im Herzen‹, das heißt in der menschlichen Seele, eingeritzten *character* wiedergeben, und sie bestanden in einer Verbindung von Halbkreisen und dem griechischen Buchstaben X (Chi). Mehrere griechische Heroen hatten ein psychisches Diagramm und einen mystischen Namen, die es den Theurgen erlaubten, sie zu beschwören. Der byzantinische Platoniker Michael Psellos berichtet, daß Iulianos der Chaldäer die Seele Platons angerufen und ihr zahlreiche Fragen gestellt haben soll. Nach Hans Lewy, einem der berufensten Deuter der *Orakel*, dürfte die Seele Platons als leuchtende geometrische Figur erschienen sein. Die Vorstellung, die menschliche Seele bestehe aus Halbkreisen und X-(Chi-)Buchstaben, leitet sich vom platonischen *Timaios* (34 B, 36 B) her, wo die Weltseele als aus zwei Achsen zusammengesetzt beschrieben wird, die in Gestalt eines X übereinandergelegt, zu je einem Halbkreis gebogen und an ihren aufeinandertreffenden Enden zusammengefügt wird. Nach dem Zeugnis des Justinus Martyr behaupteten die Christen, diese Figur bilde das Kreuz mit der ehernen Schlange nach (*Numeri* 21,9).[7]

Neben Göttern, Helden und großen Weltweisen – wie Platon – gab es auch andere Wesenheiten, die den Chaldäern zufolge die Welt des Übersinnlichen bevölkerten und die sich bisweilen dem menschlichen Auge zeigten. Es handelte sich um Dämonen, die gut oder böse waren. Die Platoniker Plutarch von Chaironeia und Apuleius von Madaura ebenso wie die Neuplatoniker Porphyrios und Iamblichos unterschieden zwischen zwei Klassen von Dämonen: die immer in den überirdischen Zonen wohnten und die körperlosen menschlichen Seelen, die sich tausend Jahre lang in Dämonen verwandelten und danach wieder in den Kreislauf der Wiedereinkörperung (μετενσωμάτωσις) eintraten.

In der Natur (φύσις), das heißt im sublunarischen Bereich, wimmelte es von Luft-, Wasser- und Erddämonen, die kosmisches Unheil und individuelle Leidenschaften verursachten. Es gab tierische Formen – vorzugsweise die von Hunden:

> »Aus den Schößen der Erde entspringen Erdhunde, die dem Sterblichen nie ein wahres Zeichen zeigen.«[8]

Das Oberhaupt der bösen Dämonen war Hades, dessen infernalische Heerscharen man durch das Opfern von Steinen (so etwa dem *Mnizouris*-Stein) oder Pflanzen – denselben, deren man sich auch bei der Reinigung des Seelengefährtes bediente – zu besiegen versuchte. Man benutzte ebenfalls Amulette, Phylakterien[9] und apotropäische Statuetten, und verscheuchte die bösen Geister, indem man Bronzeinstrumente erschallen ließ.[10]

Alle Hauptquellen der neuplatonischen Dämonologie wurden von Marsilio Ficino ins Lateinische übersetzt. Es handelt sich um die Abhandlungen des Porphyrios (*De sacrificiis, et divinis, atque daemonibus, Opera* II, S. 1934 f.), des Iamblichos (*De mysteriis Aegyptiorum*, II, S. 1873-1908), des Proklos (*De anima et daemone*, Fragment aus dem Kommentar des Proklos zum *Alkibiades I*, II, S. 1908-1928; *De sacrificio, et magia*, S. 1928-1929) und des Michael Psellos (*De daemonibus*, II, S. 1939-1945).[11]

Porphyrios unterrichtet uns, daß es nach Platon eine Vielfalt von Dämonen gibt, von denen einigen ein öffentlicher, den Göttern gleichender Kult, anderen aber ein Geheimkult geweiht wird. Wiederum andere, die von den Menschen vernachlässigt werden, können leicht Rache üben.

Was unternimmt man, um die Gunst der Dämonen zu erwerben? Durch Gebete und Opferhandlungen, die sich als äußerst nützlich erweisen, erwirbt man sie, denn die guten Dämonen, die in den Höhenregionen des sublunaren Raumes beheimatet sind, können uns im ganzen Bereich der Natur und des gesellschaftlichen Lebens Wohltaten gewähren. Dagegen ist es nötig, wenigstens die Gleichgültigkeit der bösen Dämonen, die in der Nähe der Erde hausen, zu erlangen, denn deren Wirkung kann äußerst schädlich sein, wenn sie zürnen. Denn sie besitzen einen geistigen Leib, der sterblich ist und ernährt werden muß. Wenn sie ärgerlich sind, schrecken sie vor keiner Boshaftigkeit zurück und verursachen in der menschlichen Phantasie unheilvolle Leidenschaften, aber auch Naturkatastrophen wie Erdbeben oder die Vernichtung der Ernte. Womit ernähren sie sich? Da ihr Leib eine Art Dunst ist, ergötzen sie sich an Fleischgeruch, Räucherungen, Blut. Deshalb strömen sie scharenweise zu den Tieropferplätzen herbei. Der Weise, der weiß, daß dort, wo es blutendes Fleisch gibt, auch böse Dämonen zugegen sind, wird der vegetarischen statt der fleischlichen Kost den Vorzug geben und damit die sprichwörtliche Genügsamkeit der Essener, einer frommen asketischen jüdischen Sekte, nachahmen.

Iamblichos gibt uns noch wertvollere Auskünfte über die überirdischen Wesen, die er in mehrere Klassen unterteilt: Ganz oben gibt es die überhimmlischen Götter und die Seelen der Gestirne oder die himmlischen Götter; danach folgen die Erzengel, die Engel, die Dämonen, die *principatus*, die Heroen, die Archonten (*principes*) und die entkörperlichten Menschenseelen.[12]

Das Amt der Dämonen besteht darin, die Seelen in die irdischen Leiber hineinzulegen; dagegen besteht die Aufgabe der Heroen darin, zu beleben, Vernunft zu verleihen, die Herde der Seelen zu bewachen und sie von ihren Leibern[13] zu befreien.

Bemerkenswert an der Schrift des Iamblichos ist, daß sie uns verrät, daß je nach ihrer Kategorie »alle angerufenen höheren Wesenheiten in verschiedenen Gestalten in Erscheinung treten« (*Omnes superi invocati veniunt in conspectum, sed aliis formis, viribusque occurunt*). Der Neuplatoniker bemüht sich, die Manifestationen der unsichtbaren Wesen ausführlich zu beschreiben. Götter, Erzengel und Engel haben einfache und eingestaltige (einheitliche) Erscheinungsformen. Die Dämonen, die *principatus*, die Heroen und die menschlichen Seelen haben verschiedenartige und komplexe Gestalten. Die Eindrücke, welche diese Erscheinungen vermitteln, sind ebenfalls verschiedenartig: Die Götter sind hoheitsvoll und hilfsbereit, die Erzengel gewaltig und mild zugleich, die Engel sind noch milder, die Dämonen schreckenerregend, die Heroen gebieten weniger Ehrfurcht als die Dämonen, die *principatus* sind lichtvoll, die Archonten schädlich und feindselig, die Seelen gleichen den Heroen.

Die Erscheinungen der Götter, Erzengel und Engel erzeugen keinerlei Störung. Dagegen stören die Dämonen die Ordnung und flößen Schrecken ein. Die *principatus* sind majestätisch, unveränderlich und in sich selbst ruhend. Die Heroen sind wandelbar und ungeduldig. Die Archonten zeigen sich in stürmischer Bewegung. Die Seelen ähneln den Heroen, sind aber weniger wohlgeordnet und unbeständiger.

Götter, Erzengel und Engel sind von wunderbarer und unaussprechlicher Schönheit. Die Dämonen sind ihrem Wesen nach schön, die Heroen schön im Ausdruck ihres Mutes, die Schönheit ist wiederum der Hauptvorzug der *principatus*, während die Schönheit der Fürsten künstlich und erkünstelt ist. Die Seelen haben teil an der dämonischen und der heroischen Schönheit.

Die Geschwindigkeit und die Wirksamkeit der jeweiligen Tätigkeiten dieser Wesen nimmt mit ihrer Stellung innerhalb der Rangordnung ab. Insbesondere handeln die *principatus* auf Grund von Autorität und Kraft, während die Archonten ihrem Handeln einen Nachdruck verleihen, der die wahre Wirkung ihrer Möglichkeiten übersteigt.

Die Manifestationen der Götter nehmen den ganzen Himmel ein, und ihren leuchtenden Anblick können die Sterblichen nicht ertragen. Die Erzengel nehmen nur einen Teil der Welt ein, sie sind strahlend und tragen Sinnbilder. Die Engel sind weniger gleißend und weniger groß. Die Dämonen sind kleiner von Wuchs, und das von ihnen ausgehende Licht ist erträglicher. Die Heroen haben weniger eindrucksvolle Ausmaße und ein edelmütiges Äußeres; die *principatus* sind sehr groß; die Archonten sind dünkelhaft aufgeblasen, hochmütig und anmaßend, die Seelen haben verschiedene Größen, sind jedoch kleiner als die Heroen.

Es gibt selbstverständlich auch böse Dämonen. Zwar sind die

Heroen, die Dämonen und die Engel höhere Wesen, die an der Schau der intelligiblen Schönheit teilhaben, sagt Proklos. Aber es gibt auch böse Dämonen, und diese sind um so gefährlicher, als sie unter der Erscheinungsform von guten Dämonen auftreten können, um den Opfernden irrezuführen (II, S. 1909-1910).

Da sie die Eigenschaften und die Kräfte der Dämonen kennengelernt haben, die sie mit Hilfe von natürlichen Substanzen anrufen können, besitzen die Magier die Fähigkeit, die Dämonen über die Klassen der höheren Gottheiten zu befragen. Zum Teil verfügen die Dämonen über eine unmittelbare Kenntnis der Götter und können sie ihren Jüngern mitteilen. Welch ein Glück für den Magier, sich durch die Vermittlung der Dämonen Zugang zu den Gottheiten verschaffen zu können (II, S. 1929).

Die Neuplatoniker unterschieden die wohltätigen Dämonen, welche die höheren Bereiche der Luft bewohnen, von den bösartigen, die in der Nähe der Erde wohnen. Für den christlichen Neuplatoniker Michael Psellos sind alle Dämonen böse. Wie die Engel verfügen auch sie über einen sehr feinen pneumatischen Leib. Doch während der Leib der Engel strahlend ist, ist derjenige der Dämonen dunkel.

Psellos bekennt, daß ihn der Einsiedler Markos von Chersonesos in diese recht seltsame Dämonenlehre eingeweiht habe. Markos behauptet, die Dämonen seien imstande, ihren Samen in Tierleiber auszustoßen und dort auch geboren zu werden. Sie besitzen Glieder und, da sie Nahrung aufnehmen, scheiden sie auch aus. Ihre Nahrung besteht aus Geist und den Säften, die sie einatmen und wie Schwämme aufsaugen. Markos, der Fachmann für Dämonologie, kennt mehrere Dämonenarten, denn ihre Vielfalt ist erstaunlich:

> »Die ganze Luft über und um uns, die ganze Erde, das ganze Meer und die Eingeweide der Erde sind erfüllt mit Dämonen« (II, S. 1940).

Davon gibt es sechs Kategorien: diejenigen, die das Feuer bewohnen, das den oberen Luftbereich begrenzt, »die in der Barbarensprache *Leliureon* heißen, was feuerig (διάπυρος) bedeutet« (die sublunarischen Dämonen); die Luft-, Erd-, Wasserdämonen, die unterirdischen Dämonen und eine letzte Art, die aus denen besteht, »die das Licht hassen (μισοφαής, *lucifugus*), unsichtbar, vollkommen verdunkelt sind und durch kalte Leidenschaften gewaltsam zugrunde richten« (II, S. 1941).[14] Obgleich alle diese

Dämonen bösartig sind, sind die letzten drei Arten besonders gefährlich. Denn die Tätigkeit der sublunaren, der Luft- und Erddämonen ist ausschließlich geistig, während die Tätigkeit der anderen unmittelbar materiell sein kann. Die ersteren beschränken sich darauf, »die Seele durch Phantasien und Gedanken zu verderben« (insbesondere rufen Luft- und Erddämonen erotische Phantasien hervor). Alles das ist leicht zu erklären, denn auf Grund der Tatsache, daß die Dämonen ein pneumatisches Wesen besitzen, können sie jede beliebige Form und Farbe annehmen und sich dem menschlichen Geist unter trügerischen Erscheinungsformen zeigen.

> »Indem sie diese Formen annehmen, beflügeln sie uns zu vielen Taten und Entscheidungen und flüstern uns viele Ratschläge ein. Sie erregen in uns die Erinnerung an vergangene Wollust und regen im Wachzustand oder im Traum häufig die Ebenbilder (*simulacra*) der Leidenschaften an, erregen und reizen uns sogar in der Leistengegend, geben ihre Körper zu unzuträglichen Begattungen her, vor allem wenn wir auf Grund unserer warmen und feuchten Säfte ohnehin dazu neigen« (*ebd.*).[15]

2. Die Dämonen und der Eros

Diese Lehre von den Succubi und Incubi wird bis ins 17. Jahrhundert Anlaß zu recht eigentümlichen Debatten geben, so daß es sich durchaus lohnt, hier näher darauf einzugehen.

Obwohl der Einsiedler Markos von Chersonesos annimmt, daß die Dämonen von männlichen Geschlechtsorganen Besitz ergreifen können, glaubt er dennoch, daß alle Dämonen weiblicher Wesensart ohne bestimmte Form und fähig sind, durch ihren inneren Willen alle möglichen Trugbilder zu erzeugen (II, S. 1942).

Nicht alle Kenner der Hexerei vom 15. bis zum 17. Jahrhundert sind davon überzeugt, daß die Dämonen Samen ausstoßen und sich fortpflanzen können, wenn auch die halbamtlichen Traktate, wie der 1486 erschienene *Malleus maleficarum* und die gegen Ende des 16. Jahrhunderts erschienene Summa (*Disquisitionum magicarum libri sex*, Löwen 1599, Mainz 1600) des Jesuiten Martin Antoine Del Rio diese Ansicht vertreten.[16]

Nach der vielleicht meistverbreiteten Ansicht, etwa der des Dominikaners Johannes Vineti, eines Inquisitors aus Carcassonne, die in seinem *Tractatus contra daemonum invocatores* (um 1450) ausgesprochen wird, wechseln die Dämonen ihre Geschlechtszugehörigkeit. Sie wirken in der Nähe eines Mannes als Succubi, empfangen sein Sperma und legen es danach in die Vagina einer Frau, in deren Nähe sie sich als Incubi betätigen.[17] Das ist eine gemäßigte Ansicht, die unter anderem von dem Minoriten Alphonso de Spina in seinem um 1460 verfaßten *Fortalicium Fidei* (Straßburg 1464 oder 1467) geteilt wird. De Spina zufolge erwachen die Nonnen, die mit Incubi verkehrt haben, »besudelt, als hätten sie einem Mann beigewohnt«.[18]

Pierre Nodé, der Verfasser einer *Déclamation contre l'Erreur exécrable des Maléficiers, Sorciers* [. . .] *à ce que recherche et punition d'iceux soit faicte* (Paris 1578), ist überzeugt davon, daß alle Hexen mit Incubi und die Hexer mit Succubi verkehren und auch, daß sie mit Leichen, die von den in ihren Diensten stehenden Dämonen belebt wurden, geschlechtlich verkehren (S. 30).[19] Jean Bodin unterrichtet uns in seiner *Démonomanie des Sorciers* (Paris 1580), daß die Succubi im Valois und in der Picardie *coche-mares* (Nachtmahr, Alpdruck) heißen.[20]

Der Dominikaner Jordanes von Bergamo (*Quaestio de Strigis*, ungedruckt, um 1470 geschrieben) teilt mit, daß der Bischof von Verona, Ermolao Barbaro,[21] ihm den Fall eines Mannes berichtete, der fünfzehn Jahre lang einen Succubus als Geliebte hatte,[22] und in den Berichten über Hexerei kommen Geschichten dieser Art zuhauf vor.

Johannes Henricus Pott, der sein *Specimen Juridicum de Nefando Lamiarum cum Diabolo Coitu, in quo abstrusissima haec materia dilucide explicatur, quaestiones inde emergentes curatae resolvuntur, variisque non injucundis exemplis illustrantur* gegen Ende des 17. Jahrhunderts (Jena 1689) schreibt, hält an dem Urteil des *Malleus* und Del Rios fest und fügt dem »nicht unerfreuliche Beispiele« an, wie etwa: Da die Incubi tierische Gestalt haben, gibt es Frauen, die infolge ihrer abscheulichen Beziehungen zu den Dämonen alle möglichen Tiere (Löwe, Katze, Hund usw.) oder Ungeheuer zur Welt gebracht haben (§ 9, S. 32). Den interessantesten Fall, den er nach dem Augenzeugen Philipp-Ludwig Elich (*Daemonomagia*, Frankfurt am Main 1607) anführt, ist der einer Frau, die vermutlich einem hahnengestaltigen Dämon beigewohnt hatte und seitdem täglich Eier legte und wie eine Henne gackerte ... (§ 10, S. 33 f.).[23]

Noch im 18. Jahrhundert erregte die Frage nach der Fortpflanzung der Dämonen großes Interesse, denn die am 19. November 1698 vorgelegte akademische Dissertation, die ihr Johann Klein in Rostock widmete, wurde 1731 unter dem Titel nachgedruckt: *Examen juridicum judicialis Lamiarum Confessionis se ex nefando cum Satana coitu prolem suscipisse humanum*.[24] Gemäß der Autorität des *Malleus* und Del Rios vertritt Klein die Ansicht, daß Dämonen mit den Unglücklichen, die sie verführen, Kinder zu zeugen vermögen:

> »Man kann in den gerichtlichen Protokollen der Geständnisse von Hexen lesen, daß sie, die einen verabscheuungswürdigen Umgang mit diesem höchst unreinen Geist pflegten, mehr Lust an den unsittlichen Organen Satans empfanden als an dem statthaften Beischlaf mit ihren rechtmäßigen Gatten und auch, daß sie sich nicht immer an den Wirkungen dieser abscheulichen Verderbtheit ergötzten. Es ist oft vorgekommen, daß sie aus diesem hassenswerten und sodomitischen Verkehr lebendige Kinder zur Welt gebracht haben.«[25]

Ludovico Maria Sinistrari de Ameno, dessen Traktat *De Daemonialitate et Incubis et Succubis*, der gegen Ende des 17. Jahrhunderts geschrieben, von Isidore Lisieux ins Französische übersetzt und erst 1875 in Paris gedruckt wurde, ist bei weitem origineller. Er glaubt, daß die Incubi und Succubi nicht Dämonen sind, sondern Wesen, die man im Französischen *follets*, im Italienischen *folleti* und im Spanischen *duendes* nennt. Es sind keine der christlichen Religion feindlich gesinnte Geister, sondern sie haben einfach eine irrsinnige Lust, gegen die Keuschheit – *contra castitatem* – zu handeln.[26] Die von Sinistrari de Ameno vertretene These ist der Vorstellung vom Wechsel der Geschlechtszugehörigkeit der *folleti* entgegengesetzt. Diese sind von sich aus fähig, Samen auszustoßen; aus dem Verkehr mit dem Menschengeschlecht gehen menschlich aussehende Geschöpfe hervor: Sie sind mit einer zu Erlösung und Verderbnis fähigen Seele und mit einem feinstofflichen Leib ausgestattet, dessen Langlebigkeit die des menschlichen Leibes übertrifft. Sie können ihre Körper nach Belieben ausdehnen und zusammenziehen, durch die Zwischenräume der Materie durchschlüpfen; sie bilden organisierte Gesellschaften mit Regierungen und Städten.[27]

Die Apologeten der Inquisition versäumen es nicht, uns über die sexuellen Beziehungen zwischen den Hexen beiderlei Geschlechtes und dem Teufel eingehend aufzuklären. Eine der größten Autoritäten des 16. Jahrhunderts auf diesem Gebiet ist Nicolas Remi (Nicolaus Remigius), Dichter, Geheimrat und *cognitor publicus* des Herzogs von Lothringen, Verfasser der *Daemonolatreia, ex judiciis capitalibus nongentorum plus minus hominum qui sortilegii crimen intra annos quindecim in Lotharingia capite luerunt* (Lyon 1595).[28] Der Traktat, in dem Remi sich an der Schilderung der unerhörten Foltern ergötzt, worin er eine lange Erfahrung hatte, endet mit den Versen:

»Juges, ne craignez point de vous montrer sévères
Dans vos arrêts portés pour punir les sorcières;
[...] Tous les siècles loueront ces actes de justice.«

Richter, fürchtet nicht, euch gestreng zu zeigen
In euren Urteilen, die gefällt wurden, um die Hexen zu bestrafen;
[...] Alle Jahrhunderte werden preisen diese Taten der Gerechtigkeit.[29]

Zwar bewundert man seine beneidenswerte Gewißheit, doch kann man nicht umhin, festzustellen, daß Remi – glücklicherweise – irrte. Da er fünfzehn Jahre lang die Akten von ungefähr neunhundert Hexenprozessen studiert hat, gibt er uns jedenfalls die lebendigsten, aufschlußreichsten und maßgeblichsten Schilderungen der Dämonophilie:

»Alle diejenigen, die mit Incubi und Succubi geschlechtlich verkehrt haben, erklären einhellig, daß es schwerfällt, sich etwas Schaurigeres und Unangenehmeres vorzustellen oder es zu beschreiben. Pétrone Armentaire erklärt, daß, sobald er seine Abrahel umarmte, seine Gliedmaßen steif wurden. Und Hennezel behauptet, daß seine Scuatzebourg (das waren die Namen der Succubi) den Eindruck erweckte, als hätte sie eine mit kaltem [Wasser] gefüllte Höhle [anstelle der Scheide], und daß er sich zurückziehen mußte, ohne einen Orgasmus zu erleben. Auch behaupten alle Hexen, daß die männlichen Glieder der Dämonen dermaßen groß und hart sind, daß es unmöglich ist, sie ohne äußersten Schmerz einzuführen. Alice Drigée verglich das erigierte Glied ihres Dämons mit einem Ofengabelstiel (*subix focarii*), den sie der Versammlung zeigte,

> und gab an, daß jener Dämon weder Skrotum noch Hoden hatte. Claudine Fellée habe es [das Glied] öfter als eine Art Spindel erlebt, die zu einer so gewaltigen Größe aufschwoll, so daß es von keiner Frau, welchen Umfanges auch immer, ohne heftigen Schmerz aufgenommen werden könne [. . .]. Diese Unseligen klagten sehr oft darüber, sie würden gegen ihren Willen von ihrem Dämon beschlafen, doch vermochten sie sich dagegen nicht zu wehren [. . .]. Und dennoch gibt es einige, die in dieser kalten und scheußlichen Umarmung zum Orgasmus kommen.«[30]

Südlich der Pyrenäen entfaltet der Dämon am Sabbat ein gewalttätiges Verhalten: Wenn er eine Hexe erblickt, *con su mano yzquierda (a la vista de todos) la tendia en el suelo boca abaxo, o la arrimaba contra un Arbol, y alla la conocia somaticamente.*[31] Der Verkehr ist nicht weniger schmerzhaft (*el Demonio la tratò carnalmente por ambas partes, y la desflorò y padecio mucho dolor*[32]), aber ist auch dazu angetan, die Unglückliche in die Todsünde der Sodomie zu stürzen.

Man erkennt, welche moralischen (und körperlichen) Schäden die Incubi und Succubi anrichteten. Die Schäden gesellschaftlicher Art, die sie hervorriefen, sowie die Herkunft dieser bösen pneumatischen Wesen werden wir noch zu untersuchen haben.

3. Hexen und dämonische Wesen

Im Gegensatz zu dem, was der Optimist (oder ›Minimalist‹) Sinistrari de Ameno glaubte, ist die Tätigkeit der Dämonen im Bereich des verpönten Eros besonders inbrünstig, doch sie beschränkt sich keineswegs darauf. Es ist nicht nötig, auf den *Malleus* oder auf die Summa Del Rios (*Disquisitiones magicae*) zurückzugreifen, um zu erkennen, daß man den Hexen andere Verbrechen, die sie durch Vermittlung von Dämonen begingen, zur Last legte.

Johann Nider (Nyder), Verfasser des *Formicarius. De Visionibus ac Revelationibus*, eines Werkes, das während des Basler Konzils zwischen 1435 und 1437 niedergeschrieben wurde, gab bereits sieben Arten an, wodurch die *malefici* oder die Hexer beiderlei Geschlechts der menschlichen Gesellschaft Schaden zufügten:

Indem sie Liebe oder Haß einflößten, Impotenz, Krankheit, geistige Verwirrung verursachten, den Tod bewirkten und den Besitz anderer zerstörten.[33] Nun gehört Nider nicht zu der radikalen Strömung, die wenige Jahre später die Todesstrafe für die Hexer empfehlen und 1468 schließlich verfügen sollte, daß das Verbrechen der Hexerei in ein *crimen exceptum* umgewandelt wird, was allen möglichen gerichtlichen Mißbräuchen Tür und Tor öffnet.[34] Im Gegenteil, Nider erkennt die Autorität einer alten Urkunde, die *Canon* oder *Capitulum Episcopi* heißt und von dem Kirchenschriftsteller Regino von Prüm (um 906) (*De Ecclesiasticis Disciplinis*[35] lib. II, cap. 364) aus den angeblichen Akten eines »Konzils von Ancyra (Anquira)«, in denen man aber keine Spur davon finden konnte, wieder ans Licht gebracht wurde. Der Bischof Burchard von Worms (um 1020)[36] und Gratian bestehen wiederum auf dieser phantastischen Zuschreibung, und Thomas von Aquin, der das Werk ebenfalls als maßgeblich anerkennt, nennt ein Konzil von Aquileia, das aber ebensowenig zu einer Schrift dieser Art Anlaß gegeben haben dürfte. Aus diesem Grund vermutet der Herausgeber von Henry Charles Lea, George Lincoln Burr, daß es sich um eine Anfang des 10. Jahrhunderts von Regino selbst angefertigte Fälschung handeln müsse.[37]

Wie dem auch sei, der *Canon Episcopi* bringt die Einstellung der Kirche zum Ausdruck, bis er von dem *Malleus maleficarum* verdrängt wird und sogar darüber hinaus, und zwar jedes Mal, wenn ein Geistlicher oder ein Laie den Mut aufbringt, die Behauptungen des *Malleus* anzuzweifeln.

Der *Canon Episcopi* leugnete weder die Wirklichkeit des Teufels noch die der Hexen. Doch das Besondere an ihm lag darin, daß er die Wundertaten der Hexerei (Sabbat, magischer Flug), die von »bösen, vom Teufel verdorbenen Frauen« vollbracht wurden, als »Illusionen und Phantasmen von Dämonen« betrachtete. Anders ausgedrückt, der *Canon* stritt den Halluzinationen der Hexen jede physische Wirklichkeit ab:

> »Wer ist so töricht und stumpfsinnig zu glauben, daß alle diese Dinge, die nur im Geiste geschehen, sich auch leibhaftig zutragen?«[38]

Außer Burchard und Gratian untermauert eine sehr einflußreiche Schrift des 12. Jahrhunderts, der Augustinus zugeschriebene *Liber de Spiritu et Anima*, die unbestreitbare Autorität des *Canon*

Episcopi. Darin sind die Hexen *quaedam mulierculae post Satanam conversae, daemonum illusionibus et phantasmatibus seductae*.[39] Thomas von Aquin drückt es wiederum formal aus:

»Es wird behauptet, daß diese Frauen sich im Geiste [zum Sabbat] begeben; nun handelt es sich nicht um den Geist, der als Substanz der Seele auf das Äußere des Leibes einwirkt, sondern vielmehr darum, daß Halluzinationen (*visa*) dieser Art im Geiste, in der Vorstellungskraft [Phantasie] der Seele (*in phantastico animae*) entstehen.«[40]

Eine Geschichte, von der Nider in seinem *Formicarius* zum ersten Mal berichtet und die hernach oft wiederholt wird, stellt uns bereits alle erforderlichen Elemente zur Verfügung, um die Art und Weise zu verstehen, wie die Hexen ihre Flug- und Sabbatvisionen erlangten. Nider erzählt, daß ein Dominikaner, der einer dieser *mulierculae* begegnete, die vorgaben, am Sabbat mit der Schar Dianas auszufliegen, sie um die Erlaubnis bat, an diesem wundersamen Erlebnis teilzunehmen. Die Frau *rieb ihren Leib mit einer Salbe ein*, sprach eine der Beschwörungen und fiel sofort in einen so unruhigen Schlaf, daß sie aus der auf einem Tisch stehenden Brotmulde hinabstürzte und mit dem Kopf gegen den Fußboden stieß. Da sie überzeugt davon war, entfernte Gegenden besucht zu haben, war sie baß erstaunt, als der Pater ihr eröffnete, daß sie das Gemach nicht verlassen hatte.[41]

Die Bezeichnungen *pixidariae* und *baculariae*, die man den Hexen gab, zeugen von der Bedeutung, die in ihren Praktiken der Salbenschachtel und dem Besenstiel zukam.[42] Jordanes von Bergamo sagt ausdrücklich, daß sie sich auf einen mit Salbe bestrichenen Stock rittlings setzten oder sich die Salbe *in die Achselhöhlen* (*sub assellis*) einrieben.[43] Wenn wir die Rezepte dieser Salben untersuchen, begreifen wir sofort den Grund dieser Anwendungen.

Mehrere Rezepturen sind bekannt,[44] die neben anderen Zutaten, deren Rolle sorgfältig untersucht werden müßte, einige psychoaktive, aus Pflanzen extrahierte Bestandteile enthalten, die zumeist zur Familie der Nachtschattengewächse (*Solanaceae*) gehören wie Weißer oder Gemeiner Stechapfel (*Datura stramonium*),[45] Schwarzes Bilsenkraut (*Hyoscyamus niger*), Tollkirsche (*Atropa belladonna* L.),[46] Eisenhut oder Sturmhut (*Aconitum napellus* L.), Schwarzer Nachtschatten (*Solanum nigrum*), *Physalis somnifera*,[47] Schwarzer Nieswurz (*Helleborus niger*) oder Indischer Hanf (*Cannabis indica*), die einzeln oder in Gemischen von zwei oder drei gleichzeitig verwendet wurden. Unter diesen starken Narcotica und Halluzinogenen wurden der Stechapfel (*Datura*), der im Französischen ›Herbe des Magiciens‹ oder ›Herbe des Sorciers‹ oder auch ›Herbe du Diable‹ heißt, und der schwarze Nachtschatten (*Solanum nigrum*, ›Herbe des Magiciens‹, ›Verjus du Diable‹) am häufigsten eingesetzt.[48]

Die Kirche kannte die ursächliche Beziehung zwischen dem Gebrauch von Salben aus Kräuterextrakten und dem Phänomen des Hexenwesens. 1528 entschied das Provinzialkonzil von Bourges, die Kräutersammler zu verfolgen. 1557 verbot de Mouluc, Bischof von Valence und Die, den Priestern, Kräutersammlern die Kommunion zu erteilen, und dieselbe Maßnahme wurde 1618 in den synodalen Statuten des Bischof-Gouverneurs von Saint-Malo, 1638 in den synodalen Statuten des Bischofs von Cahors und danach von dem heiligen Franz von Sales und d'Aranton d'Alex, den Bischöfen von Genf, von Le Camus, Bischof von Grenoble und von Joly, Bischof von Agen, verkündet.[49]

Im Gesamtzusammenhang der Hexen-Praktiken darf die Bedeutung des Besenstiels nicht unterschätzt werden. Mehrere Quellen berichten, daß man ihn mit Salbe bestrich, und auf vielen Stichen des 16. Jahrhunderts sieht man *nackte* Hexen auf ihrem Besenstiel fliegen. Nun haben die Nachtschattengewächs-Extrakte gerade diese Eigentümlichkeit an sich, daß sie von der Haut absorbiert werden und so in den Organismus eindringen, wo sie ihre Wirkung sofort entfalten.[50] Die empfindlichsten Körperteile sind gerade die Vulva bei den Frauen und die Achselhöhlen, was die scheinbar unpassende Anwendung der *bacularia* erklärt.[51] Die Hypothese, daß die ›klassischen‹ Hexer, deren Existenz spätestens seit dem 10. Jahrhundert bezeugt ist, eine Mischung von empirischen Pharmazeuten und Rauschmittelverbrauchern waren, ist nicht neu. Die moderne Pharmakologie hat diese Hypothese zur Gewißheit erhoben, und die Völkerkundler haben sie beinahe einmütig angenommen.[52] Gewiß, die Gleichartigkeit der Mittel reicht nicht aus, die Gleichartigkeit der Halluzinationen bei den Hexen zu erklären. Da dieses Problem viel zu interessant ist, als daß wir uns ohne eingehendere Betrachtung von ihm abwenden könnten, es andererseits aber in dieser gedrängten Erörterung der Dämonologie keinen Platz finden kann, haben wir beschlossen, ihm am Ende unserer Darlegung einen besonderen Anhang zu widmen (siehe unten, Anhang VII).

Vorläufig steht soviel fest: Die ›klassischen‹ Hexer waren Außenseiter beiderlei Geschlechts, die sich durch den Gebrauch von Halluzinogenen den Zugang zum Unbewußten erzwangen. Was sie unter dem Einfluß von Rauschmitteln erlebten, hielten sie für wirklich und stellten sich vor, daß sie bestimmte stereotype Handlungen vollzogen hatten. Der regelmäßige Drogenkonsum führte mit Sicherheit letztlich dazu, daß die recht labilen und problematischen Grenzen zwischen Traum- und Wachzustand verschwammen. Die Hexer lebten umgeben von ihren eigenen Phantasmen, die für sie wirkliche und persönliche Züge annehmen mußten. Es ist keineswegs seltsam, daß sie Geschlechtsverkehr mit ihnen hatten, und auch nicht, daß sich dieser auf die groteske Art und Weise abspielte, von der Nicolas Remi und andere zu berichten wissen. Vergessen wir nicht, daß bei den Hexen die Schleimhaut der Vagina eine der von der Absorption der Drogen meistbelasteten Zonen war. Daher rührt die große Wahrscheinlichkeit von Entzündungen und Infektionen, welche die charakteristischen Druckempfindungen vermutlich erklären dürften, die von einer unausgesetzten Erregung begleitet wurden und erotische Träume von besonderer Art herbeiführten. Auf der phantasmagorischen Ebene äußerte sich das leibliche Leiden, das von der Berührung mit dem Besenstiel und von der Absorption der Salbe ausgelöst wurde, in einen schmerzhaften Verkehr mit einem Partner, der mit einem übermäßig großen, mitunter sogar geschuppten Zeugungsglied versehen war. Die ›Kälte‹ des Organs läßt sich vermutlich durch das schnelle Verdunsten von bestimmten Bestandteilen der Salbe erklären.

Was nun das Verhältnis der Hexer mit ihren Succubi angeht, so ist die Vorstellung, die man sich darüber macht, bei weitem nicht so genau wie im Falle der Incubi-Dämonen. Selbst wenn sie ihre Geschlechtsorgane mit Salbe einrieben, waren die männlichen Hexer vor den heftigen Empfindungen, die ihre weiblichen Berufsgenossen erlebten, gefeit, was die weniger schockierende Art ihres Geschlechtsverkehrs mit den Phantasmen erklärt. Andererseits sollen die Succubi ebenfalls eine kalte Vagina (*frigida specus*) besitzen, ein Phänomen, dessen physiologische Ursache von genau derselben Art sein dürfte, wie sie im Falle der Incubi zu beobachten ist.

»Der Schlummer der Vernunft gebiert Ungeheuer.«[53]

Die Halluzinogene erweisen sich als die stärksten Mittel, um Phantasmen zu erzeugen, um Dämonen zum Leben zu erwekken. Von hier ist es nur noch ein Schritt dahin, ihnen greifbare Gestalten und Attribute zu verleihen.

Eine zweite – ganz und gar künstliche – Methode, Dämonen anzurufen, besteht darin, sie sich mit Hilfe der Mnemotechnik vorzustellen.

Es gibt schließlich einen dritten Zustand, in dem die Dämonen auftreten, diesmal ohne angerufen worden zu sein: die Geisteskrankheit.

Der Fall von Alexis-Vincent-Charles Berbiguier de Terre-Neuve du Thym,[54] einem reichen Rentier, der in der zweiten Hälfte des 18. Jahrhunderts in Carpentras geboren wurde, ist besonders lehrreich.[55] Diesen Fall schildert er selbst in den drei Bänden seiner wertvollen Autobiographie, die er 1821 in Paris unter dem Titel *Les Farfadets, ou Tous les démons ne sont pas de l'autre monde* auf eigene Kosten veröffentlichte.

Von 1813 bis 1817 wohnte Monsieur Berbiguier im Hôtel Mazarin, in der Rue Mazarine 54 in Paris, wo die Kobolde (*farfadets*) ihn unablässig bedrängten. Seinerseits spezialisierte er sich darauf, sie einzufangen, was ihm den selbst verliehenen Ehrentitel »Die Geißel der Kobolde« einbrachte, den er stolz über seinem Bildnis eingravieren ließ.

Wahrscheinlich waren die Anzeichen der Geisteskrankheit Berbiguiers bereits vor dessen Pariser Aufenthalt aufgetreten. In Avignon hatte er einen gewissen Dr. Nicolas aufgesucht, der ihm einige magnetische Bestreichungen, die ihn ängstigten, verabreicht haben muß. In Paris zog er Hellseherinnen und den Magier und Hexenmeister Moreau zu Rate, der sich selbst als ein mächtiger Vertreter der Kobolde – und zwar Beelzebubs – herausstellte. Doch die Krise scheint erst ausgebrochen zu sein, als zwei Wahrsagerinnen, die Jeanneton Lavalette und die Mançot, Herrn Berbiguier die Tarotkarten legten und ihn, mit dem Einverständnis seiner geheimen Feinde, »unter den Einfluß eines unheilvollen Planeten« setzten. Seitdem kannte der tapfere Kobold-Vertreiber keinen ruhigen Augenblick mehr. Die Kobolde lauerten ihm in seinem Zimmer auf, folgten ihm auf dem Pont-Neuf, in der Kirche Saint-Roch und begleiteten ihn auch, als ihm der große Bußpriester von Notre-Dame die Beichte abnahm. Man wundert sich nicht, daß er beschloß, Professor Pinel, einen Arzt der Salpêtrière, aufzusuchen, der in der Rue des Postes 12, nahe der Estrapade, wohnte. Wie groß muß seine Angst gewesen sein, als er merkte, daß sich Professor Pinel selbst in einen Kobold verwandelt hatte, in dem Berbiguier den Vertreter Satans erkannte (der andere Arzt, Nicolas aus Avignon, wurde zum Vertreter des Moloch erklärt). Professor Pinel begnügte sich nicht damit, unseren Helden bei sich zu Hause zu empfangen, sondern stattete ihm auch einen unerwarteten Besuch in seinem Hotelzimmer ab, in das er durch den Rauchfang des Kamins eindrang. Auch war er es, der den armen Coco, das treue Eichhörnchen des Herrn Berbiguier, auf tückische Weise tötete, um dessen Herrn Leid zuzufügen.

Der schändliche Abfall des Professor Pinel war nicht die einzige Enttäuschung im Leben des Bedauernswerten, der kurzerhand den Entschluß faßte, sich – koste es, was es wolle – gegen die Angriffe der Kobolde zur Wehr zu setzen. Er besorgte sich koboldtötende Kräuter, Nadeln, Schwefel, Salz und andere Substanzen und begann eine gnadenlose Hetzjagd auf die Kobolde, die er dann zu Tausenden in eine schlichte Glasflasche einschloß.

Besorgt wegen der Angriffe des unbeugsamen Herrn Berbiguier, entsandten die Kobolde einen dreizackbewehrten Centurio namens Rhotomago, der ihm einen ehrenhaften Vorschlag unterbreitete: und zwar den, sich ihrer Gesellschaft anzuschließen. Unser Held lehnte würdevoll ab, woraufhin die Versammlungen der Kobolde zunahmen. Daran nahmen der mit einem Dreizack bewaffnete Pinel höchstpersönlich teil, Étienne Prieur, ein Jurastudent, der stets als Schwein verkleidet war usw. (Étienne Prieur mußte der Sohn des Drogisten Prieur sein, des Vertreters von Lilith.) Das Bestreben, seinen Feinden Widerstand zu leisten, nötigte Herrn Berbiguier, eindrucksvolle Schwefelräucherungen vorzunehmen, die die ganze Nachbarschaft in Angst und Schrecken versetzten und ihm den Besuch eines bösen Feuerwehrhauptmanns bescherte.

Ein Beweis dafür, daß die Geisteskrankheit ihre Opfer zufällig aussucht: Unser zweiter Fall betrifft einen Wissenschaftler von beachtlicher Bildung. Es handelt sich um Dr. Ludwig Staudenmaier,[56] der nach dem Abitur an einem bayrischen humanistischen Gymnasium im Jahre 1884 an einem Lyzeum vier Jahre lang Philosophie und katholische Theologie studierte. Kurz danach bezog er die Universität München und promovierte 1895 im Fach Zoologie und Chemie, in dem er weiterhin als Assistent wirkte. 1896 wurde er Professor der Experimentalchemie am königlichen Lyzeum in Freising, an dem er bis zu seiner Emeritierung lehrte.

Staudenmaier veröffentlichte 1912 ein sehr interessantes Buch unter dem Titel *Die Magie als experimentelle Naturwissenschaft* (Leipzig 1912, 2., vermehrte Aufl., Leipzig 1922), in dem er sorgfältig ein Erlebnis beschreibt, das mit dem Berbiguiers gewissermaßen vergleichbar ist, das aber unser Gelehrter in einem ganz und gar wissenschaftlichen Geiste behandelt. Staudenmaier hatte begonnen, Stimmen zu hören und unheimliche Wesenheiten zu unterscheiden, ohne allerdings darüber zu erschrecken. Zeit seines Lebens bemühte er sich, freundschaftliche Beziehungen zu den ihn besuchenden Wesen herzustellen, sie kennenzulernen, sie bei ihrem Namen anzusprechen. Darüber hinaus begann Dr. Staudenmaier eine Art Yoga zu üben, und als er emeritiert wurde, verwendete er seine Ersparnisse dazu, in ein Land mit einem milderen Klima, und zwar nach Italien, überzusiedeln. Er starb am 20. August 1933 in Rom, in einem Krankenhaus eines religiösen Ordens, wo er im Begriffe stand, einen Atmungsversuch durchzuführen, um »die Lebenswärme zu erwecken«.

Monsieur Berbiguier und Dr. Staudenmaier sind harmlose Geisteskranke, welche die Muße hatten, der Nachwelt sehr wertvolle Dokumente zu hinterlassen. In beiden Fällen erfährt man, daß die fremden Wesenheiten sich dem Kranken aufdrängen und mehr oder weniger seltsame Beziehungen anknüpfen, was uns zu der Behauptung berechtigt, daß die Hauptquelle der Dämonen in dem Unbewußten zu suchen ist, das unter bestimmten Umständen in den bewußten Bereich des Subjekts einbrechen kann.

Die Hexerei setzt Halluzinogene ein, um die Erfahrung einer anderen Wirklichkeit als der alltäglichen zu erzwingen; der Kranke wird wider seinen Willen in den Kreis seiner Phantasmen geführt. Nur der Magier allein wendet völlig bewußte Techniken an, um seine Hilfsgeister zu beschwören und zu befehligen. In seinem Falle bedeutet einen Dämon zu *erfinden* soviel, wie ihn zum Dasein zu erwecken.

4. Die Dämonomagie von Marsilio Ficino bis Giordano Bruno

Klassifikationen der Magie

Moderne Forscher sind davon überzeugt, daß es zwei Arten von Magie gibt, die ›spirituelle‹ oder ›natürliche‹ Magie, der Ficino huldigt, und die ›Dämonomagie‹, die von Trithemius gepflegt wird.

Diese Unterscheidung ist willkürlich und steht auf wackliger Grundlage. Da die Dämonen selbst körperlose Geister sind, bilden sie den Gegenstand der *spirituellen* Magie ebenso wie die »Gaben des beseelten Weltalls« und die »Gaben der lebendigen Sterne«. Ficino, selbst ein Dämonologe, beschäftigt sich in seinem Kommentar zum *Gastmahl* (VI, 4) mit Planetendämonen, und wenn er es vermeidet, das Thema Dämonomagie zu vertiefen, so geschieht dies, weil er um sein Leben bangt.

Der ›natürliche‹ Charakter der Magie Ficinos versteht sich von selbst, allerdings gibt es auch eine andere natürliche Magie: die Giovanni Battista della Portas – eine Art Nachschlagewerk zu seltsamen Phänomenen und volkstümlichen Rezepten –, die keineswegs ›spirituell‹ ist. Und ebenso wird auch die Magie des Trithemius durch die Vermittlung von Planetendämonen vollzogen, ohne deshalb spirituell zu sein.

Somit gelangt man zu dem Schluß, daß es mehrere Arten von Magie gibt, die gleichzeitig spirituell und dämonisch sein können, was dieser Dichotomie jede Grundlage entzieht.

Unter den Klassifikationen der Magie in der Renaissance ist diejenige Giordano Brunos zweifellos die interessanteste. Dieser unterscheidet neun Kategorien: [1] *sapientia*, [2] *magia naturalis* (*medicina*, *chymia*), [3] *praestigiatoria*, eine zweite Form der natürlichen Magie, [4] *mathematica* oder *occulta philosophia*, eine [5] *magia desperatorum*, welche die Dämonomagie ist, die auch *transnaturalis seu metaphysica* oder auch *theurgia* genannt wird, [6] *necromantia*, [7] *maleficium* (von dem das [8] *veneficium* eine Unterklasse ist) und [9] *divinatio* oder *prophetia*.[57] Obgleich die Kriterien dieser Klassifikation nicht immer klar sind, scheint Bruno zunächst die Art der Hilfsmittel, die sich der Magier zu beschaffen gedenkt, und die von ihm angewandte Methode im Auge zu haben. Das Schema könnte übrigens vereinfacht werden: Die ersten vier Arten der Magie bedienen sich *natürlicher* Mittel, die mathematische

Magie – der Bruno den Vorzug gibt – ist eine Zwischenstufe, die vier letzten Arten bedienen sich *außer-*, *über-* oder *transnatürlicher* Mittel:

»Fünftens, wenn diesem Worte, Gesang, die Wirkungsweisen (*rationes*) der Zahlen und Zeiten, Bilder, Figuren, Siegel, Charaktere oder Buchstaben hinzugefügt werden, entsteht die mittlere zwischen der natürlichen und der außer- oder übernatürlichen Magie, die eigentlich als *mathematische Magie* aufgeführt werden sollte und mit dem Namen der *okkulten Philosophie* treffend umschrieben wird.«[58]

»Als sechstes kommt zu diesen der Kult oder die Anrufung von Intelligenzen und wirkenden äußeren oder höheren [Wesen] hinzu, und zwar mit Gebeten, Beschwörungen, Räucherungen, Opfern, gewissen Handlungen und Zeremonien für Götter, Dämonen und Heroen. Das geschieht zu dem Zweck, den Geist in sich selbst zusammenzuziehen, um selbst sein Gefäß und Instrument zu werden, um als der Wissende der Dinge zu erscheinen. Diese Weisheit könnte man jedoch leicht, im Verein mit dem Spiritus, mit Hilfe eines Pharmakons hervorholen. Das ist die *Magie der Verzweifelten*, die zum Gefäß böser Dämonen werden; sie wird durch die *Ars notoria* ausgeführt. Auch dient sie dem Zweck, den niedereren Dämonen mit der Autorität der obereren Dämonenfürsten zu befehlen und Vorschriften zu machen, denn die einen Dämonen muß man ehren und herbeilocken, die anderen beschwören und herbeizwingen. Das ist die *transnatürliche* oder *metaphysische Magie*, und sie wird mit einem eigenen Begriff als *Theurgie* bezeichnet.«[59]

Zunächst entsteht der Eindruck, als sei Bruno bestrebt, eine Grenze zu ziehen zwischen den Formen der ›natürlichen‹ Magie, denen gegenüber die Kirche toleranter war, und den Formen der durch die Vermittlung von Dämonen wirkenden Magie, die von der Kirche verurteilt wurden. Sein neungliedriges Schema würde sich also ohne weiteres in eine Hierarchie der Intoleranz verwandeln, in der die Formen, die an höchster Stelle stehen, am verwerflichsten sein müßten. Das gilt bis zum achten Grad – die magischen Behexungen und Vergiftungen –, wird aber mit einem Schlag durch die neunte Form, die Weissagung, widerlegt. Nun wird die Weissagung von Wahrsagern (*divini*) ausgeübt, und auf sie bezieht Bruno alle Formen der übernatürlichen Magie, die er mit dem Beiwort *divina* belegt. Die Dinge werden immer verwirrender, wenn man erfährt, daß die neun oben aufgezählten Gattungen in drei Arten unterteilt werden: *magia physica*, *mathematica* und *divina*, von denen die erste und die dritte stets heilvoll sind, während die zweite, die mathematische Magie, je nachdem heilvoll oder unheilvoll sein kann.[60] Daraus muß man entweder schließen, daß Bruno darauf verzichtet, die Magie der Verzweifelten, die Nekromantie und die unheilvolle Magie zu den zulässigen Gattungen der Magie zu zählen, oder aber daß er sie diesmal als erweiterte Möglichkeiten der mathematischen Magie auffaßt.

Nur der wesentlich *polemische* Charakter aller Werke Brunos wird uns den Schlüssel zu diesem Rätsel bieten. In der Tat verabsäumt es Bruno in *De magia* nicht, einen Pfeil gegen den Obskurantismus des *Malleus maleficarum* abzuschießen:

> »Schließlich werden der Magier und die Magie einer unwürdigen Bedeutung entsprechend aufgefaßt, so daß sie eigentlich nicht unter den Arten der Magie bzw. unter den aufgezählten vorkommen sollten. [Dies besagt], daß der Magier ein ›Maleficus‹ sei und in jedem Fall dumm, daß er aus dem Verkehr mit einem bösen Dämon (*cacodaemon*) und aus einem gewissen Pakt mit ihm in bezug auf sein Vermögen, zu schaden oder zu helfen, Form angenommen habe. Aus diesem Grund klingt sein Name nicht gut bei den Weisen oder bei den Philologen (*apud grammaticos*), da von gewissen Kapuzenmantelträgern (*bardocuculli*; das heißt, den Mönchen) der Name des Magiers vereinnahmt wurde. Ein solcher Kapuzenmantelträger war der Autor des *Malleus maleficarum*. So wird der Name des Magiers heute von allen möglichen Schreibern dieser Gattung vereinnahmt, wie zu lesen erlaubt ist in den Postillen und Katechismen der unwissenden und phantasierenden Priester.«[61]

Gleichzeitig beugt Bruno den Angriffen der Geistlichen vor, indem er gewisse Formen der Magie verurteilt, die durch Vermittlung von Dämonen wirken. Eine davon, namentlich die Nekromantie, ist eine Form der Weissagung, die durch Beschwörungen und Anrufungen vollzogen wird, die sich an die Geister der Toten wenden.[62] Nun erkennt man unschwer, daß die Nekromantie zu den drei Arten der Magie gehört, die Bruno selbst für verwerflich hält. Da sich aber die Magie, die er *divina* nennt, im Grunde auf die Weissagung zu beschränken scheint, weshalb erkennt er dann nicht, daß diese ebenso wie die mathematische

Magie von zweifacher Art sein kann: heilvoll und unheilvoll? Das geschieht einerseits, weil Bruno gänzlich darauf zu verzichten scheint, die Nekromantie und die unheilvolle Magie in seine engere Klassifikation der Gattungen der Magie einzubeziehen, und andererseits, weil er einen beträchtlichen Teil der Operationen, die durch Vermittlung von Dämonen vollzogen werden, der mathematischen Magie überträgt. Ist es denn möglich, die Beweggründe dieser recht verworrenen Strategie zu verstehen? Ja, wenn man ein (wie den *Malleus*) halbamtliches Dokument heranzieht: den um 1525 von Paolo Grillandi (Paulus Grillandus) verfaßten und 1536 in Lyon veröffentlichten *Tractatus de Hereticis et Sortilegijs*. Darin behauptet Grillandi, daß die Anrufungen der Dämonen *per modum imperii*, also diejenigen, die Bruno den kleinen Dämonen vorbehält, nicht ketzerisch seien, sondern lediglich Gotteslästerungen. Im Gegensatz dazu ist die Weissagung der Zukunft *stets häretisch*.[63]

Nun besaß Bruno eine für seine Zeit erstaunliche Bildung, und es kommt selten vor, daß selbst die unbedeutendsten Stellen seiner Schriften nicht irgendeine Anspielung enthalten, deren Quelle man kennen muß, um ihre Bedeutung zu entschlüsseln. Im letzten Teil dieses Buches werden wir die polemische Tragweite eines der Brunoschen Motive untersuchen, die man stets für echt hielt: das des ›Esels‹ und der ›Eselheit‹ (*asinitas*), die als Attribute des Heiligen gelten. An dieser Stelle sei nur beiläufig vermerkt, daß Bruno die Theorie der Heiligkeit und Heldenhaftigkeit in unmittelbarer Polemik entwickelte gegen eine der reformationsnahen Schriften des Cornelius Agrippa, eines Denkers, den Bruno übrigens in Ehren hielt. Es ist also durchaus nicht auszuschließen, daß er in *De magia* stillschweigend Grillandi entgegentritt, indem er nachweist, daß die höchste Form der Weissagung – weit davon entfernt, unheilvoll zu sein – vielmehr stets heilvoll ist. Aber das verhindert nicht, daß Bruno bei der Klassifikation der drei Gattungen halbamtlichen Schriften wie etwa dem *Tractatus de Hereticis et Sortilegijs* verpflichtet ist. Denn Grillandi selbst errichtet eine ›Hierarchie der Intoleranz‹ der Kirche gegen die Formen der Magie, in denen – genauso wie bei Bruno – die Weissagekunst als die verwerflichste an oberster Stelle steht. Das erklärt mühelos die Klassifikation von Bruno, der sich von einem Traktat *gegen* die Magie wie dem Grillandis anregen läßt, allerdings andere Kriterien vorschlägt, um den

Grad der Verwerflichkeit der magischen Disziplinen zu ermitteln. Unter anderem ist er sich mit Grillandi nicht über die Weissagung einig und scheint geneigt, die Dämonomagie mehr als Grillandi selbst zu mißbilligen, selbst wenn sie *per modum imperii* statthat. Doch sofort reut es ihn, denn die von ihm selbst gepflegte mathematische Magie ist den Operationen, die durch die Vermittlung von Dämonen erfolgen, nicht unverwandt. In diesem Augenblick bleibt ihm nichts anderes übrig, als die Autorität Grillandis anzuerkennen, die er zwei Seiten früher stillschweigend in Frage gestellt hatte. Er gibt zu, daß die mathematische Magie unheilvoll sein kann, aber höchstwahrscheinlich hofft er, daß sie, gemessen an den Kriterien Grillandis, nur als gotteslästerlich, nicht aber als häretisch eingestuft würde.

Alle diese doktrinalen Spitzfindigkeiten gehören nicht nur zur Eigenart Brunos, sondern zu der aller Autoren, die sich im 16. Jahrhundert mit Magie beschäftigen und nichtsdestoweniger bestrebt sind, den Schein zu wahren. Unter ihnen scheint Bruno übrigens der naivste zu sein. Wenngleich er mit einem Übermaß an Scharfsinn begabt ist, kommt er sehr schlecht mit der eigenen Heftigkeit zurecht – und dieser Charakterzug sollte ihm zum Verhängnis werden. Im Gegensatz dazu ist der Abt Trithemius, der auch über hohe Protektion verfügt, ein Vorbild an Geschicklichkeit. Worin besteht Brunos taktischer Fehler? Darin, daß er nie fähig ist, mit irgend jemandem einverstanden zu sein; das könnte noch hingehen, wenn er darauf geachtet hätte, zu allererst anzugeben, daß er irgend jemandes Ansichten bis zu einem gewissen Punkt teilt, daß er sich aber dann in den Einzelheiten davon distanziert – was häufig der Fall ist. Nun verfährt Bruno aber genau umgekehrt: Am Anfang schleudert er Schmähungen gegen jemanden, um nachträglich einzuräumen, daß es sich im Grunde nur um Detailfragen handelt.

Wenn wir richtig sehen – und die Klassifikation in *De magia* tatsächlich auf die von Grillandi oder die eines anderen Verfassers von Traktaten *gegen* Magie und Hexerei zurückgeht –, dann muß man zugeben, daß die ganze Vorgehensweise Brunos seltsam ist: Was er den in Frage stehenden Quellen entlehnt, ist viel bedeutsamer, als das, was er verwirft. Und das brauchte man lediglich hervorzuheben, damit der Schein gewahrt bliebe.

Im 16. Jahrhundert war keine der christlichen Kirchen eine demokratische Institution und keine empfand Sympathie für die

Magie. Da Bruno mit dem *Malleus*, dem Spätwerk Agrippas, das von einem sehr starken Einfluß des Protestantismus zeugt, und höchstwahrscheinlich mit Traktaten wie dem Grillandis vertraut war, wundert man sich, daß er die Intoleranz dieser Epoche nicht richtiger einzuschätzen wußte, bevor er deren Konsequenzen am eigenen Leibe erfahren hat. Das rührt daher, daß er sich mehr oder weniger offen in der Stellung eines Propheten sah und daß ihm das Martyrium nicht widerstrebte. Er spricht es übrigens im *Sigillus sigillorum* selbst aus:

> »Ich habe dem, der sich vor dem Körperlichen fürchtet, niemals recht geglaubt, daß er mit dem Göttlichen in Verbindung stand; denn der wahrhaft Weise und Tugendhafte ist, da er keinen Schmerz empfindet, vollkommen glücklich (soweit das unter den Bedingungen des gegenwärtigen Lebens überhaupt möglich ist) [. . .].«[64]

Doch kehren wir zur Magie Brunos zurück. Wir werden später sehen, daß seine *magia mathematica* nur eine dämonomagische Kompilation ist, deren Hauptquellen Trithemius und Agrippa sind. Bei seiner natürlichen Magie handelt es sich einfach um die spirituelle Magie Ficinos, deren äußerste Konsequenzen in bezug auf den Eros in den beiden Fassungen des Traktates *De vinculis in genere* ausgewertet werden. Ein Beweis dafür, daß er sich die Milde Grillandis, der die einfach gotteslästerliche Magie von der ketzerischen Magie unterschied, zunutze zu machen wußte, ist die Tatsache, daß er in seiner Abhandlung *De magia* eine Dämonenlehre darlegt, der es nicht an Originalität mangelt, obgleich sie von dem Werk des Psellos, das Ficino ins Lateinische übersetzt hatte, angeregt ist.

Die Dämonen sind unsichtbare Geister, welche die Fähigkeit besitzen, auf den inneren Sinn einzuwirken. Sie erzeugen visuelle oder akustische Halluzinationen oder beides zugleich. Bruno unterscheidet fünf Klassen. Die Dämonen der ersten Klasse, die den unterirdischen und den Wasserdämonen des Psellos entsprechen, sind *bruta animalia* und nicht vernunftbegabt. Die der zweiten, welche die Ruinen und Gefängnisse bewohnen, sind eine »scheue, argwöhnische und leichtgläubige« Gattung. Man kann sie anrufen, denn sie vermögen die artikulierte Sprache zu vernehmen und zu verstehen. Die der dritten Klasse sind »eine vorsichtigere Gattung«. Sie bewohnen die Luft und sind besonders furchterregend, denn sie führen die Menschen durch Einbildung und trügerische Versprechungen in die Irre. Die der vierten Klasse, die im Äther wohnen, sind gutartig und strahlend. Die der fünften Klasse werden manchmal Götter oder Heroen genannt, doch in Wirklichkeit sind sie die Diener des einzigen Gottes. Die Kabbalisten nennen sie Fissim, Seraphim, Cherubim usw.[65]

> »In jeder Ordnung der Spiritus gibt es Vorsitzende und Fürsten, Leiter, Führer, Lenker und Grade, in denen die Weiseren und Mächtigeren die Dümmeren und Roheren beherrschen und ihnen Vorschriften machen.«[66]

Sie leben überall und sind unsichtbar mit Ausnahme der ersten beiden Klassen – die der Wasser- und Erddämonen –, deren Körper grobstofflicher (*crassiores*) sind und die unter gewissen Umständen sichtbar werden können. Sie verursachen Krankheiten, die bestimmte Berufene zu heilen vermögen, wie etwa »Cyrus und andere Perserkönige, die durch Berührung mit dem Daumen Milzkranke heilten«, oder der König von Frankreich, der Skrofulöse auf dieselbe Art und Weise heilte.[67]

Wir werden noch Gelegenheit haben, auf die Brunosche Dämonomagie zurückzukommen. Hier ging es uns lediglich um die Untersuchung der Geltung der Klassifikationen von Magie. Wir haben gesehen, daß sich die Unterscheidung zwischen ›spiritueller‹ und ›natürlicher‹ Magie nicht aufrechterhalten läßt, obgleich sie einer alten Tradition entspricht. Im Zeitalter der Renaissance beruhte diese Unterscheidung auf dem Bedürfnis, das die Vertreter der Obrigkeit wie auch ihre potentiellen Opfer verspürten, eine scharfe Grenze zwischen dem in der Magie Statthaften und dem Unstatthaften zu ziehen.

Da die Hexerei seit 1468 als *crimen exceptum* galt und den Hexern Umgang mit den bösen Dämonen der satanischen Heerscharen nachgesagt wurde, war zu erwarten, daß alle Formen der Magie, die sich auf Dämonen beriefen, für verdächtig gehalten und verfolgt wurden. Deshalb wußte Marsilio Ficino – der den Angriffen der kirchlichen Behörden wegen seines, vom Papst letztlich als harmlos beurteilten Traktates *De vita coelitus comparanda*, ausgesetzt war – nicht, welche Vorsichtsmaßnahmen er ergreifen sollte, um zu beweisen, daß die ›natürliche‹ Magie, deren er sich befleißigte, nicht dämonischer Art war. Zweifellos hatte er nur in dem Sinne recht, in dem der Magier fähig war, den eigenen Operationen Einschränkungen aufzuerlegen; das konnte aber nicht verhindern, daß die Dämonomagie in bestimmten Fällen – wenn nicht sogar immer – eigentlich eine Form von spiritueller Magie war.

Ebenso ist auch die Unterscheidung zwischen *natürlicher* und *transnatürlicher* Magie künstlich, aber die Obrigkeit schien sie insofern gelten zu lassen, als sie sich zur Aufstellung eines Maßstabes für die ›Verwerflichkeit‹ der verschiedenen Formen von Magie gebrauchen ließ. In seiner Klassifikation benutzt Bruno klassische Quellen des Okkultismus, doch scheint er sich gleichermaßen von einer dieser ›Hierarchien der Intoleranz‹ anregen zu lassen, deren Voraussetzungen er nicht mißbilligen darf, da er ja selbst daraus schöpft.

Folglich ist die Unterscheidung zwischen einer ›natürlichen‹ und einer ›transnatürlichen‹ Magie oder Dämonomagie zwar begrifflich falsch, aber sie steht dennoch bei einer historischen Tradition in hohem Ansehen, in der die potentiell Schuldigen mit ihren Anklägern fast völlig übereinstimmen.

Trithemius von Würzburg

Als er auf die acht Fragen antwortete, die ihm Kaiser Maximilian I. 1508 vorlegte, zögerte der Abt Trithemius nicht, gemäß der Lehre des *Malleus* den Hexen den Kampf anzusagen:[68]

> »Die Hexen (*maleficae*) sind eine höchst schädliche Gattung, die Pakte mit den Dämonen schließen und durch feierliches Gelübde in den Besitz der Dämonen geraten, denen sie sich in ewigem Gehorsam ergeben.«

Folglich:

> »Man darf sie nicht dulden, sondern muß sie vielmehr ausrotten, wo immer man sie antrifft, denn Gott, der Schöpfer aller Dinge, befiehlt es: ›Die Zeuberinnen soltu nicht leben lassen‹ (Luther 1545).«[69]

Als er den *Antipalus maleficiorum* im Oktober 1508 vollendete,[70] war Trithemius, soweit dies überhaupt noch möglich ist, noch kategorischer und äußerte sich besorgt über die äußerst geringe Anzahl von Inquisitoren und Richtern, die sich mit den so ernsten und zahlreichen von Hexen begangenen Verbrechen zu beschäftigen hatten.

Wer war dieser Ordensmann, der sich nicht damit zufrieden gab, die Todesstrafe für die *maleficae* zu fordern, und die Kirche zur verstärkten Wachsamkeit aufrief?

Man wird sich gewiß wundern, zu erfahren, daß dieser mustergültige Vertreter der bestehenden Ordnung selbst für einen der größten – wenn nicht gar für den größten – Zauberer des 16. Jahrhunderts gehalten werden sollte, dessen Autorität der des Hermes Trismegistos und des Königs Salomo gleichkam.

Zunächst die Legende. Erstaunliche Geschichten waren bereits zu seinen Lebzeiten in Umlauf und sollten nach seinem Tode ebenso wie die pseudoepigraphischen Schriften, die ihn als Verfasser ausgaben, anwachsen.[71]

Augustin Lercheimer von Steinfeld[en][72] scheint der beste Kenner der Wundertaten des Trithemius zu sein. Dieser hatte einen Hilfsgeist, der mütterlich dafür sorgte, daß sein Herr und Meister nicht an Hunger und Kälte zu leiden hatte. Während einer Reise ins Frankenland konnte ein neidischer und verblüffter »Keyserlicher vnd der Stadt N[ürnberg?] Rath« sehen, wie ihm der Geist im Wirtshaus, »da nichts guts zu essen noch zu trincken gewesen«, »ein Schüssel mit eim gekochten Hecht zum Fenster hinnein gereicht / vnd daneben ein Flesche Wein«.

Aber das ist nichts, gemessen an anderen Leistungen des Abtes, der sich in der Nekromantie hervortat. Lercheimer erzählt, daß Kaiser Maximilian I., dem seine geliebte Gattin Maria, die Tochter Karls von Burgund, entrissen wurde, sich »hefftig vmb jren Todt bekümmerte«. So erbot sich Trithemius, sie ihm wieder vor Augen zu bringen, damit er sich ein letztes Mal »an jrem Angesichte ergetze / so es jm gefalle«. Der Kaiser ließ sich überreden, und vor den Augen der beiden und eines dritten Zeugen kommt Maria »herein gegangen / wie der gestorbene Samuel zum Saul / spatzirt fein seuberlich für jnen vber / der lebendigen waren Marien so änlich / daß gar kein vnderscheid war vnd nit das geringste daran mangelte«.[73]

Dieser Bericht war Luther bekannt,[74] der recht staunenswerte Einzelheiten hinzufügt: Es heißt, daß der Kaiser sich nicht damit begnügte, sich an der flüchtigen Vision seiner Gemahlin zu ergötzen, sondern auch den Besuch berühmter Gespenster erhielt, wie den Alexanders des Großen und Julius Caesars. Die Geschichte wird von dem Arzt Johannes Weyer oder Wier bestätigt, der den Namen des Trithemius verschweigt, aber die Erscheinungen, die ein großer am Hofe anwesender Zauberer vor Kaiser Maximilian hervorrief, mit vielen Einzelheiten wiedergibt. Diesmal sind die angerufenen

Gespenster diejenigen von Hektor, Achilles und dem Propheten David.[75]

Der erste, der eine einheitliche Erklärung für diese optischen Phänomene gefunden hat, war 1728 der Schwede Georg[ius] Wallin,[76] dem in unserer Zeit Will-Erich Peuckert und Kurt Baschwitz gefolgt sind.[77] Im wesentlichen soll der Abt entweder über eine *camera obscura* oder über eine Spiegelkonstruktion verfügt haben, die es ihm erlaubten, die Anwesenden zu täuschen. Nach dem *Antipalus maleficiorum* zu urteilen, kannte Trithemius das Prinzip der Camera obscura und war auch fähig, eine solche zu konstruieren. Sein Jünger Heinrich Cornelius Agrippa berichtet auch im einzelnen, wie er optische Täuschungen mit Hilfe von Spiegeln zu erzeugen vermochte – ein Phänomen, das damals zur natürlichen Magie gehörte und Trithemius hätte bestens vertraut sein dürfen.[78]

Deshalb scheint Bartholomaeus Korndorffer mit seiner Behauptung recht zu behalten, daß nämlich »nichts mit teuflischem Werk gemischt gewesen« ist, obgleich er ebensowenig davon verstand wie seine Zeitgenossen. Diesmal handelte es sich um »zwey ewige vnauslöschliche brennende zeytliche Liechter«, die Trithemius nach der Aussage seines betagten Dieners Servatius Hochel für den Kaiser präpariert haben soll. Die beiden Kerzen brannten zwanzig Jahre später noch am selben Ort.[79] Das war ein ›Wunder‹ derselben Art wie das von den Verfassern der Rosenkreuzer Manifeste dem Frater Christian Rosencreutz zugeschriebene, dessen Grab zwanzig Jahre nach seinem Ableben entdeckt wurde und unter anderem »Spiegel von mancherley Thugend, also auch anderstwo Glöcklein, brennende Ampeln« enthielt.[80]

Wer war Trithemius? Die Geschichtsschreibung hält zwei recht einander widersprechende Gesichter fest: das erste, das des Zauberers, des Verfassers eines abstrusen Werkes mit dem Titel *Steganographia* oder »Geheimschrift«,[81] des Urhebers einer Reihe von recht wundersamen Pseudoepigraphen (Spuria) und der Held einer Volksüberlieferung, die ihn zum Nekromanten (Schwarzkünstler) und zum besonders geschickten Magier macht; das zweite ist das »eines berühmten Dichters, eines höchst beredten Redners, eines überaus subtilen Philosophen, eines äußerst scharfsinnigen Mathematikers, eines vollendeten Historikers und eines ausgezeichneten Theologen«[82] – nach dem Ausdruck seines Biographen Wolfgang Ernst Heidel aus Worms, der 1676 eine Verteidigung und Ehrenrettung des Trithemius verfaßte.

Tatsächlich war der Abt von Sponheim und spätere Abt des Schottenklosters St. Jakob zu Würzburg der Schützling Kaiser Maximilians I. und zweier Kurfürsten, und seine *Steganographia* wurde einem dieser Kurfürsten gewidmet, namentlich Philipp, Kurfürst von der Pfalz und Herzog von Bayern.[83] Seine anderen Werke – es handelt sich um etwa neunzig Kompilationen und kleine Schriften, seine Briefe ganz abgerechnet – behandeln verschiedene Gegenstände.[84] Ziemlich viel Raum wird der Hexerei und dem Volksaberglauben gegeben – der Abt tat sich durch seinen bemerkenswerten Eifer im Kampf gegen die Sekte der *maleficae* hervor. Es gibt dennoch Gründe anzunehmen, daß die Tätigkeit des Trithemius durch eine gewisse Zweigleisigkeit im Hinblick auf die Hexerei gekennzeichnet war. Tatsächlich hat W.-E. Peuckert festgestellt, daß der Abt in seinem *Antipalus* nicht zögert, gegen die Behexung traditionelle Gegenzaubermittel zu empfehlen, die dem Wissensschatz der mittelalterlichen Magie entstammen.[85] Nun ist Trithemius zweifellos einer der bedeutendsten und gelehrtesten Kenner der Geheimwissenschaften im 16. Jahrhundert. Fern davon, sie nur zu studieren, um sie seinem Kirchenamte gemäß zu bekämpfen, war der Abt selbst – eine Indiskretion verriet ihn – ein sehr rühriger Okkultist. Eine Untersuchung der uns überlieferten Bruchstücke seiner *Steganographia* eignen sich kaum dazu, diese Hypothese zu widerlegen.

Es sind nicht nur die Anfänge der Laufbahn des Trithemius, sondern es ist seine ganze Tätigkeit, die nach dem Bekenntnis des Abtes selbst von einer engen Zusammenarbeit mit den übernatürlichen Kräften zeugen.

Der am 1. Februar 1462 in Trittenheim geborene künftige Abt hieß Heidenberg (›de Monte gentili‹ oder ›von Heydenberg‹) nach dem Vater, der verstarb, als der Sohn ein Jahr alt war. Seine Mutter heiratete wieder, und das Kind mußte, wie sein Bruder, den Namen des Stiefvaters (Zell oder Cell) annehmen, den er sich wegen der fortwährenden Konflikte, die er bis zum fünfzehnten Lebensjahr mit dem Oberhaupt seiner Familie austrug, allerdings zu tragen weigerte. Johannes wollte studieren, während der Stiefvater – dessen Einkünfte es vermutlich nicht erlaubten, die allzu ehrgeizigen Wünsche des Jünglings zu erfüllen – ihm das mit Hilfe von Mitteln auszureden suchte, die oftmals die Stufe rein verbaler Rüge überschritten haben dürften. Johannes blieb nichts anderes übrig, als zu dem äußersten Mittel aller Unterdrückten zu greifen: Fasten und Gebet. Strengste Kasteiungen trugen ihm ein nächtliches Gesicht ein, das den Träumen gleicht, die Dante in seiner *Vita nova* schildert: Ein weiß gekleideter Jüngling – wahrscheinlich ein Engel – zeigt ihm zwei Tafeln, die eine mit Schriftzeichen, die andere mit gemalten Bildern. Er gebietet ihm: *Elige ex his duabus tabulis unam, quam volueris*, »wähle von den beiden Tafeln die, die du möchtest«. Hätte er die bemalte Tafel gewählt, so kann man vermuten, daß Trithemius ein großer Künstler der Mnemotechnik wie Giordano Bruno geworden wäre. Doch er wählte die Tafel mit Schriftzeichen, und dann sprach der Jüngling zu ihm:

> *Ecce Deus orationes tuas exaudivit, dabitque tibi utrumque quod postulasti, et quidem plus, quam petere potuisti.* »Siehe, Gott hat deine Gebete erhört und wird dir beides zuteil werden lassen, das du erbeten hast, und zwar mehr als du erbitten konntest.«[86]

Sein erster Wunsch war es, die Heilige Schrift zu kennen, doch den zweiten will er niemandem verraten haben. Klaus Arnold dürfte gleichwohl recht haben, wenn er vermutet, daß Trithemius von einem Verlangen erfüllt gewesen sein mochte, das er später in der autobiographischen Schrift *Nepiachus* (1507) so zusammenfaßte:

> »Stets habe ich alles, was in der Welt wißbar ist, zu wissen begehrt« (*quicquid in mundo scibile est, scire semper cupiebam*).[87]

Das wird vom Projekt der *Steganographia* sowie von seinem unstillbaren Wissensdurst bestätigt, der in einer regen Buchsammelleidenschaft zum Ausdruck kam.

Am Tage nach dieser Vision hat er Gelegenheit, bei dem Sohn eines Nachbarn das Alphabet zu erlernen. In einem Monat liest er fließend deutsch. Da ihm die Strebsamkeit des Knaben auffällt, bezahlt ihm sein Onkel väterlicherseits, Peter Heidenberg, den Unterricht bei einem Priester aus Trittenheim, bei dem er höchstwahrscheinlich Latein lernt. Später treibt er unregelmäßige Studien in Trier, in Holland und schließlich in Heidelberg. Er lernt griechisch, erwirbt jedoch keinen akademischen Titel.

Als er im Januar 1482 zusammen mit einem Freund das Benediktinerkloster Sponheim besuchte, zwang ein Schneesturm die beiden jungen Männer, eine Woche lang dort Zuflucht zu suchen; Johann Zell faßte den Entschluß, zu bleiben. Am 21. März wird er Novize, am 21. November legt er das Mönchsgelübde ab. Am 29. Juli 1483, im Alter von dreiundzwanzig Jahren, wird er zum Abt von Sponheim gewählt. Dieser schnelle Aufstieg ist durchaus überraschend, dies um so mehr, als die Apologie W. E. Heidels uns nicht die wahren Gründe für diese Wahl enthüllt.

Sponheim war eines der ärmsten Klöster der Pfalz. Das von allen gemiedene Kloster hatte vor der Ankunft des jungen Mannes nur fünf Insassen, die zu den widerspenstigen Mönchen gehören dürften, welche die Aussicht auf eine schrankenlose Freiheit, der einzige Ausgleich zur Armut des Ortes, dorthin gezogen hatte. So darf man sich nicht wundern, daß die einzige Sorge eines jeden Abtes darin bestand, wie er möglichst bald zu einem gastlicheren und reicheren Kloster überwechseln könnte. Das erklärt die Beweggründe der Mönche, die nicht anstanden, den jüngsten von ihnen zum Abt zu wählen, um unbehelligt ihrer Muße leben zu können – denn sie rechneten mit seiner Unerfahrenheit.

Trithemius verliert weder angesichts des erbärmlichen Zustands der Abteigebäude den Mut noch angesichts der Schulden seiner Vorgänger und des offenkundigen Ungehorsams der Mönche. Es stellt sich heraus, daß er ein ausgezeichneter Verwalter ist, und bis 1491 bringt er die Angelegenheiten von Sponheim in Ordnung. Danach unternimmt er den vollständigen Wiederaufbau des Klosters und scheut vor Prunk nicht zurück. Er verziert die Wände seiner Abtswohnung unter anderem mit Vierzeilern[88] des Humanisten Konrad Celtis, läßt die Wände des Refektoriums mit den Bildnissen und Wappen seiner fünfundzwanzig Vorgänger und mit seinem eigenen Wappen, der Weintraube, schmücken.

Der Neubau ist eindrucksvoll, aber dessen Glanzstück ist die Bibliothek, die Anfang des 16. Jahrhunderts ihresgleichen sucht. Trithemius kauft seltene Bücher und Handschriften an oder tauscht sie ein und hält seine Mönche zu fieberhaften Schreib- und Buchbindetätigkeiten an. 1483 besaß sein Kloster achtundvierzig Bände, bei der Bestandsaufnahme von 1502 besitzt es 1646, und 1505, vor dem Weggang des Abtes, über 2000.[89] Bereits 1495 gibt der niederländische Musikschriftsteller Matthaeus Herbenus, Rektor von St. Servatius in Maastricht, in einem Brief an Jodocus Beissel sein Staunen über den Reichtum dieser Bibliothek kund. Einige Jahre später wurde Sponheim zum Wallfahrtsort für alle Humanisten, die sich auf der Durchfahrt durch Deutschland befanden, denn:

> »Wie es zu Beginn des 19. Jahrhunderts kein Fremder von Distinktion versäumte, Goethe in Weimar seine Aufwartung zu machen, so gehörte es in Deutschland um 1500 zum guten Ton, einmal bei Trithem in Sponheim gewesen zu sein.«[90]

Die anstrengende Tätigkeit des Schreibens und Buchbindens ebenso wie die ungeheuren Ausgaben für die Bibliothek müssen bei seinen Mönchen Unmut hervorgerufen haben.[91] Das dürften die Gründe dafür gewesen sein, die Trithemius zu seinem Leidwesen 1505 für immer seiner Abtei entfremdeten. Die Aufrührer wählten einen anderen Abt, während der alte seit 1506 mit dem bescheidenen Kloster St. Jakob in Würzburg vorliebnehmen mußte. Die Bibliothek von Sponheim blieb ihm beinahe unzugänglich (er besuchte sie nur zweimal, 1508 und 1515), aber die dem Trithemius treue Faktion, die noch schwach – aber wirksam – an dem Ort seines ehemaligen Ruhms wirkte, verhinderte, daß die Bibliothek bis zum Tode des alten Abtes 1516 aufgelöst wurde. Trithemius schlug selbst vor, die griechischen und hebräischen Druckausgaben, die die Mönche verkaufen wollten, zurückzukaufen, scheint jedoch in Würzburg das Vorhaben aufgegeben zu haben, eine der Sponheimer vergleichbare Büchersammlung einzurichten. Seine Gesundheit war recht angegriffen, er brauchte Erholung und fühlte, daß er nicht mehr die Kraft besaß, St. Jakob den Glanz jenes Klosters zu verleihen, das er hatte verlassen müssen.

In dem Lob auf seine berühmte Büchersammlung gibt uns Trithemius selbst einige wichtige Auskünfte in einem Latein, das kaum der Übersetzung bedarf:

> *Nec vidi in tota Germania, neque esse audivi tam raram, tamque mirandam Bibliothecam, licet plures viderim, in qua sit librorum tanta copia non vulgarium, neque communium, sed rarorum, abditorum, secretorum mirandorumque et talium, quales alibi vix reperiantur* [In ganz Deutschland habe ich weder gehört, daß es eine derart seltene und bewundernswerte Bibliothek geben soll, noch eine gesehen, in der sich eine derartige Menge von keineswegs gemeinen und gewöhnlichen Büchern befindet, sondern seltene, entlegene, geheime, bewunderungswürdige, wie man sie anderwärts kaum finden wird].[92]

Andererseits steht fest, daß der Abt oftmals ein leichtes Spiel hatte, seltene Bücher in Benediktinerabteien oder anderen Klöstern zu kaufen, wenn die Mönche, die sie besaßen, sie entweder nicht verstanden oder »befürchteten, ihr Besitz schade der mönchischen Observanz«.[93] Der 1502 erstellte Katalog der Bibliothek ging zu Lebzeiten des Abtes verloren, und keine Quelle verrät uns alle Titel der Bücher und Handschriften, die sich dort befunden hatten. Gleichwohl ist es durchaus nicht ausgeschlossen, daß unter den seltenen und ›gefährlichen‹ Schriften allerlei okkultistische Werke zu finden sein mochten. Bei der Abfassung seines *Antipalus* gibt uns Trithemius eine durch ihre Genauigkeit bewundernswerte Beschreibung einer großen Anzahl von ›glaubensfeindlichen‹ Büchern. Nun ist bekannt, daß er ausgerechnet 1508 Sponheim wieder besucht hatte, was sehr gut zur Entstehungszeit des *Antipalus* (10. Oktober 1508) paßt. Es ist gut möglich, daß Trithemius noch einmal seine erlesene Bibliothek benutzt hat, um seine Kenntnisse der Geheimwissenschaft aufzufrischen. Wenn diese Hypothese zutrifft, dann enthielt die Bibliothek unter anderem folgende Werke, mitunter in mehreren Ausgaben: *Claviculae Salomonis*, *Liber Officiorum*, *Picatrix*, *Sepher Razielis*, *Liber Hermetis*, *Liber Puritatum Dei*, *Liber Perfectionis Saturni*, ein dem heiligen Cyprian zugeschriebenes Buch über Dämonomagie, *Ars calculatoria Virgilii*, ein Buch des Simon Magus (*liber Simoni Mago inscriptus*), eine Rupertus Lombardus zugeschriebene Abhandlung über Nekromantie in mehreren Abschriften, ein dem Aristoteles zugeschriebenes Buch über die sieben Klimata, das *Flos florum*, den Salomo zugeschriebenen *Liber Almadel*, das Buch *Enoch* (*liber fictitius, qui adscibitur Enoch, continens fabulosam narrationem de stellis quindecim, earum herbis ac characteribus, lapidibusque* . . .), ein Messala zugeschriebenes Buch über Astromagie, *De Quatuor annulorum Solomonis, Speculum Joseph, Speculum Alexandri Magni, Liber secretorum Hermetis Hispani* (des Hermes Hispanus), ein magisches Werk, das von einem gewissen Ganellus von ungarischer oder bulgarischer Herkunft verfaßt wurde, einen dämonomagischen Traktat von Michael Scotus, zwei Albertus Magnus zugeschriebene Abhandlungen über Magie, das *Elucidarium* von Petrus von Abano (Petrus de Apono), das *Secretum philosophorum*, das Buch »*Shemhamphoras*«, das Salomo zugeschriebene Buch *Lamene* (oder *Lamem*?) –, den anonymen *Liber de compositione nominum atque characterum malignorum spirituum*, die dämonomagische Abhandlung *Rubeus*, ein weiteres Albertus Magnus zugeschriebenes pseudoepigraphisches Werk, das Salomo zugeschriebene *De officio spirituum*, das Buch *Vinculum spirituum*, den *Liber pentaculorum Salomonis*, mehrere dem Jünger Salomos Tozgrec zugeschriebene Bücher, dessen Name in der Umschrift des Trithemius in verschiedenen Formen auftritt (Torzigeus, Totz Graecus, Tozigaeus, Thoczgraecus, Torzigeus, Totzgraecus, Tozigaeus usw.), andere Mohammed, Hermes, Ptolemaios zugeschriebene Bücher, Werke arabischer – so auch al-Kindīs *Liber theoricarum artis magicae* oder *De radiis physicis* –, abendländischer und anonymer Verfasser usw.[94]

Trithemius hatte 1508 alle diese Werke gelesen, die er in wenigen sehr treffsicheren Zügen zusammenfaßt. In den meisten Fällen handelt es sich um die sieben Planetengeister, um ihre Physiognomien, ihre Namen, um die Charaktere, die zu ihrer Anrufung dienen. Andere wie das *Speculum Joseph*, dessen Incipit lautet: *Si cupis videre omnia* (Wenn du alles zu sehen begehrst), enthalten Rezepte der Katoptromantie oder der »Weissagung vermittels des persönlichen Spiegels«. Das dem Michael Scotus[95] zugeschriebene Buch, einem der großen Übersetzer aus dem Arabischen im 13. Jahrhundert, den die Tradition zu einem furchterregenden Magier werden ließ, lehrt das Verfahren, wie man sich einen Hilfsgeist verschaffen kann. Das Buch des Salomo *Lamene* oder *Lamem* befaßt sich mit der Weissagung der Zukunft mit Hilfe von Dämonen usw.

Man könnte sich zweifellos Trithemius als eine Art Sir James George Frazer des 16. Jahrhunderts vorstellen, der sich ein außergewöhnliches Wissen über den volkstümlichen und den gelehrten Aberglauben angeeignet hat und zwar einzig und allein mit der Absicht, dessen Nichtigkeit anzuprangern. Indessen steht fest, daß der Abt sich nicht darauf beschränkte, die Magie zu entlarven, sondern daß er sie selbst ausübte, sich allerdings bei jeder Gelegenheit auf seine Unschuld berief.

An dem Tag nach Palmsonntag des Jahres 1499 sandte Trithemius einen Brief an seinen Freund Arnoldus Bostius, einen Karmeliter in Gent, Haupt einer 1497 gegründeten Joachims-Bruderschaft, deren Ziel die Verteidigung der unbefleckten Empfängnis und der Kult der heiligen Anna[96] war, und die den Sponheimer Abt neben Sebastian Brant und anderen zu ihren treuesten Mitgliedern zählte. Als der Brief – kurz nach Ostern – Gent erreichte, war Bostius leider bereits in eine bessere Welt heimgegangen, und der Prior seines Konvents hielt sich für berechtigt, die Botschaft des Trithemius zu lesen und sie sogar den Neugierigen zu zeigen. Das war der Anfang der Legende vom Zauberer Trithemius.

Tatsächlich erregte der Brief mehr Aufsehen, als daß er bloßstellte. Trithemius kündigte seinem Freund das bereits endgültige Projekt eines Werkes an, dessen erstes Kapitel *Steganographia* (heutzutage würde man Kryptographie sagen) heißen sollte, ein großes Werk, »das, wenn es an die Öffentlichkeit gelangte, die ganze Welt erstaunen machen würde«.[97] Dieser erste Entwurf enthielt vier Bücher (nicht fünf, wie K. Arnold glaubt), die ersten beiden sollten sich mit Geheimschrift und dem Schreiben mit Wachs beschäftigen, das dritte mit einem Schnellverfahren, Fremdsprachen zu erlernen, und das vierte sollte sich mit anderen kryptosemantischen Verfahren sowie mit geheimen Künsten beschäftigen, »die nicht bekannt zu machen sind«.[98] Gewiß, Trithemius behauptet, nichts von dem, was er lehrt, sei übernatürlich. Wenn man aber hört, daß er sich rühmt, nach seiner Methode könne ein einfacher, ungebildeter Mann *innerhalb von zwei Stunden* das Lateinische beherrschen, so ist man geneigt zu vermuten, dies sei ohne die Mitwirkung eines sehr mächtigen Geistes unmöglich. Diese steganographische Kunst war ihrem Verfasser in einer nächtlichen Offenbarung zuteil geworden und erfüllte vermutlich das Versprechen, das ihm übernatürliche Wesenheiten im Alter von fünfzehn Jahren gemacht hatten, nämlich »alles in der Welt Wißbare zu wissen«, und zwar nicht in einem mittelbaren Sinn (Kenntnisse aller Art aus Büchern anzuhäufen), sondern im denkbar unmittelbarsten Sinn: jederzeit alles, was anderweitig, ja vielleicht sogar in der Zukunft stattfindet, zu wissen.

Später beging Trithemius die Unvorsichtigkeit, das unvollständige Manuskript der *Steganographia* dem Pikarden Charles de Bovelles (Carolus Bovillus) zu zeigen, der ihn 1504 zwei Wochen lang besuchte. Bovelles blätterte zwei Stunden in dem Manuskript und bildete sich eine äußerst ungünstige Meinung darüber, die er Germain (Germanus) de Ganay, Bischof von Cahors, in einem Brief mitteilte, der nach K. Arnold auf den 8. März 1509 datiert ist (Peuckert datiert ihn auf den 8.3.1506).[99] Bovelles zufolge war die *Steganographia* nichts weiter als ein abscheulicher Wust von dämonischen Beschwörungen. Da diese Beschuldigungen an die Öffentlichkeit drangen, hat sich der Abt in der heute verlorenen Schrift *Defensorium mei contra Caroli Bovilli mendacia* dagegen zur Wehr setzen müssen, deren bittere Untertöne sich aber im Vorwort zu seiner Kaiser Maximilian gewidmeten *Polygraphia* widerfinden.[100] Gleichwohl entschloß er sich nie, die *Steganographia* drucken zu lassen und verbrannte einigen Quellen zufolge sogar das Manuskript in Heidelberg, was auf den letzten Teil dieses unvollendeten Werkes tatsächlich zutreffen könnte.

Um die ersten beiden Bücher der *Steganographia*, die Bovelles durchgeblättert hatte, zu verstehen, braucht man Zeit und Scharfsinn. Nun konnte sich Bovelles in zwei Stunden nur eine von der Wahrheit sehr weit entfernte Vorstellung darüber machen. Dieser erste Teil des Werkes ist ein *ludibrium*, eine Posse, die darauf abzielt, den Leser in die Irre zu führen, sonst hätte jedermann Zugriff auf die Schlüssel zur Geheimschrift und niemand könnte sich deren mehr sicher bedienen. Fehlte Bovelles die Zeit, so gebrach es dem Arzt Johannes Weyer, dem Schüler Agrippas, an Scharfsinn, denn dieser hatte reichlich Muße, das Manuskript bei seinem Lehrer in aller Ruhe zu lesen. Ohne etwas zu verstehen, schloß sich Weyer den Anschuldigungen Bovelles' an und widmete Trithemius ein überaus böswilliges Kapitel seines berühmten Buches *De praestigiis daemonum*.[101] Der gelehrte Jesuit Del Rio machte sich diese Deutung zu eigen, und seine Autorität reichte aus, um die *Steganographia* seit 1609 auf den *Index librorum prohibitorum* zu setzen. Aber nach dem Erstdruck 1606 folgten auch Verteidigungsschriften: Es genügt, auf die von Adam Tanner,[102] vom Abt Sigismund (Dullinger) von Seeon,[103] von Gustavus Selenus (Herzog August),[104] von Juan Caramuel y Lobkowitz,[105] von Johannes d'Espières,[106] endlich von Athanasius Kircher,[107] von W.E. Heidel[108] und Kaspar Schott[109] hinzuweisen. Darunter sind die von Juan Caramuel und Wolfgang Ernst Heidel zweifellos die gehaltvollsten.

Caramuel ist der erste ernsthafte Ausleger der Trithemischen Kryptographie, die er als solche erkennt und vor allen Anschuldigungen der Dämonomagie in Schutz nimmt. Caramuel macht darauf aufmerksam, daß die dämonischen ›Beschwörungen‹ lediglich verschlüsselte Texte seien, während die Namen der Dämonen die Codes der betreffenden Botschaften darstellen.

Caramuel hatte nur das erste Buch der *Steganographia* untersucht. W.E. Heidel, der seinem Vorgänger oft widerspricht und über ihn hinausgeht, wendet diese Methode auf die ersten beiden Bücher an und erkennt im übrigen an, daß die Bruchstücke des dritten Buches Verfahren ganz anderer Art enthalten.

Das erste, am 27. März 1500 abgeschlossene Buch der *Steganographia* stellt dem Leser mehrere Verschlüsselungsverfahren einer scheinbar anstoßerregenden Botschaft vor. Nach dem dämonischen Namen am Anfang der Botschaft wird der Adressat den Code herauszufinden wissen, indem er alle Buchstaben, die keine Bedeutung haben, beiseite läßt, und diejenigen, die eine haben, auswählt. Hier ist ein Beispiel einer ›dämonischen Beschwörung‹ (*coniuratio*),[110] wobei nach der Entfernung des ersten, des letzten Wortes – ob gerade oder nicht – und aller ungeraden Wörter von den übrigbleibenden Buchstaben nur die geraden (2, 4, 6 usw.) gelten:

»parmesiel oShUrMi delmuson ThAfLoIn peano ChArUsTrEa melani LiAmUmTo colchan PaRoIs madin MoErLaI bulre aTlEoR don mElCoUe peloin, IbUtSiL meon mIsBrEaTh alini DrIaCo person. TrIsOlNaI lemom aSoSlE midar iCoRiEl pean ThAlMo, asophiel IlNoTrEoN baniel oCrImOs esteuor NaElMa besrona ThUlAoMoR fronian bElDoDrAiN bon oTaLmEsGo merofas ElNaThIn bosramoth.«[111]

Werden die geltenden Buchstaben herausgelöst und sinnvoll in Wörter getrennt, so ergibt sich folgende Botschaft (Klartext):

»SUM TALI CAUTELA UT PRIME LITERE CUIUSLIBET DICTIONIS SECRETAM INTENCIONEM TUAM REDDANT LEGENTI.«

[Die Vorsichtsmaßnahme, die ich ergreife, ist solcherart, daß die ersten Buchstaben eines jeden Wortes dem Lesenden deine geheime Absicht überbringen.]

Das zweite Buch, das einen Monat später beendet wurde, enthält vierundzwanzig Reihen von alphabetischen Permutationen, die nach den ›Geistern‹ geordnet sind, die über die vierundzwanzig Stunden des Tages und der Nacht herrschen. Selbstverständlich haben die Geister nichts damit zu tun, und die Permutationen erfolgen nach einer sehr einfachen Regel, die darin besteht, daß man die beiden Alphabetreihen gegeneinander versetzt:

A
B = A
C = B
usw.

Auf diese Weise B = A, C = B usw. bis A = Z. Freilich sind die vierundzwanzig Permutationen nicht die einzig möglichen.

Am 21. März 1508 schließt Trithemius seine *Polygraphia* ab, die er am 8. Juni desselben Jahres Kaiser Maximilian widmet. Es handelt sich um ein Werk über Kryptographie und Stenographie, das diesmal 384 Alphabetreihen enthält, in denen jeder Buchstabe durch ein lateinisches Wort ersetzt wird. Trithemius führt hier eine Methode, die er in der *Steganographia* bereits dargelegt hatte, zu ihren letzten Konsequenzen. Der codierte Text hat die harmlose, unverdächtige Gestalt eines langen lateinischen Gedichtes. Indem man jedes Wort durch einen Buchstaben ersetzt, erhält man die eigentliche chiffrierte Botschaft. Die *Polygraphia* fand Anklang beim Publikum: das beweist die Tatsache, daß im 16. Jahrhundert vier Drucke und 1561 eine französische Übersetzung von Gabriel de Collange erschienen sind. Was der Abt Trithemius aber nicht wußte, war, daß die Römische Kurie Leon Battista Alberti seit langem beauftragt hatte, einen Traktat über die Kryptographie[112] vorzulegen, an der er seit 1472 arbeitete.

Die Vorstellung von den kreisförmigen Buchstabenpermutationen stammt von den Übungen in christlicher Kabbala, die bis auf Raymundus Lullus zurückgehen. Unter dem Namen *Ars inveniendi* oder *Ars combinatoria* hatte Lullus Figuren auf zwei oder mehreren übereinander liegenden und drehbaren Kreisscheiben gezeichnet; so konnten durch Verschiebung alle Buchstaben beliebig ersetzt und miteinander kombiniert werden. Diese oft recht komplizierten Figuren findet man noch in den gedächtnistheoretischen Schriften Giordano Brunos. Die Trithemische Kryptographie nutzt im Grunde nur den ›profanen‹ Aspekt dieser kabbalistischen Kombinatorik – eine Art christlichen *Temurah* (*Gematrie*).

Ohne streng genommen der ›Vater der Kryptographie‹ zu sein, muß Trithemius dennoch als ›Vater der modernen Kryptographie‹ betrachtet werden, denn er ist der Verfasser des ersten maßgeblichen Werkes auf diesem Gebiet.[113]

Um auf die *Steganographia* zurückzukommen: Ihre ersten beiden Bücher sind weit davon entfernt, Dämonenbeschwörungen welcher Art auch immer zu enthalten, und die Namen sind, wie dies Heidel genau erkannt hat, *ficta et pro beneplacito assumpta*, erfunden und willkürlich.[114] Es handelt sich im Grunde um eine

Posse, die das Publikum irreführen sollte, damit die Kryptographie, wird sie erst entschleiert und deren Geheimnis preisgegeben, nicht alle Wirksamkeit einbüßt. Wenn jedermann fähig ist, eine codierte Botschaft zu lesen, kann man ja auf die Segnungen dieser Kunst verzichten. Dem Vorhaben des Trithemius war übrigens ein glänzender Erfolg beschieden: Mit Ausnahme von Caramuel und Heidel haben die älteren Autoren ebenso wie die Mehrheit ihrer zeitgenössischen Fachgenossen in der *Steganographia* weiterhin eines der abstrusesten Werke der Kabbalistik und der praktischen Geheimwissenschaft erblickt.

Wer sich mit einer gewissen Neugier in die ersten beiden Bücher der *Steganographia* versenkt hat, kann nicht umhin, Caramuel und Heidel zuzustimmen. Doch der denkwürdigste Teil dieses einzigartigen Werkes bleibt zweifellos das Fragment des dritten Buches, das diese ebenso glanzvolle wie wahrheitsgemäße und harmlose Deutung keineswegs mehr zuläßt.

Trithemius hatte viele Apologeten, deren Unfähigkeit, das Bruchstück des letzten Buches der *Steganographia* zu verstehen, durchaus verständlich ist. Sie sprechen nur mit Unbehagen darüber und schrecken vor den unwahrscheinlichsten Hypothesen nicht zurück, um dessen Vorhandensein zu rechtfertigen. So etwa Klaus Arnold, der sich übrigens als ein ausgezeichneter Biograph des Trithemius erwiesen hat:

> »Das dritte Buch blieb unvollendet; sei es, daß der Autor seiner Intentionen einer Nachrichten-Übermittlung ohne Buchstaben und Boten nicht Herr wurde und dies hinter fragmentarischen dunklen Andeutungen verbarg, oder sei es – wenn auch wenig wahrscheinlich –, daß dieser Teil [seines Werkes] nicht mehr als authentisch anzusehen ist.«[115]

Als Verfechter dieser Hypothese führt Arnold den englischen Gelehrten D. P. Walker an, der sie allerdings nie ausgesprochen hat. Und wie hätte er es tun können, wenn Agrippa, der Trithemius begegnet war, versichert, daß er diese Methode angewandt hatte, *und daß diese Methode durchaus wirksam war*? Wir kommen auf sein Zeugnis noch zurück. Zunächst genügt es festzuhalten, daß die fünf Zeilen, die Arnold dem magischen Teil der *Steganographia* widmet, nicht weniger als drei Ungenauigkeiten enthalten: Niemand hat zu behaupten gewagt – um so weniger D. P. Walker, der ein Kenner der Magie ist –, daß Trithemius nicht der Urheber dieser sonderbaren Methode war; der Grund dafür, warum das dritte Buch unvollendet blieb, kann nicht der Unwirksamkeit seiner Rezepturen zugeschrieben werden, denn nach der Aussage Agrippas waren sie unfehlbar; die Angaben des Trithemius sind vielleicht schockierend, aber keineswegs dunkel und ihr fragmentarischer Charakter ist lediglich auf die unvollständige Niederschrift des Werkes zurückzuführen, *auf den Zustand, in dem Trithemius selbst es in Umlauf brachte.*

Der Leser möge sich selbst ein Urteil bilden.

In einer *De septem secundeis* oder *Chronologia mystica*[116] betitelten Schrift von 1508 enthüllt Trithemius Kaiser Maximilian die Geheimnisse des Weltalls. Der Abt behauptet in einem stark von Ficino geprägten Geist, daß Gott den Kosmos durch »sekundäre Intelligenzen« regiert (*intelligentiae sive spiritus orbes post Deum moventes*), die nichts anderes sind als die Planetengeister: Orifiel, der Engel des Saturn, Anael, der Engel der Venus, Zachariel, der Engel des Jupiter, Raphael, der Engel des Merkur, Samael, der Engel des Mars, Gabriel, der Engel des Mondes, und Michael, der Engel der Sonne. Im Lichte derselben Lehre wird der Sinn des dritten Buches der *Steganographia* erhellt – mit dem Unterschied, daß die Geister hier eine stärker ausgeprägte Identität erhalten. Im Grunde kann man sie anrufen, indem man ihre Physiognomie nachzeichnet und bestimmte Formeln hinzufügt. Dieses Verfahren erinnert an die Kunst der Emblemata und weist auffallende Analogien zur Mnemotechnik auf, nur daß sich in unserem Fall der Magier im buchstäblichsten Sinne des Wortes in einen Maler verwandelt: Er muß eine Figur, die einen mit den ihm eigenen Attributen versehenen Planetenengel darstellen soll, aus Wachs formen oder auf ein Blatt Papier zeichnen. Diese *Erfindung* des Geistes soll auch dessen Gegenwart *anrufen*, soll ihm eine Aufgabe anvertrauen, die sich im vorliegenden Fall auf die Fernkommunikation bezieht.

Andere Kenntnisse sind erforderlich: Die Kenntnis von den Figuren und Namen aller dieser Geister, die Wesenheiten des Tierkreises darstellen, und auch astrologische Berechnungen.[117] Nehmen wir an, daß der Operator eine Botschaft auf Entfernung durch die Vermittlung Orifiels, dem Engel Saturns, übersenden will. So muß er folgendes tun:

> »Mache ein Wachsbild oder zeichne auf einem neuen Blatt Papier die Figur Orifiels in Gestalt eines bärtigen und nackten Mannes, der auf einem mehrfarbigen Stier steht, der in der

rechten Hand ein Buch und in der linken Hand eine Feder hält. Nachdem du das gemacht hast, sage: ›Dieses Bild des großen Orifiel sei unversehrt, vollkommen und fähig, das Geheimnis meiner Gedanken meinem Freunde N., Sohn von N., auf sichere, treue und vollständige Weise zu übermitteln. Amen.‹ [An dieser Stelle muß man ein weiteres Bild malen, das den Empfänger darstellt.] Schreibe deinen Namen mit einem Wachs, das mit Rosenöl verdünnt (*temperato*) ist, auf die Stirn und den Namen deines abwesenden Freundes auf die Brust, und sage: ›Das ist das Bild von N., Sohn von N., dem die Absicht meiner Gedanken durch den Engel des Saturn Orifiel verkündet werden soll. Amen.‹ Schreibe auf die Stirn des Bildes Mendrion und auf seine Brust Throesda und vereinige dann die beiden Bilder, indem du sagst: ›Im Namen des Vaters, des Sohnes und des Heiligen Geistes, Amen. Höre mir zu, Orifiel, Fürst des Sternes Saturn: kraft des allmächtigen Gottes gehorche mir. Ich befehle dir und entsende dich kraft dieses Bildes N., dem Sohn von N., folgende Botschaft [hier wird die Botschaft ausgesprochen] auf sichere, geheime und getreue Weise zu übermitteln, ohne irgend etwas von dem, was ich ihn wissen lassen will, und von dem, was ich dir anvertraut habe, auszulassen. Im Namen des Vaters, des Sohnes und des Heiligen Geistes, Amen.‹ Hülle darnach diese beiden vereinigten Bilder in ein Stück purpurroten Stoffes, das in reinem Wasser gewaschen wurde, und lege sie in eines dieser Gefäße, welche die indischen Weisen *pharnat alronda* nennen. Streue sorgsam über das alles geraspelte Rinde und stelle das Ganze in den Eingang eines geschlossenen Hauses, wohin du willst. [Das ist die wörtliche Übersetzung dieses Passus; eigentlich hätte man erwartet, daß der Operator das Gefäß unter die Schwelle seiner Tür eingräbt.] Dein Wunsch wird gewiß innerhalb von vierundzwanzig Stunden erfüllt werden.«

Der Geist kann auch vom Empfänger eingesetzt werden, um eine Botschaft in umgekehrte Richtung zu senden.

»Nach Ablauf von vierundzwanzig Stunden nimm die Bilder wieder von dem Ort zurück, an den du sie gestellt hattest, und lege sie beiseite, denn du kannst dich deren jederzeit durch die Vermittlung Orifiels bedienen, um magische Wirkungen zu erzielen, nicht nur um Botschaften an denselben Freund zu übermitteln, sondern an jede beliebige Person; zu diesem Behufe brauchst du nur den Namen des Freundes zu ändern [...].«[118]

Durch diese Methode hatten die überirdischen Wesenheiten Trithemius im Traume das geoffenbart, was sein innigster Herzenswunsch gewesen sein dürfte: alles Wißbare in der Welt zu wissen. Auf der vorletzten Seite dessen, was von seiner *Steganographia* übrig geblieben ist, sagt er es selbst *in Großbuchstaben*:

»ET OMNIA, QUAE FIUNT IN MUNDO, CONSTELLATIONE OBSERVATA PER HANC ARTEM SCIRE POTERIS.«

[Und alles, was in der Welt geschehen und unter der jeweiligen Konstellation beobachtet wird, wirst du durch diese Kunst wissen können.]

In den allerletzten Sätzen des Fragments des dritten Buches unterrichtet uns Trithemius darüber, daß es vermittels ähnlicher Verfahren möglich sei, über irgend jemanden alles zu erfahren. Warum bricht er an dieser Stelle ab?

Die plausibelste Hypothese ist, daß sich Trithemius auf Grund der Mitwirkung mächtiger Planetendämonen für fähig hielt, künftige Ereignisse vorherzusehen. Nun ist es wieder einmal Paolo Grillandi, der uns eine mittelbare Erklärung dafür bietet, aus welchem Grund Trithemius dieses dritte Buch niemals vollendete oder – was noch wahrscheinlicher ist – warum er in Heidelberg die folgenden Kapitel seiner *Steganographia* verbrannte. Nach Grillandi[119] sind alle magischen Operationen, die den Beistand eines Dämons *ad modum imperii* anrufen, nicht ketzerisch, sondern nur Gotteslästerungen. Im Gegensatz dazu ist die Wahrsagung der Zukunft *immer häretisch*. Unterscheidungen dieser Art dürften in der Zeit des Trithemius bereits in Umlauf gewesen sein, und dieser dürfte sie als Kenner der Geheimwissenschaften nicht unbeachtet gelassen haben. Um nicht die Sünde der Ketzerei zu begehen, vernichtete er eigenhändig den letzten Teil des Manuskriptes der *Steganographia*, der logischerweise mit der Wahrsagekunst zusammenhängen mußte. Doch er ist nicht bereit gewesen, den Teil zu vernichten, der zwar gotteslästerlich war, den er aber ebenfalls als eine der nützlichsten Methoden erachtete, um auf Entfernung zu kommunizieren. Das erklärt im übrigen sehr wohl, weshalb die *Steganographia* seit 1609 bis ins ausgehende 19. Jahrhundert auf dem *Index librorum prohibitorum* gestanden hat.[120]

Der Leser ist aufgefordert, die Methode des Trithemius selbst auszuprobieren, um deren Wirksamkeit zu beurteilen. Zwar schwindelt Agrippa ein bißchen in bezug auf den ›natürlichen‹ Charakter dieses Verfahrens, aber gleichwohl rühmt er dessen Verdienste:

»Auf ganz natürliche Art, ohne allen Aberglauben und ohne die Vermittlung irgend eines Geistes ist es möglich, daß ein Mensch dem Andern auf jede noch so weite Entfernung in der kürzesten Zeit seine Gedanken mittheilen kann. Wenn auch die Zeit, innerhalb welcher dieses geschieht, sich nicht genau abmessen läßt, so braucht man doch dazu in keinem Falle über vierundzwanzig Stunden. Ich verstehe dieses Kunststück und habe es öfters probiert; auch der Abt Tritheim versteht dasselbe und hat es einst ausgeübt« (*De occulta philosophia* I, 6).[121]

Leider gibt es berechtigte Gründe, diese keinen Widerspruch duldende Behauptung Agrippas zu bezweifeln. Liest man dessen verzweifelte Botschaften, die er so oft an seine Briefpartner richtet, die sich keineswegs beeilen, sie zu erwidern, fragt man sich manchmal, warum unser Okkultist nicht die unfehlbare Methode des Trithemius anwendet. Daß Agrippa keinen freundlichen Beistand irgendeines Geistes zu erwirken wußte, bezeugt manche Episode seines Lebens. Im Gegenteil, um den Grund für seine Ungnade bei Louise von Savoyen zu entdecken, steht er nicht an, auf das Bibellosen[122] zurückzugreifen (das ihm übrigens die Ursache offenbart), worauf er hätte verzichten können, wäre ihm der Beistand eines mächtigen Planetengeistes zugute gekommen.[123]

Die Aussage Agrippas ist dennoch aufschlußreich, denn sie bestätigt die Echtheit der Trithemischen Methode. Was deren Wirksamkeit anbelangt, so scheint ein Brief, den Agrippa am 19. November 1527 an den Augustinermönch Aurelio d'Aquapendente richtete, ein gewisses Mißtrauen von seiten seiner modernen Leser zu rechtfertigen:

»Als demütiger Sterblicher«, gesteht Agrippa, »ein im Blute der Kämpfe geweihter Ritter, beinah ein Leben lang Hofmann, mit fleischlichen Banden einer geliebten Gemahlin zugetan, Spielball der Launen des Schicksals, Sklave der Welt und der häuslichen Sorgen, vermochte ich nicht auf die erhabenen Gaben der unsterblichen Götter Anspruch zu erheben. Ich besitze nichts. Ich biete lediglich meine Dienste an als ein vor das

Tor gestellter Wachtposten, um anderen den Weg zu weisen (*velut indicem, qui ipse semper prae foribus manens*)«[124] (siehe die Anhänge VIII und IX, S. 378 ff.).

TEIL III
Ausklang

»[. . .] die Renaissance ist [. . .] eine Renaissance ›geheimer Wissenschaften‹ und nicht, wie man es täglich in den Schulen hören kann, die Wiedergeburt der alten Grammatik und vergessener Vokabeln. Ihr Kampf, den sie mit einem ungeheuren Eifer und Elan zu führen hatte, war kein Kampf gewisser Schulmeister gegen ältere Kollegen um eine neue Philologie – ihr Kampf ging vielmehr darum, abgestorbenen oder durch die ratio der Scholastik in Vergessenheit geratenen ›Wissenschaften‹ zu einem neuen Durchbruch und zu neuem Leben zu verhelfen. Es heißt die Worte Renaissance und Reformation des inneren Sinnes berauben, wenn man sie vom Philologischen und vielleicht vom Technischen der Künste her verstehen will und nicht begreift, daß unter allem Äußeren bisher ungesehene Kräfte sprießen.«

(Will-Erich Peuckert, *Astrologie. Geschichte der Geheimwissenschaften*, Bd. 1, Stuttgart 1960, S. 195.)

KAPITEL VIII

1484

1. Eine flügellose Fliege[1]

Allzu oft neigt der Historiker dazu, den ›Tatsachen‹, den Chronologien der Ereignisse eine grundlegende Bedeutung zuzumessen, und vergißt dabei, daß die Ursachen dieser ›Tatsachen‹ äußerst komplex sind und sich nicht auf einen gemeinsamen wirtschaftlichen Nenner bringen lassen.

Wir beabsichtigen hier nicht zu erörtern, was wir an anderer Stelle eingehender dargelegt haben.[2] Nun steht der Aufschwung der modernen Wissenschaft im Mittelpunkt unserer Untersuchung. Nachdem der Ideenhistoriker festgestellt hat, daß die moderne Wissenschaft eine Geisteshaltung voraussetzt, die sich stark von der unterscheidet, welche die ›Wissenschaften‹ der Renaissance beherrschte, hat er nicht nur das Recht, sondern auch die Pflicht, *die Ursachen, die diesen gewaltigen Wandel der menschlichen Imagination herbeigeführt haben*, der seinerseits zu einer Umgestaltung der Methoden und der Ziele der Naturwissenschaften führte, zu untersuchen.

Es gibt selbstverständlich viele oberflächliche Antworten auf diese Grundfrage unserer Kulturgeschichte. Ohne die Vervollkommnung des astronomischen Fernrohrs, so wird behauptet, hätte Galilei nicht zu einer genaueren Vorstellung über das Sonnensystem gelangen können. Gleichwohl hatte Kopernikus auf Grund eines pythagoreischen Modells und ohne irgendein optisches Instrument zu benutzen, seit langem ein heliozentrisches (oder heliostatisches) Universum in Betracht gezogen. Und lange vor Kopernikus hatte Nikolaus von Kues, ausgehend von den Vorstellungen der eigenen Metaphysik, die Unendlichkeit des Universums postuliert. Das spricht ohne weiteres dafür, daß die technischen Verbesserungen bei der Herausbildung des modernen wissenschaftlichen Geistes nur eine nebensächliche Rolle gespielt haben.

Eine weitere und ebenso oberflächliche Hypothese behauptet, daß die Wissenschaften der Renaissance ihren mangelnden ›Gebrauchswert‹ reichlich unter Beweis gestellt hatten. Daher wurden sie naturgemäß durch die Wissenschaften ersetzt, deren praktische Ergebnisse – in Form von moderner Technologie – sich auf Grund ihres ›Gebrauchswertes‹ allgemein durchzusetzen vermochten. Die Voraussetzung dieser Hypothese besteht darin, daß gerade die Verfahrensweise von Renaissance-Wissenschaften – wie Astrologie, Alchemie und Magie – diese zum Scheitern verurteilte. Nun läßt sich kaum leugnen, daß diese ›Wissenschaften‹ in verhältnismäßig vielen Einzelfällen Mißerfolge zu verzeichnen hatten. Gleichwohl gibt es überhaupt keinen Grund, daran zu zweifeln, daß sie zu ihrer Zeit allgemeines Vertrauen genossen.

Die Astrologie war nicht unfehlbar, viele ihrer Voraussagen hatten sich jedoch als mehr oder weniger zutreffend erwiesen, oder man hatte sie nachträglich so zurechtgelegt, daß sie sich auf jüngste Ereignisse zu beziehen schienen. Ebenso wie die persönlichen Mißerfolge der Vertrauenswürdigkeit eines Astrologen kaum Abbruch taten, so waren seine genauen oder annäherungsweisen Voraussagen fähig, ihm einen unverdienten Ruf einzutragen. Ob wahr oder erdichtet, der englische Astrologe John von Eschenden (John of Ashenden) behauptet jedenfalls, die Pestseuche von 1347-1348, der deutsche Astrologe Lichtenberger, die Geburt und das Wirken Luthers vorhergesagt zu haben, und Carion, ein anderer Astrologe des 16. Jahrhunderts, dem man viele Fehlgriffe zur Last legt, will ausgerechnet die Französische Revolution von 1789 vorausgesagt haben ... Fern davon, eine niedergehende Wissenschaft zu sein, flößte die Astrologie des 16. Jahrhunderts allgemeines Vertrauen ein, das ihren *wirklichen* Gebrauchswert bei weitem übersteigen sollte. Indessen läßt sich das nur *a posteriori* nachweisen; die Menschen der Renaissance schätzten den relativen Gebrauchswert der Astrologie ebenso hoch ein, wie wir heutzutage den der Radioaktivitäts- oder der Relativitätstheorie hochhalten.

Die medizinische Astrologie (Iatromathematik) – eine höchst komplizierte und strenge Wissenschaft – mag vielleicht auf kindischen Voraussetzungen gefußt haben, deren natürliche Heilmittel dürften sich gleichwohl in bestimmten Fällen als wirksam erwiesen haben, woraus folgt, daß ihr relativer Gebrauchswert dem der Astrologie in nichts nachstand. Da die Ärzte selbst keinerlei Grund hatten, ihre eigenen theoretischen und praktischen Kenntnisse zu verachten, ist nicht daran zu zweifeln, daß sie dasselbe Selbstvertrauen und dasselbe Selbstbewußtsein wie ihre modernen Fachgenossen besaßen, was in weniger ernsten Fällen ausgereicht haben dürfte, um die Patienten zu heilen. Letztere waren in den meisten Fällen dermaßen unwissend, daß ihnen die Methoden des Arztes gleichgültig waren, vorausgesetzt, sie hatten persönliches Vertrauen zu ihm. In dieser Hinsicht hat sich bis heute nicht viel daran geändert, und sollten durch ein Wunder unsere Ärzte durch Iatromathematiker oder Iatrochemiker ersetzt werden, so würden es die meisten Kranken nicht einmal merken.

Unter den Wissenschaften der Renaissance hatte die Alchemie am häufigsten Mißerfolge zu verbuchen. Da sie aber eine wichtige Rolle bei der Herstellung iatrochemischer Remedien und sogar bei denen der astrologischen Medizin spielte, darf man ihr nicht jeden Gebrauchswert absprechen. Sofern sie mit denjenigen Wissenschaften eng verbunden war, deren Wirksamkeit die Wenigsten leugneten, hatte die Alchemie keinen Anlaß, ihre Grundlagen als bedroht zu empfinden. Die große Anzahl von Scharlatanen hat sie selbstverständlich in Verruf gebracht; aber die alchemistischen Praktiken Newtons zeigen, daß sie nicht aufgehört hat, die aufgeklärtesten Geister des 17. Jahrhunderts zu fesseln. Einige Wissenschaftshistoriker fragen sich noch immer, warum Newton, der sich hauptsächlich mit Alchemie beschäftigte, alles, außer den mit seinen alchemistischen Versuchen zusammenhängenden Aufzeichnungen, veröffentlicht hat.[3] Die Antwort darauf ist so einfach, daß es wundernimmt, daß man sie so beharrlich vermieden hat oder ihr so oft ausgewichen ist: Newton lebte in einem Zeitalter, das vom politischen Sieg des Puritanismus geprägt war. Nun waren die Geheimwissenschaften dem Puritanismus verhaßt, denn sie entsprachen nicht dem Geist der Bibel. Newton gab seine Alchemieversuche nicht öffentlich bekannt, weil er einen kühlen Kopf hatte und ihn auch behalten wollte. Ebenso ist sein sprichwörtliches Schweigen nicht Anzeichen eines persönlichen Charakterzuges, sondern einer Vorsicht, die ihm die damaligen Umstände auferlegten. Denn die seelischen und sogar die körperlichen Zwänge, welche – auf protestantischer wie auf katholischer Seite – die Kirchenreform ausübte, waren nur wenig schärfer als die von der Französischen Revolution auf ihrem Höhepunkt oder – *mutatis mutandis* – von der sowjetischen Revolution ausgeübten.

Es steht außer Zweifel, daß der relative Gebrauchswert der Magie in der Renaissance ebenso groß war wie derjenige der Astrologie. Man darf nicht vergessen, daß unter der Bezeichnung ›natürliche Magie‹ sehr unterschiedliche technische Kenntnisse in Umlauf waren – von der Herstellung tierischer oder pflanzlicher Farben bis hin zur Pyrotechnik und zu optischen sowie theurgischen und medizinischen Verfahren, den Methoden der Kryptographie, der Stenographie und der Telekommunikation; die Techniken der Manipulation von Einzelnen und von Massen nicht zu vergessen, die erst heutzutage breite Anwendung gefunden haben. Auch die Gedächtniskunst wirkte so erfolgreich, daß man sich darüber wundert, daß sie im Laufe des 17. Jahrhunderts außer Gebrauch gekommen ist.

Offenkundig ermangelten die Wissenschaften der Renaissance, was immer ihr *realer* Wert gewesen sein mag, keineswegs eines *relativen* Gebrauchswertes. Gegenteilige Zeugnisse der Zeitgenossen sind meistens verdächtig, denn sie rühren von Schriftstellern her, die eine mühelose Wirkung auf ihr Publikum erzielen wollten. In seiner Komödie *Il Candelaio* zögerte Giordano Bruno, der fest an die Ficinische Theorie des Geistes glaubte, dennoch nicht, diese mit Hohn zu überschütten; aber er hatte sie einem skrupellosen Scharlatan in den Mund gelegt. Die Schlüsse, die man aus Stellen dieser Art hat ziehen wollen, die aus Werken italienischer Schriftsteller[4] entnommen sind, entbehren jeder Grundlage: Es ist, als wollte man die Persönlichkeit des Sokrates ausschließlich nach den Komödien des Aristophanes beurteilen. Letzten Endes dürften die Minderheiten, die sich in der Renaissance an Satiren der zeitgenössischen Wissenschaften ergötzten, viel weniger zahlreich und mächtig gewesen sein als die organisierten Gruppen, die heutzutage gegen die Nutzung der modernen Technologie aufbegehren.

Ein anderer Bereich, in dem ein grundfalsches Bild der Renaissance vorherrscht, ist der des Unterrichts und der Wissensvermittlung. Nun gab es in jener Zeit sehr berühmte und auf ihre Traditionen stolze Universitäten, die gültige Diplome ausstellten. Diese waren für die Berufsausübung entscheidend. So kann man beobachten, daß Agrippa von Nettesheim sich akademische Titel beilegte, die er nicht besaß, um eine Stellung zu erhalten, bei der diese Titel – trotz eines königlichen Privilegs, das ihn davon zu befreien schien – dennoch unbedingt erforderlich waren. Es steht zweifelsfrei fest, daß ein von der Sorbonne oder der Universität Padua ausgestelltes Diplom eine Gewähr darstellte, denn diese hohen Schulen hatten den Ruf, altbewährte Kenntnisse zu vermitteln, deren *relativer* Gebrauchswert in einem gegebenen gesellschaftlichen Umfeld kaum in Abrede gestellt werden konnte, ebenso wie es müßig wäre, den Diplomen selbst ihren – in diesem Falle *absoluten* – Wert abzustreiten.

Der grundsätzliche Irrtum, den die meisten Kulturhistoriker begehen, läuft im Grunde darauf hinaus, daß man *heute* die Gültigkeit dieser Kenntnisse und Diplome abstreitet. Nun liegt es auf der Hand, daß es keine einzige Universität der Welt zulassen würde, den Lehrstuhl für theoretische Physik oder medizinische Semiologie einem Absolventen der Sorbonne von 1500 anzuvertrauen. Aber dieser seltsame Gedankengang darf nicht zu der Überzeugung führen, daß auf Grund der Tatsache, daß die Kenntnisse eines Absolventen von 1500 heutzutage abgelehnt werden, sie auch von seinen Zeitgenossen abgelehnt wurden – abgesehen davon, daß es humanistische Fächer gibt, bei denen man einem Absolventen des 16. Jahrhunderts größeres Vertrauen schenken könnte als einem von 1987.

Die Gesellschaft der Renaissance weist nur wenige Verfallssymptome auf: Sie befindet sich nicht ›in der Krise‹, sie hegt nur oberflächliche Zweifel an ihren eigenen Institutionen und Wahrheiten weltanschaulicher und praktischer Art. Die Hypothese von dem mangelnden ›Gebrauchswert‹ der Renaissance-Wissenschaften muß zurückgewiesen werden. Sie stellt nur eine *a posteriori*-Erklärung des Wandels des wissenschaftlichen Geistes dar und entbehrt als solche aller Wahrscheinlichkeit.

Will man hingegen etwas von diesem Rätsel der Geschichte verstehen, das in dem Aufkommen der modernen Wissenschaft besteht – die gerade zu einem Zeitpunkt hervorbricht, als man *ihrer nicht bedurfte* –, dann muß man zunächst bis zu dem Kern der Wissenschaften der Renaissance vordringen, von denen die Astrologie wegen ihrer Universalität die wichtigste war (Magie, Medizin und selbst Alchemie können in gewissen Fällen als astrologische Disziplinen betrachtet werden). Ein anderer grundlegender Faktor im Gesamtzusammenhang des Renaissance-Weltbildes besteht in der christlichen Lehre und in der Institution der Kirche, welche die Botschaft der ›Wissenschaft‹ nie ganz anerkennen: Die geoffenbarte Wahrheit hat den Vorrang vor aller zeitlichen Wahrheit, denn dieser kann in Anbetracht jener nur ein relativer Wert zukommen.

Die moderne Wissenschaft geht aus einer höchst komplexen Wechselwirkung von ideologischen Kräften hervor, durch einen Vorgang, welcher der natürlichen Auslese der Arten gleicht. Nun ist bekannt, daß diese nicht von der göttlichen Vorsehung bestimmt wird, sondern von Zufälligkeiten der Umwelt abhängt, die Jacques Monod vielleicht zu Unrecht als »Zufall« (*hasard*) bezeichnet hat.

Welche Chance hat eine flügellose Fliege, sich in unserem Klima Nahrung zu beschaffen? Keine, da sie weder über ein schnelles Fortbewegungsmittel noch – wie die unterirdischen Würmer – über einen sicheren Unterschlupf verfügt, wird sie zur leichten Beute der Vögel. Dieser genetische Mutant wird durch natürliche Auslese ausgemerzt. Und dennoch ist es dieselbe Auslese, die auf einer von Stürmen überbrausten Insel des Galápagos-Archipels die ›normale‹ Art der flügelbewehrten Fliegen vollständig vernichtet hat, denn diese hatten keine Chance, gegen den Wind anzukämpfen. Nur die flügellosen Fliegen wurden verschont, denn sie bewegen sich auf dem Boden fort, und aus ebendiesem Grund vermögen die Vögel sie kaum zu schnappen.

Eine flügellose Fliege ist *per definitionem* eine ›kranke‹ Fliege, denn diese Mutation beraubt sie der Fähigkeit zu überleben. Und dennoch kommen diese Mutationen in einer bestimmten ökologischen Nische vor. Es sind aus der Art geschlagene Schöpfungen der Natur, welche die Möglichkeit haben, zu überleben.

Das widerfuhr auch dem modernen wissenschaftlichen Geist, dem Geist des Experimentierens, der auf die großen Postulate verzichtet, um nur induktive Schlüsse zu ziehen. Es war nicht der Paradiesvogel, den die Vorsehung oder die (nicht existierenden) Gesetze der siegreichen Geschichte des Hegelschen Weltgeistes plötzlich in die Welt setzten, um die wertlosen und fortan auch reizlosen Wissenschaften der Renaissance zu ersetzen. Im Gegenteil: Unser moderner wissenschaftlicher Geist wurde wie eine flügellose Fliege geboren, die in den gewaltigen Wirbeln der Geschichte des 16. Jahrhunderts das Glück hatte, unbemerkt zu bleiben und von der harten natürlichen Auslese nicht beseitigt zu werden. Diese Auslese traf die Wissenschaften der Renaissance so stark, daß sie ihnen jede Möglichkeit nahm, sich wieder zu erholen.

Wir werden die Situation, in der unsere flügellose Fliege fähig wird, sich fortzupflanzen, genauer prüfen. Die Scheiterhaufen der Hexen überzogen Europa; der religiösen Reform(ation) wäre es am liebsten gewesen, wenn das einzige Buch, das auf Erden übrig bliebe, die Bibel gewesen wäre, jedenfalls war sie nicht bereit, den Eros, die Magie und die verwandten ›Wissenschaften‹ der Renaissance zu dulden. Eine magische Anrufung oder ein alchemistischer Versuch konnte Kopf und Kragen kosten. Die große Angst griff um sich, erfaßte alle, und deshalb gab man Astrologie, Magie und Alchemie auf und hüllte Interessen okkulter Art – wie Newton dies tat – in vorsichtiges Schweigen. Die katholische Kirche rief nicht nur zu einem Sittenwandel auf, sondern war auch mit Verbissenheit bestrebt, das zu verteidigen, was sie für das Wertvollste erachtete: den Thomismus. Galilei entging nur knapp dem Scheiterhaufen, nicht etwa weil er ein Vertreter der ›modernen Wissenschaft‹ gewesen wäre (was er freilich nicht war), sondern weil er dem Thomismus entgegengetreten war. Bruno wurde von den Flammen verschlungen, weil er ein unverbesserlicher Magier war und nicht etwa weil er die Auffassungen des Kardinals von Kues verteidigte. Allenthalben gaben sich die Menschen harmloseren Beschäftigungen hin, die nicht in Widerspruch zu der Vorstellung standen, die sich die eine oder die andere christliche Kirche von der Welt oder der menschlichen Gesellschaft machte. Der Zwang nötigte sie, sich vorsichtig auszudrücken, ihre Ziele geflissentlich zu verheimlichen. Einige begeisterte Pythagoreer, etwa Galilei oder Kepler, hielten noch durch, doch ihr Geschlecht starb aus. Dann gab es noch solche wie Descartes und Francis Bacon, die man doch immer stark im Verdacht hatte, Sympathien für die Posse der Rosenkreuzer empfunden zu haben, deren wahre Absichten jedoch nicht leicht zu enträtseln sind. Waren sie die Vertreter einer neuen Welt? Wenn ja, so war es gewiß nicht die Welt, die anbrechen sollte, ebensowenig wie ihre Philosophie eine ›moderne Philosophie‹ war.

Irgendwann hatte die Zensur die Persönlichkeit umgestaltet: Die Menschen hatten es sich abgewöhnt, ihre Einbildungskraft wirksam einzusetzen und auf Grund von ›Qualitäten‹ zu denken, denn alles das war nunmehr verpönt. Der Verlust des regen Einbildungsvermögens zog zwangsläufig die strenge Beobachtung der materiellen Welt nach sich, und diese Beobachtung schlug wiederum in eine Haltung der Ehrfurcht gegenüber allen quantitativen Gegebenheiten und des Mißtrauens gegenüber allen Behauptungen ›qualitativer‹ Art um.

In einem gewissen Sinn kann man sagen, daß die fliegenden Fliegen ein völlig verschiedenes Bild von der Welt haben als die Fliegen, die wegen fehlender Flügel auf der Erde kriechen. Aber dieser Vergleich scheint ein nicht beabsichtigtes Werturteil vorauszusetzen. Der Mensch der Renaissance und der Mensch unserer Tage haben vielleicht die gleiche äußere Gestalt bewahrt, aber letzterer ist ein psychologischer Mutant des ersteren innerhalb derselben Spezies. Wer behauptet, daß der Mensch der Renaissance ebenso wie wir empfand, dachte und handelte, täuscht sich gewaltig. Im Gegenteil, wir haben seitdem vielmehr die säkulare Angewohnheit, alles, was das Weltbild des Menschen der Renaissance ausmachte, soweit zu verdrängen, daß dieser mit unserem »Schatten« (hier im Sinne C. G. Jungs) zusammenfällt, mit dem, was wir durch unsere Erziehung in uns selbst auszumerzen und zu verstümmeln lernten. Wir bergen noch immer einen schwächlichen Mitbruder in unserem Innern, weil wir uns seiner nicht gänzlich zu entledigen vermögen. Wenn er schon unser Zerrbild ist – denn er verkörpert unsere kindlichsten und lächerlichsten Züge –, versuchen wir uns doch einen Augenblick lang an seine Stelle zu setzen: Höchstwahrscheinlich muß er kein schmeichelhafteres Bild von uns haben als das, das wir uns von ihm machen. Aber jede Verständigung ist unmöglich, und die Schranken des Alters können nie überwunden werden. Gerade deshalb besteht wenig Hoffnung, daß man sich eines Tages wird verstehen und versöhnen können. Aber es besteht noch weniger Hoffnung, daß dieser beunruhigende Gast in unserer Tiefe jemals verschwinden wird.

Da man nicht zu einem herzlichen Einverständnis gelangen kann, muß man lernen, ihm ohne allzu viel Überlegenheit ins Gesicht zu schauen. Denn wir haben verloren, was er besaß, und ihm fehlt, was wir errungen haben. Alles in allem sind beide Wissensbereiche gleichwertig. Und wenn wir einige der sehnlichsten Wünsche seiner Einbildung erfüllt haben, so dürfen wir auch nicht vergessen, daß wir ebenso viele zerstört haben und diese sich als unwiederbringlich verloren herausstellen könnten.

2. Warum war das Jahr 1484 so furchterregend?

In der Art von Geschichtsschreibung, die unsere Zeitgenossen pflegen, mißt man allein Ereignissen Bedeutung bei, die für die Menschen der Renaissance nur eine zweitrangige Bedeutung gehabt haben dürften. Dagegen übersieht man offenbar, was in ihren Augen tatsächlich entscheidende Bedeutung hatte.

Unseren Chronologien zufolge hat das Jahr 1484 keine besondere Bedeutung: Columbus war noch nicht aufgebrochen, die Türken bestürmten nicht mehr als sonst die Tore des Abendlandes, die Belagerung Neapels durch Karl VIII. (1495), welche die Verbreitung einer der interessantesten Krankheiten, der Syphilis,[5] in Europa herbeiführen sollte, hatte noch nicht begonnen, schließlich lag die Reformation noch in weiter Ferne ... Das einzige Ereignis, das hätte in dieses Jahr fallen können, ist die Geburt Luthers, obschon die modernen Historiker es vorziehen, sie in das Jahr 1483 zu legen. Luther selbst schwankte zwischen diesen beiden Geburtsjahren.

Also erfahren wir nicht ohne Staunen, daß die Astrologen jener Zeit dem Jahr 1484 eine wahrhaft ungeheure Bedeutung beimaßen. Jedenfalls handelt es sich diesmal nicht um eine Berichtigung *a posteriori*, denn diejenigen, die erwarteten, daß 1484 etwas Sichtbares und Handfestes eintritt, wurden nur allzu sehr enttäuscht.

Al-Kindī, dessen Theorien der Sternenstrahlungen wir bereits kennengelernt haben, hatte auch eine Theorie über die allgemeinen Konjunktionen und deren Einfluß auf das Schicksal der Religionen entwickelt. Die allgemeinen Konjunktionen hängen von den periodischen Konjunktionen der oberen Planeten, Jupiter und Saturn, ab, denn diese bewegen sich am langsamsten fort. Nach al-Kindī gäbe es »erstens kleinere Konjunktionen der Planeten, die alle zwanzig Jahre sich vollzögen, darnach mittlere im Abstand von zweihundertvierzig Jahren und endlich große, die nach neunhundertsechzig Jahren vor sich gingen. Diese übten einen entscheidenden Einfluß aus, nicht nur auf die uns greifbare Natur, sondern gleichermaßen auf politische oder religiöse Zustände und Geschehnisse; vor allem eröffne die große Konjunktion stets eine neue geschichtliche Epoche«.[6] Das christliche Mittelalter war mit dieser Theorie auf Grund des *Liber magnarum coniunctionum* von Albumasar (Abū Maʿšar), einem Jünger al-Kindīs, vertraut. Roger Bacon wendet sie auf die großen Persönlichkeiten der Geschichte und auf die wahren (oder falschen) Propheten an, wobei diese Konjunktionen alle dreihundertzwanzig Jahre periodisch wiederkehren. In seiner Aufzählung findet man zuerst Alexander den Großen, dann Jesus, Manes (Mani) und Mohammed.[7]

Tatsächlich fand im Jahre 7 bis 6 v. Chr. in den Sternzeichen Fische und Widder eine *coniunctio magna* statt. Kepler, der die *coniunctio magna* von 1604 (im Schützen) aufmerksam beobachtete, verfaßte zwei Abhandlungen (*De Stella Nova* und *De vero Anno*),[8] in denen er sich mit dem »wahren Datum« der Geburt des Herrn beschäftigt.

Bei der Konjunktion von 1604 war eine *nova* am Firmament erschienen, »und zwar gerad an dem Ort, da die drei (oberen) Planeten beieinander gestanden«.[9] Deshalb glaubt Kepler, daß ein neuer Stern auch die Geburt Jesu angekündigt hatte – und zwar der Stern der drei weisen Könige (Magi), und er meint, »daß dieses Stück vom Nachdruck der Großen Konjunktionen in den menschlichen Händeln nicht allein satten Grund in der Natur habe, sondern daß sie auch von Gott selbst etlichermaßen gepflanzt werden, indem, daß es die Erfahrung bezeugt, daß Gott dieserlei Große Konjunktionen mit sichtbaren *extra ordinari* Wundersternen am hohen Himmel, auch mit namhaftem Werke seiner göttlichen Providenz selber zeichne. Inmaßen er die Geburt seines Sohnes Christi, unseres Heilands, gleich zur Zeit der Großen Konjunktion im Zeichen der Fische und des Widders, *circa punctum aequinoctialem* geordnet, und beides, sowohl dieses Geschehnis auf Erden, als auch die Konjunktionen am Himmel, mit einem neuen Stern gezeichnet; durch Vermittlung desselben hat er die Weisen oder *magos* aus Morgenland [. . .], diese, sprech ich, hat Gott durch den Stern nach dem jüdischen Land und in dessen kleines Städtlein Bethlehem zu der Krippen und Geburt des neugeborenen Königs der Juden geleitet, wie denn diese Chaldäer in ihren Regeln gefunden, daß bei solchen Konjunktionen große Leute geboren werden«.[10] Kepler war nicht der einzige, der die Folgen der Konjunktion von 1604 genau verfolgte; die Verfasser der Rosenkreuzer-Manifeste müssen ebenso daran gedacht haben, denn sie legten den Todestag von Christian Rosencreutz in das Jahr 1484 und die Wiederentdeckung seines Grabes in das Jahr 1604, was genau dem Intervall zwischen zwei großen Konjunktionen entsprach.[11] Man darf sich nicht darüber wundern, daß die ›Posse‹ der Rosenkreuzer die großen Geister des damaligen Europa mit Inbrunst beseelte: Die Daten fielen mit den astrologischen Gegebenheiten vollkommen zusammen, und nach 1604 wurde eine Erneuerung der Welt erwartet. Die Offenbarung des von Christian Rosencreutz gegründeten Geheimordens erfüllte nur die Hoffnung, die von einem Ereignis geweckt wurde, dessen Bedeutung Kepler hervorhob. Als Johann Valentin Andreae, der einer der Urheber war, die Rosenkreuzer-Manifeste als *ludibrium* bezeichnete – was sie denn auch tatsächlich waren –, wollte man ihm keinen Glauben schenken. Und Frances A. Yates erklärt einige Umstände im Leben von Descartes sehr überzeugend durch ein hartnäckiges Suchen nach den Spuren der Rosenkreuzer, die er in einem bestimmten Sinn auch aufspürte.[12]

Kepler war weder der erste noch der einzige, der sich mit dem Horoskop Jesu Christi befaßte. Der Kardinal Pierre d'Ailly (Petrus de Alliaco, 1350-1425)[13] hatte den Ton angegeben, dem im Zeitalter der Renaissance der große Astrologe Luca Gaurico und der nicht weniger berühmte Girolamo (Geronimo) Cardano folgten.[14] Das von Pierre d'Ailly erstellte und von Cardano wieder aufgegriffene Horoskop bildete die Grundlage aller nachfolgenden Versuche dieser Art, wie etwa dem von Ebenezer Sibly (1751-1800) (*A New and Complete Illustration of the Occult Sciences*, London 1784-1797). Was konnte aus dem Horoskop Jesu herausgelesen werden? Die göttliche Sohnschaft, die Geburt aus königlichem Hause, die jungfräuliche Geburt, seine Demut, seine Verurteilung und seine Kreuzigung,[15] kurz die ganze Geschichte seines menschlichen Lebens und Sterbens. Gewiß, die Tatsache, daß ein Kardinal und ein Bischof (Gauricus) sich damit beschäftigten, ist ein Anzeichen dafür, daß dieses weder gewöhnliche noch ungefährliche Unternehmen dennoch innerhalb gewisser Grenzen möglich war. Denn, läßt man die Lehre von den beiden Naturen Jesu – der göttlichen und der menschlichen – zu, so ist es keineswegs widersinnig, die Grenzen des Sternenschicksals auf den *Menschen* anzuwenden. Selbstverständlich waren der Kirche sowohl diese Versuche als auch die Astrologie im allgemeinen ein Dorn im Auge.

D'Ailly, Gaurico und Cardano hatten das Geburtsthema Jesu nach den üblichen Daten errechnet; Kepler berechnet es für das

Frühjahr des Jahres 6 vor der christlichen Ära und Sibly, wir wüßten nicht zu sagen warum, für den 25. Dezember des Jahres 45 der christlichen Ära. Von allen ist Kepler, der von den astrologischen Ereignissen des Jahres 1604 beeinflußt wurde, der subtilste, denn er bringt die Geburt des Heilands mit einer *coniunctio magna* und mit dem Erscheinen einer *nova* in Zusammenhang.

Die Lehre von den Konjunktionen, die sich von al-Kindī und Abū Maʿšar herleitet, wurde mit mehreren Theorien der kosmischen Zyklen verknüpft, die von Roger Bacon, Petrus von Abano, dem Abt Trithemius, Adam Nachemoser, Johannes Kepler entwickelt wurden. . . Es gibt zwar keine vollkommene Übereinstimmung zwischen ihnen, aber sie gehen gleichwohl allesamt von den Lehren al-Kindīs aus, die W.-E. Peuckert so zusammenfaßt:

> »Die Konjunktion der oberen Planeten wiederholt sich alle zwanzig Jahre; sie wechselt zwischen den einzelnen Zeichen einer Triplizität (Trigon) viermal hintereinander; am Schluß, das heißt nach zweihundertvierzig Jahren, geht sie zur nächstbenachbarten Triplizität in der Folge der Zeichen über und wiederholt denselben Turnus; ebenso in der dritten und vierten Triplizität. Nach viermal zweihundertvierzig oder neunhundertsechzig Jahren ist sie wieder an ihrem Ausgangspunkt, dem ersten Zeichen der ersten Triplizität und zwar an demselben Grad angelangt, und indem sie nun in den nächsten Grad übergeht, beginnt ein neuer Kreislauf. Es ergeben sich also drei Hauptperioden oder -zyklen:
>
> 1. die kleine, von zwanzig Jahren, zwischen zwei Konjunktionen überhaupt;
> 2. die mittlere, von zweihundertvierzig Jahren, von einer Triplizität zur andern;
> 3. die große, von neunhundertsechzig Jahren, bis zur Rückkehr der Konjunktion an dieselbe Stelle des Tierkreises.
>
> Die letztere, ungefähr einem Jahrtausend entsprechend, bezeichnet eine völlige Erneuerung der Welt; dazu gehört auch eine neue Religion. Die mittlere beschränkt sich auf große politische Umwälzungen, Herrschaftswechsel usw. Die kleine endlich deutet allgemein auf wichtige Ereignisse, Thronwechsel, Aufstände und andere Krisen des Reichs.«[16]

Hielte man sich streng an diese Zahlen, würden die Jahre 1484 und 1604 von dem Verzeichnis aller Konjunktionen ausgeschlossen. Nun hatten diese hochbedeutenden Konjunktionen 1345 im Wassermann, 1484 im Skorpion und 1604 im Schützen stattgefunden. Im Dezember 1348 schrieb der englische Astrologe Johannes von Escheden (John of Ashenden) in seiner *Summa iudicialis de accidentibus mundi* folgendes über die große Pest, die Europa gerade heimgesucht hatte:

> »Genau so wie ich im Jahre 1345 schrieb. Denn alles, was ich damals in Hinsicht auf die vorhin erwähnten Ereignisse vorausgesagt hatte, das hatte ich in Übereinstimmung mit der Meinung vieler Astronomen gesagt. Und die vorhergesagten Übel trugen sich unmittelbar nach 1345 und in großem Umfange zu. Ja, die Sterblichkeit war in den Jahren 1347 und 1348 so groß in der Welt, daß die ganze Welt umgestürzt zu sein schien, und in vielen Ländern waren Städte und Dörfer verlassen worden und wüst, und die wenigen, die am Leben blieben, flohen von diesen Orten und ließen Haus und Besitz hinter sich; man durfte nicht einmal wagen, die Kranken zu besuchen oder die Toten zu beerdigen, weil man sich vor einer Infektion fürchten mußte.«[17]

Es scheint also, daß die wahre Periodizität der bedeutsamen Konjunktionen nicht zweihundertvierzig, sondern zwischen einhundertzwanzig und einhundertvierzig Jahre betrug.

Da Johann von Escheden sich 1348 auf eine vorhergehende Prophezeiung bezog, die uns nicht bekannt ist, könnte man zur Not schließen, daß er sie erst nachträglich ausgesprochen hat. Dagegen wissen wir, daß man in Italien im 15. Jahrhundert die Ankunft eines Propheten erwartete,[18] der 1484 geboren werden oder in Erscheinung treten sollte. Im Oktober 1484 verfaßte der Holländer Paulus von Middelburg, Bischof von Urbino,[19] seine *Prognostica ad viginti annos duratura*, in denen er die Geburt des Propheten hinauszuschieben versuchte, da er annahm, daß sich die Wirkungen der Konjunktion auf zwanzig Jahre hin erstrecken würden. Demzufolge sollte der »kleine Prophet« 1503 geboren werden und neunundzwanzig Jahre lang wirken.[20] Da der Deutsche Johannes Lichtenberger (Clara Monte) ihn in seiner *Practica* plagiiert hatte, beklagte sich Paulus von Middelburg 1492 in einer *Invectiva* [. . .] *in superstitiosum quendam astrologum* darüber, was aber nicht verhinderte, daß Lichtenbergers Prophezeiungen hernach gewaltiges Aufsehen in Nordeuropa erregten, denn man erblickte darin eine wahrhaft seltsame Ankündigung der Ankunft Luthers. Hinsichtlich der Konjunktion von Jupiter und Saturn im Skorpion am 15. November 1484 sagte Lichtenberger folgendes voraus:

»DJese wunderliche Constellation vnd zusammenlauffung der sterne zeiget an / das da sol geporn werden noch ein ander kleiner Prophet / der sol trefflich sein mit wunderlicher auslegung der schrifft / vnd sol auch antwort von sich geben mit einem grossen ansehen der gotheit / der da wird die seelen der menschen / so zur erden gefallen sind / seinem gepiet vnd herrschafft vnterwerffen. Denn die Sternseher pflegen kleine Propheten die zu nennen / die da yrgend eine verenderung yn den gesetzen machen / oder bringen newe Ceremonien auff / die auch die Götlichen künste vnd sprüche / mit vleissiger deutung auslegen / wilcher meinung vnd wörter / die leute als fur Götliche vrteil vnd lere / annemen / [. . .]

ICh sage / das ym lande dem Scorpion unterworffen [d. i. Deutschland] / ein Prophet wird geporn werden / so das man zuuor etliche wunderzeichen vnd seltzame ding wird am hymel sehen / aber an wilchem ende der welt / ob es gegen Mitternacht odder Mittag geschehen sol / sind so viel vnd mancherley meinung der gelarten leute / vnd so widdersynnische vrteil vnd anzeigungen / das sie gerad widdereinander stimmen. Albumazar helts dafur / das die wasserichten zeichen / die landart gegen Mittag bedeuten. Doch der gemeine hauff der Sternseher wil / das sie die landart gen Mitternacht anzeigen. Es sej gleichwol was es wolle / so sagt Messahala / das er sol geporn werden ynn eim lande / das da mittelmessig ist / der hitze vnd feuchtickeit halben / [. . .]

Da stehet ein Munch ynn einer weissen kappen / vnd der Teuffel sitzt yhm auff sein achseln / hat ein langen zepplier bis auff die erden / mit weitten ermeln / vnd hat ein iungen München bey yhm stehend [. . .]

Denn er wird ein trefflichen verstand haben / vnd vieler dinge kunst / vnd eine seer grosse weisheit / doch wird er ynn heucheley offt lügen reden / vnd er wird ein gebrand gewissen haben / Vnd wie ein Scorpion / der des Martis haus ist ynn dieser Coniunction vnd finsternis / wird er die gifft / so er ym schwantz hat / offt ausgiessen. Vnd er wird auch ein vrsach sein grosses blutuergiessens. Vnd die weil Mars sein anzeiger ist / so lest sichs ansehen / das er wolle der Chaldeer glauben bestetigen / wie es Messahala bezeuget.«[21]

Luther wurde höchstwahrscheinlich am 10. November 1483 geboren, aber Philipp Melanchthon, der fest an die Astrologie glaubte, bezog seine Geburt auf die Prophezeiungen Lichtenbergers, so daß andere Geburtsdaten auftauchten, insbesondere der 22. Oktober und der 23. November 1484. Der zu jener Zeit beliebteste Astrologe, Luca Gaurico, berechnete das Horoskop Luthers auf den 22. Oktober, um ein Uhr und zehn Minuten morgens; man erkannte darin deutlich die Lehren und das Schicksal eines Ketzers. Dagegen berechneten es die deutschen, der Reformation wohlgesinnten Astrologen Carion und Reinhold auf denselben Tag, aber um neun Uhr vormittags, was zu einem völlig verschiedenen Ergebnis führte.

Alles das zeugt von den jeweiligen Sympathien der Astrologen für die eine oder die andere Partei. Was allerdings keinen Zweifel zuläßt, ist, daß man wegen der Konjunktion von Saturn und Jupiter im Wasser-Trigon für das Jahr 1484 in Italien und in Nordeuropa die Ankunft eines »kleinen Propheten« erwartete: Die Zeugnisse von Paulus von Middelburg und Johannes Lichtenberger sind unmißverständlich.

Die Auswirkungen der Konjunktion sollten dennoch auch einen anderen Bereich erfassen. Diesmal kann die Erklärung nur *a posteriori* erfolgt sein, was nicht verhinderte, daß sie allgemein anerkannt und angenommen wurde. Heute weiß man, daß die Syphilis – worin man eine Art von Aussatz erblickte – zwischen dem 16. und dem 19. Jahrhundert ebenso verheerend wirkte wie die Pest, die im 14. Jahrhundert gewütet hatte. Das aus Amerika eingeschleppte »Mal Franzos« oder »Böß Franzos« (*morbus gallicus, malum Franciae*, französische Krankheit) weitete sich während des Kriegszuges Karls VIII. von Frankreich gegen Neapel (1495) zur schreckenerregenden Seuche aus.[22] Gegen Ende des 15. Jahrhunderts gab Joseph Grünpeck, Historiker und Astrologe am Hofe des habsburgischen Kaisers Maximilian I., in seinem *Tractatus de pestilentiali Scorra siue mala de Franzos. Originem Remediaque eiusdem continens, compilatus a venerabili viro Magistro Joseph Grünpeck de Burckhausen. super Carmina quaedam Sebastiani Branndt vtriusque iuris professoris* (Augsburg 1496) dieser Seuche eine astrologische Erklärung.[23] Grünpeck schreibt im VII. Kapitel:

»über die all ist kōmen dise grausame vnerhörte vnd vngesehne kranckeyt. das böß Franzos. Das auch dise vorgemeldte Coniunction [von 1484] hat hieher gefügt von den Frantzosen in Wälhische land. darnach in Teütsche. das also geschicht. wañ es ist erfunnden worden das Jupiter herschett über Franckreych. der ist ein heysser und feüchter planet.«[24]

Dieselbe Deutung wurde von dem Arzt und Astrologen Jean Astruc (1684-1765) in seinem Werk *De morbis venereis* von 1736 übernommen und vertieft.[25]

Bemerkenswert dabei ist, daß die – noch heute mit Erfolg angewandte – örtliche Behandlung mit Quecksilber ursprünglich nichts anderes war als ein astrologisches und alchemistisches Heilmittel gegen das *Mal Franzos*.[26]

Syphilisseuche und die Geburt des Reformators Luther – das waren nur greifbare Wirkungen, die man nachträglich der Konjunktion vom 25. November 1484 zuschrieb. Deren unsichtbare Wirkungen waren allerdings von sehr viel größerer Tragweite.[27]

Wir glauben nicht, daß die Absichten des Papstes Innozenz VIII. so ehrgeizig gewesen sind. Alle Historiker sind sich über die Tatsache einig, daß die Bulle *Summis desiderantes affectibus* das Signal zur Hexenjagd war. Nun ist das Datum, an dem die Bulle verkündet wurde, auffallend: der 5. Dezember 1484, zehn Tage nach der Konjunktion vom 25. November!

Man weiß, daß Innozenz VIII. ein gefürchteter Gegner von Magie, Astrologie und Kabbala war; er hatte Giovanni Pico verfolgt und dem Kanonikus Marsilio Ficino gedroht. Das setzt voraus, daß er über die okkulten Wissenschaften stets auf dem laufenden war. Ein so bedeutsames Ereignis wie die Konjunktion von 1484, über die er im Monat Oktober das recht besorgniserregende Werk von Paulus von Middelburg lesen konnte, vermochte seine Befürchtungen nur noch zu steigern. Hätte er einige Jahre gewartet, so hätte ihm die kleine Schrift Lichtenbergers offenbart, daß der »kleine Prophet«, gegen den er sich hätte zur Wehr setzen müssen, ein weißgewandeter Mönch war. . . Es ist mehr als wahrscheinlich, daß der Traktat von Paulus von Middelburg den Papst auf die Ereignisse in Deutschland aufmerksam machte. Aber die Bulle, die die äußerste Unterdrückung des Hexenkultes in Deutschland empfahl, stellte die unmittelbare Konsequenz einer Begegnung von Innozenz und Heinrich Institoris dar, einem Inquisitor aus Oberdeutschland, dem eigentlichen

Urheber des *Malleus maleficarum* (1486). Institoris war ein Besessener; er zog mit der Bulle in der Hand von Ort zu Ort und erregte und schürte den aufrichtigen Haß aller lokalen Bischöfe. Fanatiker wie er oder wie der Inquisitor Pedro Arbues von Saragossa fanden zu jener Zeit gewöhnlich einen plötzlichen Tod. Nur ein Wunder dürfte Institoris davor bewahrt haben; denn er scheint zwischen 1501 und 1503 eines *natürlichen* Todes gestorben zu sein.

Ende des 15. Jahrhunderts ist die Unternehmung dieses deutschen Inquisitors ein Einzelfall. Die Hexenverfolgung wird erst im 16. Jahrhundert – und zwar als Folge der Reformation – verschärft.

Die systematische Hexenjagd begann nicht vor dem Ende des 16. Jahrhunderts (1589 in Deutschland), also zu einer Zeit, in der die Heilige Inquisition in Nordeuropa, wenigstens im protestantischen Deutschland nicht mehr tätig war. Selbst der große Hexenprozeß von 1589 in Bayern wurde von weltlichen Behörden angestrengt. Das läßt den berechtigten Schluß zu, daß die Bulle von 1484 tatsächlich das Signal zum Hexenwahn gegeben hat, aber die Kirche zog sich danach von der eigentlichen strafrechtlichen Verfolgung im Verlaufe des 16. Jahrhunderts zurück; John Tedeschi hat dies glänzend bestätigt (siehe Bibliographie).

Joseph Hansen und neuerdings Jeffrey Burton Russell[28] haben nachgewiesen, daß die größten Hexenverbrennungen in den reichsten Ländern Europas stattfanden: in Frankreich (einschließlich der Lombardei unter französischer Gerichtsbarkeit), im Rheinland und in den Niederlanden. In keinem dieser Gebiete hat die Inquisition die Anklagen und die Prozesse geführt. Obwohl diese Feststellung hinsichtlich der protestantischen Länder offensichtlich ist, mag sie in bezug auf Frankreich überraschen; aber das hervorragende Werk von Robert Mandrou hat überzeugend nachgewiesen, daß es die lokalen weltlichen Behörden gewesen waren, die bis 1682 Hexen verbrannten, als die *ordonnance royale* Ludwigs XIV. die Hexenprozesse, da juristisch irrelevant, einstellte.[29]

So kann man ohne jeden Zweifel behaupten, daß ein unmittelbarer Zusammenhang zwischen dem Hexenwahn und der europäischen Reformation besteht. In einem gewissen Sinne bildete der Hexenwahn das gesellschaftliche Gegenstück zur Zerstörung der religiösen Bilder: in beiden Fällen war die menschliche Phantasie das Opfer. Der Hintergedanke des *Malleus* besteht darin, daß man der gesellschaftlichen Unordnung, die durch die Ausübung von Magie verursacht wird, Einhalt gebietet. So wurde dieses Buch im 16. Jahrhundert zum Verbündeten von Reformation und Gegenreformation, indem es dem Geist jener Bewegungen vorgriff. Im vorliegenden Fall ist es dennoch möglich, daß Innozenz VIII. von der Nichtigkeit der astrologischen Erfindungen überzeugt war, die soviel Einfluß auf die Massen hatten und die gegen die Interessen der Kirche eingesetzt werden konnten. Indessen konnte er nicht hart gegen gelehrte und mächtige Persönlichkeiten vorgehen, von denen manche wichtige Kirchenämter bekleideten. Dennoch gedachte er den Boden für einen glücklicheren Nachfolger vorzubereiten, der es sich unter günstigeren Umständen würde leisten können, die Gegner zum Schweigen zu bringen (das trat ein Jahrhundert später unter Sixtus V. auch tatsächlich ein). Einstweilen begnügte sich Innozenz VIII. damit, einen mächtigen Mechanismus der Unterdrükkung gegen die Volksmagie in Gang zu setzen, wobei er vermutlich die weise Hoffnung hegte, daß dies schließlich eines Tages auch die Magie der Gebildeten zerschlagen würde.

Die langfristigen Voraussichten, die der Papst Innozenz VIII. bei der Verkündung der Bulle von 1484 hat treffen müssen, erwiesen sich nicht nur als zutreffend, sondern übertrafen vermutlich seine kühnsten Hoffnungen. Denn der Papst konnte nicht ahnen, daß ihm eine unerwartete Hilfe von seiten dessen zuteil werden sollte, den er am meisten fürchtete – von dem kleinen, 1484 erwarteten Propheten: Martin Luther.

Es ist nicht auszuschließen, daß die Nachfolger seine geheimen Pläne fortzusetzen gedachten. Dafür benötigten sie äußerst geschickte und gelehrte Männer wie Pico della Mirandola. Und es überrascht nicht, daß Pico, der über die Projekte der römischen Kurie gut unterrichtet war, eine großangelegte Widerlegung der Astrologie zu schreiben begann. Anfang des 16. Jahrhunderts – das beweisen die Schriften des Abtes Trithemius und Bernhards von Como – hatte die Bulle Innozenz' VIII. zu wirken begonnen, und die Hexenverfolgung wurde systematischer betrieben. Indessen scheint sich die Kurie hinfort weniger als früher darum gekümmert zu haben, denn die Prophezeiungen von 1484 hatten sich nicht erfüllt und bis 1517 herrschte in Europa eine kurze Zeit der Windstille. Juristen wie Andrea Alciato und Gianfrancesco Ponzinibio[30] fochten in den Hexenprozessen die Autorität der Kirche an, und ihre liberale und skeptische Haltung hätte wahrscheinlich den Sieg davongetragen, wäre Luther nicht in Erscheinung getreten. Die Gegenwart dieses mächtigen Feindes gestattete der Kirche, die extremen Maßnahmen zu ergreifen, die Innozenz VIII. seit 1484 durch seine Bulle *Summis desiderantes affectibus*[31] in die Wege geleitet hatte.[32]

KAPITEL IX

Das große Verdammungsurteil über das Phantasmische

1. Die Abschaffung des Phantasmischen

Vermutlich ist es dem Einfluß des liberalen Protestantismus zu verdanken, daß gewisse Geschichtsbücher immer noch behaupten, die Reformation sei eine emanzipatorische Bewegung gewesen, deren Ziel es war, den Menschen aus der repressiven Vormundschaft der katholischen Kirche zu befreien. In Anbetracht der Vielfalt der protestantischen Sekten ist die Vorstellung nicht ganz falsch, aber sie entspricht weder den ursprünglichen Absichten der Reformation noch den Ideologien ihrer beiden Hauptbekenntnisse: des Luthertums und des Calvinismus.

Wirft man einen Blick in die Geschichtslehrbücher, so stößt man oft auf folgende Erklärung der Reformation: Anfang des 16. Jahrhunderts gab es eine reiche Kirche, die sich als mächtiger Staat organisiert hatte und als solcher handelte; der Priesterstand und die Mönche beschäftigten sich überwiegend mit weltlichen Angelegenheiten; der Handel mit religiösen Werten blühte; Luther kam, um diesem Mißstand durch eine *liberale Reform* ein Ende zu setzen: Er erkannte der Priesterschaft das Recht zu heiraten zu, schaffte Ablaßhandel und Bilderkult ab, schränkte die äußeren Formen des Ritus auf ein Mindestmaß ein, um sich der innigen religiösen Erfahrung zuzuwenden.

Diese Erklärung hält die Wirkungen für die Ursachen und begnügt sich mit einem moralisierenden Standpunkt, der zwar im Prinzip brauchbar, dessen Anwendung jedoch gefährlich ist. Vielmehr hatte während der Renaissance ein liberaler Wind in der Kirche geweht, was wegen des Abgrunds, der zwischen der modernen Geisteshaltung der Geistlichkeit und der christlichen Moral aufgerissen wurde, zu zahlreichen Mißbräuchen geführt hatte. In diesem Augenblick griff Luther ein, um die Reinheit der christlichen Botschaft wiederherzustellen.

Fern davon, eine liberale Bewegung zu sein, stellte die Reformation vielmehr eine radikal-konservative Bewegung innerhalb der Kirche dar, die auch zahlreiche Vorläufer gehabt hatte (an dieser Stelle sei nur an den Prediger Savonarola in Florenz erinnert).

Die Reformation gab nicht vor, den Einzelnen zu ›emanzipieren‹; vielmehr trachtete sie danach, eine *christliche Ordnung* auf Erden wiederherzustellen, und hielt die katholische Kirche – die in ihren Augen zu einer weltlichen Einrichtung herabgesunken war – für unfähig, diese Ordnung aufrechtzuerhalten.

Deshalb betrachten die Reformatoren die Kirche als etwas Überflüssiges, dem Geiste des Christentums nicht Entsprechendes, und durch die Rückkehr zur Bibel glauben sie nicht nur die Institution des Katholizismus zu widerlegen, sondern auch *die ursprüngliche Reinheit der christlichen Gemeinde wiederherzustellen.*

Die Erneuerung der eschatologischen Erwartungen, der Bildersturm, die Ablehnung der traditionellen kirchlichen Riten, die allgemeine Teilnahme am Kult, die Zulassung der Heirat bei der Priesterschaft als ein vom heiligen Paulus erlaubtes *malum necessarium* (notwendiges Übel) – das sind nur einige Aspekte der Reformation. Ihre wichtigste Auswirkung, die dank dem Einfluß Philipp Melanchthons schließlich weniger in der Lutherschen Kirche denn in der Johann Calvins in Genf und bei den englischen Puritanern zur Geltung kam, ist die schroffe, *rückhaltlose Ablehnung der ›heidnischen‹ Renaissancekultur, die einzig und allein durch Bibelstudium ersetzt wird.* Um dieses Ziel durchzusetzen, schrecken die protestantischen Bekenntnisse nicht davor zurück, eine Intoleranz zu entfalten, die zunächst die Intoleranz der katholischen Kirche gewiß übertraf; denn diese war auf Grund der Erfahrung der Renaissance nachsichtiger geworden.

Da die Reformation keinen anderen kulturellen Bezug außer der Bibel zuließ, ist es bezeichnend für sie, daß sie eine frühe Entwicklungsstufe in der Geschichte des Urchristentums wiederholte: nämlich die einer jüdischen Sekte, die den Dialog mit den Heiden nur unter äußersten Vorbehalten eröffnet. Weit davon entfernt, die Tora, das Alte Testament, außer Kraft zu setzen, erkannte die Reformation sie uneingeschränkt an, auf die Gefahr hin, verkünden zu müssen, daß das Leben des Christen nicht unter dem Zeichen des Gesetzes, sondern unter dem der Gnade stehe. Da die jüdische Religion ihre Originalität aus der Reaktion gegen die kanaanitischen Kulte bezieht, ist es ihr eigentümlich, daß sie keinen Bilderkult kennt und bestrebt ist, dem *histori-*

sche Bedeutung zu verleihen, was bei den Nachbarvölkern nur periodische Fruchtbarkeitskulte waren.[1]

Deshalb besteht eines der wichtigsten Ziele der Reformation darin, den Götzenkult innerhalb der Kirche auszurotten. Die Konsequenzen dieses Bildersturmes sind gewaltig, wenn man an die Kontroversen um die Gedächtniskunst denkt, die Bruno in England entfacht hatte: Im Grunde errichtet die Reformation schließlich *eine radikale Zensur des Imaginären, denn die Phantasmen sind nichts anderes als vom inneren Sinn ausgedachte Götzen.*

Die Kultur der Renaissance war eine Kultur des Phantasmischen. Sie maß den vom inneren Sinn erzeugten Phantasmen unermeßliche Bedeutung zu und hatte die menschliche Fähigkeit, *auf die Phantasmen aktiv einzuwirken und sie magisch einzusetzen*, bis zum Äußersten verfeinert. Sie hatte eine ausgetüftelte Dialektik des Eros entwickelt, in der die – zunächst nur dem inneren Sinn zugänglichen – Phantasmen schließlich nach Belieben manipuliert werden konnten. Sie glaubte unerschütterlich an die Macht der Phantasmen, die sich vom phantasmischen Apparat des Senders auf den des Empfängers übertrugen. Auch glaubte sie, daß der innere Sinn der eigentliche Ort war, an dem transnatürliche Kräfte in Erscheinung traten: Dämonen und Götter.

Indem sie den götzendienerischen, glaubensfeindlichen Charakter der Phantasmen feststellte und anprangerte, schaffte die Reformation die Kultur der Renaissance mit einem Schlag ab. Und da alle ›Wissenschaften‹ der Renaissance Gebäude waren, deren Baustoff eben aus Phantasmen bestand, mußten auch sie unter der Wucht der Reformation zusammenbrechen.

Doch wie, fragt man sich, reagierte die katholische Kirche darauf? Außer den offenkundigen Nachteilen einer inneren Spaltung, kam ihr der Geist der Reformation im Grunde entgegen. Um Luther und den Puritanismus entgegenwirken zu können, setzte die Kirche ihre eigene Reformation in Gang (welche die Historiker ›Gegenreformation‹ zu nennen pflegen). Fern davon, die vom Katholizismus im Zeitalter der Renaissance erworbene Haltung zu festigen und auszubauen, löste sich die Gegenreformation entschieden davon ab, um dieselbe Richtung wie der Protestantismus einzuschlagen. Auf protestantischer wie katholischer Seite entwickelte sich die Reformation im Zeichen der *Strenge.*

Gleichwohl hat die Gegenreformation ihre Eigentümlichkeiten, denen besondere Bedeutung zukommt. Die Kirche setzte ihre neuen Richtlinien auf dem Konzil von Trient (Tridentinum) fest, das in der zweiten Hälfte des 16. Jahrhunderts (1545-1563) stattfand. Sie beschloß, das Werkzeug der Inquisition, das im 12. Jahrhundert anläßlich der Feldzüge gegen die Katharer geschaffen worden war und das sich traditionell in den Händen des Predigerordens (der Dominikaner) befunden hatte, einem neuen rigoristischen Orden anzuvertrauen, der im 16. Jahrhundert aufgekommen war: der von Ignatius von Loyola ins Leben gerufenen Gesellschaft Jesu. Fortan wird die Heilige Inquisition gleichbedeutend mit dem Jesuitenorden.

In der spirituellen Praxis der Jesuiten tritt die phantasmische Kultur der Renaissance zum letzten Mal in all ihrer Macht hervor. Tatsächlich stellt die Ausbildung des Imaginären die Methode dar, die Ignatius von Loyola in seinen 1548 gedruckten *Geistlichen Übungen* (*Exercicios espirituales, Exercitia spiritualia*) lehrt. Der Jünger wird aufgefordert, eine Art von Gedächtniskunst auszuüben. Im Verlaufe der Exerzitien muß er sich die grauenhaften Höllenqualen, die Leiden der Menschheit vor der Fleischwerdung Christi, die Geburt und die Kindheit des Herrn, sein Predigen in Jerusalem – während Satan von seiner Wohnstatt in Babylon seine Dämonenscharen in die Welt entsendet –, schließlich die Schädelstätte (Golgatha), die Kreuzigung und die Auferstehung Christi vorstellen. Es handelt sich nicht einfach um eine Andachtsübung, sondern um ein inneres Phantasmen-Theater, in dem sich der Übende gleichzeitig selbst als Zuschauer vorstellen muß. Er wird nicht nur angehalten, das Geschehen zu beobachten, sondern auch die Handelnden mit dem Gesicht, dem Gehör und dem Tastsinn wahrzunehmen (*Secunda Hebdomada, dies* I-VII). Das in seinen eigenen phantasmischen Apparat introjizierte Phantasma soll – mehr oder weniger aktiv – an diesem Ablauf teilhaben.

Die Exerzitien des Ignatius machen sich freilich die großen Errungenschaften der Renaissance auf der Ebene der Manipulation von Phantasmen zunutze. Dabei werden aber diese Phantasmen ausschließlich in den Dienst des Glaubens gestellt, um die Reform der Kirche zu verwirklichen, und das bedeutet schließlich, daß *sie dem Erbe der Renaissance wirksam entgegentreten*.

Bei Ignatius von Loyola *ist es die Kultur des Phantasmischen, die ihre Waffen gegen sich selbst richtet*. Nach Ablauf weniger Jahrzehnte sollte dieses Selbstzerstörungswerk vollendet sein.

2. Einige historische Paradoxien

Wir sind keineswegs gesonnen, im Allgemeinen zu verweilen. Der Charakter und das Fortschreiten der Reformation, auf protestantischer wie katholischer Seite, werden auf Grund einiger aufs Geratewohl herausgegriffener Beispiele veranschaulicht. Sie könnten endlos vermehrt werden. Wir haben nicht versucht, die Geschichte oder die Phänomenologie der Reformation darzustellen. Im Grunde beabsichtigt dieses Buch, die Vorstellungen eines phantasmischen Zeitalters, seinen Höhepunkt und seinen Untergang aufzuzeigen. Die Reformation beschäftigt uns hier nur insoweit, als die Zensur des Imaginären und mithin der sich daraus ergebende tiefgreifende Wandel der menschlichen Einbildungskraft durch sie herbeigeführt wurden.

Im Gegensatz zu den ersten beiden Teilen dieses Buches haben wir die Kultur der Reformation nicht eingehend untersucht. Schließlich wird sie hier nur in dem Maße erörtert, als sie noch Nachklänge des *mundus imaginalis* der Renaissance aufweist, den sie mit allen Mitteln auszutreiben und auszulöschen trachtet. Im Laufe des 16. Jahrhunderts läßt sich ein höchst bezeichnendes Phänomen beobachten, nämlich die *Ambivalenz* des kulturellen Hintergrundes von gewissen Persönlichkeiten wie etwa Cornelius Agrippa oder Giordano Bruno. Es sind Vertreter der phantasmischen Renaissance, die ebensowohl unter dem tiefen Einfluß des Protestantismus stehen. Bisweilen bleiben diese beiden unversöhnlichen Geistesrichtungen nebeneinander bestehen, ohne sich gegenseitig zu durchdringen: Das ist der Fall bei Agrippa, der nicht nur einer der berühmtesten Fachgelehrten des Okkulten ist, sondern auch einer der schärfsten Gegner desselben! Aber es gibt auch subtile Versöhnungsbestrebungen wie etwa bei Bruno, wobei sich eine Versöhnung allerdings als unmöglich erweist und deren Verfechter blutig scheitert.

Im 17. Jahrhundert wohnt man zwei merkwürdigen Erscheinungen bei: Die Reformation setzt sich durch, und die Menschen beginnen, ganz anders zu denken, zu reden, zu handeln und sich zu kleiden; aber sie findet sowohl im protestantischen als auch im katholischen Lager statt, und zwar dergestalt, daß – trotz der weiterhin bestehenden *äußeren* Trennung der Kirchen – die Unterschiede zwischen dem *Geist* der protestantischen Reformation und dem der katholischen (Gegen-)Reformation sich auf eher unbedeutende Fragen beschränken wie die Erteilung der Kommunion, die Beichte der Sünden und die Ehe der Priester. Es handelt sich um einen Prozeß der *Normalisierung*, die durch das Auftreten einer neuen Kultur zum Ausdruck kommt, die von London bis Sevilla, von Amsterdam bis Wittenberg, Paris und Genf beinahe einheitliche Züge aufweist. Gerade als die christlichen Konfessionen, die aus dem westlichen Schisma hervorgegangen waren, ihre tiefen Antagonismen schließlich hinnehmen, beschränken sich diese Antagonismen letztlich auf Fragen der inneren Organisation, die mit der grundlegenden Frage nach dem Wesen des Christentums nichts mehr gemein haben. Ohne ihre tausendjährigen Traditionen aufzugeben, bewegt sich die katholische Kirche auf den Protestantismus zu; seinerseits festigt sich dieser in großen Institutionen, die sich schließlich der katholischen Kirche mehr und mehr angleichen, ohne auf die Reformen zu verzichten, derentwegen er seine siegreichen Schlachten auf lokaler Ebene begonnen hatte. Es ist der Augenblick, da die katholische Konfession und die protestantischen Bekenntnisse, ohne sich dessen bewußt zu sein, sich so stark wie irgend möglich einander angenähert haben. Seitdem geht es nicht mehr um Reformation und Gegenreformation; ohne es je zugeben zu wollen, führen die großen Konfessionen des Abendlandes keinen einsamen Kampf mehr. Seite an Seite errichten sie ein gemeinsames Gebäude: die moderne abendländische Kultur. Einzelne mögen noch ein tiefes Mißtrauen gegen diejenigen hegen, die sich ihrer Ansicht nach im feindlichen Lager befinden. In ihrem rückhaltlosen Bekenntnis zu ihrer Partei, ihrer Institution merken sie gar nicht, daß diejenigen, die sie für ihre Gegner halten, ihnen ähnlich sind und daß es bei diesem Streit nicht mehr um das Wesen des Christentums geht, sondern einzig und allein um einige Fragen der internen Organisation. Die heidnische Kultur der Renaissance wurde besiegt: dazu haben Katholiken und Protestanten gleichermaßen beigetragen, ohne zu erkennen, daß sie, fern davon, einander zu bekämpfen, gegen einen gemeinsamen Feind zu Felde gezogen waren.

Alles das scheint ziemlich einfach zu sein, ist es aber nicht. Als die Reformation aufkommt, zieht sie – auf die Gefahr hin, sie fast sofort wieder zu verwerfen – eine Reihe von äußerst verschiedenartigen ›Links‹-Bewegungen in ihren Bannkreis, die einen Bereich umfassen, der vom Liberalismus bis hin zum Libertinismus, vom Utopismus zum Revolutionsgeist, vom Antiautoritarismus zum Egalitarismus reicht. Nun waren diese Bewegungen als unmittelbare Folge der Renaissance entstanden, und in ihren einflußreichsten Erscheinungsformen wirkten sie im Einklang mit dem Geist und den ›Wissenschaften‹ der Renaissance.

Anfang des 17. Jahrhunderts gibt es noch einen liberalen und utopischen Katholizismus, der vom Dominikaner Tommaso Campanella vertreten wird, der nach mehr als zwanzig Jahren der Verfolgung, dennoch einen Papst findet, der für seine Kenntnisse spiritueller Magie Verwendung hat. Nun wird Campanella in seiner Zurückgezogenheit von einem Mitglied des Freundeskreises um Johann Valentin Andreae besucht. Der Einfluß des kalabrischen Dominikaners auf die liberale protestantische Bewegung, die sich hinter der ›Posse‹ des Rosenkreuzes verbarg, darf nicht unterschätzt werden. Die Eigentümlichkeit der großen Denker, die in den Bann dieser Bewegung gerieten – etwa Robert Fludd, Kepler, Descartes oder Francis Bacon –, besteht darin, daß sie sich weigern, sich der Reformations-Frömmigkeit rückhaltlos zu unterwerfen, und ihre Eingebungsquelle weiterhin in der Kultur der Renaissance suchen. Wir stehen am Anfang der modernen Wissenschaft, der gleichzeitig eine Fortsetzung und eine Verneinung der Renaissance darstellt: eine Fortsetzung insofern, als die großen Entdeckungen des 17. Jahrhunderts noch immer auf das Postulat der Analogie zwischen Mikro- und Makrokosmos und auf eine Reihe von pythagoreischen Vorstellungen über die Harmonie der Welt zurückgehen; eine Verneinung insofern der Geist der Reformation eine durchgreifende Umwandlung der menschlichen Einbildungskraft bewirkt.

Die von den offiziellen Kirchen verfolgten liberalen und utopischen Bewegungen werden – in einem rigoristischen und zwischen den beiden zwar im Prinzip verfeindeten, aber im Grunde doch wesensgleichen Mächten des geteilten Europa – in Gestalt von Geheimgesellschaften schließlich mächtig an unterirdischem Einfluß gewinnen.

Der Geistesfortschritt der liberalen Institutionen stellt ein weiteres Rätsel der Geschichte dar, mit dem sich dieses Buch nicht mehr zu befassen hat. Ursprünglich war die protestantische Obrigkeit – ob es sich um die konservative Bewegung Luthers in Deutschland, die calvinistische Schreckensherrschaft in Genf oder den puritanischen Terror in England handelt – gewiß ebensowenig liberal wie die Jesuiten. Und dennoch kann man beobachten, wie in England demokratische Institutionen aufkommen, während die Jesuiten vor ihrer Vertreibung aus Lateinamerika das erste kommunistische Experiment der modernen Geschichte unternehmen. Es ist nicht ausgeschlossen, daß sich diese Paradoxien als späte Fortsetzungen der Renaissance-Kultur – oder als deren Rache? – erklären lassen.

3. Der Streit um die Eselheit

Bevor er seinen 1509 bis 1510[2] verfaßten Traktat *De occulta philosophia* drucken ließ, veröffentlichte Cornelius Agrippa 1530 eine Widerlegung der Renaissance-›Wissenschaften‹ unter dem Titel *De incertitudine et vanitate scientiarum atque artium declamatio.*[3] Es ist ein Panorama der irdischen Eitelkeiten, das weder die Gesellschaft mit ihren Makeln noch die Berufe noch die Wissenschaften der Zeit, ja nicht einmal Theologie und Religion verschont.

Im Geiste der Reformation bezieht Agrippa Stellung gegen den katholischen Bilder- und Reliquienkult. Er prangert die Habgier der Geistlichkeit an und hegt eine unversöhnliche Feindschaft gegen die Inquisition und gegen alle Mönchsorden, diesem »unverschämten Haufen von kapuzentragenden Ungeheuern (*cucullata monstra*)«.[4] »Es ist die Sprache«, bemerkt Auguste Prost, »der grimmigsten Sektierer der Reformation im 16. Jahrhundert und der allgemeine Tonfall der Gegner der Kirche Roms in diesem Zeitalter.«[5]

Doch Agrippa begnügt sich beileibe nicht damit: In der besten Tradition der Reformation behauptet er, daß es »keine Menschen gibt, die weniger geeignet seien, die Lehre Christi zu empfangen, als diejenigen, deren Geist gebildet und mit Kenntnissen bereichert ist«.[6] Und er stimmt ein langes Lob auf die Einfalt des Geistes an:[7] »Und man soll mich nicht dafür schelten, ruft Agrippa aus, daß ich über die Apostel gesagt habe, sie seien Esel. Ich will die rätselhaften Verdienste des Esels erläutern. In den Augen der hebräischen Gelehrten ist der Esel das Sinnbild der Kraft und des Mutes. Er besitzt alle für einen Wahrheitsjünger nötigen Vorzüge; er begnügt sich mit wenig, er erträgt Hunger und Schläge. Da er einfältig im Geiste ist, würde er den Lattich nicht von einer Distel unterscheiden; er liebt den Frieden und erträgt die Lasten. Ein Esel hat den von Sulla verfolgten Marius gerettet. Wäre der Philosoph Apuleius [Lucius: Held bei Apuleius] nicht in einen Esel verwandelt worden, so wäre Apuleius nie zu den Isis-Mysterien zugelassen worden. Der Esel hat dem Siegeszug Christi gedient; ein Esel vermochte den Engel zu sehen, den Bileam (*Numeri* 22, 27-31) nicht bemerkte. Der Kinnbacken eines Esels bot Samson eine siegreiche Waffe (*Richter* 15, 15-19). Niemals war einem Tier je die Ehre widerfahren, von den Toten aufzuerstehen, außer einzig und allein dem Esel, dem der heilige Germanus (von Auxerre, *Historia Britonum*) das Leben wiedergab; und das genügt, um zu beweisen, daß nach diesem Leben der Esel seinen Teil an der Unsterblichkeit haben wird.«

Dieser Passus enthüllt uns die christliche Überlieferung, aus der Robert Bresson geschöpft haben muß, als er 1965 den Film *Au hasard, Balthazar* drehte. Aber er enthüllt uns auch die Bedeutung der Polemik Giordano Brunos gegen die Eselheit (*asinitas*, der wesentlichen Eigenschaft der Gattung Esel). Tatsächlich verhöhnt Bruno Agrippa unverhohlen in seinen italienischen Dialogen *Cabala del cavallo pegaseo* und vor allem in den *De gl'heroici furori*. Als Verteidiger der Kultur der Renaissance kann er Agrippas Standpunkt nicht gutheißen. Nach Bruno muß sorgfältig zwischen passiver Gnade und aktiver Kontemplation unterschieden werden: Der Heilige ist einfältig im Geiste wie ein Esel, der die Heiligtümer der Gnade trägt; der Heros ist als Vertreter der »Vortrefflichkeit der menschlichen Natur« durch sich selbst eine »geheiligte Sache«.[8]

Im übrigen war Agrippa selbst geradezu vorbestimmt, sein eigenes Ideal der geistigen Einfalt zu verleugnen. In seiner Jugend hatte er eine Geheimgesellschaft mit einigen seiner Kommilitonen an der Sorbonne, die sich der Alchemie hingaben, gegründet. Er scheint als Pyrotechniker in Spanien Erfolge erzielt zu haben, hatte die Geheimwissenschaften studiert und Berufe – wobei er Titel vortäuschte, die er nicht besaß – wie Rechtsberater und Arzt ausgeübt, war von Bildungseifer getrieben und demnach das genaue Gegenteil eines ›Esels‹. Und dennoch legte er manchmal einen reformatorischen Eifer an den Tag, was bei ihm, einer vom Kreis um den Abt Trithemius geprägten Gestalt, doch recht seltsam anmutet.

1519 war er Stadtsyndikus von Metz, wo er sich unter anderem den Haß des Inquisitors zugezogen hatte, weil er die Verteidigung einer mutmaßlichen Hexe aus dem Dorf Woippy mit aller Kraft betrieb.[9] Im übrigen zögerte er nicht, dieses recht einträgliche Amt aufzugeben, weil er mit dem Dominikanerprior über die – von Lefèvre d'Estaples (Faber Stapulensis) verfochtene – Frage der Monogamie der heiligen Anna gestritten hatte. In dieser Frage entfaltete er einen puritanischen Eifer, der sich vermutlich durch seine Verbindungen zu Trithemius etwa zehn Jahre zuvor erklären läßt (Trithemius war Mitglied einer von Arnoldus Bostius aus Gent gegründeten Bruderschaft, die nach Joachim, dem Vater Mariä, benannt war und die Lehre vertrat, daß die Jungfrau Maria von der heiligen Anna unbefleckt empfangen wurde).[10]

Aber wie soll man sich die Zwiespältigkeit Agrippas erklären, die sich zusätzlich verschärft, wenn man bedenkt, daß er auch Pavia fluchtartig verlassen mußte, weil er über einen Traktat des Kabbalisten Reuchlin[11] Vorlesungen gehalten hatte? Nun gehört Reuchlin zweifellos zur magischen Kultur der Renaissance, während die Frage nach der Einehe Annas bereits von der Prüderie der Reformationskultur zeugt. Das rührt daher, daß Agrippa – wie übrigens auch Trithemius – zwischen zwei Zeitaltern stand, deren Widersprüche er nicht erfaßte: Er stellte sich vor, gleichzeitig Magier und fromm sein zu können, Held und Esel. Leider trug er stets die falsche Seite zur Schau in Situationen, in denen er die andere Seite hätte zeigen müssen: Wäre er in Pavia fromm und in Metz Kabbalist gewesen, so hätte er sich vermutlich niemandes Haß zugezogen . . .

Glaubte er aber an die Wissenschaften der Renaissance? Auch in dieser Hinsicht sind seine eigenen Zeugnisse zweideutig. In Lyon hatte Agrippa erneut eine dauerhafte Anstellung als Hofarzt gefunden. Als er von der Königin-Mutter bedrängt wurde, das Horoskop Franz' I. zu stellen, beging er die unverzeihliche Unklugheit, dem Seneschall von Frankreich zu schreiben, daß er der Astrologie keinerlei Vertrauen entgegenbrächte und daß, nach dem Horoskop, das er erstellt hatte, zu urteilen, der Gegner des Königs, der Herzog von Bourbon, in demselben Jahr siegreich sein würde (1526). Man darf sich weder darüber wundern, daß der arme Arzt wiederum seiner Pfründe beraubt wurde, noch daß er lange brauchte, um Gewißheit darüber zu erlangen, denn die Partei des Königs wünschte nicht, daß der Herzog von Bourbon eine Gestalt an sich zog, deren Ruf als Fachmann für

Kriegsmaschinen auf seine frühe Jugend und auf seine spanischen Abenteuer zurückging. Anfang 1527 bot der Herzog von Bourbon Agrippa die Stelle eines Befehlshabers in seinem Heer an, die dieser ausschlug, nicht ohne ihm ein günstiges Horoskop erstellt zu haben und wahrscheinlich auch nicht, ohne magische Beschwörungen zugunsten des Feindes des Königs durchgeführt zu haben.[12] Leider erwies sich das Horoskop in einer Hinsicht als unvollständig: Da die Mauern Roms nach der Voraussage Agrippas zusammenbrachen, fand am 6. Mai 1527 der Herzog selbst in diesem Zusammenbruch den Tod![13]

Wie soll man die Briefe Agrippas an den Seneschall von Frankreich deuten: Verachtete er tatsächlich die Astrologie oder war er ein derart gewissenhafter Astrologe, daß er sich außerstande fühlte, die Nachrichten, die ihm die Sterne sandten, auf eine für den König günstige Weise auszulegen?

In seiner Persönlichkeit, wir haben es bereits gesehen, häufen sich die Zweideutigkeiten: Agrippa ist nicht mehr ein Mensch der Renaissance und noch kein Vertreter der Reformation.

4. Die Kunstgriffe des Giordano Bruno

Giordano Bruno ist zweifellos eine der vielschichtigsten Persönlichkeiten des 16. Jahrhunderts gewesen. Im Unterschied zu Agrippa ist er leicht einzuordnen: Bruno war ein Vertreter der phantasmischen Weltanschauung im Zeitalter der Reformation. Und dennoch darf der Einfluß der Reformation auf ihn nicht unterschätzt werden. In Nola hatte er in seinem Dominikanerkloster einen Anfall von Ikonoklasmus, der ihm Verfolgungen und Ärger mit den Kirchenbehörden eintrug. In England warf er sich als Verfechter der Gedächtniskunst gegen den Ramismus auf. Nun galt die Mnemotechnik der Renaissance in den Augen der Puritaner als ein überholtes und teuflisches Instrument, das ihrer allgemeinen Sittenreform unwürdig war, dies um so mehr, als sie gewissermaßen mit den Machenschaften der katholischen Kirche zusammenzuhängen schien. Bruno war in Italien ein Fremder und blieb es auch in Deutschland und England.

Agrippa und Bruno sind beide impulsive Persönlichkeiten, die von einer erstaunlichen Unfähigkeit zeugen, die Mitmenschen und die Lage ihrer Umwelt zu verstehen. Während Agrippa indessen seine okkultistische Vergangenheit (nur der Form nach?) zu verleugnen und sich der Reformation anzupassen scheint, hat Bruno den Ehrgeiz, seine Vorstellungen bis in den Märtyrertod hinein zu verteidigen, wobei er überzeugt ist, daß große Persönlichkeiten vor leiblichem Leiden nicht zurückschrecken. Agrippa ist zu naiv, um Zugeständnisse einzugehen, doch realistisch genug, um sich zum Widerruf seiner Gedanken durchzuringen; im Gegensatz dazu ist Bruno zu stolz, um zu widerrufen, aber er hofft noch Rettung im Kompromiß zu finden, nachdem ihn sein Ungestüm in die Ausweglosigkeit getrieben hatte. Selbst hier noch sündigt er nicht durch Naivität, sondern durch das Gegenteil, durch ein Übermaß an Gewitztheit, was aber letztlich zu demselben Ergebnis führt.

Wir haben bereits einige der Versuche Brunos, sein Publikum zur Ausübung der Gedächtniskunst zu bekehren, erwähnt. Wir erinnern noch daran, daß sein *Spaccio de la bestia trionfante* eine ›Austreibung‹ der Tierkreiszeichen aus dem Himmel war, die mit deren Ersetzung durch eine Schar von Tugenden und Lastern einherging. Dadurch gedachte Bruno dem astrologischen Gedächtnissystem einen abstrakteren und christlicheren Charakter zu verleihen.

Bruno war nicht der erste, der auf den Gedanken eines ›christlichen Himmels‹ gekommen ist.

> »Das Mittelalter nämlich hat – was Hippolyt[14] bereits verwerfen wollte, indem er vor den Astrotheosophen warnte – alle Tierkreiszeichen in das Biblische übertragen; so setzt ein karolingischer Dichter (wie der Priester Opicinus de Canistris von S. Maria Capella) für den Widder das Lamm (Christus) ein, und Julius Schiller im Jahr 1627 in seinem *Coelum stellatum christianum* an die Stelle der Tierkreiszeichen die Apostel. Das *Astroscopium* des Wilhelm Schickhardt aus dem Jahre 1665 erkannte im Sternbild Widder das Tier aus Isaaks Opferung, in den Zwillingen Jakob und Esau und in den Fischen die Fische der ›Speisung‹. Von da aus war es nur noch ein Schritt zu einer völlig willkürlichen Deutung. Opicinus de Canistris tat ihn, als er sich selbst dem Steinbock, einem bockigen Tier, gleichsetzte, weil seine, des Opicinus, Sünde Stolz und arge Wollust war.«[15]

Es ist nicht überraschend, daß Versuche dieser Art im 17. Jahrhundert vermehrt unternommen wurden, als der Geist der Renaissance Westeuropa noch nicht ganz verlassen hatte und man noch auf eine Versöhnung der Strenge des reformatorischen Christentums mit den ›Wissenschaften‹ des phantasmischen Zeitalters hoffte. Wir haben eine Karte des christlichen Himmels vor Augen, die Andreas Cellarius für seinen *Atlas Coelestis seu Harmonia Macrocosmica* (1661) entworfen hat. Auf dem *coeli stellati christiani haemisphaerium prius* erkennt man, daß Jakobus der Ältere an die Stelle des Sternbildes der Zwillinge getreten ist, Johannes an die des Krebses, Thomas an die des Löwen, Jakobus der Jüngere an die der Jungfrau, Philippus an die der Waage und Bartholomäus an die des Skorpions. Überdies wurde der Kleine Bär durch den Erzengel Michael ersetzt, der Große Bär durch das Boot Petri, der Polarstern durch Petrus selbst, der Schlangenträger durch den heiligen Benedikt, der Kentaur durch Abraham und Isaak usw.

Das Unternehmen des Andreas Cellarius setzt eine Übung der Einbildungskraft voraus, die mit der Gedächtniskunst eng verwandt ist, die wiederum vielleicht nur auf der katholischen Seite der Reformation vorstellbar war. Hier muß daran erinnert werden, daß die Inquisition selbst reichlich von der Waffe des Imaginären Gebrauch machte; nur hatte sie diese *gegen* die Kultur des phantasmischen Zeitalters gerichtet. Die Verchristlichung der Tierkreiszeichen zeugt von einem Vorgang dieser Art. Indessen hatte ein derartiger Versuch keinerlei Chance, sich bei den Puritanern Englands durchzusetzen, die von der abstrakten Mnemotechnik des Petrus Ramus eingenommen waren. Ein Apostel oder ein Sternzeichen-Tier waren für die Puritaner, welche die Ikonen aus der Kirche verbannt hatten, nichts als von der Einbildungskraft erfundene Götzen. Deshalb wendet sich Bruno in einer Sprache an die Puritaner, die eher geeignet gewesen wäre, sie anzusprechen als die Phantasien des Andreas Cellarius: Er ersetzt die Tiere des Zodiakus durch abstrakte Wesenheiten. Aber gerade dadurch sind die Zugeständnisse, die er an den Ramismus macht, so weitgehend, daß die Hauptmerkmale seines eigenen Systems des artifiziellen Gedächtnisses schließlich verfließen.

5. Es gab nur eine Reformation

Wenn die katholische Kirche nicht auf den Bilderkult und das Zölibat ihrer Priester verzichtete, so gibt es andere Bereiche, in denen sowohl auf protestantischer als auch auf katholischer Seite die Reformation zu den gleichen Ergebnissen führte. Man braucht nur an die Hexenverfolgung oder an den Kampf gegen Astrologie und Magie zu denken.

In seiner achtzehnten Sitzung gebot das Konzil von Trient den Bischöfen, in ihren Diözesen alle Astrologiebücher einzuziehen. Diesem Beschluß folgte die Bulle *Coeli et Terrae Creator Deus* von Sixtus V. (1586), mit der wir uns auf den nächsten Seiten noch beschäftigen.

In diesem Zusammenhang hat der 1641 von Claude Pithoys veröffentlichte *Traitté curieux de l'astrologie iudiciaire, ou preseruatif contre l'astromantie des genethliaques*, der weniger berühmt ist als Picos *Disputationes* oder Agrippas *De incertitudine et vanitate scientiarum*, das Verdienst aufzuzeigen, in welchem Maße Katholiken und Protestanten in einigen Grundfragen der Reformation übereinstimmen konnten.

Claude Pithoys (1587-1676) ist in Vitry-le-François in der Lause-Champagne (dem unfruchtbaren Teil der Champagne) geboren und tritt dem Orden der Minderbrüder bei. Seine religiöse Laufbahn beschäftigt uns hier nicht weiter.[16] 1632 »sagte er sich von seinen Gelübden los, schwor seinem Glauben ab, wurde Protestant und begab sich in den Schutz des Herzogs von Bouillon, der ihm eine Stellung in der protestantischen Akademie von Sedan sicherte«.[17] Die protestantische Gemeinde von Sedan hatte sich um die Mitte des 16. Jahrhunderts an jenem Ort angesiedelt und schuf eine autoritäre Atmosphäre, die der Wortlaut dieser Verfügung vom 20. Juli 1573 treffend kennzeichnet:

> »[...] alle Atheisten, Freidenker, Wiedertäufer und alle verworfenen Sekten werden der Beleidigung der göttlichen Majestät angeklagt und mit dem Tode gestraft.«[18]

Die Akademie, die ihren Ruf des Rigorismus und Dogmatismus wohl verdiente, war 1578 von Henri de la Tour, Herzog von Bouillon, gegründet worden. Sie wurde von calvinistischen Studenten aus England, Holland und Schlesien besucht, die Pithoys als Philosophieprofessor hatten.[19] Er hatte diese Stellung ungestört bis 1675 inne (damals war er achtundachtzig Jahre alt), obgleich 1651 Sedan an Frankreich abgetreten und unter der Regierung von Marschall Fabert langsam in die Geleise des Katholizismus geführt wurde.[20]

Der *Traitté curieux* wurde indessen 1641 veröffentlicht – in dem Jahr, als der Schutzherr von Pithoys, Frédéric-Maurice de la Tour, Herzog von Bouillon, in La Marfée einen vernichtenden Sieg über die königstreuen Truppen errungen hatte. Pithoys' Beweisgründe gegen die Astrologie haben nichts Originelles an sich. Er ist nur einer von zahlreichen Kämpfern gegen die Horoskopsteller und »deren törichte Phantasie, die elendiglich allen möglichen wahnwitzigen Blendwerken (*imaginations extrauagantes*) frönt, welche die Dämonen ausgemalt haben, um ihren diabolischen Vorstellungen als Vorwand zu dienen«.[21] Er bezichtigt sie des Paktes mit dem Teufel (S. 192-193) und behauptet, daß es die Dämonen sind, die den Wahrsagern die Voraussagen einflüstern:

> »1. Das kann dadurch erfolgen, daß sie mit menschlicher Stimme zu ihnen sprechen, welche sie leicht nachzuahmen vermögen. 2. Indem sie einzelne Worte in der Luft oder im Ohr des Wahrsagers bilden. 3. Indem sie in der Imagination des Wahrsagers die Phantasmen der Dinge einprägen, von denen sie vermuten, daß sie eintreten müssen. 4. Indem sie den Wahrsager auf Buchstaben, Charaktere, Figuren, Siegel, Zeichen stoßen lassen, von denen sie wissen, daß sie die Bedeutung von diesen, von dem Wahrsager in Ehren gehaltenen Dingen haben« (S. 197).

Das sind die klassischen Argumente, denen man bereits im *Malleus maleficarum*, in dem Werk des protestantischen Arztes Johannes Weyer oder in dem des Jesuiten Martin Del Rio begegnen kann. Bei dieser 1641 *von einem Calvinisten* veröffentlichten Widerlegung ist die Tatsache besonders aufschlußreich, daß sie zu einem Zeitpunkt verfaßt zu sein scheint, als Pithoys noch Minderbruder in Bracancour, in der Provinz Champagne, war.[22] Das scheint um so wahrscheinlicher, als sich Pithoys nicht einmal mehr die Mühe gibt, seine Belege zu ändern, indem er die Bulle Sixtus' V. *Coeli et Terrae Creator Deus* von 1586 als maßgebliche Autorität anführt und eine französische Übersetzung dieser Bulle seinem *Traitté* beigibt.[23] Es steht außer Frage, daß er sie für beide Seiten der Reformation als verbindlich betrachtet:

> »Das ist eine Päpstliche Mißbilligung (*censure*), die alles bestätigt, was wir über die Astromantie und über die Horoskopstel-

ler gesagt haben. Hier werden sie als *verdorben, anmaßend, leichtsinnig, betrügerisch, elendig,* ihre Kunst als *teuflische Erfindung* und ihre Voraussagen als *Eingebungen der Teufel* erklärt. So werden sie und ihre Bücher für verwerflich erklärt (*cenzurez*) und als gottlos, niederträchtig und verderblich verurtheilt. So werden nicht nur sie und ihre Bücher dem Inquisitions-Gericht übergeben, sondern auch diejenigen, welche sie lesen oder behalten. Welche Gründe werden die Horoskopsteller vorschützen? Vielleicht werden sie sagen, daß die Patres, die Konzilien und die Päpste sie weder exkommunizieren noch verdammen und auch nicht aus diesem Grunde gestreng werden für verwerflich erklären (*censurer*) können. Darauf erwidere ich, daß der Grund für diese Mißbilligung (*censure*) nie rechtmäßiger seyn kann, denn die ganze Christenheit erachtet ihre Kunst als magisch.«[24]

Die Protestanten und die Katholiken einigen sich weder über die äußeren Praktiken des Kultes noch über die Frage des Priesterzölibats. Aber im 17. Jahrhundert scheinen sie über den gottlosen Charakter der Kultur des phantasmischen Zeitalters und über das Imaginäre im allgemeinen ganz und gar einer Meinung zu sein. Die Katholiken und die Lutheraner sind zwar etwas toleranter als die Calvinisten; aber sie glauben ebenso fest daran, daß die Ausübung von Wahrsagerei aller Art durch dämonische Eingebung erfolgt. Nun ist der Ort, an dem die Kommunikation zwischen Dämon und Mensch stattfindet, der phantasmische Apparat. Deshalb ist der Erzfeind, den *die ganze Christenheit* bekämpfen muß, die menschliche Phantasie (siehe Anhang X, S. 390ff.).

6. Wandel der Weltsicht

Die Zensur des Imaginären und die Verwerfung der Kultur des phantasmischen Zeitalters, die von rigoristischen Kreisen innerhalb des Christentums betrieben wird, führen schließlich zu einem radikalen Wandel der menschlichen Imagination.

Auch hier gibt es in der historischen Literatur und in den Werken gewisser Ideenhistoriker ein unausrottbares Vorurteil, das darin besteht, zu glauben, daß dieser Wandel durch das Aufkommen des Heliozentrismus und der Vorstellung von der Unendlichkeit des Weltalls hervorgerufen wurde. Es gibt noch immer

Autoren, die *ernsthaft* zu behaupten wagen, daß Kopernikus (oder Bruno, was viel richtiger wäre) nicht nur am Anfang einer wissenschaftlichen, sondern auch am Anfang einer psychologischen ›Revolution‹ gestanden hätten. Ihnen zufolge wäre der endliche thomistische Kosmos fähig gewesen, die Angst des Menschen zum Schweigen zu bringen, die aber hervorbrach, sobald der Glaube an ein unendliches Universum Verbreitung fand.

Leider sind derartige Phantasien in den gelehrtesten Abhandlungen in Umlauf, und es wäre eine eitle Hoffnung, an ihr sofortiges Verschwinden zu glauben. Dabei handelt es sich um derart bequeme und oberflächliche Erfindungen, daß sich niemand mehr der Mühe unterzieht, sie zu überprüfen. Sie geistern weiterhin herum, von Generation zu Generation, und bilden eine der hartnäckigsten Traditionen der modernen Kultur.

Verantwortlich dafür ist eine gewisse Vorstellung vom linearen Fortschritt der Geschichte, die überall nach Zeichen des ›Übergangs‹ und der ›Entwicklung‹ sucht. Da Kopernikus ein heliozentrisches Bild unseres Sonnensystems entworfen hat, das der wissenschaftlichen Wahrheit näher kommt, wird er mit einem Schlüsselmoment des Übergangs, der Entwicklung, kurz, des Fortschritts gleichgesetzt. Zu bemerken wäre, daß diejenigen, die immer noch behaupten, der Heliozentrismus und die Unendlichkeit des Universums hätten verheerende Auswirkungen auf das seelische Gleichgewicht des Einzelnen und der Massen gehabt, die oben dargelegten Vorstellungen ebenso teilen – denn sie zweifeln nicht daran, daß Denker wie Kopernikus und Bruno ›schuld‹ daran gewesen sind ...

Sobald man den geschichtlichen Rahmen, innerhalb dessen sich diese tiefgreifenden Wandlungen der Auffassung vom Kosmos vollzogen haben, einer strengeren Analyse unterzieht, erkennt man, daß weder der Kardinal von Kues noch Kopernikus oder Bruno etwas damit zu tun hatten.

Fragen wir zunächst, ob das ptolemäisch-thomistische Weltsystem einen beruhigenden psychologischen Einfluß auf den Einzelnen auszuüben vermochte. Keineswegs, denn dieser erfuhr, daß er sich gewissermaßen im Abfalleimer des Kosmos befand, und zwar an dessen unterster Stelle. In der aristotelischen Kosmologie ist es nicht entscheidend, daß die Erde im Mittelpunkt des Universums steht, sondern daß sie den niedrigsten Ort einnimmt; daß sie sozusagen der negative Pol des ganzen Kosmos ist und als solcher nicht durch eine Überfülle an Sein, sondern beinahe durch einen *Seinsmangel* gekennzeichnet ist: Sie ist weniger als alles, was sich oberhalb ihrer befindet. Gegen diese Vorstellung erhebt Nikolaus von Kues seine Stimme, denn er will der Erde eine jedem anderen Stern gleichwertige Würde verleihen. Der Einzelne ist in dem ptolemäischen Kosmos gewissermaßen – selbstverständlich nicht essentiell, sondern akzidentiell – ein Stäubchen im Abfall der Welt. Im unendlichen Kosmos des Nikolaus von Kues ist das Individuum ein Edelstein, der zur Schönheit der ›Zierde‹ (κόσμος), zur Harmonie des Alls beiträgt. Man wüßte nicht anzugeben, warum diese Hypothese hätte ›beunruhigender‹ sein sollen als jene.

Dasselbe gilt vom Heliozentrismus, den sich die weitestblikkenden Theologen des 17. Jahrhunderts bereitwillig zu eigen machten. 1622 schrieb der Kardinal Pierre de Bérulle in seinem *Discours de l'Estat et des Grandeurs de Jesus*:

> »Diese neue Ansicht, welcher in der Wissenschaft von den Gestirnen nur wenige folgen, ist ersprießlich, und muß in der Wissenschaft von der Erlösung befolgt werden. Denn Jesus ist die unbewegliche Sonne in ihrer Herrlichkeit und bewegt alle Dinge. Jesus gleicht seinem Vater, sitzt zu seiner Rechten und ist unbeweglich wie Er und setzt alles in Bewegung. Jesus ist der wahre Mittelpunkt der Welt, und die Welt muß sich stetig auf Ihn zubewegen. Jesus ist unserer Seele Sonne, von der sie alle Gnaden, alles Licht und alle Einflüsse empfängt. Und die Erde unserer Herzen muß sich stetig auf Ihn zubewegen, auf daß sie in allen ihren Kräften und Theilen die günstigen Aspekte und wohlthätigen Einflüsse dieses großen Gestirns empfange.«[25]

Zwei Jahre später, 1624, griff Pater Marin Mersenne, der klassische Gegner Robert Fludds, beinahe dieselben Argumente wieder auf, nur daß er von der astronomischen Gültigkeit des heliozentrischen Systems nicht überzeugt war.[26] Das beweist, wie Clémence Ramnoux überzeugend gezeigt hat, daß ein gewaltiges Potential an theologischer Imagination sich vom Thomismus hätte mühelos abwenden können, um in dem Boden Wurzeln zu fassen, den der Kardinal de Bérulle so vortrefflich vorbereitet hatte. Das traf jedoch nicht ein. Und es war bedauerlich.

Dringt man bis zum Kern des Streits um die beiden Weltsysteme vor, dann stößt man auf dieselben Argumente, die man noch vor einem Vierteljahrhundert wiederholte, so daß man über den Mangel unserer Zeitgenossen an Einbildungskraft nur staunen kann.

Das erste Argument, das Smitho, der Anhänger des Geozentrismus, in Giordano Brunos *Cena de le ceneri* Teofilo entgegenhält, ist folgendes:

> »Die Heilige Schrift [. . .] setzt an vielen Stellen das Gegenteil voraus« (*Op. it.*, I², S. 91).

Teofilo erwidert, daß die Bibel keine philosophische (das heißt wissenschaftliche) Schrift sei, und daß es ihr, um die Massen ansprechen zu können, nur um den Augenschein zu tun ist. Smitho gibt ihm recht, bemerkt jedoch auch, daß es reiner Wahnsinn wäre, sich mit einer Rede an die Menge zu wenden, die dem Augenschein widerspricht (*ebd.*, S. 92). Und er entlehnt Abū Ḥāmid Muḥammad al-Ġazzālī (1059-1111) ein Argument, dem man in gewissen, unmittelbar nach dem Zweiten Weltkrieg veröffentlichten Schriften häufig begegnen kann:

> »Das Ziel der Gesetze sei nicht so sehr die Wahrheit der Dinge und Gedanken, sondern vielmehr die Güte der Sitten, der Nutzen der Kultur (*ciuilitá*), die Gemeinschaft der Völker und Einrichtungen zur Wohlfahrt des menschlichen Zusammenlebens sowie auch die Erhaltung des Friedens und die Förderung der Staaten. Oft und bei vielen Gelegenheiten ist es daher ein Zeichen von Torheit und Unwissenheit, die Dinge nach ihrer Wahrheit statt nach der jeweiligen Nützlichkeit und Zuträglichkeit darzustellen« (*Op. it.*, I², S. 92, Aquilecchia 192).

Hätte der Kohelet (1, 5-6), anstatt zu sagen, »die Sonne geht auf und geht unter, berührt den Zenit und neigt sich nach Norden«, sich denn so ausdrücken können: »Die Erde dreht sich nach Osten und bewegt sich an der Sonne vorbei, die sich unserem Gesichtskreis entzieht«? (*ebd.*, S. 92). Seine Zuhörer hätten ihn – und zwar mit Recht – für einen Wahnsinnigen gehalten.

An dieser Stelle hält Smitho inne, ohne behaupten zu wollen, daß die menschliche Seele aus der Vorstellung eines geordneten Kosmos – mit der Erde im Mittelpunkt – ein Gefühl des Behagens bezieht, ein Gefühl, das durch Bruno endgültig aufgelöst worden sein soll. Aber er stand kurz vor dieser Schlußfolgerung, denn er befand sich bereits auf dem richtigen Wege. Der Puritaner Smitho, der an der Autorität der Heiligen Schrift festhielt, begegnete seinem Fachgenossen, der am Lehrgebäude des Thomas von Aquins festhielt, auf demselben Boden. Aber in beiden Fällen war es nicht die Sorge um die Wahrheit, die ihnen diese Haltung auferlegte; sie glaubten, sie sei insofern nützlich, als daß dadurch der Seelenfriede nicht durch allzu kühne Hypothesen erschüttert werden könnte. Nun paßt dieser Gedankengang sehr viel besser zum Puritaner als zum Thomisten, denn das ptolemäische System, das über die augenscheinlichen Planetenbewegungen Rechenschaft ablegen muß, ist von äußerster Komplexität. Im Vergleich dazu ist das heliostatische System des Kopernikus ein Kinderspiel. Da diese Vereinfachung – einmal abgesehen von dem Widerspruch zwischen der sichtbaren und der wirklichen Bewegung der Gestirne – der Masse durchaus zusagen konnte und da sie – der Kardinal de Bérulle ist der Beweis dafür – die Theologie nur untermauern konnte, wundert man sich heute noch über das Scheinargument, das vorgebracht wird, um zu rechtfertigen, was nichts als ein schwerwiegender historischer Rechenfehler gewesen ist.

Leider stellte der aufgeschlossene Geist von Pierre de Bérulle beinahe die einzige Ausnahme in der geistigen Landschaft des 17. Jahrhunderts dar. Die durchaus puritanische Angst vor der Entfremdung von Gott, die sich in einer Verhärtung der traditionellen Haltung äußerte, überwog das optimistische und ausgewogene Urteil des Kardinals. Der Puritanismus breitete sich mit seinen Exzessen aus und drang ins gegnerische Lager ein. Sein glanzvoller Sieg war gleichzeitig seine Niederlage, denn gerade dadurch, daß er die Seele vor der Verunreinigung und vor den Mißbräuchen der Wissenschaft bewahren wollte, auf daß sie Gott näher komme, gelang es ihm schließlich nur, Gott aus der Welt zu vertreiben.

Blaise Pascal, der ein Jahr nach der Veröffentlichung von Kardinal de Bérulles *Discours* geboren wurde, ist der gewichtigste Zeuge des Schweigens des aus der Welt verbannten Gottes. Liegt etwa eine polemische Absicht in den Ängsten dieses Bekehrten, der zwischen »diesen grauenvollen Räumen des Universums, die [ihn] einschließen«, verlassen ist, oder in dem Gefühl, ringsum von »Unendlichkeiten«[27] umschlossen zu sein? Oder war in der Zeit, als Pascal seine *Pensées* niederschrieb, die Vorstellung von der Unendlichkeit des Universums bereits allgemein anerkannt worden? Weder noch. Pascal, der sogar der großen Unendlichkeit die kleine Unendlichkeit an die Seite stellt, die ebenso rätselhaft und beunruhigend ist wie die erste, scheint sich die puritanische Haltung anzueignen und darüber zu erschaudern.[28] Geschah dies aus Sehnsucht nach der Endlichkeit des thomistischen Weltbildes? Das kann man ihm nicht unterstellen. War es die Angst vor den irreführenden Auswirkungen, die das neue Weltsystem auf die Menschheit haben könnte? Das ist ebensowenig wahrscheinlich.

Man hat behauptet, Pascal sei gewissermaßen der Herold eines neuen Zeitalters, eines neuen Weltgefühls. Diese existentialistische Deutung begeht den Irrtum, die bekannte Größe, in bezug auf die sich der Denker definiert, zugunsten einer Größe zu vernachlässigen, die ihm völlig unbekannt war: die Zukunft. Bevor er eine ›positive‹ Haltung gegenüber einer Zukunft, die es noch nicht gab, einnimmt, nimmt Pascal eine (negative) Haltung gegenüber der Vergangenheit ein, die ihm vertraut gewesen sein dürfte. Er ist nur insofern Prophet und Künder eines neuen Zeitalters, als er selbst zu dessen Errichtung beiträgt.

Nun scheint seine Entscheidung unzweideutig: Er nimmt teil an dieser puritanischen Umwälzung, die in ihrem Willen, zu den Ursprüngen zurückzukehren, eine nihilistische Wirkung von außerordentlicher Tragweite auf die ganze Übergangsperiode zeitigt, eine Übergangsperiode, die nicht nur die der Kirche ist, sondern die des *Bündnisses zwischen Christentum und heidnischer Philosophie.* Die Unendlichkeit Pascals, die nur deshalb grauenvoll ist, weil Gott darin abwesend ist, ist der Unendlichkeit des Nikolaus von Kues metaphysisch und existentiell genau entgegengesetzt und ebenso der Unendlichkeit Giordano Brunos, für den die göttliche Gegenwart sich in jedem Stein, in jedem Sandkorn des Universums kundgibt. Verkündung der unendlichen Transzendenz Gottes und Ablehnung des Pantheismus – das ist der puritanische Gehalt der Pascalschen Botschaft. Und insofern dieses nihilistische Wirken die platonische Welt der Renaissance betrifft, ist der einzige Vertreter der modernen Philosophie, der mit Pascal verglichen werden kann, Nietzsche, dessen Erscheinen Pascal gewissermaßen vorzubereiten scheint.[29]

Man darf nicht vergessen, daß Nietzsche keinerlei Unterschied zwischen Platonismus und Christentum macht. Für ihn bildeten diese beiden Traditionen ein einheitliches Ganzes, und seine Ablehnung des Christentums ist in Wirklichkeit eine Ablehnung des Platonismus.[30] Pascal ebnet Nietzsche insofern den

Weg, als er die dürre Botschaft des Puritanismus übernimmt und dadurch dem Platonismus abschwört, der das Weltganze in dessen Unendlichkeit als lebendigen Organismus auffaßte. Was nun Pascal erschaudern läßt, ist gerade die *Leblosigkeit* des Alls.

Man könnte sagen, daß die Angst Pascals nur daher rührt, daß er an einem zu abstrakten und zu unmenschlichen Weltbild festhält. Nicht die Unendlichkeit ängstigt Pascal und die von ihm Angesprochenen, sondern *die Tatsache, daß sie Puritaner sind.*

Die Vorstellung von der Unendlichkeit des Universums ist nicht die einzige, die während der Renaissance angepriesen wurde und die den nachfolgenden Zeitaltern beträchtliches Grauen einflößt. Welch ein Abgrund klafft zwischen der Apologie des freien Willens des Menschen in Giovanni Picos *Oratio de dignitate hominis* und der beängstigenden Erfahrung der Verantwortung bei dem Protestanten Kierkegaard! Die Idee der Freiheit, die es dem Menschen erlaubte, Zugang zum Höheren zu finden, wird schließlich zur erdrückenden Last, denn die Bezugspunkte gehen verloren. Sobald Gott sich aus der Welt in seine radikale Transzendenz zurückzieht, stößt jeder Versuch, seine Absichten zu erkunden, auf erschreckendes Schweigen. Dieses ›Schweigen Gottes‹ ist in Wirklichkeit ein Schweigen der Welt, ein Schweigen der Natur.

Das Lesen des ›Buches der Natur‹ war die grundlegende Erfahrung der Renaissance gewesen. Die Reformation suchte unermüdlich nach Mitteln und Wegen, dieses Buch zuzuschlagen. Warum? Weil für sie die Natur nicht nur weit davon entfernt war, den Menschen Gott näherzubringen, sondern vielmehr *für die Entfremdung von Gott und Mensch wesentlich verantwortlich war.*

Nach langem Suchen fand die Reformation endlich den Schuldigen für alle Übel des individuellen und gesellschaftlichen Daseins: *die sündige Natur.*

KAPITEL X

Doktor Faust, von Antiochien bis Sevilla

1. Die Freizügigkeit der Renaissance

Eine in vielen alten Gesellschaften weit verbreitete Auffassung besteht in der Gleichsetzung der Frau mit der Natur und des Mannes mit den Kulturwerten. Die Weltanschauung des Mittelalters war keineswegs frei davon, und wenn der *Malleus maleficarum* behauptet, die Frau sei – Pseudo-Johannes Chrysostomos zufolge – ein »Naturübel«, so greift er nur eine gewissermaßen althergebrachte Vorstellung auf.

Die geistige Stimmung, aus der das Christentum hervorgeht, ist von einer dualistischen Spannung zwischen der transzendenten Gottheit und dem Dasein in einer natürlichen Welt gekennzeichnet. Da aber der Himmel, die wahre Heimat des Menschen, der Hafen des Heils ist, wird die Natur als Ort der Verbannung und der Leib – nach dem platonischen Ausspruch – als Grab aufgefaßt.[1] Dieser Zustand setzt einerseits die beständige Verführung voraus, welche die Natur auf den Menschen ausübt, eine Verführung, deren Wirkung eine immer stärker ausgeprägte Entfremdung von der Gottheit ist; andererseits setzt sie, um den Fallstricken der Natur zu entrinnen, ein beständiges Bestreben voraus – deren wichtigste Triebkräfte die Religion und die religiöse Moral sind.

Die Natur ist ein bewußtloser Organismus, dem Schönheit und eine ungeheure Bannkraft eignet, ein Organismus, der Lebewesen gebiert, ernährt und zerstört. Im Gegensatz dazu stellt die Religion ein Regelwerk dar, dessen Zweck die Bewahrung des Menschen vor natürlicher Zerstörung und die Sicherstellung seiner Unzerstörbarkeit auf spiritueller Ebene ist. Auf der Ebene der geschlechtlichen Differenzierung erfüllt die Frau die Rolle der Natur und der Mann die der Religion und ihrer Gesetze. Daraus folgt, daß, je schöner eine Frau ist, je mehr sie also die Merkmale ihrer natürlichen Funktionen (Fruchtbarkeit, Gebär-, Stillfähigkeit) aufweist, sie somit in religiöser Hinsicht desto verdächtiger erscheint. Tatsächlich bedeutet Schönheit eine erhöhte

Verführungsfähigkeit zwecks Befruchtung und mithin eine mächtige Gefahr für den Mann, der sich vor den Besudelungen des geschlechtlichen Verlangens in acht nehmen muß. Gerade die leiblichen Merkmale der Fruchtbarkeit (Hüften) und der Stillfähigkeit (Brüste) sind es, die Begehren erregen und zur Sünde verleiten. Deshalb stellt das Mittelalter sein eigenes Schönheitsideal auf, das der natürlichen Schönheit entgegengesetzt ist: Es ist die Schönheit der Tugend, die durch Verachtung und Kasteiung des Leibes errungen wird.

Hierzu gibt die Geschichte der weiblichen Mode wertvolle Aufschlüsse. Abgesehen von ihren Abwandlungen dient die Robe (der vollständige Anzug) vornehmlich dazu, den weiblichen Leib gänzlich zu verbergen – einschließlich der Haare, wenn es sich um eine verheiratete Frau handelt. Der Busen muß fest eingeschnürt werden, flach sein, denn das Ideal der tugendhaften Schönheit erfordert kaum entwickelte Brüste. Bis zum Ausgang des Mittelalters bewundert man stets die schmale Taille der Frau, die zarte und jungfräuliche Gestalt. So heißt es bei Wolfram von Eschenbach:

> »irn gesâht nie âmeizen, / Diu bezzers gelenkes pflac, / dan si was dâ der gürtel lac.«[2]

Die Sitte, daß Eheleute unbekleidet im Ehebett schlafen, kommt erst im 14. Jahrhundert auf.[3] Vor dieser Zeit gibt es beredte Zeugnisse, die uns glauben lassen, es sei nicht eben selten vorgekommen, daß ein Ehemann seine Frau niemals ganz nackt sah. Der mystische Dichter Umbriens Jacopone da Todi entdeckt erst beim Tode seiner Frau, daß sie unter ihrer Kleidung ein rauhes Büßergewand getragen hatte, das ihrem Leibe tiefe Wunden beibrachte.

Im 14. Jahrhundert findet ein grundlegender Sittenwandel statt, der durch das Erscheinen einer ebenso revolutionären weiblichen Mode zum Ausdruck kommt. Die *Limburger Chronik* (Kapitel 27) verzeichnet, daß »di frauwen drugen *wide heubtfinster* (weit ausgeschnittene Kleider) also daz man ire broste binach halbe sach«. Die Königin von Frankreich Isabeau I. de Bavière (1371-1435) führte die »robes à grand'gorge« ein, bei der das Kleid »bis zum Nabel offenstand« (*discoperta usque ad ombilicum*). Die Brüste bleiben bisweilen völlig entblößt, die Brustknospen werden mit Rouge oder mit diamantverzierten Ringen geschmückt und sogar durchbohrt, um mit edelsteinbesetzten goldenen Ketten behängt werden zu können.[4] Diese Strömung dringt bis in die Dörfer, freilich in gemäßigter Form. Die Bäuerinnen ziehen nun ausgeschnittene und farbenfrohe Kleider vor. Johannes Geiler von Kaysersberg (1445-1510), ein Moralist des späten 15. und frühen 16. Jahrhunderts, ist empört darüber, einmal die Brüste, ja »den brustkernen« einer jungen Frau durch die Öffnung ihres Ausschnittes erspäht zu haben. Ganz und gar erstaunt ist er über die Bauerntänze: »Darnach findt man klötz, die tantzen also sewisch und unflätig das sie die weiber und jungfrawen dermassen herumb schwencken und in die hohe werffen, das man jhn hinden und vornen hinauff siehet biß in die weich (*pudenda*), also daß man jhr die hübsche weisse beinle siehet und schwartze stiffele, die offt so voller kath und unrath sein, das einer darob spewen und undewen solt. Auch findt man etlich, die haben dessen ein ruhm wann sie die jungfrawen und weiber hoch inn die höhe können schwencken, und haben es bißweilen die jungfrawen [. . .] fast gern und ist jnen mit lieb gelebt, wann man sie also schwencket, das man jhnen, ich weiß nicht wohin, siehet« (*sed et turpissime etiam usque ad pudenda propter impetum et vehementiam circumitionis denudari*)[5] – weibliche Unterwäsche gab es ja zu jener Zeit und in diesen Kreisen noch nicht.

Während man im 15. Jahrhundert nur ausnahmsweise *oben ohne* – wie etwa die von Piero di Cosimo gemalte Simonetta Vespucci (Chantilly, Musée Condé) – trägt, so kommt bald ein neues Schönheitsideal auf, das die Reize der Natur auf Kosten der Reize der Tugend betont. Jan Hus, der böhmische Reformator, der 1415 in Konstanz bei lebendigem Leibe verbrannt wurde, klagt im 48. Kapitel seiner Schrift *De sacerdotum et monachorum carnalium abominatione* die Frauen öffentlich an:

> »Die Weiber trugen und tragen ihre Kleider oben an der Halsöffnung so ausgeschnitten und weit, daß beinahe bis an die Hälfte der entblößten Brüste überall jeder ihre leuchtende Haut (*caro splendida*) offen erblicken kann, in den Tempeln des Herrn vor den Priestern und Geistlichen, ebenso wie auf dem Markte, aber noch viel mehr im Hause, und was noch von der übrigen Brust bedeckt war, das ist, wie schon vorher gesagt wurde, so hervorstehend künstlich vergrößert und hervorgeschoben, daß es fast wie zwei Hörner an der Brust erscheint.«

Und im 47. Kapitel heißt es:

> »Dann machen sie an der Brust zwei andere Hörner mit den

heraufgeschobenen Brüsten, indem deren Hervorstehen durch Kunst verstärkt wird, so daß selbst, wenn sie von Natur gar nicht hervorstehen, sie doch wenigstens aus der Form des Hemdes und durch Hinzufügung von Eitelkeit anderer Kleiderkunststücke die Hörner ihrer Brust aufrichten.«[6]

Die Vorliebe für rundliche, reife Frauen nimmt während der Renaissance zu.

»Der schlanke Jüngling und die zerbrechliche Maid des Trecento und Quattrocento wuchsen zum starken und entschlossenen Mann mit breiten Armen und Schultern und zur gesunden erwachsenen Frau mit den vollen Formen des Cinquecento heran, wie sie uns Leonardo da Vinci, Raffael, Michelangelo, Sansovino, Giorgione, Tizian, Correggio und andere überliefert haben. Die Formen des menschlichen Körpers wurden entweder enthüllt oder durch Bekleidung hervorgehoben. Katharina von Medici führte am französischen Hof eine Mode ein, die jener Kretas ähnlich war. Der Busen wurde durch zwei runde Ausschnitte betont, die Brüste lediglich mit einem leichten, durchsichtigen Stoff (dem sogenannten Brusttuch) bedeckt, manchmal sogar völlig entblößt.«[7]

Die italienische Mode des 15. Jahrhunderts gab der hoch angesetzten Taille den Vorzug, welche die Brüste hervorquellen ließ. Das sieht man selbst auf dem Grabmal einer Matrone aus der Stadt Lucca, das Jacopo della Quercia (gest. 1438) schuf, der Bildhauer der Mutterschaft mit üppigen Formen.[8] Im 16. Jahrhundert schreibt die italienische Mode die tief angesetzte Taille vor, wobei die Brust von einem »kurzen Mieder, das gewöhnlich einen recht großen, länglichen Ausschnitt hatte«, oder von einem kurzen Schnürleibchen mit rechteckigem Ausschnitt bedeckt wird.[9] Das Fresko *Die Weberinnen* (1468-1469) von Francesco del Cossa im Palazzo Schifanoia zu Ferrara ist eine wahre Modenschau der hoch angesetzten Taille; dagegen legen Raffaels Frauenbildnisse Zeugnis ab von dem Herabsinken der Taille und der Entwicklung des Ausschnittes; seine Madonnen und Engel tragen zuweilen auch Kleider mit tief angesetzter Taille.

Eine gewisse Ausgewogenheit geht diesen Abwandlungen des weiblichen Gewandes nicht ab: Die hoch angesetzte Taille hebt den Busen hervor, der indessen bedeckt bleibt; die tief angesetzte Taille flacht ihn ab, aber der Ausschnitt, der manchmal breit genug ist und bis zu den Schultern reicht, enthüllt den oberen Teil der Brust mit dieser »leuchtenden Haut«, an der Jan Hus Anstoß genommen hatte.

Mithin wiesen im ausgehenden Mittelalter und im Zeitalter der Renaissance Mode und Sitten alle Anzeichen von Freizügigkeit auf und waren in bestimmten Fällen – man denke nur an die gemischten öffentlichen Badehäuser für beide Geschlechter und an die Bauerntänze[10] – selbst von einer bis dahin ungekannten Promiskuität. Die Literatur widerspricht diesem allgemeinen Eindruck nicht, denn mit Ausnahme der Fabliaux[11] wurden erotische Inhalte in christlicher Zeit nie mit der Freimütigkeit eines Boccaccio, eines Chaucer, eines Machiavelli, eines Rabelais oder Bruno behandelt. Auch die Kunst folgt diesem Sittenwandel: Damit wir uns nicht in allzu allgemeinen Betrachtungen verlieren, genügt es, an den gewaltigen Unterschied zwischen der spätgotischen und der Renaissance-Kunst des Quattrocento bei der Behandlung des menschlichen Leibes zu erinnern, etwa bei Masaccio.[12] Die von der antiken Mythologie angeregten Motive – bei Antonio del Pollaiuolo, Piero di Cosimo, Lorenzo di Credi, Luca Signorelli, Botticelli, Leonardo, Michelangelo – werden zum Vorwand für das Studium weiblicher Akte von unglaublicher Gewagtheit. In dem von Lorenzo de' Medicis bacchischen Zügen durchzogenen Florenz posiert Simonetta Vespucci mit entblößtem Busen für Piero di Cosimo, und auch Raffael wird keinerlei Not haben, Modelle für seine Aktbilder zu finden.

Ein Wind der Unabhängigkeit wehte von überallher, und darüber konnte die kirchliche Obrigkeit nur beunruhigt sein. Lodovico Cortusio, ein Rechtsgelehrter aus Padua, der am 17. Juli 1418 starb, hatte recht seltsame Erbschaftsverfügungen hinterlassen, die darauf hinweisen, wie sehr sich bereits die private Geisteshaltung von den Traditionen des Mittelalters losgelöst hatte. Universalerbe Cortusios sollte dasjenige Mitglied seiner Familie werden, das in dem Leichenzug den *natürlichsten* Ausdruck von Fröhlichkeit zeigt, »am herzhaftesten lacht«; dagegen sollten alle enterbt werden, die Tränen vergießen. Cortusio lehnte Trauer und Totenglockengeläut ab. Das Haus und die Kirche, in denen sein Leichnam aufgebahrt werden sollte, durften nicht mit dunklen, sondern mußten mit prächtigen Farben, mit Girlanden, Blumen und grünem Laub geschmückt werden. Fünfzig *Halleluja* spielende und singende Musiker sollten den Leichenzug zum

Friedhof geleiten. Kein schwarzbekutteter Mönch durfte zugelassen werden; dagegen mußte der Sarg von zwölf grüngewandeten Jungfrauen getragen werden, die heitere Weisen anstimmen sollten.[13]

Wir wissen nicht, ob die Freizügigkeit der Obrigkeit so weit ging, die Umsetzung aller Verfügungen Cortusios zu gestatten. Aber die Reaktion auf die sexuelle ›Befreiung‹, auf die exhibitionistische Mode und auf den Antikonformismus ließ nicht auf sich warten. Die Sittenpredigten eines Jan Hus in Böhmen und eines Savonarola in Florenz,[14] deren Überredungskraft und Wirksamkeit gewaltig waren, lassen uns ahnen, was im 16. Jahrhundert der Reformationsgeist sein würde.

2. In der Hölle wird es noch heißer sein!

Wo sich die Reformation durchsetzt, wandeln sich auch die Sitten. In der weiblichen Mode hat dies zur Folge, daß der Ausschnitt vollends verschwindet und durch ein Leibchen mit niedrigem, kleinem Stehkragen und durch das Auftreten eines zweifachen Rockes ersetzt wird. Der zweifache Rock schien dem Zweck zu dienen, beim Tanzen neugierigen und lüsternen Blikken zu wehren.[15] Die gemischten öffentlichen Badestuben für beide Geschlechter, die im 14. Jahrhundert zugenommen hatten, verschwanden im 16. Jahrhundert fast völlig.[16]

Die deutsche Reformation führte allerdings keine einheitliche Mode ein. Nach 1540 kommt der vorherrschende Einfluß aus Spanien und erfaßt binnen kurzem ganz Europa, einschließlich der protestantischen Länder.

Die Ideologie, die der spanischen weiblichen Mode zugrunde liegt, ist einfach und eindeutig: Die Frau ist ein blindes Verführungswerkzeug der Natur, sie ist das Sinnbild der Versuchung, der Sünde und des Bösen. Außer ihrem Gesicht sind ihre wichtigsten Lockmittel die Merkmale der Fruchtbarkeit: Hüften und Brüste, aber auch jedes Fleckchen entblößter Haut. Das Gesicht muß leider unverhüllt bleiben; aber es ist möglich, ihm einen steifen, männlichen Ausdruck aufzuprägen. Der Hals kann in hohe Spitzenkragen eingehüllt werden. Die Behandlung der Brust erinnert an die Einschnürung der Füße der adligen chinesischen Damen, ohne im übrigen weniger schmerzhaft und weniger ungesund zu sein. Diese Sitte, die bis Anfang des 18. Jahrhunderts unverändert fortbestand, wird von der Gräfin von Aulnoy beschrieben:[17]

> »Es ist bey ihnen eine besondere schönheit / keinen ausgefüllten busen haben / daher wenn sich solcher wil mit denen jahren sehen lassen / so haben sie kleine bleyerne plättgen / mit denen sie sich binden / wie die kinder so man einwickelt / daher es manchmahl wenig fehlet / daß ihr busen (ausgenommen die vielen gruben so von der magerkeit herrühren) nicht so schlecht und gleich als ein bogen papier ist.«

Da der untere Teil des Leibes tabu ist, erfindet man einen Kunstgriff, um den Rock länger zu machen als die Beine, vor allem indem man Schuhe mit hohen Sohlen aus Holz oder Kork einführt.

> »Die Spanier des 16. Jahrhunderts waren bemüht, den Grössenunterschied zwischen Mann und Frau auszugleichen. Die Damen trugen unter den langen Röcken hohe Kothurne aus Kork oder Holz. Die Kothurne erhielten in Italien unverhoffte Verbündete aus den Kreisen der Kirche. Die Geistlichkeit war voll des Lobes, weil sie in den unbequemen Schuhen ein wirksames Mittel im Kampf gegen die leiblichen Vergnügungen sah, vor allem gegen den Tanz – den Trägerinnen solcher Schuhe wurde Ablaß erteilt.«[18]

Die Farbe der Gewänder war selbstverständlich schwarz. Die Mode bedingt gewiß die Schwelle der sexuellen Erregbarkeit: Eine freizügige Mode, die der Frau Gelegenheit gibt, alle ihre natürlichen Reize zur Schau zu stellen, führt schließlich zu einer gewissen Gleichgültigkeit gegenüber dem Geschlechtlichen; dagegen führt eine repressive Mode zu einem proportionalen Herabsenken der Erregbarkeitsschwelle. So können wir uns ohne weiteres vorstellen, daß zur Zeit des Siegeszuges der spanischen Mode die ›letzte Gunst‹, die eine Frau ihrem Verehrer gewährte, womit sie ihn überglücklich machte, darin bestand, ihm ihren Fuß zu zeigen. Im 19. Jahrhundert war es nicht viel anders, denn Victor Hugo erzählt in seinen *Misérables*, daß Marius in eine lange erotische Träumerei verfiel, weil er zufällig Cosettes *Knöchel* erspäht hatte.

Das einzige Land, in dem die spanische Mode nicht Fuß gefaßt hat, war Italien. Die Tatsache, daß Rom stets Sitz des Vatikans war und daß es in der römischen Kurie stets mit bemerkenswerter Intelligenz und mit einem ebensolchen Skeptizismus begnadete Menschen gab, bewahrte Italien von den Exzessen der Intoleranz: Es war im übrigen die einzige Kirchenprovinz, welche die grimmige Hexenverfolgung kaum kannte. Die Kunst des Barock ist von Sinnlichkeit durchglüht und die weibliche Kleidung des Seicento ist von der Einförmigkeit des übrigen Europa denkbar weit entfernt.

Das weibliche Ideal der Reformation findet in der spanischen Mode seinen vollendeten Ausdruck. Es handelt sich um eine entweiblichte, vermännlichte Frau, deren Aufgabe nun nicht mehr darin besteht, in unheilvoller Weise den Mann zu verführen, sondern ihm auf den dornigen Wegen zur moralischen Vervollkommnung beizustehen. Diese Kultur neigt dazu, die natürlichen Reize der Frau durch grausame und gesundheitsschädliche Gepflogenheiten zu zerstören: Man drückt ihren Busen mit Hilfe von Bleiplatten flach, verhindert die Beweglichkeit ihres Gesichtsausdrucks, setzt ihre Taille hoch an, verhüllt sie von Kopf bis Fuß, kurzum, man versucht, ihr ein möglichst männliches Aussehen zu verleihen.

Die natürliche, überschwengliche, wollüstige, sündhafte Weiblichkeit wird in den Bereich des Verbotenen verbannt. Hinfort werden es sich nur noch die Hexen leisten, ausladende Hüften, vorquellende Brüste, ein pralles Gesäß und langes aufgelöstes Haar zu haben. Man braucht nur die Zeichnungen und Kupferstiche Hans Baldung Griens zu betrachten oder die Holzschnitte, mit denen das Werk *Die Emeis* (Straßburg 1516) des Johannes Geiler von Kaysersberg geschmückt ist, um sich die außerordentliche Lebenskraft bewußt zu machen, die die *maleficae* genießen. Diesem Bild des natürlichen, verführerischen, nonkonformistischen und zerstörerischen Weiblichen tritt die steife und einförmige Gestalt und das ausgemergelte Gesicht der tugendhaften spanischen Frau entgegen.

Die sich auf die Hexerei beziehende Literatur und Bilderwelt grenzt ans Pornographische: Es sind die Verdrängungen einer ganzen Epoche, die sich da hinein ergießen. Alle diese möglichen und unmöglichen Perversionen werden den Hexen und deren diabolischen Gefährten zugeschrieben. Hans Baldung Grien schreckt nicht vor der naturalistischen Darstellung eines *cunnilingus* [oder *coitus a tergo*] zwischen einer jungen, höchst wollüstigen Ketzerin mit langem, im Winde wehendem Haar und dem Drachen Leviathan zurück, aus dessen Maul eine Art männliches Glied in Gestalt eines Bohrers heraustritt (1515).[19] Die Darstellungen des Hexensabbats enthalten ebenso anstößige Szenen, die den Leser offenbar über die gesellschaftsfeindlichen Praktiken der Hexen zu belehren beabsichtigen. Aber der unterschwellige Gehalt dieser Ikonographie ist leicht zu durchschauen: Indem sie die erotischen Phantasien von Außenseitern, Phantasien, die bei dem von der Inquisition in Gang gesetzten Übertragungsvorgang hervorgebrochen waren, zum Vorwand nahmen, projizierten die Verfolger die eigenen persönlich verdrängten Inhalte hinein.

Im 16. und 17. Jahrhundert genügt es, daß gewisse Frauen in ihrem Verhalten etwas sorgloser sind, damit man ihnen »bereits auf Erden die Hölle heiß macht«.[20] Man sieht sie auf den Kupferstichen der Zeit, wie sie sich im Spiegel betrachten, und anstatt daß sie ihr eigenes Gesicht sehen, bekommen sie den Hintern eines Teufels zu Gesicht. Zerzaustes Haar und zerschlissene Kleidung reichen bereits aus, um den Verdacht auf Hexerei zu erregen. In Deutschland wird im 17. Jahrhundert eine Frau von dem eigenen Ehemann den Behörden ausgeliefert, denn dieser hatte sie *in der Nacht* zwar nicht nackt überrascht, aber mit »verworrenem Haar« und »ufgemachten Kleideren als etwan sie mit viel Buhlen getanzt und zu tun gehabt«.[21]

> »Sagt die sich aufknöpfende Frau des 17. Jahrhunderts etwas kokett: ›Es ist zu heiß – haben Sie etwas dagegen?‹, so entgegnet nunmehr ihr Gesprächspartner: ›In der Hölle wird es viel heißer!‹«[22]

3. Exzessiver Moralismus: die Faust-Sage

Der ausgereifteste Ausdruck der Reformation ist die Faust-Sage, in der alle ideologischen Züge zusammenkommen, von denen wir bereits einige Zeugnisse gegeben haben: die Zensur des Imaginären, die wesentliche Schuldhaftigkeit der Natur und ihres wichtigsten Werkzeugs: der Frau, schließlich deren Vermännlichung.

Es gibt auch eine historische Tradition – die von Trithemius, Weyer und anderen belegt wird –, die uns aber in diesem Zusammenhang kaum beschäftigt: nämlich die des Scharlatans Jörg oder

Georg Faust, der den latinisierten Namen Georgius Sabellicus führte. Er soll etwa zwischen 1480 und 1540 gelebt haben, und die Bewohner von Knittlingen halten ihn heute noch für den berühmtesten Sohn ihrer Stadt.

Von der Sage gibt es zwei alte Fassungen: die anonyme Wolfenbütteler Handschrift[23] und das 1587 von Johann Spieß in Frankfurt gedruckte *Volksbuch*,[24] das – nach Gilles Quispel – von einem gewissen Andreas Frei, dem Rektor des klassischen Gymnasiums zu Speyer, kompiliert worden sein könnte.

1592 wurde das *Volksbuch* von dem Gentleman P. F. unter dem Titel *The Historie of the damnable life, and deserued death of Doctor Iohn Faustus* [1592] übersetzt.[25] So wurde es Christopher Marlowe zugänglich.[26] Als Bühnenfassung für Schauspieler und Marionetten gelangte das *Faustspiel* bald nach Holland.[27] Die ungeheuere Beliebtheit auf der protestantischen Seite der Reformation führte dazu, daß der Text auch in katholischen Kreisen empfohlen wurde, und Pedro Calderón de la Barca bearbeitete ihn 1637 frei für das spanische Publikum.

Es sei dahingestellt, ob Andreas Frei oder ein anderer der Verfasser des *Volksbuches* gewesen ist; jedenfalls handelt es sich um einen Gebildeten, dessen fromme Erfindungen aus antiken Quellen geschöpft und mit deutscher Geschichtstradition verschränkt wurden. So seltsam es anmuten mag, der Name ›Faust‹ selbst scheint nicht dieser Tradition entlehnt worden zu sein, sondern dem berühmten Simon Magus, dem Zeitgenossen der Apostel, der den Beinamen *Faustus* hatte. Dieser war der negative Held mehrerer Geschichten aus einem Schriftencorpus, das dem heiligen Clemens von Rom und anderen Quellen der Spätantike zugeschrieben wurde. Diese Geschichten wurden von Baronius, einem Autor des 16. Jahrhunderts, sorgfältig in seinen *Annales* gesammelt (*Ann.* 68, n. 21). Andererseits galt Simon Magus auch als der erste Gnostiker, und als solcher behauptete er, göttlich zu sein. Er hatte eine Hure namens Helena geheiratet, die für ihn ebensowohl Helena von Troja als auch die Weisheit (ἔννοια: Gedanke, Vorstellung) Gottes verkörperte.[28] Im *Volksbuch* erschafft Faust durch magische Künste das Trugbild (*simulacrum*) der Helena von Troja, was sich einerseits auf Grund der Legende von Simon-Faustus, andererseits auf Grund einer anderen antiken Tradition erklären läßt: die des heiligen Cyprian von Antiochien.

Die Legende Cyprians geht auf eine enkratitische Quelle zurück: Die Enkratiten stellten eine Strömung innerhalb des östlichen Christentums dar, die durch die vollkommene Unterdrükkung des Geschlechtslebens – einschließlich der Ehe – und durch einen streng asketischen Lebenswandel gekennzeichnet war. Die erste Fassung der Erzählung findet sich in den apokryphen Akten des Apostels Andreas, die um das Jahr 200 griechisch niedergeschrieben wurden. 1956 entdeckte Gilles Quispel im Nachlaß von Carl Schmidt das Papyrosfragment einer koptischen Übersetzung.[29] In ihrer kanonischen Form stammt diese – sehr berühmte – Geschichte aus dem 4. Jahrhundert, aus welchem es bereits nicht weniger als drei Fassungen davon gibt: die *Confessio seu poenitentia Cypriani*, die vom Papst Gelasius I. für häretisch erklärt wurde, in der Cyprian von Antiochien mit einem anderen Cyprian, dem Bischof von Karthago, verwechselt wird; die *Conversio Sanctae Justinae virginis et Sancti Cypriani episcopi*, die denselben Fehler begeht; schließlich das Martyrium – die *Passio S. S. Cypriani et Justinae virginis* – der beiden Heiligen. 379 erwähnt Gregor von Nazianz die Legende in einer seiner Predigten, später faßt der Kirchenhistoriker Photios in einer seiner Schriften den Inhalt einer Heldendichtung über den heiligen Cyprian zusammen. Diese Dichtung in drei Gesängen war von Eudokia verfaßt worden, der Tochter des Philosophen Leontios, die 421 Kaiserin wurde. Das Werk des Vinzenz von Beauvais (Vincentius Bellovacensis) und die *Legenda aurea* des Jacobus von Voragine sorgten für eine sehr weite Verbreitung der Erzählung von Cyprian und Justina. Andererseits wurde im 10. Jahrhundert eine zweite Fassung der Legende von Simeon Metaphrastes verfaßt, die 1558 von Aloysius Lipomanus ins Lateinische übersetzt und von Laurentius (Lorenz) Surius 1580 und 1618 in einem erbaulichen und zu seiner Zeit sehr einflußreichen Werk wieder veröffentlicht wurde.[30]

Calderón scheint die von Surius herausgegebene Fassung gekannt zu haben, seine beiden Hauptquellen bleiben aber die *Legenda aurea* und eine Sammlung von Heiligenviten mit dem Titel *Flos Sanctorum*.[31]

Abgesehen von zahlreichen Abwandlungen erzählt die Legende, daß Cyprian, ein Magier aus Antiochien – oder auch sein Freund Aglaïdas – sich nach der schönen Justina sehnt, ohne zu wissen, daß sie eine Christin ist und ihre Keuschheit dem Herrn geweiht hat. Wie zu erwarten, wird er stolz abgewiesen. Es bleibt ihm nichts anderes mehr übrig, als einen Pakt mit dem Teufel zu schließen, der ihm Justina im Austausch gegen seine Seele verspricht. Da er aber keine Macht über die Christen hat, kann der Teufel Cyprians Wunsch nicht erfüllen; so versucht er ihn zu täuschen, indem er ihm ein Trugbild zur Verfügung stellt, das zwar Justina von weitem ähnlich sieht, aber nur ein diabolischer Schemen ist. Cyprian, beeindruckt von der Kraft Justinas und von ihrem Gott, bekehrt sich und folgt ihr in ihrem Martyrium.

Außer dem Schluß ist die Struktur der Cyprian-Legende dem des Faust-*Volksbuches* recht ähnlich, und dessen Bühnenbearbeitung, die frei ist von den zahlreichen moralisierenden Abschweifungen der Prosafassung, dürfte der Legende von Cyprian und Justina noch mehr gleichen: Es geht um einen Magier, der auf den Pakt mit dem Teufel zurückgreift, um unter anderem die Gunst eines jungen Mädchens und das Trugbild der schönen Helena von Troja zu erlangen.

Stellen wir uns vor, daß jemand die Gelegenheit hatte, einer Theateraufführung des *Faust* in englischer oder niederländischer Sprache beizuwohnen, ohne ein Wort davon zu verstehen. Er hätte sie für eine pessimistische Fassung der Legende Cyprians gehalten, in welcher der Magier, statt Justina in den Märtyrertod zu folgen, verdammt worden wäre. Das scheint auch im Falle Calderóns eingetroffen zu sein, der nach dem Zeugnis seines Freundes und Herausgebers Juan Vera Tassis y Villarroel zehn Jahre lang im Dienste seiner Majestät zunächst in Mailand und dann in den südlichen Niederlanden (Flandern) zugebracht haben soll. Später wollen seine Biographen diese Zeit auf die Jahre 1623 bis 1625 beschränkt wissen. Nun gaben 1623 englische Wanderkomödianten zahlreiche Aufführungen in den Niederlanden. Ohne jeden Zweifel nahm Calderón – der weder englisch noch holländisch verstand – daran teil.[32] Das Bühnenspiel ermöglichte ihm, die Legende Cyprians wiederzuerkennen. Er sah darin Szenen, denen er bereits im spanischen Theater begegnet war: Den Pakt mit dem Teufel, der unter anderem in den Theaterstücken *El esclavo del demonio* und *El amparo de los hombres* von Antonio Mira de Amescua vorkommt,[33] und die Erscheinung des Trugbildes von Justina, die ebenfalls einer Szene von *El esclavo del demonio* (1612) ähnlich war.[34] Aber er konnte auch die Unterschiede wahrnehmen, die er in seiner eigenen Schauspielkunst benutzte: So fand beispielsweise in der englischen Aufführung der Pakt auf der Bühne statt; bei Mira de Amescua spielte er sich in den Kulissen ab.[35] Schließlich begann das englische Schauspiel mit Fausts Monolog, demselben Monolog, den Goethe in den berühmten »Monolog des grübelnden Gelehrten« umwandelte. Calderón glaubte, den Inhalt durch den dramatischen Ausdruck zu erraten, und benutzte ihn nicht nur im *Mágico prodigioso*, sondern auch in seinen Stücken *Los dos amantes del cielo*, *El José de las mujeres* und *El gran príncipe de Fez*.[36] Den Namen ›Faust‹ gebrauchte Calderón auf unerwartete Weise in der ersten Fassung des *Mágico prodigioso*, der bis 1877 unveröffentlicht blieb.[37] In der Legende Cyprians ändert das junge Mädchen Justa bei der Taufe ihren Namen in Justina. Nun heißt sie im ersten Teil von Calderóns Bühnendichtung nicht Justa, sondern *Faustina*.

Die Geschichte von Cyprian und Justina war gegen Ende des 2. nachchristlichen Jahrhunderts in einem enkratitischen Umfeld entstanden. Der Enkratismus verurteilte die Sexualität selbst dann, wenn ihr Ziel nicht Lust, sondern Fortpflanzung war. Deshalb berichten die apokryphen Akten der Apostel Andreas und Thomas von verschiedenen Bekehrungen, die unsere Helden bei verheirateten Frauen erwirkten, die von den Aposteln zur Enthaltsamkeit angehalten wurden. Die brutalen Reaktionen der Ehemänner und die Verfolgung der Apostel dürfen uns nicht wundern: Ihre Botschaft war doch etwas zu exzessiv für diese Welt.

Die Moral der Geschichte aus dem 4. Jahrhundert war apologetischer Art: Sie stellte die Macht des Christentums unter Beweis. Gegenüber einem jungen christlichen Mädchen, das seine Gebete spricht, ist der Teufel machtlos. Cyprian, der überzeugt ist, machtlosen Herren gedient zu haben, hängt den Magierberuf an den Nagel und nimmt den Glauben an einen siegreichen Gott an: den Gott Justinas.

Insofern Cyprians Liebe zu Justina nach Befriedigung sucht, wird er sie nur im Tode finden können, denn der Gegenstand seiner Liebe erweist sich – wegen der Kraft der christlichen Botschaft – als unerreichbar. Cyprian wird zum Opfer gezwungen, weil seine erotische Magie versagt hat. Und sein Urteil bleibt bis zuletzt das eines Magiers: Sein Scheitern beweist die *magische* Macht Justinas, die er nur erringen kann, indem er selbst Christ wird. Aber Justina ruft ihn auch auf, die Überlegenheit des christlichen Gottes zu bezeugen (das ist die etymologische Bedeutung von μάρτυς, ›Zeuge‹, daher ›Blutzeuge‹), und der ehemalige Magier kann nicht umhin, diesem gnädigen Angebot bereitwillig zu entsprechen.

Gewiß, man kann den Sinn dieses frommen *exemplum* aus einer Zeit verstehen, in der man von den Christen das Martyrium forderte. Aber was könnte seine Botschaft in der Stadt Yepes des Jahres 1637 sein – als der *Mágico prodigioso* uraufgeführt wurde? Diesmal stellt Cyprian – wie Johann und Jörg (Georg) Faust – kein Symbol der vom Christentum besiegten heidnischen Antike dar, sondern ein Sinnbild der von der Reformation besiegten Renaissance. Sein Vorbild ist also der Verzicht auf die Werte der Renaissance und die Bekehrung zu den Werten der Reformation, die von dem jungen Mädchen mit flachgepreßtem Busen namens Faustina-Justina dargestellt wird.

In Calderóns Bühnendichtung tritt der Zauberer Cipriano von vornherein als ein Jünger der Renaissance auf, der die Welt als faszinierendes Kunstwerk betrachtet (v. 146-147, ed. Morel-Fatio). Seinerseits wiederholt der Teufel nur dieselben Vorstellungen (v. 355 ff.) und weist sich dergestalt als Schüler von Marsilio Ficino und Cornelius Agrippa aus. Es ist, als ob diese jetzt in seiner Person von der neuen öffentlichen Deutung der Reformation beurteilt würden. Der Teufel Calderóns ist keineswegs eine transnatürliche Erscheinung; vielmehr ist er nur eine ideologische Fiktion, die sich wie Ficino und Giovanni Pico ausdrückt und sich den Wesenskern einer Lehre zu eigen macht, die das reformierte Publikum zu verachten und zu verabscheuen gelernt hatte. Es genügt, ihn sprechen zu hören:

> »Vien / En la fabrica gallarda / Del mundo se be, pues fue / Solo un concepto al obrarla. / Sola una voluntad hiço / Esa arquitectura rara / Del cielo, una sola al sol, / Luna y estrellas viçarras, / Y una sola al hombre, que es / Pequeño mundo con alma« (v. 355-364).[38]
>
> [Man sieht es wohl an dem prächtigen Gebäude der Welt, denn es gab nur einen Gedanken, als man es errichtete. Nur ein einziger Wille schuf diese seltene Architektur des Himmels, ein einziger die Sonne, den Mond und die leuchtenden Sterne, und ein einziger den Menschen, der eine kleine Welt mit Seele (Mikrokosmos) ist.]

Ficinos *Theologia Platonica* ist die Quelle, aus dem der Teufel seine trügerische Weisheit schöpft: auch wird dort die Welt als ein Meisterwerk der Kunst aufgefaßt (*artificiosissimum mundi opificium*)[39] und der Mensch als Mikrokosmos (*parvus mundus*), als ein Kunstwerk kühnster Art (*naturae audentissimae artificium*).[40] Das Wissen, das der Teufel besitzt, ist die ›Kunst‹, das heißt die Magie (v. 219): So kann er insbesondere die Gestirne auf die Erde herabsteigen lassen (v. 1790 ff.), und er überzeugt Cipriano von seinen Möglichkeiten, indem er einen Berg versetzt (v. 2579 ff.).

Cipriano erlernt die Nekromantie, die Pyromantie und die Chiromantie und, um magisch wirken zu können, zeichnet er graphische Symbole (Charaktere), durch die er sich die Mitwirkung der Gestirne, der Winde und der Geister der Verstorbenen (v. 2720 ff.) in der Tradition von Marsilio Ficino, Cornelius Agrippa und Giordano Bruno sichert.

Eigentlich werden im *Mágico prodigioso* die magischen Operationen nur höchst oberflächlich beschrieben. Entscheidend war es, eine unmittelbare Verbindung zwischen der Magie und dem Teufel, und zwischen diesem und der Renaissance, dem Erzfeind der Reformation, herzustellen. Calderón gelingt das völlig mühelos. Sodann widmet er sich dem, was man als den ›Libido-Gehalt‹ der Magie bezeichnen könnte, der Gleichung ›Eros = Magie‹, die ebenfalls zum Erbe der Renaissance gehört. Just in diesem Augenblick kommt *Faustina* ins Spiel, deren Name eine recht genaue Symbolik erhält, denn er wird ja in Beziehung zu Faust gesetzt.

Bevor sie *wesentlich* eine Christin war, ist (was Cipriano nicht weiß) Faustina eine *Frau*, ein Naturgebilde: und es muß ein durch seine Schönheit vollkommenes Gebilde sein, denn sie hatte zahlreiche Verehrer, die nicht davor zurückschreckten, einander aus dem Weg zu räumen, um ihre Gunst zu erwerben. Ohne es zu wollen und ohne es zu wissen, wurde Faustina von der Natur als erotischer Gegenstand gestaltet, Ursache und Grund von Begierde und Zwietracht. Der Widerspruch und die Spannung zwischen der *naturgemäßen* Bestimmung Faustinas und dem *kulturellen*, weltabgewandten Streben Justinas stehen im Mittelpunkt von Calderóns dramatischer Handlung.

Wie Goethes *Faust* beginnt auch der *Mágico prodigioso* mit einem »Prolog im Himmel«, in dem der von Gott abhängige Teufel sich vornimmt, Ciprianos Wissen und Faustinas Tugendhaftigkeit auf die Probe zu stellen. Es folgt der »Monolog des *grübelnden*

Gelehrten«, in dem der junge Cipriano sich nicht wie Faust um das Problem des Alterns und der Eitelkeit alles Irdischen besorgt zeigt, sondern einfach um die eine theologische Frage, die er nicht zu lösen vermag: Insbesondere wolle er wissen, wer dieser Gott sei, der in einer Stelle bei Plinius als »absolute Schönheit, Wesen und Ursache, ganz Auge und ganz Tat« beschrieben wird (*todo vista y todo manos*, v. 261-263).[41] Als er versucht, zwei rasende Bewerber der schönen Justina, der Tochter Lisandros, auseinanderzubringen, verliebt sich Cipriano selbst in dieses wunderbare Geschöpf. Er weiß nicht, daß Justina in Wirklichkeit der Taufname Faustinas, daß diese nicht Lisandros Tochter und daß dieser im übrigen auch nicht das ist, was er zu sein scheint. Lisandro und Justina sind beide verkappte Christen, die sich in einer ihnen feindlich gesinnten Gesellschaft verbergen; Lisandro hat Faustina nach dem Tode ihrer Mutter, die eine christliche Martyrin gewesen war, an Tochters Statt angenommen. Auch weiß Cipriano nicht, daß Justina ihre Seele und ihren Leib demselben Gott geweiht hat, dem zuliebe ihre Mutter ihr Leben geopfert hatte.

Im Grunde erblickt Cipriano in Justina nur das, was sie nicht mehr ist: die schöne *Faustina*, ein vollkommenes Gebilde der Natur, das eine mächtige erotische Bannkraft auf ihn ausübt. Obgleich sie unschuldig ist, kann die junge Maid nicht umhin, ihre natürlichen magischen Reize um sich zu verströmen: Sie ist es, die Cipriano *faustisiert*, ihn zu Faust macht, ja ihn beinahe zwingt, erotische Magie anzuwenden.

Vergleicht man den *Mágico prodigioso* mit der christlichen Sage, so fällt auf, daß bei Calderón ein subtileres erotisches Spiel in die Erzählung hineinwirkt, ein Spiel, das den Vorstellungen der Reformation vollkommen entspricht: Die sündhafte Natur selbst ist es, die den Eros erzeugt; es ist Faustina, die, ohne es zu wissen, alle Männer aus ihrer Umgebung *faustisiert*. Doch wie soll man dieser Zwangslage entrinnen? Die junge Maid kann noch nicht die verfeinerten Mittel der Kultur gebrauchen, um ihre Reize zu entstellen, ihren Busen plattzupressen und männlich auszusehen. Um sich gegen den Ansturm Ciprianos und anderer zur Wehr zu setzen, steht ihr lediglich die Waffe der Andacht und des Gebetes zu Gebote. Doch der Eros hat seine ihm eigenen Mechanismen: Je schroffer Cipriano abgewiesen wird, desto stärker wächst sein Begehren. Um das Objekt seiner Begierde zu erhalten, bleibt ihm nichts anderes übrig, als mit dem eigenen Blut einen Pakt mit dem Teufel zu unterschreiben, in dem er seine Seele dem Teufel im Austausch gegen Justina verspricht. Seinerseits entfaltet der Teufel machtvolle Wirkungen erotischer Magie, die Justina gegen ihren Willen schließlich Cipriano zuführen sollen. Fern davon, seine scheußlichen Gefährten aus den Höllenschlünden zu Hilfe zu rufen, begnügt sich der Teufel damit, durch magische Anrufungen ein *liebliches erotisches Phantasma* hervorzuzaubern, dessen Zweck darin bestehen sollte, Justina zu verwirren, ihr eingeschlummertes natürliches Wesen wachzurufen, ihre Weiblichkeit zu erwecken und zu ermutigen. Die Funktionsweise dieser Operation beruht auf den Gesetzen der erotischen Magie, die Ficino zuerst ausgesprochen und Bruno weiterentwickelt hatte: Man muß auf die Phantasie des Subjekts einwirken, wobei man dessen Eigentümlichkeiten berücksichtigt. Außer der Tatsache, daß er zu sehr damit gerechnet hat, daß Justina auch Faustina ist – das heißt, ebenso ein Gebilde der Natur, wie eines der Kultur, eine Frau also, und nicht nur eine Christin –, hatte der Teufel auch noch den unverzeihlichen Fehler begangen, die *Institutio Sacerdotum* des Kardinals Francisco von Toledo (gest. 1596) außer acht zu lassen, ein Werk, das kurz vor Calderóns Abreise nach Flandern in Rom erschienen war.[42] Hätte er die *Institutio* gelesen, dann hätte der Teufel erfahren, daß es nicht in seiner Macht stand, den freien Willen eines Menschen zu beeinflussen; alles, was er tun kann, beschränkt sich darauf, Phantasmen hervorzuzaubern, um auf die Imagination einzuwirken, der freie Wille bleibt jedoch davon unberührt. Man kann dem Teufel eine gewisse Unwissenheit auf dem Gebiete der Theologie vorwerfen, nicht aber, daß er nicht nach den Regeln der phantasmischen Magie gehandelt hätte. Er hatte Justina die von dem Odem des Eros durchwehte Welt der Natur offenbart, um in ihr fleischliche Begierden zu wecken:

> »Ea, infernal abismo, / Desesperado imperio de ti mismo, / De tu prision ingrata / Tus lascivos espiritus desata, / Amenaçando ruyna / Al virgen edificio de Justina. / Su casto pensamiento / De mil torpes fantasmas en el viento / Oy se informe, su honesta fantasia / Se llene, y con dulcissima armonia / Todo proboque amores, / Los pajaros, las plantas y las flores. / Nada miren sus ojos / Que no sean de amor dulces despojos; / Nada oygan sus oydos / Que no sean de amor tiernos gemidos« (v. 2823-2838).[43]

Andachtsübung und Gebet retten den freien Willen Justinas, stoßen sie aus der natürlichen Welt hinaus und verankern sie in der Welt religiöser Werte. Den ›lüsternen‹ Dämonen des Abgrunds mißlingt es, sie in die Welt der Natur zu locken, die durch ihre magischen ›Fesseln‹ alle Lebewesen auffordert, ihre Begierden zu befriedigen. Der Teufel ist außerstande, Justina in Faustina, das Subjekt der Kultur in das der Natur umzuwandeln. Aber sein Versagen bedeutet nicht nur den Sieg des Geistes der Reformation über den Geist der Renaissance, sondern auch den Sieg des Realitätsprinzips über das Lustprinzip. Die erotische Magie, deren Grundlage in der Übertragung der Phantasmen vom Sender zum Empfänger besteht, führt eigentlich zu nichts: Der Teufel kann Cipriano nur ein häßliches Trugbild Justinas, ein dämonisches Gespenst anbieten. Das bedeutet, daß die erotische Magie nur Phantasmen hervorzubringen vermag, und daß die Befriedigung des Verlangens, die sie bewirken soll, nicht wirklich, sondern ebenfalls *phantasmisch* ist. Mit anderen Worten, die Operationen der Magie finden in einem geschlossenen Kreis statt: *Die erotische Magie ist eine Form von Autismus.*

Gewiß, diese Konsequenz überschreitet die moralisierenden Absichten Calderóns bei weitem, wird aber im Handlungsablauf vorausgesetzt. Später, als der religiöse Elan der Reformation erlischt, bleibt nur noch der starke Kontrast übrig zwischen Imagination (Lustprinzip) und freiem Willen (Realitätsprinzip) einerseits und andererseits der Vorstellung, daß dem magischen Autismus keine wahre *Wirk*kraft innewohnt.

Da Justina über Faustina – ihr ›natürliches‹ Gegenstück, ihre eigene Weiblichkeit, ihr Recht auf Begehren und Genuß – siegt, siegt sie schließlich auch über Cipriano. Der Schluß des Dramas entspricht den Absichten der Reformation vollkommen und kann auf Grund der geschichtlichen Wirklichkeiten jener Zeit mühelos ausgelegt werden: Cipriano und Justina werden im Tode vereint sein, was einem vollständigen Sieg der Kultur über die Natur gleichkommt – des freien Willens über die Einbildungskraft, des Realitätsprinzips über das Lustprinzip, des Thanatos über den Eros. Das Martyrium der beiden ist nur noch ein anachronistisches Sinnbild: Wenn Cipriano ein junger, der Kirche ergebener Gelehrter und Justina ein tugendsames junges Mädchen mit abgeflachter Brust gewesen wären, so hätten sie gemäß dem Ideal der Reformation auch heiraten und Kinder zeugen können, allerdings unter der Bedingung, daß das Feuer des Eros zwischen ihnen endgültig ausgelöscht wurde.

Die von der Reformation vollzogene Umwälzung von Geist und Sitten führte zur vollständigen Zerstörung der Ideale der Renaissance. Diese hatte die natürliche und gesellschaftliche Welt als einen geistigen Organismus aufgefaßt, in dem es fortwährend zum Austausch von phantasmischen Botschaften kam. Darin lag das Prinzip der Magie und des Eros, wobei dieser selbst eine Art von Magie war.

Die Reformation reißt das ganze Gebäude von wirkenden und lebendigen Phantasmen nieder, verbietet den Gebrauch der Einbildung und verkündet die Notwendigkeit, die sündhafte Natur auszulöschen. Sie unternimmt sogar die künstliche Gleichmachung der Geschlechter, auf daß die natürlichen Versuchungen verschwinden.

In dem Augenblick, in dem die *religiösen* Werte der Reformation ihre Wirksamkeit einbüßen, erhält ihre theoretische und praktische Opposition gegenüber dem Geist der Renaissance eine kulturelle und wissenschaftliche Deutung. Aber es ist eine Lehre, die die Menschheit fortan für selbstverständlich erachtet: Das Imaginäre und das Wirkliche sind zwei voneinander getrennte Bereiche, die Magie ist eine Form von Autismus, das Realitätsprinzip dem Lustprinzip entgegengesetzt usw.

4. Ein Endergebnis?

Die moderne abendländische Kultur stellt im wesentlichen das Ergebnis der Reformation dar – einer Reformation, die zwar ihres religiösen Gehaltes entleert wurde, deren Konventionen und Rituale die Kultur des Abendlandes jedoch beibehielt.

Auf theoretischer Ebene führte die durchgreifende Zensur des Imaginären zur Entstehung der Naturwissenschaften und der modernen Technologie.

Auf praktischer Ebene hatte sie die Entstehung der modernen Institutionen zum Ergebnis.

Auf psychosozialer Ebene ist es die Entstehung aller unserer chronischen Neurosen, die auf die allzu einseitige Geistesrichtung der reformierten Zivilisation, auf deren grundsätzlichen Ablehnung des *Imaginären* zurückzuführen ist.

Wir leben noch immer gleichsam in einem säkularisierten Anhang der Reformation, und bei näherem Hinsehen lassen sich viele Erscheinungen unseres Zeitalters, die wir nie zu erklären suchten, bis auf die geistigen und politischen Konflikte des 16. und 17. Jahrhunderts zurückverfolgen. Wir haben uns daran gewöhnt, den Fortschritt der militärischen Technologie und das ›Wettrüsten‹ als *normal* anzusehen. Um so mehr staunen wir darüber, wenn wir entdecken, daß auch sie auf die Ideologien des 17. Jahrhunderts zurückzuführen sind, vor allem auf eine zu ihrer Zeit sehr berühmte Gestalt, deren Namen aber nur noch wenige kennen: den Chemiker Johann Rudolph Glauber (1604-1670).

Glauber, der von den Ereignissen des Dreißigjährigen Krieges (1618-1648), den die katholischen und protestantischen Staaten ausgefochten hatten, zutiefst geprägt wurde, gelangte zu dem – sowohl religiösen als auch praktischen – Schluß, daß es eine einzige Macht gab, die fähig wäre, in Europa Ordnung und Frieden zu sichern: Deutschland. Um dieses Ziel zu erreichen, müßte Deutschland zum *Monarchen der Welt* ausgerufen werden; dazu müßte Deutschland zunächst eine militärische und wirtschaftliche Vormachtstellung über die übrige Welt erringen, was nur durch die Entwicklung einer fortgeschritteneren Waffentechnologie erreicht werden könnte. Lassen wir Glaubers wirtschaftliche Lösung beiseite, die unter anderem darin bestand, Lebensmittel für die Jahre der Hungersnot in Form lagerungsfähiger Konzentrate zu speichern.[44] Seine strategische Lösung ist entschieden interessanter und bietet uns den Schlüssel zum Verständnis des Ursprungs des ›Rüstungswettlaufs‹. Glauber befürwortet den Einsatz von chemischen Waffen nicht nur um die militärische Vormachtstellung Deutschlands zu gewährleisten, sondern auch um dem Vorrücken der Türken in Europa Einhalt zu gebieten. Er entwickelt selbst eine wirksamere Waffe als das Schießpulver, und zwar Röhren (S. 51), durch die man Mineralsäuren auf das feindliche Heer versprühen kann, und auch Handgranaten und Projektile mit Säuren (S. 49: »die nasse Feüer können durch gedachte *Instrumenta* weit hinauß / wie ein Feüeriger Nebel oder Regen geworffen werden«), mit deren Hilfe sich die Befestigungsanlagen des Feindes einnehmen lassen. Die chemische Waffe hat für Glauber einen doppelten Vorteil: den Sieg derjenigen Armee zu sichern, die sie besitzt, und die feindlichen Soldaten blind und dadurch kampfunfähig zu machen, ohne sie zu töten (S. 52: »Ich sage nachmahlen / daß ein einiger Mensch auß einem solchen *Instrument* viel 100 Menschen zugleich in einem Augenblick Blind machen kan . . .«). So könnten die Kriegsgefangenen als billige Arbeitskräfte zum Einsatz kommen und dadurch die wirtschaftliche Überlegenheit Deutschlands gewährleisten.

Glauber ist sich dessen bewußt, daß die Gegner – die Türken oder andere – die Geheimnisse der neuen Waffen letzten Endes zwangsläufig erfahren würden. Deshalb zieht er die Gründung einer Gruppe von Wissenschaftlern – von »Menschen mit scharfem Verstand« – in Betracht, deren einzige Aufgabe darin bestehen sollte, immer ausgeklügeltere Waffen zu entwickeln und diese zu vervollkommnen. Die Art der Kriegsführung würde sich grundlegend ändern: Kriege würden nicht mehr durch brutale Kraft gewonnen, sondern durch die Intelligenz von Wissenschaftlern und Ingenieuren:

> »Denn in allen dingen durch die Geschickligkeit vnd Verstand bißweilen mehr außzurichten / als durch die Stärcke / welches an dem Büchsenpulfer zu sehen / daß grösserer Gewald darmit zu thun / als durch Menschen Hände / wie starck sie gleich seyn sollten« (S. 23); »Ich zweiffle aber gar nicht / man werde hinführo auff eine andere weisse Krieg führen / alß bishero geschehen / vnd wird die kunst neben der Stärcke auch gelten müssen / dan die kunst bisweilen mehr thut / als die Stärcke« (S. 58).[45]

Glaubers Voraussagen sollten sich bewahrheiten: Nicht nur versuchte Deutschland mehrmals erfolglos, die »Weltmonarchie« zu erlangen, aber die Art der modernen Kriegsführung änderte sich tatsächlich so sehr, daß sie sich überhaupt nicht mehr auf dem Gelände, sondern ausschließlich in den Laboratorien der Großmächte abspielt.

Alles das stellt durchaus nicht ein historisches Kuriosum dar, sondern ist der schlagende Beweis dafür, daß unsere Kultur sich noch immer in den Bahnen bewegt, die ihr die Reformation und die darauf folgenden politischen Ereignisse vorgezeichnet haben. Das moderne Abendland nimmt – wie Nietzsche treffend bemerkt hat – das Wesen eines *verhängnisvollen* Ergebnisses der Reformation an. Ist es aber auch ein *End*ergebnis, dessen Entwicklungsbahnen im 16. und 17. Jahrhundert ein- für allemal festgelegt wurden?

Mit dieser Frage schließt unser Buch, ohne es zu wagen, eine Hoffnung – die ja utopisch wäre – deutlich auszusprechen: Daß eine neue Renaissance, eine Wiedergeburt der Welt alle unsere Neurosen, all unser Streben nach Überlegenheit, alle Konflikte und alle bestehenden Trennungen und Teilungen überwinden möge.

Damit eine solche Renaissance in Erscheinung treten kann, müßte eine neue Reformation eingreifen, die von neuem einen tiefgreifenden Wandel der menschlichen Einbildungskraft herbeiführt, um dieser andere Wege und andere Ziele zu weisen. Wir zweifeln allerdings daran, ob sie für diejenigen, die ihre Umwälzungen erfahren, ein freundliches und mildes Antlitz haben wird.

Schließlich zählt nur, daß sie ökologische Bedingungen schafft, damit eine neue »flügellose Fliege« kriechen kann, ohne zerstört zu werden: doch stets vorausgesetzt, diese genetische Mutation ist die ersehnte!

Bukarest, 1969/Chicago, 1986

ANHANG I

(zu Kapitel I, 3)

Die Quellen der Lehre vom Seelengefährt

Die Neuplatoniker, die die Lehre vom Seelengefährt aufgegriffen haben, behaupteten, sie sei bereits in den Schriften Platons vorhanden; aber die Stellen des Meisters, auf die sie sich beriefen (*Phaidon* 113 B; *Phaidros* 247 B; *Timaios* 41 E, 44 E, 69 C), standen in keinerlei Beziehung zu dem die Seele umkleidenden feinstofflichen Leib. Es stimmt dennoch, daß Platon in seinen *Gesetzen* (*Nomoi* 898 E ff.), wo die Art und Weise erörtert wird, wie die Seele über den Leib herrscht, das Vorhandensein einer feuer- oder luftartigen Seelenhülle, die zwischen Seele und Leib vermittelte, als einfache logische Hypothese annahm.

Aristoteles eignete sich diesen Standpunkt an und machte das πνεῦμα, den Geist des Sternenfeuers, zum Sitz der vernunftlosen Seele (*De generatione animalium* 736 b 27). Dieser Teil des menschlichen Aggregates ist in dem Sinne angeboren (σύμφυτον), daß er durch den Zeugungsakt vererbt wird (*De partibus animalium* 659 b 16). Den Ausdruck σύμφυτον πνεῦμα schreibt Galen (*Stoicorum veterum fragmenta*, II, S. 715, ed. von Arnim) allen Stoikern und ebenfalls Straton von Lampsachos zu, dem zweiten Haupt der peripatetischen Schule nach Aristoteles (vgl. Verbeke, *L'Évolution de la doctrine de pneuma*, S. 29). Der Ausdruck τὸ συμφυὲς ἐμῖν πνεῦμα kommt beim Doxographen Diogenes Laërtios (VII, 156) vor, die lateinische Übersetzung (*consitum spiritum*) beim christlichen Apologeten Tertullian (vgl. Verbeke, S. 24, Anm. 46).

Auch ist es Diogenes Laërtios, der Epikur die Vorstellung von der Seele als »feinteiligem Körper« (ἡ ψυχὴ σῶμά ἐστι λεπτομερὲς; X, 63, übers. von Otto Apelt, Leipzig 1921) zuschreibt, und das Adjektiv »sehr fein« (λεπτότατον) wird auch von den Stoikern gebraucht (vgl. Verbeke, S. 30-31).

Die alten Vorstellungen über das πνεῦμα bilden allerdings nur einen der wesentlichen Bestandteile dessen, was die neuplotinische Lehre vom Seelengefährt ausmachen wird. Der andere Bestandteil muß einerseits in der volkstümlichen hermetischen Astrologie gesucht werden, die sich seit dem 3. Jahrhundert v. Chr. entwickelt, andererseits in der Lehre von dem Abstieg (κάθοδος) und dem Aufstieg (ἄνοδος) der Seele, die sich in enger Beziehung zu den astrologischen Kreisen herausbildet und um die Mitte des 2. Jahrhunderts n. Chr. ausgestaltet wird. Um diese Zeit stoßen die ontologischen Betrachtungen des gnostischen Gelehrten Basileides auf diejenigen des eklektischen Gelehrten Numenios von Apameia und auf die des Verfassers der *Oracula Chaldaica* (*Chaldäischen Orakel*), Iulianos des Theurgen, Sohn Iulianos' des Chaldäers. Ebenfalls um diese Zeit muß die Niederschrift eines Teils des *Corpus Hermeticum* angesetzt werden, das nicht mit der vorchristlichen astrologisch-hermetischen Vulgata verwechselt werden darf. Im *Corpus Hermeticum* spielt die Lehre von Abstieg (κάθοδος) und Aufstieg (ἄνοδος) des Ur-Menschen sowie der Einzelseele eine wesentliche Rolle.

Die volkstümliche hermetische Astrologie umfaßt einige Bücher, deren Mehrzahl entweder verloren gegangen oder nur in den lateinischen Übertragungen der Renaissance erhalten ist. Diese Bücher befaßten sich mit Universalastrologie, mit den kosmischen Weltaltern, mit der Weissagung auf Grund des Blitzes, mit Neujahrsvoraussagen, individueller und iatrologischer (medizinischer) Astrologie, mit ›Klerologie‹ oder dem Ziehen von Planetenlosen (κλῆροι), mit Melothesie[1] oder der Sympathie zwischen den Planeten und der im Mikrokosmos enthaltenen astralen Botschaft – der theoretischen Grundlage der Heilsastrologie (Ἰατρομαθηματικά) –, schließlich mit astrologischer Pharmakopöe und Pharmakologie (vgl. W. Gundel, H. G. Gundel, *Astrologumena*, S. 15-19). Diese astrologische Vulgata stellte eine auf mathematischen Berechnungen beruhende Wahrsagemethode auf. Als solche deutete sie sehr alte Wahrsagetechniken astronomisch um. Planeten, Häuser und Dekane (Herrscher über je 10 Grad der Ekliptik) des Tierkreiszeichens, die Tage der Planetenwoche sowie andere räumlich-zeitliche Fiktionen, die zum konzeptuellen Instrumentarium der Astrologie gehörten, wurden wie persönliche Wesenheiten, wie *Dämonen* dargestellt.

Darüber hinaus war sowohl für die Astrologen als auch für Platoniker oder Stoiker die Betrachtung des Himmels nicht lediglich eine Angelegenheit abstrakter Forschung, der es darum zu tun war, die Beziehungen zwischen den jeweiligen Positionen der Wandelsterne festzulegen, sondern eine Betrachtungsweise, die das Sein des Subjekts selbst zutiefst einbezog. Den Himmel zu erforschen bedeutete, gewissermaßen auf seinen eigenen Ursprung zurückzugehen, die Harmonie des Sternenumlaufs zu bewundern (*Timaios* 34 D), eine Harmonie, die auch in der menschlichen Seele eingeschlossen ist.

»Die Sehkraft nun ist es, der wir nach meinem Urteil den größten Nutzen zu verdanken haben; denn wären wir nicht des Anblickes der Sterne, der Sonne und des Himmelgewölbes teilhaftig geworden, dann wäre von unseren jetzigen Erörterungen über das Weltall überhaupt kein Wort über unsere Lippen gekommen; [. . .] Daraus ist uns die eigentümliche Betrachtungsweise der Philosophie erwachsen, des größten Gutes, das dem sterblichen Geschlecht von den Göttern verliehen ward und überhaupt je verliehen werden kann. [. . .] Gott erfand für uns und schenkte uns die Sehkraft, damit wir aus der Betrachtung der Kreisbewegungen am Himmel Nutzen zögen für die Gestaltung der Umläufe in unserem eigenen Gedankenreiche; denn diese Umläufe sind mit jenen verwandt, nur daß sie in ihrer Ordnung gestört, jene dagegen jeder Störung enthoben sind« (*Timaios* 47 A-B, übers. von Otto Apelt, Leipzig: Meiner, ²1922).

Deshalb war die Astrologie nicht menschliche Erfindung, sondern himmlische Offenbarung.

So wurde Nechepso, eine Gestalt aus der ersten volkstümlichen astrologischen Schrift (2. Jahrhundert v. Chr.), dessen Fragmente erhalten sind (vgl. W. Gundel, H. G. Gundel, S. 27-32), nachdem er sich eine ganze Nacht hindurch der Betrachtung des Himmels hingegeben hatte, von einer Stimme aus der Höhe angerufen und empfing eine Offenbarung vermittels eines himmelblauen Gewandes, das herabkam und ihn einhüllte (*ebd.*, S. 30). *Perspicimus caelum*, wird Manilius fragen, *cur non et munera caeli*?[2] Das Wort ›Theorie‹, das wir gemeinhin mit einer abstrakten Lehre verbinden, stammt vom griechischen θεωρία, ›Betrachtung, Schau der Götter‹, was im Wortschatz der Stoa den frommen und ehrerbietigen Blick bezeichnete, den der Philosoph auf die Gestirne, auf die Stern-Götter richtete.

Der berühmte Astronom Klaudios Ptolemaios (um 100 bis 178 n. Chr.) hat das Gefühl, die Erde zu verlassen und beim Festmahl der Götter zugegen zu sein:

»Wenn der Gestirne / ich folge im Geist die kreisenden Bahnen« (vgl. Franz Cumont, *Lux perpetua*, Paris 1949, S. 305).[3] Vettius Valens, Astrologe aus Antiochien im 2. Jahrhundert n. Chr., verspricht dem frommen Leser, der seine Anthologie reinen Herzens liest, den unmittelbaren Umgang mit den Stern-Göttern und die Unsterblichkeit im Leben und nach dem Tode (W. Gundel, H. G. Gundel, S. 218). Ebenso wie Vettius vertritt der heidnische Schriftsteller Firmicus Maternus, der schließlich zum christlichen Apologeten werden sollte (4. Jahrhundert), die Ansicht, daß ein »reines Herz« die unerläßliche Bedingung sei, um die Rätsel des Himmels zu lösen (*ebd.*, S. 229). Dieser Astralmystizismus, der die – volkstümliche oder gelehrte – Astrologie begleitet, rührt von uralten Glaubensvorstellungen her über die Apotheose von Göttern und Helden und über die Katasterismen (Umwandlungen in Gestirne oder Gestirnungen) verschiedener mythischer oder politischer Gestalten.

Bestimmte Wahrsagetechniken, welche die Astrologie übernimmt, um daraus Nutzen zu ziehen, sind ebenso alt. Eine davon war der Loswurf.

Der griechisch-römischen Mythologie zufolge werden die olympischen Götter im allgemeinen für einen bestimmten menschlichen Tätigkeitsbereich verantwortlich gemacht: So herrscht Mars über den Krieg, Venus über die Liebe, Merkur über Handel und Rednerkunst usw. W. Gundel zufolge (*Sternglaube, Sternreligion und Sternorakel*, S. 132) waren die Namen dieser Gottheiten auf den Losen eingraviert, die man auf eine Fläche warf, die in Felder oder Abschnitte eingeteilt war, denen man besondere Bedeutungen zumaß. Die Anordnung der Lose in den Feldern – wobei diese den Häusern und den Sternzeichen des Tierkreises entsprachen – fand sich in einem Repertoire aller möglichen Konfigurationen wieder, jeder Konfiguration des Systems entsprach ein Text, der den Orakelspruch ergab.

Diese Methode wurde in der volkstümlichen, dem Hermes Trismegistos zugeschriebenen wahrsagenden Astrologie umgesetzt und dann von der gelehrten Astrologie übernommen. Weit davon entfernt, eine Hilfstechnik darzustellen, hatte die Bestimmung des *locus fortunae* (κλῆρος τύχη) eine Bedeutung ersten Ranges; das beweist die Geschichte eines ägyptischen Astrologen, der vorhergesagt hatte, daß die τύχη und der δαίμων Caesars stärker waren als die des Antonius (*ebd.*, S. 134). Eine Abwandlung der Methode der Stern-Lose tritt bereits bei Nechepso und Petosiris auf, während Serapion, Vettius Valens und Firmicus Maternus andere Verfahren erörtern.

Aber diejenigen, die die Erlangung der verschiedenen Orte im Horoskop ausführlich erklären, sind Paulos Alexandrinos in seinen nach 378 n. Chr. geschriebenen *Eisagogiká* und sein Kommentator Heliodoros, ein Schüler des Proklos in Athen, der von 475 bis 509 wirkte. Paulos Alexandrinos entlehnt die Lehren und die Methode der Lose (*sortes*, griechisch κλῆροι dem hermetischen Traktat *Panaretos*, der zur volkstümlichen vorchristlichen hellenistisch-ägyptischen Astrologie gehört (Gundel, Gundel, S. 236-239).

Wir haben bereits das Vorhandensein mehrerer Verfahren zur Bestimmung des *locus fortunae* (Ort des Glücks, des Schicksals) und der Lose jedes Planeten beiläufig erwähnt. W. Gundel legt in seinem ausgezeichneten Büchlein *Sternglaube, Sternreligion und Sternorakel* zwei davon eingehend dar. Einige astrologische Vorkenntnisse des Lesers wären allerdings nötig, um unserer Darstellung folgen zu können. Die 360 Grade des den Himmel darstellenden Kreises sind in zwölf Zeichen, und jedes dieser Zeichen ist in drei Dekane (10 Kreisgrade) eingeteilt. Darüber hinaus unterteilt die wahrsagende Astrologie den Kreis in acht Felder und setzt acht Punkte auf den Kreisumfang (οκτά τοπος): den Aszendenten (ὡροσκόπος, *ascendens*) und sein Gegenstück, den Deszendenten (δύσις, *ascendens*), den Zenit oder Apogeion der Sonne (μεσουράνημα, *medium caelum*, Himmelsmitte) und den Nadir oder Hypogeion der Sonne (ἀντιμεσουράνημα, *imum caelum*). Die vier übrigen Punkte stehen in einem Winkel von 45 Grad zu den ersten vier, so daß der Kreis in acht Bereiche von je 45 Grad unterteilt ist. Die acht Punkte bilden zwei Quadrate, eines ist dem Kreis eingeschrieben, das andere schreibt den Kreis ein. Zieht man den Umriß des neuen Quadrats ausgehend von den Punkten, in denen die Diagonalen des großen Quadrats die Seiten des kleinen berühren, so erhält man das Bild der zwölf Himmelshäuser.

Die feststehende Bedeutung der zwölf Häuser wird in diesen beiden lateinischen Merkversen des Mittelalters zusammengefaßt:

Vita lucrum fratres genitor nati valetudo
Uxor mors pietas regnum benefactaque carcer.
[Leben, Gewinn, Brüder, Vater, Kinder, Gesundheit,
Gattin, Tod, Frömmigkeit, Herrschaft, Wohltaten, Kerker.]

(F. Boll, C. Bezold, W. Gundel, *Sternglaube und Sterndeutung*, S. 62.)

Das ist die Methode der fixen Häuser, in denen sich die Tierkreiszeichen nach dem Horoskop des Augenblicks anordnen. Die andere Methode besteht darin, die zwölf Tierkreiszeichen in die zwölf Felder (Fixzeichen) zu stellen, was eine ähnliche Anordnung wie bei den Häusern ergibt.

Man praktizierte wahrscheinlich die elementare Methode des Losewerfens auf einem quadratischen Tisch mit fixen Zeichen oder einem runden, der die sechsunddreißig Dekane enthielt. Es waren nur acht Figuren, die die Lose darstellten: die Figuren der sieben Planeten des Altertums, denen der Aszendent (ὡροσκόπος) hinzugefügt wurde. Der Ort des Loses der Sonne bestimmte den ἀγαθὸς δαίμων, den guten Genius des Subjekts; der Ort des Mondes bestimmte die ἀγαθὴ τύχη, das gute Glück; der des Jupiter die gesellschaftliche Stellung; der des Merkur die natürlichen Veranlagungen; der der Venus die Liebe; der des Mars Mut und Wagnis; der des Saturn das Verhängnis (νέμεσις: Vergeltung) (W. Gundel, *Sternglaube*, S. 132-133).

Die von Paulos Alexandrinos und Heliodoros dargelegte Methode ersetzt den Loswurf durch eine recht einfache astronomische Berechnung. Der *locus fortunae* wird auf Grund der Positionen der Sonne, des Mondes und des Aszendenten im Geburtshoroskop (Thema, Nativität, Genitur) ermittelt. Bei einer Taggeburt nimmt man eine Ableitung der Zahl der Zeichen und Grade des Mondes aus derselben auf die Sonne bezüglichen Zahl vor. Bei einer Nachtgeburt geht man umgekehrt vor. Die so ermittelte Zahl der Zeichen und Grade wird aus dem Aszendenten abgeleitet, was den κλῆρος oder *locus fortunae* ergibt. Die Lose der anderen Planeten werden durch eine einfache Ableitung aus der Zahl gewonnen, welche die Position des auf den Aszendenten bezüglichen Gestirns in Graden ausdrückt (*ebd.*, S. 134). Heliodor führt in folgender Reihenfolge aus, welches der Tätigkeitsbereich sein wird, auf den jedes Los Einfluß ausübt:

– Der Mond bestimmt alles, was sich auf den menschlichen Leib bezieht;
– die Sonne bestimmt den persönlichen Genius eines jeden oder aber das »Bild« des menschlichen Schicksals, das die Möglichkeit zu freier Willensentscheidung einschließt;

– von Jupiter hängen gesellschaftlicher Rang und Ruhm des Subjekts ab;
– Merkur bestimmt die Vorzüge des Verstandes und das Ausdrucksvermögen des Menschen;
– Venus herrscht über den Bereich der Liebe;
– Mars über den der Aggressivität;
– Saturn herrscht über das Verhängnis (die Schicksalsfügung) (*ebd.*, S. 132-133).

Die Reihenfolge der Lose, die uns Paulos Alexandrinos und sein Kommentator mitteilen, hat eine ganz besondere Bedeutung für die Reihenfolge: Jupiter, Merkur, Venus, Mars, Saturn. Die umgekehrte Stellung von Merkur und Venus kommt auf einem demotischen – ὄστρακον des 1. Jahrhunderts n. Chr. und in den *Apotelesmata* des Pseudo-Manethon vor, deren Urheber tatsächlich im Mai 80 n. Chr. geboren ist und unter der Herrschaft des Kaisers Hadrian gewirkt haben muß (117-138 n. Chr.; vgl. W. Gundel, H. G. Gundel, S. 160-163). Nach W. und H. G. Gundel geht diese Anordnung der Planeten auf eine ägyptische Planetenreihe zurück, die sich in Gräbern und Tempeln der XIX. und XX. Dynastie findet (*ebd.*, S. 163, Anm. 63). Um das 4. Jahrhundert n. Chr. erscheint die Reihenfolge Saturn, Mars, Merkur, Venus, Jupiter wiederum in der gnostischen Schrift *Pistis Sophia* (IV, CXXXVI, S. 234, 24 ff., ed. C. Schmidt). Man wird ihr auch (bei Servius) auf den folgenden Seiten begegnen. Es ist sehr wahrscheinlich, daß Plutarch von Chaironeia ihr gegen Ende des 1. Jahrhunderts n. Chr. begegnete und sie in der recht originellen Lehre von den »Farben der entkörperlichten Seele« vor dem Göttergericht verwendete.[4]

Um dieselbe Zeit paßten die Gnostiker und Hermetiker, die anonymen Verfasser des *Corpus Hermeticum*, die astrologische Lehre von den Losen dem Geiste ihres eigenen Denkens an. Der Gnostizismus wird durch seinen anthropologischen Akosmismus und durch seinen Antikosmismus gekennzeichnet: Der Mensch ist ein Geschöpf, das in die böse Welt, welche die natürliche Welt ist, geworfen wird. Wegen seines Ursprungs überwindet der Mensch den Ursprung des bösen Ortes, an dem er gefangen ist, weil er einen pneumatischen Funken in sich trägt, der von der *wahren* Transzendenz herrührt. Das bedeutet, daß es auch eine ›falsche‹ Transzendenz gibt, namentlich die des bösen Demiurgen dieser Welt und seiner Gehilfen oder Archonten (ἄρχωντες).

An sich stellt die Gnosis die theoretische und praktische Erkenntnis von dem Ursprung des Menschen dar und von seinem Wiederaufsteigen über die Mauern des kosmischen, von Archonten bewachten Kerkers hinaus, bis hin zum Vater, der jenseits alles Sichtbaren wohnt. Die Hermetik, deren Haltung gegenüber dem Kosmos schwankt, vertritt oft die dualistischen Prinzipien des Gnostizismus.

Bei der nihilistischen Gesinnung ihres Willens, die griechische Philosophie umzuwerten, entnahmen die mit der gräko-ägyptischen Astrologie vertrauten Gnostiker daraus die Vorstellung, daß die Planeten je nach ihrer Position im Horoskop einen unheilvollen Einfluß auf das menschliche Schicksal ausüben können. Wahrscheinlich verbindet sich in diesen ägyptischen Gnostikerkreisen die alte Lehre von dem Abstieg der Seele vom Himmel mit einer kosmologischen Vorstellung griechischen Ursprungs. Selbstverständlich erfordert es die kulturelle Auslese, daß die nihilistische Grundlegung des Gnostizismus bei der Zuschreibung der ausschließlich negativen Wirkungen der Planeten bestehen bleibt.

Es gibt mehrere Texte, die lehren, daß die gnostischen Archonten Planetengottheiten sind. Irenaeus von Lyon sagt es ausdrücklich in bezug auf die Ophiten:

> *sanctam autem hebdomadem septem stellas, quas dicunt planetas, esse volunt* (*Adversus haereses* I, 30, 9 [»Die heilige Siebenzahl aber, das sind nach ihnen die sieben sogenannten Planeten.« Übers. von E. Klebba, I, 1912, S. 88; Bibliothek der Kirchenväter, 3].)

Die Herren des Bösen werden als wirkliche Lebewesen vorgestellt, die mit Namen belegt werden und tiergestaltige Leiber besitzen: Löwen, Esel, Hyänen, Drachen, Affen, Hunde, Bären, Stiere, Adler usw. (vgl. Michel Tardieu, *Trois mythes gnostiques. Adam, Éros et les animaux d'Égypte dans un écrit de Nag Hammadi* (*II, 5*), Paris 1974, S. 61-69). Diese Darstellungen stammen sehr wahrscheinlich von der Deutung der hermetischen Astrologie, in der alle räumlichen Bestimmungen personifiziert waren. Das Wort ›Zodiakus‹ (ζωδιακός) bedeutet im übrigen ›Tier(kreis)‹, denn sieben der Zeichen haben Tiergestalt: Widder, Stier, Krebs, Löwe, Skorpion, ein Fabeltier, der Steinbock (halb Ziege, halb Fisch) und die Fische. Diese Wesenheiten wurden als lebendig vorgestellt und mit einem eigenständigen Dasein versehen. Sie konnten wie die Sterne im allgemeinen und vor allem konnte der

Mond durch magische Riten angerufen werden (vgl. S. Lunais, *Recherches sur la Lune*, I, S. 221-223).

Den sieben gnostischen Archonten entspricht eine Siebenheit der Laster. Nun begegnet nach dem Tode die Seele des Gnostikers bei ihrem Aufstieg zum Vater ausgerechnet diesen schrecklichen Zöllnern, die sie mit Hilfe von Kennwörtern und Amuletten erweichen muß. Wahrscheinlich begnügten sich diese Zöllner nicht nur damit; in bestimmten Fällen sollten sie die Seele, in der sie das Laster wiederfanden, dessen Vertreter sie ja selbst waren, zurückhalten.

Ein anderer Text des volkstümlichen Gnostizismus, *Pistis Sophia*, schildert den Vorgang der Kosmisierung und Entkosmisierung der Seele eingehender. Das Kapitel CXXXI dieser koptischen Schrift, die Carl Schmidt 1905 herausgegeben hat, berichtet, wie die Archonten das lichte herabsteigende Pneuma empfangen und es verderben, und wie »ein jeder von ihnen seinen Teil (μέρος) in die Seele legt«. Dasselbe Kapitel führt aus, daß die fünf Archonten die den Planeten vorgesetzten Geister sind, zu diesen Planeten kommen bei der Bildung dieser negativen Umkleidung der Seele (ἀντίμιμον πνεῦμα) die Einflüsse von Sonne und Mond hinzu:

> »Und sie [die Archonten] legen das ἀντίμιμον πνεῦμα ausserhalb der Seele [. . .] und die Archonten binden es an die Seele mit ihren Siegeln (σφραγῖδες) und ihren Banden und siegeln (σφραγίζειν) es an sie, damit es sie zu jeder Zeit zwinge (ἀναγκάζειν), dass sie alle ihre beständigen Leidenschaften und Ungerechtigkeiten thue [. . .].«[5]

Weil die Reihenfolge der Planeten im Kapitel CXXXVI der *Pistis Sophia* identisch ist mit der, die in dem Traktat *Panaretos* bei der Darstellung der Lehre von den »Losen« erscheint, können wir daraus schließen, daß die Vorstellung, den Planeten-Archonten die Fähigkeit, die Laster in die Seele zu legen, zuzusprechen, lediglich die mythologische Umgestaltung der astrologischen Kleromantie war. Und das gilt um so mehr, als ein späterer Text des Vergil-Scholiasten Servius uns einen unwiderlegbaren Beweis zur Bekräftigung unserer These liefert:

> [. . .] *quia cum descendunt animae trahunt secum torporem Saturni, Martis iracundiam, libidinem Veneris, Mercurii lucri cupiditatem, Iovis regni desiderium* [»in ihrem Abstieg erhalten die Seelen von Saturn die Dumpfheit, von Mars die Gewalttätigkeit, von

Venus die Wollust, von Merkur die Habsucht, von Jupiter das Streben nach Macht«] (*In Vergilii Aeneidos librum sextum commentarius VI*, 714, ed. G. Thilo, H. Hagen, Bd. II, Leipzig, Berlin, 1884, S. 98, 21-23, vgl. auch Bousset, *Hauptprobleme der Gnosis*, S. 361 f.).

Eine ähnliche Lehre, die allerdings nicht den Vorgang der Kosmisierung der Seele voraussetzt, wird von Servius in einem anderen Passus seines *Aeneis*-Kommentars dargelegt, in der die Reihenfolge der Planeten den Tagen der astrologischen Woche entspricht (*In Aen.* XI, 51). Im ersten Teil dieses Abschnitts legt Servius lediglich das Prinzip der astrologischen Kleromantie dar: Der Mond bestimmt die Eigenschaften des Leibes, Mars das Blut, Merkur den Verstand, Jupiter den Rang, Venus das Begehren, Saturn die Gemütsstimmung. Daraus folgt, daß »die Verstorbenen sich von alldem in den sonderbaren [Planetensphären] befreien«, was in einem recht unpassenden Zusammenhang auf den Aufstieg der Seele anspielt, denn die Reihenfolge der Wochentage entspricht nicht der Reihenfolge der Planeten. Da es sich aber um dieselbe kleromantische Theorie handelte, die der Ausarbeitung der Vorstellung von dem Herabsteigen und dem Aufstieg der Seele durch die Planetensphären hindurch zugrunde gelegen hatte, dürfen wir annehmen, daß Servius Ursache und Wirkungen mit Bedacht vermengte.

Der alexandrinische Gelehrte Basileides schöpft aus dem volkstümlichen Gnostizismus. Er war ein sehr belesener Christ des 2. Jahrhunderts, der vom ägyptischen Christentum, von der Vulgärgnosis und dem Mittelplatonismus beeinflußt wurde. Für Basileides gehört das transzendente *Pneuma* zum Kosmos. Die kosmischen Laster greifen die Seele an und setzen sich in Gestalt von Konkretionen oder Anhängseln (προσατέματα), die dem ἀντίμιμον πνεῦμα des koptischen Traktats *Pistis Sophia* genau entsprechen, an die Seele fest. Eine ähnliche Lehre dürfte auch sein Sohn Isidor vertreten haben, Verfasser eines Traktates περὶ προσφυοῦς ψυχῆς (*Über die drangewachsene Seele*, vgl. W. Bousset, *Hauptprobleme der Gnosis*, Göttingen 1907, S. 365; zu Basileides vgl. G. Quispel, *Gnostic Studies*, I, S. 103-133, *Eranos Jahrbuch* XVI (1948), S. 89-139; zur Problematik im allgemeinen siehe Culianu, *Psychanodia I*, Leiden 1983).

Das *Corpus Hermeticum* beschränkt sich nicht darauf, gnostische Ansichten aufzugreifen, sondern fügt die Beschreibung des

Seelenaufstiegs nach dem leiblichen Tod und dem Aufgeben der jeweiligen Laster in den aufeinanderfolgenden Planeten hinzu. Der erste und der zehnte Traktat des *Corpus* befassen sich mit der Kosmisierung des Ur-Menschen, einem Vorgang, der das Vorbild des Schicksals jeder individuellen Seele darstellt, die in die physische Welt herabsteigt. Nach deren Einkörperung trägt das Individuum die astrale Information auf ganz und gar konkrete Art und Weise in sich, eine astrale Information, die es während seines Übergangs durch die Planeten in Form der εἱμαρμένη oder des ›Sternenschicksals‹ empfängt. A.-J. Festugière (*Hermétisme et mystique païenne*, Paris 1967, S. 20) faßt die Geschichte der ἐνσωμάτωσις, des Herabsteigens in den Leib, der Einkörperung des Ur-Menschen, zusammen:

»Dieser ideale Mensch fällt infolge eines Absturzes, dessen Wechselfälle von Mythos zu Mythos abgewandelt werden, deren Ursprung aber gemeinhin der Eros ist, in die Welt der Materie, das heißt auf die Erde herab. Während seines Absturzes beginnt der Mensch im allgemeinen (nicht immer) einen astralen oder pneumatischen Leib anzunehmen, ein Gefährt (ὄχημα) des νοῦς (der nicht unmittelbar mit der Materie in Berührung treten kann), einen Vermittler zwischen dem immateriellen νοῦς und den immer hylischer [d. h. materieller] werdenden Konkretionen, die sich an ihn anheften; dann legt dieser νοῦς-Mensch, in dem Maße, als er die sieben Sphären (oder in anderen Mythen die zwölf Zeichen des Tierkreises) durchläuft, die Laster der sieben Planeten (oder der darüber herrschenden Archonten [. . .]) wie Hüllen an, und in dieser besudelten Gestalt körpert er sich schließlich in einen irdischen Leib ein und vereinigt sich mit der materiellen Natur.«

Die Kapitel XXV und XXVI des hermetischen *Poimandres* beschreiben die Kosmisierung der individuellen Seele, das Abwerfen der planetarischen Laster, deren Summe die εἱμαρμένη, das Sternenschicksal, bilden:

»Und auf diese Weise steigt er [der innere Mensch] schließlich nach oben durch die Himmelsharmonie, und der ersten Zone gibt (δίδωμι) er die Kraft des Wachsens und die Anlage des Verfallens, der zweiten das Mittel zum Bösen, die List, die ohne Wirkung geblieben ist, und der dritten Zone den Betrug aus Begierde, da ebenfalls ohne Wirkung, und der vierten die Herrscherpose, auf deren Vorteil er verzichtete, der fünften den unfrommen Eifer und den tollkühnen Frevelmut, der sechsten die schlechte Gier nach Reichtum, die ohne Wirkung geblieben ist, und der siebten Zone die hinterhältige Lüge.«[6]

Ohne die Sphären zu nennen, übernimmt der Autor des *Pimander* an dieser Stelle die ›chaldäische‹ Planetenreihe (Mond, Merkur, Venus, Sonne, Mars, Jupiter, Saturn), die sich aus der griechischen Berechnung der durchschnittlichen Entfernungen der ›Wandelsterne‹ von der Erde auf Grund der jeweiligen Dauer ihres Umlaufs ergeben. Diese Reihenfolge, deren Altertümlichkeit nicht weniger verehrungswürdig sein dürfte als die ›ägyptische‹ Reihenfolge, der Platon den Vorzug gab, war in allen astrologischen Handbüchern klassisch geworden.

Schließlich bezieht sich der Begriff ὄχημα, Gefährt, bereits in einem Passus des zehnten Traktats des *Corpus* auf den pneumatischen, die Seele umhüllenden Leib (X, 13). Und dennoch geben Plotin und sein unmittelbarer Schüler Porphyrios dem Astralleib und dem die Seele umhüllenden feinstofflichen Leib, die ihnen durchaus bekannt sind, noch nicht diesen Namen. Erst die späten Neuplatoniker werden die vollständige Theorie des ›Seelengefährtes‹ entwickeln, deren ausgereifter Ausdruck in der *Elementatio Theologica* des Proklos zu finden ist.

(Genauere Einzelheiten und zusätzliche Literaturhinweise findet der Leser in unserem Aufsatz »Ordine e disordine delle sfere«, in: *Aevum* 55 (1981), S. 96-110, und vor allem in dem Buch *Expériences de l'extase. Extase, ascension et récit visionnaire de l'hellénisme au moyen âge*, Paris: Payot, 1984.)

ANHANG II

(zu Kapitel II, 3)

Die Lüste des Leo Suavius[1]

Der Erfolg der *Hypnerotomachia* in Frankreich stellt insofern ein recht aufschlußreiches Kapitel in der Geschichte des Pariser Okkultismus im 16. Jahrhundert dar, als sie mit der Persönlichkeit von Jacques Gohory, eines heutzutage zu Unrecht in Vergessenheit geratenen Alchemisten und Literaten, eng verbunden ist.

Im August 1546 beendete Loys Cyaneus den Druck der *Hypnerotomachie, Ou Discours du songe de Poliphile, Deduisant comme Amour le combat a l'occasion de Polia* für Jacques Kerver, »vereidigter Buchhändler der Universität zu Paris«.[2] Dieser Band wurde mit der Widmung des Übersetzers Jehan Martin an den Kardinal von Lenoncourt, dessen Sekretär er war, eröffnet.

Das lateinische Geleitwort zur zweiten Auflage, die Marin Masselin 1553 für Jacques Kerver veröffentlichte, erzählt eine Geschichte, die den Eindruck erweckt, ihr Verfasser – Jacques Gohory – sei der Übersetzer einer ersten Fassung der *Hypnerotomachie*, die von Jean Martin nachträglich überarbeitet wurde.

Gohory soll von einem Malteser Ritter besucht worden sein, einem »Mann von Geist und Bildung« (*vir ingenio facili cultoque*), der ihm eine unvollkommene Übersetzung des Buches anvertraut haben soll. Von dem initiatischen Inhalt beeindruckt, aber (zweifellos wegen seiner vielseitigen Beschäftigungen) außerstande, die Durchsicht des Manuskripts selbst vorzunehmen, übertrug er sie seinem Freunde Jean Martin.[3]

Daß sich ein Mann wie Gohory mit dem Buch Colonnas, das von den bewundernswerten – der Reihe nach Raffael, Giovanni Bellini, Carpaccio und Mantegna zugeschriebenen – Holzschnitten geschmückt war, so eingehend beschäftigte,[4] verdient durchaus eine genauere Untersuchung.

Jacques Gohory oder Gohorry, lateinisch Iacobus Gohorius, der Rechtsanwalt am Parlament von Paris und Diplomat war und auch unter dem Pseudonym ›Leo Suavius‹ schrieb, gehört zur Galerie der rätselhaften Persönlichkeiten des 16. Jahrhunderts. Er interessiert sich für die Ereignisse in der Neuen Welt, übersetzt drei Bücher des *Amadis de Gaula* [*Amadisromans*] und Machiavelli ins Französische, gibt sich der Magie und Alchemie hin, verfolgt die Debatten über Gedächtniskunst. Er glaubt an die Dämonomagie des Trithemius und verfaßt einen Kommentar zu den Werken des Paracelsus, den er im Geiste Ficinos auslegt. Er reist, gibt Bücher heraus und schreibt unzählige Vorworte.

Diese Fülle an Beschäftigungen hat dennoch einen gemeinsamen Nenner: von wenigen Ausnahmen abgesehen, beschäftigt sich Gohory mit Schriften von »verwirrender Dunkelheit«.[5] Es ist der Alchemist in ihm, der die Oberhand gewinnt, in jedem abstrusen Werk eine Allegorie des *Opus* entdeckt und das *obscurum per obscurius* erklärt. Auf diese Weise verwandeln sich *Amadis de Gaule*, die mittelalterliche Dichtung *La Fontaine Perilleuse*[6] oder die Stiche, die Jasons Heldentaten darstellen,[7] in »geheime Mysterien der mineralischen Wissenschaft«. Dieser Neigung begegnet man auch bei dem lateinischen Geleitwort zur zweiten Auflage der *Hypnerotomachie*, eines Werkes, das von den *initiati sacris sanctioris Philosophiae* verfaßt wurde, die »sich in die Betrachtung der entlegenen Dinge versenkten«, *sese in rerum abstrusarum contemplatione abdiderunt*. Weit davon entfernt, ihrem Beispiel zu folgen, nahm der Advokat Gohory regen Anteil am öffentlichen Leben. Von 1554 bis 1556 begleitete er den Gesandten Odet de Selve in diplomatischem Auftrag nach Rom und machte in der Ewigen Stadt die Bekanntschaft von Joachim du Bellay und Olivier de Magny. Er war mehreren Mitgliedern oder Freunden der Pléiade wie Dorat, Belleau, Baïf, Jodelle, M. A. Muret, Denisot, Fauchet, Pasquier freundschaftlich verbunden.[8] Die 1570 von Baïf gegründete Académie de Poésie et de Musique zählt ihn allerdings nicht zu ihren Mitgliedern, vielleicht wegen gewisser Hofintrigen, über die sich Gohory bitter zu beklagen scheint.[9] So beeilte er sich, 1571 selbst das *Lycium philosophal San Marcellin* (im Vorort Saint-Marceau)[10] zu eröffnen, wo er in dem Apothekergarten, den er anlegte, um die Rohstoffe für seine alchemistischen Versuche zur Verfügung zu haben, offenbar die Gesellschaft von Ärzten vorzog. Bereits viel früher hatte er mit Jean Fernel, der 1558 verstarb, ausführliche Gespräche über die paracelsische Medizin geführt. Auch war er Ambroise Paré, Jean Chapelain und Honoré Chastellan im Hause eines anderen Arztes, Leonard Botals, begegnet.[11] In seinem Buch über die Eigenschaften des Tabaks, das 1572 unter dem Titel *Instruction sur l'herbe Petum* veröffentlicht wurde, gibt uns Gohory eine denkwürdige Schilderung seiner Parkanlage, in dem er paracelsische Arzneimittel präparierte, sich der Alchemie hingab und Talismane »nach der Lehre des Arnaldus von Villanova und des Marsilius Ficinus«[12] anfertigte:

> »Nun hoffe ich, daß es in dieser Gegend im Lenz kein einzig selten oder seltsam Arzeneikraut giebt, das nicht in meinem Garten gesäet oder gepflanzet seyn wird, zum Vergnügen der Männer von Geist, die sich oft ergötzen in dem Baum-Irrgarten, dessen Mitte verzieret ist mit einem Zwinger und vier Thürmchen aus Ulmenholz, die sich nach den vier Enden der Welt neigen. Die Anderen [ergötzen sich] am künstlichen Springbrunnen, in dem das Wasser aus Bleirohren hervorsprudelt. Die Anderen [ergötzen sich] an den Früchten der jungen gepfropften Bäume, von welchen es daselbst alle Arten giebt und die in großer Anzahl an den Säumen der Alleen und Pfade gepflanzet sind. Manche [ergehen sich] am Rande der beiden Lusthäuser, das eine von Pflaumbäumen, das andere von Kirschbäumen überschattet. Andere [ergötzen sich] beym Kugelspiel oder beym Kegeln unter einem langen und breiten Laubengang. Und wenn sie irgendein Geschäft nöthigt, fortzugehen, [ergötzen sie sich,] indem sie die Tagesstunde an der waagerechten Sonnenuhr ablesen. Andere geben sich in der ausgemalten Figuren-Galerie dem Musicieren hin, indem sie singen oder Instrumente spielen [. . .].«[13]

Es wäre nicht verwunderlich, wenn künftige Forscher diesem pharmakologisch begeisterten Okkultisten, dem Übersetzer einer anonymen spanischen *Histoire de la Terre Neuve du Perù* (Paris 1545), in der erstaunlichen Geschichte der Einfuhr der Cocablätter den Rang eines Vorläufers zusprächen. Dem Propheten des Kokains, einem Korsen namens Angelo Mariani, gebot das »Pure Food and Drug Law« 1906 plötzlich Einhalt.[14] Gleichwohl blieb eine der florierendsten Industrien der Vereinigten Staaten übrig: die Coca-Cola-Industrie.

Jedenfalls interessiert uns hier die schillernde Persönlichkeit Jacques Gohorys aus anderen Gründen. Als Übersetzer oder zum mindesten als Vermittler bei der französischen Ausgabe der *Hypnerotomachie* schätzte Gohory diese Schrift wegen der tiefen alchemischen Mysterien, die er durch den Schleier ihrer Dunkelheit ahnte. Als Kommentator des Paracelsus war er mit den heikelsten hermeneutischen Verfahren vertraut. Eines davon war die Deutung des Paracelsus mit Hilfe der klar durchdachten Werke Marsilio Ficinos.[15] Diese Klarheit Ficinos fand aber nicht die Gunst des Kommentators, der laut Walker darin nur eine »schüchterne und oberflächliche Fassung des Paracelsus«[16] erblickte. Dennoch erleichterte sie Leo Suavius das Verständnis der dunklen Größe des Schweizer Arztes. Walker zufolge hinkt dieser Vergleich, weil Gohory Paracelsus eine Ficino entlehnte Theorie der spirituellen Magie zuschreibt, während Paracelsus vielmehr den Einfluß der Planeten auf den menschlichen Geist abstreitet.[17] Jedenfalls teilen Ficino, Paracelsus und Gohory die Vorstellung von dem Astralleib, der zwischen physischem Leib und Seele vermittelt. Die Beflissenheit, mit der Gohory die Ficinischen Theorien anwendet, erklärt wenigstens sein Interesse für die *Hypnerotomachie*, wenn nicht sogar seine ganze Laufbahn als Okkultist. Da es sich hier aber nur um den Astralleib handelt, kann man den Schluß ziehen, daß, selbst wenn Gohorys Deutung unangemessen ist, er durchaus recht hatte, diese Schrift als eine Schilderung von Ereignissen zu betrachten, die im *mundus imaginalis* stattfinden. Und genau das ist die *Hypnerotomachie* auch: Ein phantasmisches Abenteuer, das sich zwischen Phantasmen abspielt.

ANHANG III

(zu Kapitel II, 4)

[Zu Francesco Colonnas *Hypnerotomachia Poliphili*]

»›Sobald dieser engelische Geist aus meiner Phantasie entschwunden war‹, klagte Poliphilo, ›wachte ich auf, ermattet und erdrückt von den engen Umarmungen, mit welchen er mich, so glaube ich, umschlungen haben muß; und ich war voll Bitterkeit, als ich inne ward, daß diejenige, durch die ich leben sollte, nicht bei mir war, diejenige, die mich zu solch hohen Gedanken geführet und erhoben hat‹.« (II, 14, fol. 157^{r}, ed. Polizzi, S. 408.)

Die Stelle, die sich auf die »hohen Gedanken« bezieht, sowie die abschließende Rede über die Eitelkeit »alles Irdischen« dürfen nicht allzu ernst genommen werden; was im zweiten Teil der *Hypnerotomachie* mehr zählt, sind zweifellos die »engen Umarmungen« des Succubus Polia, seine phantasmische Besessenheit, die Poliphilos Ermattung bewirkt.

Die beiden wurden im Laufe eines dramatischen Ereignisses voneinander getrennt: und zwar während einer Pestseuche, welche die von allen ihren Verwandten verlassene Polia überraschte. Polia legte gegenüber der Göttin Diana ein Gelübde ab, falls diese ihr zur Hilfe eilen würde:

»Ich gelobte und versprach, daß ich ihr zeit meines Lebens in Keuschheit dienen wolle, wenn ich durch ihre sanfte Huld der Gefahr entrönne.«

Durch göttlichen Eingriff gerettet, entsagte sie der Welt und zog sich mit »anderen frommen Jungfrauen« in ein Heiligtum Dianas zurück. Ausgerechnet an dem Tage ihres Gelöbnisses fand Poliphilo sie wieder, und nach einer Reihe von Versuchen überredete er sie schließlich zu einer Begegnung unter vier Augen im Keuschheitstempel, wo er Polia bat, sich seiner und der Leidenschaft in ihm zu erbarmen.

Obwohl gefühlsinnig, ist seine Rede realistischer als die Polias. Auf Grund ihres Gelöbnisses täuscht diese völlige Unempfindlichkeit gegenüber dem demütigen Flehen des Liebenden vor. Und das rührt daher, daß sie noch nichts vom psychoanalytischen

Grundsatz der Kompensation weiß, demzufolge jeder unnachgiebigen Haltung des Bewußtseins eine ebenso heftige wie umgekehrt gerichtete Reaktion des Unbewußten entgegenwirkt. Man erwartet bereits, daß die Naturgesetze, die durch Polias unwiderrufliche Entscheidung verletzt wurden, zurückschlagen. Nun sieht Poliphilo gewissermaßen diesen Ausgang voraus, denn er ist sich bewußt, daß Polias Haltung widernatürlich ist:

»›Besänftiget ein wenig die Härte Eures Herzens‹, versucht er, sie zu erweichen, ›mäßiget den Trotz Eurer Phantasie; denn Euer edles Wesen scheint durchaus nicht widerspenstig zu seyn‹.« (II, 2, fol. 136^{v}, ed. Polizzi, S. 354.)

In pneumatische Sprache übersetzt, würde diese Bitte etwa lauten: Öffnet Eure Augen und Euren inneren Sinn, damit mein Phantasma in Euren Geist eindringen und bis zu Eurem Herzen vorstoßen kann, so wie Euer Phantasma in das meinige eingedrungen ist; im übrigen spricht alles dafür, daß Ihr für die Liebe geschaffen seid: Versteift Euch nicht darauf, die Liebe abzulehnen, tötet mich nicht, denn sonst werdet Ihr Eurerseits wie eine Mörderin bestraft.

Poliphilo leidet selbstverständlich an dem lebensgefährlichen Syndrom des *amor hereos*; das Phantasma Polias hat ihn seines Subjektseins beraubt, und solange er nicht in dem Herzen des jungen Mädchens wohnen kann, droht ihm der Tod. Die ihrem Keuschheitsgelübde treue Polia kann jedoch nichts anderes tun, als ihren pneumatischen Apparat vor dem Ansturm des Liebenden zu schützen. Alles kommt, wie erwartet. Polia erzählt:

»Als er diese Worte sprach, stieß er einen tiefen Seufzer aus und fiel mir wie ein Todter zu Füßen, alle seine Sinneswerkzeuge versagten ihm den Dienst, die Sprache ausgenommen, die ihm dazu diente, lange beängstigende Klagen zu führen, die viel erbarmungswürdiger waren, als ich Ihnen zu berichten wüßte. Und dessenungeachtet fand er bey mir keinen Funken von Sanftmuth; denn weder geruhte ich, ihm ein einziges Wort zu erwidern, noch meinen Blick zu ihm zu senken, und so blieb ich trotzig, die Ohren taub seinen Bitten und stummer als Stein, und ich verharrte gestrengen Willens; weßhalb ihm das Herz vor Schmerz brach und er daran verstarb. Alles das vermochte meine Hartherzigkeit nicht zu erschüttern, und ohne jedwedes Erbarmen zu bekunden, nahm ich mir vor, fortzugehen, nachdem ich ihn an den Füßen in einen Winkel des Tempels gezerrt hatte, daselbst er liegen blieb; denn, was mich betrifft, so gestehe ich freimüthig, daß ich mich nicht darum bekümmert habe, wer ihn zu Grabe tragen würde; ich zog mich bloß in großer Eile zurück, bebend am ganzen Leibe, von Schrecken durchwühlt, als hätte ich irgend ein großes Verbrechen begangen.« (II, 2, fol. 137^{r}, S. 355.)

Das Als-ob ist hier nicht angebracht: Polia hat sich tatsächlich eines phantasmischen Verbrechens schuldig gemacht, und sie wird vor dem Gericht der gekränkten Gottheiten Rechenschaft ablegen müssen. Denn, um Diana zu gefallen, hat sie Eros zutiefst mißfallen. Und da ihre bewußte diurne Haltung insofern konsequent war, als daß sie – um ihr Keuschheitsgelübde nicht zu brechen – vor nichts zurückschreckte, entfesselt das Unbewußte nachts seine furchterregenden Kompensationsphantasmen gegen sie. Auf der Ebene des Traumes erweist sich die phantasmische Zensur Polias als unberechenbar. Kaum daß sie den Tempel verläßt, in dem sie sich so grausam verhalten hatte, erzählt die junge Maid, wird sie von einem Wirbelwind fortgeweht,

»der mich jählings in einen dunklen Wald verschlug, ohne mir Schmerzen oder Leids zuzufügen, mich an einen einsamen Ort brachte, der mit Büschen, Brombeersträuchern und Dornengestrüpp überwuchert war. Ihr dürft mich nicht fragen, ihr schönen Nymphen, wie verblüfft ich war und umzingelt von allen Schrecken; denn unablässig begann ich zu hören, was ich herausschreien wollte, nämlich: ›O weh, Unglückselige.‹ Dieser Schrei kam von einer lauten weiblichen Stimme und ward von herzzerreißenden Weheklagen begleitet. Bald darnach sehe ich zwei jammervolle, nackende und zerzauste Jungfrauen kommen, was großes Grausen erregte, die oft stolperten und gegen die Wurzeln der Bäume stießen. Diese unglücklichen Frauen waren mit glühenden Eisenketten erbarmungslos gefesselt und zogen einen Wagen, der gänzlich von Feuer erfaßt war, so daß ihr weiches und zartes Fleisch grausam angebrannt und versenget war. Die Hände waren ihnen am Rücken gefesselt und sie dampften und glühten wie heißes Eisen, das ins Wasser geworfen wird, sie knirschten mit den Zähnen und ließen große Bäche von Zähren auf die Ketten hinabregnen, an die sie geschmiedet waren.

Im Wagen stand ein feuriger, grausig wüthender Knabe, der sie ohn Unterlaß mit einer aus Sehnen gemachten Peitsche vorantrieb und schlug und garstig und grimmig dreinblickte. Deshalb liefen die jämmerlichen Jungfrauen und stießen viele Klageschreie aus. Gleichwohl mußten sie immerdar durch den Wald laufen und auf Schritt und Tritt über die Brombeersträucher und Dornenhecken stolpern, weßhalb sie von Kopf bis Fuß geschunden und zerfetzt waren. Kurzum, das Blut strömte ihnen überall am Leibe herab, so daß die Erde hochroth wurde, wo sie vorbeigingen. O weh! sie zogen den Wagen dahin und dorthin, bald nach der einen Seite, bald nach der anderen, ohne dem Weg oder dem Pfad zu folgen; und als ich ihr jämmerliches Fleisch erblickte, dünkte es mich wie gekocht und zerrissen, wie ein angebranntes und durch Gerberlohe geführtes Leder. Ihr Busen war dermaßen zusammengedrückt und ihre Stimme dermaßen schwach und heiser, daß sie nur mit allergrößter Mühe zu athmen vermochten. Als diese jammervollen ausgezehrten Jungfrauen an dem Orte gelangten, an dem ich weilte, da sehe ich mehrere grausame Thiere, die sich dem Wagen nahen: Löwen, Wölfe, hungrige Hunde, Adler, Raben, Gabelweihen, Geier und andere, welche dieser Henker dort hielt. Henker, sage ich, nicht Knabe, wie es den Anschein hatte. Nachdem er aus seinem Wagen gestiegen war, band er diese beiden armen Martyrinnen los und durchbohrte ihnen sodann mit scharfem Schwerte die Leiber mitten durchs Herz. Zu dieser Metzelei eilten alle oben erwähnten Thiere herbei, und der Knabe schnitt die beiden Jungfrauen entzwei, riß ihnen die Herzen aus dem Leibe und warf sie den Raubvögeln vor, und dasselbige that er auch mit den Eingeweiden; dann zerschnitt er, was vom Leibe übrig geblieben, in vier Theile. Dann stürzten die ausgehungerten Thiere flugs herbei, um dieses zarte weibliche Fleisch zu verschlingen und es mit ihren Klauen und Zähnen zu zerfetzen. O weh! ich betrachtete diese unglückseligen Glieder, die noch immer zwischen den Reißzähnen und im Rachen der Thiere zuckten, und ich hörte, wie die Knochen zerbrochen und zerrieben wurden, so daß ich vom größten Mitleiden der Welt erfaßt wurde. Nie hat es solch ein Gemetzel und einen erbärmlicheren Anblick gegeben.« (II, 3, fol. 138^v–139^r, S. 358–361.) (siehe Abb. 7)

Worin bestand denn die Schuld, der vom Erosknaben gevierteilten Jungfrauen? Selbstverständlich darin, daß sie dem Phantasma ihrer Verehrer nicht gestattet hatten, in ihr Pneuma einzudringen, was den Tod dieser armen Teufel in den grauenhaften Qualen des *amor hereos* und den Verlust der Persönlichkeit zur Folge haben mußte. Man erwartet, daß der zürnende Liebesgott über diese gefühllosen Damen eine Strafe verhängt, die derjenigen gleichkommt, die sie selbst ihre unschuldigen Liebhaber hatten erleiden lassen: Auge um Auge, Zahn um Zahn. Und Polia wird aufgefordert, daran teilzunehmen, damit sie erfahre, welches Schicksal ihrer harrt.

Ohne es zu wissen, kommt jedoch Colonna mit dem Bild der von wilden Tieren zerstückelten Phantasmen der Phänomenologie des mystischen Eros nahe, die bereits von Giovanni Pico und Giordano Bruno beschrieben wurde und die wir im nächsten Kapitel dieses Buches kennenlernen werden. Die Tatsache, daß in den beiden so stark voneinander abweichenden Phantasmen-Szenarien von Colonna und von Bruno das Bild einer Zerstükkelung das zentrale Moment bildet, ist vielleicht nicht zufällig. Im Falle Brunos drängt sich die Analogie mit der Phänomenologie des Todes und der initiatischen Wiedergeburt, die Mircea Eliade in seinen berühmten *Naissances mystiques* (Paris 1959, dt. *Das Mysterium der Wiedergeburt*, Zürich 1961, Frankfurt am Main: Insel, 1988) schildert, von selbst auf. Bei Colonna ist kein Bezug zur Einweihung möglich, aber der psychologische Handlungsablauf ermangelt nicht der Glaubwürdigkeit. Vergessen wir nicht, daß Polias »edles Wesen« gegenüber den Annäherungsversuchen Poliphilos »durchaus nicht widerspenstig zu seyn scheint«. Die Unerbittlichkeit ihrer bewußten Haltung steht in scharfem Widerspruch zu ihrem natürlichen Schicksal und ihrer natürlichen Bestimmung. Auch dürfen wir nicht vergessen, daß die Erfahrung der Zerstückelung im Traum durchaus bekannt ist und gerade in dem entscheidenden Augenblick der Liebesdialektik, in dem das Unbewußte seine Wahl treffen muß, hervorbrechen kann.

Selbstverständlich erblickt Polia in den Qualen, die den beiden Jungfrauen durch das Schwert des zürnenden Liebesgottes zugefügt werden und in der Schändung durch die wilden Tiere eine Warnung davor, was ihr selbst bevorstehen könnte. Ihre Lage ist ausweglos, denn sie kann sich nur zwischen der Strafe Dianas und der des Eros entscheiden, zwischen dem Ungehorsam gegen die Forderungen des Bewußtseins und dem Ungehorsam gegen die des Unbewußten. Angesichts dieses schrecklichen Entweder-

Oder bringt sie den Rest des Tages in großer Angst und Schwermut zu, und auch die Nacht gewährt ihr keinerlei Erleichterung. Tatsächlich wird das Mädchen, ohne daß die Geschichte es deutlich ausspricht, von Incubi heimgesucht:

»Mir war, als hörte ich, wie die Thür zu meinem Gemache zertrümmert ward, und sehe, wie zwey große Henker wüthend eintraten, schmutzig und schlecht gekleidet, ungeschlacht, mit geschwollenen Wangen, schielenden und tief eingesenkten Augen, mit buschigen und schwarzen Augenbrauen, langem und wirrem und mit Schmutz erfülltem Bart, mit hängenden großen und fleischigen Lippen, langen, schartigen, gelben und geifernden Zähnen, von gebeizter Farbe, mit heiserer Stimme, mürrischem Blick, die Haut rauh wie braunes Schafsleder, ihre Haare waren borstig, fettig, fast weiß, die Hände groß, knorrig und blutig, die Finger krumm, die Nägel röthlich, die Nase stumpf und rotztriefend. Kurzum, sie schienen wohl verfluchte, böse, schändliche Menschen zu seyn. Ihre Leiber waren mit Stricken, mit Schlingen behangen und mit anderem Werkzeug ihres Handwerks, womit sie zeigen wollten, daß sie sich darauf verstanden, davon auch Gebrauch zu machen. Diese großen garstigen Gestalten runzelten die Stirn und durchbohrten mich mit ihren Blicken und fiengen zu schreyen an, denn sie hatten keine Menschensprache, und sie sagten zu mir: ›Komm her, du hochmüthiges und böses Geschöpf, komm her, du Widerspenstige, komm her, du Feindin der Götter, komm her, du thörichte und unbesonnene Jungfrau, die du dich losreißest von den göttlichen Gnaden und Segnungen. Sogleich wird dir eine grausame Strafe zu Theil, wie für ein böses Weib, wie du eines bist, eine solche Strafe, wie du sie an den beiden andern verruchten und hochmüthigen Jungfrauen vollstreckt sahest.‹ Ihr könnt euch vorstellen, ihr Nymphen, welcher Schrecken mich ergriff, als ich zwei solche Ungeheuer um mich spürte, welche meine Haare zerwühlten, mich beim Haarschopf packten und mich ich weiß nicht wohin zerren wollten: dawider verteidigte ich mich mit meiner schwachen Kraft und wähnte, ihrer Gewalt zu widerstehen. Doch es war vergebens, denn sie waren allzu grob; weßhalb ich mit lauter Stimme zu schreien anfieng: Weh mir, gnade mir Gott; und ich rief Hülfe. Doch sie beachteten das nicht und zerrten mich noch heftiger, um mich aus meinem Bett zu werfen. Und indessen sie sich mühten, dies zu thun, entquoll ihren Leibern und Gewändern ein so beißender Gestank, daß kein Gemüth ihn ertragen könnte. Ich ward von diesem verdrießlichen Streit lange gequält und mißhandelt, während dessen ich mich sehr heftig in meinem Bett wälzte, so daß ich meine Amme, die tief eingeschlafen war, aufweckte. Gleichwohl spürte sie alles das und hörte zufällig einige undeutliche Worte; und da sie sah, wie sehr ich mich quälte, schloß sie mich in ihre Arme und rief mich laut. Sodann erwachte ich plötzlich schluchzend und in so großer Bedrängnis klagend, wie ich es mein Lebtag noch nicht gethan; ich war dermaßen zerschlagen und ermüdet, daß ich meine Arme nicht heben konnte, mein Herz pochte unbändig in meiner Brust, und mein Hemd war so sehr von Thränen durchtränkt, daß es mir am ganzen Leibe klebte. Meine Haare waren ganz feucht und zerzaust; mein Pulsschlag so erregt und unregelmäßig, als hätte ich hohes Fieber gehabt.« (II, 3, fol. 140^r, S. 362-363.)

Alles das sieht wohl wie ein Vergewaltigungsversuch aus, allerdings ein derart ungeschickter, daß er dem Opfer nur die Wahl läßt, sich ihm zu widersetzen. Doch die Botschaft ist unmißverständlich: Polia hat erfahren, daß die Natur entschlossen ist zurückzuschlagen und daß sie selbst, gibt sie dem Drängen des sanftmütigen, reinlichen und ansprechenden Poliphilo nicht nach, von sehr viel unangenehmeren männlichen Phantasmen besessen sein würde. Die Strafe, die ihr die Kräfte des Unbewußten wegen der Verhärtung ihrer bewußten Haltung auferlegen, scheint ihr unerträglich zu sein. Nach dieser Belehrung bleibt ihr nichts anderes übrig, als den reizenden jungen Mann zu erhören, doch sie wehrt sich mit aller Kraft gegen diesen unerwarteten Ausgang:

»Da ich also der Göttin Diana meine Jungfräulichkeit geweiht hatte und ich mich durch ein Gelübde verpflichtet hatte, ihr mein Leben lang zu dienen, so schien mir der Dienst an Venus frevelhaft und unleidlich, meiner ersten Erziehung gänzlich entgegengesetzt.« (II, 4, fol. 141^r, S. 364.)

Die Amme, die auf eine reiche Lebenserfahrung zurückblickt, hilft ihr, diese letzten Bedenken zu überwinden:

»Um so mehr müßt Ihr bedenken, daß Amor ein grausamer Tyrann ist und mit derartiger Macht ausgestattet, daß er ohne jede Rücksicht und ohne jedes Erbarmen nicht nur die Sterblichen verletzt und verglühen läßt, sondern sogar die unumschränkten Götter, ja selbst den großen Jupiter, der Herr ist über Himmel und Erde. Nun ist es aber allzu wahr, daß er sich von dieser knechtischen Unterwerfung nicht zu befreien vermochte, so daß er, um sein Ziel zu erreichen, sogar genöthigt war, in Thiergestalt zu schlüpfen.« (II, 4, fol. 141r, S. 365)

Indem sie ihr alle möglichen Geschichten erzählt, die den *Metamorphosen* Ovids entlehnt sind, entfaltet die Amme alle subtile Überredungskunst, die man von einer derartigen Gestalt erwartet. Ihrer Rede gelingt es, die letzten Zweifel Polias zu zerstreuen, so daß diese schließlich darin einwilligt, ihren pneumatischen Leib zu öffnen, um das Phantasma Poliphilos zu empfangen:

»Unterdessen fand Amor einen kleinen Zugang, um in mein Herz einzudringen, das ihm bis dahin verschlossen geblieben war. Auf diesem Wege stieß dieser kleine Gott bis auf den Grund meines Busens vor, woselbst er sich von Einwilligung nährte, und er ward binnen kurzem so groß, daß ich mich seiner Macht nicht mehr zu widersetzen vermochte.« (II, 5, fol. 143v, S. 371.)

Von Liebe und Reue durchwühlt, eilt Polia zum Tempel der Diana und überflutet Poliphilos leblosen Leib mit ihren Tränen. Selbstverständlich wartet dieser nur darauf, wiederbelebt zu werden:

»Und unterdessen geschah es, daß ich über ihn stolperte und meine rechte Hand sich auf seinen Magen abstützte, und ich fühlte einen leisen und tiefen Pulsschlag, so schwächlich, daß er kaum zu spüren war. Gleichwohl dünkte mich, daß sein Herz etwas zu Kräften kam, als es die Nähe dessen fühlte, was es liebte, so daß mein geliebter Poliphilo auferwachte und, als er die Augen aufthat, einen Klageseufzer ausstieß.« (II, 5, fol. 144v, S. 374.)

In Polias Schoß nimmt Poliphilo seine natürliche Farbe wieder an, woraufhin die getreuen Dienerinnen Dianas einschreiten, um die beiden Liebenden aus dem geschändeten Tempel der jungfräulichen Göttin zu verjagen (Abb. 8). Polia verläßt den Pfad der Keuschheit und macht sich binnen kurzem mit dem Gedanken an ein bürgerliches Dasein vertraut. Sie beginnt, alle möglichen Dinge zu nähen und zu sticken, die sie an Poliphilo und an ihre Liebe erinnern. Sie ist fest entschlossen, ihre »närrischen und wüsten Sitten in eine anmuthige und menschliche Lebensart umzuwandeln«.

Hymen

Was widerfährt Poliphilo während seines kurzen Liebestodes? Nach dem klassischen Motiv[1] wird seine Katalepsie von einer Seelenreise bis hin zum Thron der Göttin Venus begleitet, bei welcher der junge Mann Klage gegen seine Mörderin einlegt. Die Szene ist interessant, denn sie setzt die bekannte Phänomenologie des Eros in die Welt der ekstatischen Vision um. Venus ruft Cupido herbei, der »das lebensgroße Bild Polias« (II, 11, fol. 154^{v}, S. 400) bringt. Es handelt sich offenbar um eine phantasmische Doppelgängerin, auf welche die Liebesgottheiten ihren Zauber ausüben:

> Cupido »spannte seinen Bogen und zog einen mit Gold beschlagenen, mit Dornen von verschiedener Farbe befiederten Pfeil aus seinem Köcher und schoß mitten in die Brust des Bildes, das er mir gezeigt hatte. Doch kaum schlug der Pfeil ein, gehorchte ihm die Jungfrau bereits und senkte demüthig das Haupt: das war ein Zeichen dafür, daß sie hinfort gefügig, sanftmüthig, gütig und huldvoll seyn würde, wie sie noch nie gewesen. Auch bekannte sie ihren Irrthum und versicherte, sie sei besieget, so daß sie den Geboten der Liebe nicht mehr dawider handeln würde.« (II, 11, fol. 155^{r}, S. 401.)

Der Verfasser, der Ordensbruder Colonna, greift hier ein, um Zweifel zu säen und die Zweideutigkeit seiner Erzählung aufrechtzuerhalten, ohne die sie Gefahr liefe, der leichten erotischen, ja pornographischen Gattung zugeordnet zu werden. Er behauptet, daß Polia nur der »vernünftige Theil« der Seele Poliphilos sei, um nahezulegen, daß die *Hypnerotomachia* als ein Traktat gedeutet werden müßte, der die Phantasmen des mystischen Eros veranschaulicht. Nun handelt es sich dabei um den Versuch, dem Werk einen mystischen Anstrich zu geben, denn von allen möglichen Auslegungen ist diese die unwahrscheinlichste.[2]

Dieser Eindruck wird auch durch eine Stelle des ersten Teils des Buches (I, 23) bestätigt, in dem Poliphilos Pilgerfahrten durch die Phantasmen des künstlichen Gedächtnisses mit einer Begegnung mit Polia beendigt werden. Als beide an dem Heiligtum der Venus anlangen, entfernt (›entjungfert‹) Poliphilo den symbolischen Vorhang, der IMHN heißt, zweifellos für ʿYMHN, *Hymen.* Die Erklärung, die Colonna diesem Wort gibt, ist zwar

Abb. 7: » . . . und der Knabe schnitt die beiden Jungfrauen entzwei . . .«, *Hypnerotomachie* II, 3, S. 266 [Polizzi, S. 360].

Abb. 8: Polia wird aus dem Tempel der keuschen Diana vertrieben. *Hypnerotomachie* II, 5, S. 281 [Polizzi, S. 376].

durchaus einleuchtend,[3] entspricht aber nicht der Bedeutung im Zusammenhang: »Das Häutchen, mit dem das Kind im Bauch seiner Mutter umwickelt ist.« Landläufig bezeichnet Hymen aber das Jungfernhäutchen, und darauf beziehen sich die folgenden Abschnitte:

»Dieser schmale Vorhang war über den Brunnen gezogen, um das zu bedecken, was sich darunter befand, und auf daß er geöffnet werde, waren Polia und ich vor Cupido, unserem Meister, in die Kniee gesunken, er überreichte der Nymphe Synesia [σύνεσις: Vereinigung, Einsicht] den goldenen Pfeil und machte ihr ein Zeichen, daß sie bei Polia vorstellig werden sollte, auf daß sie den Vorhang zerreißen und zerfetzen solle. Darüber war die schöne Polia keineswegs unzufrieden, allein, sie schien es nicht gerade leichtiglich zu thun, als würde es ihr mißfallen, den heiligen Gesetzen zu gehorchen, welchen sie sich bereits unterworfen hatte; aber dies geschah ob ihrer jungfräulichen Scheu, zu der sich mangelnde Erfahrung gesellte. Als der große Gott dies alles sah, mußte er ein wenig lächeln, und er bestellte von neuem der genannten Nymphe Synesia, sie solle Polia Phileda [φιληδέω: das Vergnügen lieben] anvertrauen, damit diese sie zu mir führe, auf daß ich vollbringe, was Polia sich nicht zu unternehmen getraute. Sobald sich dieses göttliche Werkzeug in meinen Händen befand, riß ich, ohne zu widersprechen und ohne zu widerstreben, getrieben von glühendem Verlangen und blinder Lust darauf, die Göttin Venus zu schauen, den schönen Vorhang; und in diesem Augenblick dünkte mich, daß Polia ihre Farbe änderte und sich in ihrem Herzen beklagte. Sodann wurde mir die Hoheit der heiligen Göttin gänzlich geoffenbart, welche in dem mit allen von der Natur hervorgebrachten Schönheiten gezierten Brunnen badete. Sobald ich meinen Blick auf diesen göttlichen Gegenstand richtete und einen Anblick der Eingebung genoß, verharrten Polia und ich, erfaßt von inniger Süßigkeit und einer lang ersehnten Freude, wie aller Sinne beraubt, in Ohnmacht und gleichsam in Verzückung, erfüllt von Furcht und großer Scheu, vor allem ich . . .« (I, 23, fol. 126^v-127^v, S. 326f.)

Der verborgene Inhalt dieses Abschnitts ist so durchsichtig, daß er uns jede Erläuterung erspart. Aus Scham hat der Verfasser das Ritual der Defloration und der Begattung vermittels einer sinnbildhaften Handlung geschildert, die bei den beiden Protagonisten dieselbe Wirkung von »inniger Süßigkeit und Freude« hervorruft wie bei der leiblichen Vereinigung.

Eine weitere symbolische Handlung wird hier entfaltet, um eine ausführliche Schilderung der erotischen Empfindungen und des von Cupidos Pfeil ausgelösten Vorganges zu ermöglichen:

»Kaum hatte er die Sehne losgelassen, fühlte ich, wie das Geschoß sich mitten durch mein Herz bohrte und gleichzeitig in den Magen Polias drang, woselbst es auch stecken blieb, nachdem es mir eine Wunde geschlagen hatte, für die es weder Arzenei noch sonst Heilung giebt. Als dies nun geschehen war, nahte Cupido sich Polia und zog den Pfeil heraus, der zur Hälfte heraushieng. Sodann wusch er sie in dem Brunnen, um sie von unsrem Blute zu reinigen, mit welchem sie besudelt war. O weh, o weh! ich wurde in diesem Augenblick so sehr von übermäßiger Inbrunst ergriffen, die sich meinen Adern entlang ausbreitete, daß mein Verstand umnebelt ward. Gleichwohl spürte ich, wie ich mein Herz aufthat und darein die Gestalt meiner inniglich geliebten Polia, die mit züchtigen und lobenswürdigen Tugenden geschmücket ist, einritzte, und die Spur war so tief, daß es nicht mehr möglich ist, sie zu verwischen, so ist es nothwendig, daß der Abdruck mein Leben lang daselbst bleibt und daß meine Herrin davon Besitz ergreift, auf daß keine andere je daran Theil habe, geschweige denn auf Einlaß Anspruch erhebe. Keine Faser gab es in mir und keine Ader, die nicht gebrannt hätten wie trockenes Stroh in einem großen Ofen, so daß ich mich gleichsam selbst nicht mehr erkenne, und mich dünkt, als hätte ich mich in eine andere Gestalt verwandelt.« (I, 23, fol. 128^{r}, S. 330.)

Die Göttin Venus stillt seine Inbrunst mit dem salzigen Wasser, das aus dem Liebesbrunnen geschöpft wurde. Diese Episode der Einweihung in die Mysterien des phantasmischen Eros wird durch den symbolischen Kleiderwechsel Poliphilos gekennzeichnet.[4]

ANHANG IV

(zu Kapitel III, 1)

[Über die Triaden Ficinos]

Ficino denkt in *Triaden*, wobei das mittlere Glied, das die Verbindung der beiden Extreme herstellt, auch das ist, das die schmeichelhaftesten Bezeichnungen erhält. In dem System der Ficinischen Dreiheiten entsprechen sich beinahe alle Zwischenglieder.

In dem ersten und berühmtesten Beispiel einer Trias bildet die *Seele* das Zwischenglied. Die Seele blickt gleich einem *Janus bifrons* in die sinnliche und in die noetische Welt:

> *Quapropter anima Iani* [ed. Basel *iam*] *bifrontis instar vultum geminum habere videtur.* [Deshalb scheint die Seele dem zweistirnigen Janus gleich ein doppeltes Antlitz zu haben.][1]

Sie ist »Verbindung der Welt« (*copula mundi*), denn sie vermittelt zwischen Höherem und Niedrigem, ist unbeweglich und beweglich zugleich, sehnt sich gleichzeitig nach dem Hohen und nach dem Tiefen, ohne jemals nur einer Seite zuzuneigen:

> *Et dum ascendit, inferiora non deserit, et dum descendit, sublimia non relinquit. Nam si alterutrum deserat, ad extremum alterum declinabit, neque vera erit ulterius mundi copula.*
>
> [Und während sie aufsteigt, gibt sie das Untere nicht preis, und während sie herabsteigt, gibt sie das Hohe nicht auf; denn verließe sie eines von beiden, so würde sie sich auch von dem anderen abwenden und wäre nicht mehr die wahre Verbindung der Welt.][2]

Eine andere Trias, die der ersten fast genau entspricht, drückt den Hervorgang (*processio*) in biblischen Begriffen aus: der Schöpfergott und die Stufenabfolge der Geschöpfe (Gott – Mensch – *animal*, wobei *animal* alle lebenden Wesen, die nicht vernunftbegabten beseelten Wesen bezeichnet). Der Mensch wird als Seele bestimmt, er ist mithin *nodus et copula mundi*, mikrokosmisches Bild, »Stellvertreter Gottes auf Erden« (*Dei vicarii sumus in terra*).[3] »Ein großes Wunder ist der Mensch«,[4] sagt Hermes Trismegistos im lateinischen *Asclepius*, denn er stellt die Quintessenz aller Wesen dar: Er führt das Leben der Pflanzen, der Tiere, der Heroen, der Dämonen, der Engel und Gottes.

> *Omnis hominis anima haec in se cuncta quodammodo experitur, licet aliter aliae.*
>
> [Jedes Menschen Seele lernt dies alles in gewisser Weise in sich kennen, wenn auch in verschiedenem Maße.]

Aus demselben Grund nannte Zoroaster den Menschen ein »Kunstwerk kühnster Art«, in dem Gott die »Meisterwerke der Weltkunst«, die er geschaffen hat, zufrieden betrachtet.[5]

In seiner *Oratio de hominis dignitate* oder *Carmen de pace* aus dem Jahre 1486 macht Giovanni Pico della Mirandola von Ausdrücken Gebrauch, die denen Ficinos sehr ähnlich sind. Er führt den hermetischen *Asclepius* an und greift in einem mitreißenden Passus das Thema der menschlichen Freiheit, das Ficino bereits in seiner *Theologia Platonica* umrissen hatte, wieder auf:

> »Du wirst von allen Einschränkungen frei nach deinem eigenen freien Willen«, so spricht Gott zum Ur-Menschen [Adam], »dem ich dich überlassen habe, dir selbst deine Natur bestimmen. In die Mitte der Welt habe ich dich gestellt, damit du von da aus bequemer alles ringsum betrachten kannst, was es auf der Welt gibt. Weder als einen Himmlischen noch als einen Irdischen habe ich dich geschaffen und weder sterblich noch unsterblich dich gemacht, damit du wie ein Gestalter und Bildner deiner selbst nach eigenem Belieben und aus eigener Macht zu der Gestalt dich ausbilden kannst, die du bevorzugst. Du kannst nach unten hin ins Tierische entarten, du kannst aus eigenem Willen wiedergeboren werden nach oben in das Göttliche.«[6]

Gerade wegen dieser Fähigkeit, sich zu verwandeln, jeden beliebigen Lebenswandel zu führen, kann man den Menschen als *Chamäleon* und *Proteus* bezeichnen:

> »Wer wollte dieses unser Chamäleon nicht bewundern? Oder wer sollte überhaupt etwas anderes mehr bewundern? Asklepios von Athen [nicht der hermetische Asclepius] hat unter Hinweis auf seine wechselnde und sich selbst verwandelnde Natur nicht zu Unrecht von ihm gesagt, der Mensch werde in den Mysterien symbolisch durch die Gestalt des Proteus dargestellt.«[7]

Wenn sich die ersten beiden Triaden Ficinos auf den ganzen Hervorgang (*processio*) des Seins und auf die ganze Abstufung der

Geschöpfe beziehen, so gibt es auch andere (wir haben deren wenigstens fünf gezählt), die sich diesmal lediglich auf den Übergang von Unkörperlichem zu Körperlichem beziehen. Nun ist die Seele eine körperlose Substanz, die eines Zwischengliedes bedarf, um sich einkörpern zu können. Im Prinzip, sagt Ficino, wobei er eine Vorstellung Plotins aufgreift, ist es die *Qualität* (*qualitas*), die dem Unkörperlichen gestattet, ins Körperliche überzugehen. In der Unkörperlichkeit der Seele ist es der *Geist*, der zwischen dieser und dem Leib vermittelt. Die anderen Triaden fügen sich in dasselbe Schema ein. In einer platonischen Tradition (die Plotin bestätigt) stellt Ficino eine Hierarchie der Sinnesvermögen auf: das Sehen, das edelste von allen, entspricht dem Feuer, das Hören der Luft und so weiter nach folgendem Muster:

Die beiden Triaden der Seelenvermögen

I. Geistige Trias

Sinnesvermögen	*Element*	*Phänomenale Welt*
1. Vernunft (Gott)		
2. Gesicht	Feuer	Farben und Formen
3. Gehör	Luft	Stimme (Ton)

II. Materielle Trias

Sinnesvermögen	*Element*
4. Geruch	Dunst
5. Geschmack	Wasser
6. Tastsinn	Erde

In der mittleren Spalte handelt es sich um eine Stufenleiter der Elemente, wobei Gott aus Gründen der Symmetrie eingesetzt wurde; der Äther fehlt, doch es gibt den Dunst, der tiefer steht als die Luft. Nach unten drückt die Senkrechte den fortschreitenden Verfall der Elemente aus. In der linken Spalte stehen die Seelenvermögen, die der Hierarchie der Elemente entsprechen. In der rechten Spalte stehen die ›subtilen‹ Eigenschaften der sinnlich erfaßbaren Welt, welche die Seele durch ihre Sinnesvermögen wahrnimmt. Ficino selbst nennt lediglich zwei, aber es gibt – sowohl im Abendland als auch im Orient (es genügt hier, auf das Sāṃkhya-System hinzuweisen) – vollständige Systeme. Wer erinnert sich nicht an die Darstellung des Kopfes des Menschen-als-Mikrokosmos in Robert Fludds (Robertus de Fluctibus) *Utriusque cosmi historia*, wo es neben der Welt der Elemente und den fünf Sinnen auch einen *mundus imaginabilis* gibt? (Vgl. Abb. 6, S. 163: *Inter corpus & imaginationem: Diapason* usw.) Fludd arbeitet – ebenso wie die Sāṃkhya-Philosophie – mit einem System von Pentaden; Ficino zieht dagegen die Dreiheiten vor. Ihr gemeinsames Vorbild ist die mittelalterliche Seelenlehre, in der diese Art von Entsprechungen den Gegenstand mehr oder weniger strenger Klassifikationen bildete.

Eine letzte Reihe von Ficinischen Triaden bezieht sich auf die Entsprechungen des Eros:

Hierarchie des Eros

Schöpfungsebene	*Art des Eros*	*Vermögen, durch das der Eros zustande kommt*
GÖTTLICH	kontemplativ	Vernunft
MENSCHLICH	tätig	Sehen
TIERISCH	wollüstig	Tastsinn

(*Sopra lo amore* VI, 7-8, *De amore*, ed. Marcel, S. 211 f., ed. Niccoli, S. 126-133.)
Oberhalb und unterhalb der erotischen Trias gibt es zwei weitere Glieder: *Calodemon, che significa buono demonio* und *Cacodemon, che s'intende mal demonio* (VI, 8, Marcel, S. 211). Sie müssen entfernt werden, damit das triadische Schema aufrechterhalten bleibt. Das mittlere – also das bevorzugte – Glied ist in diesem Schema das Menschliche, dem der aktive Eros entspricht, der durch das Sehen zustande kommt.

ANHANG V

(zu Kapitel III, 2)

[Der Einfluß Ficinos auf die französische Dichtung des 16. Jahrhunderts]

Wie wir bereits (Anhang II zu Kap. II, 3, Anm. 2) erwähnten, stammt die erste französische Übersetzung von Ficinos Kommentar zum *Gastmahl* aus dem Jahre 1546 (*Le Commentaire de Marsile Ficin* [. . .] *sur le Banquet d'amour de Platon*, faict françoys par Symon Silvius, dit Jean de la Haye, valet de chambre de [. . .] Marguerite de France, royne de Navarre. Achevé d'imprimer le XVI février 1545 [1546?] avant Pâques. On le vend à Poitiers, à l'enseigne du Pélican, 1546). Ihr folgte die – viel berühmtere – Übersetzung von Guy Lefèvre de la Boderie [aus dem Toskanischen], die ebenfalls Margarete von Navarra gewidmet wurde (Paris, chez Lucas Breyel, 1578).[1] 1581 veröffentlichte Guy Lefèvre de la Boderie auch die Übersetzung der drei Traktate *De vita* (*Les Trois Livres de la vie, le I. pour conserver la santé des studieux, le II. pour prolonger la vie, le III. pour acquérir la vie du ciel.* Avec une apologie pour la medecine et astrologie, le tout composé premièrement en latin par Marsile Ficin, prestre, philosophe et medecin tres excellent, et traduict en françoys par Guy Le Fèvre de la Boderie. A Paris, pour Abel l'Angelier, 1581).[2]

Die von der Ficinischen Dialektik der Liebe beeinflußten Dichter waren in Frankreich sehr zahlreich. Es genügt, Jean Lemaire de Belges, Jean Bouchet, Antoine Héroët, Maurice Scève, Jean de Tournes, Pontus de Tyard, Gilles Corrozet, Margarete von Navarra, J. Du Bellay und Ronsard zu nennen (vgl. J. Festugière, S. 10 und 78 ff.). Das von ihnen bevorzugte Moment war der Übergang in den Gegenstand der Liebe und der Verlust des Subjektseins, was dem Tod gleichkam. J. Festugière (S. 115-117) hat nachgewiesen, daß ein Dichter wie A. Héroët (*La Parfaicte Amye*) nur die entsprechenden Stellen des Ficinischen *Commentaire* zum *Gastmahl* in der Fassung von G. Lefèvre de la Boderie in Verse brachte. Es ist lehrreich, die drei Texte zu vergleichen:

1) Ficino, *De amore* II, 8, *Opera*, S. 1327, ed. Marcel, S. 156-157 [ed. Paris 1641, II, S. 290]:

Moritur autem quisquis amat. Eius enim cogitatio sui oblita semper in amato se versat. Si de se non cogitat, in se certe non cogitat. [. . .] *Quare in se mortuus est quincumque amat.* [. . .]. *Ubi vero amatus in amore respondet, in eo saltem vitam agit amator. Hic certe mira res fit. Quotiens duo aliqui mutua se benivolentia complectuntur, iste in illo, ille in isto vivit. Vicissim huiusmodi homines se commutant et seipsum uterque utrique tribuit, ut accipiant alterum.* [. . .] *amator per alium se complectitur et uterque amantium longior a seipso fit, propinquior alteri, ac in se mortuus in alio reviviscit* [. . .]. *O mirum commertium, quo quis se ipsum tradit pro alio, alium habet nec habere se desinit! O inestimabile lucrum, quando duo ita unum fiunt, ut quisque duorum pro uno solo duo fiat* [. . .] *O felicem mortem, quam due vite secuntur.* [vor *O mirum*, ed. Marcel]

2) Übersetzung von G. Lefèvre de la Boderie:

»Jeder, der liebt, stirbt liebend: so daß sein Denken, das sich selbst vergißt, in die geliebte Person zurückkehrt. Wenn er nicht an sich denkt, so denkt er gewißlich nicht in sich: und dennoch ist jeder, der liebt, tot [. . .]. Aber wo der Geliebte die Liebe erwidert, dort lebt der Liebende wenigstens in dem Geliebten [. . .]. Hier tritt ein wunderbares Ding auf, wenn zwei einander lieben, dieser in jenem und jener in diesem lebt. Diese tauschen sich gegenseitig aus, und jeder gibt sich dem anderen hin, um den anderen in sich aufzunehmen: so ist der eine und der andere Liebende in sich tot, im anderen aber ersteht er auf [. . .]. O wunderbarer Handel, in dem sich der Mensch dem anderen hingibt: und der andere gibt sich selbst nicht preis! O unschätzbarer Gewinn, wenn zwei derart werden, daß jeder der beiden statt ein einziger zwei wird: O seliger Tod, dem zwei Leben folgen« (fol. 29^{v}-30^{r}).

3) A. Héroët, *La Parfaicte Amye*, I, vv. 123-130, 137-146 *et passim*:[3]

»Ainsi de luy plus que de moy pensive,	An ihn mehr als an mich ich denke beständig,
En moy j'estois trop plus morte que vive.	In mir viel mehr tot ich war als lebendig.
Et ruminois en luy non aultrement	Und in ihm nicht grübelte ich auf andere Weise,

Qu'en me rendant *mutuel* pensement:	Als daß sich mein Denken einander zuweise:
Comme noz cueurs à mourir incités	Wie unsere Herzen, zum Sterben hin streben,
Se soient l'ung l'aultre entreressuscités,	So erwecken auch beide einander zum Leben,
Comme le mien aymant au sien aymé	Wie liebend das meine das geliebte seine durchwaltet
Ayt, sans changer, sa forme transformé.	Und, ohn es zu wandeln, hat doch umgestaltet.
[. . .]	[. . .]
Ò changement utile et precieux,	O Wandlung, ersprießlich und köstlich,
Quand le bon cueur, d'ung vouloir gracieux,	Wenn das gütige Herz sich huldreich und willig
En se donnant, n'est de rien estonné,	Hingiebt und ist keinem Schrecken ergeben,
Que veoir celluy qui le prend redonné!	Als das zu sehen, das es nimmt, um es wiederzugeben!
Ò changement, où nul ne se deçoit,	O Wandlung, wo niemand wird je hintergangen,
Faisant present moindre qu'il ne reçoit!	Jeder mehr schenkt, als er hat empfangen!
Ò cueurs heureux! ò felicité d'eulx,	Ihr glücklichen Herzen! Wie selig die seien,
Quand pour ung seul on en recouvre deux!	Wenn ein einziges sie vergelten mit zweien!
Ò beau mourir, pour en celluy revivre,	O schönes Sterben, in jenem wiederzuleben,
La mort duquel double vie delivre!«	Dessen Tod entbindet zwiefaches Leben!

(Die phantasmische Eros-Ansteckung und der »Liebestod« bei Ficino werden von J. Festugière lebhaft geschildert (S. 37-38). Indem er aber das lateinische Wort *amatus* mit »Freundin« (*amie*) übersetzt – »Geliebter« bezeichnet beide Geschlechter –, gibt er gleichwohl einer persönlichen Deutung nach, die sich von derjenigen Ficinos unterscheidet.)

Die französischen Platoniker des 16. Jahrhunderts, die sich mit dem Eros beschäftigen, veranschaulichen selbstverständlich dieselbe Ficinische Tradition. Es seien Symphorien Champier (*La Nef des Dames vertueuses*, 1502 [1503?]), Claude de Cuzzi (*Philologue d'Honneur*, 1537), Anthoine Vias (*La Diffinition et Perfection d'Amour*, 1542), C. de Taillemont (*Discours des Champs Faëz*, 1553) und Jean de Tournes (*Le Premier Livre de la belle et puissante histoire de Philandre* [. . .] *et de Passerose*, 1544) angeführt.

Die Entstehung des Actaeon-Mythos bei Bruno scheint durch zwei Faktoren erklärt werden zu können, die wir noch nicht untersucht haben. Der eine ist die von Ficino begründete Tradition, die in Sokrates den »Jäger der Wahrheit« kraft der Liebe erblickt (vgl. Nina Façon, »Activismul în gândirea Renaşterii italiene«, in: *Concepţia omului activ. Studii*, Bukarest 1946, S. 7-35).[4] Der zweite ist wahrscheinlich die während seines Pariser Aufenthaltes erworbene Vertrautheit mit der französischen Literatur (1581-1583). Denn eine der wichtigsten Passagen des Kommentars zu dem Sonett über Actaeon aus den *Heroici furori* scheint unmittelbar aus dem französischen, und zwar aus Symphorien Champiers *La Nef* übersetzt zu sein. Champier, ein berühmter Vielschreiber zu Anfang des 16. Jahrhunderts, um 1471 in Lyon geboren, trat als leidenschaftlicher Verteidiger Ficinos auf. *La nef des dames vertueuses*, das 1503 [?] bei Jacques Arnollet in Lyon erschienen ist, hatte nur mäßigen Erfolg, denn das Buch hatte zwischen 1515 und 1531 in Paris nur zwei weitere Auflagen erlebt. Eine davon muß in Brunos Hände gefallen sein. Im vierten Buch von *La Nef* erfährt man, daß Galesus, der Schwiegersohn des Aristipp von Kypros, Cymon, »das heißet thierisch« [von κύων: Hund?], genannt wird, weil er »dem Wesen nach toll und verrückt« ist. Als er das schöne, auf einem Rasen schlafende Mädchen Iphigenie betrachtet, wird Cymon menschlich: »aus einem groben und thierischen Menschen wird er ein kluger und bedächtiger Mensch«. Nun bezeichnet dieser Ausdruck bei Bruno die Wandlung des »Wahrheitsjägers« unter der Einwirkung der Betrachtung Dianas, der nackten Göttin.[5]

ANHANG VI

(zu Kapitel V, 4)

[Brunos *Imagines facierum signorum ex Teucro Babilonico*]

Um die Lehre von den *facies* oder den himmlischen Dekansternbildern besser zu verstehen, geben wir sie hier nach Teukros von Babylon, in der Schilderung Giordano Brunos in seiner Schrift *Imagines facierum signorum ex Teucro Babilonico* wieder, die einem seiner mnemotechnischen Traktate als Anhang beigegeben ist (*Op. lat.*, II, 1, S. 135-141). Ficino muß an *facies* dieser Art gedacht haben, obgleich es schwerfällt, genau anzugeben, in welcher Beziehung diese Bilder mit den Zuständen des menschlichen Lebens, denen sie entsprechen sollten, gestanden haben. Die Dämonenlehre, die eingehender zu untersuchen wir bald Gelegenheit haben werden, sah in diesen astrologischen Abbildern Beschreibungen von Dämonen, die letzten Endes von den Absichten ihrer Erfinder nicht allzu entfernt sein dürften, denn für diese waren alle astrologischen Wesenheiten personifiziert.

»Das sind die Dekansternbilder nach Teukros von Babylon [Astrologe des 1. Jh. n. Chr.], die in der betreffenden [Gedächtnis-]Kunst leicht herangezogen werden können.

Widder. Im ersten Dekan ein schwarzhaariger Mann, von übermäßig hohem Wuchs, mit glühenden Augen, ernstem Gesichtsausdruck, aufrecht stehend, in ein strahlendes Obergewand gehüllt. Im zweiten Dekan eine nicht anmutlose Frau, in eine weiße Tunika gekleidet, darüber einen purpurnen Überwurf, mit gelöstem Haar und lorbeerbekränzt. Im dritten Dekan ein blasser rothaariger Mann, in ein rotes Gewand gekleidet, in der rechten Hand hält er ein goldenes Armband und in der linken einen Stab aus Eichenholz, er hat einen unruhigen und zornigen Ausdruck im Gesicht, als vermöge er Gutes weder zu erreichen noch zu erweisen.

Stier. Im ersten Dekan des Stiers ein nackter, pflügender Mann, der einen geflochtenen dunkelfarbigen Strohhut trägt, ihm folgt ein anderer Ackermann, der Samenkörner sät. Im zweiten Dekan ein nackter und bekränzter Schlüsselträger [wie Ianus, oder Keulenträger wie Hercules?], der auf den Schultern ein goldenes Tragband (*balteus*) trägt und in der linken Hand ein Szepter hält. Im dritten Dekan ein Mann, der in der linken Hand eine Schlange hält und in der rechten einen Speer oder einen Pfeil, vor ihm stehen eine Fackel und ein Wasserkrug.

Zwillinge. Im ersten Dekan der Zwillinge ein Mann, der sich anschickt zu dienen, mit einem Stab in der rechten Hand. Sein Gesichtsausdruck ist heiter und lustig. Im zweiten Dekan ein Mann, der den Acker umgräbt und bearbeitet; neben ihm ein tanzender Flötenspieler, barfuß und unbedeckten Hauptes. Im dritten Dekan ein Narr, der in der rechten Hand eine Flöte hält, in der linken einen Sperling; und neben ihm ein erzürnter Mann, der zu einem Stock greift.

Krebs. Im ersten Dekan des Krebses eine gekrönte [bekränzte], schön gekleidete Frau, die in der rechten Hand einen Ölzweig und in der linken eine Trinkschale hält. Im zweiten Dekan ein Mann, der mit einer Frau am Tische sitzt und spielt; vor dem Mann liegen eine Art Kleidungsstücke, vor der Frau stehen goldene und silberne Gefäße. Im dritten Dekan ein Jäger, dem Hunde vorauseilen und nachlaufen und der ein Horn und eine Schleuder mit sich führt und leichten und beschwingten Schrittes geht.

Löwe. Im ersten Dekan des Löwen ein rothaariger Mann mit einem safrangelben Gewand bekleidet, mit goldener Krone, in der rechten Hand einen Hahn, auf einem Löwen reitend. Im zweiten Dekan eine stolz einherschreitende Frau, welche die Hände zum Himmel hebt, und neben ihr ein Mann, der gleichsam bereit ist, sich zu rächen, mit gezücktem Schwert und Schild. Im dritten Dekan ein Mann, der einen Ranzen trägt oder eine Knute hält; sein Gesichtsausdruck ist traurig, niedergeschlagen und ohne Anmut, ihm folgt ein weißgewandeter Jüngling.

Jungfrau. Im ersten Dekan ein Mädchen, das einen Blumenkranz trägt, und ein Mann, der es mit Blumen und Laub bewirft; er ist mit einem grünen Gewand bekleidet und ungegürtet. Im zweiten Dekan ein schwarzhaariger, in ein Fell gehüllter Mann, der einen Beutel in der Hand hält, von seinem Kopf hängt ein Überwurf herab. Im dritten Dekan ein

Greis, der sich auf zwei Stöcke stützt, mit ungepflegtem Haar über der Stirn, mit zerzaustem Bart; er trägt dunkelfarbige Kleider.

Waage. Im ersten Dekan der Waage ein Mann, der in einem Buch liest und in der rechten Hand einen Dolch oder einen Griffel hält. Er hat einen finsteren Gesichtsausdruck. Im zweiten Dekan zwei [Männer], die erbittert im Kampf liegen, vor ihnen streckt ein auf einem Richterstuhl Sitzender ihnen eine Rute entgegen und eine andere zum Himmel. Im dritten Dekan ein wilder Schütze, dem ein Mann folgt, der einen Laib Brot und einen Weinbecher hält; ihnen voran geht ein nackter Mann.

Skorpion. Im ersten Dekan des Skorpions erscheint eine wohlgestalte, vorzüglich gekleidete Frau, um die sich zwei erzürnte Jünglinge bemühen, die einander Schläge austeilen. Im zweiten Dekan eine völlig nackte Frau und zwei völlig nackte Männer; einer sitzt neben der Frau, der andere liegt auf der Erde und spielt mit einem Hund. Im dritten Dekan ein Mann, der einer Frau seinen Rücken zeigt, damit sie ihn schlägt, er umklammert beide Füße mit beiden Händen.

Schütze. Im ersten Dekan des Schützen ein schwerbewaffneter Mann, mit einem kleinen Rundschild in der linken und einem sehr breiten zweischneidigen Langschwert in der rechten Hand; unter seinen Schritten scheint die Erde zu erbeben. Im zweiten Dekan eine betrübte Frau, die Trauerkleidung trägt, ein Kind in den Armen hält und ein anderes bei der Hand führt. Im dritten Dekan ein auf der Erde liegender Mann, der einen Stab grundlos schüttelt, mit blassem Gesicht, schmutziger Kleidung, und in seiner Nähe wühlt ein Schwein in einem Erdhaufen.

Steinbock. Im ersten Dekan des Steinbocks ein Mann in Händlertracht, mit häßlichem und betrübtem Gesicht, ihm folgt ein hüpfender und in die Hände klatschender Jüngling. Im zweiten Dekan ein Mann, der Wurfspieße auf eine fliegende Taube schleudert, und zwei Frauen, die sich von einem Mann umarmen lassen. Im dritten Dekan eine weißgewandete Jungfrau, die mit den Füßen auf einem Fuchspelz steht und in einem Buch liest.

Wassermann. Im ersten Dekan des Wassermanns ein Familienvater und eine Hausfrau [Matrone] in nachdenklicher Haltung: Er hält kleine Kieselsteine in der Hand und sie ein Sieb. Im zweiten Dekan sitzt ein Mann, als Würdenträger gekleidet; in der Hand hält er einige Zettel, an seinem Kinn hängt ein langer Bart, der Mann scheint einen sehr ernsten Gesichtsausdruck zu haben. Im dritten Dekan ein zürnender Jüngling, sein Gesicht scheint erregt vor Wut, mit geballten Fäusten und verspannten Fingern.

Fische. Im ersten Dekan der Fische ein Mann, der sein Hab und Gut trägt und nach einer neuen Unterkunft Ausschau hält; ihm folgt eine Frau, die einen Dreifuß und eine Stange hält. Im zweiten Dekan ein Mann, der sich gleichsam anschickt zu arbeiten, das Gewand liegt eng an, die Arme sind entblößt, sein Leib ist gelenk und sein Gesichtsausdruck fröhlich. Im dritten Dekan ein junger Mann, der ein Mädchen liebkost und umarmt, neben ihnen zwei miteinander ringende Pfauen. – Gestalt und Darstellung der oben geschilderten Bilder können den Sinn der Bilder vervollständigen, wenn sie auch an sich nicht zur Gedächtniskunst beitragen.«[1]

ANHANG VII

(zu Kapitel VII, 3)

Die Wirklichkeit der Hexerei

Alles in allem ist die *wirkliche* Erklärung des Hexenwesens eher enttäuschend, vor allem wenn man die unzähligen phantasiereichen Hypothesen bedenkt, die vor mehr als einem Jahrtausend vorgebracht wurden, wobei die Bibliographie des 19. Jahrhunderts keine Ausnahme bildet, denn neben den sorgfältigen Forschungen eines Joseph Hansen oder eines Henry Charles Lea, stößt man auch auf die berühmten Hirngespinste von Margaret Alice Murray und von Reverend Montague Summers ebenso wie auf die ›radikale‹ Theorie, die behauptet, die Hexerei sei nichts als eine Erfindung der Inquisition ...

Nun muß man die seit einigen Jahrtausenden bezeugten Praktiken der Hexerei scharf von dem Terror unterscheiden, den die christlichen Kirchen zwischen dem 16. und 18. Jahrhundert in Gang gesetzt haben. Nein, nicht das System der inquisitorischen Folterungen hat das Hexenwesen hervorgebracht: Die Hexerei gab es bereits seit zu langer Zeit, als daß sie von perversen Geistlichen hätte *ad hoc* erfunden werden können. Gewiß, weder rechtfertigt noch entschuldigt dies das entsetzliche Ende einer unbestimmten Anzahl von Opfern – die Zahlen schwanken zwischen fünfhunderttausend und zwei Millionen. Aber die wissenschaftliche Untersuchung darf nicht von dem natürlichen Gefühl der Empörung beeinflußt werden, das uns erfaßt, sobald wir an die Mißbräuche denken, die seit 1468 von den Kirchenbehörden in den meisten Gerichtsverhandlungen gegen Hexerei begangen wurden.

Gewiß, die Hexerei hat nicht das Geringste mit der christlichen Religion gemein: Sie geht dieser voraus, begleitet sie und hatte später das Unglück, unter deren Gerichtsbarkeit zu fallen. Deshalb wurde sie mißbräuchlich zur Ketzerei umgedeutet und als solche bestraft. Aber diese gewaltig verfehlte Sichtweise darf den Blick auf das Wesen der Hexerei selbst nicht verstellen und uns glauben machen, daß es sich um eine reine Erfindung ihrer verklemmten, sadistischen oder frauenhasserischen Verfolger handelt.

Der systematische Charakter der großen europäischen Jagd auf die Hexen darf uns um so weniger vergessen lassen, daß das geltende Recht der Länder Europas ihnen bereits eine Behandlung vorbehielt, die zwar nur sporadisch zur Anwendung kam, dafür aber nicht weniger grausam ist als jene Folterungen, über die uns die gerichtlichen Urkunden unterrichten oder die sie uns ahnen lassen. Das Wasser- und Feuer-Ordal (Gottesurteil), das man den potentiellen Hexen vorbehielt, ist anscheinend weder eine Erfindung der Inquisition noch der Kirche von Byzanz, obgleich beide sich bereitwillig dessen bedienten. Sonst hätte Serapion, Bischof von Vladimir (1274-1275), nicht in seinen *Sermones* gegen die barbarische Praxis und den absurden Aberglauben des Volkes aufbegehrt, die beispielsweise darin bestanden, zu prüfen, ob die der Hexerei verdächtigen Frauen nicht etwa zufällig auf dem Wasser schwebten – was ein hinreichender Schuldbeweis war –, oder aber die Leichen von Ertrunkenen auszugraben, deren Geist für schlechtes Wetter oder Mißernten verantwortlich gemacht wurde.

Um das Wesen der Hexerei zu verstehen, darf man nicht die Protokolle der Inquisition oder der protestantischen Autoritäten befragen, denn diese sind, abgesehen davon, daß sie zuweilen nur die *patterns of mind* (*Denkmuster*) der Verfolger erkennen lassen, *a priori* mit einem Gefühlswert aufgeladen, der den sich damit beschäftigenden Forscher zu beeinflussen vermag. Unbestreitbar halten die Inquisitionsarchive noch einige Überraschungen bereit – wie es bei den *Benandanti* aus dem Friaul der Fall war, die Carlo Ginzburg wiederentdeckt hat.[1] Und dennoch genügt es, die drei Bände der *Materials* von H. C. Lea vollständig durchzusehen, um zu erkennen, daß es dort nichts wirklich Neues oder Außergewöhnliches gibt: Die Klassen der ›guten‹ und ›bösen‹ Hexer sind reichlich bezeugt ebenso wie die Kämpfe, die sie untereinander austragen. Deshalb kann man nur in einem Randbezirk Europas, in dem die Macht der Kirche nicht ausreicht, um zur Verfolgung der *malefici* zu schreiten, das Hexenwesen in einem objektiven und wissenschaftlichen Geist erforschen. Aber gibt es überhaupt einen solchen Randbereich?

Zur Not könnte man sich Rußland zuwenden. Gewiß, die slavischen Glaubensvorstellungen über Hexerei beweisen zwar, daß es sich um ein wirklich bestehendes Phänomen handelt, das nicht von den kirchlichen Behörden erfunden worden sein kann. Dennoch besteht der Nachteil einer Untersuchung im slavischen Raum darin, daß die Russen zu spät zum Christentum übergetreten sind, als daß man die Wechselwirkung ermessen könnte zwischen ihren volkstümlichen Glaubensvorstellungen und der Propaganda einer Kirche, die toleranter war als die des Westens. Die Russen wurden im 10. Jahrhundert christianisiert, weil sich ihr Fürst bekehrte, und das geschah aus anderen Gründen, als denjenigen, welche die ersten Märtyrer dazu trieb, sich zum Christentum zu bekennen. Die Legende – diesmal glaubwürdiger als jede Apologie – berichtet, daß der Fürst Vladimir von Kiev (956-1015) den Besuch von Vertretern der drei monotheistischen Religionen empfing. Zunächst fühlte er sich zum Islam hingezogen, der ihm versprach, nicht nur hienieden, sondern auch im Jenseits einen Harem zu besitzen. Zwar wußte der Fürst weibliche Schönheit zu schätzen, indessen erkannte er bald die unerträgliche Seite des Mohammedanismus: Er hätte auf Schweinefleisch und Wein verzichten müssen! Die Beschneidung stieß ihn gleichermaßen ab, und so nahm er das Christentum an, wobei er den denkwürdigen Satz aussprach:

> »Rußlands Lust ist das Trinken; verbietet man es ihm, so wird es nicht überleben.«

Es war eher eine Trink- als eine Geisttaufe. Aber sie wurde ebenso freudig angenommen, wie sie folgenreich war. Und dennoch läßt uns das erkennen, wie slavisch die Russen geblieben sind und wie weit ihre Glaubensvorstellungen von denen westeuropäischer Völker entfernt sind. Unsere Untersuchung dürfte nicht hier ansetzen.

Das einzige Volk, das alle erforderlichen Voraussetzungen erfüllt, ist das rumänische. Die Rumänen waren bereits im 4. Jahrhundert christlich, als die Slaven ihre Wanderungen durch Osteuropa noch gar nicht begonnen hatten. Aber die Kirche konnte sich auf dem rumänischsprachigen Gebiet erst nach der Gründung der ersten rumänischen Fürstentümer (Moldau und Walachei) in Gestalt einer hierarchischen Institution bilden, und das erfolgte erst im 14. Jahrhundert, nach einem Jahrtausend, in dem germanische, mongolische, slavische, türkische und finnougrische Völker durch die alte, Dacia genannte römische Provinz gezogen waren. Rumänien – worunter wir eine ethnische Einheit verstehen, die nur sehr kurze Zeit auch eine geographische Einheit bildete –, das den westlichen Völkern durch sprachliche und genetische Bande verbunden war, nahm das östliche Christentum an, besaß aber nie eine Kirche, die mächtig genug gewesen wäre, um zur Verfolgung der Hexerei schreiten zu können. Deshalb berichten die von den Verfolgern stammenden schriftlichen Quellen auch nicht von der Hexerei; diese wird lediglich in Gestalt eines Volksglaubens bezeugt, an dessen Herausbildung die Kirche keineswegs beteiligt gewesen war.

Trotzdem wurden noch vor einem Vierteljahrhundert die auf die Hexerei bei den Rumänen bezüglichen Materialien in ebenso seltenen wie zweifelhaften Büchern erfaßt. Erst kürzlich hat man Materialien von außerordentlichem Wert an das Licht der Öffentlichkeit gebracht: Es sind die Antworten auf Fragebögen, die von zwei hervorragenden Volkskundlern, Bogdan Petriceicu Hasdeu, der überdies ein bedeutender Sprachforscher war, und Nicolae Densusianu, in allen Dörfern Rumäniens methodisch verteilt wurden. Die beiden Forscher wirkten völlig unabhängig voneinander; ihre Fragebögen ergänzen sich vortrefflich und vermitteln uns eine fast beispiellose Bestandsaufnahme aller lebendigen volkstümlichen Glaubensvorstellungen eines osteuropäischen Landes. Die systematischen Zusammenfassungen der Antworten auf die Fragebögen Hasdeus wurden 1970 von dem Volkskundler Ovidiu Bîrlea veröffentlicht, der die von seinem Kollegen Ion Muşlea begonnene Arbeit fortsetzte (I. Muşlea, O. Bîrlea, *Tipologia folclorului. Din răspunsurile la chestionarele lui B. P. Hasdeu*, Bukarest 1970). Die Antworten auf die ›historischen Fragebögen‹ N. Densusianus wurden 1976 durch den Folkloristen Adrian Fochi systematisch erfaßt und geordnet (A. Fochi, *Datini şi eresuri populare de la sfîrşitul secolului al XIX-lea: Răspunsurile la chestionarele lui Nicolae Densusianu*, Bukarest 1976). M. Eliade versäumte es nicht, auf deren außerordentliche Bedeutung für das Studium der Hexerei hinzuweisen und bahnte so den Weg zu einer vertieften Forschung.[2]

Eigentümlich an dem Hexenwesen ist, daß es konstanten psychophysiologischen Gegebenheiten entspricht, aber auch sehr wichtige geschichtliche Wandlungen durchlaufen hat.

Die Geliebte des Photis in den *Metamorphosen* des Apuleius war eine Hexe, die aus Kräutern Salben mit psychedelischen Eigenschaften zuzubereiten wußte; und die alte Frau aus dem Dorf

Woippy, die der Inquisitor Savini verbrennen wollte und deren Verteidigung Agrippa tatkräftig übernahm, war ebenfalls eine Hexe.

Unter ›Hexen‹ versteht man mithin zwei Kategorien von Personen: ›rauschgiftsüchtige Apotheker‹, die zu einer unvordenklichen Tradition gehören, und Menschen, die etwa seit dem 10. nachchristlichen Jahrhundert nicht nur Halluzinogene einnehmen, sondern auch eine gemeinsame Weltanschauung besitzen, die darin besteht, daß sie im Trancezustand ihrer Phantasie mehr oder weniger konstante Inhalte zusprechen: Sie fliegen durch die Lüfte, bilden Gruppen, die bestimmte Besonderheiten aufweisen (die *Mesnie Sauvage, das Wilde, Wütende Heer* oder auch *Wilde Jagd*),[3] haben eine Schutzherrin namens Diana, Herodias, Domina Abundia usw. und eine enge Beziehung zu einer schaurigen Prozession, die *Familia Herlechini* heißt. Später ändern sich unter dem Einfluß der Kirche diese Kennzeichen: Die *Wilde Jagd* (*Mesnie* [*maisniee*] *Sauvage*) wandelt sich zum Sabbat, der Schutzherr der Hexen wird Satan selbst, dessen Knechte ihm einen gotteslästerlichen und obszönen Kult weihen usw.

Es gibt demnach zwei phänomenologische Kategorien, die sich auf die Hexen anwenden lassen: konstante und variable. Die konstanten Kategorien beziehen sich auf die Fähigkeit der Hexen, Rauschgifte zu extrahieren und herzustellen, unter deren Einwirkung sie bestimmte phantasmische Handlungen ausführen: Sie fliegen durch die Lüfte, vermögen sich in andere Lebewesen zu verwandeln und sollen auf Mensch und Natur bestimmte Kräfte ausüben. Die variablen Kategorien bestehen in einer bestimmten Weltanschauung, die die Hexen selbst für sich in Anspruch nehmen oder die ihnen von ihren Zeitgenossen und Richtern beigelegt wird.

Der bedeutende Gelehrte Henry Charles Lea hat eine – im Lichte der jüngsten Forschung noch immer gültige – Unterscheidung zwischen *sorcery*, einem Phänomen, das in Europa zwischen dem 10. und der ersten Hälfte des 15. Jahrhunderts auftritt, und *witchcraft* oder Hexerei getroffen, so wie sie von der Inquisition im Zeitalter der *witchcraze* (des *Hexenwahns*) aufgefaßt und bekämpft worden ist. *Sorcery* war ein Phänomen ohne Konsequenz, das von den Zeitgenossen als Phantasie kranker Menschen gedeutet wurde und das – bis auf vereinzelte Fälle – keine Strafe nach sich zog. Wenngleich die Obrigkeit anerkannte, daß es Personen gab, die an Hexen *glaubten*, stritt sie diesen jegliche Fähigkeit ab, ihrem Nächsten Schaden zuzufügen. Dagegen hat die *witchcraft* mit dem klassischen Rüstzeug zu tun, die die Gegenwart des Teufels, der Gotteslästerung, des Sabbats, der Schwarzen Messe voraussetzt. *Sorcery* wurde der Unwissenheit des Volkes zugeschrieben; *witchcraft* wurde zur vom Teufel eingegebenen Ketzerei umgedeutet.

Bereits vor fünfzig Jahren haben die Pharmakologen festgestellt, daß die Hexen mehrere aus Pflanzen extrahierte Halluzinogene einzusetzen verstanden. Erst in jüngster Zeit haben die Völkerkundler diese Beweise anerkannt, und der amerikanische Forscher Michael J. Harner wurde zu deren Fürsprecher (»The Role of Hallucinogenic Plants in European Witchcraft«, in: M. J. Harner [Hrsg.], *Hallucinogens and Shamanism*, London, New York: Oxford University Press, 1973, S. 125-150). Als der Basler Professor Albert Hofmann im Mutterkorn (*Claviceps purpurea*), einem blütenlosen Sporengewächs (Kryptogam), das den Roggen (*Secale cornutum*) während seines Wachstums befällt, Lysergsäure (LSD) entdeckte, erinnerte er sich an seltsame Erscheinungen, die bei polnischen und spanischen Bauern, die sich von Roggenbrot ernährten, nachgewiesen worden waren (vgl. Richard Evans Schultes, Albert Hofmann, *The Botany and Chemistry of Hallucinogens*, Springfield, Illinois 1973). Der niederländische Anthropologe Jojada Verrips fand heraus, daß die Epidemien des religiösen Veitstanzes (*Chorea*), die in der zweiten Hälfte des 18. Jahrhunderts in Nijkerk aufgetreten und in den Niederlanden überall um sich gegriffen hatten, in Wirklichkeit auf die schlechten Roggenernten zurückzuführen waren, denn aus diesem Roggen wurde Brot gebacken (J. Verrips, »De Genese van een Godsdienstige Beweging: Het Nieuwkerkse Werk«, in: *Tijdschrift voor Sociale Geschiedenis*, Juni 1980, S. 113-138). M. van Os, emeritierter Professor der Pharmakologie an der Universität Groningen, der so freundlich war, uns einige äußerst interessante Auskünfte über die Chemie der Halluzinogene zu geben, hat uns versichert, daß seit einigen Jahren die Ernten des vom Mutterkornpilz (*Claviceps purpurea*) befallenen Roggens nicht mehr auf dem Markt auftauchen, sondern ausschließlich der Forschung vorbehalten werden: Die Junkies hatten nämlich begonnen, sie *en gros* zu kaufen ...

Gewiß, es hieße einem wohlfeilen Rationalismus zu huldigen, wollte man behaupten, das dadurch *alles* über die Hexerei erklärt würde. Die Hexerei kommt auch durch variable Kategorien weltanschaulicher Art zustande, wobei die konstanten Gegebenheiten der Halluzination (der Flug, die Versammlung) nur den Ausgangspunkt bilden. Die rumänischen Materialien gestatten uns, höchst bedeutsame Schlußfolgerungen im Hinblick auf die weltanschaulichen Züge der Hexerei und deren Ursprung zu ziehen. Und zwar nicht nur, weil das rumänische Gebiet ein Randbezirk Europas ist, ein Bereich, in dem das Christentum bestanden hat, ohne allerdings die Macht zur Unterdrückung zu besitzen, sondern weil es auch ein *abgelegener* Landstrich ist, eine neuromanische Insel, die von slavisch- oder finno-ugrischsprachigen Ländern umgeben ist. Das setzt sowohl einen fast unglaublichen sprachlichen Konservatismus voraus als auch das beharrliche Fortbestehen von rumänischen Elementen in der Folklore. Es genügt, darauf hinzuweisen, daß die Rumänen sich am 1. März immer noch kleine Figuren schenken, die an zwei ineinander gedrehten Fäden, einem roten und einem weißen, hängen. Das sind Glücksbringer, die an die Mantelaufschläge geheftet und bis zum 1. April getragen werden, dann muß man sie an Baumzweige hängen (tatsächlich hängt man aber aus wirtschaftlichen Gründen nur noch den Faden daran). Lassen wir die Tatsache beiseite, daß die ineinander gedrehten Fäden zum Rüstzeug der römischen Magie gehörten, wobei der weiße Faden die Luft und der rote das Feuer darstellten (der schwarze, der die Erde darstellt, fehlt). Aber der ganze Brauch des *mărţişor* – des ›Märzchens‹, so heißt der Glücksbringer des Monats März, des ersten Frühlingsmonats, des Aufblühens, der Erneuerung der Vegetation – ist von den Römern aus Italien eingeführt worden, wo diese Gegenstände *oscilla* hießen und auch an die ersten im Frühjahr blühenden Zweige gehängt wurden . . . Dennoch hat der Brauch *nur in Rumänien* zwanzig Jahrhunderte überlebt: in Italien findet sich keine Spur mehr davon ebensowenig wie in allen anderen ehemaligen Provinzen des Römischen Reiches.

Deshalb ist es nicht verwunderlich, daß das rumänische Wort für Hexe eines der lateinischen Wörter dafür ist: *striga* (neben *strix*, vgl. στρίγξ). Zwar ist es im Rumänischen nicht mehr das gebräuchliche Wort (dieses lautet heutzutage: *vrăjitoare*); aber die Wirklichkeit der Hexerei verdichtet sich in dem Volksglauben um die *strigoi*, welche Hexer (oder Gespenster) beiderlei Geschlechtes sind. Das Wort *strigoi*, das in der modernen Sprache nur noch ›Gespenst, Totengeist‹ bedeutet, stammt im Maskulinum Singular vom Femininum *striga* mit dem Suffix des Maskulinums *-oi*. Die Pluralform ist unverändert, aber die weiblichen Hexen oder Gespenster werden – nach der üblichen Flexion dieses Suffixes – bisweilen als *strigoaică* (Singular) und *strigoaice* (Plural) bezeichnet.

In der rumänischen Folklore gibt es zwei Arten von *strigoi*: die ›lebendigen *strigoi*‹ – die einfach Hexen beiderlei Geschlechts sind – und die ›toten *strigoi*‹ –, die Vampire sind wie der legendäre Dracula.

Die lebendigen *strigoi* sind Männer oder Frauen, die unter besonderen Umständen geboren wurden und deren Eigentümlichkeiten sich von Region zu Region unterscheiden. So wird beispielsweise das siebente oder das zwölfte Kind, deren ältere Geschwister zu einem und demselben Geschlecht – männlich oder weiblich – gehören, ein *strigoi* sein. Aber im allgemeinen genügt es, wenn es besondere Kennzeichen bei seiner Geburt hat: ein dem Schwanzstumpf gleichendes Steißbein, starke Körperbehaarung; oder besonders wenn es mit einem ›Helm‹ (*scufă*, *căiță*) geboren wird, d. h. daß sein Kopf mit einem Teil der Eihaut bedeckt ist. In manchen Fällen wird das Kind erst dann zum *strigoi*, wenn es seinen ›Helm‹ verschluckt. Der ›Schwanz‹ und der ›Helm‹ bilden weiterhin die wichtigsten Bestandteile in der Rüstkammer des künftigen Hexers: Seine geheimen Kräfte sammelt er insbesondere im ›Schwanz‹, und wenn er den ›Helm‹ (den seine Mutter selbstverständlich zuerst trocknen ließ und aufbewahrte) auf den Kopf setzt, kann er unsichtbar werden und durch geschlossene Türen gehen. Eigentlich sind die *strigoi* eher böse – vor allem die toten –, obwohl in den von uns eingesehenen rumänischen Materialien kein Gefühl des Grauens auszumachen war. Die *strigoi* besitzen den bösen Blick, können bei Mensch und Tier Krankheiten verursachen, die Milch der Kühe gerinnen lassen und haben im allgemeinen Macht über das Wetter. Das sind die allgemeinen Merkmale, die man den Hexen in Westeuropa zusprach, bevor die Verfolgungen einsetzten. Alles in allem handelt es sich um recht besorgniserregende Gestalten, aber die kollektive Angst dürfte in Rumänien das vernünftige Maß nie überschritten haben, denn dort wurde keine gerichtliche Verfolgung verzeichnet mit Ausnahme des Gebietes der Provinz Transsilvanien, die bis 1918 unter österreichisch-ungarischer Verwaltung gestanden hat.

Wie die römischen *strigae* und die westeuropäischen Hexen können sich auch die rumänischen *strigoi* mit Hilfe bestimmter Salben in verschiedene Tiere oder Insekten verwandeln. Vermutlich machte man auch von Rauschmitteln keinen unmäßigen Gebrauch, denn in den meisten Fällen wird der ›magische Flug‹ nur zweimal im Jahr bezeugt, in der Nacht des heiligen Georg (23. April) und des heiligen Andreas (30. November). Auch waren die rumänischen *strigoi* davon überzeugt, daß es sich dabei nur um eine Reise im Geiste handelte und daß ihr Leib bis zu ihrer Rückkehr hübsch zu Hause blieb.[4] Um zu fliegen, benutzten sie auch Besenstiele, Fässer oder andere mit einem Stiel versehene oder leicht zu reitende Werkzeuge: Bekanntlich gestattete das den psychoaktiven Bestandteilen der Salben, durch die besonders empfindliche Haut der Vagina bei den Frauen und des Skrotums und Anus bei den Männern in die Blutbahn zu gelangen. Der so vom Leib befreite Geist verließ das Haus durch den Rauchfang, das Schlüsselloch oder die Ritzen von Türen oder Fenstern. Auf dem Besenstiel oder ähnlichem reitend, begaben sie sich zu einem im voraus festgelegten Versammlungsort, wo sie ihre menschliche Gestalt wiedererlangten und untereinander – oft blutige – Kämpfe austrugen, die bis zum ersten Hahnenschrei währten. Erst dann kehrten sie heim und schlüpften wieder in ihre Leiber. Einige Gewährsleute fügen sogar hinzu, daß der im Zustand der Katalepsie befindliche Körper von dem umherziehenden Geist nicht mehr wiedergefunden wurde, wenn ihn jemand während dieser Zeit fortbewegte. Der Leib zerfiel, und der Geist blieb im Zustand eines umherschweifenden *strigoi*.

Beachtenswert dabei ist die Tatsache, daß Plinius und Plutarch eine Geschichte dieser Art über das griechische Medium Hermotimos (oder Hermodoros) von Klazomenai überliefern.[5] Die Frau des Hermotimos lieferte den unbeseelten Körper an dessen Feinde, die Kanthariden, aus, und diese verbrannten ihn. Der Geist des Hermotimos vermochte nicht mehr in seine »Hülle« (*vagina*) – wie Plinius es ausdrückt – zurückzufinden. Nun stammt diese Geschichte aus dem archaischen Griechenland, in dem die Kanthariden Vertreter einer dionysischen Bruderschaft waren, die Hermotimos seine ekstatischen Wundertaten neideten. Ein Grund mehr, über die uralten Züge zu staunen, die der rumänische Volksglaube bewahrte.[6]

Es gibt andere in Rumänien gesammelte Nachrichten, die darauf hinweisen, daß die Hexen – diesmal waren es nur Frauen – nicht einzeln handelten, sondern Bünde bildeten. Nun läßt sich mühelos daraus schließen, daß es sich um *Weihe*-Bünde handelte, denn die Zahl der Hexen war im Verhältnis zu der Zahl der Frauen eines Dorfes oder eines Landkreises sehr begrenzt; im übrigen versichert man uns, daß bestimmte Handlungen nur von den Hexen ausgeführt wurden, und man weiß auch, daß das Geheimnis der Salben nur ihnen bekannt war. Nun machten sie nur zweimal im Jahr davon Gebrauch: Das erste Mal, in der Nacht des heiligen Georg, sollen sie nicht nur geflogen sein und sich zur Versammlungsstätte begeben, sondern auch magische Bräuche ausgeübt haben, die einen wahren rituellen Hintergrund gehabt haben müssen. So glaubte man insonderheit, daß sie *nackt* auf die Felder traten in der Absicht, die ›Kraft‹ der Saat ihrer Nachbarn in sich aufzusaugen und sie auf die eigenen Felder zu übertragen. Mehr noch, sie vollzogen dieselbe Handlung in den Ställen ihrer Nachbarn und übertrugen die ›Kraft‹ der Kühe auf ihr eigenes Vieh, das dann mehr und bessere Milch gab.[7] Alles das gleicht mehr einem Ritual als einer Tätigkeit, die nur ›im Geiste‹ stattfindet. Und dennoch gibt es Quellen, die uns darüber belehren, daß die Hexen, die diese gesellschaftsfeindlichen Handlungen in der Sankt-Georgs-Nacht begingen, nicht mit freiem Auge sichtbar seien: Um sie zu sehen, muß man zu einem recht umständlichen Verfahren greifen: Man muß eine Schlange fangen und ihr den Kopf mit einer Silbermünze abschlagen; sodann muß man eine Knoblauchzehe in das Maul der Schlange stecken und den so zubereiteten Schlangenkopf unter der Türschwelle vergraben. Wer nun diese Knoblauchzehe in der Sankt-Georgs-Nacht ißt oder mitnimmt, wird die Hexen am Werk sehen können. Man wird sich nicht darüber wundern, daß die *strigoi*, ob lebendig oder tot, eine starke Abneigung gegen Knoblauch haben: Darin besteht einer der gemeinsamen Züge aller Vampirgeschichten.

Der Wissensschatz über die *strigoi* ist damit aber noch lange nicht ausgeschöpft. Es gibt jedoch noch andere Glaubensvorstellungen, die darauf hindeuten, daß Rumänen und Römer im Bereich der Hexerei mehr gemein haben als den einfachen Namen der *strigae*. Tatsächlich sind die *zâne* genannten Luftfeen bei den Rumänen besonders beliebt: Nun leitet sich deren Name von dem Götternamen Diana her, wie die neapolitanische *jánara*

(Hexe), die sardische *jarrá*, *džana* (Hexe), die albanische *zanë* (Fee) und die serbische *yana* (Fee) [vgl. altprovenzal. *jana*, altfranz. *jene*]. Ebenso wie Diana, die Schutzherrin der Hexen im Mittelalter, haben die rumänischen *zâne* eine enge Beziehung zur Wilden Jagd.

Sie haben viele Namen (die Schönen, die Windhaften, die Pfingsten [*Rusalii*] usw.), aber der gebräuchliste ist *Iele* (< lat. *illae*): ›Sie‹, was auf das Verbot hindeutet, ihren ›wahren‹ Namen auszusprechen (genauso wie man vermied, den Namen des Teufels auszusprechen). Diese weiblichen Luftwesen traten nur des Nachts auf. Wie bei der ›Wilden Jagd‹ spielten sie Blasinstrumente und tanzten über der Erde. Wer das Unglück hat, sich auf dem Feld zu befinden, wenn die Feen in Erscheinung treten, wird auf der Stelle getötet oder bleibt bis ans Ende seiner Tage gelähmt (Muşlea, Bîrlea, S. 213-214). Obendrein wird er auch noch den Verstand verlieren (vgl. Aktaion-Mythos).

Indessen stellt der rumänische Volksglaube keinerlei Beziehung zwischen den *zâne-dianae* und den *strigoi-strigae* her. Nun besteht ausgerechnet darin die Eigentümlichkeit des Hexenwesens im Mittelalter, die vom *Capitulum Episcopi*, von Gratian und von Burchard von Worms beschrieben wird: daß es nämlich Diana (Herodias, Domina Abundia usw.) als Schutzherrin anerkennt und mit der ›Wilden Jagd‹, bei der Blasinstrumente gespielt werden, zusammenhängt.

Einerseits scheint dieser Unterschied darauf hinzuweisen, daß die Inhalte der rumänischen Folklore vor das 10. Jahrhundert zurückreichen, weil der Glaube an die *strigae* noch nicht mit den Glaubensvorstellungen hinsichtlich der *dianae* verwoben ist; andererseits bedeutet dies, daß die Vorstellung des westeuropäischen Mittelalters von einer Verschmelzung zweier getrennter Erscheinungen herrührt: von der Hexerei und von dem ›Wilden Heer‹ Dianas. Da die rumänische Folklore sich nicht datieren läßt, ist zusätzliche Vorsicht geboten, etwas zu beweisen, was die Sprachwissenschaft auf Anhieb zeigt: nämlich, daß das Wort *strigoi* und das Wort *zână* sich aus dem Lateinischen herleiten und nicht durch andere Wörter slavischer, griechischer oder türkischer Herkunft ersetzt wurden. Das bedeutet, das die durch diese Wörter zum Ausdruck gebrachte Wirklichkeit vor den Wanderungen der Slaven usw. dagewesen sein muß, denn die römischen Legionen waren nur zwischen 106 und 271 in Dacien stationiert.

Es ist keineswegs unbekannt, daß die römischen Heeresangehörigen in Dacien Diana und ihren Nymphen besondere Ehrerbietung entgegenbrachten. Viele Inschriften aus Dacien sind *Diana regina, vera et bona, mellifica* und den *Nymphae salutiferae et sanctissimae* geweiht (vgl. N. Gostar, »Cultele autohtone în Dacia romană«, in: *Anuarul Institutului de Istorie şi Arheologie*, Universität Iaşi, II/1965, S. 237-254). Südlich und am Ufer der Donau hat diese Ehrerbietung die Gestalt eines Kultes angenommen, dessen Züge kaum auszumachen sind, der aber den lokalen Glaubensvorstellungen von den *zâne-dianae* nicht eigentlich fremd sein dürfte.

Das genügt, um nachzuweisen, daß das Hexenwesen bis ins 10. Jahrhundert ununterbrochen fortbestanden hat und höchstwahrscheinlich römischen Ursprungs ist – was bei den von den Römern eroberten Völkern nicht das Vorhandensein von volkstümlichen heilkundlichen Kenntnissen und von Halluzinationen ausschließt, die durch von der Haut absorbierte Solanaceen-Extrakte hervorgerufen wurden. Noch hat niemand daran gedacht, die Gestalt der römischen Hexe zu rekonstruieren, und dennoch konnte sie ihre Salbe ebensogut wie ihre künftige Berufsgenossin benutzen, um sich in einen Vogel zu verwandeln; und überdies war sie zu anderen Wundertaten fähig, von denen manche weder in Rumänien noch bei den westeuropäischen Hexen bezeugt sind. Dianas römische Herkunft läßt darüber nicht den geringsten Zweifel zu, und das Bestehen eines Geheimkultes der Soldaten, deren Verehrung hauptsächlich Diana und den Nymphen galt, kann keine, jedweden Wahrheitsgehaltes bare Phantasie sein.

Die rumänischen *zâne* tanzten einen Reigen, der sich nicht von den »rondes des sorcières« oder von den »rondes des fées« der französischen Folklore unterscheiden. Eigentlich findet dieser Rundtanz in der Luft statt, das schließt aber nicht aus, daß die *zâne* zur Erde herabsteigen können und dort sichtbare Spuren hinterlassen, die den Vorbeigehenden davon künden, daß sie anwesend waren.

Die naturalistische Erklärung der sogenannten ›Hexenringe‹ ist ebenso enttäuschend wie die der Hexerei im allgemeinen. Es handelt sich dabei um das kreisförmige Wachstum verschiedener Pilzarten, von denen der Feld-, Nelken-Schwindling oder Kreisling (*Marasmius oreades*) am bekanntesten ist. Hören wir Jean Massart:

»Auf mit kurzem und dichtem Gras bewachsenen Viehweiden sieht man häufig Kreise, deren Umfang von den Hüten des *Marasmius oreades* markiert ist. Diese Hexenringe können einen Durchmesser von etwa zehn Metern erreichen. Jeder dieser Ringe ist ursprünglich von einem Mittelpunkt ausgegangen. Wahrscheinlich sondert der Pilz eine Substanz in den Boden ab, die für ihn selbst giftig ist und ihn also daran hindert, sich zwei Jahre hintereinander an demselben Ort zu entwickeln; daher das Wachstum in Gestalt von sich stets ausweitenden Kreisen. Im Herbst, wenn die Hüte in großer Zahl am Rand verfaulen, wird die umliegende Erde reichlich mit Mineralsalzen angereichert, was das Gras kräftiger wachsen läßt als anderswo; so werden die Randbereiche des Kreises in allen Jahreszeiten durch höheres und dunkleres Gras gekennzeichnet« (J. Massart, *Esquisse de la géographie botanique de la Belgique*, Bruxelles 1910, zitiert von Isidoor Teirlinck, *Flora magica. De plant in de tooverwereld*, Antwerpen 1930, S. 30-31).

Die Pilzarten *Tricholoma columbetta* (Seidiger Ritterling) und *Agaricus campestris* (Wiesen-Champignon, Feld-, Wiesen-Egerling) erzeugen dieselben Wirkungen. In Schweden ist der *Elfdanser* genannte ›Hexenring‹ wegen seiner blauen Färbung besonders eindrucksvoll. Dieser Hexenring ist auf das zentrifugale Wachstum der Grasart *Sisleria coerulea* L. zurückzuführen. In Holland und in Belgien erzeugen mehrere Arten des Grases *Lycopodium complanatum* auch Kreise mitten auf den Wiesen (Teirlinck, S. 31).

Läßt auch der Vampirismus eine Erklärung dieser Art zu?

In Rumänien heißen die Vampire »tote *strigoi*«; es sind die Toten, deren Leichen in den Gräbern nicht verwesen. Sie nehmen Tiergestalt an und saugen das Blut von Tieren und Menschen aus; zuweilen fressen sie auch deren Herz.

Wie wird man zum Vampir? Es genügt, mit einem ›Helm‹ geboren zu sein oder diesen heruntergeschluckt zu haben; aber das ist nicht die Regel. Eigentlich wird jemand erst nach dem Tode zum Vampir, und zwar wenn diejenigen, die bei seinem Leichnam Wache halten sollen, ihre Pflicht unzulänglich erfüllen. Wenn nun ein Tier – sei es eine Katze, ein Hund, eine Maus, ein Huhn, irgendein Vogel, ein Käfer oder sogar ein Mensch – über die Leiche geht, ohne daß die Wachehaltenden es davon abhalten, wird der Tote aller Wahrscheinlichkeit nach das Aussehen des betreffenden Tieres annehmen und in dieser Gestalt seine schädliche Tätigkeit entfalten. Zum Glück erträgt der Vampir den Knoblauch nicht: Sobald der Verdacht aufkommt, daß sich ein Toter in einen Vampir verwandelt hat – und die körperlichen Merkmale dies bestätigen –, muß man in alle Körperöffnungen (es sind deren neun) Knoblauch stecken und ihm das Herz mit einem spitzen Gegenstand durchbohren.

Für alles das hat Nancy Garden die Erklärung gefunden. Wir geben sie hier wieder, weil sie zwar nicht ganz hieb- und stichfest ist, aber ebenso enttäuschend ist wie die Halluzinogene, die der Hexerei jedes Geheimnis rauben, und wie die Pilze oder die Gräser, deren zentrifugales Wachstum den ›Hexenringen‹ allen Reiz entreißt. Lykanthropie? Nichts leichter als das: Es handelt sich um eine Krankheit, die *Hypertrichosis* heißt. Die davon Befallenen haben überall am Körper starken Haarwuchs, einschließlich im Gesicht. Das genügt der Vorstellungskraft des Volkes, um daraus Werwölfe zu machen.

Beim Vampirismus handelt es sich um eine noch bemerkenswertere Krankheit: Sie wird *Porphyrie* genannt, und die daran Leidenden haben fluoreszierende Zähne und Nägel. Die Betroffenen sind äußerst empfindlich gegen Sonnenlicht: weshalb sie nur nachts umhergehen. Die *Porphyria congenita* ist erblich und kann in den abgelegenen Dörfern, wo Blutsverwandtschaften mehr oder weniger verbreitet sind, die ganze Gemeinde befallen (Nancy Garden, *Werewolves*, Philadelphia 1973, *Vampires*, Philadelphia 1973 [The Weird and Horrible Library]).

An Hypertrichosis Erkrankte habe ich in der städtischen Schwimmhalle selbst gesehen. Es wundert mich nicht, daß man sie für Werwölfe halten konnte.

Einem von Porphyrie Befallenen bin ich noch nicht begegnet, aber das will nichts heißen . . .

Ich habe viele Drogensüchtige gesehen, es vergeht kein Tag, an dem ich nicht von ihnen reden höre, und über ihre Erfahrungen habe ich viel gelesen. Deshalb bin ich davon überzeugt, daß der Gebrauch von Halluzinogenen – unter der Anleitung von ›Fachleuten‹ und innerhalb von initiatischen Bruderschaften – vielen Glaubensvorstellungen der Menschheit zugrunde liegt, insbesondere denen, die mit der Beweglichkeit der Seele und dem magischen Flug zusammenhängen. Im Falle der Hexerei steht das zweifelsfrei fest.[8]

(Dieser Anhang enthält den unveröffentlichten Text des im März 1981 am Institut für visuelle Dokumentation des religionswissenschaftlichen Fachbereichs der Universität Groningen gehaltenen Vortrags: »De hekserij en de Roemeense folklore«.)

Anmerkung

Hans Peter Duerr war einer der ersten, die sich die Mühe gegeben haben, das Manuskript dieses Buches zu lesen. Der Autor der *Traumzeit* hat mir seine Bemerkungen zu meiner Behandlung der Hexerei mitgeteilt. Diese Bemerkungen spiegeln mitunter verschiedene Standpunkte wider. Ich werde versuchen, sie hier zusammenzufassen und darauf zu erwidern, denn letzten Endes wurde meine Sicht auf das Phänomen im allgemeinen nicht davon betroffen.

Duerr bemerkt zunächst, daß es bei der Hexenjagd kaum noch um die Absorbierung der Rauschmittel durch die Haut ging: Die Salbe war zu einem Stereotyp geworden, das als solches bei einem Geständnis der Hexen nicht mehr fehlen durfte: Opfer und Henker wußten es gleichermaßen. Im übrigen, meint Duerr, seien es nur Gelehrte wie Giambattista della Porta, die Rezepte geben, die aus Solanaceen extrahierte Wirkstoffe enthalten; alle Rezepte, deren Zusammensetzung bei den Gerichtsverhandlungen von den Hexen selbst enthüllt wurde, seien frei von psychoaktiven Wirkstoffen. Der Gemeine Stechapfel (*Datura stramonium*) komme dagegen nur in einem einzigen Rezept della Portas vor: Man dürfe ihn also kaum für das von den Hexen meistgebrauchte Kraut halten. Folglich habe es nach Duerr zur Zeit des *Hexenwahns* nur eine unter zehntausend Hexen gegeben, die Rauschgifte einnahm; alle anderen hätten einem konventionellen Muster folgende Geständnisse abgelegt, einem Muster, das man von ihnen erwartete. Dabei kam der Salbe eine ebenfalls konventionelle Bedeutung zu.

Duerrs Argument würde mich überzeugt haben, wenn er nicht zufällig hinzugefügt hätte, daß das Stereotyp der Salbe selbst bei den *Benandanti* aus dem Friaul vorkomme. Nun hatte ich im Anschluß an Harner das Auftreten der Salbe bei den Geständnissen der *Benandanti* völlig anders gedeutet: Ich war – und bin noch immer – davon überzeugt, daß sich auch die *Benandanti* des Rauschgiftes bedienten, um sich zu ihren nächtlichen Versammlungen zu begeben, daß aber weder sie noch die Inquisitoren einen engen ursächlichen Zusammenhang zwischen der Salbe und den Halluzinationen festgestellt hatten.

Beide Lesarten sind möglich; unmöglich ist es zu beweisen, welche von ihnen wahr ist. Der einen Lesart zufolge gehört das Vorhandensein der Salbe zum Stereotyp des Geständnisses, einem Stereotyp, das allen bekannt war; der zweiten zufolge wurde die Salbe tatsächlich eingesetzt, unbekannt blieb jedoch deren Rolle bei der Entstehung des ganzen Komplexes von ekstatisch-erotischen Erfahrungen und von Glaubensvorstellungen, die mit der Hexerei in Zusammenhang stehen.

Eine zweite Bemerkung Duerrs bezieht sich auf meine Erklärung der Kälte des Geschlechtsorgans der Incubi; ich schrieb sie hauptsächlich dem schnellen Verdunsten bestimmter psychoaktiver Wirkstoffe der Salbe zu, das in der Vagina eine Empfindung der Kälte auslöste. Nun sei diese Kälte für Duerr nichts als eine auf den Erfahrungsbereich übertragene sprachliche Metapher: Die Anspielung auf die Kälte trete in verschiedenen Ausdrücken auf, die auf einen ohne Partner vollzogenen Geschlechtsverkehr hindeuteten. Ich vermag mich dieser Deutung nicht anzuschließen. Die Möglichkeit, daß die Wirkung des Rauschgiftes in erotischen Halluzinationen zum Ausdruck kommt, wird von den meisten Autoren, die sich mit dieser Frage befaßt haben, zugegeben.[9] Nun ist die eiskalte Beschaffenheit von Satans Glied und Sperma eine der Konstanten bei der Beschreibung der Hexenliebe; im übrigen können diese Beschreibungen völlig unterschiedlich sein (vgl. J. Finné, *a. a. O.*). Dies als Ausdruck einer sprachlichen Metapher im Traum zu deuten, scheint mir etwas dürftig zu sein. Solange kein neuer Beweis vorliegt, scheint mir die Hypothese der Verdunstung am wahrscheinlichsten zu sein. Dagegen läßt sich die Bedeutung des Stockes kaum überschätzen:

> »Den Stock hielt man in der Hand wie den Pilgerstab oder man preßte ihn zwischen die Schenkel. Bei dieser Gelegenheit kann man sich fragen, ob man sich nicht bisweilen eines mit halluzinogenen Substanzen bestrichenen Stockes bedient hat, um einen von Halluzinationen gefolgten Orgasmus zu verursachen. Nach einem umgangssprachlichen Ausdruck, der dann seinen ganzen Wert und Reiz erhielte, würde die Hexe tatsächlich ›durch die Lüfte fegen‹« (R. Christinger, *a. a. O.*, S. 53-54).

ANHANG VIII
(zu Kapitel VII, 4)

Das magische Theater des Fabio Paolini

In seinem ausgezeichneten Buch *Spiritual and Demonic Magic from Ficino to Campanella* weist Daniel P. Walker Fabio Paolini einen Ehrenplatz unter den Vertretern der spirituellen Magie im 16. Jahrhundert zu (vgl. S. 126-144). Da wir noch keine Gelegenheit hatten, diesen Bereich zu untersuchen, beschränken wir uns darauf, die Bemerkungen Walkers in diesem Anhang zusammenzufassen. Wir behalten uns das Recht vor, darauf zurückzukommen, wenn uns Paolinis Werk und Werdegang vertrauter sein werden.

Wie Giulio Camillo war auch Paolini aus Udine gebürtig. Er studierte bei Bernardino Barthenio, der ein Bewunderer Camillos war und der Camillos Namen mit Hermogenes von Tarsos in Zusammenhang brachte. Giulio Camillo, der Schöpfer des Gedächtnistheaters, hatte das Werk des Hermogenes ins Italienische übersetzt: *Le Idee, overo Forme della Oratione Da Hermogene considerate, et ridotte in questa lingua per M. Giulio Camillo Delminio Friulano* (Udine 1594). Von beiden erbte Paolini den Geschmack für rhetorische Magie, die er mit Gedankengängen medizinischer Art verknüpfte (er gab Gerhard von Cremonas lateinische Fassung des *Canon medicinae* von Avicenna und auch das Werk Galens heraus; beide wurden 1595 bis 1596 in Venedig veröffentlicht). Darüber hinaus hatte Paolini Ficino, Trithemius und Agrippa studiert. Dieser enzyklopädische Geist war Gründer der *Accademia degli Uranici* in Venedig (von 1587 bis vor 1593) und einer der neun Gründungsmitglieder der *Seconda Accademia Veneziana*, die 1593 ihre Tätigkeit aufnahm.

Bei den Sitzungen der *Accademia degli Uranici* stellte Paolini sein grundlegendes Werk vor, das 1589 unter dem Titel *Hebdomades, sive septem de Septenario libri, Habiti in Uranicorum Academia in unius Vergilii versus explicatione* in Venedig erschien. Bekanntlich war die Siebenteilung das Steckenpferd Giulio Camillos; Paolini hält sich peinlich genau daran und verwandelt dadurch sein Buch in ein allgemeines Verzeichnis von Reihen zu je sieben Gegenständen, die in sieben Bücher eingeteilt werden, die wiederum je sieben Kapitel enthalten. Dieses System des astrologischen Gedächtnisses wird als Kommentar zu einem einzigen Vers der Vergilschen *Aeneis* vorgestellt (VI, 646):

> *Obloquitur* [*Orpheus*] *numeris septem discrimina vocum.*
>
> »[Orpheus] läßt zum Gesange die siebensaitige Leier erklingen« (dt. von Dietrich Ebener, Berlin 1984, S. 362).

Indessen ist die Zusammenstellung von Siebener-Reihen nicht Paolinis Hauptziel. Es geht ihm um die Grundlagen der *außersubjektiven* Magie:

> »Wie vermochte die Musik des Orpheus nicht nur bei Mensch und Tier, sondern auch bei Felsen, Steinen und Bäumen sichtbare Wirkungen zu erzeugen?« (Walker, S. 130)

Dieses Problem ergab sich bei der Diskussion, die auf einen in der *Accademia degli Uranici* gehaltenen Vortrag folgte. Paolini hatte in Ficinischer Tradition, die in Wirklichkeit auf die Stoa zurückgeht, die außersubjektive Wirkung der Musik des Orpheus durch das Vorhandensein eines All-Hauchs (des kosmischen Geistes) erklärt, der alle Glieder der Welt beseelt. Anschließend kam eine leidenschaftliche Sitzung zustande, bei welcher der Peripatetiker Ottavio Amalteo die Ansichten Paolinis angriff und eine Polemik mit dem Platoniker Valerio Marcellino, der Orpheus und Paolini verteidigte, führte. Die Niederschrift der *Hebdomades* scheint durch diese Diskussion angeregt worden zu sein.

Gegenüber der Magie, die zu seiner Zeit abgelehnt wurde, trug Paolini eine Haltung der Gleichgültigkeit zur Schau, lief jedoch Gefahr, sich den Ansichten von Trithemius und Agrippa anzuschließen, ohne allerdings die Namen von deren Urheber zu nennen (was ihm im übrigen eine Widerlegung von seiten des Jesuiten Del Rio eintrug). Im Grunde verbirgt die scheinbare Nüchternheit Paolinis die glühende Leidenschaft des Okkultisten. Wie Ficino gebraucht auch er vorsichtige, stets unpersönliche Ausdrücke (*tradunt nonnulli*, *dicunt*, *asserunt* u. a.), um zu vermeiden, daß er wegen Unparteilichkeit und wegen einer wohlgesinnten Haltung gegenüber der Magie verdächtigt wird.

Im Grunde ist er ganz und gar von der Möglichkeit einer intersubjektiven und sogar extrasubjektiven Magie überzeugt, die von denselben intensiven Gefühlsregungen des Operators innerhalb seines phantasmischen Apparates ausgelöst wird:

»Manche berichten, daß die Gefühle und Vorstellungen unserer Seele vermittels der Einbildungkraft flugfähig und körperlich gemacht werden können, so daß sie je nach ihrer Beschaffenheit bis zu den Sternen und zu den Planeten emporgehoben werden können und, sobald sie von der Kraft der Planeten erfüllt und gestärkt werden, wieder zu uns herabsteigen und uns bei unseren Wünschen zu Willen sind.«[1]

Und ferner:

»Sie sind der Meinung, daß sich die heftigen Erregungen und das Verlangen unserer Seele vermittels des Lebens und der Seele der Welt bis hin zu jenen göttlichen Kräften der Welt erstrecken, und daß ihrerseits diese Kräfte ebenfalls durch die Seele und das Leben zu uns herabgezogen werden, denn, wie wir in der Astrologie gesagt haben, meinen einige, daß die Gefühle durch die Einbildungskraft körperlich gemacht werden können, daß sie flugfähig werden und zu den Planeten hinauffliegen, jedes nach seiner Ordnung, so die jupiterhaften zu Jupiter und, erfüllt von deren Kraft, kehren sie zu uns zurück und sind uns in allem zu Willen.«[2]

Wie hat man sich nun diesen Vorgang vorzustellen? Es handelt sich darum, Phantasmen zu entwickeln, die zu einer bestimmten Planetenreihe gehören (etwa zur jupiterhaften). Diese beginnen dann, ein autonomes Dasein zu führen und wenn sie flügelbewehrt werden, fliegen sie bis zu dem Planeten empor, dem sie zugeordnet sind. Dort laden sie sich mit astraler Kraft auf, dann kehren sie zum Operator zurück und sind bereit, seinen Befehlen zu gehorchen. Man erkennt hier Nachklänge der Ficinischen Theorie des Durchgangs der Seele durch die Planetensphären (vgl. Kapitel I, 3 und Anhang I, oben), der dämonologischen Praktiken des dritten Buches der *Steganographia* des Trithemius und der alten Lehre von der Fähigkeit der Leidenschaften, sich vom Sender zum Empfänger zu übertragen, die von Agrippa und insbesondere von Giordano Bruno zu einer einzigartigen Technik entwickelt wurde.

Von diesen Grundgegebenheiten ausgehend, greift Paolini die Vorstellung vom Theater Giulio Camillos auf, in dem alle Gegenstände der Welt in sieben Planetenreihen eingeteilt werden sollten. Diese Einteilung sollte die Art der Gefühlsregung, die der Operator in bezug auf jeden Gegenstand erregen muß, auf Anhieb anzeigen. Hören wir Walker:

»Durch die Magie [Paolinis] verlieh man einem bestimmten Gedanken oder einem Vorstellungsbild einen planetarischen Charakter, der dann gehorcht und alles tut, was man von ihm verlangt. Und was erwartet man denn von einem Gedanken, wenn man Redner ist? Zu allererst, daß dieser Gedanke jederzeit verfügbar ist, wenn man ihn braucht; zweitens, daß er auf die Zuhörer mächtig wirkt. Durch die Trithemische Magie [warum Trithemische? Walker scheint das mißzuverstehen] prägt man einem Phantasma [*you affect a thought*, was unpassend ist] – etwa dem eines Löwen – den ihm eigenen Planetencharakter ein – in diesem Falle den der Sonne – und führt es in das nach Planeten geordnete Gedächtnisgefüge (das Theater Camillos) ein, da [das Phantasma] von dem planetarischen Gefühl aktiviert wurde, wird es spontan erscheinen, sobald man irgend etwas Solarisches denkt oder sagt.« (Walker, S. 141-142.)

Walker bemerkt auch, daß es da auch »einen ernsten, wenn auch irrigen Versuch gab, diese Seelenkräfte zu nutzen, die nicht unmittelbar dem Bewußtsein unterliegen« (S. 142). Im übrigen scheinen uns die Unterscheidungen, die er zwischen dem Gebrauch der Affektivität bei Trithemius und bei Ficino vornimmt, nicht zuzutreffen.

Worin bestand der Vorteil von Paolinis System des affektiven Gedächtnisses? Er liegt darin, daß in einem – selbstverständlich imaginären – universalen Theater, das in Planetenreihen eingeteilt ist, jeder Gedanke und jedes Wort mit einem Gefühl allgemeiner Art assoziiert wurden. Es genügte, das Phantasma aus seinem Fach zu ziehen, und der Redner fühlte sich nicht im Besitz eines Wortes oder eines Satzes, sondern einer planetarischen *Kraft*, die er nicht auf seine Zuhörer zu übertragen versäumte.

Es wäre äußerst anregend, die Beziehungen zu untersuchen, die der Adlige Giovanni Mocenigo zu der Akademie Paolinis unterhielt, in der Walker zufolge (S. 128) Philosophen, Theologen, Historiker, Juristen, Redner, Botschafter und viele venezianische Aristokraten verkehrten. Vielleicht hat Paolini selbst Mocenigo auf den Geschmack gebracht, Brunos Gedächtniskunst zu erlernen. Und es war Mocenigo, der Bruno nach Venedig einlud, um sich die Geheimnisse der universalen Kunst beibringen zu lassen. Enttäuscht übergab er ihn 1592 der Inquisition.

Es war der große Mißerfolg der intersubjektiven Magie Brunos, daß es ihm nicht gelang, Mocenigo zu geben, was dieser erwartete, daß es ihm nicht gelang, ihn gemäß den in *De vinculis in genere* dargelegten Regeln zu manipulieren. Jedoch: Hatte er doch nicht selbst zugegeben, daß es wesentlich leichter ist, eine Masse zu manipulieren als einen Einzelnen?

ANHANG IX

(zu Kapitel VII, 4)

[Bemerkungen zur ›okkulten Philosophie‹ des Agrippa von Nettesheim und zu Brunos ›mathematischer Magie‹]

Die persönliche Überzeugung, daß weder die ›okkulte Philosophie‹ Agrippas noch die ›mathematische Magie‹ Brunos etwas entscheidend Neues in der Entwicklung der Renaissance-Magie nach Ficino und Trithemius bieten, veranlaßte uns, ihnen keinen Platz in dem Kapitel selbst einzuräumen. Deshalb gehen wir im Anhang auf einige Grundvoraussetzungen dieser beiden Formen der Magie ein.

Die moderne Bibliographie zu Agrippa findet man bei Wolf-Dieter Müller-Jahncke, *Magie als Wissenschaft im frühen 16. Jahrhundert. Die Beziehung zwischen Magie, Medizin und Pharmazie im Werk des Agrippa von Nettesheim (1486-1535)*, (Diss. rer. nat.), Marburg 1973; von demselben Autor siehe »Von Ficino zu Agrippa. Der Magia-Begriff des Renaissance-Humanismus im Überblick«, in: Antoine Faivre, Rolf Christian Zimmermann, *Epochen der Naturmystik. Hermetische Tradition im wissenschaftlichen Fortschritt*, Berlin 1979, S. 24-51, und »Agrippa von Nettesheim et la Kabbale«, in: »Kabbalistes chrétiens« (*Cahiers de l'Hermétisme*), Paris 1979, S. 197-207.

Zu *De occulta philosophia* siehe insbesondere W.-D. Müller-Jahncke, »Agrippa von Nettesheim: ›De occulta philosophia‹ – Ein ›Magisches System‹«, in: *Magia naturalis, Studia Leibnitiana*, Sonderheft 7 (1979), S. 19-29. Von den neueren Untersuchungen sei die von Charles Garfield Nauert, Jr. genannt: *Agrippa and the Crisis of Renaissance Thought*, Urbana 1965 (Illinois Studies in the Social Science, 55).

Die in Lyon (o. J., aber vermutlich 1565 oder später [um 1600? Vgl. Weller, *Druckorte* I, S. 250]) erschienene Erstausgabe der gesammelten Werke Agrippas wurde 1970 in Hildesheim und New York in zwei Bänden fotomechanisch nachgedruckt, mit einer Einführung von Richard H. Popkin, S. V-XXII. Der Nachdruck von *De occulta philosophia* wurde von Karl Anton Nowotny veranstaltet, erläutert und um zusätzliche Materialien erweitert (Graz 1967).

Die beste Biographie Agrippas bleibt trotz aller Mängel die von Auguste Prost (*a. a. O.*), vor allem in bezug auf die Deutung von *De occulta philosophia*. Wir werden das Werk von Prost im letzten Teil unseres Buches noch oft heranziehen.

Die ›geheime Philosophie‹ Agrippas ist eine kühne Mischung von Ficinischer Theorie und Dämonomagie.

Brunos ›mathematische Magie‹ ist nur eine Mischung von Steganographie und der von Agrippa entlehnten Dämonomagie. Man kann sich eine Vorstellung davon machen, wenn man die Anmerkungen der Herausgeber am Rande der titellosen Kompilation *De Magia mathematica* (*Op. lat.*, III, S. 492-506) liest, einer Kompilation, die Exzerpte aus der *Steganographia*, aus *De occulta philosophia* und aus Pseudo-Albertus Magnus' *De Secretis Mulierum Item de Virtutibus Herbarum Lapidum et Animalium* (benutzte Ausgabe: Amsterdam 1662). Auch Ficino ist darin vertreten (*ebd.*, III, S. 493):

> »Weil der Aufstieg und der Abstieg durch den Ausgang und den Eintritt durch die beiden Tore des Krebses und des Steinbocks (von denen das eine das der Götter und das andere das der Menschen genannt wird) von den alten Gründern der tiefsinnigen Philosophie anerkannt wurden.«[1]

Bekanntlich ist die Quelle dieses Passus der Kommentar des Macrobius zu Ciceros *In somnium Scipionis*.

Im übrigen ist die Magie Brunos zwar nicht originell, aber dennoch keine einfache Kompilation. Sie fügt sich zwanglos in das neuplatonische Denken ein, das nach Werner Beierwaltes die »Substanz der Renaissance« bildet (siehe W. Beierwaltes, »Neuplatonisches Denken als Substanz der Renaissance«, in: *Magia naturalis*, *a. a. O.*, S. 1-16).

Die Vorstellung vom Hervorgang (*processio*), die das Zusammenwirken der verschiedenen Seinsebenen erklärt und rechtfertigt, ist von Ficino hergeleitet (vgl. *De magia*):

> »Die Magier nehmen es für ihr Axiom, das in jeder Operation vor Augen zu halten sei, daß Gott die Götter beeinflusse, die Götter die [himmlischen Körper oder] Sterne beeinflussen, welche körperliche Götter sind, und daß die Sterne [wiederum] die Dämonen beeinflussen, welche die Bewahrer und

> Bewohner der Sterne sind, von denen einer die Erde ist. Weiter beeinflussen die Dämonen die Elemente, die Elemente das Vermischte, das Vermischte den Sinn, der Sinn die Seele, die Seele das ganze Lebewesen. Das ist der Abstieg auf der Leiter. Dann steigt das Lebewesen durch die Seele auf zum Sinn, durch den Sinn zum Vermischten, durch das Vermischte in die Elemente . . .«[2]

Die Entsprechung der Vorgänge der *processio* und der *conversio* sowie die Erläuterung der beiden *Licht*-Begriffe stammen ebenfalls von Ficino. Bruno unterscheidet drei Arten von Magie (göttliche, physische und mathematische) gemäß den drei Welten:

> »Gemäß den drei vorher genannten Graden der Magie erkennt man drei Welten: die archetypische, die physische und die vernünftige Welt. In der archetypischen finden sich Freundschaft und Streit, in der physischen Welt Feuer und Wasser und in der mathematischen Licht und Finsternis. Licht und Finsternis leiten sich von Feuer und Wasser ab, Feuer und Wasser von Eintracht und Zwietracht. Daher bringt die erste Welt die dritte durch die zweite hervor, und die dritte wendet sich durch die zweite auf die erste zurück.«[3]

Bruno verficht die Vorstellung von einem *angeborenen Instinkt*, der dem inneren Sinn eingeprägt ist und die spontanen und primären Gefühlsregungen (Sympathie und Antipathie) erzeugt. Dieser ist auch die Grundlage der erotischen Magie. Ihrerseits werden Sympathie und Antipathie vom inneren Sinn wahrgenommen, weil sie im Universalgeist eingeprägt sind, der allgegenwärtig ist.

> »Von den Kräften, Formen oder Akzidentien, die von einem in das andere Subjekt übertragen werden, sind die einen offenkundig wie die, die sich in der Gattung der aktiven und passiven Qualitäten befinden, und die, die diesen unmittelbar folgen, wie Wärmen und Kühlen, Befeuchten und Austrocknen, Erweichen und Verhärten, Sammeln und Zerstreuen. Andere Kräfte sind höchst verborgen, ihren verborgenen Wirkungen entsprechend, wie Glücklich- und Traurigsein, Lust oder Unlust haben, Angst oder Wagemut. Dies sind bewegende Kräfte, die durch die äußeren Eindrücke (*species*) durch das Werk der denkenden Kraft im Menschen und der instinktiven im Tier antreiben. Durch sie empfangen der Knabe oder das kleine Kind, sobald es eine Schlange, und das Schaf, sobald es einen

> Wolf sieht, ohne irgendeine andere Erfahrung das Bild der Feindschaft, der Todesangst oder ihrer eigenen Zerstörung, deren Wirkungsweise (*ratio*) auf den inneren Sinn rückbezogen wird, der ganz von den äußeren Erscheinungen (*species*) her bewegt wird, allerdings auf mittelbare Weise.«[4]

Wenn sie auch unannehmbar ist, so ist diese Theorie nicht uninteressant: Bruno glaubt an das Vorhandensein von *instinktiven* Antrieben beim Menschen, wobei die Beispiele, die er anführt, einfach das Vorhandensein von *triebhaften* Antrieben hervorheben (zu dem Unterschied zwischen ›instinktiv‹ [angeboren] und ›triebhaft‹ [engl. *pulsional*] in der Biologie siehe unseren Aufsatz »Religione e accrescimento del potere«, in: *Religione e potere*, *a.a.O.*).[5]

Die Natur ist nach Bruno *regelmäßig* und *mannigfaltig*, woraus sich ergibt, daß die Weltseele zwar allenthalben gegenwärtig ist, aber auf verschiedene Arten. Die Regelmäßigkeit besteht darin, daß die Gattungen festgelegt bleiben, daß etwa eine Hündin nie einen Affen gebären kann und umgekehrt.

> »So will auch der Magier Werke vollbringen, die denjenigen der Natur ähnlich sind. Er soll vor allem Kenntnis dieses idealischen Prinzips haben, daß das Spezifische von der Art (*species*) kommt und das Zahlenartige (*numerale*) auf die Zahl bzw. das Individuelle auf ein Individuum zu beziehen ist.«[6]

Das ist wichtig, denn die Operation des Magiers kann auf bestimmte Individuen *gerichtet* (oder beschränkt) sein, ohne daß sie andere betrifft. Wird einmal das Vorhandensein des Weltgeistes angenommen (S. 408-409), der eine Verbindung zu allen Seinsebenen herstellt, dann wird das Prinzip der Magie durch eine Analogie erläutert: Wenn der Finger von einer Nadel gestochen wird, dann wird der Schmerz im ganzen Leib empfunden. Ebenso gilt:

> »Da die Seele ein Kontinuum mit der Weltseele bildet, folgt, daß es keine Unmöglichkeit ist, daß sie in die Körper hineingelangt, auch wenn diese sich nicht gegenseitig durchdringen. In den geistigen Substanzen dieser Art hat eine andere Erklärungsweise ihre Geltung, etwa derart: Wenn unzählige Lampen angezündet worden sind, die in der Strahlkraft eines einzigen Lichtes zusammenkommen, geschieht es nicht, daß die eine der anderen Lichter behindert, zurückhält oder ausschließt. [. . .] So behindern sich die unzähligen Geister und

Seelen, die durch denselben Raum verstreut sind, nicht in der Weise, daß die Ausdehnung der einen die unendlich vieler anderer behinderte.«[7]

Die Seele ist *beweglich*, sie ist frei, sich auch außerhalb des Leibes zu betätigen:

»Dies ist das Prinzip, durch welches die Ursache für unzählige Wirkungen, die einen in Staunen versetzen, angeführt und ihre Wirkungsweise (*ratio*) und Kraft erforscht werden. Die Seele, diese göttliche Substanz, darf nicht von einer schlechteren Bedingung her bestimmt werden als die Akzidentien, die aus ihr als ihre Wirkungen, Spuren und Schatten hervorgehen. Ich sage, wenn die Stimme außerhalb des Körpers operiert, in dem sie hervorgebracht wird, und ganz ist in unzähligen Ohren rundherum, warum soll die Substanz, die die Stimme hervorbringt, nicht ganz sein in verschiedenen Orten und Teilen und doch bestimmten Gliedern angebunden?«[8]

Warum denn eigentlich nicht? Nun hat dieser in Rede stehende Weltgeist eine Geheimsprache, deren Kenntnis auf die inneren Gefühlsregungen (*affectiones*) eines Subjekts einzuwirken gestattet. So sind die *Töne* – beispielsweise die tragischen Chöre – imstande, Zweifel in die sensiblen Seelen zu säen, und die *Charaktere* sind imstande, Freundschaft oder Haß, Verlust (*pernicies*) und Auflösung herbeizuführen:

»Von dieser Art waren die zweckmäßiger als Buchstaben bezeichneten Hieroglyphen oder ›Heilige Charaktere‹ bei den Ägyptern, bei denen anstelle der einzelnen bezeichnenden Zeichen (*designanda*) bestimmte Bilder aus den Dingen der Natur oder aus deren Teilen genommen worden sind. Solche Schriften und Sprachen kamen in Gebrauch, da durch sie die Ägypter Unterredungen mit den Göttern zum Zwecke der Ausführung wunderbarer Dinge anstrebten. Danach sind durch Teut [Thot?] oder einen anderen die Buchstaben der Gattung erfunden worden, deren wir uns heute noch mit einer anderen Art von Absicht bedienen. Dadurch ist der größte Schaden am Gedächtnis, an der göttlichen Wissenschaft und an der Magie entstanden [vgl. *Phaidros* 274 C–275 A, Plotin, *Enn.* V, 8, 6].«[9]

Die Sprachen, die man auf Erden spricht, sind nicht geeignet, uns mit den höheren Wesenheiten in Berührung zu bringen.

»So können die Menschen von einer Gattung mit denen einer

anderen ohne eine Gemeinsamkeit der sprachlichen Gepflogenheit keine Unterhaltung und keine Annäherung haben außer durch Winke, und so geht es auch uns mit einer bestimmten Gattung von Göttern, mit denen überhaupt keine Gemeinschaft sein kann durch gewisse festgelegte Zeichen, Siegel, Figuren, Charaktere, Gesten und andere Zeremonien.«[10]

Leider beurteilen moderne Forscher die Magie Brunos nur nach dieser – oft wiedergegebenen – Stelle, statt nach der folgenden:

»Wer also diese unauflösliche Kontinuität der Seele, die mit einer gewissen Notwendigkeit an den Körper gebunden ist, erkannt hat, wird nicht nur auf mediokre Weise über ein Prinzip verfügen, um zu operieren und um auf wahrere Weise über die Natur der Dinge zu meditieren. [. . .] Das körperliche Kontinuum ist tatsächlich nicht sinnlich wahrnehmbar, es besteht nämlich in einem luftigen oder ätherischen Spiritus. Jener ist das Tatkräftigste und Wirkungsvollste, sozusagen mit der Seele am meisten wegen seiner Ähnlichkeit mit ihr verbunden, auf Grund deren er mehr zurückweicht von der Dichte der schwerfälligen Substanz der zusammengesetzten wahrnehmbaren Dinge.«[11]

Es stimmt, daß die Brunosche Magie hier zusammengefaßt wird und daß sie sich als abhängig von der Ficinischen Theorie des Geistes erweist; gleichwohl kann man Bruno eine bemerkenswerte Darstellungskraft nicht absprechen.

Seine Dämonologie und die Theorie der *vincula* sind an einer anderen Stelle dieses Buches erörtert worden; jene wurde im wesentlichen den Schriften des Michael Psellos (in der Übersetzung Marsilio Ficinos) entlehnt; diese stellt einen persönlichen Beitrag zu Theorie und Praxis der Magie dar, einen Beitrag, den man ohne weiteres als genial bezeichnen kann.

Zum Abschluß dieses Kapitels über die Dämonomagie stellen wir dem Leser eine letzte Stelle aus den Schriften Brunos vor (*De rerum principiis, elementis et causis*, in der Handschrift ist das Datum 16. März 1590 vermerkt, *Op. lat.*, III, S. 525–526):

»Und im soeben genannten Sinn ist der Geist . . . das Prinzip, dem natürliche und magische Operationen zugeschrieben werden. Daher das Anlocken der unsichtbaren beseelten Wesen, die gleichsam zur Nahrung und zum Futter, da beides ihnen verwandt ist, zu bestimmten Geistern dieser Art herbeieilen, daher auch jene Räucherungen, von denen oben die Rede war, die Luft-, Wasser-, Feuergeister und -dämonen anlocken. Weshalb mit einem gewissen Recht behauptet wird, daß Donner und Blitze hervorgerufen werden, wenn man auf der Höhe eines Daches Zaubermittel aus verbrannter Chamäleonsleber zubereitet, ebenso werden Gewitter und Donner ausgelöst, wenn man Zaubermittel aus der Kehle oder dem Kopf desselben Tieres zubereitet, die aber mit Eichenholz verbrannt werden. Und das stimmt mit der Vernunft und der Natur überein, weil jenes Tier ganz und gar luftartig und geistig ist, von Luft und Geist lebt, und deshalb scheint die Materie seines Körpers besser geeignet, die Eindrücke der Luft zu erneuern, wenn sich auch die übrigen Umstände, die den erfahrenen Magiern bekannt waren, einstellen. Ebenso bekannt und berühmt ist auch die Tatsache, daß sich die Dämonen scharenweise einfinden, wenn man Rauch aus Koriander, Knoblauch, Bilsenkraut mit Schierling macht, weshalb sie im Volksmund ›Geisterkräuter‹ genannt werden. Ebenso wenn man ein Gebräu aus der Wurzel des Pfriemenkrautes mit Bilsenkraut- und Schierlingssaft [. . .], aus rotem Sandelholz und Körnern des schwarzen Mohns zubereitet, und dann den Rauch verbreitet, dann lassen sich die fremdartigen Gestalten der Dämonen heranlocken; fügt man alledem noch Petersilie [Eppich, Sellerie] hinzu, so schlägt man die Dämonen in die Flucht und löst ihre Gespenster auf.«[12]

Mit Rezepten dieser Art wäre es tatsächlich unmöglich, *nicht* seltsame Wesenheiten *zu sehen*. Und das weist darauf hin, daß die hohe Magie ebenso wie die Hexerei den Gebrauch von Halluzinogenen keineswegs verschmähte. (Es wäre überaus anregend, den Volksglauben, nach dem der Knoblauch die Dämonen in die Flucht schlägt, im Lichte der modernen Chemie zu untersuchen. Könnte diese wunderbare, wurmabtreibende Pflanze nicht zufällig irgendeinen Wirkstoff enthalten, der die Eigenschaft hat, die Wirkungen der aus Nachtschattengewächsen extrahierten Halluzinogene zu neutralisieren? Oder war es nur ihr scharfer Geruch, der die Geister aus dem Felde schlug? Jedenfalls spricht Bruno hier von Petersilie [*apium*, Eppich, Sellerie], es sei denn, es wäre *alium* [Knoblauch] statt *apium* zu lesen.)

ANHANG X

(zu Kapitel IX, 5)

[Zur Bekämpfung der Astrologie]

Der vollständige lateinische Wortlaut der Bulle von 1586 wird von Whitmore im Anhang, S. 239-247, gegeben.

Gewiß, der *Traitté* von Pithoys ist fern davon, die interessanteste Widerlegung der Astrologie zwischen dem 15. und dem 18. Jahrhundert zu sein. Wir haben ihn hier nur erwähnt, um die Haltung *aller* christlichen Konfessionen in dieser Frage zu veranschaulichen. Die Geschichte von Pithoys ist einzigartig, denn als er Protestant wurde, hielt er es gleichwohl für angebracht, ein Werk zu veröffentlichen, das er noch als Minderbruder verfaßt hatte, ohne das Geringste daran zu ändern. Auch als Calvinist erkennt er noch die Richtigkeit der Bulle von Sixtus V. gegen die Astrologie und die Wahrsagung im allgemeinen an.

Um die ernsthaften Grundsätze für die Widerlegung der Astrologie kennenzulernen, darf man nicht den provinziellen Pithoys befragen, sondern muß auf Gelehrte wie Gianfrancesco Pico della Mirandola, den Neffen des berühmteren Giovanni Pico, zurückgreifen. Daniel Pickering Walker zählt Gianfrancesco neben dem Arzt Johannes Weyer und Thomas Erastus zu den *evangelical hardheads*, den »Sturen des Evangeliums« (Walker, S. 145).

In seiner kleinen Schrift *De rerum praenotione* greift Gianfrancesco Pico einige der Hauptquellen der astrologischen Magie der Renaissance an: Orpheus (eine bei Ficino bis Fabio Paolini wichtige Gestalt), Proklos, al-Kindī, Roger Bacon, den *Picatrix*, Petrus von Abano u. a. Seine Widerlegung von al-Kindīs Theorie der Sternenstrahlungen ist besonders aufschlußreich (vgl. *De rerum praenotione* VII, 6; *Opera*, II, S. 651, bei Walker, S. 149-150). Bekanntlich lehrte al-Kindī, daß alle Gegenstände der Welt Strahlen aussenden und daß die vom inneren Sinn ausgestrahlten auf den phantasmischen Apparat eines empfangenden Subjekts übertragen werden können:

> »Des weiteren behauptet er, daß die Einbildungskraft Strahlen hätte, die den Strahlen der Welt sehr ähnlich seien, was ihr die

Fähigkeit verleihe, sich den äußeren Dingen einzuprägen, und daß das, was von ihr ersonnen wird, im Geiste der Einbildung ein, wie er sagt, tatsächliches [aktuales] Sein habe, weshalb das, was [im Innern] ersonnen wird, auch nach außen zum Vorschein kommen kann. [. . .] Hier ist vieles falsch, vieles unmöglich, denn die Einbildungskraft besitzt die von ihm [d. i. al-Kindī] angenommenen Strahlen nicht; vielmehr rührt alles, was vom Menschen kommt, von körperlichen Geistern [Dünsten] her, deren sich die Seele wie eines Werkzeugs bedient: Werden sie aber stark angeregt, so brechen sie gewissermaßen nach außen hervor, wenn das Verlangen heftig gewesen ist.«[1]

Gianfrancesco Pico leugnet das Vorhandensein des Pneumas durchaus nicht; aber er streitet ihm die Fähigkeit ab, phantasmische Botschaften auszusenden, die von einem Empfänger aufgefangen werden können. Da er es ablehnt, die Richtigkeit der Theorie al-Kindīs anzuerkennen, führt er das Ausstrahlen von Geistern auf dessen natürliches Maß zurück: Es gibt, sagt er, Emotionen, die Geist-Emanationen auslösen, wie etwa die Ausstoßung des Samens, die durch glühendes Verlangen hervorgerufen wird, oder der Augen-Bann, der durch Zorn hervorgerufen wird. Aber die *transitive* Wirkung alles dessen ist sehr schwach und hängt von verschiedenen Faktoren ab, deren wichtigste die Empfänglichkeit des Subjekts und die Entfernung zwischen Sender und Empfänger sind.

Die Anfechtung der Magie im allgemeinen, die Gianfrancesco Pico vorbringt, erfolgt auf rationaler Grundlage und stellt einen, sozusagen von innen kommenden Angriff gegen den Okkultismus dar. Die Vorstellung, es sei nötig, daß sowohl der Operator als auch das Subjekt von der Wirksamkeit der phantasmischen Operationen überzeugt sind, wendet sich gegen sich selbst: weil dem so ist, kann die Wirksamkeit der Magie nur höchst beschränkt sein.

Eine ähnliche Haltung, die der Magie zwar mehr Wirkkraft zugesteht, aber im Grunde von einem viel tieferen Skeptizismus geprägt ist, nimmt Pietro Pomponazzi, Professor in Bologna, in seinem *De naturalium effectuum causis, sive de Incantationibus, Opus abstrusioris plenum* ein, das 1520 verfaßt und 1556 mit den Kommentaren von Gulielmus [Wilhelm] Gratarolus in Basel veröffentlicht wurde. Gratarolus war ein vor allem wegen seines Interesses an Alchemie berühmter Arzt (er ist der Herausgeber des bedeutenden Sammelwerkes, ohne Abbildungen: *Verae Alchemiae artisque metallicae, citra enigmata, doctrina, certusque modus* [...], Basel 1561, in zwei Teilen von 244 und 299 Seiten, 4°).

Pomponazzi glaubt, daß den Anrufungen und Charakteren wirkliche Macht innewohnt und daß ihnen diese von der *vis imaginativa* (Einbildungskraft) verliehen wird. Aber sobald das Subjekt nicht mehr daran glaubt, hören sie auf zu wirken, denn der Geist des Subjekts wird sich weigern, sich von dem Geist des Manipulators beeinflussen zu lassen. Der Wert der Magie wird also dadurch eingeschränkt, daß Glaube und Vertrauen an die Macht der Magie erforderlich sind, ohne die sie ohnmächtig bleibt:

> »Ich meine, daß ein starker Glaube an jene Worte beim Bezauberten als auch beim Zauberer [Operator] vorhanden sein muß: Von diesem Glauben geht eine größere und stärkere Verdampfung [der Geister; nach Walker] beim Zauberer [Operator] aus und eine bessere Empfänglichkeit [Geistesverfassung] beim Bezauberten.«[2]

Aber Pomponazzi bleibt keineswegs dabei stehen; wie Bruno, den er beeinflußt haben könnte, glaubt er, daß alle Religion nur eine Form von Magie ist. In einem gewissen Sinn geht Pomponazzi weiter als Bruno, denn er arbeitet bereits eine Theorie des *Historismus* aus, die derjenigen Benedetto Croces gleicht, vor allem in der auf die Religionsgeschichte angewandten Fassung, die ihr der Völkerkundler Ernesto de Martino geben wird (*Il mondo magico*, 2. Aufl., Turin 1973). Die radikale Konsequenz, die nach Pomponazzi aus den astrologischen und magischen Theorien gezogen werden muß, besteht darin, daß es keine allgemein- und ewig gültige Religion geben kann: Jede Religion kann nur eine bestimmte Zeit bestehen, und deren Sinnbilder sind nur in einem begrenzten Zeitraum wirksam, bis zu dem Zeitpunkt, da die Sterne aufhören, ihnen Macht und Würde zu verleihen. So haben beispielsweise das Kreuz und der Name Jesu nur so lange Macht, als die Sterne ihnen günstig sind: danach hören sie von selbst auf, Wunder zu wirken. »Nach dieser Ansicht wären die orphischen Hymnen in einem christlichen Zeitalter wirkungslos« (Walker, S. 110), und die Symbole des Christentums unterliegen demselben Gesetz, sobald eine neue Religion hervortritt.

Den uneingeschränkten Historismus Pomponazzis hat Bruno nur zum Teil übernommen, denn man könnte einwenden, daß es nur einen Gott und mithin Übereinstimmungen zwischen allen religiösen Offenbarungen der Welt gibt. Diese Theorie der ›Uroffenbarung‹ genoß ein hohes Ansehen, da Augustinus sie ausgesprochen hatte. Nachklänge davon findet man noch bei den ersten Vertretern der niederländischen Schule der Religionsphänomenologie, bei Pierre-Daniel Chantepie de la Saussaye und Cornelius Petrus Tiele, und Anfang des 20. Jahrhunderts wird sie wieder von Pater Wilhelm Schmidt und seiner Wiener Schule [der Völkerkunde, Anthropos-Kreis] aufgegriffen. Deshalb blieb die Auffassung Pomponazzis isoliert und wurde in unseren Tagen nur von De Martino im Rahmen einer empirischen Anthropologie wieder aufgenommen. Diese wurde von Mircea Eliade kritisiert (vgl. *The Quest*, Chicago 1969, dt. *Die Sehnsucht nach dem Ursprung*, Wien 1973, S. 38 ff., 49 ff., 91 ff.), der wegen seines zur religiösen Phänomenologie neigenden Standpunktes eher zu der anderen Schule gehört und auch den Theorien W. Schmidts gewogen ist, unter der Voraussetzung, daß man deren fideistische Seite ausklammert. Im Grunde war Pomponazzi in der Renaissance der Vertreter einer rationalisierten Theorie der kosmischen Zyklen; aber er erkannte auch die Vorstellung eines unerbittlichen Fortschritts der Menschheit an, sonst hätte er wie der heidnische Philosoph Kelsos zugeben müssen:

> »Aus dieser Lehre folgt mit Notwendigkeit, daß, wenn die Gestirne nach einem langen Zeitabschnitt in dieselbe Stellung zueinander gekommen sind [vgl. *Timaios* 39 D 2-7], die sie zu den Zeiten des Sokrates hatten, dann Sokrates wieder als Sohn derselben Eltern geboren werden und dasselbe erleiden wird, von Anytos und Meletos angeklagt und von dem Rat auf dem Areiopag zum Tode verurteilt.« (Origenes, *Contra Celsum* V, 21, 3-7, ed. Borret, Bd. III, S. 66 [dt. *Des Origenes acht Bücher gegen Celsus*, II. Teil, übers. von Paul Koetschau, München 1927, Bibl. d. Kirchenväter I, 53, S. 34/466].)

Siehe auch unsere Aufsätze »La Grande Année et la métempsycose«, in: Ugo Bianchi, M. J. Vermaseren [Hrsg.], *La soteriologia dei culti orientali nell'Impero Romano* [*Actes du colloque sur la sotériologie des cultes orientaux dans l'Empire romain*], Leiden 1982, S. 303-307, und »Un temps à l'endroit, un temps à l'envers . . .«, in: *Le Temps chrétien de la fin de l'antiquité au moyen âge*, Paris 1984, S. 57-61.

ANHANG XI

(zu Kapitel III)

Der Eros heute

Da jede Kultur eine phantasmische Manipulation ist, wäre es zweifellos aufschlußreich, einige der erotischen Phantasmen näher zu betrachten, die von der Kultur unserer Zeit hervorgebracht werden. Vom Pornofilm bis hin zum erotischen Trivialroman gibt es Phantasmen für jedermann, und wen die abendländischen Spielarten, von Ovids *Ars amatoria* bis hin zu den Schöpfungen des Marquis de Sade und Sacher-Masochs, nicht mehr zu befriedigen vermögen, verfügt über eine breite Auswahl von Exotika, wobei dem indischen Tantrismus und den technischen Raffinessen des alten China ein Ehrenplatz zukommt.

Das Wuchern erotischer Bilder und die schrankenlose Freiheit ihrer Verbreitung haben ein beispielloses Ausmaß erlangt. Was manche einer allzu freizügigen Gesetzgebung vorwerfen, ist zu einem immer stärker drängenden Bedürfnis unserer Epoche geworden. Für viele Außenseiter aus den Großstädten, ob Arbeiter, Eingewanderte oder nicht, sind die wohlfeilen erotischen Phantasmen gleichsam zu einem täglichen geistigen Brot geworden. Die eigene Einbildungskraft ist zu schwach oder zu persönlich, um befriedigen zu können; das konkrete Objekt erweist sich als zu wenig fügsam, als unzugänglich, als von den geheimen Hoffnungen und Wünschen des Subjekts völlig abweichend. Die einzige Lösung, die Imagination und deren Objekt zu versöhnen, besteht darin, den erotischen Prozeß auf eine Zwischenebene zu übertragen und zu verlagern, die ›objektiv‹ – das heißt den Fähigkeiten und Antrieben des Subjekts selbst fremd ist – und gleichzeitig den Erwartungen des Subjekts entspricht.

Gewiß, der Ausgangspunkt dieser Operation ist grenzenlose Frustration: Sich auf phantasmischen Boden zu begeben, heißt in den meisten Fällen, daß eine wirkliche Befriedigung des Begehrens unmöglich ist. Das ursprüngliche Gefühl des Verbrauchers von Phantasmen diesen gegenüber (die ja ein Objekt darstellen sollen) wird Haß oder Rache sein: Da er die Phantasmen nach Belieben behandeln und züchtigen kann, erhält er so die Möglichkeit, die tatsächlichen Demütigungen, die er wegen der mangelnden Fügsamkeit des Objekts täglich erleidet, zu kompensieren. Das ist der Ursprung der vielfältigsten, zumeist sadistischen Phantasien (aber auch von dem Projekt einer neuen, mechanischen und elektrischen Frau, die an die Stelle der wirklichen, in ihren Äußerungen allzu vulgären tritt, das Villiers de L'Isle-Adam 1886 entwarf).[1]

Andererseits ist die Einstellung des Subjekts gegenüber dem Objekt und dem Phantasma, das es darstellt, zwiespältig: Es ist davon höchst angetan, bezeugt ihm gegenüber einen äußersten Unterwerfungsantrieb, der harmlose Formen annehmen, aber ebenso zu masochistischen Szenarien führen kann.

Drittens gibt es eine erotische Mythologie, die vermutlich einer uralten kulturellen Struktur entspricht, die von innen heraus phantasmische Erzählungen nach einem gleichbleibenden Muster ordnet: das (weibliche) Objekt wird in gefährliche Lagen hineinphantasiert, und das (männliche) Subjekt, das sich mit dem Phantasma des Helden identifiziert, springt ihm bei. Das dankbare weibliche Phantasma wird den Helden dadurch belohnen, daß es ihm willfahrt, ihm nachgibt, sich ihm hingibt. Dieses Szenarium gestattet eine *vollständige* phantasmische Befriedigung, das bei sadistischem Verkehr der Unterwerfung des Objekts gleichkommt. Darüber hinaus setzt eine gefährliche Situation von vornherein der Frau zugefügte Gewalt voraus, ob sie nun von unbekannten Ungeheuern, von Wilden, von einer Nebenbuhlerin, die sich dem Bösen geweiht hat, angegriffen oder von einem Schurken gemartert wird. Unwandelbar wird der archetypische Heros ihr Beistand leisten.

Diese Stereotype wurden freilich von den Phantasmen-Herstellern im Kampf gegen Unterdrückung und Tabus überholt. Uneingeschränkte Freiheit hat den Markt der erotischen Bilder überflutet. Da sich diese Bilder an verschiedene Verbraucher wenden, müssen sie selbstverständlich die ganze Bandbreite möglicher Interessen ausschöpfen und ausreizen. Es gibt eine bürgerliche Phantasmenproduktion ebenso wie eine Herstellung von Phantasmen, die den Obszönitäten, den Perversionen und den bizarrsten psychologischen Situationen entsprechen und diesen auch gerecht werden.

Die Comic strips haben in diesem Bereich den Vorrang. Ohne kostspielige technische Mittel können sie es sich leisten, Horror-Effekte und Pornographie hemmungslos zu verknüpfen. Die weibliche Protagonistin ist oft ein Vampir (Vampirella, Jocula, Blakula usw.), was das Bedürfnis des Subjekts, gemartert zu werden, bedient und ihm entgegenkommt. Zu derselben Art gehören die Comics, deren Heldin unnahbar, selbstherrlich oder bösartig ist.

Bei der Herstellung von Phantasmen ist eine Fülle von erotischen Kompensationen denkbar. Diese noch nie dagewesene Freiheit hat die Schwelle der Befriedigungsfunktion, die der Gebrauch erotischer Bilder ursprünglich erfüllen sollte, auf die Spitze getrieben. Da das erotische Bild industriell reproduziert wird und den Marktgesetzen wohl oder übel gehorcht, muß es sich auch noch im Konkurrenzkampf behaupten, was zu einer immer steriler werdenden Suche nach Anstößigem führt.

Zudem haben sexuelle Emanzipation und der Kampf gegen [sexuelle] Repression in allen Bereichen des erotischen Ausdrucks zu demselben Ergebnis geführt. Unlängst war in Deutschland der autobiographische Bericht *Sonja. Eine Melancholie für Fortgeschrittene* (Frankfurt am Main: Suhrkamp, 1981 [st 688]) ein großer Erfolg, in dem Judith Offenbach [Luise F. Pusch] über eine Erfahrung lesbischer Liebe zu einer Behinderten berichtet, die am Ende Selbstmord begeht! (Es ist der »Selbstmord des Sexus« hätte ein amerikanischer Schriftsteller gesagt, der auf die gesellschaftliche und individuelle Ernsthaftigkeit des Problems aufmerksam gemacht hat.) Alles, was Judith Offenbach erzählt, entspricht zweifellos der Wahrheit. Aber bereits Aristoteles lehrte, daß die Funktion der Literatur – im Gegensatz zur Geschichtsschreibung – nicht darin bestehe, die Wahrheit zu schildern, sondern die Wahrscheinlichkeit der Tatsachen. Allerdings wird heutzutage diese Lehre des Aristoteles allzu oft vergessen.

Die Industrie von erotischen Bildern würde zweifellos eine sehr eingehende psychosoziologische Untersuchung verdienen. Doch über diesen Bereich hinaus, der größtenteils von den Gesetzen des Handels bedingt ist, gibt es gute Gründe zu glauben, daß sich der Inhalt der menschlichen Erotik in unserer Epoche kaum geändert hat.

Die zwar ganz und gar diesseitige Erfahrung des Schriftstellers Pierre Bourgeade ist im Grunde nichts anderes als die Erfahrung

Marsilio Ficinos und der Platoniker: Die Einsetzung des Phantasmas in den geistigen Apparat durch die Augen hindurch. Auf die Frage von É. Alexandre für *Marie-Claire* (Juli 1980, S. 31) bekennt er in einem sehr ›petrarkisierenden‹ Passus:

»Als einfache Antwort auf Ihre Frage [Was empfinden die Männer bei einer Frau als erotisch?] wäre zu sagen: Bei einer Frau sind die Haare erotisch. Die Stirn ist erotisch. Die Ohren sind erotisch. Die Augen sind erotisch. Die (hohlen) Wangen sind erotisch. Die Nase ist erotisch. Der Mund ist erotisch. Die Zähne sind erotisch. Die Zunge ist erotisch. Die Stimme ist erotisch. Der Hals ist erotisch. Das Schlüsselbein ist erotisch. Die Arme sind erotisch. Die Handgelenke sind erotisch. Die Hände sind erotisch. Die Achselhöhlen sind erotisch. Die Taille ist erotisch. Der Rücken ist erotisch. Die Pobacken sind erotisch. Der Bauch ist erotisch. Das Äußere des Geschlechts ist erotisch. Das Innere des Geschlechts ist erotisch. Die Oberschenkel sind erotisch. Die Knie sind erotisch.

Die Beine sind erotisch. Die Fußknöchel sind erotisch. Die Füße sind erotisch – und ich entschuldige mich bei den Körperteilen, die ich unterwegs vergessen haben könnte. (Ich merke, daß ich unter anderem den Duft der Frau – oder ihr Parfum –, der natürlich äußerst erotisch ist, vergessen habe.)

Aber alles das geht durch die Augen. Die Augen der Frau sind lange, irisierende Gänge [. . .], die (manchmal) zu ihrem Gehirn führen, denn das Gehirn ordnet den Zugang zu allem Übrigen an. Meiner Meinung nach ist nichts erotischer als dieser Gang, und auf der Reise (oder den Lustwandlungen – es sind nicht immer lange Reisen), die der Mann darin unternimmt, bevor er dort ankommt, wo die Frau möchte, daß er ankommt (wobei er die Gänge geöffnet hat, die sie nach Belieben offen, halboffen oder geschlossen halten kann), kommt er der Erotik näher.«

Anmerkungen

Geleitwort

1 *Expériences de l'extase: Extase, ascension et récit visionnaire de l'hellénisme au moyen âge*, Paris: Payot, 1984. Soeben ist eine gekürzte englische Fassung erschienen: *Psychanodia I. A Survey of the Evidence Concerning the Ascension of the Soul and Its Relevance*, Leiden 1983 (ÉPRO, 99).

2 [M. Eliade, *Geschichte der religiösen Ideen*, III/1, Freiburg, Basel, Wien 1983, S. 66 ff.].

Vorwort

1 [»Motivul ›coincidentia oppositorum‹ la Giordano Bruno«, Vortrag an der Universität Bukarest im November 1970, unveröffentlicht.].

2 [»Magia spirituale e magia demonica nel Rinascimento«, in: *Rivista di Storia e Letteratura Religiosa* (Florenz) 17 (1981), S. 360-408; »Giordano Bruno tra la Montagna di Circe e il Fiume delle Dame leggiadre«, in: *Montagna e Letteratura*, Torino 1983, S. 71-75; »La magie de Giordano Bruno«, in: *Studi e materiali di Storia delle Religioni* (Roma) 49 (1983), S. 279-301.].

3 Dem weniger geduldigen Leser empfehle ich vor allem, nur das Ende des dritten Kapitels des ersten Teils zu lesen, denn in diesem Kapitel werden recht abstruse Probleme der Gedächtniskunst untersucht.

Danksagung

1 *Eros e magia nel Rinascimento. La congiunzione astrologica del 1484*, Traduzione di Gabriella Ernesti, Milano: Arnoldo Mondadori-Il Saggiatore, 1987 (La cultura, 46); 2. Aufl. 1995 (Il Saggiatore economici, 44).

Einleitung

1 Die französische Ausgabe enthält noch den folgenden Passus, den Culianu in der amerikanischen Ausgabe gestrichen hat: »Ohne unsere Untersuchungen maßgeblich beeinflußt zu haben, ist es vor allem das Werk Paul K. Feyerabends, das durch sie mehrere Bestätigungen historischer Art erfährt. Tatsächlich verdankt Feyerabend denjenigen wissenschaftssoziologischen Studien viel, die in der angelsächsischen Welt im Gefolge jenes Einflusses entstanden sind, den Max Weber auf die Deutung des Ursprungs der modernen Wissenschaften im 17. Jahrhundert ausgeübt hat. So stellt insbesondere Robert K. Merton im puritanischen England eine Verlagerung der Berufsinteressen (*shift of vocational interests*) hin zur Wissenschaft fest,

wobei er die wissenschaftlichen Berufe mit dem Einfluß des religiösen Puritanismus in Zusammenhang bringt. So wird die Tragweite des Puritanismus, der nach Max Weber zur Herausbildung des ›Geistes des Kapitalismus‹ führen sollte, um die Entstehung von gesellschaftlichen Interessensphären erweitert, die den Aufschwung der modernen Wissenschaft und Technik zu erklären vermögen. (Zwar zählt Merton neben dem Puritanismus auch die *militärischen* Interessen zu den grundlegenden Faktoren, die dieses Phänomen von unabsehbarer Bedeutung erklären sollen. Somit scheinen die technologischen Grundlagen unserer Gesellschaft von zwei menschlichen Tätigkeiten gelegt worden zu sein, deren Beziehungen zu den Wissenschaften man kaum geahnt hätte: Religion und Krieg.)
Max Weber, dem man gleichwohl einen antipuritanischen Geist zuzuschreiben versuchte (als Ausgleich zu den entgegengesetzten Übertreibungen seiner Familie), erhob als erster zur unerläßlichen Voraussetzung, daß Beobachtungen soziologischer und historischer Art *wertfrei*, das heißt frei von wertender Beurteilung sein müßten. Zwar schließt sich auch Merton dieser Sichtweise an, aber ihm ließe sich eine stillschweigende Bewunderung dieses englischen Puritanismus schwerlich absprechen, eines Puritanismus, der in wenigen Jahrzehnten das Schicksal der abendländischen Zivilisation von Grund aus umwandeln sollte. Dagegen verhehlt Paul Feyerabend seine Voreingenommenheiten durchaus nicht und gelangt so zu wahrhaft sonderbaren Schlußfolgerungen. (1) Denn in einem Werk, dem wir das Verdienst gern zuerkennen, die Grenzen des Rationalismus aufgezeigt zu haben, schreckt Feyerabend nicht vor der Behauptung zurück, der Eingriff des Staates sei oft heilsam, da er die einseitige Entwicklung der Wissenschaft hemmt. Auch erinnert er an den Einfluß der Puritaner im England des 17. Jahrhunderts, der zur Entstehung der modernen quantitativen Wissenschaften geführt hat. Die Sichtweise Feyerabends ist gewiß nicht die einzig mögliche. Sie setzt voraus, daß einem historischen Phänomen (im vorliegenden Fall dem Aufkommen der modernen Wissenschaft unter dem Einfluß des Puritanismus), das keinen Wert hat, ein *Wert* zugesprochen wird. Bei Feyerabend, wie bei allen *rationalistischen* Wissenschaftshistorikern (die unser Philosoph in mehreren Hinsichten zurückweist), wird der Einfluß des englischen Protestantismus auf die Entwicklung der Wissenschaften aufgewertet. Doch ist es möglich, diese Betrachtungsweise umzukehren und beispielsweise zu behaupten, daß die moderne Menschheit das größte Übel den beiden Faktoren verdankt, die den Aufgang des neuen technologischen Zeitalters ermöglicht haben: Religion und Krieg. Indessen liegt uns nichts ferner, als diesen radikalen Standpunkt zu vertreten. Wir sind trotzdem genötigt festzustellen, daß er nicht weniger berechtigt ist als der

Standpunkt der Wissenschaftsgläubigen, zu denen auch derjenige gehört, der ihnen am entschiedensten den Kampf angesagt hat: Paul K. Feyerabend.

Wir hingegen bemühen uns eher, Max Weber zu folgen und alle Werturteile in bezug auf historische Feststellungen, die sich aus Analysen dieses Buches ergeben, grundsätzlich abzulehnen. (1) Siehe vor allem Paul Feyerabend, *Against Method. Outline of an Anarchistic Theory of Knowledge*, 1975, Wiltshire: New Left Books, 1982, dt. *Wider den Methodenzwang*, Frankfurt am Main: Suhrkamp, 1976, [2]1983, S. 64 ff., und *Science in a Free Society*, 1978, London 1982, dt. *Wissenschaft für freie Menschen*, Frankfurt am Main: Suhrkamp, 1979. Siehe auch Hans Peter Duerr, *Versuchungen. Aufsätze zur Philosophie Paul Feyerabends*, zwei Bände, die mehrere Beiträge enthalten, Frankfurt am Main: Suhrkamp, 1980. In seinem vorzüglichen Buch *Traumzeit* (Frankfurt am Main: Syndikat, 1978) macht sich Duerr zum Fürsprecher Feyerabends hinsichtlich der Deutung des Hexenwesens als Gesamterscheinung.«

2 Siehe Robert King Merton, *Science, Technology and Society in Seventeenth Century England* [*Osiris. Studies on the History and Philosophy of Science, and on the History of Learning and Culture* IV, 2, 1938], New York: Fertig, 1970.

3 Das ist Max Webers These in »Die protestantische Ethik und der Geist des Kapitalismus« (*Jaffés Archiv für Sozialwissenschaft und Sozialpolitik*, XX, XXI, 1904/1905; in: *Gesammelte Aufsätze zur Religionssoziologie*, Tübingen: J. C. B. Mohr, 1920, S. 17-206).

4 Stephen E. Toulmin, *The Return to Cosmology. Postmodern Science and the Theology of Nature*, Berkeley, Los Angeles: University of California Press, 1982.

Teil I

1 [*De gl'heroici furori* (Paris [= London] 1585) II, 5, *Opere italiane* IV, Ristampa anastatica delle cinquecentine, a cura di E. Canone, Florenz 1999, S. 1518 f., ed. Lagarde, S. 752, ed. Gentile, II, S. 486, II[2], S. 517.].

Kapitel I

1 [Zum Eros als ›Drangmacht‹ bei den Griechen siehe Hermann Schmitz, *System der Philosophie* III, 2: *Der Gefühlsraum*, Bonn 1969, S. 440 ff. und ders., *Die Liebe*, Bonn 1993.].

2 Unter dem Einfluß Werner Jaegers hat man lange geglaubt, daß der Arzt Diokles von Karystos von den Theorien des Aristoteles angeregt wurde; indem aber Fridolf Kudlien nachwies, daß Diokles Zeitgenosse, wenn nicht sogar Vorgänger des Aristoteles war, kehrte er die Fragestellung um: vgl. F. Kudlien, »Probleme um Diokles von Karystos« (*Sudhoffs Archiv für Geschichte der Medizin und der Natur-*

wissenschaften 47, 1963, S. 456-464), in: Hellmut Flashar (Hrsg.), *Antike Medizin*, Darmstadt 1971, S. 192-201. Seinerseits erkennt Kurt Pollak (*Die Heilkunde der Antike. Wissen und Weisheit der alten Ärzte*, II, Düsseldorf, Wien: Econ, 1969, S. 140 ff.) bereitwillig an, daß Diokles aller Wahrscheinlichkeit nach ein jüngerer Zeitgenosse Platons war und wie dieser von den Lehren des in Athen niedergelassenen sizilischen Arztes Philistion tief geprägt wurde. Durch die Vermittlung des Diokles ist auch Aristoteles den Lehren der empedokleischen Medizin verpflichtet.

3 Auch die Vernunft (Intellekt, νοῦς) ist φάντασμα τις: vgl. *De anima* III 8, 432 a 8: ὅταν τε θεωρῇ, ἀνάγκη ἅμα φαντάσματι [var. lect. φάντασμά τι; φαντάσματα] θεωρεῖν, dt. Willy Theiler, *Über die Seele*, Berlin 1959, S. 63: »und wenn man etwas erfaßt, muß man es zugleich mit einem Vorstellungsbild erfassen«; 431 a 16-17: διὸ οὐδέποτε νοεῖ ἄνευ φαντάσματος ἡ ψυχή, Theiler, S. 61: »Deshalb denkt die Seele nie ohne Vorstellungsbilder«; 431 b 2, 432 a 3-14, vgl. 428 a 1 [und *De memoria et reminiscentia* 449 b 31: νοεῖν οὐκ ἔστιν ἄνευ φαντάσματος, dt. Aristoteles, Die Lehrschriften (VI, 2) hrsg., übertragen und in ihrer Entstehung erläutert von Paul Gohlke, *Kleine Schriften zur Seelenkunde*, Paderborn ²1953, S. 63; zur Phantasia-Lehre des Aristoteles siehe: Heinrich Cassirer, *Aristoteles' Schrift »Von der Seele« und ihre Stellung innerhalb der aristotelischen Philosophie*, Tübingen 1932 (Heidelberger Abhandlungen zur Philosophie und ihrer Geschichte, 24), S. 108-121; Seth Benardete, »Aristotle, *De anima* III, 3-5«, *Review of Metaphysics* 1975, S. 611-622; Thomas G. Rosenmeyer, »Φανταδία und Einbildungskraft. Zur Vorgeschichte eines Leitbegriffs der europäischen Ästhetik«, *Poetica. Zeitschrift für Sprach- und Literaturwissenschaft* 18 (1986), S. 197-248; Gerard Watson, »Φαντασία in Aristotle, *De anima* 3. 3«, *The Classical Quarterly*, New Series Vol. XXXII (1982), S. 100-113; Jean-Louis Labarrière, »Imagination humaine et imagination animale chez Aristote«, *Phronesis* 29 (1984), S. 17-49; D. Modrak, »*Phantasia* Reconsidered«, *Archiv für Geschichte der Philosophie* 66 (1986), S. 47-69; Gerard Watson, *Phantasia in Classical Thought*, Galway: Galway UP, 1988; Malcom Schofield, »Aristotle on Imagination«, in: G. E. R. Lloyd, G. E. L. Owen (eds.), *Aristotle on Mind and the Senses: Proceedings of the Seventh Symposium Aristotelicum*, Cambridge 1978, S. 99-130; leicht geändert nachgedruckt in: J. Barnes, M. Schofield, R. Sorabji (eds.), *Articles on Aristotle, IV: Psychology and Aesthetics*, London 1979, S. 103-132; zuletzt, durchgesehen in: *Essays on Aristotle's* De anima, edited by Martha C. Nussbaum and Amélie Oksenberg Rorty, Oxford: Clarendon, 1992, S. 249-277; Michael Vernon Wedin, *Mind and Imagination in Aristotle*, New Haven, London: Yale UP, 1988.

4 *De anima* 431 a 16-17: διὸ οὐδέποτε νοεῖ ἄνευ φαντάσματος ἡ ψυχή.

5 Thomas von Aquin, *Summa Theologica* I, quaestio LXXXIX, art. I, *Die deutsche Thomas-Ausgabe*, 6. Bd., Salzburg, Leipzig 1937, S. 383; vgl. I, q. 84, a. 6ff. Es ist seltsam, daß Frances A. Yates in ihrem Buch über die Gedächtniskunst (*The Art of Memory*, London 1966, S. 71; dt. *Gedächtnis und Erinnern*, Weinheim 1990, Berlin [5]1999, S. 38, 52) vergißt, diese Stelle bei Thomas von Aquin anzuführen. Ferner scheint uns die Übersetzung des Begriffes φάντασμα bei Aristoteles (S. 32; *De anima* 432 a 8, 12, 13) durch *mental picture* (*geistiges Bild, Vorstellungsbild*) nicht angemessen zu sein. [So übersetzt aber auch W. S. Hett in: Aristoteles, *De anima*, London, Cambridge, Mass. 1936, Loeb Classical Library; Willy Theiler, Aristoteles, *Werke*, Bd. 13: *Über die Seele*, Berlin 1959 und Horst Seidl, Hamburg: Meiner, 1995 (Philosophische Bibliothek, 476), übersetzen φάντασμα mit *Vorstellungsbild*.].

6 [Dieser Satz konnte nicht nachgewiesen werden. Im Dänischen kommt bei Kierkegaard der Begriff *phántasma* nur einmal vor (VI, 129). In der deutschen Übersetzung, *Gesammelte Werke*, 15. Abt.: *Stadien auf des Lebens Weg*, übers. Emanuel Hirsch, Düsseldorf, Köln 1958, S. 140: »Ein junges Mädchen ist doch ein Phantasma, man weiß beinahe nicht, ob sie der Wirklichkeit zugehört oder ob sie eine Erscheinung ist.«].

7 Berechtigte oder falsche Hoffnung? Der Ideenhistoriker muß sich jedes Werturteils enthalten. Gleichwohl übertreiben die meisten – sogar die sachkundigsten – Wissenschaftshistoriker im entgegengesetzten Sinn, indem sie der Renaissance-Wissenschaft allen ›Gebrauchswert‹ abstreiten. In Kapitel VIII erörtern wir die Dürftigkeit des Begriffes ›Gebrauchswert‹. Es genügt, hier darauf hinzuweisen, daß der Abfall von der vormodernen Wissenschaft sich nicht auf deren innere Schwächen zurückführen läßt; es handelt sich um ein geschlossenes System, das, wenn ihm auch ein *absoluter* Gebrauchswert fehlt, ebenso funktionsfähig ist, und zwar trotz der Falschheit seiner Voraussetzungen: Von erkenntnistheoretischem Standpunkt aus müßte man ihm einen *relativen* Gebrauchswert zubilligen, der in seinen Wirkungen jedem anderen wissenschaftlichen System – einschließlich desjenigen unserer Zeit – gleichwertig ist.

8 [Vgl. Erec Robertson Dodds, *The Greeks and the Irrational*, Berkeley 1951, [5]1966, ch. V, dt. *Die Griechen und das Irrationale*, Darmstadt 1970, S. 72-91; Walter Burkert, »ΓΟΗΣ. Zum griechischen ›Schamanismus‹«, in: *Rheinisches Museum für Philologie* N. F. 105, 1962, S. 36-55. Zum erstenmal brachte Hermann Diels Anaximandros und Parmenides mit dem sibirischen Schamanismus in Verbindung: »Über Anaximaders Kosmos«, *Archiv für die Geschichte der Philosophie* 10, 1897, S. 233ff. und in: Parmenides, *Lehrgedicht*, Berlin 1897, S. 14f. L. Vajda kritisierte die Verallgemeinerung des Begriffes Schamanis-

mus: »Zur phraseologischen Stellung des Schamanismus«, *Ural-Altaische Jahrbücher* 31, 1959, S. 456-485, und wollte ihn nur auf die arktischen Völker angewandt wissen.].

9 Zu Empedokles und seiner Behandlung der Katalepsie siehe unseren Aufsatz »Iatroi kai manteis. Sulle strutture dell'estatismo greco«, in: *Studi Storico-Religiosi* (Rom) n. s. IV (1980) 2, S. 287-303, bes. S. 293-294; *Expériences des l'extase*, Paris 1984, S. 25-43. Dazu wären andere Bemerkungen in unserer Studie *Psychanodia I. A Survey of the Evidence concerning the Ascension of the Soul and Its Relevance* (EPRO, 99), Leiden 1983, zu ergänzen. [Vgl. Peter Kingsley, *Ancient Philosophy, Mystery, and Magic. Empedocles and Pythagorean Tradition*, Oxford 1995.].

10 Siehe unseren Aufsatz »Magia spirituale e magia demonica nel Rinascimento«, in: *Rivista di Storia e Letteratura Religiosa* (Florenz) 17 (1981), S. 360-408, bes. S. 373-374.

11 Eine erschöpfende Darlegung dieser Theorie enthält das vorzügliche Werk von Gérard Verbeke, *L'Évolution de la doctrine du pneuma du Stoïcisme à S. Augustin*, Paris, Louvain 1945, S. 11-220; und neuerdings Marielene Putscher, *Pneuma, Spiritus, Geist. Vorstellungen vom Lebensantrieb in ihren geschichtlichen Wandlungen*, Wiesbaden 1973.

12 Vgl. G. Verbeke, S. 15 [der sich in Anm. 20 auf W. Jaeger, *Diokles von Karystos. Die griechische Medizin und die Schule des Aristoteles*, Berlin 1938, S. 219, beruft]; Pollak, S. 140 [vgl. Pseudo-Platon, *Epistolae* II, 314 D].

13 Zum Einfluß des *Corpus Hippocraticum* auf die Theorien, die Platon im *Timaios* entwickelt, siehe das hervorragende Buch von Anders Olerud, *L'Idée de macrocosmos et de microcosmos dans le Timée de Platon. Étude de mythologie comparée*, Uppsala 1951 [vgl. *Die Fragmente der sikelischen Ärzte Akron, Philistion und des Diokles von Karystos*, hrsg. von Max Wellmann, Berlin 1901 (Fragmentensammlung der griechischen Ärzte, 1)].

14 [*De anima* 418 a 26-419 a 21, 428 a, vgl. 412 b 18-413 a 3].

15 Vgl. Aëtios, *Placita philosophorum* IV, 19, 1.

16 Vgl. oben, Anm. 2. Der Stand der Dinge wird im Aufsatz von F. Kudlien (1963) sachkundig erörtert.

17 Vgl. G. Verbeke, S. 76 [zu diesem komplexen Begriff siehe Ludwig Stein, *Die Erkenntnistheorie der Stoa*, Berlin 1888, S. 154-186, bes. S. 167 ff., Max Pohlenz, *Stoa. Geschichte einer geistigen Bewegung*, Bd. I, Göttingen 1948, S. 60, Andreas Graeser, *Zenon von Kition. Positionen und Probleme*, Berlin, New York 1975, I, § 4: Die kataleptische Vorstellung, S. 39-55].

18 Der Vergleich stammt von Chrysipp, überliefert von Calcidius, Kommentar zum *Timaios, Commentarius*, cap. CCXX (siehe *Plato Latinus*, ed. R. Klibansky, vol. IV: *Timaeus. A Calcidio translatus com-*

mentarioque instructus, ed. J.H. Waszink, London, Leiden 1962, S. 232-234: *Sicut aranea in medietate cassis omnia filorum tenet pedibus exordia, ut, cum quid ex bestiolis plagas incurrerit ex quacumque parte, de proximo sentiat, sic animae principale positum in media sede cordis sensuum exordia retinere, ut, cum quid nuntiabunt, de proximo recognoscat*). Der Ausdruck τύπωσις ἐν τῇ ψυχῇ stammt von Zenon von Kition [Plutarch, *De communibus notitiis adversus stoicos, Moralia*, p. 1084 F (47)]; vgl. Verbeke, S. 32 [A. Graeser, *Zenon von Kition*, I § 3: Zur Erklärung der Phantasia, S. 30-39].

19 Verbeke, S. 74 f.; vgl. Aëtios, *Placita* IV, 15, 3.

20 Vgl. Verbeke, S. 79 ff.; siehe auch die Studie von G. Agamben, *Stanze. La parola e il fantasma nella cultura occidentale*, Turin 1977, S. 108, durchges. fr. Ausg. Paris 1994, S. 180 f. Zu diesem Buch im allgemeinen siehe unsere Besprechung in: *Aevum* (Mailand) 54 (1980) 2, S. 386b-387b.

21 Epiktetos, *Dissertationes* II, 23, 3, dt. Epiktet, *was von ihm erhalten ist nach den Aufzeichnungen Arrians*, Neubearbeitung der Übers. von J.G. Schulthess von R. Mücke, Heidelberg 1926, S. 161 [Ludwig Stein, *Die Psychologie der Stoa*, Berlin 1886, S. 127 f., *Die Erkenntnistheorie der Stoa*, Berlin 1888, S. 135 f.]. Vgl. auch Plutarch von Chaironeia, Platoniker, Zeitgenosse des Stoikers Epiktet, in seinen *Quaestiones convivales* V, 7, p. 681 A ff., dt. Plutarch, *Vermischte Schriften*, nach der Übers. von Kaltwasser, Bd. I: *Tischgespräche*, München, Leipzig 1911, S. 194 f.

22 Vgl. Verbeke, S. 214-215 [der sich Anm. 108 auf W. Jaeger, *Nemesios von Emesa. Quellenforschungen zum Neuplatonismus und seinen Anfängen bei Poseidonios*, Berlin 1914, S. 52, beruft]. Das klassische Werk der ›Pneumatik‹ ist Max Wellmann, *Die pneumatische Schule bis auf Archigenes in ihrer Entwicklung dargestellt*, Berlin: Weidmannsche Buchhandlung, 1895 (Philologische Untersuchungen, 14).

23 [Heinrich Schipperges, *Die Assimilation der arabischen Medizin durch das lateinische Mittelalter*, Wiesbaden 1964 (Sudhoffs Archiv für Geschichte der Medizin und der Naturwissenschaften, Beiheft 3].

24 Zu den Werken Galens und den lateinischen Übersetzern der arabischen *materia medica* vgl. D. Campbell, *Arabian Medicine and Its Influence on the Middle Ages*, 2 Bde., London 1926 (fotomechanischer Nachdruck: New York 1973), vor allem den zweiten Band. Mit Vorsicht zu benutzen.

25 Vgl. unsere Besprechung von Bartholomaeus Anglicus, *On the Properties of Soul and Body. De proprietatibus rerum libri III et IV* (Bibliothèque Nationale, ms. latin 16098), hrsg. von R. James Long, Toronto 1979, in: *Aevum* 54 (1980), S. 391b-392a.

26 Die neue Ausgabe von R. James Long enthält nur die Bücher III und IV der Summa des Bartholomaeus nach den Abschriften des Werkes, die zwei Doctores der Sorbonne gehört hatten, Petrus von

Limoges (de Limonicis) und dem *doctor venerandus* Gottfried von Fontaines (Godefridus de Fontibus).

27 Übertragen ins Lateinische von Marcus von Toledo in der ersten Hälfte des 12. Jahrhunderts; vgl. D. Campbell, Bd. I, S. 61-63.

28 Die Klassifikationen des Bartholomaeus wandeln sich von Kapitel zu Kapitel ab: die von uns dargelegte ist die schlüssigste.

29 [Vgl. Walther Sudhoff, »Die Lehre von den Hirnventrikeln in textlicher und graphischer Tradition des Altertums und Mittelalters«, in: *Archiv für Geschichte der Medizin* 7 (1914), S. 149-205; siehe auch die Wahrnehmungslehre und die Lehre von der *cella phantastica* in Hugo von St. Victors *De unione*; vgl. Th. Ricklin, *Der Traum der Philosophie im 12. Jahrhundert. Traumtheorien zwischen Constantinus Africanus und Aristoteles*, Leiden, Boston, Köln 1998 (Mittellateinische Studien und Texte, XXIV), S. 63 ff.].

30 [Vgl. Fuat Sezgin, *Constantinus Africanus (11th Century) and his Arabic Sources. Texts and Studies*, Frankfurt am Main 1996 (Publications of the Institute for the History of Arabic-Islamic Science, Islamic Medicine, 43); H. Bloch, *Montecassino in the Middle Ages*, 3 Bde., Rom 1986; F. Newton, »Constantine the African and Monte Cassino: New Elements and the Text of the Isagoge«, in: *Constantine the African and ʿAlī ibn al-ʿAbbās al-Maǧūsī. The Pantegni and related texts* ed. by Charles Burnett, Danielle Jacquart, Leiden 1994 (Studies in Ancient Medicine, 10), S. 16-47.].

31 [Weiterführende Literatur bei Th. Ricklin, *Der Traum der Philosophie im 12. Jahrhundert*, S. 359 ff.].

32 Die romantischen Verallgemeinerungen haben die Renaissance zu einer bestimmten Epoche der Weltgeschichte werden lassen, die mit ihrem eigenen ›Wesen‹ ausgestattet ist, das sich beispielsweise von dem ›Wesen‹ des Mittelalters oder der Reformation unterscheidet. Gegen diese Auffassung behauptete Étienne Gilson, daß die kulturelle Kategorie der ›Renaissance‹, so wie sie von Sismondi, Michelet und Burckhardt beschrieben wurde, sich ebensowohl auf die Kultur des 11. Jahrhunderts anwenden ließe. »Es hat kein *Wesen* des Mittelalters noch der Renaissance gegeben, darum kann es auch keine Definition davon geben«, folgerte er (*Héloïse et Abélard. Études sur le moyen âge et l'humanisme*, Paris: Vrin, 1938, S. 164; dt. *Heloise und Abälard. Zugleich ein Beitrag zum Problem von Mittelalter und Humanismus*, Freiburg: Herder, 1955, S. 101). Ernst Cassirer erwiderte ihm indirekt, als er einige Jahre später schrieb: »Der Ideenhistoriker fragt nicht zuerst, was die *Substanz* von bestimmten Ideen ist. Er fragt danach, was ihre *Dynamik* ist. Wonach er sucht oder suchen sollte, ist weniger der Inhalt der Ideen als vielmehr deren *Dynamik*« (»Some Remarks on the Question of the Originality of the Renaissance«, in: *Journal of the History of Ideas* 4, 1943, S. 49-56) [Zur Erörterung des

Begriffes *Renaissance* siehe auch Rudolf Allers, »Microcosmus. From Anaximandros to Paracelsus«, in: *Traditio* 2 (1944), S. 333-337].

33 Im Französischen, im Englischen und im Deutschen wird der Begriff ›Renaissance‹ ebenfalls auf diese Periode angewandt; er wird von der Bestimmung gefolgt: ›des 12. Jahrhunderts‹. Die italienischen Historiker besitzen zwei Begriffe, um die beiden Perioden zu unterscheiden: *la Rinascita (romanica)* und *il Rinascimento.* Hier geht es um *la Rinascita* und deren Bedeutung bei der Kristallisation des Idealgehalts des *Rinascimento.*

34 Zu den Beziehungen zwischen Ficino und dem jungen Giovanni Cavalcanti (1444-1509) vgl. die bewundernswerte Monographie von Raymond Marcel, *Marsile Ficin (1433-1499)*, Paris 1958, S. 340-346; knapp und genau: André Chastel, *Art et Humanisme à Florence au temps de Laurent le Magnifique. Études sur la Renaissance et l'Humanisme platonicien*, Paris 1959, S. 293; *Arte e Umanesimo a Firenze al tempo di Lorenzo il Magnifico* (durchges. und erweiterte ital. Übers.), Turin 1964.

35 [Vgl. Luigi Valli, *Il linguaggio segreto di Dante e dei »Fedeli d'Amore«*, Rom 1928-1930, Neuausgabe in einem Band: Mailand 1994.].

36 [Siehe Enrico Fenzi, *La canzone d'amore di Guido Cavalcanti e i suoi antichi commenti*, Genua 1999 (Opuscula, 95)].

37 Wir werden später auf diese Frage eingehen (vgl. Kap. III, 1).

38 Siehe unsere Rezension von Roger Boase, *The Origin and Meaning of Courtly Love. A Critical Study of European Scholarship*, Manchester 1977, in: *Aevum* 55 (1981), S. 360a-363a, bes. S. 360b-361a [zur Entstehungsgeschichte des *Libro* siehe Stephen Kolsky, *Mario Equicola. The real courtier*, Genf 1991 (Travaux d'Humanisme et Renaissance, CCXLVI), S. 42 ff., 112, 208 f., 225 f., 244 ff.].

39 Die sizilische Dichterschule bildete sich am Hofe Friedrichs II., der vielen Troubadouren der Provence, die unter der Anklage des (Krypto-)Katharismus standen und von der Kirche verfolgt wurden, Zuflucht bot. So gibt es eine mittelbare historische Verbindung zwischen der provenzalischen Dichtung und dem italienischen *dolce stil novo.*

40 Unsere Darstellung ist zu knapp, um nicht schematisch zu sein, und beschränkt sich hier auf einen sehr flüchtigen Streifzug in den Bereich der erotischen Theorien des 12. und 13. Jahrhunderts. Ein – angesichts des Umfangs dieser Materie und deren Bedeutung zu jener Zeit – beinahe verzweifeltes Unterfangen, das nur die Tatsache rechtfertigt, daß der Gegenstand in diesem Buch nicht hätte ausgeklammert werden können.

41 Siehe Jean-Paul Roux, *L'Islam en Occident. Europe – Afrique*, Paris: Payot, 1959, S. 33 ff.

42 Zum Bogomilismus vgl. Dimitri Obolensky, *The Bogomils. A Study*

in Balkan Neo-Manichaeism, Twickenham 1972; zu den Gemeinsamkeiten von Katharismus und Manichäismus vgl. Hans Söderberg, *La religion des Cathares. Étude sur le gnosticisme de la basse antiquité et du moyen âge*, Diss. phil., Uppsala 1949; zur bogomilischen Lehre vgl. Henri-Charles Puech und André Vaillant, *Le Traité contre les bogomiles de Cosmas le prêtre*, Paris: Institut d'Études slaves, 1945. Zum Bogomilismus im Gesamtzusammenhang der mittelalterlichen ›Ketzereien‹ vgl. M.D. Lambert, *Medieval Heresy*, London 1977, S. 12-13 [Culianus Rezension in: *Aevum* 53 (1979), S. 427a]. Sehr wichtig für die Geschichte der Bogomilen in Byzanz: Jean Gouillard, »Le Synodikon de l'orthodoxie. Édition et commentaire«, in: *Travaux et mémoires du Centre de recherches d'histoire et civilisation byzantines* 2, Paris 1967, bes. S. 228 ff. Zu den dualistischen Strömungen im Abendland siehe meine Bücher *Les Gnoses dualistes d'Occident. Histoire et mythes*, Paris: Plon, 1990, und *The Tree of Gnosis. Gnostic Mythology from Early Christianity to Modern Nihilism*, San Francisco: HarperCollins, 1992 [Zu Katharismus und Bogomilismus vgl. G. Rottenwöhrer, *Der Katharismus*, Bd. III, Bad Honnef 1990, S. 74-115].

43 Diese Theorie scheint nunmehr erhärtet worden zu sein, vgl. Lambert, S. 32 ff. [Vgl. die Quellenuntersuchungen von Gerhard Rottenwöhrer, *Der Katharismus*, Bad Honnef 1982-1993 (8 Bde.), Bd. III: Die Herkunft der Katharer nach Theologie und Geschichte, 1990, Bd. IV/1-3: Glaube und Theologie der Katharer, 1993.].

44 Vgl. Lambert, S. 26-27.

45 *Ebd.*, S. 28.

46 *Ebd.*, S. 49-54 [Herbert Grundmann, *Religiöse Bewegungen im Mittelalter*, Hildesheim ^{2}1961, S. 495, 498, 502, 517 f., G. Rottenwöhrer, *Der Katharismus*, Bd. III, Bad Honnef 1990, S. 244-280].

47 *Ebd.*, S. 55 [G. Rottenwöhrer, *Der Katharismus*, Bd. III, S. 227 ff.].

48 [Vgl. Karlmann Beyschlag, *Simon Magus und die christliche Gnosis*, Tübingen 1974 (Wissenschaftliche Untersuchungen zum Neuen Testament, 16)].

49 *Ebd.*, S. 109. In Frankreich sind die Untersuchungen über den Katharismus dermaßen umfangreich geworden, daß wir hier nur das kleine Meisterwerk von René Nelli, *Dictionnaire des hérésies méridionales*, Toulouse 1967, zu nennen wagen, das für Nichteingeweihte bemerkenswert nützlich ist. Es enthält knappe, aber verläßliche Angaben über die Geschichte und die Lehren aller südlichen ›Ketzereien‹.

50 Bernardus Guidonis, *Practica* [*officii*] *Inquisitionis heretice pravitatis*, Document publié pour la première fois par C. Douais, Paris 1886, S. 130.

51 Die bürgerliche Obrigkeit war nicht weniger bestürzt, denn diese

›Vollkommenen‹ (*perfecti*) versprachen am Tage ihres *consolamentum* (der Handauflegung), keinen Eid zu leisten (*quod non jurarent*), und auch, unter keinen Umständen jemanden zu töten (*nullo casu occidendum*), was der Verweigerung des Wehrdienstes gleichkam. Das veranlaßte im übrigen die Katharer zu sagen, daß die Verkündiger des Kreuzes allesamt Mörder seien, *quod predicatores Crucis sunt omnes homicidae.*

52 R. Boase, S. 79, der sich auf Jean-Claude Vadet beruft: *L'Esprit courtois en Orient dans les cinq premiers siècles de l'Hégire*, Paris: Maisonneuve-Larose, 1968.

53 Boase, S. 78-79.

54 Vgl. Henry Corbin, *Histoire de la philosophie islamique*, Paris: Gallimard, 1964, S. 282.

55 Übertragen von Henri Massé, *Anthologie persane (XIe-XIXe siècles)*, Paris: Payot, 1950, S. 91-96, bes. S. 92 f.

56 Vgl. Miguel Asín Palacios, *El Islam cristianizado. Estudio del »sufismo« a travès de las obras de Abenarabi de Murcia*, Madrid: Ed. Plutarco, 1931, S. 81-82.

57 Vgl. H. Corbin, *L'Imagination créatrice dans le soufisme d'Ibn ʿArabî*, Paris: Flammarion, 1958, ²1976, S. 110-111, S. 248, Anm. 84, zuerst in: *Eranos-Jahrbuch* XXIV (1955), S. 227-228 [*The Tárjumán Al-Ashwáq. A Collection of Mystical Odes* by Muḥyi'ddín ibn Al-ʿArabí, edited . . . with a literal version of the text and an abridged translation of the author's commentary thereon by Reynold A. Nicholson, London: Royal Asiatic Society, 1911 [Nachdruck London 1978], S. 10-12 (Oriental Translation Fund, New Series, Vol. XX); Nicholson (S. 3-4) faßt die Stelle nur kurz zusammen, spanische Übersetzung bei Asín, S. 81 f.; jetzt vollständig in: Ibn ʿArabî, *L'interprète des désirs. Turjumân al-Ashwâq*, traduit de l'arabe, présenté et annoté par Maurice Gloton, Paris: Albin Michel, 1996, S. 49-51 (Spiritualités vivantes)].

58 *Ebd.*, S. 112, S. 250, Anm. 89, übers. von Nicholson zu XX, 3, S. 86, 88; Corbin, S. 252-254, Anm. 99: »Das Bild der Sophia bei Ibn ʿArabī«.

59 *Ebd.*, S. 113-114, S. 252, Anm. 92.

60 Asín Palacios, S. 52-54.

61 Eine anschauliche Darstellung der höfischen Liebe wird der Leser in dem schönen Buch von Denis de Rougemont finden: *L'Amour et l'Occident* [1938], Paris: Plon, ²1972, dt. *Die Liebe und das Abendland*, Zürich: Diogenes, ²1987.

62 Andreae Capellani Regii Francorum *De amore libri tres*, Recensuit Ernst Trojel, Havniae [= Kopenhagen] 1892, reprogr. Nachdruck München: Eidos, 1964, S. 3 f. Der Traktat wurde um 1170 verfaßt (vgl. S. V). I, 1, S. 5: *Nam quum aliquis videt aliquam aptam amori et suo formatam arbitrio, statim eam incipit concupiscere corde; postea vero,*

quotiens de ipsa cogitat, totiens eius magis ardescit amore, quousque ad cogitationem devenerit pleniorem. Postmodum mulieris incipit cogitare facturas et eius distinguere membra suosque actus imaginari eiusque corporis secreta rimari ac cuiusque membri officio desiderat perpotiri. [Dt.: Des königlich fränkischen Kaplans Andreas 3 Bücher *Über die Liebe*, Aus dem Lateinischen übertragen und hrsg. von Hanns Martin Elster, Dresden: Paul Aretz, 1924, S. 51. In einer deutschen Übersetzung des 15. Jh. klingt die Stelle so: ». . . so kumbt die lieb allain von mynniklichem ansehn ainer mynnsamen, wol geschickhten gestallt der lieb. Die selb wirt dann durch dy mynne plick dem herczen so begirlich ein gesenngkt, wann er an sy gedennckt, so wirt er inbrünstig irer lieb, als lang bis er wirt darjnnen minigklichen vertiefft. Am ersten hebt er an zu betrachten des weibs wolgestallten, zierlichen, wolgeformirten vnd rechtgepildten vnd wolgeschickten leib.« Alfred Karnein, *De Amore deutsch. Der Tractatus des Andreas Capellanus in der Übersetzung Johann Hartliebs*, München 1970, S. 68.].

63 Vgl. Agamben, S. 21 und 133, Anm. 1, fr. Ausg. S. 42f., S. 191f. Zum *amor hereos* im allgemeinen siehe die folgende Anmerkung.

64 R. Boase, *a. a. O.*, Anhang I, 2, S. 133ff., mit Bibliographie. Zu erwähnen ist insbesondere die Studie von John Livingston Lowes, »The Loveres Maladye of Hereos«, in: *Modern Philology* (Chicago), Vol. 11 (April 1914), S. 491-546 [= S. 1-56]. Siehe auch Hjalmar Crohns, »Zur Geschichte der Liebe als ›Krankheit‹«, in: *Archiv für Kultur-Geschichte*, III. Bd., Berlin 1905, S. 66-86. Die Tradition des Leidenschaftssyndroms geht auf den griechischen Arzt Oreibasios (um 360 n. Chr.) zurück, dessen Werk in zwei lateinischen Übersetzungen des 6. und 7. Jahrhunderts überliefert ist.

65 Dieser Hypothese gibt R. Boase den Vorzug; vgl. auch Ficino, *De amore* VI, 5, in: *Sopra lo Amore o ver' Convito di Platone. Comento di Marsilio Ficino Fiorentino sopra il Convito di Platone*, ed. G. Ottaviano, Mailand 1973, S. 90 [*El libro dell'Amore*, ed. Sandra Niccoli, Florenz 1987, S. 120].

66 Das ist die Hypothese von G. Agamben, fr. Ausg., S. 194ff.

67 Diese Überlieferung wurde zum Topos in der neuplatonischen Dämonomagie, in der die Heroen stets neben den Göttern und den Dämonen erwähnt werden. Vgl. unten, Kap. VII, 1.

68 *Causae et curae*, ed. Paul Kaiser, Leipzig 1903, S. 73, 20-74,5, zitiert von G. Agamben, S. 20, durchges. franz. Ausg., Paris 1994, S. 42; dt. in: Hildegard von Bingen, *Das Buch von dem Grund und Wesen der Heilung von Krankheiten*. Nach den Quellen übers. u. erläutert von Heinrich Schipperges, Salzburg: Otto Müller, 1957, S. 140-141. De melancolicis. *Alii autem viri sunt, quorum cerebrum pingue est, et pellicula eiusdem cerebri et venae eius turbidae, atque austerum colorem faciei*

habent, ita quod etiam oculi eorum aliquantum ignei et viperei sunt [. . .] *quae modicam medullam in se tenent, quae tamen tam fortiter ardet, quod cum mulieribus velut animalia et ut viperae incontinentes sunt.* [. . .] *et ideo rectam dilectionem ad nullum habent; sed amari et avari et insipientes sunt et superflui in libidine ac sine moderatione cum mulieribus velut asini; unde si de hac libidine interdum cessaverint, facile insaniam capitis incurrunt, ita quod frenetici erunt. Et cum hanc libidinem in convictionem mulierum exercent, insaniam capitis non patiuntur; sed tamen amplexio, quam ad feminas sobrie deberent habere, tortuosa atque odiosa et mortifera est velut rapidorum luporum. Quidam autem ex istis propter fortes venas et propter medullam fortiter in se ardentem libenter cum feminis secundum humanam naturam sunt, sed tamen eas odio habent.* Dt. auch in: Hildegard von Bingen, *Ursachen und Behandlung der Krankheiten*, übers. von Hugo Schulz [1933], Heidelberg: Karl F. Haug, ²1980, S. 117ff. Vgl. auch Klibansky, Panofsky, Saxl, S. 183f., Anm. 139.

69 *Sopra lo amore* VI, 9, Ottaviano, S. 100, *El libro dell'Amore*, ed. S. Niccoli, S. 137: »Le qual' cose observando gli antichi medici, dissono l'amore essere una spetie d'amore malinconico e di pazzia, e Rasis medico comandò che e' si curassi pe'l coito, digiuno, ebrietà e exercitio.« *De amore* VI, 9, ed. R. Marcel: *Que cum medici veteres observassent, amorem esse dixerunt passionem morbo melancolico proximam. Eumque Rasis medicus cohitu, ieiunio, ebrietate, deambulatione curari precepit.* Dt. von K. P. Hasse [1914], *Über die Liebe*, S. 227: »Dies beobachteten schon die Ärzte des Altertums und erklärten die Liebe für ein der melancholischen Krankheit verwandtes Leiden, und der Arzt Rhazes [Abū Bakr Muḥammad Ibn-Zakkarīyā' ar-Rāzī, 864-923/32] empfahl, sie durch Beischlaf, Fasten, berauschende Getränke und körperliche Anstrengung zu behandeln.«

70 Melanchthon, *De anima*, Vitebergae 1548, Bl. 82ʳ, angeführt von Agamben, S. 22, Anm. 2, fr. Ausg., S. 45, Anm. 5. [*De Melancholicis ante dictum est, horum est mirifica uarietas. Primum illa heroica Scipionis, uel Augusti, uel Pomponij Attici, aut Dureri generosissima est, et uirtutibus excellit omnis generis, regitur enim crasi temperata, et oritur a fausto positu syderum.* Nachgewiesen von Aby Warburg, *Heidnisch-antike Weissagung in Wort und Bild zu Luthers Zeiten*, Heidelberg 1920, S. 61f. (Sitzungsber. d. Heidelbg. Akad. d. Wiss., Phil.-hist. Kl. 1919, 26. Abh.)].

71 Zu Leben und Werk von Bernardus Gordonis vgl. Luke E. Demaître, *Doctor Bernard de Gordon, Professor and Practitioner*, Toronto: Pontifical Institute of Mediaeval Studies, 1980.

72 [Nach Pseudo-Johannes Chrysostomos *in Matth.* 19, 10, PG 56, Sp. 803, mit der Lesart *mali natura* statt *malum naturae* im *Malleus maleficarum*.].

73 Zitiert nach Lowes, S. 499-501 [S. 9-11]. Der lateinische Text in den

Ausgaben A von 1491 (Boston Medical Library) und B von 1550 (Pagel collection der Library of the Washington University Medical School) lautet: *Morbus* [*Amor*, B] *qui hereos dicitur est sollicitudo melancolica propter mulieris amorem. Causa huius passionis est corruptio existimativae* [*aestimativae*] *propter formam et figuram fortiter affixam. unde cum aliquis philocaptus est in amore alicuius mulieris: ita fortiter concipit formam et figuram et modum quoniam credit et opinatur hanc esse meliorem. pulchriorem. magis venerabilem. magis speciosam. et melius dotatam in naturalibus et moralibus quam aliquam aliarum: et ideo ardenter concupiscit eam. et sine modo et mensura opinans si posset finem attingere quod haec esset sua felicitas et beatitudo. et intantum corruptum est iudicium rationis: quod continue cogitat de ea: et dimittit omnes suas operationes. ita quod si aliquis loquatur cum eo vix intelligit aliqua alia. Et quia est in continua meditatione: ideo sollicitudo melancolica appelatur. Hereos dicitur quia hereosi et nobiles propter affluentiam deliciarum istam passionem consueverunt incurrere.* [. . .] *Signa autem sunt quando amittunt somnum et cibum et potum: et maceratur totum corpus.* [. . .] *Pronosticatio est talis quod nisi herosis* [*hereosis*, B] *succurratur in maniam cadunt aut moriuntur.* [. . .] *Finaliter autem cum aliud consilium non habemus: imploremus auxilium et consilium vetularum. ut ipsam dehonestent et difament quantum possunt.* [. . .] *Quaeratur igitur vetula turpissima in aspectu cum magnis dentibus et barba: et cum turpi et vili habitu: et quod portet subtus gremium pannum menstruatum et adueniens philocapta quod incipiat dehonestare camisiam suam dicendo: quomodo est tignosa et ebriosa: et quod mingit in lecto: et quod est empileptica et impudica: et quod in corpore suo sunt excrescentiae enormes cum fetore anhelitus. et aliis omnibus enormibus in quibus vetulae sunt edoctae. Si autem ex his persuasionibus nolit dimittere: subito extrahat pannum menstruatum coram facie: portando dicendo clamando: talis est amica tua talis. Et si ex his non dimiserit: iam non est homo sed diabolus incarnatus. Fatuitas igitur sua ulterius sit in perditione.* [Paris 1542, Lyon 1559, 1574].

74 Nach Lowes, S. 542-543 [S. 52-53].

75 Asín Palacios, S. 51.

76 Siehe »La religione come strumento del potere e mezzo di liberazione in ambito non-cristiano«, *Verifiche* (Trento) 4 (1975) 3-4, S. 236-255, in unserem Buch *Iter in silvis. Saggi scelti sulla gnosi e altri studi*, vol. 1, Messina: EDAS, 1981, S. 126.

77 VIII. Sonett: »Or come pote sì gran donna entrare / per gli occhi mei, che sì piccioli sone? . . . così per gli occhi mi passa lo core, / no la persona, ma la sua figura«, in: *Poeti del Duecento*, Vol. I, 1: *Testi arcaici, Scuola siciliana, Poesia cortese.* A cura di Gianfranco Contini, Mailand, Neapel: R. Ricciardi [1960], [2]1995, Bd. I, 1, S. 76 [Jacopo da Lentino war kaiserlicher Notar am Hofe Friedrichs II. Vgl. Reinmar der Alte, XLVI: »Mîn ougen wurden liebes alse vol, / dô

ich die minneclîchen êrst gesach, / daz ez mir hiute und iemer mê tuot wol. / ein minneclîchez wunder dâ geschach: / Si gie mir alse sanfte dur mîn ougen, / daz sî sich in der enge niene stiez. / in mînem herzen sî sich nider liez, / dâ trage ich noch die werden inne tougen.« *Des Minnesangs Frühling*, bearb. von Hugo Moser u. Helmut Tervooren, Stuttgart [38]1988, S. 378].

78 Pseudo-Galen, *De oculis*, cap. VI, in: *Operum Hippocratis Coi et Galeni pergameni medicorum omnium principum* tom. X, Paris 1679, zitiert bei Agamben, S. 94, Anm. 1, fr. Ausg. S. 146, Anm. 15.

79 *Ebd.*, S. 94-95, fr. Ausg. S. 146.

80 Über den Geist bei Dante vgl. Robert Klein, »Spirito peregrino«, in: *La Forme et l'Intelligible*, Paris: Gallimard, 1970, S. 32-64, dt. *Gestalt und Gedanke. Zur Kunst und Theorie der Renaissance*, Berlin 1996, »›Spirito peregrino‹. Der Gedanke als pilgernder Geist«, S. 15-49.

81 Zur erotischen Bedeutung der *significatio passiva* vgl. unsere Untersuchung »Les fantasmes de l'éros chez M. Eminescu. Le poème ›Hespérus‹ [Luceafărul]«, in: *Neophilologus* 65 (1981), S. 229-238.

82 [George P. Conger, *Theories of Macrocosm and Microcosm in the History of Philosophy*, New York 1922; Rudolf Allers, »Microcosmus. From Anaximandros to Paracelsus«, in: *Traditio* 2 (1944), S. 319-407.

83 »Heliostatic is a better word since Copernicus did not place the sun exactly at the center« [seines Universums]: Allen George Debus, *Man and Nature in the Renaissance*, Cambridge 1978, S. 81.

84 Vgl. S. K. Heninger Jr., »Pythagorean Cosmology and the Triumph of Heliocentrism«, in: *Le Soleil à la Renaissance. Sciences et mythes*, Brüssel, Paris 1965, S. 35-53.

85 Siehe den ausgezeichneten Aufsatz von Jacques Flamant, »Un témoin intéressant de la théorie héliocentrique d'Héraclide du Pont. *Le manuscrit* Vossianus latinus 79 q-to *de Leyde*«, in: *Hommages à Maarten J. Vermaseren*, éd. par Margreet B. de Boer et T. A. Edridge, Leiden 1978, Bd. I, S. 381-391. Vgl. auch I. P. Culianu, »Ordine e disordine delle sfere«, in: *Aevum* 55 (1981), S. 96-110, bes. S. 103-104.

86 Vgl. I. P. Culianu, »›Démonisation du cosmos‹ et dualisme gnostique«, in: *Revue de l'Histoire des Religions* 196 (1979), S. 3-40 (jetzt in: *Iter in silvis*, I, S. 15-52).

87 Siehe die Bemerkungen von Maurice de Gandillac in: *Le Soleil à la Renaissance*, S. 58.

88 [*De docta ignorantia* II, 12, § 163 f., *Die belehrte Unwissenheit*, übers. von Paul Wilpert, hrsg. von Hans Gerhard Senger, Hamburg: Meiner, [3]1999 (Philosophische Bibliothek, 264b), S. 94-95.

89 *De docta ignoratia* II, 12, § 164 [*Die belehrte Unwissenheit*, S. 94-95; S. 133, A. 165: »Diese Ansicht findet sich z. B. bei Thomas II *De*

caelo XIII, 20, 7 (Leon. III, 202); S. 98-99: *Est igitur terra stella nobilis, quae lumen et calorem et influentiam habet aliam et diversam ab omnis stellis, sicut etiam quaelibet a qualibet lumine, natura et influentia differt.*]; vgl. Ernst Cassirer, *Individuum und Kosmos in der Philosophie der Renaissance*, Berlin, Leipzig: B. G. Teubner, 1927 (Studien der Bibliothek Warburg, X), S. 28 f., Anm. 2.

90 Der Name des Nikolaus von Kues erscheint in dem recht umfangreichen Werk Marsilio Ficinos nur einmal [*Opera*, S. 899]; er ist [durch einen Druckfehler] zu »Nicolaus Caisius Cardinal« verstümmelt; vgl. Cassirer, S. 49 f., Anm. 2. Das ist ein Anzeichen dafür, daß Ficino ihn offenbar nicht gelesen hat. [Genaueres dazu bei P. O. Kristeller, *Die Philosophie des Marsilio Ficino*, Frankfurt am Main 1972, S. 14, Anm. 25, und ders., »The scholastic background of Marsilio Ficino. With an edition of unpublished texts«, in: *Traditio* 2, 1944, S. 257 ff., S. 258, Anm. 1.].

91 Vgl. Cassirer, S. 41-48.

92 Vgl. A. G. Debus, S. 92-95.

93 *Ebd.*, S. 133.

94 Siehe W. Gundel, H. G. Gundel, *Astrologumena. Die astrologische Literatur in der Antike und ihre Geschichte*, Wiesbaden 1966 (Sudhoffs Archiv, Beihefte, 6), S. 15-17.

95 Siehe mein Buch *Expériences de l'extase. Extase, ascension et récit visionnaire de l'hellénisme au moyen âge*, Paris 1984, S. 119-144.

Kapitel II

1 [*Op.* I, S. 177, Marcel, I, S. 274, vgl. Kristeller, S. 356.].

2 Das Werk Ficinos haben wir in folgenden Ausgaben benutzt: *Opera omnia* (2. Auflage, Basel 1576, 2 Bde.), in den *Monumenta politica et philosophica rariora*, Series I, Nr. 7-10, 2 Bde., Turin: Bottega d'Erasmo, 1959, ^{2}1962 (fotomechanischer Nachdruck von: *Marsilii Ficini Florentini* [...] *Opera, et quae hactenus extitere* [...] *in duos Tomos digesta*, Basileae, Ex Officina Henricpetrina, s. a.). Bei der *Theologia Platonica* hatten wir die Wahl zwischen der zweibändigen Ausgabe von Michele Schiavone (Bologna 1965), in der bestimmte Kapitel, die für unsere Forschung besonders wichtig sind, ausgelassen wurden, und der noch unvollständigen, aber unvergleichlich viel besseren von Raymond Marcel (3 Bde., Paris 1964-1970). Deshalb haben wir im allgemeinen die Ausgabe der *Opera omnia* verwendet. Bei dem *Kommentar zum Gastmahl* [*Commentarium in Convivium*] oder der Abhandlung *Über die Liebe* (*De amore*) hatten wir zu wählen zwischen der französischen Ausgabe von Raymond Marcel (Paris 1956) und der neueren italienischen: *Sopra lo amore o ver' Convito di Platone. Commento di Marsilio Ficino Fiorentino sopra il Convito di Platone*, hrsg. von Giorgio Ottaviano, Mailand 1973 (siehe oben, Kap. I,

Anm. 64) [Die maßgebliche kritische Ausgabe ist jetzt: *El libro dell' Amore*, a cura di Sandra Niccoli, Florenz: Olschki, 1987 (Istituto Nazionale di Studi sul Rinascimento, Studi e Testi, XVI)]. In den meisten Fällen beziehen sich die Zitate auf diese Ausgabe. Beim Traktat *De vita coelitus comparanda*, der im zweiten Teil dieses Buches eingehend untersucht wird, haben wir mehrere Ausgaben herangezogen: die Ausgabe der *Opera omnia*, Basel 1561, Bd. I, S. 531 ff.; die Ausgabe der *Opera*, Basel 1576, Bd. I, S. 529 ff.; die Ausgabe Venedig 1498, die jüngst von Martin Plessner und Felix Klein-Franke nachgedruckt wurde (*Marsilius Ficinus »De Vita libri tres«*, Kritischer Apparat, erklärende Anmerkungen, Namenregister und Nachwort von Martin Plessner. Nach dem Manuskript ediert von F. Klein-Franke, Hildesheim, New York 1978). Siehe auch unsere Besprechung in *Aevum* 54 (1980), S. 397ab [Siehe vor allem: *Three Books on Life*, A Critical Edition and Translation with Introduction and Notes by Carol V. Kaske and John R. Clark, Binghamton, New York: The Renaissance Society of America, 1989]. Schließlich ist eine letzte Ausgabe, die wir benutzt haben und in die Traktate der Iatromathematik eingefügt sind, die dem Werk des Johannes von Haßfurt als Anhang beigegeben. Dieser kann kein anderer als Johannes Virdung von Haßfurt, der Briefpartner des Abtes Trithemius, sein (*Ioannes Hasfurti Medici ac Astrologi Praestantissimi De Cognoscendis, et medendis morbis ex corporum coelestium positione libri IIII.* Cum argumentis, et expositionibus Ioannis Paulli Gallucij Saloensis [. . .], Venetijs, Ex Officina Damiani Zenarij, 1584, Bl. 118ʳ ff.). Da uns die Ausgabe Plessners am bequemsten benutzbar zu sein schien (obwohl sie an mehreren Stellen unrichtig oder unverständlich ist), sind wir ihr zumeist gefolgt. Wir haben die Seiten nicht angegeben (denn diese Ausgabe ist nicht paginiert) und im Text nur die jeweiligen Kapitel angeführt, aus dem wir Auszüge übersetzten. Raymond Marcels Übersetzungen der *Theologia Platonica* und von *De amore* sind den unseren unendlich überlegen. Wenn wir ihnen gleichwohl unsere Übersetzungen vorgezogen haben, so deshalb, weil sie sich dem gedanklichen Gerüst, das überall in diesem Buch angewandt wird, entsprechen. Dieselben Bemerkungen gelten auch im Falle der Übersetzungen des Traktats *De gl'heroici furori* von Giordano Bruno, der dem französischen Leser in der Übertragung Pierre-Henri Michels zu Gebote steht. Wenn wir dieser indessen nicht gefolgt sind, dann nur, weil eine wörtliche Übersetzung den Vorzug hat, bestimmte Fachbegriffe (Termini technici) hervorzuheben, die durch die stilistische Sorgfalt des Übersetzers verzerrt wurden. Jedenfalls wird man zugeben müssen, daß unsere aus dem Lateinischen oder aus dem Italienischen zwar genau sind, aber jeder Eleganz ermangeln; wir wüßten dem Leser keine besseren zu empfehlen, als die bereits auf französisch und englisch vorliegenden. Hinsichtlich der technischen Einzelheiten wird er sich Werken wie diesen zuwenden müssen, um deren Bedeutung im kulturellen Zusammenhang der Epoche verstehen zu können. [Ficino-Bibliographie in: P.O. Kristeller, *Marsilio Ficino and his Work after Five Hundred Years*, Florenz: Olschki, 1987 (Quaderni di »Rinascimento«, VII)].

Der Traktat *De vita sana* II (*Opera*, S. 496, ed. Kaske, Clark, S. 110,12-15), dem wir diesen Auszug entnommen haben, ist (ohne Datum) Giorgio Antonio Vespucci und Giovan Battista Boninsegna gewidmet. Er wurde zum erstenmal 1489 in Florenz bei Miscomini mit den beiden anderen Traktaten *De vita* veröffentlicht. [[. . .] *qui apud medicos vapor quidam sanguinis purus, subtilis, calidus et lucidus definitur. Atque ab ipso cordis calore ex subtiliori sanguine procreatus volat ad cerebrum; ibique animus ipso ad sensus tam interiores quam exteriores exercendos assidue utitur.*] Marsilius Ficinus Florentinus *von dem dryfaltigen leben*, Codex palatinus germanicus 730, Universitätsbibliothek Heidelberg, um 1500, Bl. 6r: »Der [geist] wirt von den ertzten genennet ein dampff oder dunst des gebluts rein subtyle, heiß und durchsiechtig. Der also – von der hitze des hertzens geschopffte uß dem aller subtilßten blůt – flugt zu dem hyrn. Daselbst das gemůtt desselben sich alle zyt gebrucht zu ubung der synlichkeit innerlich und ußerlich.« Vgl. Dieter Benesch, *Marsilio Ficino's ›De triplici vita‹ (Florenz 1489) in deutschen Bearbeitungen und Übersetzungen*, Frankfurt am Main, Bern, Las Vegas: Peter Lang, 1977, S. 194.].

3 *Vita coel.* III, Opera, S. 535, ed. Kaske, Clark, S. 256, 31-38: *Ipse vero est corpus tenuissimum, quasi non corpus et quasi iam anima, item quasi non anima et quasi iam corpus. In eius virtute minimum est naturae terrenae, plus autem aqueae, plus item aeriae, rursus igneae stellarisque quam plurimum.* [. . .] *Totus est suapte natura lucidus calidusque et humidus atque vivificus* [. . .] Der Traktat ist dem Serenissimo Pannoniae Regi Semper Invicto am 10. Juli 1489 gewidmet. Das Prooemium enthält die unausbleibliche Lobrede und ebenfalls die astrologischen Voraussagen über das Schicksal des Monarchen. Ihm folgt eine »Ermunterung (*exhortatio*) an den Leser«, die mit einer *Protestatio catholici auctoris* endigt, die folgende Worte enthält: *In omnibus quae hic aut alibi a me tractantur, tantum assertum esse volo, quantum ab ecclesia comprobatur.* [In allem, was ich hier und anderswo erörtere, beabsichtige ich nur soviel zu behaupten, als die Kirche billigt.] (Vgl. unseren Aufsatz »Magia spirituale e magia demonica nel Rinascimento«, in: *Rivista di Storia e Letteratura Religiosa* 17 (1981), S. 368, Anm. 19.) Diese Glaubensbeteuerung ersparte Ficino trotzdem gewisse Sorgen nicht; aber sie war gewiß sehr bequem . . .

4 [*Op.*, S. 1344, Marcel, S. 207, übers. von K.P. Hasse, S. 205. *Accipit item per organa sensuum corporum externorum imagines, que in anima*

propterea figi non possunt, quia incorporea substantia, que corporibus prestantior est, formari ab illis per imaginum susceptionem non potest. Sed anima ubique spiritui presens imagines corporum in eo tamquam in speculo relucentes facile inspicit perque illas corpora iudicat.].

5 [Theurgie bedeutet wörtlich ›göttliche Handlung‹, ›Wissenschaft vom göttlichen Wirken‹, Hans Lewy, *Chaldaean Oracles and Theurgy*, S. 463: »praktische Methode zur Vereinigung mit den Göttern«. Vgl. Hans Biedermann, *Handlexikon der magischen Künste von der Spätantike bis zum 19. Jahrhundert*, Graz 1986, S. 424: »Magie mit Hilfe guter Geister oder Engel, eine andere Bezeichnung der ›weißen Magie‹. [...] Theurgisch ist zum Teil auch die Bemühung, mit den Planetengeistern Verbindung herzustellen.« *The Oxford Classical Dictionary*, Oxford, New York [3]1996, S. 1512: »Die Theurgie war eine Form der heidnischen religiösen Magie, die mit den *Chaldäischen Orakeln* zusammenhing und von den späten Neuplatonikern aufgegriffen wurde. Sie umfaßte eine Reihe von magischen Praktiken, von Regenzauber und Heilkunde bis hin zur Beseelung von Götterstatuen. Wie andere Formen der Magie beruhte auch die Theurgie auf einer Lehre von der kosmischen Sympathie, aber in der Theurgie ebenso wie im Neuplatonismus stellte man sich vor, daß die Sympathie über die materielle Welt hinausgehe und letztere mit der höheren, göttlichen Welt vereinige. So glaubte man, daß die Theurgie die Vereinigung der menschlichen Seele mit dem Göttlichen fördere.« Vgl. Theodor Hopfner, »Theurgie«, in *Realencyclopädie der class. Altertumskunde*, Bd. VI A, 1 (1936), Sp. 258-270, Pierre Boyancé, »Théurgie et télestique néoplatoniciennes«, *Revue de l'Histoire des Religions* 74e année, 147 (1955), S. 189-209 und Henri Dominique Saffrey, *Recherches sur le néoplatonisme après Plotin*, Paris 1990 (Histoire des doctrines de l'Antiquité classique, 14): II. Le néoplatonisme en Syrie: Oracles Chaldaïques et théurgie, Jamblique, S. 33-123.].

6 Epiktet, *Dissertationes* II, 23, 3.

7 [*De insomniis* 2, 459 b 27 ff., dt. Aristoteles, *Werke in deutscher Übersetzung*, Bd. 14, Teil III: *De insomniis, De divinatione per somnum*, übers. u. erl. von Philip J. van der Eijk, Berlin 1994, S. 19 f., 169-172, und »Allgemeine Bemerkungen zum Abschnitt 459 b 23-460 a 32«, S. 183-204; außerdem: A. Preus, »On Dreams II 459 b 24-460 a 33, and Aristotle's ὄψις«, *Phronesis* XIII (1968), S. 175-182; Rosamond Kent Sprague, »Aristotle on Red Mirrors (On Dreams II 459 b 24-460 a 23)«, *Phronesis. A Journal for Ancient Philosophy* XXX/3 (1985), S. 323-325; R. Lefèbvre, »Le miroir de l'âme (Aristote, *De insomniis* 459 b 25-460 a 26)«, *Les Études Philosophiques* 63 (1988), S. 195-206.].

8 Vgl. Agamben, S. 119, Anm. 1, franz. Ausg. S. 170, Anm. 23 [Plu-

tarch, *Quaestiones convivales* V, 7, p. 681 f.: *de iis qui fascinare dicuntur.*].

9 Agrippa von Nettesheim, *De occulta philosophia* I, 50 [Köln 1533, S. 59], ed. crit. Vittoria Perrone Compagni, S. 181 f.: *Fascinatio est ligatio, quae ex spiritu fascinantis per oculos fascinati ad cor ipsius ingressa pervenit; fascinationis autem instrumentum spiritus est, scilicet vapor quidam purus, lucidus, subtilis, a cordis calore ex puriori sanguine generatus. Hic similes sibi radios per oculos semper emittit; radii isti emissi vaporem spiritalem secum ferunt, vapor ille sanguinem, sicut apparet in lippis ac rubentibus oculis, cuius radius usque ad obvios spectantis oculos emissus vaporem una secum corrupti sanguinis trahit, cuius contagione cogit spectantis oculos morbo simili laborare.* Dt.: *Magische Werke*, Stuttgart 1855, Bd. I, S. 225 f. [vgl. auch I, 65; Ficino, *De amore* [*In Symp.*] VII, 4; 10, S. 246-248, ed. Marcel]; vgl. Viviana Pâques, *Les Sciences occultes d'après les documents littéraires italiens*, Paris: Institut d'Ethnologie, 1971, S. 155. Über den ›bösen Blick‹ in den Vorstellungen der Renaissance vgl. auch Siegfried Seligmann, *Die Zauberkraft des Auges und das Berufen. Ein Kapitel aus der Geschichte des Aberglaubens*, Hamburg: L. Friederichsen, 1922, Nachdruck Den Haag o. J., S. 458-465. Dieser Verfasser scheint die genaue Bedeutung des Begriffes ›Geist‹ bei den Schriftstellern der Renaissance nicht zu erfassen.

10 V. Pâques, *a. a. O.*

11 Leonardo da Vinci, *Scritti letterari*, ed. A. Marinoni, Mailand 1952, dt. Leonardo da Vinci, *Tagebücher und Aufzeichnungen*. Nach d. ital. Hss. übers. u. hrsg. von Theodor Lücke, München: Paul List, 1940, S. 150 [= *Il Codice Atlantico* 270v.c., Biblioteca Ambrosiana, nachgedruckt Rom, Mailand 1894 ff.]; angeführt von V. Pâques, *a. a. O.*, S. 156.

12 *De amore* II, 8: [. . .] *amans amati figuram suo sculpit in animo. Fit itaque amantis animus speculum in quo amati relucet imago.* »Aggiugnesi che l'amante scolpisce la figura dello amato nel suo animo. Doventa adunque l'animo dell'amante uno certo specchio nel quale riluce la imagine dell'amato«, ed. Niccoli, S. 43, vgl. *Phaidros* 255 D.

13 Unsere Darstellung der Gedächtniskunst enthält nur hinsichtlich der italienischen Schriften Brunos und deren Deutung eigenständige Beobachtungen. Obwohl wir seit langem das Studium der *Ars combinatoria* des Raymundus Lullus und seiner Kommentare begonnen haben (vgl. *Raymundi Lullii Opera ea quae ad adinventam ab ipso artem universalem* . . ., Argentorati-Sumptibus Haeredem Lazari Zetzneri, 1651, 1110 + Index + 150 S. 12°), zwingt uns die Unvollständigkeit unserer Forschungen, den Untersuchungen von Paolo Rossi (*Clavis universalis. Arti mnemoniche e logica combinatoria da Lullo a Leibniz*, Mailand, Neapel 1960), Frances A. Yates (deren

Buch *The Art of Memory* wir nach der 2. Auflage von 1972 zitieren und das 1990 in deutscher Übersetzung erschienen ist) und Ernst H. Gombrich den Vorrang einzuräumen. Wäre dieser Teil unseres Buches zum Verständnis alles Folgenden nicht unerläßlich gewesen, so hätte er vielleicht im Anhang stehen müssen. [Zu Lull siehe Erhard Wolfram Platzeck, *Raimund Lull. Sein Leben – seine Lehre. Die Grundlagen seines Denkens* (*Prinzipienlehre*), 2 Bde., Rom, Düsseldorf 1962-1964 (Bibliotheca Franciscana, 5-6), allgemein zu Lull und Lullismus auch Umberto Eco, *La ricerca della lingua perfetta nella cultura europea*, Rom, Bari 1993, dt. *Die Suche nach der vollkommenen Sprache*, München 1994, S. 65 ff., 127 ff. Zur Gedächtniskunst Brunos siehe jetzt Wolfgang Wildgen, *Das kosmische Gedächtnis. Kosmologie, Semiotik und Gedächtnistheorie im Werke Giordano Brunos (1548-1600)*, Frankfurt am Main, Berlin u. a. 1998 (Philosophie und Geschichte der Wissenschaften. Studien und Quellen, 38).].

14 Yates, S. 71, dt. *Gedächtnis und Erinnern*, S. 69 ff., 81; vgl. Aristoteles, *De anima* 432 a 2-9 und *De memoria et reminiscentia* 449 b 31; Yates, S. 32, dt. Ausg. S. 38.

15 Yates, S. 86-104, dt. Ausg. S. 85-101.

16 *Ebd.*, S. 112, dt. Ausg. S. 106 f.

17 Erstdruck 1520 [Yates benutzt die Ausgabe: *Congestorium Artificiose Memorie.* Joannis Romberch de Kyrspe . . . Venetijs per Melchiorem Sessam, 1533]; vgl. Yates, S. 115, dt. Ausg. S. 109.

18 *Congestorium*, Bl. 54^{r}, nach Yates, Abb. 6b in Kap. V, dt. Ausg. S. 112, Tafel 6b, S. VI.

19 Rossellius, *Thesaurus artificiosae memoriae*, Venedig 1579, Bl. 119^{v}, nach Yates, S. 119, dt. Ausg. S. 112.

20 [Vgl. Jacqueline Hamesse, *Les* Auctoritates Aristotelis. *Un florilège médiéval. Étude historique et édition critique*, Louvain, Paris 1974, S. 232, auctoritas 12 des *Liber de causis*: *Quicquid recipitur ab alio recipitur per modum rei accipientis et non receptae.*].

21 Yates, S. 129 ff., dt. Ausg. S. 123 ff.

22 Veröffentlicht 1594 in Udine; vgl. Daniel Pickering Walker, *Spiritual and Demonic Magic. From Ficino to Campanella*, London 1958, S. 141, Anm. 4 [*Le Idee, overo Forme della Oratione Da Hermogene considerate* ist eine Übersetzung des von Περὶ Ἰδεῶν, das Hermogenes von Tarsos zugeschrieben wird].

23 Das ist die Ansicht von Yates, S. 136 f., dt. Ausg. S. 128 f.

24 [Venezianisch: Zorzi, lat. Franciscus Georgius Venetus.] Francisci Giorgii Veneti Minoritae Familiae *De Harmonia mundi totius Cantica tria*, Venetijs in aedibus Bernardini de Vitalibus, 1525.

25 Yates, S. 155 ff., dt. Ausg. S. 141 ff.

26 *Ebd.*, S. 137, dt. Ausg. S. 129 f.

27 [*Ebd.*, dt. Ausg. S. 131.].

28 Vgl. J. Flamant, *Macrobe et le néo-platonisme latin, à la fin du IVe siècle*, Leiden 1977, S. 544 ff. [Culianus Rezension in: *Aevum* 53 (1979), S. 190a-193b. [Zum Begriff γοητεία in der griechischen Antike siehe Fritz Graf, *La magie dans l'antiquité gréco-romaine. Idéologie et pratique*, Paris 1994, S. 35 ff.].

29 *L'Idea del Theatro* in *Tutte le opere*, Venedig 1552 [Yates zitiert in Kap. VI die Ausgabe Florenz 1550, S. 67 und vermerkt, daß *L'Idea del Theatro* auch in *Tutte le opere* abgedruckt ist, S. 136, Anm. 25, dt. S. 147, Anm. 25]; vgl. Yates, S. 140, dt. Ausg. S. 131 [*L'idea del theatro*, a cura di Lina Bolzoni, Palermo 1991].

30 Ficino, *Vita coel.*, cap. XIX, ed. Kaske, Clark, S. 342 ff., S. 450, Anm. 1, mit Hinweis auf Plotin V, 8, 9.

31 Ficino, *Opera*, II, S. 1768: *Sacerdotes Aegyptii ad significanda divina mysteria, non utebantur minutis literarum characteribus, sed figuris integris herbarum, arborum animalium, quoniam videlicet Deus scientiam rerum habet non tanquam excogitationem de re multiplicem, sed tanquam simplicem firmamque rei formam.* [Übers. von E. H. Gombrich, *Das symbolische Bild. Zur Kunst der Renaissance* II, S. 191; vgl. Plotin, *Enneaden* V, 8, 6, dt. Plotins *Schriften*, übers. von Richard Harder, Bd. III, Hamburg 1964 (Phil. Bibl. 213a), S. 48-49.].

32 Vgl. Ernst H. Gombrich, »Icones Symbolicae« [1948], in: *Symbolic Images. Studies in the Art of the Renaissance*, II, Oxford: Phaidon, 1972, ^{3}1978, S. 222, Anm. 82, und S. 158-159, dt. »*Icones Symbolicae.* Die Philosophie der Symbolik und ihr Einfluß auf die Kunst«, in: *Das symbolische Bild. Zur Kunst der Renaissance* II, Stuttgart: Klett-Cotta, 1986, S. 191 f., 280, Anm. 82.

33 Vgl. Erik Iversen, *The Myth of Egypt and its Hieroglyphs in European Tradition*, Kopenhagen 1961, Princeton 1993 [vgl. neuerdings Erik Hornung, *Das esoterische Ägypten. Das geheime Wissen der Ägypter und sein Einfluß auf das Abendland*, München: Beck, 1999, S. 89-98. Horapollons *Hieroglyphika* wurde ins Deutsche übersetzt von Johannes Basilius Herold, Basel 1554, und von Helge Weingärtner, *Horapollo. Zwei Bücher über die Hieroglyphen.* In der lateinischen Übers. von Jean Mercier nach der Ausgabe Paris 1548, Erlangen: Thomas Specht, 1997 (Kleine Reihe für Kunst, Kunstwissenschaft und Kultur, 3). Die maßgebliche Textausgabe ist: *Hori Apollinis Hieroglyphica*, Saggio introduttivo, edizione critica del testo e commento di Francesco Sbordone, Neapel 1940. Vgl. auch Heinz-Josef Thissen, *Vom Bild zum Buchstaben – vom Buchstaben zum Bild. Von der Arbeit an Horapollons Hieroglyphika*, Stuttgart: Steiner, 1998 (Akad. d. Wiss. u. d. Lit., Abh. d. geistes- u. sozialwiss. Klasse 1998, Nr. 3), Jan Assmann, *Weisheit und Mysterium. Das Bild der Griechen von Ägypten*, München: Beck, 2000, bes. S. 69 f.; Karl Giehlow, »Die Hieroglyphenkunde des Humanismus in der Allegorie der Renais-

sance«, in: *Jahrbuch der kunsthistorischen Sammlungen des allerhöchsten Kaiserhauses*, Bd. XXXII, H. 1, Wien 1915].

34 E. Garin, *Storia della filosofia italiana*, Bd. I, Turin 1966, [3]1978, S. 383.

35 *In Timaeum commentarium*, *Opera*, II, S. 1438 ff., cap. 28, S. 1450,45-47, bei A. Chastel, *Marsile Ficin et l'Art*, Genf: E. Droz, Lille: R. Giard, 1954, S. 100, 105, Anm. 5. *Non solum vero per numeros, sed etiam per figuras describitur anima, ut per numeros quidem incorporea cogitetur, per figuras autem cognoscatur ad corpora naturaliter declinare.*

36 *Theologia platonica* XV, 13; vgl. auch Garin, *a. a. O.*, S. 401-402. Die Tradition dieses ›inneren Gesichts‹ (ὄψις [ἔνδον]) geht zurück auf Plotin, *Enneaden* I, 6, 9 [dt. Plotins *Schriften*, übers. von Richard Harder, Bd. I, Hamburg 1956 (Philos. Bibl., 211a), S. 22-23]. Bei Ficino handelt es sich um ein phantasmisches Organ, das sich dem Höheren (der intelligiblen Welt) öffnet.

37 P. O. Kristeller, *Il pensiero filosofico di Marsilio Ficino* (durchges. u. erweiterte ital. Übers.), Florenz 1953, S. 218 ff., dt. *Die Philosophie des Marsilio Ficino*, Frankfurt am Main 1972, S. 189 ff.

38 Siehe G. Verbeke, *a. a. O.*, S. 498-507.

39 Zur Geschichte des *oculus spiritalis* siehe Hans Lewy, *Chaldaean Oracles and Theurgy. Mysticism, Magic and Platonism in the Later Roman Empire*, Kairo 1956 (von Michel Tardieu besorgter fotomechanischer Nachdruck, Paris 1978), S. 370 ff.

40 A. Chastel, *a. a. O.*, S. 147, 154, Anm. 41: »Die Symbole der ›ägyptischen Theologie‹ sind die des Iamblichos, die Ficino übersetzt hat, *Opera*, II, S. 1901 ff.; eine andere Stelle in *de sacrificia et magia* des Proklos, *ebd.*, S. 1928 f. über den Lotos.«

41 *Prooemium in Platonis Parmenidem* (*Opera*, II, S. 1137): *Pythagorae, Socratisque et Platonis mos erat, ubique divina mysteria figuris, involucrisque obtegere, sapientiam suam contra Sophistarum iactantiam modeste dissimulare, iocari serio, et studiosissime ludere* [dt. P. R. Blum in: Ficino, *Über die Liebe*, S. XXIII]. Es handelt sich dabei einfach um einen Ausdruck, den Xenophon gebraucht hatte, um die sokratische Methode zu bezeichnen (παίζειν σπουδῇ). Zur Mode des ›ernsthaften Spiels‹ bei Ficino und seinen Zeitgenossen siehe Edgar Wind, *Pagan Mysteries in the Renaissance*, Oxford [3]1980 (1. Aufl. London 1958), S. 236-238, dt. *Heidnische Mysterien in der Renaissance*, Frankfurt am Main 1981, S. 270-272.

42 E. Wind schreibt sie dem Jünger des Cusanus Giovanni Andrea de' Bussi zu: *Heidnische Mysterien*, S. 270 [Francesco Fiorentino, *Il risorgimento filosofico nel Quattrocento*, Neapel 1885, S. 121, vermutet in Giovanni di Aleria den Verfasser. Zu den Versen neuerdings Karl Bormann, »Nicolaus Cusanus als Poet?« in: *Mittellateinisches Jahrbuch* 20 (1985), S. 184-192, bes. S. 187 f. Die Quelle bei Cusanus: *Dialogus de ludo globi*, in: Nicolai de Cusa *Opera omnia*,

vol. IX, ed. I. G. Senger, Hamburg: Meiner, 1998, S. 67, v. 13-20; vgl. auch die »Praefatio editoris«, S. XXVII f. Allerdings geht es in Vers 19 nicht um den Gott Dionysos, sondern um den neuplatonischen Mystiker Pseudo-Dionysios Areopagites, vgl. Bormann, S. 185].

43 Zu diesem orphischen Mythos siehe William Keith Chambers Guthrie, *Orpheus and Greek Religion. A Study of the Orphic Movement*, London: Methuen, 1935, ^{2}1952, franz. Übers., Paris 1956, S. 253 ff.; Henri Jeanmaire, *Dionysos. Histoire et culte de Bacchus*, Paris: Payot, 1951, S. 383 ff. und 472-473 [Walter F. Otto, *Dionysos*, Frankfurt am Main: Klostermann, 1933].

44 Heraklit, Fragm. B 52, ed. Diels, Kranz, Berlin ^{6}1951, I, S. 162 [= Hippolyt, *Refutatio omnium haeresium* IX, 9, 4, ed. Miroslav Marcovich, Berlin, New York 1986, S. 344, 13-14]: αἰὼν παῖς ἐστι παίζων, πεσσεύων· παιδὸς ἡ βασιληίη. [Diels, Kranz: »Die Lebenszeit ist ein Knabe, der spielt, hin und her die Brettsteine setzt: Knabenregiment!« H. Quiring, Berlin 1959, S. 78: »Aion ist ein spielendes, würfelndes Kind. Das Königreich eines Kindes.« L. Winterhalder, 1962: »Die Lebenszeit ist ein Knabe, der spielt, am Spielbrett spielt – die Königsherrschaft eines Knaben.« B. Snell, 1940: »Die Zeit« für *aiōn*; Geschichte der Deutungen bei Zeller, Capelle I, S. 808.] Zur ›orphischen‹ Deutung dieses Fragments siehe Vittorio Macchioro, *Eraclito. Nuovi studi sull'Orfismo*, Bari 1922 (Biblioteca di cultura moderna, 107). Zur ›initiatischen‹ Interpretation des Spiels von Dionysos vgl. Andrew Lang, *Custom and Myth*, 2nd ed., rev., London 1885, fotomech. Nachdruck Ooserhout 1970, S. 29-44, insbes. S. 39-41, und Raffaele Pettazzoni, *I misteri. Saggio di una teoria storico-religiosa*, Bologna 1924. Zum *ludus mundi*, besonders bei Karl Jaspers vgl. David LeRoy Miller, *Gods and Games*, New York 1970, New York, San Francisco, London ^{2}1973, S. 163-164. Zur Deutung von Heraklits Fragment 52 von Nietzsche bis Heidegger vgl. Giorgio Penzo (Hrsg.), *Il nichilismo. Da Nietzsche a Sartre*, Rom 1976 (Idee, 12). [Neuerdings grundlegend: Günter Wohlfart, *»Also sprach Herakleitos«. Heraklits Fragment B 52 und Nietzsches Heraklit-Rezeption*, Freiburg, München: Karl Alber, 1991, *passim*.].

45 *La Forme et l'Intelligible*, Paris 1970, S. 31-64, dt. Ausg.: *Gestalt und Gedanke. Zur Kunst und Theorie der Renaissance*, Berlin 1996, »›Spirito peregrino‹. Der Gedanke als pilgernder Geist«, S. 15-49.

46 Zur Biographie des Dominikaners F. Colonna siehe Maria Teresa Casella, Giovanni Pozzi, *Francesco Colonna. Biografia e Opere*, Padua 1959, 2 Bde. (Medioevo e Umanesimo, 1-2).

47 Vgl. die neue kritische Ausgabe von G. Pozzi, Lucia A. Ciapponi, *Hypnerotomachia Poliphili*, Padua 1964, Nachdruck Padua 1980.

48 1463 übersetzte der dreißigjährige Ficino den Hermes Trismegistos

zugeschriebenen *Poimandres*. Trotz seines frühen Ruhmes, war dieser vor 1467 doch noch nicht von Florenz nach Treviso gedrungen.

49 Yates, S. 123-124, dt. Ausg. S. 116.

50 Vgl. *Hypnerotomachie*, ed. Guégan-Kerver, S. 309 [ed. Polizzi, S. 408].

51 Siehe die Erörterung der Dissertation von Jacques Flamant (*Macrobe et le néoplatonisme latin, à la fin du IVe siècle*, Leiden: E. J. Brill, 1977, ÉPRO, 58) in unserem bereits angeführten Aufsatz »Ordine e disordine delle sfere«, *Aevum* 55 (1981), S. 96-110 (siehe auch unsere Besprechung des Buches von Flamant in: *Aevum* 53 (1979), S. 190a-193b). Zwei andere Stellen im Werk Ficinos beziehen sich auf die Lehre von der Herabkunft der Seele durch die Planetensphären und das Erwerben von Vehikeln. In seiner *Theologia Platonica* (XVIII, 4-5) spielt Ficino auf drei Seelengefährte an (das himmlische, das luftige und das stoffliche), was auf die Unterscheidung verweist, die Synesios von Kyrene vorgenommen hatte zwischen einem *uehiculum diuinioris animae*, das ätherisch ist, und einem materiellen Gefährt, das Menschen und Tieren gemeinsam ist (vgl. unseren Aufsatz »Magia spirituale e magia demonica nel Rinascimento«, S. 392, Anm. 103). Proklos macht auch diese Unterscheidung (vgl. »Ordine e disordine delle sfere«). Bei Ficino ist diese Haltung nicht konstant, denn in seinem Kommentar zu Plotins *Enneaden* (II, 6) findet sich diese Stelle, die sich sehr eng an Proklos, Macrobius und Servius anschließt: *Ex eorum iterum animabus in nostris animis a Saturno contemplatio cautioque et conservatio diligens augetur, ab Jove civilis et prudens potissimum gubernatio, a Marte magnanimitas malorum iniuriarumque expultrix, a Mercurio inquisitio quaelibet et expressio, a Venere charitas et humanitas, a Sole honestatis cura pudorque et gloriae studium verioris, a Luna denique rerum vitae necessariarum cura et providentia diligens.* [Als sie aus ihren Seelen wiederum in unsere übergegangen sind, wird die Versenkung, die Vorsicht und die sorgsame Erhaltung durch Saturn gesteigert, von Jupiter vor allem die kluge politische Herrschaft, von Mars der Mut, der Übel und Unrecht vertreibt, von Merkur die Erforschung und der Ausdruck aller Art, von Venus die Liebe und die Menschlichkeit, von der Sonne das Hegen und Pflegen der Ehre und das Streben nach echterem Ruhm, vom Mond schließlich die sorgfältige Besorgung alles zum Leben Notwendigen und die gewissenhafte achtsame Voraussicht.] (*Opera* II, S. 1619,19-23.) Der neuplatonische Begriff *vehiculum* tritt hier zwar nicht auf, aber ebensowenig die Dämonen der Planeten, die im Text des Kommentars zum *Gastmahl* erscheinen. Es ist sehr bezeichnend, daß Ficino im achtzehnten Buch seiner *Theologia Platonica* [XVIII, 4, *Op.* I, S. 404] behauptet, nicht an die Lehre von der Herabkunft der Seele durch die Sphären zu glauben, die er als

»Phantasie der Platoniker« bezeichnet. Da er sie aber in seinen Kommentaren zu den *Enneaden* und zum *Gastmahl* darlegt, ist es sehr wahrscheinlich, daß er dieser Theorie zustimmt. Noch seltsamer ist, daß er sie nicht einmal dort erwähnt, wo ihnen ein Ehrenplatz gebühren sollte, nämlich im Buch *De vita coelitus comparanda*. In der Tat ist keine theoretische Rechtfertigung der astrologischen Magie so einfach wie die, die von der Vorstellung herrührt, daß die Seele sich während ihrer Herabkunft in astrale Gewänder einhüllt, die den augenblicklichen Einflüssen der Planeten entsprechen. Walker (S. 39) glaubt, daß Ficino diese Erklärung wegen ihres unorthodoxen Charakters vermied: Tatsächlich schien sie die *Präexistenz* der sich einkörpernden Seelen vorauszusetzen, was eine Spur von Origenismus [Origenes, *De oratione* XXXI, 29, PG 11, Sp. 552] oder Prädestinationslehre darstellte. Ohne die Deutung Walkers ausschließen zu können, ist die Abwesenheit der Lehre vom Seelengefährt in *De vita coelitus comparanda* – einem Depositorium scharfer, an Ketzerei grenzender Behauptungen – überaus verwunderlich [vgl. auch W.-D. Müller-Jahncke, *Astrologisch-magische Theorie und Praxis in der Heilkunde der frühen Neuzeit*, Stuttgart 1985, S. 44-56].

52 Florenz, Biblioteca Nazionale, Conventi Soppressi I, 1, 28. Der Kommentar zu Macrobius, *Commentarii in somnium Scipionis* I, 12, 13-14, ist auf den Bl. 57^{v}-58^{r} der Handschrift zu finden; vgl. P. Dronke, *Fabula. Explorations into the Uses of Myth in Medieval Platonism*, Leiden, Köln: E.J. Brill, 1974 (Mittellateinische Studien und Texte, IX), S. 112, Anm. 2: *A Saturno enim tristiciam, a Iove moderationem, a Marte animositatem, a Venere cupiditatem, a Mercurio interpretandi possibilitatem, a Sole calorem qui <est>etica, id est sentiendi vis, dicitur, a Luna phyticam accipit, quod appellatur incrementum* [Denn von Saturn kommt die Trübsal, von Jupiter die Mäßigung, von Mars die Feindseligkeit, von Venus die Begierde, von Merkur die Fähigkeit zu deuten, von der Sonne die Wärme, die Wahrnehmung, das heißt die Empfindungsfähigkeit, vom Mond die *vis phytica*, was Wachstum genannt wird].

53 *Philosophia mundi* IV, 10, in *Patrologiae Latinae* tom. CLXXII, col. 88 (PL XC, Sp. 1170), bei Dronke, S. 173 [*Matrix est cista seminis susceptrix, intus villosa, ut melius semen recipiat, septem optinens cellulas humana figura ut moneta impressas*]. Dieselbe Vorstellung findet man in dem Kommentar des Macrobius, Bl. 50^{r}, den Dronke ebenda anführt.

54 [*Sēfer ha-Zōhār* III, Leviticus, 104 a-b, übers. nach: *The Zohar*, Translated by Maurice Simon and Harry Sperling, Vol. V, London, Bournemouth: The Soncino Press, 1949, S. 137; vgl. auch *Sēpher ha-Zohar* (*Le Livre de la splendeur*). *Doctrine ésotérique des israélites.* Traduit pour la première fois sur le texte chaldaïque et accompagné

de notes par Jean de Pauly, Paris 1905, Nachdruck Paris: G.-P. Maisonneuve et Larose, 1970, Bd. V, S. 263 f.].

55 Brief an Filippo Valori vom 7. November 1492, in: *Opera*, S. 948, angeführt von Chastel, *Marsile Ficin et l'Art*, S. 170, Anm. 2 und 3 (*Opera*, S. 888). [Vgl. *Op.*, S. 741 f., 871, 901, Kristeller, S. 196, Anm. 13. Ficinos Horoskop wird auf Grund seines Briefes an Martin Prenninger, Liber IX, dargestellt und beschrieben in: *The Letters of Marsilio Ficino*, Liber VI, Bd. 5, London 1994, S. 122.].

56 [Z. B. *Roche Lexikon Medizin*, München, Wien, Baltimore [2]1987: »Psychisches Krankheitsbild mit ausgeprägter Störung der Willkürmotorik; entweder im Sinne einer Bewegungsstarre als katatoner Stupor (mit Unterbrechung der Beziehung des Kranken zur Umwelt) oder als katatoner Erregungszustand (›Raptus‹), in den die Bewegungsstarre übergehen kann.« *Dorsch Psychologisches Wörterbuch*, Bern, Göttingen, Toronto, Seattle [12]1994: »Spannungsirresein, begleitet von Muskel-, Schluck- und Sprachbeschwerden, starren, stereotypen Haltungsweisen des Körpers. Seelisch mit Gleichgültigkeit, Halluzinationen verbunden.«].

57 E. Panofsky, F. Saxl, *Dürers ›Melencolia I‹. Eine quellen- und typengeschichtliche Untersuchung*, Leipzig, Berlin: B. G. Teubner, 1923 (Studien der Bibliothek Warburg, II); vgl. auch E. Panofsky, *The Life and Art of Albrecht Dürer* (1943), Princeton 1965, Kap. V, dt. *Das Leben und die Kunst Albrecht Dürers*, München: Rogner & Bernhard, 1977; R. Klibansky, E. Panofsky, F. Saxl, *Saturn and Melancholy. Studies in the History of Natural Philosophy, Religion and Art*, London: Nelson, 1964, dt. *Saturn und Melancholie. Studien zur Geschichte der Naturphilosophie und Medizin, der Religion und der Kunst*, Frankfurt am Main: Suhrkamp, 1990.

58 Vgl. Ficino, *De amore* VI, 9, ed. Ottaviano, S. 100-101 [ed. Niccoli, S. 135-137].

59 Johann Virdung von Haßfurt, *a. a. O.*, Bl. 4^{v}: *frigidus et siccus.*

60 *Ebd.*, Bl. 22^{v}: *Saturninus namque faciem habet magnam, invenustam, oculos mediocres deflectentes in terram, unum maiorem altero, et in altero oculorum maculam, seu deformitatem, nares spissas, labia spissa, iuncta supercilia, capillos nigros, duros, asperos, aliqualiter crispos, dentes diversos, est et communiter imberbis, aut raros habens in barba crines, alias in corpore, maxime circa pectoralia pilosus, nervosus, macer siccam habens cutem, distortas manus, et pedes, scissuramque in calcaneis, habet et corpus temperatae magnitudinis, melleique coloris, et foetidum admodum hircorum* [. . .]. *Et vincit in ipsius complexione frigiditatis, et humiditatis.*

61 *Ebd.*, Bl. 22^{r}: [. . .] *nullam habentes confidentiam nec in Deum, nec in homines, solitariam ducentes vitam, angulariaque loca quaerentes.*

62 *Ebd.*, Bl. 3^{v}: *Habet frigiditatem et siccitatem distemperatam, destruentem, et mortificantem herbas, arbores, et semina.* [. . .] *Est signum fęmininum,*

nocturnum, cor meridionale, solstitiale, hyemale, mobile, tortuosum, terreum, melancholicum.

63 *Problemata Physica* XXX, 1 [953 a 10 ff., dt. *Werke*, Bd. 19, übers. von H. Flashar, Berlin: Akademie, 1962, S. 250, Anm. S. 711-727]: »Warum erweisen sich alle außergewöhnlichen Männer in Philosophie oder Dichtung oder in den Künsten als Melancholiker?« Eine erschöpfende Erörterung des Problems wurde von Walter Müri unternommen: »Melancholie und schwarze Galle« (*Museum Helveticum* 10, 1953, S. 29-38), in: H. Flashar (Hrsg.), *Antike Medizin*, S. 165-191 [Siehe auch H. Flashar, *Melancholie und Melancholiker in den medizinischen Theorien der Antike*, Berlin: de Gruyter, 1966, S. 60 ff.; Text und Übersetzung auch bei Klibansky, Panofsky, Saxl, *Saturn und Melancholie*, S. 59-76].

64 Vgl. Müri, S. 167 [S. 31].

65 *De animalibus libri XXVI*, ed. H. Stadler, Münster 1916-1921, Bd. I. S. 330, § 121, Bd. II, S. 1304, § 60, zitiert bei Klibansky, Panofsky, Saxl, *Saturn und Melancholie*, S. 130 f., Anm. 11.

66 [Vgl. *fumus melancholicus* bei Wilhelm von Auvergne, *Opera omnia*, Paris 1674, S. 769 Sp. 1 C, S. 924 Sp. 1 E, S. 946 Sp. 2 E, S. 999 Sp. 2 C, S. 1054 Sp. 2 EF.].

67 *Theologia Platonica* XIII, 2, *Opera*, S. 286 ff. (ed. Marcel II, S. 201 ff.; Kristeller, S. 199 ff.).

68 *Vita coel.* II, ed. Kaske, Clark, S. 250,26-28 [533]: *Saturnus non facile communem significat humani generis qualitatem atque* [Basel 1576: *tamquam*] *sortem* [bei Hasfurtius, Bl. 162^r, hat der Text die offensichtlich falsche Lesart *atque fortem*], *sed hominem ab aliis segregatum, divinum aut brutum, beatum aut extrema miseria pressum.* [Saturn kann schwerlich die gemeine Eigenschaft und das Schicksal des menschlichen Geschlechtes bezeichnen, vielmehr bezeichnet er einen von anderen getrennten Menschen, ob göttlich oder tierisch, glückselig oder von äußerster Not niedergebeugt.].

69 Agamben, S. 6-19, franz. Ausg. S. 32-39.

70 Chastel, *a. a. O.*, S. 165.

71 Kristeller, *a. a. O.*, S. 230, dt. Ausg. S. 200 und Anm. 28 (*Op.*, S. 292 ff. [ed. Marcel, II, 214 ff.]).

72 Brief an Matteo Corsini [I, 8, vor dem 6. Juni 1463], in: *Tomo Primo delle divine Lettere del gran Marsilio Ficino* tradotte in lingua Thoscana per M. Felice Figliucii Senese . . . In Vinegia [Vinetia = Venedig], Appresso Gabriel Giolito de' Ferrari, 1546, ^{2}1549, Bl. 14^{r-v} [Ficino, *Lettere* I, ed. S. Gentile, Florenz 1990, S. 31, S. CCLVII; dt. *Briefe des Mediceerkreises*, übers. von K. Markgraf von Montoriola, Berlin 1926, S. 112-113].

73 [δαιμον(ι)οπληξία von πλήσσειν, πλήσσεσθαι schlagen, heimsuchen.].

74 Campanella, *De sensu rerum et magia, Libri Quattuor, Pars mirabilis occultae philosophiae*, hrsg. von Tobias Adami [Frankfurt am Main: Apud Egenolphum Emmelium, 1620, Paris 1637], III, 10, S. 231, in: *Opera latina. Francofurti impressa annis 1617-1630*, a cura di Luigi Firpo, Tomus prior, Torino: Bottega d'Erasmo, 1975, S. 333, und in: *Opere di Giordano Bruno e di Tommaso Campanella*, a cura di Augusto Guzzo e Romano Amerio, Mailand, Neapel: Riccardo Ricciardi, 1956, S. 1053. *Ut n. docte scripsit Origines, atra bilis sedes est malignorum spirituum, et daemoniorum, qui videns spiritum corporeum tetro vapore infectum mentem que horrore stupefactam non posse recte operari in eo, ipse qui impurus est sordidusque oblectatur huiusmodi fuliginibus et ingreditur corpus, utiturque illis ad inferendum horrorem animae frenandumque; atque ipse interim aliena gaudet sede.* [Die erste Fassung dieses Werkes hat Campanella 1590-92 auf lateinisch geschrieben, 1592 wurde es ihm in Bologna gestohlen, um in einem Gerichtsverfahren wegen Ketzerei gegen ihn verwendet zu werden; daraufhin schrieb er es 1604 aus dem Gedächtnis wieder auf italienisch nieder und dann abermals auf lateinisch. Diese letzte Fassung wurde zuerst 1620 in Frankfurt am Main gedruckt. Vgl. F. A. Yates, *Giordano Bruno and the Hermetic Tradition*, London 1964, S. 381, Anm. 1; *Del senso delle cose e della magia*, a cura di Antonio Bruers, Bari: Laterza, 1925; vgl. G. Gentile, *Studi sul Rinascimento*, Florenz 1923, S. 174-191.].

75 [*De sensu rerum* III, 10, S. 233, *Opera latina*, I, S. 335: [...] *in calidioribus temperatura, ipsaque signum est sagacium spirituum, sed non causa: Causa enim est tenuitas ac passibilitas spirituum. Iccirco melancholici solitudinem adpetunt, quoniam quacunque motione offenditur tenuis spiritus. Ideo recedunt à consortio et cogitant multa, quoniam motus multi fiunt et excitantur in tenuitate. Igitur melancholicus praevidet in somnis plus quam caeteri, eo quod aptior est spiritus tenuior ad recipiendos exiles insensibiles motiones aeris, quam crassi spiritus, sicuti facilius suscipit motum aer, quam aqua, et motus languidiores in tenuioribus inprimuntur magis.*].

76 *Ebd.*, S. 1054, *De sensu rerum* III, 10, S. 233, *Opera latina* I, S. 335: *Sic intuentes hominem intente, eius cogitationem intelligunt divinantque suscipiendo exiguum motum, quem cogitantis spiritus communicat aeri, promptique sunt ad scientiam omnem, nisi fuligo impediat.*

77 S. Freud, »Trauer und Melancholie« [1915], in: *Internationale Zeitschrift für ärztliche Psychoanalyse*, Bd. IV, 1917, S. 288-301, *Gesammelte Werke*, London: Imago, 1946, Bd. X, S. 428-446, *Studienausgabe*, Frankfurt am Main: S. Fischer, 1975, Bd. III, S. 194-212; vgl. auch Agamben, Kap. IV, franz. Ausg., S. 46-51.

78 Agamben, S. 13, franz. Ausg., S. 27.

79 Agamben, S. 19, franz. Ausg., S. 39f., der Wilhelm von Auvergne zitiert: *De universo* I, 3, 7 (*Opera omnia*, Venedig 1591; Guilielmi Al-

verni Episcopi Parisiensis *Opera omnia*, Parisiis 1674-1675, 2 Bde., Nachdruck Frankfurt am Main 1963, Bd. I, S. 769 Sp. 1 D).

80 Sören Kierkegaard, *Entweder-Oder*, Erster Teil, I. Unter Mitwirkung der Kopenhagener Kierkegaard-Gesellschaft hrsg. von Hermann Diem und Walter Rest, Köln, Olten: Jakob Hegner, 1960, S. 28.

81 Chastel, S. 168.

82 [Diese werden bei Aristoteles, *Problemata* XXX, 1, nicht genannt, wohl aber: Empedokles, Platon, Sokrates. Heraklit wird in diesem Sinne bei Diogenes Laërtios erwähnt.].

83 [Nicht in den Aristotelischen *Problemata*.].

84 *De amore* VI, 9, S. 100-101 (ed. Ottaviano [ed. Niccoli, S. 138: Sappho]) [S. 215-216 (ed. Marcel), Lucretius: S. 214-215, ed. Niccoli, S. 136-137].

85 *Theologia Platonica* XIV, 7 (*Opera*, S. 316f., ed. Marcel II, S. 271ff., Kristeller, S. 191f.).

86 »Les hommes ont un inſtinct ſecret qui les porte à chercher le divertiſſement & l'occupation au dehors, qui vient du reſſentiment de leur miſere continuëlle. Et ils ont un autre inſtinct ſecret qui reſte de la grandeur de leur premiere nature, qui leur fait connoistre, que le bonheur n'eſt en effet que dans le repos. Et de ces deux inſtincts contraires, il ſe forme en eux un projet confus, qui ſe cache à leur veüe dans le fond de leur ame qui les porte à tendre au repos par l'agitation, & à ſe figurer toûjours, que la ſatisfaction qu'ils n'ont point, leur arrivera, ſi, en ſurmontant quelques difficultez qu'ils enviſagent, ils peuvent s'ouvrir par là la porte au repos.
[. . .] De ſorte qu'à les conſiderer ſerieusement, il eſt encore plus à plaindre de ce qu'il ſe peut divertir à des choſes ſi frivoles & ſi baſes, que de ce qu'il s'afflige de ſes miſeres effectives; & ſes divertiſſemens ſont infiniment moins raiſonnables que ſon ennuy.«
Pensées XXVI, 1, *Penſées* de M. Pascal sur la Religion, Et ſur quelques autres ſujets. Edition Nouvelle. Augmentée. De beaucoup de Penſées, de la Vie de l'Autheur, & de quelques Diſſertations, A Amsterdam, Chez Henri Wetſtein, 1699, S. 139, 140; *Pensées* de Pascal. Nouvelle Édition. Corrigée & augmentée. [ed. Condorcet] A Londres: 1776, Article VI, XXVII, S. 364-365, 368-369; vgl. B. Pascal, *Pensées*, Édition critique établie, annotée et précédée d'une introduction par Zacharie Tourneur, Paris 1943, S. 75-76, fr. 128; (*Pensées* [MS. p. 209]; fr. 139 = ed. L. Brunschvicg, *Pensées* de Blaise Pascal. Nouvelle édition . . . publiée par Léon Brunschvicg, Tome II, Paris 1904, S. 60-61; fr. 181 = ed. F. Strowski; fr. 205 = ed. J. Chevalier, *Œuvres complètes*, Paris 1954, S. 1141, fr. 136 = ed. L. Lafuma; fr. 232 = ed. F. Kaplan. Das zweite Fragment ist wahrscheinlich nicht echt, denn es ist in keiner modernen Ausgabe enthalten.

Dt. Übers.: Pascal, *Über die Religion und über einige andere Gegenstände*, übertragen und hrsg. von Ewald Wasmuth, 5., vollst. neu bearb. u. textl. erw. Aufl., Heidelberg 1954, S. 80f., *Gedanken*, mit den Anmerkungen Voltaires. Aus dem Franz. von Heinrich Hesse, Leipzig 1881, S. 97, 98-99, I. Abth., 7. Art., 1. Vgl. die Übersetzung von Friedrich Merschmann, Halle 1865; *Gedanken Paskals*. Mit Anmerkungen und Gedanken von Johann Friedrich Kleuker, Bremen 1777; Herrn Blasii von Pascals *Gedancken Über die Religion, und über einige andere Dinge, welche man nach seinem Todte unter seinen Schriften gefunden*, Augsburg 1710.].

Kapitel III

1 Dieses äußere Bildnis zeichnet sein Biograph Giovanni Corsi in seiner *Vita Marsilii Ficini*, XV, die 1506 geschrieben und erst 1771 in Pisa veröffentlicht wurde: *Statura fuit admodum brevi, gracili corpore et aliquantum in utriusque humeris gibboso: lingua parumper haesitante, atque in prolatu dumtaxat litterae S balbutiente: et utraque sine gratia: cruribus, ac brachiis sed praecipue manibus oblongis: facies illi obducta: et quae mitem ac gratum adspectum praebent color sanguineus, capilli flavi, ac crispantes; ut qui super frontem in altum prominebant.* [ed. Marcel, *Marsile Ficin*, S. 685f.: *Statura fuit admodum brevi gracili corpore et aliquantulum in utrisque humeris gibboso. Lingua parumper haesitante atque in prolatu litterae dumtaxat S balbutiente, sed utrumque non sine gratia. Cruribus ac brachiis, sed praecipue manibus oblongis. Facies illi obducta et quae mitem aspectum ac gratum praeberet, color sanguineus. Capilli flavi ac crispantes et qui super frontem sursum protenderent.*] [Er war recht klein von Wuchs, sein Leib war schmächtig und an beiden Schultern ein wenig gebeugt. Seine Zunge zögerte kurz, wenn er sprach und, vor allem wenn er ein S aussprach, geriet er ins Stottern, im übrigen nicht ohne Anmut: Seine Beine, Arme und besonders die Finger waren lang. Das Gesicht war runzelig, und was ihn sanft und angenehm aussehen ließ, waren seine roten Wangen, das blonde und gekräuselte Haar, das hoch über der Stirn hervortrat.] Außer der Biographie von Corsi gibt es eine zweite, wahrscheinlich von Piero Caponsachi verfaßte, von der es eine lange und eine kurze Fassung gibt (vgl. R. Marcel, *Marsile Ficin*, S. 679-730 [engl. Übers. der Biographie von Corsi in: *The Letters of Marsilio Ficino*, Bd. 3, London 1981, S. 133-153, bes. S. 143]). Daraus entnehmen wir folgende Einzelheiten: Ficino studierte in Abschnitten von je zwei Stunden; in den Pausen schlug er die Leier, um seinen Geist (den ätherischen Leib) zu erholen. Er war um seine zarte Gesundheit äußerst besorgt. Um seinen Geist zu stärken, trank er den Wein schlückchenweise; wohin er auch eingeladen wurde, brachte er eine Flasche seines »guten Valdarno-Weines« mit, denn der Wechsel des Getränks war seiner-

Komplexion bekanntlich abträglich. Alles das macht deutlich, daß er die Rezepte, die er in den Traktaten *De vita* dargelegt hatte, selbst befolgte.

2 [*Opera*, S. 1164.].

3 Beim Werk Giovanni Picos haben wir den fotomechanischen Nachdruck benutzt: Giovanni Pico della Mirandola, Gianfrancesco Pico, *Opera omnia* (Basel 1557-1573 [Basel 1572, Neudruck Turin 1971]). Con una introduzione di Cesare Vasoli, Hildesheim 1969, Bd. I (der die Basler Ausgabe wiedergibt: *Opera omnia* Ioannis Pici Mirandulae Concordiaeque comitis [...]). Beim *Commento* haben wir die vollständige Ausgabe von Eugenio Garin zugrunde gelegt (*De hominis dignitate, Heptaplus, De ente et uno. E scritti vari*, Florenz: Vallecchi, 1942, S. 459-581), die einzige, in der die auf Ficino sich beziehenden Stellen nicht entfernt wurden. [Engl. Übers.: G. Pico della Mirandola, *Commentary on a canzone of Benivieni*, transl. by Sears Reynolds Jayne, New York u. a.: Lang, 1984 (American University Studies, Series II, Romance Languages and Literature, 19), dt. Übers. der *Canzona* Benivienis bei Heinrich Reinhardt, *Freiheit zu Gott. Der Grundgedanke des Systematikers Giovanni Pico della Mirandola (1463-1494)*, Weinheim 1989, S. 28-30.] Eine auf den neuesten Stand gebrachte Bibliographie über Pico findet man in dem Buch von Henri de Lubac, *Pic de la Mirandole. Études et discussions*, Paris: Aubier Montaigne, 1974. Die Umstände der Abfassung des *Commento* werden dort auf den Seiten 84ff. behandelt (siehe den Text des *Commento*: *Opera*, I, S. 898-923). Vgl. auch die Studie von Edgar Wind, »Amor as a God of Death«, in *Pagan Mysteries*, S. 152-170, insbes. S. 154-157, dt. »Amor als Todesgott«, in *Heidnische Mysterien*, S. 177-197, bes. S. 179ff. [Vgl. auch Walter Andreas Euler, *»Pia philosophia« et »docta religio«. Theologie und Religion bei Marsilio Ficino und Giovanni Pico della Mirandola*, München: Fink, 1998 (Humanistische Bibliothek, I, 48), S. 35, Anm. 47.].

4 De Lubac, S. 85.

5 *Ebd.*, S. 85, Anm. 2.

6 *Opera*, I, S. 897 ab.

7 *Ebd.*, S. 922 ab.

8 [Ficino wurde 1473 zum Priester geweiht und erst 1487 Kanonikus am Dom zu Florenz, vgl. Euler, S. 25, Anm. 14.].

9 In der Ausgabe von E. Garin, S. 466, 488, 499, 559.

10 Die *concordia discors* zwischen Plotin und den Gnostikern (die er – stellvertretend, könnte man sagen – in seinen *Enneaden* II, 9, 15, bekämpft; vgl. unseren Aufsatz »Le vol magique dans l'Antiquité tardive«, in: *Revue de l'Histoire des Religions* 198, 1981, S. 57-66, wo das Problem nur in seinen wesentlichen Zügen dargestellt wird) ist eines der Lieblingsthemen von Hans Jonas, das er im zweiten Teil sei-

nes Buches *Gnosis und spätantiker Geist* (Göttingen I, 1934, II/1: *Von der Mythologie zur mystischen Philosophie*, 1954 [II/2: *Von der Mythologie zur mystischen Philosophie*, 1. und 2. Hälfte, hrsg. von Kurt Rudolph, Göttingen 1993]; es ist in Wirklichkeit der erste Teil des zweiten Bandes dieses Werkes, das nie fortgesetzt wurde) und in einigen später veröffentlichten Studien erörtert. 1975 vertraute er uns jedoch an, daß er nicht mehr imstande zu sein glaubt, seinen Jugendtraum zu verwirklichen, nämlich ein lange erwartetes Buch zu schreiben, in dem er nachweisen wollte, daß Plotin der metaphysische Fortsetzer der Gnostiker ist. In dem ausgezeichneten Buch von Hans Jonas, *The Gnostic Religion*, Boston 1958, ²1963, ³1971, das neuerdings in französischer Übersetzung bei Flammarion (1978) [dt. *Gnosis. Die Botschaft des fremden Gottes*, Frankfurt am Main, Leipzig: Insel, 1999] erschienen ist, wurde der Teil über Plotin weggelassen (vgl. unsere Besprechung der italienischen Übersetzung von *The Gnostic Religion*, in: *Aevum* 49 (1975), S. 585 a-587 b). Zu den Analogien zwischen der gnostischen Mythologie und dem Denken Plotins kann man die subtile Studie von Henri-Charles Puech heranziehen: »Position spirituelle et signification de Plotin«, in: *En quête de la gnose I: La gnose et le temps*, Paris: Gallimard, 1978, S. 55-82. Im Hinblick auf die These von Christoph Elsas, die wir in unserem oben erwähnten Aufsatz zustimmend besprachen, nämlich daß die Gegner Plotins in *Enn.* II, 9, 15 und die *viri novi* des christlichen Polemikers Arnobius in Wirklichkeit dieselben Personen wären, die sich um Plotins Jünger Amelios geschart hätten, so könnten wir dem nicht mehr blind beipflichten. [Culianus Besprechung von C. Elsas, *Neuplatonische und gnostische Weltablehnung in der Schule Plotins*, in: *Aevum* 51 (1977), S. 187 b-189 b.] Im wesentlichen bekannten sich die Gegner Plotins zu einer Lehre, die Spuren von Valentinianischer Gnosis aufweist: Sie glauben, daß die Welt und deren Schöpfer böse sind und daß die Weltseele selbst einen Absturz erlitten hat; für Plotin kann der Schöpfer des Kosmos nur gut sein, der Kosmos notwendig für die Vollkommenheit des Ganzen und die Weltseele jenseits aller Wechselfälle. Nur die individuellen Seelen geraten in Verfall. Dennoch unterliegt das plotinische Schema der *processio* [πρόοδος, Hervorgang] des Seins (das man als ›alexandrinisches Schema‹ bezeichnet), die zugleich ein stufenweise erfolgender Herabstieg des Intellektes hin zur Materie ist, einem Prozeß der *Devolution* (der Begriff stammt von Hans Jonas), der für die ›syrisch-ägyptischen‹ gnostischen Systeme typisch ist.

11 *De amore*, VII, 13 [ed. Marcel, S. 257, ed. Niccoli, S. 211-212; vgl. auch E. H. Gombrich, *Das symbolische Bild. Zur Kunst der Renaissance II*, Stuttgart 1986, S. 203 f. u. S. 281, Anm. 107].

12 [*Theologia Platonica* XVI, 5, ed. Marcel III, S. 123.] Vgl. Kristeller, *Die Philosophie des Marsilio Ficino*, S. 184 f. Pico übernimmt diesen Ficinischen Ausdruck in seinem *Commento*, S. 909b-910a.

13 *Theol. Plat.* III, 2 [ed. Marcel I, S. 141 f., *De amore* III, 4, Marcel S. 165: *Amor nodus perpetuus et copula mundi*; Kristeller, S. 94, 103; Euler, S. 46, 188, Anm. 14]; nach Kristeller, S. 89, beruht dieser Ficinische Passus auf Plotin, *Enn.* IV, 2, 1. [Vgl. Müller-Jahncke, *Astrologisch-magische Theorie und Praxis*, Stuttgart 1985, S. 34 f.].

14 *Theol. Plat.* XVI, 7, *Op.* I, S. 383, Marcel III, S. 142: *Dei vicarii sumus in terra* [vgl. J. Lauster, *Die Erlösungslehre Marsilio Ficinos. Theologiegeschichtliche Aspekte des Renaissanceplatonismus*, Berlin 1998, S. 58].

15 *Commento* I, 11, S. 901 a [ed. Garin, S. 478, Euler, S. 189].

16 *Ebd.* 901 b.

17 *Ebd.* III, 10, S. 919 b [stanza sexta; ed. Garin, S. 569]: »[. . .] fra le anime humane alcune ſono di natura di Saturno, alcune di natura di Gioue, & coſi deili altri pianeti, & intendono per questo che una anima hara piu cognatione & piu conformita con lanima del cielo di Saturno che con lanima del cielo di Gioue, & coſi per lopposito [ed. Garin: e un'altra per contrario].«

18 Henri de Lubac, S. 308, Anm. 1, lehnt diese Hypothese ab: »Ein so wichtiges Werk läßt sich auf keinen Fall durch Beweggründe dieser Art erklären.«

19 *Commento*, S. 920 a.

20 *Ebd.*, S. 919 b [stanza sexta].

21 H. de Lubac, S. 325-326.

22 *Ebd.*, S. 325.

23 *Ebd.*

24 *Comm.*, S. 921 a.

25 *Ebd.*, III, 10, S. 921 ab.

26 *Ebd.*, III, 8, in Stanza IV, S. 915 b-917 b.

27 *Ebd.*, S. 916 b. [Vgl. E. Wind, dt. Ausg., S. 181-182.].

28 *Ebd.*, S. 917 b [vgl. M. Engammare, *Qu'il me baise des baisers de sa bouche. Le Cantique des Cantique à la Renaissance. Étude et bibliographie*, Genf 1993 (Travaux d'Humanisme et Renaissance, CCLXXVII)].

29 *Ebd.* [ed. Garin, Florenz 1942, S. 557 f., vgl. E. Wind, dt. Ausg., S. 180, Anm. 7, Chaim Wirszubski, *Pico della Mirandola's Encounter with Jewish Mysticism*, Cambridge, Mass.: Harvard UP, 1989, Kapitel 13.].

30 *Ebd.*, S. 910 a.

31 Vgl. E. Wind, *a. a. O.*, S. 154, dt. Ausg., S. 180, Anm. 6 [vgl. auch W. Beierwaltes, *Denken des Einen. Studien zur neuplatonischen Philosophie und ihrer Wirkungsgeschichte*, Frankfurt am Main 1985, S. 426 f., 430, Anm. 20].

32 *Ebd.*, S. 155, dt. Ausg., S. 180-181.

33 Guido de Ruggiero, *Storia della filosofia* III: *Rinascimento, Riforma e Controriforma*, Bari: Laterza, 1930, [5]1950, 1966, S. 454.

34 Die italienischen Werke Brunos wurden von G. Gentile und V. Spampanato in drei Bänden herausgegeben: *Opere italiane* (I: *Dialoghi metafisici*, con note di G. Gentile; II: *Dialoghi morali*, con note di G. Gentile; III: *Candelaio. Commedia*, con introduzione e note di Vincenzo Spampanato), Bari: Laterza, 2. Aufl., 1923-1925. Das ist die von uns zu Grunde gelegte Ausgabe. Die italienischen Dialoge wurden nach der Ausgabe von Gentile in einem Band wieder abgedruckt von Giovanni Aquilecchia, Florenz 1958, und seitdem mehrfach nachgedruckt [Florenz 1985]. Für die lateinischen Werke haben wir den fotomechanischen Nachdruck der National-Ausgabe von Francesco Fiorentino, Felice Tocco, Girolamo Vitelli, Vittorio Imbriani und Carlo Maria Tallarigo benutzt: *Jordani Bruni Nolani Opera latine conscripta, publicis sumptibus edita*, Faksimile-Neudruck der Ausgabe Neapel und Florenz 1879-1891, drei Bände in acht Teilen, Stuttgart-Bad Cannstatt: Friedrich Frommann Vlg. Günther Holzboog, 1961-1962. Auch haben wir für die italienischen Dialoge die (unvollständige) Ausgabe von Augusto Guzzo, Mailand, Neapel 1956, benutzt. Für den Dialog *De gl'heroici furori* haben wir auch die Ausgabe von F. Flora, Turin 1928, und die von Paul-Henri Michel, Paris 1954 (mit französischer Übersetzung), herangezogen. Die Bibliographie zu Giordano Bruno ist gewaltig. Man kann sich ein Bild davon machen auf Grund der von Virgilio Salvestrini zusammengestellten *Bibliografia di Giordano Bruno e degli scritti ad esso attinenti (1592-1950)*, Florenz [2]1958 [ergänzt durch Andrzej Nowicki in: *Atti dell'Accademia di Scienze Morali e Politiche della Società Nazionale di Scienze, Lettere ed Arti in Napoli* 79 (1968), 80 (1969), 81 (1970), 83 (1972), Rita Sturlese, *Bibliografia, censimento e storia delle antiche stampe di Giordano Bruno*, Florenz 1987, M. Ciliberto, N. Mann (Hrsg.), *Giordano Bruno 1583-1585. The English Experience*, Florenz 1997, S. 159-173, B. Levergeois, *Giordano Bruno*, Paris 1995, S. 531-554, *Aggiornamento (1951-2000) della Bibliografia di Giordano Bruno*, redatta da V. Salvestrini e L. Firpo, a cura di Maria Elena Severini in collaborazione con Monica Fintoni, Florenz 2000]. Wir haben eine Vielzahl von Werken zu Rate gezogen; nach reiflicher Überlegung scheinen die wirklich wichtigen Werke über Bruno nicht sonderlich zahlreich zu sein. Wir nennen einige: Luigi Firpo, *Il processo di Giordano Bruno*, Neapel 1949 [erw. Aufl. hrsg. von Diego Quaglioni, Rom: Salerno, 1993], eine ausgezeichnete – aber immer noch unvollständige – Rekonstruktion von Brunos Prozeß; Antonio Corsano, *Il pensiero di Giordano Bruno nel suo svolgimento storico*, Florenz: Sansoni, 1940 (Biblioteca storica del Rinascimento, N. S. 1), ein Werk, das, obgleich sehr nützlich, die Bruno-

sche Magie und Mnemotechnik systematisch vernachlässigt; dieser Mangel ist auch bei den älteren Auslegern des Nolaners festzustellen: Erminio Troilo, *La filosofia di Giordano Bruno*, 2 Bde., Turin, Rom 1907-1914, und *Giordano Bruno*, Rom 1918; Giovanni Gentile, *Giordano Bruno e il pensiero del Rinascimento*, Florenz 1920, überarb. 1925, 1991; Leonardo Olschki, *Giordano Bruno*, Bari 1927; Edgar Papu, *Giordano Bruno. Viața și opera*, Bukarest 1947; Bertrando Spaventa, *Rinascimento, Riforma, Controriforma*, Venedig 1928; Augusto Guzzo, *I dialoghi del Bruno*, Turin 1932 u.a. Sehr wertvolle Einzelheiten über Bruno findet man bei P. O. Kristeller (*Eight Philosophers of the Italian Renaissance*, Stanford 1964, dt. *Acht Philosophen der italienischen Renaissance*, Weinheim 1986) und bei Eugenio Garin (*La cultura filosofica del Rinascimento italiano. Ricerche e documenti*, Florenz 1961, ³1992, und *Storia della filosofia italiana*, Bd. II, Turin 1966, ³1978). Unmittelbar marxistisch geprägt ist das Werk von Nicola Badaloni, *La filosofia di Giordano Bruno*, Florenz: Parenti, 1955 (Saggi di cultura moderna, 12), völlig überarbeitet: *Giordano Bruno. Tra cosmologia ed etica*, Bari, Rom 1988; mittelbar geprägt vom Marxismus ist das Buch von Hélène Védrine, *La conception de la nature chez Giordano Bruno*, Paris: Vrin, 1967 (De Pétrarque à Descartes, 14). Sehr wichtig bleibt das Buch von Frances A. Yates, *Giordano Bruno and the Hermetic Tradition*, London 1964, ergänzt vor allem durch ihre Bemerkungen über Bruno, die in *The Art of Memory* (dt. *Gedächtnis und Erinnern*) und neuerdings in *Astraea. The Imperial Theme in the Sixteenth Century*, London, Boston 1975, enthalten sind. [Vgl. auch Yates, *Lull & Bruno. Collected Essays*, Vol. I, London, Boston, Henley, 1982, die Aufsätze über Bruno dt. in: *Giordano Bruno in der englischen Renaissance*, Berlin 1989.] Das unleugbare Verdienst von Frances Yates (1899-1981) besteht darin, das Werk Brunos in seinen eigenen kulturellen Zusammenhang einbezogen zu haben; zum ersten Mal in der Geschichte der modernen Philosophie wurde Bruno nicht mehr als ungeschickter, grotesker und ›bacchantischer‹ Vorläufer des modernen Denkens betrachtet, sondern als herausragender Vertreter des Denkens der Renaissance. Es handelt sich im Grunde darum, verschiedene Kategorien auf ihn anzuwenden und ihn mit den Maßstäben einer anderen Epoche zu beurteilen, und die Geistesgeschichtler werden Frances Yates nie dankbar genug dafür sein, daß sie ihnen den Unterschied geduldig erklärt hat. Das hindert sie jedoch nicht daran, alle möglichen Lehren der Spätantike mit dem Etikett ›Hermetik‹ zu belegen, deren sich der Hermetismus selbstverständlich bedient hat, die aber keineswegs einen ›hermetischen‹ Ursprung haben. Die Zitate im Text und in den Anmerkungen folgen den am Anfang dieser Anmerkung erwähnten Bruno-Ausgaben.

35 Die Stelle aus dem Verhör vom 30. Mai 1592 wurde von Gentile, *Op. it.*, Bd. II², S. 226-227, Anm. 2, wiedergegeben [vollständiger Text bei L. Firpo, *Il processo*, Rom ²1993, S. 159-164, bes. S. 161-162; G. B., *Documents I, Le procès*, ed. L. Firpo, Paris 2000, S. 50-51; vollständige deutsche Fassung bei L. Kuhlenbeck, Bd. 6, Jena 1909, S. 164-170, bes. S. 167].

36 Diese Lebensdaten sind unbestreitbar. Man findet sie in fast allen oben, Anm. 34, angeführten Werken.

37 J.-Roger Charbonnel, *L'Éthique de Giordano Bruno et le deuxième dialogue du* Spaccio (*Traduction avec notes et commentaires*) *Contribution à l'étude des conceptions morales de la Renaissance*, Paris 1919, S. 35.

38 *Ebd.*, S. 276.

39 [Hegel, *Vorlesungen über die Geschichte der Philosophie* (1829/30), III. Bd., 3. Abschn., B 3: »Aber der Haupt-Charakter seiner Schriften ist eigentlich einer Seits eine schöne Begeisterung eines Selbstbewußtseyns, das den Geist sich inwohnen fühlt, und die Einheit seines Wesens und alles Wesens weiß. Es ist etwas Bacchantisches in diesem Ergreifen dieses Bewußtseyns; es fließt über, diesen Reichthum auszusprechen, um sich so zum Gegenstande zu werden. Aber es ist nur das Wissen, in welchem der Geist sich als Ganzes ausgebähren kann. [. . .] Einen solchen ungeordneten, mannigfaltigen Reichthum zeigt Bruno; und dadurch gewinnen seine Expositionen häufig ein trübes, verworrenes, allegorisches Aussehen, – mystische Schwärmerei.« *Sämtliche Werke*, Jubiläumsausgabe in zwanzig Bänden, hrsg. von Hermann Glockner, Stuttgart ³1959, Bd. 19, S. 226, *Werke*, Frankfurt am Main: Suhrkamp, 1971, Bd. 20, S. 24.].

40 [vom Festland weit getrennten, Vergil, *Ecl.* 1, 66: *et penitus toto divisos orbe Britannos*; Bacmeister, S. 9,20; 19,37; 211 f.].

41 [Dial. I, I², S. 17: »Mostrauano saper di greco? – Et di birra etiamdio«; Heinrich von Stein, S. 12: »Wussten sie etwas vom Griechischen? – Ja, und vom Biere nun gar.«].

42 [Vgl. Grassi, S. 54-60. *Cena*, Dial. II; I², S. 62 f.].

43 [IV; I², S. 101, Kuhlenbeck, S. 119, Fellmann, S. 148, L. 176, 23 f.: »in loco della collana un capestro al collo«.].

44 [Dial. IV; I², S. 106, Ende: *Vide, tace et disce: ego docebo te Ptolomaeum et Copernicum*. L. 179,40 f. Kuhlenbeck I, S. 124 f., Fellmann, S. 153.].

45 [Dial. IV; I², S. 107, L. 180 f., Fellmann, S. 154.].

46 S. K. Heninger Jr., »Pythagorean Cosmology and the Triumph of Heliocentrism«, in: *Le Soleil à la Renaissance. Sciences et mythes*, Bruxelles, Paris 1965, S. 44. [Die erwähnte Schrift von Digges ist als Anhang zum Werk seines Vaters erschienen: Leonard Digges, *A Prognostication everlastinge of righte good effecte . . .*, London 1576; Faksimile: Walter J. Johnsons, *Theatrum Orbis Terrarum*, Amsterdam

1975; vgl. jetzt: Miguel A. Granada, »Thomas Digges, Giordano Bruno e il copernicanesimo in Inghilterra«, in: *Giordano Bruno 1583-1585. The English Experience / L'esperienza inglese*, a cura di Michele Ciliberto e Nicholas Mann, Florenz 1997, S. 125-155, bes. S. 129ff.; Giovanni Aquilecchia, »Bruno at Oxford between Aristotle and Copernicus«, *ebd.*, S. 117-124; J. Jiménez Heffernan, *L'infinito in Digges e Bruno. Fenomenologia retorica di un concetto rinascimentale*, Córdoba 1997; D. Tessicini, »Attoniti . . . quia sic Stagyrita docebat. Bruno in polemica con Digges«, in: *Bruniana & Campanelliana. Ricerche filosofiche, materiali storico-testuali*, (Pisa) 5, 1999.].

47 Siehe die Bemerkung von Keller in: *Le Soleil à la Renaissance*, S. 63-64. Zu dem Empyreum von Digges – einer Vorstellung, die im Grunde gewissermaßen nur traditionell war – vgl. auch Debus, *a.a.O.*, S. 87-89.

48 Vgl. Keith Thomas, *Religion and the Decline of Magic* [1971], Harmondsworth: Penguin, 1978, S. 412. Über John Dee im allgemeinen siehe Peter J. French, *John Dee: The World of an Elizabethan Magus*, London, Boston, Henley: Routledge & Kegan Paul, 1972. [Zu Bruno und John Dee vgl. »Renaissancephilosophen im Elisabethanischen England: John Dee und Giordano Bruno« [1981], in: F. A. Yates, *Giordano Bruno in der englischen Renaissance*, S. 69-82; zur Monographie von French vgl. Yates, *Collected Essays*, III, S. 49-59, und Wayne Shumaker, »John Dee's Conversations with Angels«, in: *Renaissance Curiosa*, Binghamton, New York 1982, S. 15-52.].

49 *Op. it.*, ed. Gentile 1925, I², S. 21 [*Cena de le ceneri*, I].

50 *Op. it.*, I, S. 63, 71 [*Cena de le ceneri*, III]; vgl. *De docta ignorantia* II, 11-12, § 156-174 [*Die belehrte Unwissenheit*, übers. von P. Wilpert, hrsg. von H. G. Senger, Hamburg ³1999 (Phil. Bibl. 264b), S. 84-107; vgl. Franz Jakob Clemens, *Giordano Bruno und Nicolaus von Cusa. Eine philosophische Abhandlung*, Bonn: J. Wittmann, 1847, S. 134f., Nachdr. Bristol: Thoemmes, 2000: With a note on the author by Paul Richard Blum (Early Studies of Giordano Bruno, 3)].

51 [Dialog IV, L. 170,13-30, *Op. it.* I², S. 92; Aquilecchia 192: »che il fine delle leggi non é tanto di cercar la ueritá delle cose, et speculationi; quanto la bontá de costumi, profitto della ciuilitá, conuitto di popoli; et prattica per la commoditá della humana conuersatione, mantenimento di pace, et aumento di Republiche. Molte uolte dumque, et a' molti propositi, e' una cosa da stolto et ignorante, piu tosto riferir le cose secondo la ueritá; che secondo l'occasione et comoditá.« dt.: G. B., *Heroische Leidenschaften und individuelles Leben*, Auswahl und Interpretationen . . ., hrsg. von Ernesto Grassi, Bern 1947, S. 126, Reinbek 1957, S. 97-98. Kuhlenbeck I, S. 111, F. Fellmann, S. 139; vgl. oben, S. 294.].

52 *A.a.O.*, I, S. 92.

53 P. Ramus, *De religione Christiana*, Frankfurt am Main 1577, S. 114-115, zitiert von Yates, *The Art of Memory*, S. 237, *Gedächtnis und Erinnern*, S. 218.

54 Yates, *ebd.*, S. 234-235, dt. Ausg., S. 215-216.

55 *Ebd.*, S. 237, dt. Ausg., S. 219.

56 *Ebd.*, S. 261, dt. Ausg., S. 239.

57 Vgl. oben, Anm. 38.

58 Yates, S. 266 ff., dt. Ausg., S. 246 ff. [Vgl. jetzt: Stephen Clucas, »*In campo fantastico*: Alexander Dicson, Walter Warner and Brunian Mnemonics«, in: *Giordano Bruno 1583-1585. The English Experience / L'esperienza inglese*, a cura di Michele Ciliberto e Nicholas Mann, Florenz 1997, S. 37-59; Monica Fintoni, »Mnemosine: Dal *Sigillus sigillorum* ai *Dialoghi italiani*«, *ebd.*, S. 23-35, bes. S. 29.].

59 Perkins, *Works*, Cambridge 1603, S. 841, angeführt von Yates, S. 277-278, dt. Ausg., S. 255.

60 G. Perkins Cantabrigensis, *Antidicsonus*, London 1584, S. 45, zitiert von Yates, S. 274-275, dt. Ausg., S. 252. Im Grunde hatte Perkins mehr recht, als Frances Yates glaubt; zwar handelt es sich bei Petrus von Ravenna um eine völlig harmlose Praxis (er ist der Ansicht, daß das Bild einer alten Liebe sich dank seinem Gefühlswert besonders gut eignet, vom Gedächtnis gespeichert zu werden). Indessen nimmt die Technik bei Bruno einen systematischen Charakter an, wovon folgender, äußerst interessanter Passus aus dem *Sigillus sigillorum* zeugt (*Op. lat.*, II, 2, S. 166,9-167,7): *Excitent ergo, quae comitante discursu, cogitatione fortique phantasia movent affectum, quibusque zelantes, contemnentes, amantes, odientes, maerentes, gaudentes, admirantes et ad sensuum trutinam referentes, cum zeli, contemptus, amoris, odii, maeroris, gaudii, admirationis et scrutinii speciebus, cum memorandae rei forma afficimur. Porro fortiores atque vehementiores fortius consequentia quadam atque vehementius imprimunt* (21). *Hos autem si vel tua vel rei concipiendae natura non adferat, industria citet affectus. In istis enim exercitatio nedum ad optimos pessimosque mores viam aperit, sed et ad intelligentiam et (quantum per hominem fieri potest) omnium pro viribus eiusdem activitatem. Confirmatur hoc, quod populi et gentes, quibus promptior est libido et ira, sunt activiores; et ex iisdem intense odientes et amantes apprime impios, aut si se se vertant quo divinus eos agat amor atque zelus, apprime religiosos habes, ubi idem materiale principium summam ad virtutem pariter proximum esse atque ad vitium potes agnoscere* (22). *Hunc amorem omnium affectuum, studiorum et effectuum parentem (qui proxime allata causa geminus est) daemonem magnum appellavit antiquitas, quem si tibi affabre conciliaveris, omni procul dubio nil tibi supererit difficile. Itaque, prout expedit, explicavimus, unde quasi per artem non solum rerum memoriam, sed et veritatem atque sapientiam per universum humanam possis assequi* (23). [21. Sie sollen also alles anre-

gen, was in Begleitung der Rede, des Nachdenkens und einer lebhaften Phantasie Affekte auslöst, wodurch wir als Eifernde, Verachtende, Liebende, Hassende, Trauernde, Vergnügte, Bewundernde und uns dem Urteil der Sinne Zuwendende bald von den verschiedenen Arten von Eifer, Verachtung, Liebe, Haß, Trauer, Vergnügen, Bewunderung, bald von der Gestalt des Erinnerten ergriffen werden. Denn wenn diese Eindrücke sehr stark und heftig sind, prägt es sich folglich auch sehr stark und heftig ein. 22. Wenn diese [Affekte] jedoch weder deine Veranlagung noch die Natur des Themas nicht bewirkt, wird der Affekt absichtlich erregt. Denn die Übung darin öffnet nicht nur den Weg zu den besten und schlechtesten Sitten, sondern auch zum Geistigen und – soweit es menschenmöglich ist – zu der allem Handeln zugrunde liegenden Energie. Dies wird dadurch bestätigt, daß Völker und Stämme, deren Begierde und Zorn sich rascher bewegt, auch tatkräftiger sind. Auch gehen aus diesen inbrünstig Hassenden und Liebenden vor allen die Bösewichte oder aber, falls sie sich dahin wenden, wohin sie göttlicher Eifer und Liebe drängt, vorzugsweise Menschen von tiefer Religiosität hervor, woraus du denn erkennen magst, wie dieselbe Uranlage ebenso leicht zur höchsten Tugend wie zum Laster führen kann. 23. Deshalb ist die Liebe die Quelle aller Emotionen, alles Strebens und aller wirksamen Kräfte. (Wird sie der Ursache nähergebracht, so ist ihre Inbrunst doppelt so stark.) Das Altertum nannte die Liebe den großen Dämon. Wenn du sie kunstvoll für dich gewinnst, wird ohne jeden Zweifel nichts mehr schwierig für dich sein. Deshalb entfalten wir uns, sobald sie hervorkommt, und gleichsam durch ihr Können wirst du fähig sein, nicht nur das Erinnerungsvermögen, sondern alle menschliche Wahrheit und Weisheit zu erfassen. Rojas, S. 6-7. Zu §22 siehe auch H. Brunnhofer, *Giordano Bruno's Weltanschauung und Verhängniss*, S. 203.] Bruno leugnet nicht, daß die Empfindsamkeit ebensowohl den edelsten wie den perversesten Sitten Tür und Tor öffnet, dennoch ist er der Ansicht, daß *alle* Gefühlsregungen – einschließlich derjenigen, die man als negativ oder unmoralisch bezeichnen könnte – der Mnemotechnik förderlich sind.

61 P.-H. Michel hält es nach Sellers (»Italian Books printed in England before 1640«, in: *Transactions of the Bibliographical Society*, London 1924) für gesichert, daß der Drucker dieser Werke John Charlewood war. Vgl. das Vorwort zu Giordano Bruno, *Des fureurs heroïques*, Paris: Les Belles Lettres, 1954, S. 8 [vgl. G. Aquilecchia, »Lo stampatore londinese di G. Bruno e altre note per l'edizione della ›Cena‹, in: *Studi di filologia italiana* XVIII, 1960, S. 101-162 und ders., *Le opere italiane di G. Bruno. Critica testuale e oltre*, Neapel 1991].

62 Yates, S. 184, dt. Ausg., S. 258 ff.

63 [Dazu sehr ausführlich W. Wildgen, *Das kosmische Gedächtnis. Kosmologie, Semiotik und Gedächtnistheorie im Werke Giordano Brunos (1548-1600)*, Frankfurt am Main u. a. 1998, S. 129-158; zu Brunos Sternbildreform siehe auch Ferdinand Fellmann, »Mythos und Moral bei Giordano Bruno«, in: *Terror und Spiel. Probleme der Mythenrezeption*, hrsg. von Manfred Fuhrmann, München 1971 (Poetik und Hermeneutik, IV), S. 241-256.].

64 *Asclepius* 24 [Apuleius, cap. IX; Nock-Festugière, II, S. 326; vgl. Ficino, *Op.* II, S. 1865; Bruno, *Op. it.* II, S. 180, Bd. II^2, S. 192. Quellen: *Corp. Herm.* II, S. 325-326; Iamblichos, *De mysteriis Aegyptiorum*, ed. Venetiis 1516, fol. 130^r, übers. Th. Hopfner, S. 19 f., 240 ff.; dt. *Das Corpus Hermeticum Deutsch*, übers. und eingeleitet von Jens Holzhausen, Stuttgart-Bad Cannstatt 1997, II, Der lat. Asclepius 24, Bd. I, S. 286; vgl. F. A. Yates, *Giordano Bruno and the Hermetic Tradition*, London 1964, S. 20-61, der hier zitierte Text, S. 37; ed. Nock, S. 326,9-15: *– Statuas dicis, o Trismegiste? – Statuas, o Asclepi. uidesne, quatenus tu ipse diffidas? statuas animatas sensu et spiritu plenas tantaque facientes et talia, statuas futurorum praescias eaque sorte, uate, somniis multisque aliis rebus praedicentes, inbecillitates hominibus facientes easque curantes, tristitiam laetitiamque pro meritis.* Holzhausen: »Standbilder, Asklepios? Du siehst, wie sehr du selbst zweifelst! Ich meine Standbilder, die beseelt sind, voller Geist und Pneuma, die große und gewaltige Taten vollbringen, Standbilder, die die Zukunft vorherwissen und sie durch Los, Seher, Träume und viele andere Dinge voraussagen, die den Menschen Schwächezustände bereiten und sie heilen, Trauer und Freude bereiten, je nach Verdienst.«].

65 [Luigi Tansillo, *Poesie liriche edite ed inedite*, a cura di F. Fiorentino, Neapel 1882, vgl. L. Tansillo, *Il Canzoniere edito ed inedito secondo una copia dell'autografo ed altri manoscritti e stampe*, a cura di Erasmo Pèrcopo e Tobia R. Toscano, 2 Bde., Neapel 1996.].

66 [Horaz, *Ars poetica* 361; vgl. Rensselaer, W. Lee, »*Ut pictura poesis*: The Humanistic Theory of Painting«, *The Art Bulletin* XXII, 4 (Dec. 1940), S. 197-269; Yates, dt. S. 34, 52, Anm. 3.].

67 *Op. lat.* II, 2, S. 133,14-134,4; vollständig lautet der Passus aus *Recens et completa ars reminiscendi*: *Primus praecipuusque pictor est phantastica virtus, praecipuus primusque poëta est in cogitativae virtutis adpulsu, vel connatus vel inditus noviter quidam enthusiasmus, quo vel divino vel huic simili quodam afflatu ad convenienter aliquid praesentandum excogitatum concitantur. Idem ad utrumque proximum est principium; ideoque* philosophi sunt quodammodo pictores atque poëtae, poëtae pictores et philosophi, pictores philosophi et poëtae, *mutuoque veri poëtae, veri pictores et veri philosophi se diligunt et admirantur; non est enim philoso-*

phus, nisi qui fingit et pingit, unde non temere illud: ›intelligere est phantasmata speculari, et intellectus est vel phantasia vel non sine ipsa‹ [vgl. Aristoteles, *De memoria et reminiscentia* 449 b 31, *De anima* 403 a 8-9, 432 a 8-9]; *non est pictor nisi quodammodo fingat et meditetur; et sine quadam meditatione atque pictura poëta non est. Phantasiam ergo pictorem, cogitativam poëtam, rationem philosophum primum intelligito, qui quidem ita ordinantur et copulantur, ut actus consequentis ab actu praecedentis non absolvatur.* [»Der erste und hervorragendste Maler ist die Einbildungskraft, der erste und hervorragendste Dichter ist ein Antrieb der Denkkraft oder ein entweder angeborner oder nachher eingepflanzter Enthusiasmus, durch welchen sie als von einem göttlichen oder einem diesem ähnlichen Anhauch dazu gereizt werden, etwas Ausgedachtes passend darzustellen. Das Princip ist bei allen ganz das nämliche, desshalb sind die Philosophen gewissermaassen Maler und Dichter, die Dichter gewissermaassen Maler und Philosophen, und die Maler gewissermaassen Philosophen und Dichter; auch lieben und bewundern sich wahre Maler und wahre Philosophen gegenseitig. Denn es giebt keinen Philosophen, der nicht dichtete und malte, wesshalb denn jenes Wort (des Aristoteles) nicht verwegen ist: ›Denken heißt: Bilder der Einbildungskraft entwerfen und das Denken ist entweder Einbildungskraft oder nicht ohne dieselbe.‹ Es giebt keinen Maler, der nicht gewissermaassen dichtete und philosophirte, auch giebt es ohne ein gewisses Philosophiren und Malen keinen Dichter. Desshalb richte der Maler sein Hauptaugenmerk auf die Einbildungskraft, der Dichter auf die Denkkraft und der Philosoph auf die Vernunft. Diese Kräfte sind aber so ineinander verschlungen, daß die Thätigkeit der einen nicht von der Thätigkeit der andern abgelöst werden kann.«] Übers. von Hermann Brunnhofer, *Giordano Bruno's Weltanschauung und Verhängniss. Aus den Quellen dargestellt*, Leipzig 1882, S. 196-197.

68 Frances Yates, S. 253, dt. Ausg., S. 233 [vgl. S. 274], übersetzt diesen Ausdruck so: »denken/verstehen bedeutet, mit den Phantasmen zu spekulieren« [dt. Ausg.: »Denken vollzieht sich in geistigen Bildern.«]. Aber das Verb *speculari* kann in dem Ausdruck *intelligere est phantasmata speculari* nur den Sinn haben von ›betrachten, beobachten, anschauen‹. Tatsächlich versteht der Intellekt, indem er die auf den Schirm des inneren Sinnes projizierten Phantasmen betrachtet. [Aristoteles, *De memoria et reminiscentia* 449 b 31: νοεῖν οὐκ ἔστιν ἄνευ φαντάσματος; *De anima* I, 1, 403 a 8-9: [. . .] εἰ δ' ἐστὶ καὶ τοῦτο φαντασία τις ἢ μὴ ἄνευ φαντασίας [. . .] H. Seidl (Hamburg 1995, Phil. Bibl. 476), S. 7/9: »Wenn aber auch dieses eine Art Vorstellung, oder nicht ohne Vorstellung ist . . .«; III, 7, 431 a 15-16: διὸ οὐδέποτε νοεῖ ἄνευ φαντάσματος ἡ ψυχή. Seidl, S. 181: »Deshalb erkennt die Seele vernünftig nie ohne Vorstellungsbilder.« III,

8, 432 a 7-10: καί διὰ τοῦτο οὔτε μὴ αἰσθανόμενος μηθὲν οὐθὲν ἂν μάθοι οὐθὲ ξυνίοι· ὅταν τε θεωρῇ, ἀνάγκη ἅμα φαντάσματι θεωρεῖν· τὰ γὰρ φαντάσματα ὥσπερ αἰσθήματά ἐστι, πλὴν ἄνευ ὕλης. Seidl, S. 187: »Und deshalb könnte jemand ohne Wahrnehmung nichts lernen, noch auch begreifen. Und wenn man etwas betrachtet, dann muß man es zugleich mit einem Vorstellungsbild betrachten. Die Vorstellungsbilder sind nämlich wie die Wahrnehmungsobjekte, nur ohne die Materie.« Bruno, *De imaginum, signorum, & Idearum compositione. Ad omnia Inuentionum, Dispositionum, & Memoriae genera Libri tres*, Francofurti: Apud Ioan. Vvechelum & Petrum Fischerum consortes, 1591, I, 5, S. 10,1-2: . . . *dicit Aristoteles. Oportet scire volentem phantasmata speculari.* Pomponazzi, *Tractatus de immortalitate animae*, cap. IV, *Abhandlung über die Unsterblichkeit der Seele*, hrsg. u. übers. von Burkhard Mojsisch, Hamburg 1990, S. 16-18. Vgl. auch Schopenhauer, *Ueber die vierfache Wurzel des Satzes vom zureichenden Grunde*, §28, *Sämtliche Werke*, ed. A. Hübscher, Leipzig 1937, Bd. 1, S. 104.].

69 [C. Bacmeister, S. 88, 97, ed. G. Aquilecchia, *Œuvres complètes* VII, Paris 1999, S. 213, 233. Zu *Mutuo fulcimur* weist P. E. Memmo, Giordano Bruno's *The Heroic Frenzies*, Chapel Hill 1964, S. 147, Anm. 8 auf Andrea Alciati, *Emblematum flumen abundans*, ed. Henry Green, London 1871, S. 115-117, hin. Zu *Circuit* M. A. Granada weist S. 555, Anm. 23, auf das Kreiselbeispiel in Cusanus' *Trialogus de possest* 176^{v} hin, von dem Bruno vermutlich abhängig ist: Nikolaus von Kues, *Dreiergespräch über das Können-Ist*, neu übers. u. hrsg. von R. Steiger, Hamburg 1973 (Phil. Bibl. 285), S. 22 ff., Memmo macht S. 145, Anm. 3, und S. 156, Anm. 26, aufmerksam auf Théodore de Bèze's, *Les Vrais Portraits des hommes et quarantequatre emblèmes Chrestiennes*, 1581, Emblem 52, S. 282, vgl. P. E. Memmo, »Giordano Bruno's *De gli eroici furori* and the Emblematic Tradition«, *Romanic Review* LV, 1 (Februar 1964), S. 1-15.].

70 [franz. *devise* = Wappenspruch, Heinz-Ulrich Schmidt, *Zum Problem des Heros bei Giordano Bruno*, Bonn 1968 (Abh. zur Philosophie, Psychologie und Pädagogik, 51), S. 16-33: »Emblem-Impresen«.].

71 Noël Antoine Pluche, *Histoire du ciel considéré selon les idées des poëtes, des philosophes et de Moïse*, t. II, Paris 1739 [1748], S. 427, dt. Ausgaben: *Historie des Himmels nach den Vorstellungen der Poeten, der Philosophen und des Moyses betrachtet*, Dresden, Leipzig 1740, Leipzig, Breslau 1764; zitiert von Jean Seznec, *La Survivance des dieux antiques*, London 1940, S. 239, Anm. 3, Paris ^{2}1980, dt.: *Das Fortleben der antiken Götter*, München 1990, S. 208, Anm. 3; bei Gombrich, *a.a.O.*, S. 123, dt. Ausg., S. 150.

72 Es handelt sich um G. Agamben [franz. Ausg., S. 185, S. 203,

Anm. 2]. Zum Hintergrund des Dialoges siehe John Charles Nelson, *Renaissance Theory of Love. The Context of Giordano Bruno's »Eroici furori«*, New York: Columbia UP, 1958. Man muß einräumen, daß der Titel *Heroici furori* an die Bezeichnung des Syndroms *amor hereos* oder *heroycus* erinnert. Indessen ist die Bedeutung des Wortes ›Heros‹ bei Giordano Bruno – wenigstens im Zusammenhang dieses Dialoges – nicht die übliche neuplatonische Bedeutung (ein Wesen der Zwischenwelt, eine höhere entkörperlichte Seele, eine Art Dämon). Im Gegenteil, der ›Heros‹ von Bruno ist hier eine *menschliche* Gestalt, welche die Phantasmen nach Belieben manipulieren kann und sich durch dieses Verfahren, das sowohl zur Mnemotechnik als auch zur Magie gehört, bis hin zur Erkenntnis der Welt des Intelligiblen emporzuschwingen vermag. Die »heroische Leidenschaft« ist also kein schwarzgalliges Syndrom, sondern ein besonderes Vermögen, das in der richtigen Lenkung der Gefühlsregungen besteht. Diejenigen, die teil daran haben, sind die ›Gewalttätigen‹ (siehe oben, Anm. 60), die zu inbrünstiger Liebe und inbrünstigem Haß Fähigen, und Liebe und Haß regen wiederum deren Einbildungskraft und Gedächtnis an. Nur sie können zu ›Heroen‹ werden, das heißt den Zugang zur Welt der Erkenntnis [κόσμος νοητός] erobern, den die ›Heiligen‹ durch göttliche Gnade erlangen. Der Heros ist dem Heiligen entgegengesetzt, und Bruno zufolge ist es vorzuziehen, ein Heros zu sein denn ein Heiliger. Deshalb hat der Titel *Heroische Leidenschaften* nichts mit dem *amor hereos* gemein. [Ficino hatte den platonischen Begriff μανία mit *furor* übersetzt. Vgl. H.-U. Schmidt, *Zum Problem des Heros bei Giordano Bruno*, Bonn 1968, S. 63-70.].

73 [Zum Zusammenhang zwischen *amor ferinus* und Melancholie siehe Ficino, *De amore* VII, 3.].

74 I, 3; Aquilecchia 123, L. 641,40-642,1; Bd. II², S. 361; übers. Bacmeister, S. 50-51.

75 Vgl. unseren bereits angeführten Aufsatz »Le vol magique . . .«.

76 I, 2; Aquilecchia 113, Bd. II², S. 356; Bacmeister, S. 46.

77 [Vgl. Apuleius, *Metamorphosen* VIII, 27, Lukian, *Lucius und der Esel*, Erasmus, *Adagia*, 1104: *Asinus portans mysteria*, Andreas Alciatus, *Emblematum libellus*, Augsburg 1531, 7. Emblem, Nachdruck der Ausgabe Paris 1542, Darmstadt ²1975, ³1991, Emblem XXXV, S. 86-87.].

78 I, 3; Bd. II², S. 360.

79 Rodolfo Mondolfo, *Figuras e ideas de la filosofía del Renacimiento*, Buenos Aires: Ed. Losada, 1954; ital. Übers. von Lavinia Bassi: *Figure e idee della filosofia del Rinascimento*, Florenz: La Nuova Italia, 1963, ²1970, S. 73 (Il pensiero storico, 48). [Enthält mehrere spanisch geschriebene Aufsätze über Bruno, Galilei und andere Den-

ker der Renaissance, die Mondolfo (1877-1976) während des Zweiten Weltkrieges in Argentinien verfaßt hat; vgl. auch Mondolfo, *Ensayos sobre el Renacimiento italiano*, Tucumán: Universidad Nacional de Tucumán, Inst. de Filosofia, 1950 (Cuadernos de filosofia, 6), *Tres filosofos del Renacimiento* (*Bruno, Galileo, Campanella*), Buenos Aires 1947.].

80 E. Garin, *Storia della filosofia italiana*, Turin 1966, [3]1978, Bd. II, S. 703. [»la vicenda degli *Eroici furori* è la conversione dell'uomo in Dio, la ὁμοίωσις θεῷ«. Zu diesem Begriff siehe Hubert Merki, Ὁμοίωσις θεῷ. *Von der platonischen Angleichung an Gott zur Gottähnlichkeit bei Gregor von Nyssa*, Freiburg i. d. Schweiz 1952 (Jahresbericht der Stiftschule Einsiedeln, 113, 1951/52. Beigabe).].

81 G. Gentile, *Giordano Bruno e il pensiero del Rinascimento*, S. 91; 2., überarb. Aufl., Florenz 1925 (Il pensiero moderno, 3), S. 229: »La sua stessa etica dello *Spaccio* finisce negli *Eroici furori*, sublimazione della mente nel processo della verità.«

82 [P. O. Kristeller, *Eight Philosophers of the Italian Renaissance*, Stanford 1964, dt. *Acht Philosophen der italienischen Renaissance*, Weinheim 1986, Kap. 8, S. 109-123.].

83 [Ficino unterscheidet in *De amore* VII, 3 und 12-15 zwischen *amor*, *furor divinus* und *furor ferinus*.].

84 Bd. II[2], S. 316, Aquilecchia 17-19; Bacmeister, S. 8, L. 612,21-24: »che lui per non hauer ingegno atto á cose megliori, volse studiosamente nodrir quella melancolia, per celebrar non meno il proprio ingegno sú quella matassa, con esplicar gl'affetti d'vn ostinato amor volgare, animale, et bestiale.«

85 [Ficino, *De vita* II, 15, ed. Kaske, Clark, S. 210,55 ff. [522]].

86 Bd. II[2], S. 310-311, Aquilecchia 7-9, L. 608-609; Bacmeister, S. 3-4.

87 Vgl. V. Spampanato, *L'antipetrarchismo di Giordano Bruno*, Mailand: E. Trevisini, 1900 [M. A. Granada weist S. 497, Anm. 8, auf die satirische Sprache der Dichtung Francesco Bernis (1497?-1535) hin, bei der Bruno hier Anleihen macht. Vgl. Berni, *Opere burlesche*, Mailand 1806, S. 110: »un morbo, un puzzo, un cesso«, S. 96: »un' ombra, un sogno, una febbre quartana«. P. E. Memmo erwähnt die antipetrarkistische Haltung von Boccaccio, *Filostrato* 6, 34 und 8, 29-32, über J. du Bellays Sonett »Contre les Petrarquistes« und *L' Olive* bis hin zu Thomas Wyatt und Philip Sidney, vgl. F. Berni, *In lode della sua donna*, ed. Carli-Sarnati, Florenz 1949, II, 165-166, Shakespeare, 130. Sonett; Arturo Graf, »Petrarchismo ed anti-Petrarchismo«, in: *Attraverso il Cinquecento*, Turin 1888, S. 1-86].

88 [*Malleus maleficarum 1487* von Heinrich Kramer (Institoris), Nachdruck des Erstdruckes von 1487 [Speyer: Peter Drach] mit Bulle und Approbatio, hrsg. und eingel. von Günter Jerouschek, Hildesheim, Zürich, New York: Georg Olms, 1992 (Rechtsgeschichte,

Zivilisationsprozeß, Psychohistorie, Quellen und Studien, Bd. 1), Pars I, quaestio 6, fol. 21r, a, *Malleus Maleficarum* von Heinrich Institoris (alias Kramer) unter Mithilfe Jakob Sprengers aufgrund der dämonologischen Tradition zusammengestellt. Kommentar zur Wiedergabe des Erstdrucks von 1487 (Hain 9238) von André Schnyder, Göppingen 1993 (Litterae. Göppinger Beiträge zur Textgeschichte, 116), S. 127; *Malleus Maleficarum. Der Hexenhammer* . . . Zum ersten Male ins Deutsche übertragen und eingel. von J. W. R. Schmidt, Berlin: H. Barsdorf, 1906, I. Teil, S. 96, Wien, Leipzig [4]1938, S. 71: »ein Mangel der Natur, mit schöner Farbe gemalt« (*malum natur[a]e, bono colore depicta*), das ist allerdings ein Zitat aus dem Werk des [Pseudo-]Johannes Chrysostomos, *Eruditi commentarii in Evangelium Matthaei*, homilia XXXII, ex capite XIX [10], *Patrologiae Graecae* tomus LVI, col. 803: *Quid autem est aliud mulier, nisi amicitiae inimica, ineffugabilis poena, necessarium malum, naturalis tentatio, desiderabilis calamitas, domesticum periculum, delectabile detrimentum, mali natura, boni colore depicta*? Zu Verfasserschaft und Entstehungszeit des *Malleus* siehe Jerouschek, *a.a.O.*, S. XII ff. und A. Schnyder, *a.a.O.*, S. 1-99, 419-471.] Vgl. H. P. Duerr, *Traumzeit. Über die Grenze zwischen Wildnis und Zivilisation*, Frankfurt am Main 1978, S. 73.

89 A. Sarno, »La genesi degli ›Eroici furori‹ di Giordano Bruno«, in: *Giornale critico della filosofia italiana*, I, Rom 1920, S. 158-172; vgl. auch das Vorwort F. Floras zu seiner Ausgabe von *De gl'heroici furori*, S. XX, der Sarnos Deutung zustimmt [vgl. M. A. Granada, Introduction, *Œuvres complètes* VII, S. LVII f.; *Eroici furori*, a cura di Simonetta Bassi, con una introduzione di Michele Ciliberto, Roma, Bari 1995].

90 L. 622-623, Bd. II², S. 330; vgl. Bd. II², S. 325. [». . . die einzige Diana, / Die ist unter euch, was unter Sternen die Sonne« (Entschuldigung des Nolaners bei den sittsamsten und anmutigsten Damen), vgl. Petrarca, *Rime* 9, 10, *Trionfi d'amore* II, 44, III, 133, F. A. Yates, *Astraea*, London 1975, S. 112-120; Bacmeister, S. 22; vgl. Culianu, »Giordano Bruno tra la Montagna di Circe e il Fiume delle Dame leggiadre«, in: *Montagna e Letteratura*, Torino 1983, S. 71-75.].

91 [»Göttin des Meeres und Gattin des Poseidon; von Bruno als Quelle des Lebens und daher der Mannigfaltigkeit der Gestalten aufgefaßt. Hier wie bei vielen anderen Gelegenheiten sieht Bruno die mythologischen Gestalten in neuer Weise und gibt ihnen eine philosophische Bedeutung.« Grassi, S. 93, Anm. 2; S. 75, Anm. 2.].

92 *Candelaio, Comedia del Brvno Nolano, Achademico di nulla Achademia; detto il fastidito.* In Pariggi, Appresso Guglelmo Giuliano. Al segno de l'Amicitia. M. D.LXXXII. (*Op. it.*, III, Bari 1923 [dt. *Candelaio. Kerzen, Gold und Sprachgelichter*, übers. von Johannes Gerber,

Basel 1995]). Der Held der Komödie, der (ungebildete) Maler namens Gio(v)an Bernardo wurde von Spampanato (S. XXXII) als der neapolitanische Maler Giovan Bernardo, ein Schüler von Andrea Sabatini, identifiziert, der bis 1600 tätig und in seiner Zeit berühmt war. Dennoch darf man den Umstand nicht vernachlässigen, daß Giovan Bernardo das Anagramm von Giordano Bruno ist und daß sich dieser als ein ›Maler‹ auszugeben beliebt, ein Maler, der Philosoph und Dichter zugleich ist, dessen Leinwand das Pneuma und dessen Farben die Phantasmen sind. Überdies muß angemerkt werden, daß Bruno in seinen magischen Werken dieselbe Ficinische Scholastik kommentarlos anerkennt, die er im *Candelaio* mit Spott bedenkt. Es genügt, hier folgende Definition des Geistes zu zitieren (*Theses de Magia*, XII, *Op. lat.*, III, S. 464, 9-13; ed. Ciliberto, S. 342): *Anima per se et immediate non est obligata corpori, sed mediante spiritu, hoc est subtilissima quadam substantia corporea, quae quodammodo media inter substantiam animalem est et elementarem; ratio vero istius nexus est, quia ipsa non est omnino substantia immaterialis.* [Die Seele ist nicht durch sich selbst und unmittelbar, sondern durch die Vermittelung des Geistes mit dem Leib verbunden, das heißt vermittels der äußerst feinstofflichen Körpersubstanz, die gewissermaßen die Mitte zwischen der beseelten und der elementarischen Substanz ist; die Vernunft ist die Verknüpfung dieser, denn sie ist selbst keine völlig immaterielle Substanz]. Und siehe auch diese Definition des universalen Geistes (*De Magia, ebd.*, S. 408, 25-409,12; ed. Ciliberto, S. 186, 188): *Et ex harum rerum experientia, aliis praetermissis rationibus, manifestum est omnem animam et spiritum habere quandam continuitatem cum spiritum universi, ut non solum ibi intelligatur esse et includi, ubi sentit, ubi vivificat, sed etiam in immensum per suam essentiam et substantiam sit diffusus, ut multi Platonicorum et Pythagoricorum senserunt* [. . .]. *Porro animus ipse cum sua virtute praesens est quodammodo universo, utpote talis substantia, quae non est inclusa corpori per ipsam viventi, quamvis eidem obligata, adstricta. Itaque certis remotis impedimentis, statim subitoque praesentes habet species remotissimas, quae non per motum illi coniunguntur, ut nemo inficiabitur; ergo et per praesentiam quandam.* [»Aus der Erfahrung dieser Dinge heraus, auch wenn wir andere Erklärungsweisen ausgelassen haben, ist es offenkundig, daß jede Seele und jeder Spiritus in einem gewissen Zusammenhang mit dem universalen Spiritus steht. So erkennt man, daß er nicht nur dort ist und eingeschlossen wird, wo er empfindet und belebt, sondern auch ins Unermeßliche hinein durch sein Wesen und durch seine Substanz verstreut ist. Viele Platoniker und Pythagoreer waren ebenfalls dieser Meinung. [. . .] Weiter ist die Seele mit der ihr eigenen Kraft auf eine gewisse Weise im Universum anwesend, wie z. B. die Substanz jener Art, die durch sich selbst nicht im Körper eingeschlossen ist, auch wenn sie an ihn angebunden ist und an ihm festhängt. Daher vergegenwärtigt sie sich, wenn gewisse Hindernisse außer Kraft gesetzt sind, sofort und unverzüglich die sehr weit entfernten Arten, die nicht durch Bewegung mit ihr verbunden werden, wie niemand leugnen wird. Also geschieht dies durch diese gewisse Präsenz [der Seele].« Übers. von Elisabeth von Samsonow, S. 125.] (Aber er glaubt beispielsweise, daß eine neue Nase transplantiert werden kann und die Transplantation durch die Tugend der Seele gelingt.).

93 L. 26, 33-36, Bd. III, S. 48-49: »Fascinatione si fá per la virtú di vn spirito lucido et sottile dal calor del core generato di sangue piú puro, il quale à guisa di raggi mandato fuor de gl'occhi aperti, che con forte imagination guardando vengono à ferir la cosa guardata: toccano il core et senuanno ad afficere l'altrui corpo et spirto.«

94 [*Heroici furori* I, 2; Bd. II², S. 354, L. 636, 39; »In lebendigem Tode lebe ich totes Leben!« Bacmeister, S. 43.].

95 I, 4; Bd. II², S. 379, L. 654, 11 f.; Bacmeister, S. 68.

96 [*Metamorphosen* III, 131-252; Lucien Guimond, »Aktaion«, in: *Lexicon Iconographicum Mythologiae Classicae*, Zürich, München 1981, I, 1, S. 454-469; Bildmaterial: I, 2, S. 346-363, John Heath, *Actaeon, the Unmannerly Intruder. The Myth and ist Meaning in Classical Literature*, New York u. a. 1992 (Lang Classical Studies, 3); W. Beierwaltes, *Denken des Einen. Studien zur neuplatonischen Philosophie und ihrer Wirkungsgeschichte*, Frankfurt am Main 1985, S. 427, Anm. 6: »Brunos Interpretation deutet Verwandlung und Tod Actaeons – die Strafe für das unerlaubte Sehen der Gottheit – in das gänzlich positive Phänomen der Transformation des Menschen in sein eigenes Selbst.«].

97 Jacques du Fouilloux, *La Vénerie et l'adolescence* [*l'Adolescente*], édités avec introduction par Gunnar Tilander, Karlshamn: Johannssons, 1967 (Cynegetica, 16). Außer den zahlreichen französischen Ausgaben, die in ununterbrochener Folge bis 1650 erschienen sind, wurde das Werk ins Deutsche, Englische und Italienische übersetzt. Es wurde oft nachgeahmt, geriet jedoch 1655 nach der Veröffentlichung der *Vénerie royale* von Robert de Salnove in Vergessenheit. [Deutsche Ausgaben: *Neuw Jag vnnd Weydwerck Buch, das ist ein grundtliche Beschreibung vom Anfang der Jagten, auch vom Jäger . . . Item vom adelichen Weydwerck der Falcknerey* . . . auss allen hiebevor aussgegangenen frantzösischen, italianischen vnd teutschen Jagbüchern in diese Ordnung zusammengebracht, Franckfurt am Mayn, Gedruckt bey J. J. Feyerabendt, 1582; *New Jägerbuch Jacoben von Fouilloux* . . . Erst frisch von newem auß dem Frantzösischen in gut Weydmännisch Teutsch . . . verteutscht vnd Vertirt, Getruckt zu Straßburg / Durch Bernhart Jobin, 1590 (unveränd. fotomech. Neudruck, Leipzig 1979); weitere Ausgabe Dessau: Hoff-Druckerey, 1727.].

98 *Complainte du cerf à monsieur du Fouilloux* par Guillaume Bouchet, S. 180-183, ed. Tilander.

99 I, 4; Bd. II², S. 374, L. 651 [Das 18. Sonett wurde bereits siebenmal ins Deutsche übersetzt, viermal poetisch: Matthias Koch 1870, Heinrich von Stein 1881, Kuhlenbeck 1907, Grassi 1947 und dreimal wortgetreu: Hans Staub 1978, Karl Albert 1982, Christiane Bacmeister 1989. Vgl. Bacmeister, S. 64, Hans Staub bei: Werner Beierwaltes, »ACTAEON. Zu einem mythologischen Symbol Giordano Brunos«, *Zeitschrift für philosophische Forschung* 32 (1978), S. 345-354, bes. S. 346 f., jetzt in: *Denken des Einen. Studien zur neuplatonischen Philosophie und ihrer Wirkungsgeschichte*, Frankfurt am Main 1985, S. 424-435, bes. S. 427 und Karl Albert, »Giordano Bruno und der Mythos vom Tod des Aktaion«, in: *Vom Kult zum Logos. Studien zur Philosophie der Religion*, Hamburg 1982, S. 76 f. Zu Platons »Jagd nach dem Sein« (τοῦ ὄντος ϑήρα, *Phaidon* 66 C 2) siehe Carl Joachim Classen, *Untersuchungen zu Platons Jagdbildern*, Berlin: Akademie, 1960, S. 35 (Dt. Akad. d. Wiss., Schriften d. Sektion f. Altertumswiss., 25); zum Aktaion-Mythos bei Bruno siehe Karl Albert, »Giordano Bruno und der Mythos vom Tod des Aktaion«, *Vom Kult zum Logos*, S. 72-83; Wolfgang Cziesla, *Aktaion polyprágmon. Variationen eines antiken Themas in der europäischen Renaissance*, Frankfurt am Main, Bern, New York, Paris, 1989 (Literarische Studien, 2), Kap. III, S. 89-111; Pasquale Sabbatino, *Giordano Bruno e la »mutazione« del Rinascimento*, Florenz 1993, S. 115-157; vgl. auch Simonetta Bassi, »*De gli eroici furori*: Alcuni problemi di critica testuale«, in: *Giordano Bruno 1583-1585. The English Experience / L'esperienza inglese*, a cura di Michele Ciliberto e Nicholas Mann, Florenz 1997, S. 91-99, bes. S. 93-97.].

100 Bd. II², S. 375 [L. 652, 4-7: »Vede il piu bel busto et faccia: cioé potenza, et operation esterna che vedersi possa per habito et atto di contemplatione et application di mente mortal ó diuina, d'huomo ó dio alchuno.« Kuhlenbeck, S. 70; Grassi, 2. Aufl. S. 73; Bacmeister, S. 65].

101 [I, 4; Bd. II², S. 375, L. 651, 36-38: »sono le specie intelligibili de concetti ideali, che sono occolte, perseguitate da pochi, uisitate da rarissimi, et che non s'offreno á tutti quei che le cercano«.

102 [I, 4; Bd. II², S. 376, Aquilecchia 157, Bacmeister, S. 65-66; L. 652, 19-23: »per l'operation de l'intelletto con cui conuerte le cose apprese in se. [. . .] perche forma le specie intelligibili á suo modo et le proportiona alla sua capacitá, perche son riceuute á modo de chi le riceue«.].

103 I, 4; Bd. II², S. 376, Aquilecchia 157, L. 652, 24-27: »per l'operation della voluntade, per atto della quale lui si conuerte nell' og-

getto. [. . .] perche lo amore transforma et conuerte nella cosa amata.« Bacmeister, S. 66.

104 I,4; Bd. II², S. 377. Dieses Sonett hat zahllose Deutungen erfahren. Wir nennen nur einige wenige: Olschki, S. 96-97; Spaventa, S. 224-225; Guzzo, S. 153-155; Garin, in: *Medioevo e Rinascimento,* Bari 1954, S. 198 und 210-211; Papu, S. 98-100; Badaloni, S. 54-63 u. a. [W. Beierwaltes, *Zeitschrift für philosophische Forschung* 32, 1978, S. 345-354; K. Albert, S. 72-83.].

105 II, 2; Bd. II², S. 472-473, L. 723, 28-724, 14; Grassi, S. 92, 2. Aufl. 74-75; Bacmeister, S. 167-168.

106 *Sciolto dalli nodi de' perturbati sensi*; ein Ausdruck, der dem des christlichen Polemikers Arnobius (4. Jahrhundert) gleicht, *liberati e nodis membrorum*, scheint bis auf die *Oracula Chaldaica* von Iulianos dem Theurgen zurückzureichen (vgl. unseren Aufsatz »Le vol magique . . .«).

107 II, 2; Bd. II², S. 473; L. 724, 17-34; Grassi, S. 93-94, 2. Aufl. S. 75-76; Bacmeister, S. 168-169. [Vgl. *De minimo, Op. lat.* I, 1, S. 136: *Deus est monas omnium numerum fons. Corpus Hermeticum* IV, 10: *Monas ergo principium: omnemque numerum continet. A nullo contenta: omnemque gignit numerum: nullo numero genita* (Ficino); *Liber viginti quattuor philosophorum*, cura et studio Françoise Hudry, Turnholti: Brepols, 1997 = *Hermes latinus* III, 1 (Corpus Christianorum. Continuatio Mediaevalis, CXLIII A, S. 5: *Deus est monas monadem gignens, in se unum reflectens ardorem*, vgl. Regula III des Alanus de Insulis: *Monas gignit monadem et in se suum reflectit ardorem*, N. M. Häring, »Magister Alanus de Insulis, Regulae caelestis iuris«, in: *Archives d'histoire doctrinale et littéraire du moyen âge*, 56ᵉ année, t. 48, 1981, S. 97-226, bes. S. 127.].

108 Das ist die Deutung von Frances Yates, *The Art of Memory*, S. 258-259, dt. Ausg., S. 237 [vgl. auch *Giordano Bruno and the Hermetic Tradition*, London 1964, S. 271 ff.]. Sie beruft sich auf den *Sigillus sigillorum, Op. lat.*, II, 2, S. 190-191. An dieser Stelle spricht Bruno tatsächlich vom heiligen Thomas, von Zoroaster und auch von Paulus, er behauptet jedoch nicht, wie sie zu sein; es gibt sie als Beispiele von Personen, welche die höchste Form der Ekstase erfahren haben, in der das *imaginatum coelum* (die intelligible Welt, so wie sie vom Operator im Laufe seiner Manipulationspraxis mit den Phantasmen vorgestellt wird) der transzendenten Wirklichkeit entspricht. Indessen scheint Bruno zwei Seiten weiter (S. 193,1-5) sich selbst zu meinen, wenn er schreibt: *Ego eum, qui timet a corporeis, numquam divinis fuisse coniunctum facile crediderim; vere enim sapiens et virtuosus, cum dolorem non sentiat, est perfecte* (*ut praesentis vitae conditio ferre potest*) *beatus, si rem rationis oculo velis aspicere.* [Ich habe dem, der sich vor dem Körperlichen fürchtet,

niemals leicht geglaubt, daß er mit dem Göttlichen verbunden war; denn der wahrhaft Weise und Tugendhafte ist, da er keinen Schmerz empfindet, vollkommen glücklich (wie dies unter den Bedingungen des gegenwärtigen Lebens überhaupt möglich ist), wenn du die Dinge mit dem Auge der Vernunft betrachten willst.] Das erklärt vermutlich seine Gleichgültigkeit vor dem Todesurteil.

109 [»O glückliche Schuld, die einen so großen Erlöser verdient hat!« *Missale Romanum*, Vigilia paschali, Praeconii forma longior 272, Vigilfeier der Osternacht, Der österliche Preisgesang des Exsultet [Augustinus (Homilie) zugeschrieben?!], ed. A. Schott, lat.-dt., Freiburg, Basel, Wien 1963, S. 402.].

110 [In dem Brief von Kaspar Schoppe vom 17. Februar 1600; abgedruckt bei L. Firpo, *Il processo di Giordano Bruno*, S. 351; *Documents I: Le procès*, ed. L. Firpo, Paris 2000, S. 506-507; dt. Kuhlenbeck VI, S. 232.].

111 II, 2; Bd. II², S. 473; L. 724, 17-34, Grassi, S. 94, 2. Aufl., S. 76; Bacmeister, S. 169.

112 [*De la causa, principio, et uno*, III, *Op. it.* I, S. 212 f., I², S. 217-219, übers. A. Lasson, S. 67 ff., Kuhlenbeck, S. 89, *Op. lat.* I, 1, S. 307 f., 312, vgl. Nikolaus von Kues, *Trialogus de possest, Dreiergespräch über das Können-Ist*, neu übers. u. hrsg. von Renate Steiger, Hamburg 1973, S. 6 ff.; Dietrich Mahnke, *Unendliche Sphäre und Allmittelpunkt. Beiträge zur Genealogie der mathematischen Mystik*, Halle 1937, S. 51 ff.].

113 Vgl. Sophie Lunais, *Recherches sur la Lune, I: Les auteurs latins de la fin des Guerres Puniques à la fin du règne des Antonins*, Leiden: E.J. Brill, 1978 (EPRO 72), S. 122 ff. [Culianus Rezension in: *Aevum* 53 (1979), S. 209 ab].

114 Vgl. F. A. Yates, *Astraea. The Imperial Theme in the Sixteenth Century*, London, Boston 1975, S. 85 f.

115 II, 1; Bd. II², S. 273 [L. 585, 2-3: »tutti gli spiriti sono dall' amphitrite d'vn spirito, et á quello ritornan tutti«.].

116 Vgl. unseren Aufsatz »Inter lunam terrasque... Incubazione, catalessi ed estasi in Plutarco«, in: *Perennitas. Studi in onore di Angelo Brelich*, a cura di Giulia Piccaluga, Rom 1980, S. 149-172, jetzt in dem Band *Iter in silvis*, I, S. 53-76, bes. S. 63 f. [Plutarch, *De facie in orbe lunae*, p. 944 A-C]; *Expériences de l'extase*, S. 103-117.

117 Vgl. J. Festugière, »La Philosophie de l'amour de Marsile Ficin et son influence sur la littérature française au XVIe siècle«, *Revista da Universidade de Coimbra* VIII (1922), S. 396-594; *La Philosophie de l'amour de Marsile Ficin et son influence sur la littérature française au XVIe siècle*, Paris 1941.

118 Vgl. Maurice Magendie, *La Politesse mondaine et les théories de l'honnêteté au XVIIe siècle, de 1600-1660*, Paris: Alcan, 1926, Bd. I, S. 271; Émile Picot, *Les Français italianisants au XVe siècle*, Paris

1906-1907, 2 Bde.; Édouard Bourciez, *Les Mœurs polies et la littérature de Cour sous Henri II*, Paris 1886.

119 Vgl. Georg Weise, *L'ideale eroico del Rinascimento e le sue premesse umanistiche*, Neapel: Ed. scientifiche italiane, I-II, 1961-1965, Bd. II: *Diffusione europea e tramonto*, S. 104.

120 *Ebd.*, S. 52-103.

121 *Ebd.*, S. 105.

122 *Ebd.*, S. 49.

123 *Ebd.*, S. 76-77 [*Vie des dames illustres*, ed. Moland, Paris: Classiques Garnier, o. J., S. 180].

124 Vgl. Pierre [Honoré Jean Baptiste] Champion, *Paganisme et Réforme: Fin du règne de François Ier, Henri II* (*Paris au temps de la Renaissance*), Paris: Calmann-Lévy, 1936, S. 167 f., zitiert von G. Weise, II, S. 45. J. Festugière macht die Übersetzungen der höfischen Romane des Mittelalters für dieses Phänomen verantwortlich: »Deren Erfolg war so groß, daß in der Umgebung Franz' I. und Heinrichs II. erneut *Minnehöfe* gegründet wurden, mit dem Kodex schöner Umgangsformen und dem – den Damen des Mittelalters so teuren – Liebes-Recht.« (S. 3) G. Weise versäumt es, auf die allerdings offenkundige historische Verbindung zwischen dem Ficinischen Platonismus und der französischen Liebesdichtung des 16. Jahrhunderts herzustellen.

125 Yates, *Astraea*, S. 52. Über eine ähnliche Symbolik am französischen Hof siehe neuerdings Sheila Ffolliott, »Catherine de' Medici as Artemisia: Figuring the Powerful Widow«, in: *Rewriting the Renaissance. The Discourses of Sexual Difference in Early Modern Europe*, ed. by Margaret W. Ferguson, Maureen Quilligan, Nancy J. Vickers, Chicago, London: Chicago University Press, 1986 (Women in Culture and Society), S. 227-241, Anm. S. 370-376.

126 Yates, *Astraea*, S. 77.

127 *Ebd.*, S. 73.

128 *Ebd.*

129 *Ebd.*, S. 78 ff.

130 *Ebd.*, S. 76 [Cynthia von ihrer Geburtsstätte, dem Berg Κύνθος, und Belphoebe von Φοίβη, die Leuchtende].

131 *Ebd.*, S. 76-77.

132 *Ebd.*

133 *Ebd.*, S. 94-96 [Vgl. *The Queen's Majesty's Entertainment at Woodstock*, London 1575, edited by A. W. Pollard, Oxford 1910].

134 [II, 5; Bd. II^2, S. 508-509, L. 746, 24-20: »Oh se piacesse al cielo che á questi tempi ne si fesse presente, come fú in altri secoli piu felici, qualche saga Circe che con le piante, minerali, veneficij, et incanti era potente di mettere come il freno alla natura«; Bacmeister, S. 198, vgl. *Cantus Circaeus*, *Op. lat.* II, 1, S. 136 ff.].

135 Bd. II^2, S. 513 [L. 748, 39-40: »alta sagezza, / Et nobil castitá giunte á bellezza«].

136 [Bd. II^2, S. 516, L. 751, 33-35: »Ma suoltando la ruota, / Hor inalze, hora scuota; / Com'á uicenda il di, e la notte dassi.«].

137 *Ebd.*, S. 73, E. Spenser, *Faerie Queene*, Book VI.

138 [Circe (gr. Kirke) ist die Tochter des Sonnengottes Titan (gr. Helios, Phoibos; lat. Sol) und der Oceanustochter Perse; Ovid, *Metamorphosen* IV; XIII-XIV. J. F. Cerquand, *Études de mythologie grecque. Ulysse et Circé. Les Sirènes*, Paris 1873, und Karl Tümpel deuteten sie als Mondgöttin, *Philologus* N. F. II, S. 123, IV, S. 619ff.; vgl. *RE* XI, 1, Sp. 503 und W. H. Roscher, *Ausführliches Lexikon der griechischen und römischen Mythologie*, Leipzig 1890-1894, Bd. II, 1, S. 1195.].

139 Die lunare Kirche (und der solare Christus) ist aus der kabbalistischen Tradition heraus zu verstehen (vgl. François Secret, in: *Le Soleil à la Renaissance*, S. 225).

140 Bruno, *Op. it.*, Bd. II^2, S. 510, Anm. 1, und S. 481, Bd. II^2, S. 512, Anm. 2. Zur Symbolik der Circe siehe jetzt meinen Aufsatz »Giordano Bruno tra la Montagna di Circe e il Fiume delle Dame leggiadre«, in: *Montagna e Letteratura*, a cura di Aldo Audisio e Rinaldo Rinaldi, Torino 1983, S. 71-75.

141 Die Gestalt Circes ist in der Brunoschen Mnemotechnik äußerst bedeutsam. Sie kommt darin mindestens viermal vor. Zunächst im *Sigillus Sigillorum*, 30, *Op. lat.*, II, 2, S. 171,8-19: *A Circaeis demum veluti poculis abstinentes, caveamus ne animus a sensibilibus speciebus illectus, ita sui in ipsis fixionem faciat, ut intelligibilis vitae privetur delitiis, vinoque affectuum corporeorum et vulgaris authoritatis* [...] *ebrius, perpetuo in praesumptuoso, ignorantiae domicilio titubando pernoctet, ibidemque turbatae phantasiae velut insomniis exagitatus, amissis connatis alis intelligentiae, proruat, et Protei contemplatus vultum, nunquam concinne formatam, in qua conquiescat, speciem inveniat.* [Wenn wir uns schließlich des Zaubertranks der Circe enthalten, sorgen wir dafür, daß nicht der Geist [Seele] durch die sinnlichen Eindrücke verlockt, sich so sehr auf sie fixiert, daß er deren geistigen Freuden des Lebens beraubt wird und trunken vom Wein der körperlichen Empfindungen und dem Einfluß des Gewöhnlichen [...] für immer in der anmaßenden Wohnstätte der Dummheit taumelnd nächtigt, dort mit verwirrter Phantasie gleich wie durch Traumbilder gehetzt ohne die Flügel des suchenden Geistes niederstürzt und nach einem Blick auf das Antlitz des Proteus niemals den harmonisch gestalteten Anblick findet, in dem er ruhen könnte. Vgl. E. Rojas, S. 12.] Diese stellt im übrigen die Erklärung der Circe in *De gl'heroici furori* dar. Gewiß, sie kann eine andere, technische Funktion im Gesamtzusammenhang der Brunoschen

Gedächtniskunst haben. In der *Triginta Sigillorum Explicatio* (*ebd.*, S. 148, 20-149, 24), gibt sie einem der ›Siegel‹ ihren Namen – diese Siegel sind räumliche Anordnungen der Phantasmen und wahrscheinlich Meditationsfiguren zugleich: *Circaeorum camporum, hortorum et antrorum, vicesimisexti videlicet sigilli, explicatio.* [Die Erläuterung des 26. Siegels, d.h. des Siegels der Circeïschen Felder, Gärten und Höhlen.] Die vier Felder stellen die vier Qualitäten dar (warm, kalt, trocken, feucht). *Sigillum istum hoc in aenigmate quandoque implicavimus* [Dieses Siegel haben wir dennoch in dieses Rätsel einbezogen], fügt Bruno hinzu. Ein drittes Mal erscheint Circe in den *Aenigma et Paradigma*, welche die *Ars Brevis alia* eröffnen, wobei diese auf die *Ars Memoriae* und die *Ars Brevis* folgt, die dem Heinrich III. gewidmeten Werk *De umbris idearum* einverleibt sind (*Op. lat.*, II, 1, S. 170-172). Die Bedeutung der Circe ist hier dieselbe wie bei dem 26. ›Siegel‹ der *Triginta sigillorum Explicatio* (II, 2, S. 150,1-2):
Coge potens Circe succos tibi in atria septem,
Quaeque sit et species in genus acta suum (II, 1, S. 170, vv. 5-6).
Hinc medica Circe brevissimo levique studio memoriae inscriptas affixasque habet simplicium omnium qualitates, et qualitatum gradus (S. 171, 8-10) [Stelle, o mächtige Circe, dir die sieben [Zauber]säfte in den Sälen [Atrien] / Und jede Gestalt [Bild] soll seiner Gattung entsprechend [eingeordnet] sein. Aus diesem Grund hat die Heilerin Circe bei der kürzesten und leichten Beschäftigung mit dem Gedächtnis die Qualitäten aller einfachen Dinge und die Abstufungen der Qualitäten bezeichnet und festgelegt]. Schließlich ist Circe die Hauptgestalt in dem Dialog des *Cantus Circaeus ad eam memoriae praxim ordinatus quam ipse Iudiciariam appellat. Ad altissimum Principem Henricum d'Angoulesme magnum Galliarum Priorem, in Provincia Regis locumtenentem* . . . Parisiis, Apud Aegidium Gillium, via S. Ioannis Lateranensis, sub trium coronarum signo, M.D.LXXXII [1582]; *Op. lat.*, II, 1, S. 179-210. Dieser Passus aus dem Dialog zwischen Circe und Moeris ist sehr interessant, denn er kennzeichnet die Göttin Diana vortrefflich: *Te appello: quam Hecaten, Latonam, Dianam, Phaeben, Lucinam, Triviam, Tergeminam, Deamque triformem dicimus. Si agilis, omnivaga, pulcherrima, clara, candida, casta, innupta, verecunda, pia, misericors, et intemerata. Iaculatrix, honesta, animosa venatrix, regina caeli, manium gubernatrix, dea noctis, rectrix elementorum, terrae nutrix, animantium lactatrix, maris domina, roris mater, aëris nutrix, custos nemorum, sylvarum dominatrix, tartari domitrix, larvarum potentissima insectatrix, consors Apollinis* (S. 188,24-189,3) [Dich rufe ich an: die wir Hekate, Latona [Mutter von Apollon und Artemis-Diana], Diana [divia-na = Göttliche], Phoebe [Leuchtende], Lucina [als Geburtsgöttin], Tri-

via [die an den Dreiwegen Verehrte], Tergemina [Dreigestaltige], dreigestaltige Göttin nennen. Du so Behende, allüberall Umherschweifende, Allzuschöne, Leuchtende [Strahlende], Weißglänzende, Keusche, Unvermählte, Scheue, Fromme, Barmherzige und Unbefleckte. Schleuderin, Ehrenhafte, beherzte Jägerin, Himmelskönigin, Lenkerin der Manen, Königin der Nacht, Leiterin der Elemente, Ernährerin der Erde, Amme der beseelten Wesen, Herrin des Meeres, Mutter der Tautropfen, Ernährerin der Luft, Wächterin der Haine, Beherrscherin der Wälder, Bändigerin des Tartaros, allzumächtige Gegnerin der Gespenster, Schwester Apollons]. Man wird feststellen, daß es sich um eine wahre Litanei Dianas handelt, im Stil der Marienlitaneien. Da Bruno bereits 1582 den Diana-Kult erfunden hatte, mußte er hocherfreut darüber gewesen sein, in England eine ganze Schule anzutreffen, welche dieselbe Göttin anbetete. Deshalb darf der Dialog *De gl'heroici furori* nicht einfach als eine elisabethanische Allegorie gedeutet werden; hier kommen noch andere, subtilere Bedeutungen ins Spiel. (Siehe auch unseren in Anm. 140 genannten Aufsatz.).

TEIL II

1 Giordano Bruno, *De vinculis in genere*, *Op. lat.*, III, S. 697,7-8, *Opere magiche*, Edizione diretta da Michele Ciliberto. A cura di Simonetta Bassi, Elisabetta Scapparone, Nicoletta Tirinnanzi, Milano: Adelphi, 2000 (Classici, 67), S. 522; übers. E. v. Samsonow, S. 225.

Kapitel IV

1 Siehe unseren Aufsatz »Magia spirituale e magia demonica«, S. 400, Anm. 118.

2 *De amore* VI, 10, ed. Marcel, S. 220, ed. Ottaviano, S. 106, ed. Niccoli, S. 144.

3 [ital. *amore* für lat. *auctore*, nach Marcel Schreibfehler, S. 220. Culianu liest: »des Eros, der einer ist«.].

4 VI, 10, S. 107, Marcel, S. 220, Niccoli, S. 145, Hasse, S. 243-245.

5 *Ebd.*

6 *Ebd.*

7 *Amatus*, »Geliebter«, und *amans*, »Liebender«, bezeichnen beide Geschlechter gleichermaßen. Vgl. oben, Anm. 117 zu Kapitel III und Anhang V, S. 353.

8 Die Heroen sind pneumatische Wesen, die den Dämonen überlegen sind; siehe unten, Kapitel VII, 1.

9 Über die Rosenkreuzer kann man mit Vorsicht das (in seinem historischen Teil gute, im übrigen aber sehr allgemeine) Buch Paul Arnolds *La Rose-Croix et ses rapports avec la Franc-Maçonnerie. Essai de*

synthèse historique, Paris 1970, und vor allem F. A. Yates, *Aufklärung im Zeichen des Rosenkreuzes*, dt. Übers., Stuttgart 1975, das ebenfalls allgemein gehalten ist, einsehen. Es besteht im Hinblick auf die Verfasserschaft der Rosenkreuzer-Manifeste kein Zweifel darüber, daß sie von einem Freundeskreis um Johann Valentin Andreae geschrieben wurden. [*Rosenkreuzerische Manifeste. Die Grundschriften der Rosenkreuzer und Goethes Fragment »Die Geheimnisse«*, Hrsg. u. erläutert von Gerhard Wehr, Schaffhausen 1980, W.-E. Peuckert, *Das Rosenkreutz* (*Pansophie* III) 2., neugefaßte Aufl., mit einer Einleitung, hrsg. von Rolf Christian Zimmermann, Berlin 1973.].

10 [K. Marx, »Zur Kritik der Hegel'schen Rechts-Philosophie« (1844), *MEGA* I, 2, Berlin 1982, S. 170-171: »Die Religion ist der Seufzer der bedrängten Kreatur, das Gemüth einer herzlosen Welt, wie sie der Geist geistloser Zustände ist. Sie ist das *Opium* des Volkes.«].

11 *Theses de magia*, th. LVI, *Op. lat.*, III, S. 491, ed. Ciliberto, S. 398. Der Ausdruck *daemon magnus* stammt aus dem Kommentar Ficinos zum *Symposion* 202 D [VI, 8, ed. Marcel, S. 211, ed. Niccoli, S. 131: *magnus daemon, gran demonio*] und wurde durch die ganze Ficinische Tradition, seit Giovanni Pico, gewissenhaft überliefert.

12 *Theses de magia*, XV, Bd. III, S. 466, ed. Ciliberto, S. 346.

13 *Ebd.*

14 *De magia*, III, S. 411, ed. Ciliberto, S. 192.

15 *Ebd.*, S. 443, ed. Ciliberto, S. 262.

16 *Ebd.*

17 *Ebd.*, S. 443, ed. Ciliberto, S. 262.

18 *Ebd.*, S. 411, ed. Ciliberto, S. 192.

19 *Ebd.*, S. 447, ed. Ciliberto, S. 268-270.

20 *De vinculis in genere*, III, S. 669, ed. Ciliberto, S. 450.

21 *De magia*, III, S. 452, ed. Ciliberto, S. 280.

22 *Ebd.*, S. 453, ed. Ciliberto, S. 282.

23 *Theses de magia*, XLIII, Bd. III, S. 481, ed. Ciliberto, S. 376, vgl. Aristoteles, *De anima* I, 1, 403 a 8-10.

24 *De magia*, III, S. 449, ed. Ciliberto, S. 272 ff.

25 *Sigillus sigillorum*, II, 2, S. 193.

26 *Theses de magia*, XLVIII, Bd. III, S. 485, ed. Ciliberto, S. 386.

27 Siehe Edgar Morin, *Le Paradigme perdu: la nature humaine*, Paris: Seuil, 1973, S. 126-140, dt. *Das Rätsel des Humanen. Grundfragen einer neuen Anthropologie*, München, Zürich: Piper, 1974, S. 115-158, bes. S. 149, und I. P. Culianu, »Religione e accrescimento del potere«, in: Gianpaolo Romanato, Mario G. Lombardo, I. P. Culianu, *Religione e potere*, Turin 1981, S. 173-252, bes. S. 182-185.

28 *Theses de magia*, XLVIII, S. 485, ed. Ciliberto, S. 386.

29 *De vinculis*, III, S. 654, ed. Ciliberto, S. 416.

30 *De magia*, III, S. 452, ed. Ciliberto, S. 280, Samsonow, S. 163.

31 *Ebd.*, S. 453, ed. Ciliberto, S. 282.
32 *De magia mathematica*, Bd. III, S. 495, ed. Ciliberto, S. 8: *Primum ergo fundamentum universae unionis [. . .] est fides ac credulitas, quam non modo in nobis operantibus vigere oportet, sed etiam in recipientibus.*
33 *Theses de magia*, LIII, Bd. III, S. 490, ed. Ciliberto, S. 396.
34 *Ebd.*, S. 489-490, ed. Ciliberto, S. 394.
35 *De magia*, III, S. 453-454, ed. Ciliberto, S. 282-284, Samsonow, S. 164.
36 *De vinculis*, III, S. 652, 675, ed. Ciliberto, S. 549, 468.
37 *Ebd.*, S. 688, ed. Ciliberto, S. 502, Samsonow, S. 217.
38 *Ebd.*, S. 686, ed. Ciliberto, S. 498, Samsonow, S. 215.
39 *Ebd.*, S. 646, ed. Ciliberto, S. 543.
40 *Ebd.*, S. 639, ed. Ciliberto, S. 535.
41 *De vinculis*, S. 642, ed. Ciliberto, S. 538.
42 *Ebd.*, S. 641, ed. Ciliberto, S. 537, Samsonow, S. 171.
43 *Ebd.*, S. 659; vgl. auch S. 638, ed. Ciliberto, S. 428, 533 f.
44 *Ebd.*, S. 649, ed. Ciliberto, S. 545 f., Samsonow, S. 179.
45 *Ebd.*, S. 675, 21, ed. Ciliberto, S. 470,2.
46 *Ebd.*, S. 696, ed. Ciliberto, S. 520, Samsonow, S. 224.
47 *Ebd.*, ed. Ciliberto, S. 520-522.
48 *Ebd.*, S. 684, ed. Ciliberto, S. 492, Samsonow, S. 213.
49 Hier [auch *De gl'heroici furori* I, 3; I, 5, L. 643 f., 672 f.] nimmt Bruno Stellung gegen die Theorien der Renaissance über die Schönheit, die in einer bestimmten *proportio* der Körperteile bestehen soll (Agnolo Firenzuola u. a. [Federigo Luigini da Udine, *Il libro della bella donna*, ed. G. Daelli, Mailand 1863, zuletzt in: *Tratatti del 500 sulla donna*, Bari 1913; Von Firenzuolas *Dialogo delle bellezze delle donne o Celso*, 1541, Florenz: Bernardo Giunti, 1548, in: *Opere*, ed. Adriano Seroni, Florenz 1958, S. 519-596, gibt es auch dt. Ausg.: *Gespräche über die Schönheit der Frauen*, übers. v. Paul Seliger, Leipzig 1907, *Novellen und Gespräche*, übers. von Albert Wesselski, München 1910, übers. von Paul Hirth, in *Die Schönheit der Frauen*, hrsg. von Paul Hirth u. Ed. Daelen, Berlin o. J., S. 77-206; vgl. Baldassare Castiglione, *Il Libro del Cortegiano*, lib. III]) Dem stellt er die Auffassung entgegen, die Schönheit sei eine subjektive Kategorie, die von bestimmten transzendenten Gegebenheiten abhänge. Darin folgt er nur der Ansicht Ficinos [*De amore* V, 6] und anderer Platoniker der Renaissance, ohne jedoch auf die astrologischen Entsprechungen einzugehen, welche über die Anziehung zwischen den Menschen entscheiden. [Vgl. Michael Jäger, *Die Theorie des Schönen in der italienischen Renaissance*, Köln 1990, S. 215-254.].
50 *Ebd.*, S. 640, ed. Ciliberto, S. 536.
51 *Ebd.*, S. 641, ed. Ciliberto, S. 537.
52 *Ebd.*, S. 683, ed. Ciliberto, S. 488, Samsonow, S. 212.

53 *Ebd.*, S. 669, ed. Ciliberto, S. 452.
54 *Ebd.*, S. 641, ed. Ciliberto, S. 537.
55 *Ebd.*, S. 648, ed. Ciliberto, S. 544 f.
56 *Ebd.*, S. 646, ed. Ciliberto, S. 543, Samsonow, S. 176.
57 *Ebd.*, S. 651, ed. Ciliberto, S. 548, Samsonow, S. 182.
58 *Ebd.*, ed. Ciliberto, S. 548, Samsonow, S. 182.
59 *Ebd.*, S. 648, ed. Ciliberto, S. 545.
60 *Ebd.*, S. 676-677, ed. Ciliberto, S. 470 ff.
61 *Ebd.*, S. 677, ed. Ciliberto, S. 474.
62 *Ebd.*, S. 678, ed. Ciliberto, S. 476.
63 *Ebd.*, S. 647, ed. Ciliberto, S. 544, Samsonow, S. 177 f.
64 *Ebd.*, S. 647, 666, ed. Ciliberto, S. 544, 444.
65 *Ebd.*, S. 645, ed. Ciliberto, S. 542.
66 *Ebd.*, S. 644, 689, ed. Ciliberto, S. 541, 504.
67 Zu den taoistischen Praktiken vgl. Henri Maspero, »Les procédés de ›nourrir le principe vital‹ dans la religion taoïste ancienne« [*Journal Asiatique*, April-Juni 1937], in: *Le Taoïsme et les religions chinoises*, Paris: Gallimard, 1971, S. 479-589, und Robert H. van Gulik, *Sexual Life in Ancient China. A Preliminary Survey of Chinese Sex and Society from circa 1500 B. C. till 1644 A. D.*, Leiden: Brill, 1961.
68 Siehe M. Eliade, *Le Yoga. Immortalité et liberté*, Paris: Payot, [1954] ^{3}1977, S. 253 ff., *Yoga. Unsterblichkeit und Freiheit*, Zürich: Rascher, 1960, Frankfurt am Main: Insel, ^{3}1988, S. 263-281.
69 *De vinculis*, S. 645, 12-17, ed. Ciliberto, S. 541, Samsonow, S. 175.
70 *Ebd.*, S. 651, 14-16, ed. Ciliberto, S. 548, Samsonow, S. 181-182.
71 *Ebd.*, S. 663, 8-10, ed. Ciliberto, S. 436-438, Samsonow, S. 194.
72 [III, S. 645, 13-14: *taliter debet affectus qui vincire vult, qualiter qui vinciri debet.* Samsonow: »der Affekt, der fesseln will, muß so beschaffen sein wie der, welcher gefesselt werden soll«.].
73 *Ebd.*, S. 651, ed. Ciliberto, S. 547, Samsonow, S. 181.
74 Vgl. Allison Coudert, »Some Theories of a Natural Language from the Renaissance to the Seventeenth Century«, in: *Magia Naturalis und die Entstehung der modernen Naturwissenschaften* (*Studia Leibnitiana*, Sonderheft 7), Wiesbaden 1978, S. 63.
75 *Ebd.*, S. 64.
76 *Ebd.*, S. 63 ff. [Eine wenig davon abweichende deutsche Ausgabe erschien im Jahre 1667: *Kurtzer Entwurff des Eigentlichen Natur-Alphabets der Heiligen Sprache: Nach dessen Anleitung man auch Taubgebohrne verstehend und redend machen kan*, Sultzbach / Bey Abraham Lichtenthaler, 1667, diplomatischer Nachdruck hrsg. von Wilhelm Viëtor, Berlin, Hamburg 1916 (Phonetische Bibliothek, 1). Das Erscheinungsjahr ist nicht 1657, vgl. Coudert, S. 58, Anm. 2, M. DC. VII auf der Titelseite ein Druckfehler, W. Viëtor im Vorwort zur Neuausgabe.].

77 *Ebd.*, S. 63, Anm. 21, 24 [*Kurtzer Entwurff des Eigentlichen Natur-Alphabets der Heiligen Sprache*, I, V, 3; 4, S. 56-57 und 56; Neuausgabe 1916, S. 45].

78 *Sig. sig.*, 22, Bd. II, 2, S. 166 [Text in Kap. III, Anm. 60: *Confirmatur hoc, quod populi et gentes, quibus promptior est libido et ira, sunt activiores.*].

79 Seinerzeit hatten wir geglaubt, daß es sich dabei um einen Ausdruck der *coincidentia oppositorum* handelte (vgl. »Motivul ›coincidentia oppositorum‹ la Giordano Bruno«, Vortrag an der Universität Bukarest im November 1970, unveröffentlicht), um so mehr als diese in allen philosophischen Werken Brunos reichlich veranschaulicht wird. Diese Deutung war allerdings allzu sehr von Mircea Eliades *Traité d'histoire des religions* (dt. *Die Religionen und das Heilige*) beeinflußt. Das Vorhandensein von Oxymora in den Gedichten Brunos läßt sich eher als Hinweis auf eine Technik und eine Praxis magischer Art erklären. Es handelt sich nicht um Stilmittel, sondern um *konkrete* Beschreibungen von gesteuerten seelischen Operationen.

80 Die Analogie zwischen Magier und Analytiker muß man selbstverständlich *cum grano salis* nehmen.

81 *Theses de magia*, LII, Bd. III, S. 489; ed. Ciliberto, S. 394: *Ita providendum maxime atque cavendum est ubi et cum quibus quispiam educetur, erudiatur, sub qua paedagogia, qua religione, quo cultu, quibus libris seu authoribus assuescat; quae omnia non per accidens, sed vere per se, si mala pessime aut deterius, si bona optime aut melius ingenium ingenerabunt, et cum hoc genium atque fortunam.*

82 In der französischen Ausgabe findet sich der folgende Passus, den Culianu in der amerikanischen Ausgabe gestrichen hat: »Jede Erziehung weckt Erwartungen, die der Staat unmöglich erfüllen kann. Für die Frustrierten gibt es ideologische Zentralen, die alternative Erwartungen erzeugen. Wenn der Staat die ›Kultur‹ hervorbringt, bringen andere Manipulationszentren die ›Gegen-Kultur‹ hervor, die sich vor allem an die Außenseiter wendet.
Man darf den Charakter der alternativen Kulturmoden nicht mißverstehen: Diese können sich unter bestimmten Umständen als stärker erweisen als die Staatskultur selbst, und in diesem Falle werden sie letztere schließlich – durch Evolution oder Revolution – ersetzen. Deshalb muß ein Staat, der Bestand haben will, fähig sein, seinen Bürgern eine angemessene Erziehung zu gewährleisten und im Rahmen des Möglichen ihre Wünsche zu erfüllen. Gelingt ihm dies nicht, dann muß er selbst dafür sorgen, daß er seine eigene Gegen-Kultur erzeugt, deren ideologische Bestandteile so beschaffen sein müssen, daß der Zusammenhalt der Außenseiter und die Zunahme ihrer Macht vermieden wird. Die einfachste und wirkungs-

vollste, aber zugleich unmoralischste Methode besteht darin, den Markt der zerstörerischen und selbstzerstörerischen Phantasmen aller Art gedeihen zu lassen und die Vorstellung von alternativen Machtquellen zu pflegen, deren wichtigste die ›geistige Macht‹ wäre. Die Wirkungen der Gewalt schlagen gegen die Gewalttätigen zurück, die Selbstzerstörung beseitigt einen anderen Teil der Außenseiter, während das übrig bleibende Drittel damit beschäftigt ist, über die unbekannten – aber selbstverständlich harmlosen – Möglichkeiten der menschlichen Seele nachzusinnen und davon zu schwärmen. Selbst wenn in einigen Fällen gewalttätige Riten mit den mentalen Praktiken einhergehen, ist es wenig wahrscheinlich, daß alles das die Staatskultur wirklich erschüttert. Der Vorteil dieser subtilen Manipulationen besteht darin, die unmittelbare Unterdrückung zu vermeiden und die Idee der Freiheit, deren Wichtigkeit kaum unterschätzt werden darf, aufrechtzuerhalten. Andererseits sind die Alternativ-Moden für ihre Schöpfer auch eine ungeheuere Quelle von Prestige und Reichtum, was alle damit zusammenhängenden Industrien gut funktionieren läßt: das Bild, die Schallplatte, die Kleidermode. Der Erfolg des Marktes dieser Operationen stellt seinerseits eine wahre Gefahr für den Staat dar, der sich nur deshalb zur stillschweigenden Zusammenarbeit herabläßt, um die Aufmerksamkeit der Außenseiter abzulenken. Nun nimmt dieses Phänomen derartige Ausmaße an, daß es sich praktisch jeder Kontrolle entzieht: sei es derjenigen der direkten Manipulatoren, sei es der des Staates selbst. Neue Moden, die nicht mehr vom Staate erfunden wurden, um sein eigenes Bestehen zu sichern, schießen ins Kraut. Eine neue Gewalttätigkeit, die der Staat nicht vor(aus)gesehen hatte, bricht aus. Die selbstzerstörerischen Praktiken treffen schließlich diejenigen Vertreter der neuen Generationen, in die der Staat berechtigt gewesen wäre, die größten Hoffnungen zu setzen. Die Lage wird immer komplexer, und die Maßregeln, die man ergreift, erfordern einen Aufwand an Intelligenz, der hätte edleren Zwecken dienen können.«

Kapitel V

1 Walker, *Spiritual and Demonic Magic*, S. 82-83.

2 Siehe H. de Lubac, *Pic de la Mirandole*, S. 130ff.

3 A. Olerud, *L'Idée de macrocosmos et de microcosmos dans le Timée de Platon*, Uppsala 1951, *passim*.

4 Cicero, *De natura deorum* II, 22 [*Vom Wesen der Götter*. Hrsg., übers. u. erläutert von Wolfgang Gerlach und Karl Bayer, München: Heimeran, 1978, S. 170-171]; vgl. Sextus Empiricus, *Adversus mathematicos* IX, 101. Siehe unseren Aufsatz »Magia spirituale ...«, S. 390, Anm. 85.

5 Siehe G. Verbeke, *a.a.O.*, S. 53.

6 *Ebd.*, S. 55.

7 Über die Cicero berichtet: *De divinatione* I, 3, 6 [I, 6, übers. von H.D. u.L. Huchthausen, *Werke*, Bd. III, Berlin, Weimar 1989, S. 9, und *Über die Wahrsagung, De divinatione*, lat.-dt., hrsg., übers. u. erl. von Christoph Schäublin, München, Zürich 1991, S. 10f.].

8 *Ebd.*, I, 30, 63 [I, 63, *ebd.*, S. 33].

9 *Ebd.*, I, 51, 115 [I, 115, *ebd.*, S. 53: »Denn was den Sehern im Wachen widerfährt, das widerfährt uns im Schlafe.« Schäublin, S. 114f.].

10 *Ebd.*, I, 115 [I, 19, 37?].

11 Vgl. G. Verbeke, S. 267ff., mit einer Liste der Verfasser, die das Phänomen beschreiben.

12 *Ebd.*, S. 327; vgl. auch unseren Aufsatz »Magia spirituale«, S. 391.

13 Der Traktat *De (in)somniis* von Synesios ist im II. Band der Werkausgabe Ficinos übersetzt. Die moderne Ausgabe dieser Schrift ist Nicola Terzaghi zu verdanken (Synesii Cyrenensis *Opuscula*, Nicolaus Terzaghi recensuit, Rom 1944 (Scriptores Graeci et Latini), περὶ ἐνυπνίων [geschrieben um 405-406], S. 143-189; griechischer Text, ohne Übersetzung. Sie ist der Ausgabe der *Patrologia Graeca*, t. LXVI, col. 1281 ff. (mit lateinischer Übersetzung von Denis Pétau), überlegen [dt. von Wolfram Lang, *Das Traumbuch des Synesius von Kyrene. Uebersetzung und Analyse der philosophischen Grundlagen*, Tübingen: Mohr, 1926 (Heidelberger Abhandlungen zur Philosophie und ihrer Geschichte, H. 10), Nachdruck Würzburg 1979; *De insomniis*, in: *The Essays and Hymns of Synesius of Cyrene*, Translated into English with Introduction and Notes by Augustine FitzGerald, Oxford, London 1930, Bd. II, S. 326-359, Anm. S. 436-472); Ficinos Übersetzung von *De somniis* in der Aldine von 1497, S. 151-174, nachgedruckt in: Iamblichus, *De mysteriis Aegyptiorum*. Sammelband neuplatonischer Schriften, übers. und hrsg. von Marsilius Ficinus, Frankfurt am Main: Minerva, 1972. Zu Hypatia siehe jetzt: Maria Dzielska, *Hypatia of Alexandria*, Cambridge, Mass., London: Harvard University Press, 1995 (Revealing Antiquity, 8)].

14 Vgl. Verbeke, S. 32.

15 *Ebd.*, S. 76 [siehe die sehr eingehende Darstellung bei Ludwig Stein, *Die Erkenntnistheorie der Stoa*, Berlin 1888, bes. S. 154-212 (Berliner Studien für classische Philologie und Archaeologie, VII, 1)].

16 *Ebd.*, S. 161 [der sich beruft auf: Adolf Bonhöffer, *Epictet und die Stoa. Untersuchungen zur stoischen Philosophie*, Stuttgart: F. Enke, 1890, S. 138-139; vgl. auch Synesios, *De insomniis*, PG 66, 152 AB, Lang, *Das Traumbuch des Synesius von Kyrene*, S. 27].

17 Epiktet, *Dissertationes* III, 3, 20, dt. von R. Mücke, S. 183.

18 Die Schrift *De vita coelitus comparanda* wurde einige Monate nach

der Übersetzung von Synesios' *De insomniis* abgeschlossen. Diese (*Op.* II, S. 1968 ff.) wurde Piero de' Medici am 15. April 1489 gewidmet, während das Widmungsdatum von *De vita coelitus comparanda* der 10. Juli 1489 ist.

19 Synesios, *Perì enhypníōn* IV (134 A ff.), S. 149, 16 ff. (ed. Terzaghi).

20 *Ebd.*

21 Dasselbe gilt auch für den Neuplatoniker Iamblichos: *De mysteriis Aegyptiorum* III, 14, dt. Th. Hopfner, S. 85-88.

22 Synesios, *De somniis*, 135 D-136 A, PG 66, col. 1289, ed. Terzaghi, S. 152, 17-32, 5, Ficino, *Op.* II, S. 1970, dt. W. Lang, *Das Traumbuch des Synesius*, S. 9 [*phantasiae spiritus* [= φανταστικὸν πνεῦμα], *is scilicet quo visiones et imagines concipiuntur*: Glosse der lateinischen Übersetzung von Denis Pétau S. J. (Dionysius Petavius, 1583-1652) in der *Patrologia Graeca* 66, 135 D, col. 1290].

23 Vgl. unseren bereits angeführten Aufsatz »Inter lunam terrasque . . .«, *Iter in silvis*, S. 66 [Plutarch, *de genio Socratis*, ed. A. Corlu, Paris 1970, S. 73; Platon, *Timaios* 70 A: ἐκ τῆς ἀκροπόλεως], *Expériences de l'extase*, Kap. VI, S. 103-117.

24 *De defectu oraculorum* c. 41, p. 432 F ff.

25 *De somniis*, 137, Lang, S. 10-11.

26 *Ebd.*, 134 C-D, PL 66, col. 1288, Ficino, *Op.* II, S. 1970, Lang, S. 7-8.

27 M. Foucault, »La prose du monde«, in: *Les Mots et les choses. Une archéologie du savoir*, Paris: Gallimard, 1966, Kap. 11, S. 32-59.

28 Synesios, *De somniis*, 132 B-C, S. 147, 1-7 (Terzaghi), PG 66, col. 1285; Ficino, *Op.* II, S. 1969 [Ficino übersetzt μάγων ἴυγγες mit *illices, vel motacillae magorum*, die Pétau übersetzt ἴυγγες mit *incantationes*, Lang, S. 5 mit ›Zaubervögel‹, FitzGerald, II, S. 328, mit ›spells‹. Zu dem Begriff ἴυγξ, ursprünglich der beim Liebeszauber eingesetzte Wendehals (*Jynx torquilla*), siehe Pindar, *Pyth.* IV, 213-218, vgl. Vinciane Pirenne-Delforge, »L'iynge dans le discours mythique et les procédures magiques«, in: *Kernos* 6, 1993, S. 277-289; C. A. Faraone, »The wheel, the wip, and other implements of torture. Erotic magic in Pindar, Pythia 4.213-19«, in: *Classical Journal* 89, 1993, S. 1-19. Lang, S. 5: »Denn es müßten, glaube ich, die Teile dieses von *einem* Gefühl durchdrungenen und *einem* Leben beseelten Ganzen zueinanderpassen, dieweil sie Glieder *eines* Ganzen sind. Und vielleicht lassen sich auch so die Zaubervögel der Magier erklären. Denn wie die einzelnen Teile sich durch die anderen vorher ankünden, so bezaubern sie sich auch gegenseitig. Und der Weise ist nun derjenige, welcher die Verwandtschaft der Teile im Kosmos kennt. Kann er doch von dem einen auf das andere schließen, da er gewissermaßen ein Pfand in der Hand hat von Dingen, die noch so weit entfernt sein mögen, in Gestalt von Lauten, von Materien oder äußeren Formen.«].

29 *Ebd.*, 134 A, PG 66, col. 1288, Terzaghi, S. 149, Lang, S. 7, FitzGerald, S. 330f.

30 Nikolaus von Kues, *Idiota triumphans*, III; *Idiota de mente*, c. 5: *viva descriptio aeternae et infinitae sapientiae* [...] *tunc motu vitae suae intellectivae in se descriptum reperit, quod quaerit* [*Liber de mente*, ed. Joachim Ritter, übers. von Heinrich Cassirer, in: E. Cassirer, *Individuum und Kosmos*, S. 232-233; *Der Laie über den Geist, Idiota de mente*, übers. von Martin Honecker und Hildegund Menzel-Rogner, Hamburg 1949 (Phil. Bibl. 228), S. 30; hrsg. u. übers. von Renate Steiger, Hamburg 1995 (Phil. Bibl. 432), S. 38, Nr. 85].

31 *De vita coelitus comparanda*, XV, ed. Kaske/Clark, S. 318, 86-87 [552].

32 *Papyri Graecae Magicae. Die griechischen Zauberpapyri*, hrsg. u. übers. von Karl Preisendanz, Bd. I-II, Leipzig, Berlin 1928-1931, 2., verb. Aufl. mit Ergänzungen von K. Preisendanz, durchges. u. hrsg. von Albert Henrichs, Stuttgart: B. G. Teubner, 1973-1974 (Sammlung wissenschaftlicher Commentare).

33 Vgl. H. D. Betz, »The Delphic Maxim ›Know Yourself‹ in the Greek Magical Papyri«, in: *History of Religions* 21 (1981) 2, S. 156-171; *The Greek Magical Papyri in Translation Including the Demotic Spells*, edited by Hans Dieter Betz, Hrsg., Bd. 1, Chicago, London 1986, 2., durchges. Aufl. 1992 [vgl. Culianus Rezension in: *Journal for the Study of Judaism* 18 (1987), S. 79-83].

34 [Vgl. Francisco Rico, *El pequeño mundo del hombre. Varia fortuna de una idea en la cultura española*, 2., verb. Aufl., Madrid 1986, S. 59-80, 308-312.].

35 Ausgabe des arabischen Textes von H. Ritter, Leipzig, Berlin 1933 (Studien der Bibliothek Warburg, XII); deutsche Übersetzung von Hellmut Ritter und Martin Plessner, *»Picatrix«. Das Ziel des Weisen von Pseudo-Maǧrīṭī*, London 1962 (Studies of the Warburg Institute, 27); die ersten vier Bücher des *Picatrix* nach einer französischen Übersetzung aus dem Lateinischen, deren älteste Handschrift in das Jahr 1739 zurückreicht, enthält der Sammelband von Sylvain Matton, *La Magie arabe traditionnelle*, Paris: Retz, 1976, S. 245 ff. [Inzwischen liegt auch die kritische Ausgabe des in Mittelalter und Renaissance so wirkungsmächtigen lateinischen Textes vor: *Picatrix. The Latin version of the* Ghāyat al-ḥakīm, edited by David Pingree, London 1986 (Studies of the Warburg Institute, 39); der geplante zweite Band wird die alten Übersetzungen ins Italienische, Französische und Englische enthalten. Getrennt soll auch die hebräische Fassung erscheinen.] Der geheimnisvolle Name ›Picatrix‹ ist vielleicht eine Entstellung von Bu(i)qrāṭīs, der im Text als Übersetzer eines von Kriton verfaßten *Buches der Erklärung der pneumatischen Talismane* erwähnt wird; es handelt sich höchstwahrscheinlich um den griechischen Arzt Hippokrates, dessen Autorität das Ansehen

von Werken dieser Art gewährleistete [vgl. E. Garin, *Lo zodiaco della vita*, Bari 1976, durchges. engl. Ausg.: *Astrology in the Renaissance. The Zodiac of Life*, London, Boston u. a. 1983, S. 29-55, dt.: *Astrologie in der Renaissance*, Frankfurt am Main: Campus, 1997; nach F. A. Yates, *Giordano Bruno and the Hermetic Tradition*, S. 50 ff., soll nur die verschollene spanische, nicht aber die lateinische Übersetzung des *Picatrix* in Alfons' Auftrag entstanden sein. Vgl. auch Charles Burnett, *Magic and Divination in the Middle Ages. Texts and Techniques in the Islamic and Christian World*, Aldershot 1996: »The Translating Activity in Medieval Spain« (1992), IV, S. 1047 f.; VI, S. 168].

36 Siehe die Ausgabe der Ficinischen Traktate *De vita* von M. Plessner und unsere Besprechung in: *Aevum* 54 (1980), S. 397ab.

37 [In Ficinos Werken wird al-Kindī nur ein einziges Mal namentlich genannt: Alchindus: *De vita coel.* XXI, *Op.* I, S. 562, ed. Kaske, Clark, S. 354,15.].

38 Vgl. Sylvain Matton, *La Magie arabe traditionnelle*, S. 71; Text *ebd.*, S. 72 ff. [*De radiis*: *Incipit theorica artium magicarum*, ed. Marie-Thérèse d'Alverny et Françoise Hudry, in: *Archives d'histoire doctrinale et littéraire du moyen âge* XLI, 49e année (1974), S. 139-260, lat. Text: S. 215-260; das arabische Original ist nicht erhalten. Zu al-Kindī siehe auch Wilhelm Schmidt-Biggemann, *Philosophia perennis. Historische Umrisse abendländischer Spiritualität in Antike, Mittelalter und Früher Neuzeit*, Frankfurt am Main: Suhrkamp, 1998, S. 454-462.].

39 [c. 3, ed. d'Alverny, S. 224: [. . .] *omne quod actualem habet existentiam in mundo elementorum radios emittit in omnem partem, qui totum mundum elementarem replent suo modo.*].

40 [c. 5, ed. d'Alverny, S. 230-231: *Homo igitur per suam existentiam proportionatam surgit ipsi mundo similis. Unde minor mundus est et dicitur quare recipit potentiam inducendi motus in competenti materia per sua opera sicut habet mundus, ymaginatione tamen et intentione et fide in anima hominis preconceptis. Homo enim aliquid volens operari primum ymaginatur rei formam quam per opus suum in aliquam materiam vult imprimere, post ymaginem rei conceptam, secundum quod eandem rem sibi utilem vel inutilem iudicaverit, eam desiderat vel spernit in animo. Consequenter vero, si res desiderio digna fuerit iudicata, desiderat accidentia per que eadem res in actum proveniat secundum suam opinionem assumptam. Accidentia autem ad motum inducendum adiuvantia sunt anime passiones, de quibus disserentes dicimus quod ymaginatio et ratio humana adquirunt similitudinem mundi, dum species rerum mundialium in ipsis actualiter imprimuntur per exercicium sensuum, propter quod spiritus ymaginarius habet radios conformes radiis mundi, et inde consequitur vim movendi res extrapositas suis radiis sicut ipse mundus tam superior quam inferior suis radiis movet res diversis motibus. Preterea cum homo*

concipit rem aliquam corpoream ymaginatione, illa res recipit actualem existentiam secundum speciem in spiritu ymaginario. Unde idem spiritus emittit radios moventes exteriora, sicut res cuius est ymago. Ymago igitur in mente concepta concordat in specie cum re actuali ad exemplum ymaginis per opus voluntarium vel naturale vel utrumque facta. Quare non est mirandum si constellatio que ymaginem in mente hominis producit in aliquo alio subiecto eandem producat, cum hec ab illa non differat nisi tantum in materia.].

41 [S. 231-232: *Primum quidem et principale accidens ad rei generationem per exemplum ymaginis mentalis necessarium est desiderium eiusdem hominis qui ymaginatur ut res fiat.*].

42 [S. 232-233: *Sunt autem operum duo genera per que, exhibita sicut oportet, res in mente concepta procedit in actum, scilicet oris locutio, manus operatio. Aliquis enim sermo est qui ab ore hominis prolatus cum ymaginatione et fide et desiderio proferentis interdum facit motus individuorum actuales in mundo.*].

43 [S. 233: [. . .] *voces in actum producte radios faciunt sicut et alie res actuales, et suis radiis operantur in mundo elementorum sicut et alia individua. Et cum innumerabiles sint differentie vocum, unaqueque actualiter prolata suum habet effectum in rebus aliis elementaribus, differentem ab effectu aliorum, et sortite sunt voces suum effectum a celesti armonia, sicut et herbe et res alie, et similiter effectus qualitatem valde diversam in diversis.*].

44 Vgl. Synesios, *De insomniis* 132 C bei Ficino, *Opera* II, S. 1969: *Iam vero sapiens est, qui mundanarum partium cognationem tenet, trahit enim per aliud* [. . .].

45 [S. 235: *Ad effectum autem habendum exigitur semper intentio proferentis cum ymaginatione forme quam per vocis prolationem desiderat venire in materiam actualiter.*].

46 [S. 236: *Cum autem in aliqua voce concurrunt impositio significationis ab armonia facta et ab hominibus, geminatur virtus significationis illius vocis.*].

47 Vgl. A. Coudert, *a.a.O.*, S. 59. Im vorliegenden Fall handelt es sich um das Werk von Franciscus Mercurius van Helmont, für den die Buchstaben des hebräischen Alphabets die phonetischen Diagramme darstellten, die die Stellung der Zunge bei der Artikulation der Töne angeben (*ebd.*). (Eine ähnliche Theorie wurde hinsichtlich des *devanāgarī*-Alphabets des Sanskrit aufgestellt.).

48 Vgl. oben, Anm. 6 zu Kap. IV.

49 [Zu diesem Begriff siehe Culianu, *Mircea Eliade*, 1. Ausg., S. 49 ff.].

50 Vgl. unseren Aufsatz »Iatroi kai manteis«, in dem diese Theorie vom Standpunkt ihrer Anwendbarkeit auf die griechischen Ekstatiker erörtert wird; *Expériences de l'extase*, Kap. I, S. 25-43.

51 [T. S. Eliot, *Four Quartets* (1940), East Coker, IV, v. 1, London 1944,

S. 20, dt. *Gesammelte Gedichte 1909-1962*, Frankfurt am Main 1972, S. 298.].

52 *Tomo Primo delle divine lettere*, Vinegia [=Venedig] 1548, S. 8r [*Lettere* I, ed. S. Gentile, epist. 5, S. 18: *Non possum, amici optimi, vim legis non admirari, legis siquidem ordo et concentus aliquis necessarius est in elementis mundi animalisque humoribus et in brutorum victu, in contubernio quoque latronum: hi enim absque iusto quodam ordine una versari non possunt.* Karl Markgraf von Montoriola, *Briefe des Mediceerkreises*, Berlin 1926, S. 103, liest mit *Op.* I, S. 612: *Non possem[,] amici[,] optimi uiri legis* und übersetzt: »Ich kann nun, meine Freunde, den Gesetzen [*Nomoi*] des hervorragenden Mannes [Platons] meine Bewunderung nicht versagen.«].

53 [ed. Kaske, Clark, S. 256, 25-26.].

54 *Vita coel.* II, ed. Kaske, Clark, S. 254, 87-94 und S. 433 f., Anm. 10; vgl. *Picatrix*, S. 171, 7 (Ritter, Plessner). [*Quem* [= *mundum*] *sicut et quodvis animal multoque efficacius animatum esse, non solum Platonicae rationes, sed etiam astrologorum Arabum testimonia comprobant. Ubi etiam probant ex applicatione quadam spiritus nostri ad spiritum mundi per artem physicam affectumque facta, traiici ad animam corpusque nostrum bona coelestia. Hinc quidem per spiritum nostrum in nobis medium et tunc a mundi spiritu roboratum, inde vero per radios stellarum feliciter agentes in spiritum nostrum, et radiis natura similem et tunc se ipsum coelestibus coaptantem.* Culianu liest mit der Ausg. Venedig 1498: *captantem.*].

55 Vgl. unseren bereits erwähnten Aufsatz »Magia spirituale«, S. 402 ff.

56 Vgl. P. Arnold, *a. a. O.*

57 Walker, *a. a. O.*, S. 203-212.

58 *Ebd.*, S. 54-145. Eine leicht zugängliche und brauchbare deutsche Ausgabe von Agrippas *De occulta philosophia* ist der Neudruck der anonym erschienenen Übersetzung [von Friedrich Barth] (die zuerst 1855 in fünf Bändchen bei Scheible in Stuttgart veröffentlicht und seitdem auch mehrmals fotomechanisch nachgedruckt worden ist), jetzt mit der Einleitung von Kurt Benesch: Agrippa von Nettesheim, *Die magischen Werke*, Wiesbaden: Fourier, 1976, ²1982 [oder Agrippa von Nettesheim, *De occulta philosophia*, Nördlingen: Greno, 1987. Die maßgebliche kritische Ausgabe hat Vittoria Perrone Compagni vorgelegt: *De occulta philosophia* libri tres, Leiden, New York, Köln: E.J. Brill, 1992].

Kapitel VI

1 Das Adjektiv ›himmlisch‹ (*coelestis*) bedeutet hier ›ätherisch‹ oder ›quintessentiell‹, denn der Äther war die Substanz des Himmels. Erinnern wir uns daran, daß das menschliche Pneuma von derselben Natur ist.

2 [Kaske, Clark, S. 258, 3-14 [536]: *Nam ipse inter crassum mundi corpus et animam medius est, et in ipso stellae sunt et daemones atque per ipsum.* [. . .] *Hauritur autem proprie ab homine per suum spiritum illi suapte natura conformem, maxime si reddatur etiam arte cognatior, id est, si maxime coelestis evadat. Evadit vero coelestis, si expurgetur a sordibus et omnino ab eis quae inhaerent sibi dissimilia coelo. Quae quidem sordes non solum intra viscera si fuerint, verum etiam si in animo, si in cute, si in vestibus, si in habitatione et aere, spiritum frequenter inficiunt.*].

3 [Kaske, Clark, S. 258, 19-21 [536]: *Ubi primum segregantur ab eo vapores obnubilantes medicinis ita purgantibus, secundo rebus lucentibus illustratur, tertio ita colitur ut et tenuetur simul et confirmetur. Fiet denique coelestis maxime, quantum dictat ratio praesens, si applicentur ei potissimum radii influxusque Solis inter coelestia dominantis.*].

4 [Kaske, Clark, S. 246-247 [532].].

5 [Philon von Alexandria, *Legum sacrarum allegoriarum libri* II, 22, *Opera*, ed. L. Cohn, P. Wendland, I, S. 107, *Die Werke in deutscher Übersetzung*, hrsg. von L. Cohn, I. Heinemann, M. Adler u. Willy Theiler, Bd. III, Breslau 1919, 2. Aufl., Berlin 1962, S. 61: »Den Zusammenhalt besitzen auch die unbeseelten Steine und Hölzer; an ihm haben auch unsere Knochen Anteil, die sich mit Steinen vergleichen lassen. Die belebende Kraft wirkt auch bis ins Pflanzenreich hinein; und auch wir haben Körperteile, die den Pflanzen vergleichbar sind, nämlich Nägel und Haare.« Vgl. Rudolf Allers, »Microcosmus. From Anaximandros to Paracelsus«, in: *Traditio* 2 (1944), S. 350.].

6 [Kaske, Clark, S. 288, 1-6, 290, 20f. [544]: *Huc vero tendunt haec omnia ut spiritus noster rite per naturalia praeparatus atque purgatus accipiat ab ipso vitae mundanae spiritu plurimum per radios stellarum opportune susceptos. Vita quidem mundi omnibus insita propagatur evidenter in herbas et arbores, quasi pilos sui corporis atque capillos. Tumet insuper in lapides et metalla, velut dentes et ossa. Pullulat quoque in viventes conchas terrae et lapidibus adhaerentes.* [. . .] *Item frequenti quodam usu plantarum similiterque viventium potes mundi spiritu plurimum haurire* [. . .].

7 M. Psellos, »Commentaire des ›Oracles chaldaïques‹«, *Patrologia Graeca* 122, col. 1129-1132 A, in: *Oracles chaldaïques*, Avec un choix de commentaires anciens, texte établi et traduit par Édouard des Places, Paris: Les Belles Lettres, 1971, S. 168-169 [dt. Übers. und Erörterung der Psellos-Stelle bei W. Lang, *Das Traumbuch des Synesius von Kyrene*, Tübingen 1926, S. 76f.].

8 Vgl. Hans Lewy, *Chaldaean Oracles and Theurgy*, Kairo 1956, hrsg. von Michel Tardieu, Paris 1978, S. 178.

9 [Vgl. Mircea Eliade, *Le yoga*, S. 376f., Note III, 2.].

10 [Übers. von Paul Deussen, *Sechzig Upanishad's des Veda*, Leipzig

1897, S. 189. *yāvān vā ayam ākāśas tāvān eṣo 'ntarhṛdaya ākāśaḥ | ubhe asmin dyāvāpṛthivī antar eva samāhite ubhāv agniś ca vāyuś ca sūryācandramasāv ubhau vidyunnakṣatrāṇi yac cāsyehāsti yac ca nāsti sarvaṃ tadasmint samāhitam iti.* Vgl. Goethe: »Ist nicht der Kern der Natur / Menschen im Herzen?« *Ultimatum* von 1822, *WA* III, 3 (1890), S. 106, *Sämtliche Werke* I, 2: Gedichte 1800-1832, hrsg. von Karl Eibl, Frankfurt am Main 1988, S. 508. Vgl. *Das Herz im Kulturvergleich,* hrsg. von Georg Berkemer und Guido Rappe, Berlin 1996 (Lynkeus. Studien zur Neuen Phänomenologie, 3).].

11 [Hesychasmus – von griechisch ἡσυχία: Ruhe, Stille – eine Form der mittelalterlichen byzantinischen Mystik, die auf Johannes Hesychastes, gestorben 559, zurückgeht. Hesychastische Mönche, insbesondere in den Klöstern auf Berg Athos, widerholten im Geist Gebete, um mit Gott eins zu werden. Der Hesychasmus verbreitete sich unter den Mönchsgemeinden von Athos seit 1339. 1341 verhinderte Gregorios Palamas auf dem 8. Konzil von Konstantinopel die Verurteilung der Lehre als ketzerisch, sie wurde aber bis 1347 verfolgt. In der zweiten Hälfte des 14. Jahrhunderts von der orthodoxen Kirche anerkannt. 1783 gab Nikodemos Hagioreites die *Philokalia,* eine Anthologie mit hesychastischen Schriften in Venedig heraus. Vor allem in Rußland und in der Ostkirche verbreitet. Vgl. I. Hausherr, »La méthode d'oraison des Hésychastes«, *Orientalia Christiania* 9 (1927), S. 97-209.].

12 Vgl. Gilbert Durand, »L'univers du symbole«, *Colloque international du 4 au 8 février 1974,* in: *Revue des Sciences Religieuses* (Straßburg) 49, 1-2 (1975), S. 7-23, bes. S. 9.

13 Sergej Michailovič Širokogorov, *Psychomental Complex of the Tungus,* London 1935, Neuausgabe Berlin: Reinhold Schletzer, 1999 (Studia Eurasica. Monographienreihe zur Anthropologie und Archäologie der Völker Eurasiens, V), S. 243ab, Anm.

14 *Ebd.*

15 R. B. Onians, *The Origins of European Thought about the Body, the Mind, the Soul, the World, Time, and Fate. New Interpretation of Greek, Roman and kindred evidence also of some basic Jewish and Christian beliefs,* Cambridge 1951, 2., durchges. Aufl. 1954. Die Deutungen von Onians sind von mehreren Gelehrten angefochten worden.

16 A. Olerud, *a. a. O.*

17 *A.a. O.*

18 Onians, S. 119ff. [*Timaios* 91 B].

19 Olerud, S. 23.

20 *Ebd.*, S. 33 [*Timaios* übers. von H. G. Zekl, Hamburg 1992, S. 183ff.].

21 Wegen einer objektiven anatomischen Eigentümlichkeit (die in

Zusammenhang mit Elementen der Wahrsagung gebracht wurde), denn die Leber hat eine glatte Oberfläche, die den ›Visionen‹ gestatten würde, sich darin zu spiegeln.

22 [*Leben des Benvenuto Cellini* II, 1, übers. von J. W. v. Goethe, *WA* I, 43 (1890), S. 185 ff., *Sämtliche Werke* I, 11: Leben des Benvenuto Cellini, Übersetzungen I, hrsg. von Hans-Georg Dewitz u. Wolfgang Proß, Frankfurt am Main 1998, S. 133 ff.].

23 [Kaske, Clark, S. 242, 23-244, 31 [532 f.]: *Nemo itaque putet certis mundi materiis trahi numina quaedam a materiis penitus segregata, sed daemones potius animatique mundi munera stellarumque viventium. Nemo rursum miretur per materiales formas animam quasi allici posse, siquidem escas eiusmodi sibi congruas ipsamet, quibus alliceretur, effecit, et semper libenterque habitat in eisdem. Neque in mundo vivente toto quicquam reperitur tam deforme, cui non adsit anima, cui non insit et animae munus. Congruitates igitur eiusmodi formarum ad rationes animae mundi Zoroaster divinas illices appellavit, quas et Synesius magicas esse illecebras confirmavit.* – S. 318,85-87 [552]: *Per haec insuper confirmant nonnulli etiam illud* [*dictum*] *magicum: per inferiora videlicet superioribus consentanea posse ad homines temporibus opportunis coelestia quodammodo trahi* [. . .].

24 [Culianu liest: *alimentis*, siehe unten Kaske, Clark, S. 246,91.].

25 [Kaske, Clark, S. 246,79-83 [532]: *Potest autem quinta haec essentia nobis intus magis magisque assumi, si quis sciverit eam aliis elementis immixtam plurimum segregare, vel saltem his rebus frequenter uti, quae hac abundat puriore praesertim; ceu electum vinum et saccharum et balsamum atque aurum pretiosique lapilli myrobalanique et quae suavissime redolent et quae lucent* [. . .].

26 [Kaske, Clark, S. 290,20 f. [544].].

27 [Kaske, Clark, S. 246,91-93 [532]: *Si volueris ut alimentum rapiat prae ceteris formam cerebri tui vel iecoris atque stomachi, simile quantum potes accipe alimentum, id est, cerebrum et iecur et stomachum animalium ab humana natura non longe distantium.*].

28 [= Aufteilung von Teilen (Gliedern) des menschlichen Körpers an Zodia, Hans Georg Gundel, *Zodiakos. Tierkreisbilder im Altertum*, Mainz 1992, S. 177 (Kulturgeschichte der antiken Welt, 54).].

29 »Hermetis Trismegisti Iatromathematica (Hoc est, Medicinae cum Mathematica coniunctio) ad Ammonem Aegyptum conscripta, interprete Ioanne Stadio Leonnouthesio«, in: Ioannis Hasfurti, *De cognoscendis et medendis morbis*, *a. a. O.*, fol. 113^{r}.

30 *Ebd.*, fol. 113^{v}. [Das rechte Auge gehört zur Sonne, das linke zum Mond. / Gehör und Ohren zu Saturn, das Gehirn zu Jupiter. / Lebenskraft [das geronnene Blut] und [das im Körper umlaufende] Blut zu Mars, Geruch- und Geschmacksinn zu Venus. / Zunge und Kehle zu Merkur.].

31 Ein recht umfassendes Beispiel von iatromathematischen Kombi-

nationen, die mit dem Aderlaßmann zusammenhängen, findet man bei Johannes Virdung aus Haßfurt, *a. a. O.*, fol. 5^r-8^v.

32 J. Seznec, *La Survivance des dieux antiques* [London 1940], Paris: Flammarion, ^{2}1980, S. 50, dt.: *Das Fortleben der antiken Götter*, München 1990, S. 42.

33 *Proinde necessarium est meminisse Arietem praeesse capiti atque faciei, Taurum collo, Geminos brachiis atque humeris, Cancrum pectori* [. . .] *Pisces pedibus* [Daher ist es nötig, sich daran zu erinnern, daß der Widder über Kopf und Gesicht herrscht, der Stier über den Hals, die Zwillinge über Unterarme und Schultern, der Krebs über die Brust [. . .], die Fische über die Füße, *Vita coel.* X, Kaske, Clark, S. 286,43-49 [543], vgl. W. Schmidt-Biggemann, *Philosophia perennis*, Frankfurt am Main 1998, S. 415.].

34 Vgl. oben Anm. 28.

35 [Kaske, Clark, S. 246, 94-248, 1 [532]: *Si optas corpus tuum atque spiritum ex aliquo mundi membro, videlicet ex Sole, virtutem accipere, quaere quae ante alia sunt Solaria inter metalla lapillosque, magis autem inter plantas, sed inter animalia magis, maxime inter homines* – S. 248,110-112: *Similter ne destituatur tuum corpus ab Iove, move corpus in die horaque et regno Iovis, et utere interim Iovialibus* – S. 248,120-121: *Quomodo vero virtus Veneris attrahatur turturibus, columbis et motacillis et reliquis, non permittit pudor ostendere.*] Die erotischen Zaubermittel, auf die Ficino anzuspielen scheint, waren volkstümlicher Herkunft. Der Abt Trithemius spricht in seiner Schrift *Antipalus maleficiorum* darüber und gibt auch recht sonderbare Gegenmittel an, die er aus der mittelalterlichen Magie bezieht. Zauber- und Gegenmittel wurden vom Neapolitaner Giovanni Battista della Porta bestätigt; vgl. W.-E. Peuckert, *Gabalia. Ein Versuch zur Geschichte der magia naturalis im 16. bis 18. Jahrhundert* (*Pansophie II*), Berlin 1967, S. 316-319, 555. Wolfgang Hildebrand bearbeitete [in seiner *Magia naturalis: Das ist Kunst vnd Wunderbuch*, Darmstadt 1610] die Rezepte Portas, die wiederum Eingang in die Volksliteratur fanden (in Deutschland in Gestalt dessen, was Peuckert als *magische Hausväterliteratur* bezeichnet. Es waren Verzeichnisse, die astrologische, meteorologische, medizinische u. a. Angaben enthielten, die den europäischen Bauern und ›Hausvätern‹ bis zum Anfang des 20. Jahrhunderts unentbehrlich waren) [vgl. Kapitel X, Anm. 17].

36 [Kaske, Clark, S. 304, 113-116 [548]: *Quae sane harmonia tantam habere potestatem existimatur, ut non solum agricolarum laboribus atque medicorum artificiis per herbas aromataque conflatis, sed etiam imaginibus quae apud astrologos ex metallis lapidibusque fiunt, virtutem saepe mirificam largiatur.*].

37 [*Speculum astronomiae*, cap. 15 [*Liber dictus Speculum astronomicum Alberti magni de libris licitis et illicitis*]. Edited by Stefano Caroti, Mi-

chaela Pereira and Stefano Zamponi, under the direction of Paola Zambelli, Pisa 1977, S. 45, 2-5.].

38 [Kaske, Clark, S. 304, 121-124 [548]: *Albertus quoque Magnus inquit in* Speculo: »*Non enim libertas arbitrii ex electione horae laudabilis coercetur, sed potius in magnarum rerum inceptionibus electionem horae contemnere est arbitrii praecipitatio, non libertas.*«].

39 [Ps.-]Claudius Ptolemaeus, *Liber centum verborum* [*Centiloquium*] *cum expositione Haly* [Ps.-Haly Abenrudian = Aḥmad ibn Yūsuf al-Dāya, c. 951]; *liber quadripartiti* [*Quadripartitum* = *Tetrabiblos*], Venedig 1484, Aph. 9.

40 [Kaske, Clark, S. 304, 1-4 [548]: *Ptolemaeus ait in* Centiloquio *rerum inferiorum effigies vultibus coelestibus esse subiectas, antiquosque sapientes solitos certas tunc imagines fabricare, quando planetae similes in coelo facies quasi exemplaria inferiorum ingrediebantur.*] Siehe Anhang VI, S. 357 ff.

41 Nach M. Plessner handelt es sich um einen Stein, der im Persischen *firuzağ* heißt, was ›Türkis‹ bedeutet und nicht ›Saphir‹. Das Beispiel ist dem *Picatrix* II, 10 entnommen, S. 120, 14 ff.; dt. Übers., S. 127, 24 ff. (Ritter, Plessner): »Man graviert in seiner Stunde und seinem Aszendenten auf einen Türkis das Bild eines Mannes, der auf einem Stuhl steht ähnlich einem Katheder, auf seinem Haupte ist etwas wie ein gewickelter Turban, und er hat eine Sichel in der Hand.«

42 [Kaske, Clark, S. 334, 43-336, 1 [557]: *Saturni veteres imaginem ad vitae longitudinem faciebant in lapide de Feyrizech, id est sapphyro, hora Saturni, ipso ascendente atque feliciter constituto. Forma erat homo senex in altiore cathedra sedens vel dracone, caput tectus panno quodam lineo fusco, manus supra caput erigens, falcem manu tenens aut pisces, fusca indutus veste.*].

43 Vgl. *La Magie arabe traditionnelle*, S. 311.

44 *Picatrix* II, 2, übers. von H. Ritter und M. Plessner, S. 60,8-12; vgl. III, 8, S. 244; lat. Text, ed. Pingree, S. 33; *La Magie arabe*, S. 311 [die lateinische Fassung fügt hinzu: *magnamque barbam*: mit einem großen Bart].

45 *Picatrix* III, 7, übers. von H. Ritter und M. Plessner, S. 214, 16-26, lat. Text, ed. Pingree, S. 118; auch bei J. Seznec, *a. a. O.*, S. 53, dt. Ausg., S. 45 [arabische Lesart: statt Wohltäter Übeltäter].

Kapitel VII

1 Wegen der Qualität der Tafeln sei die amerikanische Ausgabe von Émile Grillot de Givrys *Le Musée des Sorciers, Mages et Alchimistes*, Paris: Librairie de France, 1929, empfohlen: *Illustrated Anthology of Sorcery, Magic and Alchemy*, New York 1973; die auf die Dämonen bezügliche Ikonologie wird im Meisterwerk von Jurgis Baltrušaitis untersucht: *Le Moyen âge fantastique. Antiquités et exotismes dans l'art*

gothique [1955], Paris: Flammarion, ²1982, dt.: *Das phantastische Mittelalter. Antike und exotische Elemente der Kunst der Gotik*, Frankfurt am Main, Berlin, Wien: Propyläen, 1985.

2 H. Lewy, *a. a. O.*, S. 246 [vgl. auch Friedrich W. Cremer, *Die chaldäischen Orakel und Jamblich de mysteriis*, Meisenheim 1969, S. 103 (Beiträge zur klassischen Philologie, H. 26)].

3 *Or. chald.*, Fragm. 146, S. 102 (ed. Des Places) [vgl. Julianus the Theurgist, *The Chaldean Oracles*, Text, Translation, and Commentary by Ruth Dorothy Majercik, Leiden 1989 (Studies in Greek and Roman Religion, 5), S. 104f., 195f.].

4 Zu den ἴυγγες siehe Lewy, S. 132-135 [F. W. Cremer, S. 70-77, bes. S. 71 f., Anm. 278, siehe oben Kap. V, Anm. 28].

5 *Ebd.*, S. 4.

6 *Ebd.*, S. 190-192.

7 *Ebd.*, S. 252-254.

8 *Or. chald.*, Fr. 90, S. 88, Des Places [übers. bei Cremer, S. 58, Anm. 177, S. 77, 85; Julianus the Theurgist. *The Chaldean Oracles*, Text, Translation and Commentary by Ruth Majercik, Leiden 1989, S. 84, 176]. Dieselben Erdhunde (χθόνιοι κύνες) treten auch in einem anderen Fragment (91, S. 89) neben Luft- und Wasserhunden auf.

9 [φυλακτήριον Schutzmittel, Amulett.].

10 Lewy, S. 289-292 [Cremer, S. 77, 83]. Dieser Brauch ist älter als die *Orakel*; er wird von Plutarch erwähnt (vgl. Culianu, »Inter lunam terrasque . . .«). Die Statuetten wurden aus Ton in drei Farben (rot, weiß, schwarz) angefertigt, die den Feueräther, die weiße Luft und die schwarze Erde versinnbildlichten. Als Bindemittel benutzte man Geier- oder Rabenfett. Sie stellten einen Adler und eine Schlange dar. Man benutzte dreifarbiges Wachs, um Statuen der Hekate herzustellen; rote, weiße und schwarze Fäden gehörten zum Rüstzeug der Magie. Es ist recht bemerkenswert, daß es in Rumänien noch immer Brauch ist, am 1. März Glücksbringer (*mărţişor*, Märzchen) zu verschenken, die an einem roten und einem weißen Faden, die ineinander gedreht sind, hängen. Am 1. April hängt man die Fäden an die Bäume, die zu grünen beginnen. Es handelt sich um das Überleben eines römischen Frühlingsbrauches, der darin bestand, *oscilla* – kleine Figuren – an die Bäume zu hängen. Die zweifarbigen Fäden müssen eine apotropäische Bedeutung gehabt haben.

11 [Alle sind enthalten in: *Iamblichus de mysteriis* . . ., Venedig: Aldus Manutius, 1497, Nachdruck: Frankfurt am Main 1972. Paul Gautier, »Le *De Daemonibus* du Pseudo-Psellos«, in: *Revue des études byzantines* 38 (1980), S. 105-194, stellt die Echtheit dieser Schrift in Frage, datiert sie auf das Ende des 13. Jahrhunderts, kritische Ausgabe und Übersetzung.].

12 Wir folgen der lateinischen Übersetzung von Marsilio Ficino, II, S. 1879. Eine moderne Ausgabe und Übersetzung liegt vor: Jamblique, *Les Mystères d'Égypte*, texte établi et traduit par Édouard des Places, Paris: Belles Lettres, 1966 [dt.: *Über die Geheimlehren* von Jamblichus. Aus dem Griechischen übersetzt, eingeleitet und erklärt von Theodor Hopfner, Leipzig 1922, S. 46-63 (Quellenschriften der Griechischen Mystik, Bd. I); vgl. auch Beate Nasemann, *Theurgie und Philosophie in Jamblichs* De mysteriis, Stuttgart 1991 (*Beiträge zur Altertumskunde*, Bd. 11); Iamblichos II, 3 ff., kennt nur sieben Arten von Wesen: Götter, Erzengel, Engel, Dämonen, Archonten, Heroen, Seelen; Hopfner, S. 46 ff.].

13 [den Fesseln der Materie, II, 5.].

14 [ed. Manutius 1497, S. 176-177, *Op.* II, S. 1941: *Sextum & ultimum est lucifugum, imperscrutabile, ac penitus tenebrosum, passionibusque frigidis uiolenter perdens.* Zur Gottes-, Engel- und Dämonenlehre des Michael Psellos siehe Dionysios G. Dakouras, *Die antiken Religionen bei Michael Psellos, A. Griechische Religion*, Diss. phil. Köln 1975, S. 91-162, zur Dämonenklassifikation *ebd.*, S. 142 ff.].

15 [ed. Manutius, S. 178: *ipsi voluerunt formas in ipsum animalem nostrumque spiritum transmittunt, multa nobis negocia praebent voluntates & consilia suggerentes, formas subindicantes, suscitantes memorias voluptatum, simulacra passionum frequenter concitantes vigilantibus atque dormientibus non nunquam vero foemora nobis ac inguina titillantibus incitantes insanos & iniquos amores subiiciunt & subacuunt praecipue* [*vero*] *si humores calidos & humidosque ad id conducentes nacti fuerint.*].

16 [Vgl. Edda Fischer, *Die »Disquisitionum magicarum libri sex« von Martin Delrio als gegenreformatorische Exempel-Quelle*, Diss. phil., Frankfurt am Main 1975, darin Verzeichnis der Drucke, S. 156-175.].

17 Vgl. Joseph Hansen, *Quellen und Untersuchungen zur Geschichte des Hexenwahns und der Hexenverfolgung im Mittelalter*, Bonn 1901, S. 125,27 ff.; und auch Henry Charles Lea, *Materials Toward A History of Witchcraft* (edited by Arthur C. Howland, Introduction by George Lincoln Burr), 3 Bde., Philadelphia 1939; Nachdruck New York, London 1957, Bd. I, S. 272 f. (fortan zitiert als Lea, ohne Bandangabe, denn das Werk ist von 1 bis 1548 fortlaufend paginiert).

18 Lea, S. 289: *inveniunt se pollutas ac sic cum viris miscerentur*, Nürnberg 1494, fol. 282-283.

19 Lea, S. 553.

20 Lea, S. 563, *De Magorum Daemonomania*, Basel 1581, S. 208 [vgl. F. v. Bezold, *Aus Mittelalter und Renaissance*, Kap. X: »Jean Bodin als Okkultist und seine Démonomanie«, S. 294-328].

21 [Ermolao Barbaro war ein Neffe des berühmten Humanisten Francesco Barbaro.].

22 Hansen, *Quellen*, S. 198, 672; Lea, S. 302.

23 Lea, S. 922, 924 f., 926.

24 [Erstdruck Güstrow 1698, weitere Drucke Güstrow 1705, 1731, 1741, dt. Übers., o. O. 1707, Frankfurt am Main und Leipzig 1717.].

25 Johann Klein, *Examen juridicum* . . ., praefatio, n. 3-4, angeführt von Lea, S. 929-930: *Id vero sine horrore in Protocollis judicialium Lamiarum confessionum vix legi potest, turpissima haec Satanae Organa, ex execranda cum impurissimo hoc Spiritu consuetudine, majori saepe affici delectationis sensu, quam si cum legitimis licita venere corpus misceant maritis suis, imo detestandam hanc libidinem effectu non semper suo caruisse, saepius* humanae formae vivis liberis *ex sodomitica hac commixtione natis.*

26 [Sinistrari de Ameno, *De Daemonialitate*, Paris 1875, S. 46: [. . .] *Incubus ad nullum actum contra Religionem tentat, sed solum contra castitatem.*].

27 Lea, S. 919-921.

28 Lea, S. 604 [Drucke: *Daemonolatreiae libri tres*, Köln, Apud H. Falkkenburg, 1596, Frankfurt am Main: In Officina Zachariae Palthenii, 1596, 1597, dt. *Daemonolatria, Das ist / Von Vnholden vnd Zauber Geistern* . . . Nicolai Remigii *Von wegen vielfältiger wunderbarlichen Historien so sich mit den Hexen / deren vber die Acht hundert in gedachtem Hertzogthumb Lotharingen verbrännt worden* . . . Auß dem Latein in hoch Teutsch vbersetzt / Durch Teucridem Annaeum Priuatum, Franckfurt bey Cratandro Palthenio, 1598; Nicolai Remigii *Daemonolatria, Oder: Beschreibung von Zauberern und Zauberinnen. Mit wunderl. Erzehlungen / vielen natürlichen Fragen und teufflis. Geheimnissen vermischet*, Hamburg, Gedruckt bey Thomas von Wiering, 1693, sind auch zu Franckf. und Leipz. bey Zacharias Herteln zu bekommen.

29 [Lea, S. 624, Anm. 1.].

30 Remy, *Daemonolatreia* I, 6, n. 7-13, nach Lea, S. 917: *At hoc qui nobis istos concubitus succubitusque Daemonum memorant, una ore loquuntur omnes, nihil iis frigidius ingratiusque quicquam fingi, aut dici posse. Petronius Armentarius membra sibi omnia statim atque Abrahelem suam complectebatur diriguisse; Hennezelius quasi in frigida [aqua?] oppletam specum immisisset re imperfecta Scuatzebourg suam (erant vero haec succubarum nomina) reliquisse se prodiderunt. Sagae quoque omnes perhibent sic Daemonibus suis comparata esse, quae putantur virilia, ut sine sensu maximo doloris prae vastitate rigoreque nimio admitti non possint. Alexia Drigaea recensuit Daemoni suo penem cum surrigebat tantum semper extitisse quanti essent subices focarii quos tum forte praesentes digito demonstrabat; scroto ac coleis nullis inde pendentibus. Claudia Fellaea expertam esse se saepius instar fusi in tantam vastitatem turgentis ut sine magno dolore contineri a quantumvis capace muliere non posset.* [. . .] *Et*

communis fere est omnium quaerela perinvitas se a Daemone suo comprimi, non prodesse tamen quod obluctantur. [. . .] *Sed esto, possit aliquis inter adeo frigidos inamoenosque complexus dispumare in libidinem.* Dt. *Daemonolatria, Oder: Beschreibung von Zauberern und Zauberinnen*, Hamburg 1693, S. 19-20: »Aber alle diejenige / so uns dergleichen Wercken berichtet haben / es treffe Manns- oder Weibs-Persohnen an / welche sich mit den Geistern vermischen / bekennen einhellig / das nichts kalters noch unlieblichers als dergleichen Werck könne erdacht werden. *Petronius Armentarius* sagt / daß so bald er seine Bulschafft *Abrahelem* umbfangen hette / weren alle seine Glieder erstarret. *Hennezelius* bekandte / er hätte nichts verrichten können / sondern es wäre ihm gewesen / eben ob er in einem kalten Loch vol kaltes Wasser gestecket hette / derohalben er seine Buhlschafft *Scuatzebug* hätte müssen fahren lassen. So bekennen auch alle Hexen / daß das männliche Glied / wie sie meinen / an ihren Geistern also beschaffen sey / daß sie ohne grossen Schmertzen / wegen der Grösse und der Kälte / nicht mit ihnen können zu thun haben. Es sagte die *Alexia Dragaea*, ihre Bulschafft hätte einen so starcken / etc. allezeit gehabt / wenn ihm gestanden / und so groß als ein Ofengabel-Stiel / deßgleichē sie zugegen zeigte / denn ohngefehr eine Gabel zugegen war / sagte auch / wie sie kein Geleuth weder Hoden noch Beutel daran gemerckt hat. *Claudia Fellaea* sagte / wie sie offtmahls versucht hat / daß ihr Geist wäre gestaffirt gewesen / wie eine Spindel / forn uñ hinten spitz / und so dick in der mitten / daß ein Weib / wie weitläufftig sie auch beschaffen / denselbigen ohne grossen Schmertzen nicht habe erleiden mögen. Mit dieser stimmet *Nicolaea Morelia* überein / welche sich beklagt / daß so offt sie von dergleichen elendigen Handel abgeschieden were / daß sie sich alsdenn habe wieder müssen zur Ruhe legen / gleich als wann sie sich durch ein langwieriges und hastiges Abtreiben und Jagen übermühet hätte. *Didacia Miremontana* sagte auch / ob sie woll viel Jahr in der Ehe gelebet und woll versucht wäre / jedoch so hätte sie ihr Geist jedesmahl dermassen außgedenet mit seinem ungeheuren Penal / daß sie ihre auffgedeckte Tücher allezeit gantz bluthig gemacht hätte; und sie klagen fast alle insgemein / daß sie gantz und wieder ihren Willen mit den Geistern in diesem Fall müssen zu schaffen haben / und es helffe sie nichts, sie wehren sich auch gleich / so sehr als ihnen möglich ist.«] Wegen des Begriffes *focarius* [im klass. Lat. ›Küchenjunge, -knecht‹] ist die Übersetzung schwierig. Wenn auch nicht ganz einwandfrei, so ist die ›klassische‹ Übersetzung, der hier gefolgt wird, besser als diejenige in der französischen Ausgabe dieses Buches, S. 204.

31 [»streckte er sie alsogleich mit seiner linken Hand (wobei alle zusahen) auf den Boden, mit dem Mund nach unten, oder stemmte sie

auch wohl gegen einen Baum, und in dieser Stellung wohnte er ihr nach Art der Sodomiten bei«: Gerhard Zacharias, *Satanskult und Schwarze Messe. Ein Beitrag zur Phänomenologie der Religion*, Wiesbaden: Limes, ²1970, S. 61, mit Text und Übersetzung aus dem Bericht über das Autodafé von 1610 in Logroño.] Vgl. auch H. P. Duerr, *Traumzeit*, S. 65, Ausg. Frankfurt am Main: Suhrkamp, 1985, S. 84. Für de Lancre war die Sodomie die Form des erotischen Verkehrs, welcher der Teufel den Vorzug gab; zu Pierre de Lancres *Tableau de l'Inconstance des mauvais Anges et Démons*, Paris 1612, siehe die Bibliographie. [Zacharias, S. 66-82, mit Textauszügen und Übersetzung.] Vgl. Jacques Finné, *Érotisme et sorcellerie*, Paris: Verviers, 1972, S. 167-168.

32 [»der Teufel habe es mit ihr beidseitig im Fleische getrieben und sie auf diese Weise defloriert, und sie habe große Schmerzen dabei ausgestanden«] Zacharias, S. 61, Duerr, S. 262, Anm. 30, 3. Aufl. 1985, S. 379. Wiederum ist es Giordano Bruno, der uns von dem Bestehen einer Praxis erotischer (Volks-)Magie unterrichtet, die ein unerwartetes Licht auf die Praktiken der Hexen wirft. Wir setzen den Passus unverändert her (*Op. lat.*, II, 2, S. 187, 16-188, 20; es handelt sich um den *Sigillus sigillorum*, 45; »De undecima contractionis specie«, wobei die *contractiones* geistige Phänomene sind, deren Wirkung positiv oder negativ ausfallen konnte): *His accedat miseranda quaedam contractionis species, quam in rudibus, spurcis et hypocritunculis quibusdam compleri conspicimus, quorum quidam plus atra et crassa, quam naturam deceat, bile laborantes venereas foedasque captant voluptates, alii futiles et pecudinas quasdam revelationes aucupantur, quae a porcinae eorumdem phantasiae perturbatione proficiscuntur* [. . .] *Ex hoc bestialium hominum genere sunt, qui crudis acutisque herbis ventosoque pasti legumine excoctique infantis adipe peruncti, moxque ad noctis silentium aëre temperate frigido nudati, illud praestant, ut calore dictis circumstantiis medicato ad interna retruso recurrente, cumque attenuati adipis spiritu carnis penetrante poros, vasa libidinis facile intumescant lenteque artificioso semine compleantur. Interim in venereorum meditationem, quae a praecedente proposito praesentique stimulo concausatur, incitati, lenem quamdam horripilationem incurrunt, per quam adeo forti phantasticae cogitationis actui alligantur, ut lente per longam noctis moram libidinosam ventositatem et succum egerentibus ipsis, postquam evigilaverint, quod in iisdem vestigiis permanserint, nullus est qui suadere valeat; menti quippe fixum habent, se ad veros concupitorum virorum vel mulierum nocturnos amplexus delatos. Et certe verisimile et naturae consentaneum esse videtur, ut interim non modica afficiantur delectatione; effluxio quippe non ut in actu ordinarii coitus maturatur, sed ideo serior efficitur atque lentior, quia corpore quiescente, solo cogitationis motu, peregrina ventositas alienusque humor continua lentaque egestione per vasa libidinis emittuntur.*

»Man füge [der Liste der Kontraktionen des Geistes] eine beklagenswerte Art der Kontraktion hinzu, die man bei rohen, unflätigen und heuchlerischen Menschen beobachten kann, deren Galle dunkler und dickflüssiger ist, als die Natur zuläßt, die es nach geschlechtlichen und schändlichen Wollüsten verlangt, die aber auch auf andere eitle und viehische Entblößungen [der Schamteile] aus sind, die von der Störung ihrer schweinischen Einbildungskraft herrühren [. . .]. Von diesem viehischen Menschenschlag gibt es manche, die sich von rohen und scharfen Kräutern und gekochten blähenden Hülsenfrüchten ernähren, sich mit Kinderfett einreiben und sich dann in der nächtlichen Stille an der frischen Luft nackt zur Schau stellen. Es kommt vor, daß die Hitze, die von den besagten Umständen erzeugt wird, sich im Inneren ihres Leibes ausbreitet, und daß das Fett in die Poren ihrer Haut eindringt. Auf diese Weise schwellen die Gefäße der Lust [*vasa libidinis*: *vas* = Hoden, männliches Glied] mit Leichtigkeit an und füllen sich langsam mit künstlichem Samen [das heißt mit dem außerhalb des Geschlechtsverkehrs ausgestoßenen]. Doch angeregt von geschlechtlicher Betrachtung, die durch ihr ursprüngliches Vorhaben [*propositum*] und durch den gegenwärtigen Reiz mitverursacht werden, geraten sie in einen schwachen Erregungszustand, in dem sie ihre heftige, eingebildete Absicht [Phantasievorstellung, Wunschdenken] für ihr Tun halten. Das dauert die ganze Nacht lang, während der sie diese wollüstige Blähung [Eitelkeit, Dünkelhaftigkeit] und den Saft ausscheiden, von der nichts mehr übrig bleibt, bis sie aufwachen. Doch sie sind davon überzeugt, die Nacht wirklich in wollüstigem Beischlaf mit Männern oder Frauen zugebracht zu haben. Und es ist gewiß wahrscheinlich und naturgemäß, daß sie unterdessen einen starken [phantasmischen] Genuß erlebt haben. Denn der Samenerguß ist nicht während eines gewöhnlichen Geschlechtsverkehrs erfolgt [*maturatur*], sondern wurde später und langsamer, weil der Leib sich im Ruhezustand befand, durch eine einzige Gedankenbewegung bewirkt, da die flüchtige Blähung [*peregrina ventositas*: Eitelkeit] und der äußere Saft beständig und langsam durch die Lustgefäße ausgestoßen wurden.«

33 Nider, *Formicarius* V, 3, bei Lea, S. 261 [Hansen, S. 90].

34 Lea, S. 244.

35 [*De ecclesiasticis disciplinis* II, 364 = Migne, *Patr. Lat.* 132, Sp. 352; *Libri de synodalibus causis et disciplinis ecclesiasticis*, ed. F. Wasserschleben, 1840, Hansen, S. 38, Lea, S. 180; F. Wasserschleben, *Die Bußordnungen der abendländischen Kirche*.].

36 [Lea, S. 180, Burchard von Worms, *Decreta* X, 1 = Migne, *Patr. Lat.* 140, Sp. 831.].

37 Lea, S. 180, Anm. 1, vgl. Paul Fournier in: *Bibliothèque de l'École de*

Chartres 81 (1920), S. 17ff. Diese Hypothese ist allerdings äußerst fragwürdig.

38 Lea, S. 178-180 [Hansen, S. 39,17-19, *Canon* 371: *Quis vero tam stultus et hebes sit, qui haec omnia, quae in solo spiritu fiunt, etiam in corpore accidere arbitretur?*].

39 [liederliche, von Satan verdorbene, von den Illusionen und Phantasmen der Dämonen verführte Frauenzimmer] Hansen, S. 38, 13ff., Lea, S. 181, wo Pseudo-Augustin, *Liber de spiritu et anima*, cap. 28, zitiert wird, der diese Stelle wörtlich dem *Canon Episcopi* entnimmt.

40 Lea, S. 187, wo Thomas von Aquin angeführt wird: *Quaestio unica de spiritualibus creaturis*, art. 2 ad 14, *Quaestiones disputatae*, ed. Parma 1856, I, S. 433: *Ad decimumquartam dicendum quod illis mulieribus discursus dicitur accidere in spiritu; non quod spiritus, id est substantia animae, extra corpus operetur; sed quia in spiritu, hoc est in phantastico animae, hujusmodi visa formantur.*

41 Lea, S. 260-261, wo Nider, *Formicarius* II, 4, Helmstedt 1692, S. 200-202, zitiert wird [Hansen, S. 89-90, benutzt die Ausgabe Paris 1519, Drucke: Köln 1475?, 1480?, Augsburg 1484?, Straßburg 1517, Douai 1602; vgl. J. Görres, *Die christliche Mystik*, München, Regensburg ²1879-1890, Bd. III, S. 560, Neuausg. Frankfurt am Main 1989, Bd. III, S. 448].

42 Hansen, *Quellen*, S. 196,18-19 [Randbemerkung in der Handschrift von Jordanes von Bergamo, *Quaestio de strigis*, ad 1].

43 Hansen, S. 199.

44 Vgl. Isidoor Teirlinck, *Flora magica. De plant in de tooverwereld*, Antwerpen 1930, S. 21-23 (sechs verschiedene Rezepte).

45 [Volkstümliche Namen: Schlafkraut, Teufelsapfel, Zigeunerapfel; nach Christian Rätsch, *Enzyklopädie der psychoaktiven Pflanzen*, Aarau 1998.].

46 [Volkstümliche Namen: Wolfs-, Teufels-, Schwindelbeere; *ebd.*].

47 [Lampionpflanze = *Withania somnifera*; *ebd.*].

48 Teirlinck, S. 86 und 90 [Lewin, *Phantastica*, S. 180f.].

49 Teirlinck, S. 46.

50 Wir sind Professor Van Os, der an der Universität Groningen Pharmakologie lehrt, für diese Auskünfte verpflichtet. Er hatte auch die Freundlichkeit, uns in die Bibliographie zu diesem Thema einzuführen (vor allem Richard Evans Schultes, Albert Hofmann, *The Botany and Chemistry of Hallucinogens*, Springfield, Illinois 1973 [vgl. R. E. Schultes, A. Hofmann, *Plants of the Gods*, Maidenhead 1979, dt. *Pflanzen der Götter. Die magischen Kräfte der Rausch- und Giftgewächse*, Bern, Stuttgart: Hallwag, 1980, ²1987; Christian Rätsch, *Enzyklopädie der psychoaktiven Pflanzen. Botanik, Ethnopharmakologie und Anwendung*. Mit einem Vorwort von Albert Hofmann, Aarau: AT, 1998]). Die Alkaloide in den Solanaceen un-

terscheiden sich von den Alkaloiden, die in den halluzinogenen Pflanzen aus Mexiko und Südamerika enthalten sind, durch ihre Fähigkeit, von der Haut absorbiert zu werden. Dagegen sind letztere durch die Anwesenheit einer *Indol* genannten Gruppe in ihrer chemischen Struktur gekennzeichnet, die nicht in die Haut eindringt. Das erklärt die unterschiedlichen Gepflogenheiten der europäischen Hexer im Vergleich zu den Schamanen Zentral- und Südamerikas.

51 Siehe Michael J. Harner, »The Role of Hallucinogenic Plants in European Witchcraft«, in: M.J. Harner (Hrsg.), *Hallucinogens and Shamanism*, London, New York: Oxford University Press, 1973, S. 125-150.

52 Siehe die Auffassung von Harner und Duerr, *a. a. O.* Bereits Anfang des Jahrhunderts haben einige Wissenschaftler mit nach traditionellen Rezepten zubereiteten ›Hexensalben‹ experimentiert. Hören wir den Bericht eines von ihnen, der als aktive Ingredientien Stechapfel (*Datura stramonium*) und Schwarzes Bilsenkraut (*Hyoscyamus niger*) benutzte: »Kurz danach [nachdem ich mich eingerieben habe] hatte ich den Eindruck, durch einen Wirbelsturm zu fliegen. Als ich Achselhöhlen, Schultern und andere Körperteile damit einrieb, fiel ich in einen langen Schlaf und in den folgenden Nächten hatte ich äußerst lebhafte Träume von schnellen Zügen und wunderbaren Tropenlandschaften. Mehrmals träumte ich davon, daß ich mich auf einem hohen Berg befand und zu den Menschen im Tal sprach, obwohl die dortigen Häuser wegen der Entfernung winzig waren« (zitiert von Teirlinck, *a.a.O.*, S. 23).

53 [»El sueño de la razon produce monstruos«, Goya, *Caprichos*, 1797-1798.].

54 [›Terre neuve du Thin‹ auf der Portrait-Lithographie; 1765?-1851.].

55 Über ihn berichtet Grillot de Givry, *Le Musée des Sorciers*, S. 140-147 [der auch die acht seltsamen Lithographien mit den Beschreibungen Berbiguiers wiedergibt].

56 Siehe Heinrich Zimmer, »Zur Bedeutung des indischen Tantra-Yoga«, in: *Eranos-Jahrbuch* I (1933), Zürich 1934, S. 9-94, abgedruckt in: H. Zimmer, *Die indische Weltmutter. Aufsätze*, hrsg. und eingeleitet von Friedrich Wilhelm, Frankfurt am Main: Insel, 1980, S. 121-145.

57 *De magia*, *Op. lat.*, III, S. 397-400, ed. Ciliberto, S. 160-166.

58 [dt. Samsonow, S. 115; III, S. 398: *Quinto cum his adduntur verba, cantus, rationes numerorum et temporum, imagines, figurae, sigilla, characteres seu litterae; et haec etiam est magia media inter naturalem et extranaturalem vel supra, quae proprie* magia mathematica *inscriberetur, et nomine* occultae philosophiae *magis congrue inscriberetur.*].

59 [dt.: Samsonow, S. 115-116; III, S. 398, ed. Ciliberto, S. 162: *VI. Si*

isti accessit cultus seu invocatio intelligentiarum et efficientum exteriorum seu superiorum, cum orationibus, consecrationibus, fumigiis, sacrificiis, certis habitibus et ceremoniis ad Deos, daemonas et heroäs; tunc vel fit ad finem contrahendi spiritus in se ipso, cuius ipse fiat vas et instrumentum, ut appareat sapiens rerum, quam tamen sapientiam facile pharmaco una cum spiritu possit evacuare – et haec est magia desperatorum, qui fiunt vasa malorum daemonum, quae per artem notoriam exaucupatur – aut est ad finem imperandi et praecipiendi daemonibus inferioribus cum authoritate superiorum daemonum principum, hos quidem colendo et alliciendo, illos vero coniurando et adiurando, constringendo; et haec magia est transnaturalis seu metaphysica, et proprio nomine appellatur theurgia.].

60 III, S. 400, ed. Ciliberto, S. 166; vgl. *Theses de magia*, II, S. 455, ed. Ciliberto, S. 324.

61 [*De magia*, III, S. 400, ed. Ciliberto, S. 166: *Ultimo sumitur magus et magia iuxta significationem indignam, ut inter istas non annumeretur neque adnumerata habeatur, ut magus sit maleficus utcunque stultus, qui ex commercio cum cacodaemone et pacto quodam pro facultate ad laedendum vel iuvandum est informatus; et iuxta hanc rationem sonat non apud sapientes vel ipsos quidem grammaticos, sed a quibusdam usurpatur nomen magi bardococullis, qualis fuit ille qui fecit librum* De malleo maleficarum, *et ita hodie usurpatur ab omnibus huius generis scriptoribus, ut legere licet apud postillas, catechismos ignorantum et somniantium presbyterorum.* Vgl. Ficino, *De amore*, VI, 8, ed. Marcel, S. 211, ed. Niccoli, S. 126: Cacodemon, *id est, malus sit demon.*].

62 III, S. 398, ed. Ciliberto, S. 164.

63 Paul Grillandi, *Tractatus de Sortilegiis*, Francofurti ad Menum 1592, S. 168, q. XI, nr. 1, bei Lea, S. 409-410.

64 [*Op. lat.*, II, 2, S. 193: *Ego eum, qui timet a corporeis, numquam divinis fuisse coniunctum facile crediderim; vere enim sapiens et virtuosus, cum dolorem non sentiat, est perfecte* (*ut praesentis vitae conditio ferre potest*) *beatus* . . . Vgl. oben Kap. III, Anm. 108.].

65 *De magia*, III, S. 427-428, ed. Ciliberto, S. 224-228, vgl. Samsonow, S. 141 f.

66 [Samsonow, S. 142 f.; III, S. 429, ed. Ciliberto, S. 228: *In omni ordine spirituum sunt praesides et principes, pastores, duces, rectores, gradus, penes quos sapientiores et potentiores imbecillioribus et rudioribus dominantur et praecipiunt.*].

67 III, S. 430-433, ed. Ciliberto, S. 232-238.

68 Johannes Trithemius Abbas, *Liber octo quaestionum*, Oppenheim 1515, q. 5, »De reprobis atque maleficis«, bei Hansen, Quellen, S. 292-293, dt. *Antwort Herrn Johan Abts zů Spanhaim / auff acht fragstuck / jme von weylandt Herrn Maximilian Roem. Kayser &c. hochloeblichster gedechtnuß / fürgehalten in Latein beschriben / vnd jetzund in das Teütsch erstlich tranßferirt*, Gedruckt zů Jngolstat durch

Alexander vnnd Samuel Weyssenhorn gebrueder, 1555 [und 1556], vgl. Peuckert, *Pansophie*, S. 430, K. Arnold, S. 242 [Paola Zambelli, »Scholastiker und Humanisten, Agrippa und Trithemius zur Hexerei. Die natürliche Magie und die Entstehung kritischen Denkens«, in: *Archiv für Kulturgeschichte* 67 (1985), bes. S. 69-75].

69 »Eine Hexe sollst du nicht am Leben lassen.« *Exodus* 22, 17; *vgl. Leviticus* 19, 31; 20, 27; *Deuteronomium* 18, 10-12 [Hansen, S. 292,25-27: *Primum genus pernitiosissimum est maleficarum, quae pacta ineunt cum daemonibus, et professione solenni praemissa in ius proprietatis perpetuumque obsequium daemonum alicui semet ipsas tradunt.* – S. 293,6-9: *Unde non sunt uspiam tolerandae, sed potius in omni loco funditus exterminandae, omium creatore deo sic praecipiente: Maleficos non patieris vivere.* Der hebräische Begriff ist hier *kassaph*].

70 Zuerst 1555 zu Ingolstadt gedruckt [?]; vgl. Hansen, *Quellen*, S. 294-296 [so auch Lea, S. 369. Die Angabe über den Erstdruck bezieht sich vermutlich auf die dt. Ausgabe des *Liber octo quaestionum*, vgl. oben, Anm. 57. Diese Angabe wird von K. Arnold, *Johannes Trithemius*, Würzburg ²1991, S. 252, nicht bestätigt; nach Arnold soll das Werk erst in: *Paralipomena opusculorum Petri Blesenis et Joannis Trithemii aliorumque . . .*, hrsg. von Johannes Busaeus, Mainz 1605; Köln 1624, S. 275-426, gedruckt worden sein; vgl. K. Arnold, »Humanismus und Hexenglaube bei Johannes Trithemius (1462-1516)«, in: Peter Segl (Hrsg.), *Der Hexenhammer. Entstehung und Umfeld des Malleus maleficarum von 1487*, Köln, Wien 1988, S. 232 ff.].

71 Peuckert, *Pansophie I*, S. 76. Eines dieser Pseudoepigraphen trägt unter einem endlos langen Titel das Datum 1482. Nun hatte der kaum zwanzigjährige Trithemius 1482 noch keine Zeile geschrieben! [Es handelt sich um: *Wunder-Buch von der göttlichen Magie . . .*, Stuttgart: Scheible, 1851; vgl. K. Arnold, S. 259.].

72 [Augustin Lerch[h]eimer = Pseudonym von Hermann Wilcken (Witekind, Wittekindus), vgl. *Historische Zeitschrift* 105, 22 N. 3 = Friedrich von Bezold, *Aus Mittelalter und Renaissance. Kulturgeschichtliche Studien*, München, Berlin 1918, S. 305, Carl Binz (Hrsg.), *Augustin Lercheimer (Professor H. Witekind in Heidelberg) und seine Schrift wider den Hexenwahn. Lebensgeschichtliches und Abdruck der letzten vom Verfasser besorgten Ausgabe von 1597*, sprachlich bearbeitet durch Anton Birlinger, Straßburg 1888; C. Binz, *Doctor Johann Weyer, ein rheinischer Arzt, der erste Bekämpfer des Hexenwahns. Ein Beitrag zur Geschichte der Aufklärung und der Heilkunde*, 2., umgearb. u. vermehrte Aufl. Berlin 1896, S. 100-108, Peuckert, S. 430, Anm. 1.].

73 Peuckert, S. 71 [*Christlich Bedencken vnd Erjnnerung von Zauberey / Woher / was / vnd wie vielfältig sie sey / wem sie schaden könne oder nicht: wie diesem laster zu wehren / vnd die so damit beschafft / zu bekehren / oder*

auch zu straffen seyn. Geschrieben durch Augustin Lercheimer von Steinfelden, Heidelberg 1585, ²1586, S. 274b-275a; Jetzund auffs new gemehret vnd gebessert, Basel 1593; auch abgedruckt in: *Theatrum de veneficis. Das ist: Von Teuffelsgespenst Zauberern vnd Gifftbereitern / Schwartzkünstlern / Hexen vnd Vnholden* [...], Franckfurt am Mayn 1586, S. 274f.; Texte auch in: *Historia von D. Johann Fausten*, Krit. Ausg., Stuttgart 1988, S. 256, 289, 292; vgl. W. Schneegans, *Abt Johannes Trithemius und Kloster Sponheim*, Kreuznach 1882, S. 122f., Peuckert, S. 429-430, K. Arnold, S. 180-181].

74 *Ebd.*, S. 71-73, K. Arnold, S. 180; M. Luthers *Werke*, Krit. Gesamtausgabe, *Tischreden*, Bd. 4, Weimar 1916, Nr. 4450, S. 319. Die Bibliographie über Trithemius ist sehr umfangreich. Wir werden uns hier nur mit Fragen in bezug auf seine *Steganographie* befassen, die wir in der folgenden Ausgabe von Wolfgang Ernst Heidel benutzt haben: *Johannis Trithemii Primo Spanheimensis deinde Divi Jacobi Peapolitani Abbatis Steganographia. Quae Hucusque a nemine intellecta, sed passim ut supposititia, perniciosa, magica et necromantica, rejecta, elusa, damnata et sententiam inquisitionis passa; Nunc tandem vindicata reserata et illustrata. Ubi post vindicias Trithemii clarissime explicantur Coniurationes Spirituum ex Arabicis, Hebraicis, Chaldaicis et Graecis Spirituum nominibus juxta quosdam conglobatae, aut secundum alios ex Barbaris et nihil significantibus verbis concinnatae. Deinde solvuntur et exhibentur Artificia Nova Steganographica A Trithemio in Literis ad Arnoldum Bostium et Polygraphia promissa, in hunc diem a nemine capta, sed pro paradoxis et impossibilibus habita et summe desiderata.* Authore Wolfgango Ernesto Heidel, Wormatiense. Moguntiae [Mainz], Sumptibus Joannis Petri Zubrodt. Anno 1676 (397 Seiten). Die klassische moderne Monographie über Trithemius ist: Isidor Silbernagl, *Johannes Trithemius. Eine Monographie. Zweite, mit einem Anhang vermehrte Auflage* [Landshut 1868], Regensburg ²1885. Sie ist überholt von Paul Chacornac, *Grandeur et adversité de Jean Trithème. Bénédictin, abbé de Spanheim et de Wurtzbourg (1462-1516). La vie – la légende – l'œuvre*, Paris: Éditions Traditionnelles, 1963, der sich als ein zuverlässiger Deuter der *Steganographia* erweist, sich jedoch darauf beschränkt, die – oftmals irrtümlichen – biographischen Angaben Heidels wiederzugeben. Die beste Monographie ist zugleich die jüngste: Klaus Arnold, *Johannes Trithemius (1462-1516)*, 2., bibliographisch u. überlieferungsgeschichtlich neu bearbeitete Aufl., Würzburg [1971], ²1991 (Quellen und Forschungen zur Geschichte des Bistums und Hochstifts Würzburg, XXIII). [K. Arnold, »Humanismus und Hexenglaube bei Johannes Trithemius (1462-1516)«, in: Peter Segl (Hrsg.), *Der Hexenhammer. Entstehung und Umfeld des Malleus maleficarum von 1487*, Köln, Wien 1988, S. 217-240 (Bayreuther Historische Kolloquien, 2)]. Arnold rekonstruiert überzeugend die persönliche Ge-

schichte des Trithemius im Rahmen der Sozialgeschichte seiner Zeit, aber beschäftigt sich nur oberflächlich mit der Trithemischen Magie. Für letztere kann man sich immer noch – wenn auch mit Vorsicht – auf die Angaben W.-E. Peuckerts im Kapitel seiner *Pansophie* »Der Zauberer Trithemius«, S. 70-84, verlassen. Peuckert, ein berufener Kenner des deutschen Okkultismus legt die wertvollsten Quellen frei, um die Legende des Trithemius zu erfassen; scheint aber die Deutungen der *Steganographia* nicht eingehender untersucht zu haben. Das Buch von Noel L. Brann, *The Abbot Trithemius (1462-1516). The Renaissance of Monastic Humanism*, Leiden 1981 (Studies in the History of Christian Thought, XXIV), beschäftigt sich nur mit der Laufbahn des Mönchs [siehe jetzt: N. L. Brann, *Trithemius and Magical Theory. A Chapter in the Controversy over Occult Studies in Early Modern Europe*, Albany/New York 1999 (SUNY Series in Western Esoteric Tradition)].

75 Peuckert, *Pansophie*, S. 72-73 [= Johannes Aurifaber, *Tischreden Oder Colloqvia Doct. Mart. Luthers*, Eisleben 1566, fol. 301^r, *Faust*, S. 254; Weyer [Wierus], *De praestigiis daemonum*, Frankfurt am Mayn 1586, S. 42 b = *Faust*, S. 254-256].

76 Georgius Wallin, *Dissertatio historico-literaria de arte Tritemiana scribendi per ignem*, Diss., Uppsala 1728, S. 33, zitiert bei Klaus Arnold, *Johannes Trithemius*, S. 180.

77 Kurt Baschwitz, *Hexen und Hexenprozesse. Die Geschichte eines Massenwahns und seiner Bekämpfung*, München 1963, S. 17f.

78 Vgl. Peuckert, S. 72-73 [Agrippa, *De occulta philosophia* I, 6; vgl. II, 1].

79 Peuckert, S. 77f. [B. Korndorffers Trithemius-Traktat *Aureum vellus*, 1598].

80 *Fama Fraternitatis*, Cassel 1614, S. 117, bei F. A. Yates, *Aufklärung im Zeichen des Rosenkreuzes*, Stuttgart 1975, S. 254 [Joh. Valentin Andreae, *Fama Fraternitatis, Confessio Fraternitatis, Chymische Hochzeit*, Eingeleitet u. hrsg. von Richard van Dülmen, Stuttgart: Calwer Vlg., 1973, [5]2000, S. 26; vgl. auch *Rosenkreuzerische Manifeste*, hrsg. u. erläutert von Gerhard Wehr, Schaffhausen 1980, S. 53; Wehr hat »Spiele« statt »Spiegel«!].

81 [Wörtlich: ›verdeckte Schrift‹.].

82 *Primo Poeta celeberrimus* [. . .] *Secundo* [. . .] *Orator facundissimus* [. . .] *Tertio* [. . .] *subtilissimus Philosophus* [. . .] *Quarto* [. . .] *Mathematicus ingeniosissimus* [. . .] *Quinto* [. . .] *Historicus perfectus* [. . .] *Sexto* [. . .] *Theologus insignis*: W. E. Heidel, *Vita Johannis Trithemii abbatis*, S. 34-35.

83 Die Stadt Würzburg, wo die auf Trithemius bezogene Tradition sich beinahe zwei Jahrhunderte lebendig erhielt, und vor allem das Kloster von Sponheim liegen etwa 100 Kilometer von Heidelberg in der Pfalz entfernt, wo Anfang des 16. Jahrhunderts die Posse (*ludibrium*)

des Rosenkreuzertums stattfand. Im Falle der »vnauslöschlich brennenden zeytlichen Liechter«, die im Grab des Frater Christian Rosencreutz gefunden wurden, ist es wahrscheinlich, daß die Verfasser der *Fama Fraternitatis* sich eines Bestandteils der Trithemischen Legende bedienten – nach der Angabe von Bartholomaeus Korndorffer, der sie wiederum von Servatius Hochel übernommen hatte.

84 Das vollständige Werkverzeichnis – einschließlich der Briefe – hat Klaus Arnold erstellt, *Johannes Trithemius*, Würzburg ^{2}1991, S. 228-285.

85 Peuckert, S. 75.

86 Heidel, *Vita Johannis Trithemii Abbatis*, S. 1.

87 K. Arnold, S. 7 [*Nepiachus* (*lucubrationum mearum recapitulatio*), 1507, in: Johannes Georgius Eccardus, *Corpus historicum medii aevi* [...], 1723, Bd. II, Sp. 1829].

88 [mit Zitaten klassischer und zeitgenössischer Autoren in Prosa und Versen, Arnold 19 f.].

89 [»2000 Bände und an die hundert griechische Bücher«, Arnold, S. 69.].

90 Hans Ankwicz-Kleehoven, *Der Wiener Humanist Johannes Cuspinian. Gelehrter und Diplomat zur Zeit Kaiser Maximilians I.*, Graz, Köln: H. Böhlaus Nachf., 1959, S. 16, zitiert von K. Arnold, S. 56.

91 K. Arnold, S. 62.

92 Bei Arnold, S. 61, Anm. 36 [*Nepiachus*, in: J. G. Eccardus, *Corpus historicum*, II, Sp. 1828].

93 *Ebd.*, S. 58 [*Nepiachus*, Sp. 1828].

94 *Antipalus* I, 3; eine fast vollständige Liste gibt Peuckert, *Pansophie*, S. 47-55.

95 [Vgl. Charles Burnett, *Magic and Divination in the Middle Ages. Texts and Techniques in the Islamic and Christian World*, Aldershot 1996: »The Translating Activity in Medieval Spain« [1992], IV, S. 1039, 1046 f., XX, S. 155, Lynn Thorndike, *Michael Scot*, London, Edinburgh 1965.].

96 [Bostius wollte auch den hl. Joachim, den Vater Mariens, in diesen Kult einbeziehen, Arnold, S. 103 ff.].

97 [Arnold, S. 182.].

98 Der Text dieses Briefes wird von Heidel, S. 50-51, wiedergegeben; er ist teilweise übersetzt und zusammengefaßt bei Peuckert, S. 82-83 [der sich auf Silbernagl, S. 93 ff., und Schneegans, S. 189 ff., beruft].

99 K. Arnold, S. 183, Peuckert, S. 80. Bouelles-Bovillus ist jedenfalls nicht der Jugendfreund des Heinrich Cornelius Agrippa, der in der Korrespondenz des letzteren zusammen mit einigen anderen Mitgliedern des Pariser *sodalitium* [Geheimbundes] erwähnt wird. Zu diesem Fall siehe Lynn Thorndike, *History of Magic*, Bd. 6, S. 438-443. Thorndike setzt den Brief auf 1509 an.

100 Am 21. März 1508 wurde das Dedikationsexemplar der *Polygraphia* für Kaiser Maximilian vollendet und am 8. Juni 1508 dem Kaiser unter vier Augen überreicht; Arnold, S. 190–191. Das Werk wurde von Gabriel de Collange ins Französische übersetzt und 1561 in Paris bei Jacques Kerver verlegt [zu den näheren Hintergründen siehe vor allem Paola Zambelli, »Scholastiker und Humanisten, Agrippa und Trithemius zur Hexerei. Die natürliche Magie und die Entstehung kritischen Denkens«, in: *Archiv für Kulturgeschichte* 67 (1985), bes. S. 64ff.].

101 Joannis Wieri *Opera omnia* [...] Editio nova [...], Amstelodami, Apud Petrum van den Berghe, 1660, S. 112 (*De praestigiis daemonum* II, 6: »De Johanne Trithemio, ejusque libro Steganographia inscripto«). [Weyers eigene deutsche Übersetzung: *De praestigiis daemonum. Von Zauberey, woher sie jren vrsprung hab, wie manigfeltig dieselbig sey...*, o. O. 1567. *De praestigiis daemonum. Von Teuffelsgespenst Zauberern vnd Gifftbereitern / Schwartzkünstlern / Hexen vnd Vnholden* [...] / Erstlich durch D. Johannem Weier in Latein beschrieben / nachmals von Johanne Fuglino verteutscht, Franckfurt am Mayn, 1586. Vgl. Carl Binz, *Doctor Johann Weyer*, Berlin 1896, S. 66].

102 Adam Tanner, *Astrologia sacra: Hoc est, orationes et quaestiones quinque* [...], Ingolstadt 1615. (Vgl. K. Arnold, S. 190, Anm. 33, vgl. Anton Dürrwächter, »Adam Tanner und die Steganographie des Trithemius«, in: *Festgabe Hermann Grauert zur Vollendung des 60. Lebensjahres*, Freiburg i. Br. 1910, S. 354–376).

103 Sigismund (Dullinger) von Seeon, *Trithemius sui ipsius vindex, sive Steganographiae* [...] *Joannis Trithemii* [...] *apologetica defensio*, Ingolstadt 1616. (Vgl. K. Arnold, S. 190, Anm. 33.).

104 Gustavus Selenus [d. i. Herzog August der Jüngere von Braunschweig-Wolfenbüttel], *Cryptomenytices et cryptographiæ Libri IX. In quibus & planißima Steganographiæ à Johanne Trithemio* [...] *olìm conscriptæ, Enodatio traditur*, o. O. (Lüneburg) 1624. (Vgl. K. Arnold, S. 190, Anm. 34 [Wayne Shumaker, *Renaissance Curiosa*, Ch. III: »Johannes Trithemius and Cryptography«, Binghamton, New York 1982, (Medieval & Renaissance Texts & Studies, 8), S. 91–131, bes. S. 99ff.]).

105 Joannes Caramuel [y Lobkowitz], *Steganographiae nec non claviculae Salomonis germani Joannis Trithemii abbatis Spanheimensis ordinis s[ancti] Benedicti (quae hucusque a nemine intellectae, a multis fuerunt condemnatae et necromanticae nota iniustae) genuina, facilis dilucidaque declaratio*, Köln 1635, vgl. Arnold, S. 190].

106 Johannes d'Espières, *Specimen steganographiae Joannis Trithemii* [...], *quo auctoris ingenuitas demonstratur et opus a superstitione absolvitur, cum vindiciis Trithemianis*, Douai 1641 (vgl. K. Arnold, S. 190, Anm. 35).

107 Athanasius Kircher, *Polygraphia nova et universalis* [...], Romae 1663 (*Appendix apologetica ad polygraphiam novam, in qua Cryptologia Trithemiana discutitur*).

108 Heidel, *a. a. O.*

109 Gaspar Schott, *Schola Steganographica*, Nürnberg 1680 (vgl. K. Arnold, S. 190, Anm. 36).

110 [*coniuratio* = Code, Arnold, S. 188.].

111 [Heidel, *Steganographia*, S. 132f., Chacornac, S. 151f., leicht abgewandelt bei Gustavus Selenus, *Cryptomenytices et cryptographiæ*, III, 3, S. 41.].

112 [Arnold, S. 193: Chiffrierkunst.].

113 K. Arnold, S. 192: »Trithemius gebührt das Verdienst, die erste umfassende Arbeit auf dem Gebiet der modernen Kryptographie veröffentlicht und damit Vorbild und Anregung für die weitere Entwicklung gegeben zu haben.« Temurah ist das kabbalistische Permutationssystem der Buchstaben des Alphabets. [Grundlegend zur Trithemischen *Steganographia*: Wayne Shumaker, *Renaissance Curiosa*, »Johannes Trithemius and Cryptography«, Binghamton, New York 1982, S. 91-131, und vor allem Thomas Ernst, »Schwarzweiße Magie. Der Schlüssel zum dritten Buch der *Steganographia* des Trithemius«, in: *Daphnis. Zeitschrift für Mittlere Deutsche Literatur* (Amsterdam), Bd. 25 (1996), H. 1, S. 1-205.].

114 Heidel, S. 111.

115 K. Arnold, S. 188.

116 *De septem secundeis, id est intelligentiis sive spiritibus orbes post deum moventibus*, Nürnberg 1522; vgl. K. Arnold, S. 162-163, 250-251. Unter dem Titel *Traité des causes secondes* (mit einer Lebensbeschreibung des Verfassers, einer Bibliographie, einem Vorwort und Anmerkungen) ist diese Schrift 1867, ²1898 in Paris als erster Band der »Bibliothèque rosicrucienne« erschienen. Der Übersetzer ist anonym. [Dt. Übers. von J. Haselberg, *Von den syben Geysten oder Engeln / den Got die hymel zu fürẽ võ anfang der welt beuolhẽ hat / ein warhafftig bůchlein dariñ auß vergãgnen zeytungen / was künfftig zuwarten erklert vnnd angezeygt ist*, Nürnberg 1522, 1701; Straßburg 1534. *Das Wunder Büchlein. Wie die Weldt von Anfang geregiert vnd erhalten ist* [...], Speyer 1529; o. O. 1534.].

117 *Steganographia*, ed. Heidel, S. 297f.

118 *Ebd.*, S. 310-311: *his cognitis fac imaginem ex cera vel pinge in chartam novam figuram Orifielis in modum viri barbati et nudi, stantis super taurum varii coloris, habentis in dextra librum et in sinistra calamum, quem dum facis dic, fiat haec imago magni Orifielis plena perfecta et apta nunciare mentis meae secretum N. filio N. amico meo secure fideliter et integre. Amen. Scribe in fronte nomen tuum cum encausto ex oleo rosarum temperato, et in pectore nomen amici tui absentis, dicens haec*

est imago N. filii N. cui per angelum Saturni Orifielem nunciatur mentis meae conceptum. Amen. In fronte imaginis scribe Mendrion et in pectore Throesda, deinde conjunge ambas imagines simul, dicens in nomine Patris et Filii et Spiritus Sancti Amen, audi Orifiel princeps stellae Saturni, et per virtutem omnipotentis DEI adiuro te, ausculta: praecipio et mando tibi per virtutem istius imaginis tuae, ut nuncies N. filio N. hanc intentionem meam (explicetur intentio) quantocyus secure, secrete et fideliter, nihil obmittens eorum, quae eum volo scire, et quae tibi commendavi, in nomine Patris et Filii et Spiritus Sancti Amen; Deinde involve ipsas imagines sic conjunctas simul panno mundo loto cum acqua albi sine, et pone eas in vas mobile, quod appellant sapientes Indiae pharnat alronda: et cooperi illud superius diligenter cum corio raso, ac pone in introitu alicujus habitationis clausae, ubicunque volueris ad spatium 24 horarum et sine omni haesitatione tuum desiderium intra illa 24. horas perfecte adimpletur [. . .] *tu autem 24 horis elapsis leva imagines de loco, in quo positae sunt, et repene eas, quia omni tempore Orifielis per eas operari potes, non solum ad illum amicum tuum, sed ad quoscunque alios, mutato duntaxat nomine ipsius amici* [. . .].

119 *Tractatus de sortilegiis*, S. 168, q. XI, n. 1.

120 Vgl. K. Arnold, S. 184 [Thomas Ernst, *Schwarzweiße Magie*, S. 6, Anm. 8].

121 [ed. Perrone Compagni, S. 97: *Atque hinc possibile est naturaliter et procul omni superstitione, nullo alio spiritu mediante, hominem homini ad quamcunque longissimam etiam vel incognitam distantiam et mansionem brevissimo tempore posse nunciare mentis suae conceptum; etsi tempus in quo istud fit non possit praecise mensurari, tamen intra viginti quatuor horas id fieri omnino necesse est. Et ego id facere novi et saepius feci; novit idem etiam fecitque quondam abbas Tritemius*, dt.: *Magische Werke*, Stuttgart: J. Scheible, 1855, Bd. I, S. 65-66. Vgl. *Steganographia* 3, S. 160.].

122 [Form von Stichomantie: Bibliomantie, Bibelorakel, im Volksmund auch Däumeln, Bibelstechen genannt. Vgl. Hanns Bächtold-Stäubli (Hrsg.), *Handwörterbuch des deutschen Aberglaubens* I, Sp. 1215 ff., V, Sp. 1351-1386, bes. Sp. 1379 ff., VIII, Sp. 477, 489 ff. *Op.* II, S. 843, Ep. IV, 62, 3. Nov. 1526: *Cogitavi ergo, subesse oportere altius quoddam malum, quod animum Dominae sic urat: idque cùm profundiùs cogitando frustra inquirerem, ipsa cogitatione fatigatus, fortè, levandi animi gratia, ut soleo, sacrum Bibliorum volumen arripio, idque aperiens protinus occurrit ad manum historia Iezabel, iuxtaque verbum Achab de Michea propheta inquiente, odi eum, qui non prophetat mihi bonum* [1. Könige 22, 8]. In einer anderen, ebenfalls in Lyon und ohne Jahresangabe von den Gebrüdern Beringen gedruckten Ausgabe steht dieser Brief auf S. 880. Vgl. auch *De occulta philosophia* III, 52, *Op.* I, S. 461 f.].

123 Agrippa, *Epistolae* IV, 62, *Opera* II, S. 842-848, bei Auguste Prost, *Les Sciences et les arts occultes au XVI*^e^ *siècle: Corneille Agrippa. Sa vie et ses œuvres*, 2 Bde., Paris 1881-1882, fotomech. Nachdruck Nieuwkoop 1965, Bd. I, S. 156.

124 *Epist.* V, 19, *Op.* II, S. 881, bei Prost, [Bd. II], S. 204-205. [*Verum hoc te admonitum volo, ne circa me decipiaris, ac si ego aliquando divina passus, tibi ista praedicem, aut tale quid mihi arrogare velim, vel concedi posse sperem, qui hactenus humano sanguine sacratus miles, semper fere aulicus, tum carnis vinculo charissimae uxori alligatus, omnibusque instabilis fortunae flatibus expositus, totusque a carne, a mundo, a domesticis curis transversum actus, tam sublimia immortalium deorum dona non sum adsecutus: sed accipi me volo velut indicem, qui ipse semper prae foribus manens, aliis, quod iter ingrediendum sit ostendo.*].

Kapitel VIII

1 Der französischen Ausgabe ging dieser Passus voraus: »Ist es möglich, die Ursachen des Zweiten Weltkriegs zu verstehen, ohne irgend etwas über die Ideologie des Nationalsozialismus zu wissen? Gewiß gibt es Historiker, die nichts außer wirtschaftlichen Treibkräften sehen. Reichen diese Treibkräfte aber aus, um zu erklären, warum Deutschland sich nicht mit einer maßvollen Expansion in Mitteleuropa und Afrika zufriedengab? Dieselben Historiker bemerken, daß sich Deutschland mit der Verteilung der Kolonien nach dem Ersten Weltkrieg nicht zufriedengeben konnte; warum hat es aber dann nicht die Kolonien der reicheren Länder angegriffen, um sie zu annektieren? Es ist gerade diese Tatsache, daß der wirtschaftliche Gesichtspunkt *für sich allein* die Ursachen des Zweiten Weltkrieges am wenigsten zu erhellen vermag. Wären die vom nationalsozialistischen Deutschland verfolgten Ziele nur wirtschaftlicher und strategischer Art gewesen, hätte der Krieg von Anfang an eine ganz andere Wendung genommen.

Dieselbe Beobachtung gilt offenbar auch für die Französische Revolution. In einem berühmten Brief suchte Friedrich Engels deren Ursachen in der Armut der Volksmassen und in der ungerechten Verteilung des nationalen Reichtums. Nun scheint Frankreich nie einen allgemeineren Wohlstand als den vor 1789 gekannt zu haben, und selbst wenn diese Gegebenheit tatsächlich fragwürdig wäre, bleibt der Umstand gleichwohl unumstritten, daß die Revolution von Intellektuellen organisiert wurde und deren Ziele eher ideologischer denn wirtschaftlicher Natur gewesen sind. Im Grunde sollte die Revolution eine *renovatio* religiöser Art mit Auswirkungen in allen Bereichen des gesellschaftlichen Lebens sein; sonst ließe sich der Kult des höchsten Wesens und der Göttin Vernunft ebensowenig erklären wie die seltsamen Reformen des Kalenders, der Grußformen usw., die den Anbruch eines neuen Zeitalters ankündigen sollten. Alles das gilt größtenteils auch für die sowjetische Revolution. Vergessen wir nicht, daß die Russen keine ›bürgerliche Revolution‹ gekannt hatten, und daß die Revolution in Rußland mit einer eigentümlichen Langsamkeit in Gang kam. Die Zeichen der sowjetischen *renovatio* wurden in hohem Maße durch die französische *renovatio* von 1789 angeregt.«

2 Siehe unseren Aufsatz »Religione e accrescimento del potere«, in: G. Romanato, M. G. Lombardo, I. P. Culianu, *Religione e potere*, Turin 1981, S. 173-252.

3 Vgl. A. G. Debus, *Man and Nature in the Renaissance*, Cambridge 1978, S. 140-141. Zu Newtons Alchemie vgl. Betty J. T. Dobbs, *The Foundations of Newton's Alchemy, or »The Hunting of the Greene Lyon«*, Cambridge 1975. [Rez. von Karin Figala, »Newton as Alchemist«, in: *History of Science* 15 (1977), S. 102-137]; M. Eliade, »Le mythe de l'alchimie«, in: *Cahiers de l'Herne* 33, Paris 1978, S. 157-167.

4 Vgl. Viviana Pâques, *Les Sciences occultes, a. a. O.*

5 [Zu den historischen Hintergründen siehe Claude de Cherrier, *Histoire de Charles VIII, roi de France, d'après des documents diplomatiques inédits ou nouvellement publiés*, Paris 1868, 2 Bde.; Hesnaut [Pseudonym von Louis Thuasne], *Le Mal Français à l'époque de l'expédition de Charles VIII en Italie d'après les documents originaux*, Paris 1886; Henri-François Delaborde, *L'expédition de Charles VIII en Italie. Histoire diplomatique et militaire*, Paris 1888; Iwan Bloch, *Der Ursprung der Syphilis. Eine medizinische und kulturgeschichtliche Untersuchung*, I. Abt., Jena 1901, S. 32ff., 63f., bes. S. 138-173; vgl. auch Claude Quétel, *Le mal de Naples. L'histoire de la syphilis*, Paris 1986, S. 9-12.].

6 Will-Erich Peuckert, *Astrologie. Geschichte der Geheimwissenschaften*, Bd. 1, Stuttgart 1960, S. 147; vgl. L. Thorndike I, S. 642ff.

7 *Ebd.*, S. 156-157 [Thorndike II, S. 672]; Zur Behandlung der Konjunktionen in der Literatur des Mittelalters vgl. E. Garin, *La cultura filosofica del Rinascimento italiano*, Florenz 1961, [3]1992, S. 155-158. Petrus von Abano schrieb in seinem *Conciliator differentiarum* von 1277 (Bl. 15 der Venetianischen Ausgabe, zitiert von Cesare Cantù, *Gli eretici d'Italia. Discorsi storici*, Bd. I, Turin 1865, S. 196, Anm. 13 [*Les Hérétiques d'Italie*, Paris 1869, Bd. I, S. 386]): *Ex conjunctione Saturni et Jovis in principio arietis, quod quidem circa finem 960 contigit annorum, totus mundus inferior commutatur, ita quod non solum regna, sed et leges et prophetae consurgunt in mundo* [...] *sicut apparuit in adventu Nabuchodonosor, Moysis, Alexandri Magni, Nazarei, Machometi.* [Wegen der Konjunktion Saturns mit Jupiter, die nämlich ungefähr nach Ablauf von 960 Jahren stattfindet, wandelt sich die ganze untere Welt, so daß nicht nur Königreiche, sondern auch Gesetze und Propheten in der Welt auftreten, so wie es sich bei der Ankunft von Ne-

bukadnezar, Moses, Alexander dem Großen, Jesus, Mohammed gezeigt hat.] (Man muß diese Chronologie freilich *cum grano salis* nehmen.) Pierre d'Ailly, der in seiner *Concordia astronomiae cum historica veritate* große Umwandlungen für das noch ferne Jahr 1789 vorausgesagt zu haben scheint (Pierre d'Ailly hat etwa zwischen 1350 und 1420 gelebt), schreibt folgendes über die Ankunft Christi (*Vigintiloquium*, Venetiis 1490, verbum V, zitiert bei Garin, *a. a. O.*, S. 156): *Sine temeraria assertione, sed cum humili reverentia dico quod benedicta Christi incarnatio et nativitas, licet in multis fuerit miraculosa et supernaturalis, tamen etiam quoad multa huic operi deifico conceptionis et nativitatis natura tamquam famula Domino suo et Creatori subserviens divinae omnipotentiae cooperari potest.* [Nicht als verwegene Behauptung, sondern mit demütiger Ehrfurcht sage ich, daß die gesegnete Fleischwerdung und Geburt Christi, wenn sie auch in vieler Hinsicht wunderbar und übernatürlich gewesen ist, sie es gerade auch deshalb war, damit die Natur bei der Verwirklichung der göttlichen Empfängnis und Geburt gleichsam als Dienerin ihres Herrn und Schöpfers, indem sie der göttlichen Allmacht zu Hilfe kommt, mitwirken könne.] Roger Bacon wird in seiner Lehre der Beziehungen zwischen den Planeten (oder den Konjunktionen) und den großen Weltreligionen zum Deuter von al-Kindī und Albumasar [Abū Maʿšar]. So schreibt er beispielsweise im *Tractatus* I, differ. IV: [. . .] *Iudaisma, quod congruit planetae Saturni, quod omnes planetae iunguntur ei, et ipse nemini illorum iungitur* [. . . das Judentum, da es dem Planeten Saturn entspricht, denn alle Planeten sind mit ihm [Saturn] verbunden, aber er ist mit keinem von ihnen verbunden]. (Zitiert von Garin, *a.a.O.*, S. 157, siehe auch Tullio Gregory, »Temps astrologique et temps chrétien«, in: Jean-Marie Leroux [Hrsg.], *Le Temps chrétien de la fin de l'Antiquité au Moyen Âge, IIIe-XIIIe siècles*, Paris 1984, S. 557-573.).

8 [Dt. *Gründtlicher Bericht Von einem vngewohnlichen Newen Stern* [. . .], Prag 1604, *Gesammelte Werke*, Bd. I, hrsg. von Max Caspar, München 1938, S. 393-399; *Widerholter Außführlicher Teutscher Bericht Das vnser Herr vnd Hailand Jesus Christus nit nuhr ein Jahr vor dem anfang vnserer heutiges tags gebreuchigen Jahrzahl geboren sey* [. . .], Straßburg 1613, *Ges. Werke*, Bd. V, hrsg. von Franz Hammer, München 1953, S. 127-201.].

9 Kepler, *De vero anno, quo aeternus Dei Filius humanam naturam in Utero benedictae Virginis Mariae assumpsit* (1613), zitiert von Peukkert, *a.a.O.*, S. 140 [Max Caspar, *Johannes Kepler*, Stuttgart 1948, ³1958, S. 265 ff.].

10 Peuckert, S. 140-141, der Keplers *De Iesv Christi servatoris nostri vero anno natalitio*, Frankfurt am Main 1606, *Ges. Werke*, Bd. I, hrsg. von M. Caspar, München 1938, S. 357-390, zitiert.

11 Peuckert, S. 181.

12 Vgl. F. A. Yates, *Aufklärung im Zeichen des Rosenkreuzes*, S. 124-128.

13 [Thorndike IV, S. 104 ff.].

14 [Zu Cardanos Astrologie siehe Anthony Grafton, *Cardano's Cosmos. The Worlds and Works of a Renaissance Astrologer*, Cambridge, Mass.: Harvard University Press, 1999, dt. *Cardanos Kosmos. Die Welten und Werke eines Renaissance-Astrologen*, Berlin: Berlin Verlag, 1999.].

15 Peuckert, *Astrologie*, S. 143-145.

16 *Ebd.*, S. 179 [= Peuckert, *Das Rosenkreutz*, Berlin 1928, S. 55 ff., [2]1973 (*Pansophie III*), S. 73 f.].

17 Bei Peuckert, S. 177 [Thorndike III, S. 331].

18 Siehe die *Disputationes adversus astrologiam divinatricem* von Pico della Mirandola, V, 1, *Opera omnia*, Basel 1572, I, S. 551, ed. Garin, S. 520-525.

19 [Nach Aby Warburg: Professor der Astrologie in Padua.].

20 Peuckert, *Astrologie*, S. 114 [Aby Warburg, *Heidnisch-antike Weissagung in Wort und Bild zu Luthers Zeiten*, Heidelberg 1920 (Sitzungsber. d. Heidelbg. Akad. d. Wiss., Phil.-hist. Kl. 1919, 26), S. 37].

21 Lichtenberger, *Practica*, dt. Übers. *Die weissagunge Johannis Lichtenbergers*, Wittenberg 1527, Kap. 31, 32, 33, zitiert bei A. Warburg, S. 90-93, Peuckert, S. 116-117 [vgl. auch Peuckert, *Die Große Wende. Das apokalyptische Saeculum und Luther. Geistesgeschichte und Volkskunde*, Hamburg 1948, S. 103-110, 156 f., 666 f.; Dietrich Kurze, »Popular Astrology and Prophecy in the fifteenth and sixteenth Centuries: Johannes Lichtenberger«, in: *›Astrologi hallucinati‹. Stars and the End of the World in Luther's Time*, Edited by Paola Zambelli, Berlin, New York: de Gruyter, 1986, S. 177-193].

22 Vgl. H. Brabant, S. Zylberszac, »Le Soleil dans la médecine à la Renaissance«, in: *Le Soleil à la Renaissance, a. a. O.*, S. 281-282. Das erklärt nur zum Teil die Bezeichnung ›Mal Franzos‹, ›das Böß Franzos‹, wie Peuckert, S. 203-204, dies vielleicht richtig erkannt hat. [Vgl. Walther Pflug, *Syphilis oder Morbus Gallicus. Eine etymologische Betrachtung*, Straßburg 1907; Karl Sudhoff, *Mal Frantzoso in Italien in der ersten Hälfte des 15. Jahrhunderts. Ein Blatt aus der Geschichte der Syphilis*, Gießen 1912 (Zur historischen Biologie der Krankheitserreger, 5. H.); C. Quétel, *Le mal de Naples*, Paris 1986, S. 9 ff.].

23 Brabant, Zylberszac, *a. a. O.*, S. 282 [zu Grünpeck vgl. auch Quétel, S. 17-21].

24 [Joseph Grünpeck von Burkhausen, *Ein hübscher Tractat von dem vrsprung des Bösen Franzos. Das man nennet die Wylden wärtzen. Auch ein Regiment wie man sich regiren soll in dieser zeyt*, Augsburg: Hans Schauer, 1496, cap. VII, ed. K. Sudhoff, S. 102, die erste lateinische und deutsche Druckfassung der Grünpeckschen Schrift im Faksi-

mile hrsg. und eingeleitet von Karl Sudhoff, *Zehn Syphilis-Drucke aus den Jahren 1495-1498*, Mailand 1924 (Monumenta medica, III), S. XXI-XXX, S. 23-116.] Zitiert auch bei Peuckert, *Astrologie*, S. 203 [= Peuckert, »Zwölff Sibyllen Weissagungen«, in: *Mitteilungen der schlesischen Gesellschaft für Volkskunde* 29, 1928, S. 217-257, ders., *Die Große Wende*, S. 104, 667].

25 Brabant, Zylberszac, S. 282 [Jean Astruc, *De morbis venereis libri sex*, Paris 1736, 4., durchges. u. erw. franz. Ausgabe in 4 Bänden: *Traité des maladies vénériennes*, Paris 1777].

26 Brabant, Zylberszac, S. 282-283.

27 Die französische Ausgabe enthält den Passus: »Marvin Harris, einer der herausragendsten Vertreter der amerikanischen ökologischen Anthropologie, hat die Ende des 15. Jahrhunderts einsetzende Hexenjagd jüngst als eine Taktik der katholischen Kirche gedeutet, die die Aufmerksamkeit der Öffentlichkeit ablenken sollte: In der Tat wurde das sich in alle menschlichen Gemeinschaften Europas einschleichende Mißtrauen zum wichtigsten Verbündeten der Kirche, das ihr erlaubte, ihre Untertanen wirksamer zu überwachen. Harris glaubt, der *Hexenwahn* (*Witchcraze*) sei im Grunde nichts anderes als eine äußerst subtile Antwort der kirchlichen Behörden auf die chiliastischen und die Bauernbewegungen gewesen, denn die Bauern stellten eine ernstzunehmende und unmittelbare Gefahr für die bestehende religiöse und gesellschaftliche Ordnung dar. Indem man die Außenseiter verfolgte, strebte man in Wirklichkeit danach, ein Klima des Terrors aufrechtzuerhalten, das die Verhinderung von breiten Meinungs- und Massenbewegungen bezweckte.« (Marvin Harris, *Cows, Pigs, Wars & Witches. The Riddles of Culture*, New York 1974, London 1975, Glasgow 1977, S. 158-169.).

28 [Jeffrey Burton Russell, *A History of Witchcraft, Sorcerers, and Pagans*, London 1980.].

29 Siehe R. Mandrou, *Magistrats et sorciers en France au XVIIe siècle. Une analyse de psychologie historique*, Paris: Plon, 1968.

30 [Gianfrancesco Ponzinibio, *Tractatus de Lamiis et Excellentia Juris utriusque*, in: *Tractatus duo: unus de Sortilegiis* P. Grillandi [...] *alter de Lamiis* [...], Frankfurt am Main 1592, vgl. Lea, S. 377 ff.].

31 Lateinischer Text abgedruckt bei Hansen, *Quellen*, Nr. 36, S. 25-27, dt. *Die Hexenbulle Papst Innocens' VIII. Summis desiderantes. Aus dem Bullarium magnum* übertragen und hrsg. von Paul Friedrich, Leipzig 1905, und in: *Malleus Maleficarum. Der Hexenhammer*, übers. von J. W. R. Schmidt, Berlin 1906, Wien ^{4}1938, S. XX-XXIV.

32 [Zur Astrologie in der Luther-Zeit siehe den grundlegenden Sammelband: ›*Astrologi hallucinati*‹. *Stars and the End of the World in Luther's Time.* Edited by Paola Zambelli, Berlin, New York: de Gruyter, 1986.].

Kapitel IX

1 Siehe Mircea Eliade, *Histoire des croyances et des idées religieuses*, § 113, Bd. I, Paris: Payot, 1976, S. 175 f., dt. *Geschichte der religiösen Ideen*, Bd. I, Freiburg, Basel, Wien: Herder, 1978, S. 307-309; vgl. auch unsere Monographie *Mircea Eliade*, Assisi 1978, S. 139-140.

2 Er ließ 1531 [das erste Buch] drucken [die endgültige Ausgabe erschien im Juli 1533 bei Johannes Soter in Köln; vgl. V. Perrone Compagni, S. 7 ff.]. Das vierte Buch *De occulta philosophia, seu de caeremoniis Magicis, Liber quartus* [*Opera* I, S. 527-561] ist eine Fälschung, die immerhin von einem Fälscher angefertigt wurde, der die ersten drei gründlich kannte. Es wurde in die zweibändige Ausgabe der *Opera*, Lugduni [= Lyon], per Beringos fratres; Argentorati, Zetzner 1600 [?], Nachdruck: With an Introduction by Richard H. Popkin, Hildesheim, New York 1970, o. J. (jedoch 1565 oder später) neben den anderen aufgenommen (Bd. I, S. 1-499). [Vgl. Vittoria Perrone Compagni, »Introduction« zur kritischen Ausgabe von *De occulta philosophia* libri tres, Leiden u. a., 1992, S. 1-53, bes. S. 11 ff.].

3 *Opera* II, S. 1-314. Das Werk wurde um 1526 verfaßt [Titel der Ausgaben Köln 1531, 1532 und 1533: *De incertitudine & vanitate scientiarum declamatio inuectiua* . . ., *De Incertitudine & Vanitate Scientiarum, & Artium atque excellentia Verbi Dei, Declamatio* . . ., *Apologia aduersus calumnias propter Declamationem de Vanitate scientiarum, & excellentia uerbi Dei* . . . Zur Problematik dieses Werkes siehe vor allem Michael H. Keefer, »Agrippa's Dilemma: Hermetic ›Rebirth‹ and the Ambivalences of *De vanitate* and *De occulta philosophia*«, in: *Renaissance Quarterly* 41 (1988), S. 614-653, Paola Zambelli, »Scholastiker und Humanisten, Agrippa und Trithemius zur Hexerei. Die natürliche Magie und die Entstehung kritischen Denkens«, in: *Archiv für Kulturgeschichte* 67 (1985), bes. S. 76-79 und dies., »Cornelius Agrippa, ein kritischer Magus«, in: *Die okkulten Wissenschaften in der Renaissance*, Hrsg. von August Buck, Wiesbaden 1992, S. 65-89 (Wolfenbütteler Abhandlungen zur Renaissanceforschung, 12); dt. anonyme Übers. von 1713 hrsg. von Fritz Mauthner, *Die Eitelkeit und Unsicherheit der Wissenschaften und die Verteidigungsschrift*, München 1913; neue Übers. *Über die Fragwürdigkeit, ja Nichtigkeit der Wissenschaften, Künste und Gewerbe*. Mit einem Nachwort hrsg. von Siegfried Wollgast, übers. u. mit Anm. versehen von Gerhard Güpner, Berlin: Akademie, 1993].

4 Vgl. Auguste Prost, *a. a. O.*, Bd. I, S. 110-111 nach Kap. LXII und XCVI [*Op.* II, S. 150, Güpner, S. 134 ff., 236 ff.].

5 Prost, I, S. 111.

6 Kap. CI, bei Prost, S. 112 [*Op.* II, S. 304 ff., Güpner, S. 257, Mauthner, Bd. II, S. 178].

7 Prost, S. 112-113, nach Kap. CII [*Op.* II, S. 307-311, dt. Teilausgabe:

Lobe des Esels . . ., von Sebastian Francken verteutscht, Augsburg 1538. Güpner, S. 258-261, Mauthner, II, S. 181-186; vgl. Nuccio Ordine, *La cabala dell'asino. Asinità e conoscenza in Giordano Bruno*, Neapel 1987, [2]1996, dt.: *Giordano Bruno und die Philosophie des Esels*, München 1999, bes. S. 73 ff.].

8 G. Bruno, *De gl'heroici furori* I, 3, *Opere italiane*, Bd. II, S. 332-333, II[2], S. 360; vgl. oben Kap. III, S. 110. [Brunos Quelle ist Agrippa, *De incertitudine et vanitate scientiarum*, cap. CII, *Op.* II, S. 309: *Asinum portare mysteria.*].

9 Siehe Prost, I, S. 319 f. Mit bemerkenswerter juristischer Tatkraft und Scharfsinn trug Agrippa den Sieg über den Inquisitor Nicolaus Savini davon, der sich nachträglich dafür rächen sollte (Prost, I, S. 321-327). In einem Brief an seinen Freund Claude Chansonnette (Claudius Cantiuncula; *Ep.* II, 40; *Opera*, II, S. 689-691), der damals in Basel weilte, klagt Agrippa die regelwidrigen Verfahren der Inquisition an (vgl. Prost, I, S. 323). [Vgl. Carl Binz, *Doctor Johann Weyer*, Berlin [2]1896, S. 14 f.].

10 [K. Arnold, S. 103-113: Beda Kleinschmidt, *Die heilige Anna. Ihre Verehrung in Geschichte, Kunst und Volkstum*, Düsseldorf 1930; P. S. Allen, »Letters of Arnold Bostius«, *The English Historical Review* 34 (1919), S. 225 ff.].

11 [Agrippa, *Expostulatio . . . super expositione sua in librum Ioannes Capnionis de verbo mirifico*, *Op.* II, S. 492-498; vgl. Reuchlin, *De verbo mirifico*, 1494.].

12 Zur ›Affäre von Lyon‹ vgl. Prost, II, S. 119 f. Da er mit der Behandlung, die ihm und seiner Familie in Lyon zuteil wurde, zufrieden war, lehnte es Agrippa wiederholt ab, die königliche Partei zu verlassen, um sich dem Herzog von Bourbon anzuschließen, der das kaiserliche Heer Karls V. in Italien befehligte. Nach dem Zwischenfall mit dem Horoskop ließ die königliche Familie Agrippa in Lyon zurück, und er büßte seine Sinekure ein. Er brauchte Zeit, um Gewißheit darüber zu erlangen, denn man wünschte nämlich nicht, daß er weiterhin in den Diensten des Herzogs bleibe. Der mittellos zurückgebliebene Agrippa sandte nun verzweifelte Botschaften an seine Freunde. Über die unwiderrufliche Ungnade, in die er bei der Königin-Mutter gefallen war, wird er von einem Unbekannten in Kenntnis gesetzt.

13 Prost, II, S. 171.

14 [*Refutatio omnium haeresium* IV, 49-50, ed. M. Marcovich, Berlin, New York 1986, S. 135-137.].

15 Peuckert, *Astrologie*, S. 30.

16 Vgl. Patrick James Stigant Whitmore, *A Seventeenth-Century Exposure of Superstition: Select Texts of Claude Pithoys (1587-1676)*, Den Haag: M. Nijhoff, 1972 (Archives Internationales d'Histoire des

Idées, 49). Die Laufbahn von Pithoys ist zwar nicht bemerkenswert, weist jedoch einige weniger bekannte Episoden auf. Es handelt sich um die Geschichte einer Besessenheit, in deren Verlauf Pithoys' Haltung derjenigen Agrippas bei dem Vorfall in Woippy vergleichbar war. Pithoys schildert den Hergang in einem 1621 erschienenen Traktat mit dem Titel *La Descouuerture des faux possedez*. Élisabeth Ranfaing, eine junge Witwe aus Nancy, fiel einem Arzt in die Hände, der sie zunächst verführen wollte und ihr dann Arzneimittel verabreichte, die Zuckungsanfälle verursachten. Die Witwe wurde in Toul vom 9. bis 11. November 1620 exorziert. Pithoys, der zugegen war, gelangte zu dem Schluß, daß der Exorzismus unnötig gewesen sei, weil der Wirkstoff, welcher der Frau Qualen bereitet hatte, nicht teuflischer, sondern natürlicher Art war. Deshalb teilte er seine Ansichten in einem Brief an Jean de Porcelets, den Bischof von Toul, mit. Der Bischof lud ihn im Brief vom 6. Januar 1621 zu einer Tagung vor, wo seine Behauptungen unter bischöflichem Vorsitz untersucht werden sollten. Der Bischof hielt seine Auffassung gegen die sachkundigen Argumente von Pithoys aufrecht. Er behauptete, daß der Exorzismus richtig und wirksam gewesen sei, woraufhin Pithoys, dem ein vom Bischof versprochenes Exemplar der Tagungs-Protokolle vorenthalten wurde, nichts anderes übrig blieb, als »sich fromm zurückzuziehen, nachdem er sich verbeugt hatte«. Aber er gab sich nicht geschlagen. Er bot ein beachtliches Wissen auf und schrieb *La Descouuverture*, in der er sich mit dem willkürlichen Charakter der Zeugnisse gegen Élisabeth Ranfaing befaßte, ohne jedoch die Grundlagen des Exorzismus grundsätzlich zu leugnen. Der Arzt entgegnete und bekräftigte die Richtigkeit der Exorzismen im allgemeinen und dieses einen im besonderen, wurde aber der *mala fide* überführt und 1622 an der Seite seiner Gehilfin auf dem Scheiterhaufen verbrannt. Élisabeth genas und, nachdem sie Profeß getan hatte, gründete sie unter dem Namen Marie-Élisabeth de la Croix den Orden Notre-Dame-du-Refuge (vgl. Whitmore, *a. a. O.*, S. XV-XVI). Das ist also der Inhalt des kargen Berichtes, den Whitmore über einen der berühmtesten Fälle von Besessenheit im 17. Jahrhundert bietet. Liest man dagegen die Untersuchung von Étienne Delcambre und Jean Lhermitte (*Un cas énigmatique de possession diabolique en Lorraine au XVIIe siecle, Élisabeth de Ranfaing*, Nancy 1956), so macht man sich ein ganz anderes Bild davon und beginnt sich zu fragen, ob die Rolle von Pithoys nicht etwa zwielichtiger war, als es zunächst den Anschein hat. Tatsächlich war Élisabeth, die eine puritanische Erziehung genossen hatte (und zwar dermaßen puritanisch, daß sie es nicht ertrug, daß die Diener einen anderen entblößten Teil ihres Leibes als Gesicht und Hände sahen, und daß sie sich selbst eine grausame Behandlung auferlegte, um sich derart zu verunstalten, daß ihre schuldhaften Reize verringert werden), gegen ihren Willen mit einem trunksüchtigen Haudegen verheiratet gewesen, der sie nach seinem frühzeitigen Tod mit drei Kindern hinterließ. Die Kasteiungen und die Traumphantasien der Élisabeth lassen alles andere als Seelenfrieden durchscheinen: Sie war eine Frau, deren erotische Frustration seit ihrer Jugend in ein gefährliches sexuelles Abstinenzsyndrom ausgeartet war. Als sie erkrankte, verliebte sie sich höchstwahrscheinlich in den sie behandelnden Arzt Poirot; und als dieser ihr bei einem Picknick ein Stück Fleisch reichte, verfiel sie in Konvulsionen: die Seelenkrankheit, oder die »sieben Jahre der Besessenheit von Élisabeth de Ranfaing« (1618-1625), stellte die Rettung, die Zuflucht einer Frau dar, deren Verlangen ein viel stärkeres Moment gewesen sein muß als die religiöse Hemmung. Es ist eher unwahrscheinlich, daß Poirot ihr ein Rauschmittel in dem Stück Fleisch verabreicht hat; man konnte es nie nachweisen, und im übrigen wurde Poirot auf Grund des Zeugnisses einer gewissen Anne-Marie Bouley verurteilt, die enthüllte, daß der Arzt sie zum Sabbat begleitet hätte! Dagegen erscheinen Pithoys' Theorien zu dem Freispruch, den die kirchlichen Behörden hätten erteilen sollen, höchst zweifelhaft, sobald man erfährt, daß Élisabeth in ihren Delirien in Trance fiel, verblüffende Muskelkraft entwickelte, (mehr passiv als aktiv) Xenoglossie (Glossolalie) trieb und daß die ihr zugeschriebenen außersinnlichen Fähigkeiten wie Telepathie, Hellsehen und sogar vollständige Levitation zu jener Zeit Aufsehen erregten. Ob er auf Irreführung beruht oder nicht, der Fall der Élisabeth de Ranfaing gehörte mit Sicherheit zu jenen, bei denen die Kirche sich vollauf berechtigt fühlen mußte, den Exorzismus anzuwenden. Deshalb scheint der Rationalismus von Pithoys hier weniger rühmliche Hintergedanken zu verraten, als sie ihm Whitmore zuspricht: Es ging ihm nicht eigentlich darum, Élisabeth zu retten, als vielmehr darum, den Arzt verurteilen zu lassen. Selbst wenn man annimmt, daß der Arzt der Kranken ein Rauschmittel verabreicht hätte, um sie zu mißbrauchen, so ist es dennoch unwahrscheinlich, daß sich die Wirkung dieser Droge über einen Zeitraum von sieben Jahren erstreckte.

17 Whitmore, S. XVIII.

18 *Ebd.*

19 [Von 1655 bis 1660 war Pithoys Professor der Philosophie und Geschichte, bekam dann eine Stellung in Leeuwarden, wurde schließlich Minister in Guernsey, lehrte aber gleichzeitig bis 1675/76 an der Akademie, Whitmore, S. XXIV f.].

20 *Ebd.*, S. XX-XV.

21 *Traitté curieux* I, 2, S. 163 (Whitmore): »Leur phantasie eceruelee &

miserablement prostituee à toutes sortes d'imaginations extrauagantes que les demons y ont voulu peindre, pour seruir de couuertures à leur imagie diabolique.«

22 Whitmore, S. XVII, glaubt, daß es sich dabei um ein Buch handelt, auf das der Superior [Corrector General] des Ordens, Simon Bachelier, in einer Denkschrift aufmerksam gemacht hat, die in den Archives départamentales de la Moselle in Metz wiedergefunden wurde.

23 *Traitté curieux*, S. 207-208 (Whitmore). Vgl. Anhang IX, S. 383 ff.

24 [*Traitté curieux*, S. 209: »Voila vne Censure Papale qui confirme tout ce que nous auons dit de l'Astromantie & des Genethliaques. Les voila declarez *peruers, presomptueux, temeraires, deceueurs, miserables* & leur art *inuention diabolique*, & leurs predictions *inspirations des diables*. Les voila censurez & condamnez eux & leurs liures comme impies, infames, & pernicieux. Les voila liurez au tribunal de l'Inquisition, non seulement eux & leurs liures, ains encor tous ceux qui les liront ou retiendront. Que pourront alleguer les Genethliaques là dessus? Peut estre diront-ils que les Peres, les Conciles, & les Papes ne les peuuent pas excommunier ny maudire, ny seuerement censurer pour ce suiet. A quoy ie respond que pour le suiet de leur censure il ne peut iamais estre plus legitime, puis que tout le Christianisme tient leur art pour magique.«].

25 P. de Bérulle, *Discours de l'Estat et des Grandeurs de Jesus*, II, 2, édition complète des œuvres du Cardinal de Bérulle, reproduite après l'éd. de 1644, S. 162, zitiert von Clémence Ramnoux, »Héliocentrisme et Christocentrisme«, in: *Le Soleil à la Renaissance, a. a. O.*, S. 450.

26 *L'impiété des Déistes* [...], Paris 1624, S. 371, zitiert von François Secret, in: *Le Soleil à la Renaissance, a. a. O.*, S. 213.

27 [*Pensées*, ed. Brunschvicg, Fragm. 194, übers. von E. Wasmuth, Heidelberg [5]1954, S. 102.].

28 [»Das ewige Schweigen dieser unendlichen Räume macht mich schaudern«, Brunschvicg, Fragm. 206, Wasmuth, S. 115.].

29 [Nietzsche, *Zur Genealogie der Moral* III, 25 (1887), *Werke*, Krit. Gesamtausgabe, hrsg. von G. Colli u. M. Montinari, VI, 2, Berlin 1968, S. 422: »Ist nicht gerade die Selbstverkleinerung des Menschen, sein *Wille* zur Selbstverkleinerung seit Kopernikus in einem unaufhaltsamen Fortschritte? Ach, der Glaube an seine Würde, Einzigkeit, Unersetzlichkeit in der Rangabfolge der Wesen ist dahin, – er ist ein *Thier* geworden, Thier, ohne Gleichniss, Abzug und Vorbehalt, er, der in seinem früheren Glauben beinahe Gott (›Kind Gottes‹, ›Gottmensch‹) war [...] Seit Kopernikus scheint der Mensch auf eine schiefe Ebene gerathen, – er rollt immer schneller nunmehr aus dem Mittelpunkte weg – wohin? in's Nichts? in's ›durchbohrende Gefühl seines Nichts‹?«].

30 Das ist die Deutung, die Heidegger dem Nietzsche-Wort »Gott ist tot« gibt; vgl. M. Heidegger, »Nietzsches Wort ›Gott ist tot‹«, [1943], in: *Holzwege*, Frankfurt am Main 1950, S. 193-247 [*Gesamtausgabe*, I. Abt., Bd. 5, Frankfurt am Main 1977, S. 209-267]. Der Kern der Heideggerschen Deutung ist in folgendem Passus zu finden, S. 234 [S. 254]: »Was vormals in der Weise von Ziel und Maß das Menschenwesen bedingte und bestimmte, hat seine unbedingte und unmittelbare und vor allem überallhin unfehlbar wirksame Wirkungsmacht eingebüßt. Jene übersinnliche Welt der Ziele und Maße erweckt und trägt das Leben nicht mehr. Jene Welt ist selbst leblos geworden: tot. Christlicher Glaube wird da und dort sein. Aber die in solcher Welt waltende Liebe ist nicht das wirkend-wirksame Prinzip dessen, was jetzt geschieht. Der übersinnliche Grund der übersinnlichen Welt ist, als die wirksame Wirklichkeit alles Wirklichen gedacht, unwirklich geworden. Das ist der metaphysische Sinn des metaphysisch gedachten Wortes ›Gott ist tot‹.« Zu einer kulturgeschichtlichen Deutung der Verkündung vom »Tod Gottes« bei den Romantikern und bei Nietzsche siehe unseren Aufsatz »Les fantasmes du nihilisme chez M. Eminescu (1850-1889)«, in: *Romanistische Zeitschrift für Literaturgeschichte* 4 (1980), S. 422-433, und unseren Essay »Religione e accrescimento del potere«, *a. a. O.*, bes. S. 222 f. [vgl. auch »The Gnostic Revenge. Gnosticism and Romantic Literature«, in: *Religionstheorie und Politische Theologie*, hrsg. von Jacob Taubes, Bd. 2: *Gnosis und Politik*, München, Paderborn, Wien, Zürich 1984, S. 290-306].

Kapitel X

1 [σῶμα – σῆμα; Platon, *Kratylos* 400 C, *Gorgias* 493 A.].

2 [*Parzival* 410,2-4, vgl. 806,24-26: »stuont dâ Clârischanze ein süeziu magt, / liehter var gar unverkrenket, / als ein âmeize gelenket«, ed. Karl Lachmann, Berlin ^{6}1926, S. 199, 379. San-Marte (= Albert Schulz, Bd. II, Leipzig ^{2}1858, S. 76) übersetzt: »Ihr konntet nimmer an Ameisen / Zartere Gelenke preisen, / Als ihre, wo ihr Gürtel lag!«; Karl Simrock (Stuttgart 1861, S. 547): »Ihr wißt wie Ameisen pflegen / Um die Mitte schmal zu sein: / Noch schlanker war das Mägdelein.« Dieter Kühn (Frankfurt am Main 1994, Bibliothek des Mittelalters, 8/1, S. 679): »Ihr saht nicht mal bei einer Wespe / eine derart schmale Taille, / wie ihr Gürtel sie umschloß.«] Ludmila Kybalová, Olga Herbenová, Milena Lamarová, *Das große Bilderlexikon der Mode. Vom Altertum zur Gegenwart*, Prag: Artia, 1966, S. 118; [Quellen bei Alwin Schultz, *Das höfische Leben zur Zeit der Minnesinger*, 2., vermehrte u. verb. Aufl., Leipzig 1889, Bd. I, S. 218, Anm. 2; Karl Weinhold, *Die deutschen Frauen in dem Mittelalter*, Bd. II, Wien ^{3}1897, S. 264; Erika Thiel, *Geschichte des Kostüms. Die europäische*

Mode von den Anfängen bis zur Gegenwart, Berlin: Henschel, 1963, 8., stark erw. und neu gestaltete Aufl. 1989, 1997, S. 108].

3 Vgl. H. P. Duerr, *Traumzeit*, S. 67.

4 [*Die Limburger Chronik* des Tilemann Elhen von Wolfhagen, hrsg. von Arthur Wyss, Hannover 1883, S. 39, 6-7 (Monumenta Germaniae Historica. Deutsche Chroniken, 4,1); *Die Limburger Chronik*, Jena 1922, S. 17; E. Thiel, *Geschichte des Kostüms*, Berlin [8]1989, S. 206 f.; K. Weinhold, *Die deutschen Frauen in dem Mittelalter*, Bd. II, Wien [2]1882, S. 276 f., [3]1897, S. 260 f.; Magde Garland, *The Changing Face of Beauty*, London 1957, S. 71, dt.: *Die schöne Frau im Wandel der Zeiten*, Rüschlikon-Zürich, Stuttgart, Wien 1962, S. 49; Eduard Fuchs, *Die Frau in der Karikatur*, München 1928, S. 284. Vgl. Duerr, *Der Mythos vom Zivilisationsprozeß*, Bd. 4: *Der erotische Leib*, Frankfurt am Main 1997, S. 78, zit. n. G.-J. Witkowski, *Les seins à l'église*, Paris 1907, S. 84]. Vgl. Duerr, *Traumzeit*, S. 72, 260.

5 [Geiler, *Nauicula siue speculum fatuorum* [. . .], Straßburg 1510, fol. y[v], dt. *Des hochwirdigen doctor Keiserspergs narenschiff* [des Sebastian Brant] *so er gepredigt hat zuo straßburg in der hohen stifft daselbst Predicant der zeit. 1498* [hrsg. u. übers. von Johannes Pauli], Straßburg 1520, darin: *Turba* LX, dt. zit. n. Alwin Schultz, *Deutsches Leben im XIV. und XV. Jahrhundert*, Große Ausgabe, II. Halbbd., Wien, Prag, Leipzig 1892, S. 491; siehe auch Ernst Walter Zeeden, *Deutsche Kultur in der frühen Neuzeit*, Frankfurt am Main: Athenaion, 1968, S. 347 f. (Handbuch der Kulturgeschichte, I. Abt.)]; vgl. Duerr, S. 72, weitere Belege S. 260-261, Anm. 67.

6 [Joannis Hus et Hieronymi Pragensis *Historia et monumenta*, Nürnberg 1558: *Mulieres suas vestes a superius ita praecisas in orificiis atque latas publice deportabant et deportant, quod pene usque ad medietatem denudatorum uberum earum carnem splendidam quilibet conspexerit manifeste et ubique, ita in templis Dei coram sacerdotibus et clericis sicut et in foro, sed multo tamen in domo amplius et illud, quod erat in eis residuum uberum coopertum, hoc ęrat, ut paulo ante dictum est, ita eminens ingrossatum artificiose et subactum, quod quasi duo cornua in pectoribus apparerent. – Et dehinc duo alia cornua in pectore de subactis uberibus suis magis eminentia earum ingrossata, etsi alias tantundem eminentiae ex natura non habebant, tamen saltem ex forma tunicarum ex additione vanitatis et vestium aliarum, eadem cornua sua pectoris in altum erigebant . . .*, zit. n. Alwin Schultz, *Deutsches Leben im XIV. und XV. Jahrhundert*, I. Halbbd., Wien, Prag, Leipzig 1892, S. 309; vgl. Max Bauer, *Deutscher Frauenspiegel. Bilder aus dem Frauenleben in der deutschen Vergangenheit*, Bd. II, München, Berlin 1917, S. 99; H. P. Duerr, *Der erotische Leib*, S. 74. Duerr bestreitet, daß es in Europa jemals eine ›Oben ohne‹-Mode gegeben habe; alle entsprechenden Darstellungen seien entweder symbolische (mythologische) Idealisierungen oder bilde-

ten Ausnahmen bei bestimmten Randgruppen, etwa bei Dirnen; auch im Mittelalter sollen die Brüste nie völlig entblößt worden sein; vgl. *Der erotische Leib*, § 6, S. 74 ff.] Vgl. L. Kybalová, O. Herbenová, M. Lamarová, *Das große Bilderlexikon der Mode*, S. 157.

7 L. Kybalová u. a., *Das große Bilderlexikon der Mode*, S. 143.

8 Vgl. Giulio Carlo Argan, *Storia dell'arte italiana*, Bd. II, Florenz 1968, Abb. 133, S. 134.

9 L. Kybalová u. a., *Das große Bilderlexikon der Mode*, S. 144, 153 (Abb. 198). Diese Verschiebung der Taille des Kleides beginnt um 1495 aufzutreten, was man an der Kunst der Zeit erkennen kann; dem geht jedoch der rechteckige Ausschnitt voraus.

10 Vgl. Duerr, *Traumzeit*, S. 67, 72-73; 25, 253 f. Anm. 40, S. 262 Anm. 75 [und Duerr, *Der Mythos vom Zivilisationsprozeß*, Bd. 1: *Nacktheit und Scham*, Frankfurt am Main 1990, S. 24-73].

11 Vgl. Willem Noomen, »Structures narratives et force comique: les fabliaux«, in: *Neophilologus* 62 (1978), S. 361-373; und von demselben Verfasser, »›Le Chevalier qui fist. . .‹: à propos du classement des genres narratifs brefs médiévaux«, in: *Rapports – Het Franse Boek* 50 (1980), 3, S. 110-123.

12 Siehe G. C. Argans ausgezeichneten Vergleich zwischen den Darstellungen der *Anbetung der drei Könige* bei Lorenzo Monaco, Gentile da Fabriano und Masaccio, *a. a. O.*, Bd. II, S. 98 ff.

13 Vgl. Cesare Cantù, *Gli eretici d'Italia. Discorsi storici*, Turin 1865, Bd. I, S. 172 [*Les Hérétiques d'Italie*, franz. Übers., Bd. I, Paris 1869, S. 334]: »Lodovico Cortusio giureconsulto, morendo a Padova il 17 luglio 1418 lasciò per testamento che amici nè parenti nol piangessero; se no, rimanessero disereditati, mentre suo legatario universale sarebbe quello che ridesse di miglior cuore: non parare a bruno la casa e la chiesa, ma fiori e fronde; musica invece delle campane funebri; e cinquanta sonatori e cantanti procedano insieme col clero, cantando *alleluja* tra viole, trombe, liuti, tamburi, ricevendo ciascuno un mezzo scudo. Il suo cadavere, entro una bara a panni di varj colori gai e sfoggiati, sia portato da dodici donzelle vestite di verde, che cantino arie allegre, e ricevano una dote. Non rechino candele, ma ulivi e palme e ghirlande di fiori; non lo seguano monaci che abbiano la tonaca nera. Così piuttosto in guisa di nozze che di funerale fu sepolto in Santa Sofia. Il nostro secolo, che tanto s'intende di libertà, lo chiamerebbe un libero pensatore.«].

14 Zu der von Savonarola durchgeführten Sittenreform in Florenz gibt es eine hochinteressante Schrift: Die 1497 veröffentlichte *Riforma sancta et pretiosa* des Florentiners Domenico Cecchi. Vgl. Umberto Mazzone, *»El buon governo«. Un progetto di riforma generale nella Firenze savonaroliana*, Florenz: Olschki, 1978 (Biblioteca di storia toscana moderna e contemporanea. Studi e documenti, 18).

15 L. Kybalová u. a., *Das große Bilderlexikon der Mode*, S. 158.

16 Duerr, *Traumzeit*, S. 73 [neuerdings *Der Mythos vom Zivilisationsprozeß*, Bd. I: *Nacktheit und Scham*, Frankfurt am Main 1988, S. 38-58, Bd. II: *Intimität*, Frankfurt am Main 1990, Bd. III: *Obszönität und Gewalt*, 1993, Bd. IV: *Der erotische Leib*, 1997].

17 Marie-Catherine Le Jumel de Barneville Baronne d'Aulnoy, *Relation du Voyage d'Espagne*, Tome second. Seconde edition, A La Haye [Den Haag], chez Henri de Bulderen, 1691, ^{2}1692 [^{4}1705, ^{5}1715], S. 128: »C'eſt une beauté parmy elles de n'avoir point de gorge, & elles prennent des précautions de bonne heure pour l'empêcher de venir. Lors que le Sein commence à paroître elles mettent deſſus de petites plaques de plomb, & ſe bandent comme les Enfans que l'on emmaillote. Il eſt vray qu'il s'en faut peu qu'elles n'ayent la gorge auſſi unie qu'une feüille de papier, à la reſerve des trous que la maigreur y cauſe, & ils ſont toûjours en grand nombre.« Dt. Ausgaben: Die Gräfin D'Aunoy, *Beschreibung ihrer Reise nach Spanien* / erster Theil mit Figuren [übers. von Johann Job], Leipzig: J. Thomas Fritsch, 1696, S. 273; siehe auch Der Frau von Aunoy *Reise durch Spanien an den Hof zu Madrid*, Zweyter Theil, Nordhausen: Carl Gottfried Groß, 1782, S. 85-86 [VIII. Brief aus Madrid vom 29. März 1679]; zit. bei Otto Stoll, *Das Geschlechtsleben in der Völkerpsychologie*, Leipzig 1908, S. 567, vgl. H. Ploß, M. Bartels, *Das Weib*, Leipzig ^{7}1902, S. 341, auch bei Duerr, *a. a. O.*, S. 73. In diesem Sinne ist es höchst bezeichnend, daß Giovanni Battista della Porta, der Verfasser einer *Magia Naturalis* [*Magia Naturalis, sive de miraculis rerum naturalium*, Neapel 1558, 1589, 4 Bde., *Magiae Natvralis liber viginti*, Frankfurt am Main 1591, dt. Übers. von Christian Knorr von Rosenroth, *Des Vortrefflichen Herren Johann Baptista Portae von Neapolis Magia Naturalis oder Haus-, Kunst- und Wunder-Buch*, Sulzbach 1680], die in diesem Buch nicht untersucht wurde, weil sie nicht zur Ficinischen Tradition der ›spirituellen Magie‹ gehört, widmet den Rezepten, welche die Brüste verkleinern sollen, einen besonderen Abschnitt (II, 15: *Mamillarum incrementum prohibere, si volumus*). W.-E. Peuckert hat beobachtet, daß es sich um eines der Rezepte Portas handelt, die durch die Vermittlung Wolfgang Hildebrands [in seiner *Magia naturalis: Das ist Kunst vnd Wunderbuch*, Darmstadt 1610] in Deutschland Eingang in die »magische Hausväterliteratur« gefunden haben, das heißt in die Verzeichnisse, deren Kenntnis für die Bauern als unentbehrlich galt. *Den Jungfrawen zuverhüten / daß sie nicht grosse Brüste bekommen*, war seit der zweiten Hälfte des 16. Jahrhunderts ebenso wichtig, wie einen Liebeszauber zuzubereiten, um festzustellen, ob ein Mädchen fruchtbar sein würde, ob sie noch Jungfrau ist oder ob mit Hilfe des Klanges einer Leier der Schlaf herbeizuführen wäre. Wie zu erwarten, forderte

die Mode bei den Mädchen eine völlig flache Brust (vgl. Peuckert, *Pansophie* II: *Gabalia. Ein Versuch zur Geschichte der magia naturalis im 16. bis 18. Jahrhundert*, Berlin 1967, S. 316-319, 555). [Zu G. B. Porta vgl. Thorndike VI, S. 422f., vgl. oben, Kapitel VI, Anm. 34.].

18 L. Kybalová u. a., *Das große Bilderlexikon der Mode*, S. 168.

19 [Federzeichnung, weiß gehöht, braun grundiertes Papier, Karlsruhe, Staatliche Kunsthalle, Abb. z. B. in: Hans Baldung Grien, *Handzeichnungen, Druckgraphik*, hrsg. von Marianne Bernhard, München 1978, S. 175.].

20 So drückt es der Ethnologe H. P. Duerr einmal aus, *Traumzeit*, S. 75.

21 [Wolfgang Krämer, *Kurtrierische Hexenprozesse im 16. und 17. Jahrhundert vornehmlich an der unteren Mosel. Ein Beitrag zur Kulturgeschichte*, München 1959, S. 50-51: Prozeß gegen Christina, Johann Heydens Hausfrau, 1640/41.] Duerr, S. 77.

22 Duerr, S. 75 [nach J.-P. Desaive, »Le nu hurluberlu«, in: *Ethnologie française* 6 (1976), S. 219].

23 Es handelt sich selbstverständlich nicht um das von Lessing kommentierte Werk von Reimarus. Unser Anonymus wird »das *Faustbuch*« genannt (um ihn vom *Volksbuch* zu unterscheiden) und wurde 1892 von dem Bibliothekar Gustav Milchsack entdeckt und 1892[-1897] beim Wolfenbütteler Verleger Julius Zwißler unter dem Titel: *Historia D. Johannis Fausti des Zauberers* nach der Wolfenbütteler handschrift nebst dem nachweis eines teils ihrer quellen (Ueberlieferungen zur Litteratur, Geschichte und Kunst, 2) veröffentlicht [Vgl. G. Milchsack, »Faustbuch und Faustsage«, in: *Gesammelte Aufsätze*, Wolfenbüttel 1922, Sp. 113-152; neue kritische Ausgabe: *Das Faustbuch nach der Wolfenbüttler Handschrift*. Hrsg. von Harry Gerald Haile, Berlin: Erich Schmidt, 1963 (Philologische Studien und Quellen, H. 14). Siehe jetzt: Culianu, »Dr. Faust, Great Sodomite and Necromancer«, in: *Revue de l'Histoire des Religions* 207 (1990), S. 261-288].

24 *Historia von D. Johann Fausten / dem weitbeschreyten Zauberer und Schwartzkünstler / Wie er sich gegen dem Teuffel auff eine benandte zeit verschrieben* [...], Gedruckt zu Franckfurt am Mayn / durch Johann Spies, 1587. Kritische Ausgabe: *Historia von D. Johann Fausten*. Text des Druckes von 1587. Hrsg. von Stephan Füssel und Hans Joachim Kreutzer, Stuttgart: Reclam, 1988.

25 Die beiden deutschen Texte und der englische Text wurden vor kurzem von Maria Enrica d'Agostini und Giovanna Silvani zusammengestellt und kommentiert: *Faustbuch. Analisi comparata delle fonti inglesi e tedesche del Faust dal Volksbuch a Marlowe*, Neapel: T. Pironti, 1978.

26 Von Marlowes *Tragicall History of the Life and Death of Doctor Faust* gibt es zwei stark voneinander abweichende Fassungen: vgl. *Marlowe's*

Doctor Faust 1604-1616. Parallel Texts edited by W. W. Greg, Oxford 1950, Marlowe, *Doctor Faustus*, edited by John D. Jump, London 1962 [vgl. die kommentierte Ausgabe der ersten Fassung: Christopher Marlowe, *Dr Faustus: The A-Text*, ed. by David Ormerod and Christopher Wortham, Nedlands: University of Western Australia Press, 1985]. Die französische Ausgabe ergänzt den Satz: »dem Dramatiker und finsteren Spion, der in einer Schenke ermordet wurde. Er würzte den Faust-Stoff mit der calvinistischen Prädestinationslehre, die er bei seinem Studium in Cambridge aufgesogen hatte.«

27 Floris Groen erstellte um 1650 die erste niederländische Fassung, die vor 1689 von Jacob van Rijndorp umgestaltet wurde: vgl. *De Hellevaart van Dokter Joan Faustus. Toneelspel*, Amsterdam 1731.

28 Vgl. Gilles Quispel, »Faust: Symbol of Western Man«, in: *Eranos Jahrbuch* XXXV (1966): *Schöpfung und Gestaltung*, Zürich 1967, S. 241-265, und in: *Gnostic Studies*; Bd. II, Istanbul 1975, S. 288-307, bes. S. 300-301.

29 Vgl. G. Quispel, »An Unknown Fragment of the Acts of Andrew«, *Vigiliae Christianae* 10 (1956) und *Gnostic Studies* II, S. 271-287. Auf der Seite 10 des Codex (Zeilen 6-37, Übersetzung S. 273-274), handelt es sich um eine Jungfrau, die ein Magier mit Hilfe von Dämonen verführen will. Sie rettet sich durch ein Gebet. [Vgl. Hennecke, Schneemelcher, *Neutestamentliche Apokryphen*, Bd. II, Tübingen 1964, S. 270-297].

30 A. Lipomanus, *Sanctorum priscorum vitae*, Venedig 1551-1558; vgl. *De probatis sanctorum historiis ab Al. Lipomano olim conscriptis nunc primum a Laur. Surio emendatis et auctis*, Köln 1576-1581, Bd. V (1580), S. 394-402, und Nachdruck von 1618, Bd. III, S. 296 ff. [Die wichtigsten Quellen der Cyprian-Sage werden übersetzt und untersucht von Theodor Zahn, *Cyprian von Antiochien und die deutsche Faustsage*, Erlangen: A. Deichert, 1882, vgl. Festugière, *La révélation d'Hermès Trismégiste*, I, ^{2}1950, S. 369-383.].

31 Al(f)onso de Villegas, *Flos Sanctorum y Historia general de la vida y hechos de Jesucristo, Dios y Señor nuestro, y de todos los Santos de que reza y hace fiesta la Iglesia Católica*, Madrid 1594, S. 321-322.

32 Das ist die These von Pedro Ballesteros Barahona, *Calderóns erste Fassung von ›El mágico prodigioso‹ und das Doktor-Faustus-Spiel der englischen Komödianten*, Diss. phil., Berlin 1972, S. 63.

33 *Ebd.*, S. 87 ff.

34 *Ebd.*, S. 94 ff.

35 *Ebd.*, S. 87 ff.

36 *Ebd.*, S. 67 ff.

37 *El Mágico prodigioso, comedia famosa de Don Pedro Calderon de la Barca*, publiée d'après le manuscrit original de la bibliothèque du duc d'Osuna, avec deux fac-simile, une introduction, des variantes

et des notes par Alfred Morel-Fatio, Heilbronn, Paris, Madrid 1877. Die 1663 veröffentlichte Fassung (»La gran comedia del maxico prodigioso«, in: *Parte veinte de comedias varias nunca impresas, compuestas por los mejores ingenios de España*, Madrid 1663, S. 2-45), die von J. de Vera Tassis y Villarroel in *Sexta parte de comedias del celebre poeta español Don P. Calderón de la Barca* (Madrid 1683, S. 316-363) wieder abgedruckt wurde, unterscheidet sich von der ersten in vielen Hinsichten, die in der Dissertation von P. Ballesteros Barahona gründlich untersucht werden. Dafür daß er mir diese Dissertation sowie die Ausgabe von Morel-Fatino zur Verfügung gestellt hat, bin ich Michael Metzeltin, Professor der Hispanistik an der Universität Groningen, zu Dank verpflichtet. [Dt. Übers.: *Schauspiele von Don Pedro Calderon de la Barca*. Übers. von J. D. Gries, II. Bd., Berlin 1816, ²1840. Vgl. die grundlegende, quellenkritische Einleitung von Max Krenkel zu seiner kommentierten Ausgabe des *Mágico prodigioso*: *Klassische Bühnendichtungen der Spanier*, hrsg. und erklärt von Max Krenkel, II. Calderon, *Der wundertätige Zauberer*, Leipzig 1885, S. 1-122.].

38 [Siehe Francisco Rico, *El pequeño mundo del hombre. Varia fortuna de una idea en la cultura española*, Edición corregida y aumentada, Madrid 1986, bes. S. 242-259.].

39 [Ficino, *Theologia Platonica* XIV, 2, *Op.* I, S. 309, Marcel II, S. 256 f.].

40 [*Theol. Plat.* XIV, 1, *Op.* I, S. 305, Marcel II, S. 246 = Zoroaster in: *Oracula Chaldaica* 39, ed. W. Kroll, Breslauer philologische Abhandlungen VII, 1 (1894), S. 50: ὦ τολμηρᾶς [v. l. τολμηροτάτης] φύσεως ἄνθρωπε τέχνασμα.].

41 [Vgl. Plinius, *Historia naturalis* II, 7: *Quisquis est deus, si modo est alius* [als die Sonne], *et quacumque in parte, totus est sensus, totus visus, totus auditus, totus animae, totus animi, totus sui*. Vgl. Zahn, S. 3, Anm. 1; Calderon's Größte Dramen religiösen Inhalts, übers. und mit den nöthigsten Erläuterungen versehen von F. Lorinser, VI. Bd., Freiburg i. Br.: Herder, 1876, S. 130: »Daß es *einen* Gott muß geben, / Höchste Güte, höchste Gnade, / Der ganz Auge, der ganz Hand, / Stets unfehlbar, stets wahrhaftig, / Höchster, ohne Nebenbuhler, Seines Gleichen keinen habend, / Einen Anfang, ohne Anfang, / Nur *ein* Wesen, *eine* Macht nur, / *Eine* Kraft, ein einz'ger Wille.«].

42 Francisco de Toledo, *Institutio Sacerdotum*. Cum additionibus Andreae Victorelli Bassaniensis, Rom 1618.

43 [III, 141-156, Lorinser, S. 200: »Auf nun, ihr Höllenschlünde! / Des Reiches der Verzweiflung tiefste Gründe! / Aus eures Kerkers Schooß / Laßt die Dämonen jetzt der Wollust los, / Daß endlich Schaden leide / Durch euch Justina's jungfräulich Gebäude! / Die Reinheit der Gedanken / An tausend Truggebilden laßt erkran-

ken, / Von euch erzeugt; die keusche Phantasie / Erfüllt ihr unter süßer Harmonie / Nur mit der Liebe Trieben; / Was reizen kann, mög' seine Künste üben! / Laßt Vögel, Blumen, Pflanzen, / Zur Liebe lockend, gaukelnd sie umtanzen; / Dem Auge, wie dem Ohr, / Stellt Alles, was zur Liebe ladet, vor . . .« J. D. Gries, Berlin 1816, ²1840, von Goethe und Morel-Fatio, S. LXXIII, gerühmt: »Auf, ihr, des Abgrunds Mächte, / Verzweiflungsvolles Reich der Höllennächte! / Aus eures Kerkers Enge / Entlasset eurer Geister geile Menge, / Und des Verderbens Fülle / Stürz' auf Justinens jungfräuliche Hülle! / In tausend Truggestalten / Laßt schändliche Phantome sich entfalten / Der keuschen Phantasie; von heißem Triebe / Schwell' ihre Brust und öffne sich der Liebe / Beim süßen, lustdurchglühten / Wechselgesang der Vögel, Pflanzen, Blüten. / Nichts seh' ihr Auge heute, / Als nur der Liebe wonnevolle Beute; / Nichts soll ihr Ohr umschwirren, / Als nur der Liebe zauberisches Girren . . .«].

44 [J. R. Glauber, *Teutschlandes Wohlfahrt / Sechster und Letzter Theil. Darinnen nicht allein diejenige Stücke / so in dem Fünfften Theil albereit bekant gemacht / noch mehrers erläutert / sondern auch / waß noch weiters zur* Defension *deß Vatterlandes gegen dem Türcken daß allernötigste zuwissen / offen bahret wird*, zu Amsterdam / Bey Johan Jansson / 1661, S. 18 ff.].

45 [*Teutschlandes Wohlfahrt*, VI, Amsterdam 1661, S. 23 und 58, S. 18-28, 48-63.] Siehe auch A. G. Debus, *Man and Nature*, S. 138-140. [Vgl. Arnulf Link, *Johann Rudolph Glauber, 1604-1670, Leben und Werk*, Diss. phil., Heidelberg 1993, S. 60-64.].

Anhang I

1 [»Aufteilung von Teilen (Gliedern) des menschlichen Körpers an Zodia«, H. G. Gundel, *Zodiakos. Tierkreisbilder im Altertum*, Mainz 1992, S. 177.].

2 [*Astronomica* IV, 876, ed. G. P. Goold, Cambridge, Mass., London 1977, S. 292. »Erkennen wir des Himmels Bau, warum nicht auch des Himmels Gaben?« bei Boll, Bezold, Gundel, S. 44.].

3 [*Anthologia Palatina* IX, 577, vgl. Cumont, *L'Égypte des astrologues*, Bruxelles: Fondation Égyptologique Reine Élisabeth, 1937, S. 206, Anm. 4, Franz Boll, *Jahresbericht des philologischen Vereins zu Berlin* (*Sokrates*) XLVII (1921), S. 2-12: ἀλλ' ὅταν ἄστρων / ἰχνεύω κατὰ νοῦν ἀμφιδρόμους ἕλικας. In der *Anthologia Graeca*, Griech.-Dt.; ed. von Hermann Beckby, München: Heimeran, 1958, Bd. III, S. 352-353, werden die vier Verse mit den Lesarten in v. 2 wiedergegeben: μαστεύω [v. l. ἰχνεύω] πυκνὰς und übersetzt: ». . . doch seh ich im Geiste, / wie in unnennbarer Zahl kreisend die Sterne sich drehn«].

4 Vgl. I. P. Culianu, »Inter lunam terrasque . . . Incubazione, catalessi ed

estasi in Plutarco«, in: *Perennitas. Studi in onore di Angelo Brelich*, ed. G. Piccaluga, Rom 1980, S. 165-167, jetzt in: *Iter in silvis*, I, S. 69-71.

5 [*Die Pistis Sophia*. . . . Hrsg. von Carl Schmidt, 2. Aufl. bearbeitet von Walter C. Till, Berlin: Akademie, 1954, S. 218,21-22; 220,18-24; Nachträge S. 379.].

6 *Corp. Herm.* I, 25, S. 15, 15-16, 4 Nock, Festugière, verbessert von Festugière, *La Révélation d'Hermès Trismégiste*, Bd. III, Paris 1953, S. 303-304, *Das Corpus Hermeticum Deutsch*, Teil 1, übers. von J. Holzhausen, Stuttgart-Bad Cannstatt 1997, S. 19, vgl. auch B. P. Copenhaver, *Hermetica*, Cambridge 1992, S. 6, 115-117.

Anhang II

1 [Genannt auch Leo Suavius Solitarius, vgl. Thorndike V, S. 235 ff.].

2 Die Ausgabe von Kerver mit den Holzschnitten von Jean Cousin (und Jean Goujon) wurde 1926 von Bertrand Guégan bei Payot nachgedruckt. Diese Ausgabe haben wir bei der Abfassung dieses Kapitels unseres Buches benutzt. [Neue Ausgabe mit modernisierter Rechtschreibung, Anmerkungen und Worterklärungen: Francesco Colonna, *Le Songe de Poliphile*. Traduction de l'*Hypnerotomachia Poliphili* par Jean Martin (Paris, Kerver, 1546). Présentation, translittération, notes, glossaire et index Gilles Polizzi, Paris 1994.].

3 Die Geschwindigkeit dieser Vorgänge ist, selbst wenn der ›Malteser Ritter‹ nichts als reine Erfindung wäre, erstaunlich: Die zweite Auflage von Aldus Manutius, die der Übersetzung der zweiten französischen Auflage von 1546 zugrunde gelegen hat, war erst 1545 erschienen! Es ist immerhin möglich, daß Gohory bereits die Aldus-Ausgabe von 1499 gekannt und sich ihrer bedient hatte; für die Überarbeitung hatte Jean Martin Zeit genug, die Aldine von 1545 einzusehen. Es ist bekannt, daß der Übersetzer Jean Martin eine ausgesprochene Vorliebe für den platonischen Roman hatte und daß es nicht das erste Mal war, daß er sich verpflichtete, die stilistische Überarbeitung eines Werkes durchzuführen, das in schlechtem Französisch vorlag. 1520 hatte der Italiener Giacomo Caviceo eine Geschichte unter dem Titel *Libro del Peregrino* hervorgebracht, die der *Hypnerotomachia* Colonnas und der Ficinischen Tradition entlehnt war. Am 1. Mai, an »dem den Liebenden geweihten Tage« – und es ist nicht zufällig, daß das Datum auf dem ersten Blatt der *Hypnerotomachia* der 1. Mai 1467 ist –, geht Peregrino in die Kirche, wo er der schönen Genèvre [Ginevra] begegnet: »Im Alter von fünfzehn Jahren, von leiblicher Schönheit, zierlich und herrschaftlich in ihren Gebärden, mit sehr züchtigem Blicke, leuchtenden Augen, demüthigem Schritte, ruhig und zur Freude neigend, mit lieblichen Wimpern, die ihr Angesicht zieren.« Genèvre wird »zur mächtigen Herrscherin über ihn« [de luy

souveraine imperatrice]: »Seitdem wurde er seiner selbst beraubt, und das Bild nahm in seinem Innern die Gestalt dieser Dame an.« 1527 war der *Libro del Peregrino* von François Dassy ins Französische übertragen worden (Paris, Nicolas Couteau). Die Sprache der Übersetzung scheint sehr dürftig gewesen zu sein; deshalb überarbeitete und »verbesserte« Jean Martin die Erzählung (*Dialogue* [...] *reveu au long et corrigé par Jehan Martin*, Paris: Galliot du Pré, 1528), die sehr erfolgreich war und bis 1540 nicht weniger als sieben Auflagen erlebte. 1545 übersetzte derselbe Jean Martin *Gli Asolani* von Pietro Bembo (Venedig 1505) – eine Art Bibel der platonischen Liebe in der Renaissance – aus dem Italienischen ins Französische. Er konnte sich glücklich schätzen, die Übersetzung der *Hypnerotomachie*, die ihm Jacques Gohory anvertraut hatte, zu lesen und zu überarbeiten. (Vgl. Jean Festugière, *La Philosophie de l'amour de Marsile Ficin et son influence sur la littérature française au XVI*[e] *siècle*, Paris 1941, S. 58-61 und 156-158. Dieses Jugendwerk [ursprünglich Coimbra 1922] des großen Gelehrten A.-J. Festugière enthält einige Ungenauigkeiten, auf die wir hier aufmerksam machen, weil sie im Grunde seinem eigentlichen Wert keinen Abbruch tun. So glaubt der Autor, daß Pico seinen *Commento* bei Lebzeiten veröffentlicht hat [S. 54], was im übrigen gerade durch den der Werkausgabe Gianfrancesco Picos vorangestellten Brief Benivienis widerlegt wird. Schließlich glaubt der Autor, daß Pico der »geliebte Jünger« Ficinos gewesen wäre [S. 40], ohne zu wissen, daß eben dieser *Commento* der Zankapfel gewesen war, der die Wege der beiden endgültig getrennt hat.) Es ist beachtenswert, daß [die erste französische Übersetzung von] Ficinos *Commentarium in Convivium de Amore* in Frankreich in demselben Jahr 1546 erschienen ist, in dem Kerver seine erste französische Ausgabe der *Hypnerotomachie* veröffentlichte. Die sozusagen ›klassische‹ Übersetzung des Ficinischen Traktates über die Liebe ist Guy Lefèvre de la Boderie zu verdanken und erschien 1578 in Paris. Eine zweite Ausgabe von 1588 enthielt auch den *Commento* Giovanni Picos in der Übersetzung von Gabriel Chappuys (vgl. Festugière, S. 5-6; es wird noch Gelegenheit geben, darauf zurückzukommen).

4 Ihr unbekannter Urheber gehört zweifellos zu Mantegnas Schule.

5 Vgl. Walker, S. 102.

6 1572 von Gohory herausgegeben und kommentiert: *Livre de la Fontaine Perilleuse, avec la Charte d'amours: autrement intitule, le songe du verger. Œuvre tres-excellent, de poësie antique contenant la Steganographie des mysteres secrets de la science minerale*, Paris 1572. Gohory hielt *La Fontaine Perilleuse* für die Quelle des *Roman de la Rose*; vgl. Walker, S. 98, Anm. 5.

7 *Livre de la Conqueste de la Toison d'or*, dem König gewidmet von Je-

han de Mauregard, mit einer Einführung und Anmerkungen in Versform von de J. Gohory, Paris 1563, vgl. Walker, S. 98, Anm. 4.

8 Vgl. Walker, S. 97-98.

9 *Ebd.*, S. 99-100.

10 Vgl. E.-T. Hamy, »Un précurseur de Guy de la Brosse. Jacques Gohory et le Lycium Philosophal de Saint-Marceau-lès-Paris (1571-1576)«, in: *Nouvelles Archives du Muséum d'Histoire Naturelle*, 4e série, tome 1, Paris 1899, S. 1-26, bes. S. 15 ff.; vgl. Walker, S. 100.

11 Leo Suavius, Theophrasti Paracelsi *Philosophiae et Medicinae utriusque universae, Compendium, Ex optimis quibusque eius libris: Cum scholijs in libros IIII. eiusdem De Vita Longa* [...], Paris 1567, Basel 1568, S. 147-149; *Instruction sur l'herbe Petum*, Paris 1572, fol. 9[v]; vgl. Walker, S. 101.

12 *Instruction*, dédicace [Widmung], Walker, S. 100, Anm. 3.

13 *Instruction*, fol. 14[r]. Gohory besaß musikalische Kenntnisse; er hatte für mehrere Werke von Orlando di Lasso das Vorwort geschrieben, so etwa für den *Secundus Liber Modulorum*, dessen Vorwort er 1571 an Karl IX. richtete; vgl. Walker, S. 99 und Anm. 4.

14 Vgl. M. Horowitz, Vorwort zum fotomechanischen Nachdruck des [Angelo Mariani gewidmeten] Buches von William Golden Mortimer, *Peru. History of Coca, »The Divine Plant« of the Incas* (New York: J. H. Vail, 1901), San Francisco 1974, S. VI-VIII.

15 Vgl. Walker, S. 102-104.

16 Walker, S. 104: »Gohory, moreover insists on the derivation of Paracelsan from Ficinian magic, and even gives a *Comparatio* of the one with the other. This, in fact, turns out to be a rather sharp criticism of Ficino as being a timid and superficial version of Paracelsus.« Suavius, S. 187, zitiert von Walker, S. 104.

17 Walker, S. 102-103, der Suavius, S. 30 und 327, kommentiert.

Anhang III

1 Siehe unseren Aufsatz »Iatroi kai manteis. Sulle strutture dell'estatismo greco«, in: *Studi Storico-Religiosi*, n. s. 4 (1980) 2, S. 287-303, *Psychanodia I* und *Expériences de l'extase*, Kap. I, S. 25-43.

2 Sie wurde gleichwohl von Jacques Gohory übernommen, der das Buch in eine alchemistische Allegorie umwandelte: *librum hunc magnae cuidam reconditaeque arti vendicant.*

3 Siehe den Wilhelm von Conches zugeschriebenen Macrobius-Kommentar bei P. Dronke, *Fabula*, S. 173: *Hymeneus est membranula*, in qua concipiuntur puerperia, *matrix videlicet* ... [Der Hymen ist das Häutchen, in dem die gebärfähigen Frauen empfangen und schwanger werden, das heißt die Gebärmutter].

4 [Die jüngste umfassende Darstellung der *Hypnerotomachia* ist: Liane Lefaivre, *Leon Battista Alberti's Hypnerotomachia Poliphili. Re-Cogni-*

zing the Architectural Body in the Early Italian Renaissance, Cambridge, Mass., London: The MIT Press, 1997, in der die Verfasserin scharfsinnig und überzeugend das Werk Alberti zuschreibt, was die Betrachtung des geistesgeschichtlichen Entstehungszusammenhangs und der kulturellen Tragweite dieses schönsten und seltsamsten Buches der Renaissance erheblich fördert und vertieft. Vgl. auch *Hypnerotomachia Poliphili. The Strife of Love in a Dream*. The Entire Text Translated for the First Time into English with an Introduction by Joscelyn Godwin. With the Original Illustrations, London: Thames & Hudson, 1999.].

Anhang IV

1 [*Epistolarum lib.* I, ep. 107, *Op.* I, S. 658,7, ed. S. Gentile, S. 187,31-32; vgl. *Theol. Plat.* XVI, 5, *Op.* I, S. 375, Marcel III, S. 123; übers. Kristeller, S. 185, Montoriola, S. 225.].

2 *Theol. Plat.* III, 2, Op. I, S. 119, ed. Marcel I, S. 141 f.; Kristeller, S. 94, 103; Euler, S. 46, 188.

3 [*Theol. Plat.* XVI, 7, *Op.* I, S. 383, Marcel III, S. 142, vgl. J. Lauster, *Die Erlösungslehre Marsilio Ficinos. Theologiegeschichtliche Aspekte des Renaissanceplatonismus*, Berlin 1998, S. 58.].

4 [*Ascl.* 6: [...] *o Asclepi, magnum miraculum est homo*, ed. A. D. Nock, Bd. II, S. 301,18, *Corp. Herm. Dt.* I, S. 259 ff.; Apulei Madaurensis [...] *opera*, III, *De philosophia libri*, ed. C. Moreschini, Stuttgart 1991, S. 44; ed. Scott, *Hermetica*, Oxford 1924, I, S. 294; Beierwaltes, *Denken des Einen*, S. 432, Anm. 30.].

5 [Zoroaster, in: *Orac. Chald.* 39, ed. W. Kroll, S. 50: τολμηρᾶς [v. l. τολμηροτάτης] φύσεως τέχνασμα, *Theol. Plat.* XIV, 1, *Op.* I, S. 305, Marcel II, S. 246: *naturae audentissimae artificium*, vgl. oben, Kapitel X, Anm. 40.].

6 *Tu, nullis angustiis coercitus, pro tuo arbitrio, in cuius manu te posui, tibi illam praefinies. Medium te mundi posui, ut circumspiceres inde commodius quicquid est in mundo. Nec te caelestem neque terrenum, neque mortalem neque immortalem fecimus, ut tui ipsius quasi arbitrarius honorariusque plastes et fictor, in quam malueris tute formam effingas. Poteris in inferiora quae sunt bruta degenerare; poteris in superiora quae sunt divina ex tui animi sententia regenerari.* [ed. E. Garin, Florenz 1942, S. 106,2-10; H. de Lubac, S. 65; übers. von Gerd von der Gönna, Stuttgart 1997, S. 9, auch übers. von Norbert Baumgarten, hrsg. u. eingel. von August Buck, Hamburg 1990 (Phil. Bibl. 427), eingeleitet von E. Garin, Bad Homburg, Berlin, Zürich 1968, S. 28-31 (Respublica literaria, 1).].

7 *Quis hunc nostrum chamaeleonta non admiretur? aut omnino quis aliud quicquam admiretur magis? Quem non immerito Asclepius Atheniensis versipellis huius et se ipsam transformantis naturae argumento per Proteum in mysteriis significari dixit.* [ed. Garin, S. 106; Gönna, S. 11.].

Anhang V

1 [Kristeller, *Ficino and His Work*, S. 153, macht etwas andere Angaben: *Discours de l'honneste amour sur le Banquet de Platon*, tr. from the Tuscan, Paris, J. Macé, 1589; Paris, L. Breyer and A. L'Angelier, 1588.].

2 [Die erste franz. Übersetzung von Buch I-II von *De vita: Le premier (et second) livre de la vie saine (longue)*, tr. Jehan Beaufilz, Paris: Denys Janot, 1541; deutsche Übersetzungen: *Das Buch des Lebens* (I-II), übers. von Johannes Adelphus (Mulich), Straßburg: Joh. Grüninger, 1505; wurde mehrmals nachgedruckt, Kristeller, S. 150, und Mss. Pal. Germ. 730 und 452, vgl. D. Benesch, *Marsilio Ficino's ›De triplici vita‹* [...] *in deutschen Bearbeitungen*, Frankfurt am Main 1977.].

3 [Ed. crit. Christine M. Hill, University of Exeter 1981, S. 6, 48 f. Vgl. auch *L'Androgyne de Platon*, mit *La Parfaicte Amye*, Lyon: Estienne Dolet, 1542 und 1543, vgl. C. Longeon, *Bibliographie des œuvres d'Étienne Dolet*, Genève 1980, Nr. 210 und 211; Kristeller, S. 155.].

4 [Siehe jedoch »Jagd nach dem Sein« (τοῦ ὄντος θήρα, *Phaidon* 66 C 2), vgl. C. J. Classen, *Untersuchungen zu Platons Jagdbildern*, Berlin 1960 (Dt. Akad. d. Wiss. Schr. d. Sekt. f. Altertumswiss., 25), S. 35.].

5 [Zu Symphorien Champier, einer wichtigen Gestalt im Zusammenhang mit den magischen und hermetischen Hintergründen des Neuplatonismus in der französischen Renaissance siehe Brian P. Copenhaver, *Symphorien Champier and the Reception of the Occultist Tradition in Renaissance France*, The Hague, Paris, New York: Mouton, 1978; F. A. Yates schreibt dazu (*Collected Essays*, III, London u. a. 1984, S. 126): »Copenhaver's book should be in the library of all those interested in the elusive subject of Renaissance magic.« Siehe auch Walter Mönch, *Die italienische Platonrenaissance und ihre Bedeutung für Frankreichs Literatur- und Geistesgeschichte (1450-1550)*, Berlin 1936 (Romanische Studien, 40), zu Symphorien Champier: S. 212-300, zu Héroët: S. 339-347, und ders., *Frankreichs Literatur im XVI. Jahrhundert*, Berlin 1938 (Grundriß der Romanischen Philologie, N. F. 5).].

Anhang VI

1 *Op. lat.*, II, 1, S. 135-141: *Imagines facierum signorum ex Teucro Babilonico quae ad usum presentis artis quam commode trahi possunt.*

– Aries. *Ascendit in prima facie arietis homo niger, immodicae staturae, ardentibus oculis, severo vultu, stans candida precinctus palla. In secunda mulier non invenusta, alba induta thunica, pallio vero tyrio colore intincto superinduta, soluta coma, et lauro coronata. In tertia homo pallidus ruffi capilli rubris indutus vestibus, in sinistra auream gestans armillam, et ex robore baculum in dextra, inquieti et irascentis prae se ferens vultum cum cupita bona nequeat adipisci nec praestare.*

– Taurus. *In prima Tauri facie Nudus arans, de palea pileum intextum gestans, fusco colore, quem sequitur rusticus alter semina* [ed. *femina*] *ia-*

ciens. In Secunda Claviger nudus, et coronatus aureum baltheum in humeris gestans et in sinistra sceptrum. In tertia vir sinistra serpentem gestans et dextera hastam sive Sagittam, ante quem testa ignis, et aquae lagena.

– Gemini. *In prima geminorum facie, vir paratus ad serviendum, virgam habens in dextera. Vultu hilari atque iocundo. In secunda, homo terram fodiens* [ed. *fondiens*] *et laborans: iuxta quem tibicen nudis saltans pedibus et capite. In tertia Morio tibiam dextera gestans, in sinistra passerem et iuxta illum vir iratus apprehendens baculum.*

– Cancer. *In prima Cancri coronata, optime induta olivam gestans in dextra et phialam in sinistra. In secunda vir cum muliere sedentes ad mensam et ludentes ante virum* [ed. *vinum*] *sunt indumentorum genera; ante mulierem aurea argenteaque vasa. In tertia vir venator quem antecedunt et consequuntur canes, cornu gerens et balistam, incessu volucri et girovago.*

– Leo. *In prima Leonis facie vir colore ruffus, croceis indutus vestibus, coronatus auro, gallum in dextra gestans, leonem equitans. In secunda foemina ambulans in coelum manibus tensis, et iuxta illam vir quasi paratus ad vindictam, gladium habens districtum, atque scuthum. In tertia peram gestans seu scuticam; vultu tristi, demisso, et invenusto, quem sequitur adolescens albis indutus (sc. vestibus).*

– Virgo. *In prima Virginis facie: Puella floribus corollata, et vir flores et frondes spargens contra illam, indutus veste viridi et discinctus. In secunda homo niger corio vestitus, crumenam gerens in manu, pallium habens a capite demissum. In tertia senex duobus innixus baculis, incultis capillis ante frontem, dispersa barba, fusco indutus colore.*

– Libra. *Primam librae faciem, habet homo librum inspiciens, pugionem habens in dextera vel stilum. Truci incedens vultu. Secundam duo altercantes et turbati coram sedente pro tribunali qui virgam in eos extensam in dextra, et sinistram elevatam habet. Tertiam Sagittarius ferox, quem sequitur vir manu panem gestans et scyphum vini: et homo nudus totus antecedit.*

– Scorpius. *Ascendit in prima scorpii facie mulier formosa et optime induta pro qua duo iuvenes invicem irati se verberibus cedentes fatigantur. In secunda mulier nuda penitus, et duo viri penitus nudi, quorum alter stat ad latus mulieris, alter in terra cubat cum cane colludens. In tertia vir exponens dorsum percutienti mulieri, ambabus manibus ambos tenens pedes.*

– Sagittarius. *Sagittarii primam faciem habet vir armatus totus, parmam gestans in sinistra, et in dextra latissimum ensem, in cuius incessu terra tremere videtur. Secundam foemina tristis, lugubri induta vestimento, puerum alterum intra brachia gestans, alterum manu ducens.* [ed. *manuducens*] *Tertiam vir in terra cubans, baculum temere exagitans, vultu pallidus, et habitu sordido, et porcus adstat illi, fodiens terrae maniplos.*

– Capricornus. *Primam Capricorni faciem vir in habitu mercatoris turpis faciei et tristis quem sequitur iuvenis saltans et plaudens manibus. Secun-*

dam vir in columbam volantem intorquens iacula: et duae mulieres ad unum se complexantes virum. Tertiam virgo albis induta; pedibus conculcans vulpeculam, et librum lectitans.

– Aquarius. *Primam Aquarii faciem habet pater familias, et matrona, in gestu cogitantium: quorum ille calculos habet in manu, et ista colum. Secundam vir in habitu consiliarii atque sedens, schedulas memoriales in manu habens, e cuius mento prolixa pendet barba, homoque videtur vultu severiore. Tertiam iuvenis iratus cuius facies ira videtur inflammata: manibus quasi impetentibus, et digitis contortis.*

– Pisces. *In prima piscium facie, figura hominis sua bona transportantis, et novam perquirentis habitationem: quem sequitur mulier tripodem gestans et perticam. In secunda vir accinctus quasi et ad operandum, contractis vestibus, et denudatis brachiis agilitatem prae se ferens corporis, et vultus hilaritatem. In tertia adolescens adamans et complectens puellam et iuxta illos aves Iunoniae duae colluctantes. – Habitus et actus imaginum praedictarum licet per se ad artem memorativam non conferant: complere tamen possunt imaginum rationes.* [Vgl. Wilhelm Gundel, *Dekane und Dekansternbilder. Ein Beitrag zur Geschichte der Sternbilder der Kulturvölker.* Mit einer Untersuchung über die ägyptischen Sternbilder und Gottheiten der Dekane von S. Schott, zweite, durchgesehene Aufl. Mit einem bibliographischen Anhang von Hans Georg Gundel, Glückstadt, Hamburg 1936 (Studien der Bibliothek Warburg, 19), Darmstadt: Wiss. Buchges., 1969, *passim*.].

Anhang VII

1 [C. Ginzburg, *I Benandanti. Stregoneria e culti agrari tra Cinquecento e Seicento*, Turin 1966, dt. *Die Benandanti. Feldkulte und Hexenwesen im 16. und 17. Jahrhundert*, Frankfurt am Main 1980, und grundsätzlich zum Hexenwesen: C. Ginzburg, *Storia notturna. Una decifrazione del sabba*, Turin 1989, dt. *Hexensabbat. Entzifferung einer nächtlichen Geschichte*, Berlin 1990.].

2 Vgl. sein Buch *Occultism, Witchcraft, and Cultural Fashions. Essays in Comparative Religions*, Chicago, London 1976, dt. *Das Okkulte und die moderne Welt. Zeitströmungen in der Sicht der Religionsgeschichte*, Salzburg 1978, S. 83-98). [Culianus Rezension in: *Aevum* 52 (1978), S. 596 b-598 a.].

3 [Zu *wildes heer*, *wütendes heer*, *wütende jagd*, *Wotans heer* siehe Jacob Grimm, *Deutsche Mythologie*, 4. Aufl., hrsg. von Elard Hugo Meyer, Berlin 1875-1878, Bd. I, S. 110, Bd. II, S. 765 ff., Bd. III, S. 280 f.].

4 [Vgl. Culianu, »Le vol magique dans l'Antiquité tardive (Quelques considérations)«, in: *Revue de l'Histoire des Religions* 198 (1981), S. 57-66.].

5 [Plinius, *Naturalium historia* VII, 174; Plutarch, *de genio Socratis* 592 C-D, S. 167, Corlu; *Expériences de l'extase*, Kap. I, S. 33 f.].

6 [W. Burkert, *Griechische Religion der archaischen und klassischen Epoche*, 1977, S. 259; J. Bremmer, *The Early Greek Conceptions of the Soul*, 1979, S. 23; Henri Jeanmaire, *Dionysos*, Paris 1951.].

7 [Über den Zusammenhang zwischen Hexen und Milchkühen in der europäischen Folklore siehe auch Géza Róheim, *Die Panik der Götter. Die Quellen religiöser Glaubensformen in psychoanalytischer Sicht*, München 1975, S. 249 ff.].

8 [Vgl. auch John M. Allegro, *The Sacred Mushroom and the Cross*, London 1970, dt. *Der Geheimkult des heiligen Pilzes. Rauschgift als Ursprung unserer Religionen*, Wien, München, Zürich 1971.].

9 Vgl. Louis Lewin, *Phantastica. Die betäubenden und erregenden Genußmittel*, 2., erw. Aufl., Berlin 1927, S. 125-132, bes. 127 f., S. 175 f.; J. Finné, *Érotisme et sorcellerie*, Verviers 1972, S. 202 f.; R. Christinger, *Le Voyage dans l'imaginaire*, Paris 1981, S. 63.

Anhang VIII

1 *Hebdomades*, S. 206-207, zitiert von Walker, S. 136: *traduntque nonnulli, et asserunt animi nostri sensus, conceptionesque reddi posse volatiles, corporeosque vi imaginationis, eosque pro sui qualitate ad sidera, et planetas ferri, qui rursus planetarum virtute affecti, et corroborati descendant nobis obsecuturi in his, quę volumus.*

2 *Hebd.*, S. 216-217, zitiert von Walker, S. 136: *volunt vehementes animae nostrae motus, et desiderium, per communem mundi vitam, atque animam ubique vigentem* [. . .] *diffusa, ad ipsa mundi numina perduci, vicissimque horum numinum motus per eandem animam, atque vitam ad nos trahi, vel ex ea ratione qua diximus in Astrologia, quod scilicet animi sensus quidam putant reddi imaginatione corporeos, et aligeros, et ad planetas evolantes, pro suo quosdam ordine, nempe Joviales ad Jovem, eorum affici potestate, et ad nos reverti obsecuturos ad omnia.*

Anhang IX

1 *Op. lat.*, III, S. 493; ed. Ciliberto, S. 6: *quia ascensus et descensus per exitum et ingressum duarum portarum Cancri et Capricorni (quarum altera Deorum dicitur, altera hominum) designati sunt ab antiquis profundae philosophiae authoribus.*

2 dt. Samsonow, S. 119; *Op. lat.*, III, S. 401-402; ed. Ciliberto, S. 168-170: [. . .] *habent magi pro axiomate, in omni opere ante oculos habendum, influere Deum in Deos, Deos in corpora caelestia seu astra, quae sunt corporea numina, astra in daemonas, qui sunt cultores et incolae astrorum, quorum unum est tellus, daemones in elementa, elementa in mixta, mixta in sensus, sensus in animum, animum in totum animal, et hic est descensus scalae; mox ascendit animal per animum ad sensus, per sensus in mixta, per mixta in elementa* [. . .].

3 dt. Samsonow, S. 120; III, S. 403; ed. Ciliberto, S. 172-174: *Iuxta tres*

praedictos magiae gradus tres mundi intelliguntur: archetypus, physicus et rationalis. In archetypo est amicitia et lis [das heißt Streit; vgl. Empedokles], *in physico ignis et aqua, in mathematico lux et tenebrae. Lux et tenebrae descendunt ab igne et aqua, ignis et aqua a concordia et discordia; itaque primus mundus producit tertium per secundum, et tertius per secundum reflectitur ad primum.*

4 dt. Samsonow, S. 122; III, S. 405-406; ed. Ciliberto, S. 178-180: *Virtutum seu formarum seu accidentium, quae de subiecto in subiectum deferuntur, aliae sunt manifestae, ut quae sunt in genere activarum et passivarum qualitatum, et earum quae immediate consequuntur eas, ut sunt calefacere frigefacere, humectare siccare, mollificare indurare, congregare disgregare; aliae sunt occultiores iuxta occultos etiam effectus, ut exhilarare contristari, appetitum vel taedium immitere, timorem et audaciam, ut sunt motiva ab extrinsecis speciebus per opus cogitativae in homine et aestimativae in brutis appellant, quibus puer seu infans viso serpente et ovis viso lupo absque alia experientia concipit imaginem inimicitiae seu timorem mortis seu destructionis suae, quorum ratio refertur ad sensum internum, qui sane ex speciebus externis commovetur, mediate tamen.*

5 [Cap. Riti sociativi umani, r. Ausg., S. 178, wo verwiesen wird auf E. Erikson, »Ontogénie de la ritualisation chez l'homme«, in: Julian Huxley [Hrsg.], *Le comportement rituel chez l'homme et l'animal*, fr. Ausg., Paris 1971, Originalausgabe: *A Discussion on Ritualization of Behaviour in Animals and Man.* Organized by Sir Julian Huxley, London 1966 (Royal Society of London. Philosophical Transactions, Series B, Biological Sciences, vol. 251, no. 772).].

6 dt. Samsonow, S. 124; III, S. 408; ed. Ciliberto, S. 186: *Ita et magus quicunque vult perficere opera similia naturae, est quod praecipue cognoscat ideale principium, specificum quidem a specie, moxque numerale ad numerum, seu individuale ad individuum.*

7 dt. Samsonow, S. 126; III, S. 409-410; ed. Ciliberto, S. 188-190: *Ita cum animus cuiusque unius continuationem habeat cum anima universi, non sequitur ea impossibilitas, quae fertur in corporibus, quae non se mutuo penetrent; siquidem in substantiis spiritalibus huiusmodi alia est ratio, veluti si innumerae lampades sint accensae, quae concurrunt in virtutem unius luminis, non accidit ut alia alius lumen impediat vel retundat vel excludat* [. . .] *ita innumerabiles spiritus et animae per idem spacium diffusae non se impediunt, ita ut diffusio unius diffusionem infinitarum aliarum impediat.*

8 dt. Samsonow, S. 126-127; III, S. 410-411; ed. Ciliberto, S. 190-192: *Ecce principium quo innumerabilium effectuum, qui admirationem faciunt, causa adducitur, ratio et virtus inquiritur; neque deterioris conditionis debet esse anima et substantia haec divina, quam accidentia quae procedunt ab ipsa tanquam eius effectus, vestigia et umbrae. Si inquam vox operatur extra proprium corpus, in quo enascitur, et est tota in innumerabilibus*

auribus circumcirca, cur non tota debet esse in diversis locis et partibus ea substantia quae vocem producit, et alligata certis membris.

9 dt. Samsonow, S. 127; III, S. 411-412; ed. Ciliberto, S. 194: *Tales erant litterae commodius definitae apud Aegyptios, quae hierogyphicae appellantur seu sacri characteres, penes quos pro singulis rebus designandis certae erant imagines desumptae e rebus naturae vel earum partibus; tales scripturae et tales voces usu veniebant, quibus Deorum colloquia ad mirabilium exequutionem captabant Aegyptii; postquam per Teutum* [Thot?] *vel alium inventae sunt litterae secundum hoc genus quibus nos hodie utimur cum alio industriae genere, maxima tum memoriae tum divinae scientiae et magiae iactura facta est.*

10 dt. Samsonow, S. 128; III, S. 412; ed. Ciliberto, S. 194-196: *Et sicut homines unius generis cum hominibus alius generis sine idiomatum communione non est conversatio neque contractio, nisi per nutus, ita et nobis cum certo numinum genere, non nisi per definita quaedam signa, sigilla, figuras, characteres, gestus et alias ceremonias, nulla potest esse participatio.*

11 dt. Samsonow, S. 129-130; S. 414-415; ed. Ciliberto, S. 198, 200: *Qui noverit ergo hanc animae continuationem indissolubilem et eam corpori quadam necessitate astrictam* [adstrictam], *habebit non mediocre principium, tum ad operandum, tum ad contemplandum verius circa rerum naturam.* [. . .] *Corpus vere continuum est corpus insensibile, spiritus nempe aëreus seu aethereus, et illud est activissimum et efficacissimum, utpote animae coniunctissimum propter similitudinem, qua magis recedit a crassitie hebetioris substantiae sensibilis compositorum.*

12 *Op. lat.*, III, S. 525,26-526,21; ed. Ciliberto, S. 624-626: *Et spiritus iuxta hanc significationem* [. . .] *est ille cui operationes physicae seu magicae tribuuntur. Hinc illecebrae animalium invisibilium, qui sibi cognato veluti nutrimento atque pabulo ad certos huiusmodi spiritus accurrunt; hinc illae suffumigationes, de quibus supra, quae aëreos et aqueos et igneos spiritus et daemonas alliciunt. Unde fertur certa ratione ex medicamine iecoris chamaeleontis combusto, ab altitudine tecti, concitari tonitrua et fulmina; eiusdem quoque gutture et capite accenso roboreis lignis imbres et tonitrua concitari. Et est hoc rationi consentaneum et naturae, quia animal illud omnino est aëreum et spirituale, spiritu et aëre vivens, ideoque eius corporis materia aëreis impressionibus innovandis commodior apparet, si reliquae aderunt circumstantiae quas practici magi cognoverunt. Item famosum et vulgatum est ex coriandro, alio, hyoscyamo cum cicuta facto fumigio daemonas congregari; unde vulgariter ›herbae spirituum‹ appellantur. Item ex cannae radice ferulae cum succo hyoscyami, cicutae,* [. . .] *et sandalo rubro et papavere nigro facta confectione et inde suffitu provocari figuras daemonum et extraneas; quibus si addatur apium, fugat daemones et destruit idola illorum* [vgl. Agrippa, *De occulta philosophia* I, 43].

Anhang X

1 *De rerum praenotione* VII, 6; *Opera* II, S. 651, bei Walker, S. 149-150: *Imaginationem deinde ponit radios habere, mundi radijs apprimè conformes, quod fieri ut facultas ei sit in rem extrariam imprimere, quodque in ea concipitur actualem, ut inquit, existentiam habere in spiritu imaginario, quapropter extra produci posse quod conceptum est* [. . .]. *Multa hic falsa, multa impossibilia, neque enim insunt imaginationi quos fingit radij: Sed quicquid ex ab homine, ex corporeis spiritibus provenit, quibus tanquam instrumentis utitur anima: eò autem impensius feruntur, & quodammodo proijcitur, si vehemens desiderium fuerit.*

2 Pomponazzi, *De naturalium effectuum causis, sive de Incantationibus*, S. 93-94, bei Walker, S. 109: [. . .] *puto in causa esse vehementem fidem habitam verbis illis, non minus ex parte praecantati quam praecantantis: ex qua fide maior et potentior fit evaporatio ratione praecantantis, et melior dispositio ex parte praecantati.*

Anhang XI

1 [Villiers de l'Isle-Adam, *L'Ève future*, Paris 1886, dt. *Edisons Weib der Zukunft*, übers. von Annette Kolb, München 1909. Zu diesem Buch und überhaupt zu den Phantasmen der Künstlichkeit und der Simulation siehe: Manfred Geier, *Fake. Leben in künstlichen Welten. Mythos – Literatur – Wissenschaft*, Reinbek 1999 (rowohlts enzyklopädie, 55632), S. 70-129: »Pandoras Töchter. Geschichte der künstlichen Frauen«.].

Bibliographie

Agamben, Giorgio, *Stanze. La parola e il fantasma nella cultura occidentale*, Torino: Einaudi, 1977. Durchges. u. erw. franz. Ausgabe: *Stanze. Parole et fantasme dans la culture occidentale*, Paris: Payot, 1994 (Bibliothèque Rivages).

Agrippa von Nettesheim, Heinrich Cornelius, *La Philosophie occulte ou la Magie* [...], Traduit par K. F. Gaboriau, 4 vol., Paris: Éditions Traditionnelles, [5]1979ff.

–, *Magische Werke*, sammt den geheimnißvollen Schriften des Petrus von Abano, Pictorius von Villingen [...], Zum ersten Male vollständig ins Deutsche übersetzt, vollst. in 5 Theilen, 5 Bde., Stuttgart: Scheible, 1855 (Kleiner Wunderschauplatz der geheimen Wissenschaften, 7-11), Nachdruck Wien: Amonesta, [4]1921.

–, *De occulta philosophia* libri tres, edited by Vittoria Perrone Compagni, Leiden, New York, Köln: E.J. Brill, 1992 (Studies in the History of Christian Thought, Vol. XLVIII).

–, Henricus Cornelius Agrippa ab Nettesheym, *De occulta philosophia*, hrsg. u. erläutert von Karl Anton Nowotny, Graz: Akademische Druck- und Verlagsanstalt, 1967 [Nachdruck der Ausgabe Köln 1533].

–, *Opera, quæcumque hactenus vel lucem prodierunt, vel inueniri potuerunt omnia, in duos tomos concinnè digesta, & diligenti studio recognita: quae pagina post Præfationem proxima plenißimè enumerantur*, Lugduni, Per Beringos fratres, o. J., Nachdruck in 2 Bänden: *Opera*, with an Introduction by Richard H. Popkin, Hildesheim, New York: Georg Olms, 1970.

–, *Opera. In duos tomos concinne digesta* [...], Lugduni, Per Beringos fratres, o. J. [Die deutschstämmigen Brüder Godefroy und Marcelin Beringen waren von 1544 bis 1556 als Drucker in Lyon tätig, aber die Agrippa-Drucke sind apokryph, vgl. Baudrier, *Bibliographie lyonnaise*, III, Lyon, Paris 1897, S. 55; Marie-Anne Merland, *Répertoire bibliographique des livres imprimés en France au XVIIe siècle*, Baden-Baden, Bouxwiller 1993].

–, *Die Eitelkeit und Unsicherheit der Wissenschaften und die Verteidigungsschrift* [anonyme Übers. von 1713], hrsg. von Fritz Mauthner, München: Georg Müller, 1913, 2 Bde.

–, *Über die Fragwürdigkeit, ja Nichtigkeit der Wissenschaften, Künste und Gewerbe*, mit einem Nachwort hrsg. von Siegfried Wollgast, übersetzt u. mit Anmerkungen versehen von Gerhard Güpner, Berlin: Akademie, 1993.

Albertus Magnus and the Sciences. Commemorative Essays 1980. Edited by James A. Weisheipl, O. P., Toronto: Pontifical Institute of Mediaeval Studies, 1979 (Studies and Texts, 49).

Alchimie et philosophie à la Renaissance. Sous la direction de Jean-Claude Margolin et Sylvain Matton, Paris: J. Vrin, 1993 (De Pétrarque à Descartes, LVII).

Allers, Rudolf, »Microcosmus. From Anaximandros to Paracelsus«, in: *Traditio. Studies in Ancient and Medieval History, Thought and Religion* (New York) II, 1944, S. 319-407.

Anagnine, Eugenio, *Giovanni Pico della Mirandola. Sincretismo religioso-filosofico, 1463-1494*, Bari: Laterza, 1937.

Arnold, Klaus, *Johannes Trithemius (1462-1516)*, Zweite, bibliographisch und überlieferungsgeschichtlich neu bearbeitete Auflage, Würzburg: Kommissionsverlag F. Schöningh, [1971], ²1991 (Quellen und Forschungen zur Geschichte des Bistums und Hochstifts Würzburg, Bd. XXIII).

Arnold, Paul, *La Rose-Croix et ses rapports avec la Franc-Maçonnerie. Essai de synthèse historique*, Paris: G.-P. Maisonneuve et Larose, 1970.

Barasch, Moshe, *Light and Color in the Italian Renaissance Theory of Art*, New York: New York University Press, 1981; Culianus Rezension in: *Aevum* 57 (1983), S. 573a-574a.

Bartholomaeus Anglicus, *On the Properties of Soul and Body. De proprietatibus rerum libri III et IV*, edited by R. James Long, Toronto: Centre for Mediaeval Studies, Pontifical Institute of Mediaeval Studies, 1979; Culianus Rezension in: *Aevum* 54 (1980), S. 391b-392a.

Béhar, Pierre, *Les langues occultes de la Renaissance. Essai sur la crise intellectuelle de l'Europe au XVIe siècle*, Paris: Éditions Desjonquères, 1996 (La mesure des choses).

Betz, Hans Dieter, ed., *The Greek Magical Papyri in Translation, Including the Demotic Spells*, Vol. 1, Chicago, London: The University of Chicago Press, 1986; Culianus Rezension in: *Journal for the Study of Judaism* 18 (1987), S. 79-83.

Boase, Roger, *The Origin and Meaning of Courtly Love*, Manchester: Rowman and Littlefield, 1977.

Boll, Franz; Bezold, Carl; Gundel, Wilhelm, *Sternglaube und Sterndeutung. Die Geschichte und das Wesen der Astrologie*, 5., durchgesehene Auflage mit einem bibliographischen Anhang von Hans Georg Gundel, Stuttgart: B. G. Teubner, 1966 [¹1917, ⁴1931]; ital. Ausg.: *Storia dell'astrologia*, Prefazione di Eugenio Garin, Bari: Laterza, 1977.

Borst, Arno, *Les Cathares*, Paris: Payot, 1974.

Bossy, John, *Giordano Bruno and the Embassy Affair*, New Haven, London: Yale University Press, 1991, London: Vintage, 1992; it. *Giordano Bruno e il mistero dell'ambasciata*, Milano 1992, erweitert um eine »Postfazione«; dt. *Agent der Königin. Giordano Bruno und die Londoner Botschaftsaffäre 1583-1586*, Stuttgart: Klett-Cotta, 1995.

Bouché-Leclerq, Auguste, *L'Astrologie grecque*, Paris: É. Leroux, 1899; Neudruck, Bruxelles 1963.

Brann, Noel L., *The Abbot Trithemius (1462-1516). The Renaissance of Monastic Humanism*, Leiden: E.J. Brill, 1981 (Studies in the History of Christian Thought, Vol. XXIV).

–, *Trithemius and Magical Theory. A Chapter in the Controversy over Occult Studies in Early Modern Europe*, Albany/New York 1999 (SUNY Series in Western Esoteric Tradition).

Bruno, Giordano: Jordani Bruni Nolani *Opera latine conscripta, publicis sumptibus edita*, recensebant F[rancesco] Fiorentino, F[elice] Tocco, H. [Girolamo = Hieronymus] Vitelli, V[ittorio] Imbriani und C[arlo] M[aria] Tallarigo, 3 volumina in 8 partes, Neapoli: Dom. Morano [I,i; I,ii; II, i (1879/84/86)]; Florentiae: Le Monnier [I,iii; I,iv; II,ii; II,iii; III (1889/89/90/89/91)], 1879-1891, Faksimile-Neudruck: Drei Bände in acht Teilen, Stuttgart-Bad Cannstatt: Friedrich Frommann Vlg. Günther Holzboog, 1961-1962.

–, *Opere latine*, a cura di von Carlo Monti, Torino: UTET [Unione tipografico-editrice torinense], 1980 (Classici della filosofia, 23) [ital. Übers. der Frankfurter Lehrgedichte: *De triplici minimo et mensura*; *De monade, numero et figura; De immenso et innumerabilibus*].

–, *Opere latine, Edizione storico-critica*. Istituto Nazionale di Studi sul Rinascimento in collaborazione col Istituto Italiano per gli Studi Filosofici, Vol. I: *De umbris idearum*. A cura di Rita Sturlese, premessa di Eugenio Garin, Firenze: Leo S. Olschki, 1991 (Istituto Nazionale di Studi sul Rinascimento. Studi, 26) [historisch-kritische Ausgabe der lateinischen Werke].

–, *Œuvres complètes de Giordano Bruno*, Publiée sous le patronage de l' Istituto Italiano per gli Studi Filosofici, Centro Internazionale di Studi Bruniani. Collection dirigée par Yves Hersant [et] Nuccio Ordine, Paris: Les Belles Lettres, 1993 ff. [auf etwa 20 Bände angelegte kritische Gesamtausgabe mit franz. Übersetzung, umfassenden Einführungen und Kommentaren. Die I. Abteilung, italienische Werke, Bd. I-VII, gab Giovanni Aquilecchia heraus. I: *Candelaio* (1993), II: *La cena de le Ceneri* (1994), III: *De la causa, principio et uno* (1996), IV: *De l'infinito, universo et mondi* (1995), V, 1-2: *Spaccio de la bestia trionfante* (1999), VI: *Cabala del cavallo pegaseo* (1994), VII: *De gli eroici furori* (1999). Die II. Abteilung, lateinische Werke, wird 2001 zu erscheinen beginnen: *De umbris idearum*, ed. Rita Sturlese; *Cantus Circaeus, De compendiosa architectura*, ed. Rita Sturlese; *De vinculis*, ed. Rita Sturlese. Weitere Bände werden folgen: *De immenso*, ed. Jean Seidengart; *De monade*, ed. Thomas Leinkauf; *De minimo*, ed. Angelika Bönker-Vallon; *Oratio valedictoria – Oratio consolatoria*, ed. Rita Sturlese; *Summa terminorum metaphysicorum*, ed. Eugenio Canone. Die III. Abteilung: *Documents I: Le procès*, Introduction et texte de Luigi Firpo, Paris 2000. – VII: *Des fureurs héroïques*, Introduction et notes de Miguel Angel Granada [S. IX-CXVIII, 495-613], Traduction de Paul-Henri Michel, revue par Yves Hersant, 1999].

–, *Le ombre delle idee, Il canto di Circe, Il sigillo di sigilli*, Introduzione di Michele Ciliberto, traduzione e note di Nicoletta Tirinnanzi, Milano: BUR, 1997 [ital. Übers von: *De umbris idearum, Cantus Circaeus, Sigillus sigillorum*].

–, *De rerum principiis*. Una riforma della »magia«. A cura di Nicoletta Tirinnanzi, Napoli: Procaccini, 1995 (Fragmenta, 16).

–, *Opere italiane*, nuovamente ristampate con note da Giovanni Gentile, 3 vol., Bari: G. Laterza [1907-1908, vol. 1: *Dialoghi morali*, vol. 2: *Dialoghi metafisici*, vol. 3: (*Candelaio*) a cura di Vincenzo Spampanato, 1909]; Seconda edizione riveduta e migliorata con testo critico, introduzione, note e documenti a cura di Vincenzo Spampanato, 3 vol., 1923-1925; Terza edizione, a cura di Giovanni Aquilecchia, Firenze: Sansoni, ³1958 (Classici della Filosofia, VIII), Nachdruck 1982.

–, *Le opere italiane*, ristampate da Paolo de Lagarde, Gottinga: Dieterichsche Universitätsbuchhandlung, 1888, 2 Bde., fortlaufend paginiert.

–, *Opere italiane*, I-IV, Ristampa anastatica delle cinquecentine. IV: *De gl'heroici furori*, a cura di Eugenio Canone, Firenze: Leo S. Olschki, 1999 (Lessico Intellettuale Europeo, LXXXI).

–, *Dialoghi filosofici italiani*. A cura e con un saggio introduttivo di Michele Ciliberto, Milano: Adelphi, 2000 (Classici).

–, *Des fureurs heroïques*, Texte établi et traduit par Paul-Henri Michel, Paris: Les Belles Lettres, 1954 (Les Classiques de l'humanisme) [von Yves Hersant durchgesehene Auflage in *Œuvres complètes* VII, Paris 1999].

–, *The Heroic Frenzies*. A Translation with Introduction and Notes by Paul Eugene Memmo, Jr., Chapel Hill: The University of North Carolina Press, 1964 (Studies in the Romance Languages and Literatures, 50).

–, *Von den heroischen Leidenschaften*, übers. und hrsg. von Christiane Bacmeister, mit einer Einleitung von Ferdinand Fellmann, Hamburg: Felix Meiner, 1989 (Philosophische Bibliothek, 398).

–, *Eroici furori*, testo e note a cura di Simonetta Bassi, con una introduzione di Michele Ciliberto, Roma, Bari: Laterza, 1995 (Biblioteca universale Laterza, 432).

–, *Gesammelte Werke*, hrsg. von Ludwig Kuhlenbeck, 6 Bde., Leipzig, Jena: Eugen Diederichs, 1904-1909, Bd. 5: *Eroici furori* (1907).

–, *Heroische Leidenschaften und individuelles Leben*. Eine Auswahl und Interpretation von Ernesto Grassi, Bern: A. Francke, 1947 (Überlieferung und Auftrag, Reihe Probleme und Hinweise, Bd. 4); 2. Aufl. Reinbek: Rowohlt, 1957 (Rowohlts Klassiker, 16).

–, *Von der Ursache, dem Prinzip und dem Einen*. Aus dem Italienischen übers. von Adolf Lasson, mit einer Einleitung von Werner Beierwaltes, vervollständigt, mit Anmerkungen, Biographie, Bibliographie und

Register versehen und hrsg. von Paul Richard Blum, Hamburg: Felix Meiner, 5., erw. u. teilw. neu überarb. Aufl. 1977, 7., verb. Aufl. 1993 (Philosophische Bibliothek, 21).

–, *Giordano Bruno.* Ausgewählt und vorgestellt von Elisabeth von Samsonow, München: Eugen Diederichs, 1985 (Philosophie jetzt!, hrsg. von Peter Sloterdijk). [Enthält die zum ersten Mal ins Deutsche übersetzten magischen Schriften Brunos: *De magia* und *De vinculis in genere*, S. 115-228].

–, *De magia. De vinculis in genere.* Testo originale a fronte, a cura di Albano Biondi, Pordenone: Edizioni Biblioteca dell'Immagine, 1986, ³1991 (Il soggetto & la scienza).

–, *Cause, Principle and Unity*, translated and edited by Robert de Lucca, *Essays on Magic*, translated and edited by Richard J. Blackwell. With an Introduction by Alfonso Ingegno, Cambridge University Press, 1998 (Cambridge Texts in the History of Philosophy). Engl. Übers. von *De magia*, S. 105-142, *De vinculis*, S. 145-176.

–, *Die Kabbala des Pegasus*, übers. u. hrsg. von Kai Neubauer, mit einer Einleitung von Michele Ciliberto, Hamburg: Felix Meiner, 2000 (Philosophische Bibliothek, 528).

–, *Opere magiche*, Edizione diretta da Michele Ciliberto. A cura di Simonetta Bassi, Elisabetta Scapparone, Nicoletta Tirinnanzi, Milano: Adelphi, 2000 (Classici, 67). [Enthält kritische kommentierte Ausgaben von: *De magia mathematica*, *De magia naturali*, *Theses de magia*, *De vinculis in genere*, *De rerum principiis et elementis et causis*, *Medicina Lulliana*, *Lampas triginta statuarum*].

Chastel, André, *Marsile Ficin et l'Art*, Genève: E. Droz, Lille: R. Giard, 1954.

–, *Art et humanisme à Florence au temps de Laurent le Magnifique. Études sur la Renaissance et l'humanisme platonicien*, Paris: Presses Universitaires de France, 1959 (Publications de l'Institut d'Art et d'Archéologie, IV); *Arte e umanesimo a Firenze al tempo di Lorenzo il Magnifico. Studi sul Rinascimento e sull'umanesimo platonico*, durchges. u. erw. ital. Übers., Torino: Einaudi, 1964.

Christinger, Raymond, *Le Voyage dans l'imaginaire*, Paris: Stock, 1981.

Ciliberto, Michele, *La ruota di tempo. Interpretazione di Giordano Bruno*, Roma 1986.

–, *Giordano Bruno*, Roma, Bar: Laterza, 1990, ²1992.

Copenhaver, Brian P., »Renaissance Magic and Neoplatonic Philosophy: ›Ennead‹ 4.3-5 in Ficino's ›De vita coelitus comparanda‹«, in: G. C. Garfagnini, II, S. 351-369.

Cornford, Francis Macdonald, *Plato's Cosmology*, 2nd ed., London: Routledge & Kegan Paul, 1948.

Corpus Hermeticum, ed. Arthur Darby Nock, franz. Übers. André-

Jean Festugière, 4 vol., Paris: Les Belles Lettres, 1945-1954, septième tirage revu et corrigé, 1991, dazu A.-J. Festugière, *La Révélation d'Hermès Trismégiste*, T. I-IV, Paris 1949-1954, Nachdruck Paris: Les Belles Lettres, 1983.

–, *Das Corpus Hermeticum Deutsch*, Übersetzung, Darstellung, Kommentierung in drei Teilen, Teil 1-2, übers. und eingeleitet von Jens Holzhausen, Stuttgart-Bad Cannstatt: Frommann-Holzboog, 1997 (Clavis Pansophiae, 7,1-2).

Crohns, Hjalmar, »Zur Geschichte der Liebe als ›Krankheit‹«, in: *Archiv für Kultur-Geschichte*, hrsg. von Georg Steinhausen, III. Bd., Berlin: Alexander Duncker, 1905, S. 66-86; fotomechanischer Nachdruck: Vaduz: Kraus Reprint, 1965.

Culianu, Ioan Petru, *Marsilio Ficino (1433-1499) e il Platonismo nel Rinascimento*, Diplomarbeit an der Universität Bukarest bei Nina Façon, Juni 1972; unveröffentlicht.

–, »Inter lunam terrasque ... Incubazione, catalessi ed estasi in Plutarco«, in: *Perennitas. Studi in onore di Angelo Brelich*, a cura di Giulia Piccaluga, Roma: Edizioni dell'Ateneo, 1980, S. 149-172.

–, »Iatroi kai manteis. Sulle strutture dell'estatismo greco«, in: *Studi Storico-Religiosi*, (Roma) n.s. 4 (1980) no. 2, S. 287-303.

»Les fantasmes du nihilisme chez M. Eminescu (1850-1889)«, in: *Romanistische Zeitschrift für Literaturgeschichte/Cahiers d'Histoire des Littératures Romanes*, (Heidelberg) 4 (1980), S. 422-433.

–, *Iter in silvis. Saggi scelti sulla gnosi e altri studi*, Vol. 1. Messina: EDAS [Edizioni Dott[ore] Antonino Sfameni], 1981 (ΓΝΩΣΙΣ. Studi Storico-Religiosi a cura di Giulia Sfameni Gasparro, II).

–, »Le vol magique dans l'Antiquité tardive (Quelques considérations)«, in: *Revue de l'Histoire des Religions* 198 (1981), S. 57-66.

–, »Les fantasmes de l'éros chez M. Eminescu. Le poème ›Hespérus‹«, in: *Neophilologus. An International Journal of Modern and Mediaeval Language and Literature*, (Dordrecht, Groningen) 65 (1981), S. 229-238.

–, »Magia spirituale e magia demonica nel Rinascimento«, in: *Rivista di Storia e Letteratura Religiosa* (Firenze) 17 (1981), S. 360-408.

–, »Ordine e disordine delle sfere«, in: *Aevum* (Milano) 55 (1981), S. 96-110.

–, »La Grande Année et la métempsycose«, in: *La soteriologia dei culti orientali nell'Impero Romano* [*Actes du colloque sur la sotériologie des cultes orientaux dans l'Empire romain*], a cura di Ugo Bianchi e M. J. Vermaseren, Leiden: E. J. Brill, 1982, S. 303-307.

–, *Psychanodia I. A Survey of the Evidence Concerning the Ascension of the Soul and Its Relevance*, Leiden: E. J. Brill, 1983 (Études Préliminaires aux Religions Orientales dans l'Empire Romain, 99).

–, »Giordano Bruno tra la Montagna di Circe e il Fiume delle Dame leggiadre«, in: *Montagna e Letteratura*, atti del convegno internazionale

a cura di Aldo Audisio e Rinaldo Rinaldi, Torino: Museo Nazionale della Montagna, »Duca degli Abruzzi«, 1983, S. 71-75.
–, »La magie de Giordano Bruno«, in: *Studi e materiali di Storia delle Religioni* (Roma) 49 (n. s. VII, Fasc. 2, 1983), S. 279-301 (Volume dedicato a Raffaele Pettazzoni).
–, »La géomancie dans l'Occident médiéval. Quelques considérations«, in: *Non Nova, Sed Nove. Mélanges de civilisation médiévale dédiés à Willem Noomen*, édités par Martin Gosman et Jaap van Os, Groningen: Bouma's Boekhuis, 1984, S. 37-46 (Mediaevalia Groningiana, Fasciculus V).
–, *Expériences de l'extase: Extase, ascension et récit visionnaire de l'hellénisme au moyen âge*, Paris: Payot, 1984 (Bibliothèque historique).
–, »Éros, magie et manipulation des masses«, in: *3e Millénaire. Science, art, philosophie de l'homme en devenir* (Paris) 1 (1986), S. 31-35.
–, »Dr. Faust, Great Sodomite and Necromancer«, in: *Revue de l'Histoire des Religions* 207 (Juli-September 1990), S. 261-288.
–, *Les Gnoses dualistes d'Occident. Histoire et mythes*, Paris: Plon, 1990.
–, *The Tree of Gnosis: Gnostic Mythology from Early Christianity to Modern Nihilism*, Translated into English by H. S. Wiesner and the author, San Francisco: HarperCollins, 1992, XVIII, 296 S.; 2. Aufl. mit dem Untertitel: *The Untold Story of Gnostic Mythology from Early Christianity to Modern Nihilism.*

D'Amico, Matteo, *Giordano Bruno. Avventure e misteri del grande mago nell'Europa del Cinquecento*, Casale Monferrato: Piemme, 2000.

Debus, Allen G., *Man and Nature in the Renaissance*, Cambridge: Cambridge University Press, 1978.
–, ed., *Science, Medicine and Society in the Renaissance. Essays to Honor Walter Pagel*, 2 vols., London: Heinemann, 1972.

Demaître, Luke E., *Doctor Bernard de Gordon. Professor and Practitioner*, Toronto: Pontifical Institute of Mediaeval Studies, 1980.

Dreyer, J. L. E. A., *A History of Astronomy from Thales to Kepler*, 2nd. ed., New York: Dover, 1953.

Dronke, Peter, *Fabula. Explorations into the Uses of Myth in Mediaeval Platonism*, Leiden, Köln: E. J. Brill, 1974 (Mittellateinische Studien und Texte, Bd. IX).

Duerr, Hans Peter, *Traumzeit. Über die Grenze zwischen Wildnis und Zivilisation*, Frankfurt am Main: Syndikat, 1978, 3. Aufl., Suhrkamp, 1985.

Dupouy, Dr. Edmond, *Le Moyen Âge médical*, Paris: Librairie Meurillon, 1888.

Ernst, Thomas, »Schwarzweiße Magie. Der Schlüssel zum dritten Buch der *Steganographia* des Trithemius«, in: *Daphnis. Zeitschrift für Mittlere Deutsche Literatur* (Amsterdam), Bd. 25 (1996), H. 1, S. 1-205.

Euler, Walter Andreas, *»Pia philosophia« et »docta religio«. Theologie* *und Religion bei Marsilio Ficino und Giovanni Pico della Mirandola*, München: Wilhelm Fink, 1998 (Humanistische Bibliothek. Texte und Abhandlungen, Reihe I, Bd. 48).

Eusterschulte, Anne, *Analogia entis seu mentis. Analogie als erkenntnistheoretisches Prinzip in der Philosophie Giordano Brunos*, Würzburg: Königshausen & Neumann, 1997 (Epistemata, Würzburger wissenschaftliche Schriften, Reihe Philosophie, Bd. 194).

Evans, R. J. W., *Rudolph II and His World. A Study in Intellectual History 1576-1612*, Oxford: Clarendon Press, 1973 [Rez.: F. A. Yates, *Collected Essays*, III, S. 214-220].

Faust. Cahiers de l'Hermétisme, Paris: Albin Michel, 1977.

Festugière, André-Jean, O. P., *La Révélation d'Hermès Trismégiste I. L'Astrologie et les sciences occultes*, I-IV, Paris: 1949, 1950, 1954, réimpression: Paris: Les Belles Lettres, 1983.

–, *Hermétisme et mystique païenne*, Paris: Aubier Montaigne, 1967.

Festugière, (André) Jean, »La Philosophie de l'amour de Marsile Ficin et son influence sur la littérature française au XVIe siècle«, *Revista da Universidade de Coimbra* 8 [VIII] (1922), S. 396-594; Coimbra: Imprensa de universidade, 1923 (Separata da *Revista da Universidade de Coimbra*, Vol. VIII, Nos. 3 e 4).

–, *La Philosophie de l'amour de Marsile Ficin et son influence sur la littérature française au XVIe siècle*, Paris: J. Vrin, 1941 (Études de Philosophie Médiévale, XXXI).

Ficino, Marsilio: Marsilii Ficini Florentini Opera, *et quae hactenus extitere*, Nachdruck unter dem Titel: *Opera omnia* der Ausgabe Basel, 1576, Torino: Bottega d'Erasmo, 1959, ²1962.

–, *De Vita libri tres*, Kritischer Apparat, erklärende Anmerkungen, Namenregister und Nachwort von Martin Plessner. Nach dem Manuskript ediert von Felix Klein-Franke, Hildesheim, New York: Georg Olms, 1978; Culianus Rezension in: *Aevum* 54 (1980), S. 397a-b.

–, *The Book on Life*, translated by C. Boer, Irving, Texas 1980.

–, *Three Books on Life*, A Critical Edition and Translation with Introduction and Notes by Carol V. Kaske and John R. Clark, Binghamton, New York: The Renaissance Society of America, 1989 (Medieval & Renaissance Texts & Studies, Vol. 57; The Renaissance Society of America. Renaissance Text Series, Vol. 11).

–, *De vita*, a cura di Albano Biondi e G. Pisani, Pordenone: Edizioni Biblioteca dell'Immagine, 1991 [Text und ital. Übers.].

–, *Théologie platonicienne de l'immortalité des âmes*, Texte critique établi et traduit par Raymond Marcel, 3 vol., Paris: Les Belles Lettres, 1964-1970, ²1978.

–, *Theologia platonica*. A cura di Michele Schiavone, 2. vol., Bologna: Zanichelli, 1965.

–, *Commentaire sur le Banquet de Platon*, Texte du manuscrit autographe

présenté et traduit par Raymond Marcel, Paris: Les Belles Lettres, 1955, ²1978 (Les Classiques de l'Humanisme. Textes, 2).
–, Französische Ausgaben des 16. Jh.: *La diffinition et perfection d'amour* (Teilübers., wahrscheinl. von Gilles Corrozet), Paris: Corrozet, 1541, 1542; *Le Commentaire de Marsille Ficin sur le Banquet d'amour de Platon* faict françois par Symon Silvius, dit I[ean] de la Haye, valet de chambre de tres chrestienne Princesse Marguerite de France, Royne de Navarre, Achevé d'imprimer le XVI Février 1545. On le vend à Poitiers à l'enseigne du Pélican; *Discours de l'honneste amour sur le Banquet de Platon*, par M. Ficin. A la Sérénissime Royne de Navarre. Traduit du Toscan en Françoys par Guy Le Fevre de la Boderi, Secrétaire et Interprète aux langues pérégrines. A Paris chez Jean Macé, 1578; A Paris chez Lucas Breyel, 1578; A Paris, A. L'Angelier, 1588; Kristeller, Bibl. S. 153.
–, *Sopra lo amore o ver' Convito di Platone. Comento di Marsilio Ficino Fiorentino sopra il Convito di Platone*, a cura di Giorgio Ottaviano, Milano: CELUC, 1973 (scienze umane, 14); *L'essenza dell'amore*, ed. G. La Porta, Roma 1982.
–, Kritische Ausgabe: *El libro dell'Amore*, a cura di Sandra Niccoli, Firenze: Leo S. Olschki, 1987 (Istituto Nazionale di Studi sul Rinascimento, Studi e Testi, XVI).
–, *Über die Liebe oder Platons Gastmahl*, übers. von Karl Paul Hasse [1914], hrsg. u. eingel. von Paul Richard Blum, Hamburg: Felix Meiner, 1984, ³1994 (Philosophische Bibliothek, 368). [Mit dem lat. Text d. Ausg. von R. Marcel, ohne krit. App., aber mit ital. Lesarten.].
–, *Traktate zur Platonischen Philosophie*, übers. und mit Erläuterungen versehen von Elisabeth Blum, Paul Richard Blum und Thomas Leinkauf, Berlin: Akademie, 1993 (Collegia. Philosophische Texte).
–, *In* Theaetetum *Platonis vel* De scientia *ad Petrum Medicum, patriae patrem. Epitome* (Marsilio Ficino. Zu Platons *Theaetet* oder *Über das Wissen*. An Petrus Medices, den Retter des Vaterlandes. Epitome), Textabdruck und Übersetzung von Burkhard Mojsisch, in: *Bochumer Philosophisches Jahrbuch für Antike und Mittelalter* 1 (1997), S. 179-215.
–, *Lettere I, Epistolarum familiarium liber I*, a cura di Sebastiano Gentile, Firenze: Leo S. Olschki, MCMXC (Istituto Nazionale di Studi sul Rinascimento).
–, *Briefe des Mediceerkreises aus Marsilio Ficino's Epistolarium*. Aus dem Lateinischen übersetzt und eingeleitet von Karl Markgraf von Montoriola [= Karl Paul Hasse], Berlin: Axel Juncker, 1926.
–, *The Letters of Marsilio Ficino*, translated from the Latin by Members of the Language Department of the School of Economic Science, London, Vol. 1 (Liber I), 2 (L. III), 3 (L. IV), 4 (L. V), 5 (L. VI), 6 (L. VII), Preface by Paul Oskar Kristeller, London: Shepheard-Walwyn, 1975-1999.

Flashar, Hellmut, *Melancholie und Melancholiker in den medizinischen Theorien der Antike*, Berlin: Walter de Gruyter, 1966.

Flint, Valerie I. J., *The Rise of Magic in Early Medieval Europe*, Oxford: Clarendon Press, 1991, Princeton University Press 1993 (Clarendon Paperbacks).

Frankfurter Schriften: Die Frankfurter Schriften Giordano Brunos und ihre Voraussetzungen, herausgegeben von Klaus Heipcke, Wolfgang Neuser und Erhard Wicke, Weinheim: VCH, Acta Humaniora, 1991.

Garfagnini, Gian Carlo (Hrsg.), *Marsilio Ficino e Il Ritorno di Platone. Studi e documenti* I, II, a cura di G. C. Garfagnini, Firenze: Olschki, 1986 (Istituto Nazionale si Studi sul Rinascimento, Studi e Testi, XV).

Garin, Eugenio, *La cultura filosofica del Rinascimento italiano. Ricerche e documenti*, Firenze: Sansoni, 1961, [2]1979, [3]1992 (Biblioteca universale Sansoni).

–, *Storia della filosofia italiana*, vol. 1-2, Torino: Einaudi, 1966; Terza edizione con una nuova appendice bibliografica, I-III, Torino: Einaudi, 1978.

–, *Astrology in the Renaissance. The Zodiac of Life*, London: Routledge & Kegan Paul, 1983, dt. *Astrologie in der Renaissance*, Frankfurt am Main: Campus, 1997.

Gatti, Hilary: *Giordano Bruno and Renaissance Science*, Ithaca, London: Cornell University Press, 1998.

Giordano Bruno 1583-1585. The English Experience / L'esperienza inglese. Atti del Convegno (Londra, 3-4 giugno 1994) a cura di Michele Ciliberto e Nicholas Mann, Firenze: Leo S. Olschki, 1997 (The Warburg Institute. University of London; Istituto Nazionale di Studi sul Rinascimento, Atti di convegni, XX).

Graf, Fritz, *La magie dans l'antiquité gréco-romaine. Idéologie et pratique*, Paris: Les Belles Lettres, 1994 (Histoire, 28).

Granada, Miguel Angel, »Maquiavelo y Giordano Bruno: religión civil y crítica del cristianismo«, *Bruniana & Campanelliana. Ricerche filosofiche e materiali storico-testuali* (Pisa) 4 (1998), S. 281-306.

–, »Giordano Bruno et la *dignitats hominis*: Présence et modification d'un motif du platonisme de la Renaissance«, *Nouvelles de la République des Lettres* (Napoli), Anno 12, 1993-I, S. 35-89.

–, *El debate cosmológico en 1588. Bruno, Brahe, Rothmann, Ursus, Röslin*, Napoli 1996 (Lezioni della Scuola di studi superiori in Napoli, 18).

Grundmann, Herbert, *Religiöse Bewegungen im Mittelalter. Untersuchungen über die geschichtlichen Zusammenhänge zwischen Ketzerei, den Bettelorden und der religiösen Frauenbewegung im 12. und 13. Jahrhundert und über die geschichtlichen Grundlagen der deutschen Mystik*, Anhang: *Neue Beiträge zur Geschichte der religiösen Bewegungen im Mittelalter*, 2., verb. u. erg. Aufl., Hildesheim: Georg Olms, 1961.

Gundel, Wilhelm, *Sternglaube, Sternreligion und Sternorakel. Aus der*

Geschichte der Astrologie, Leipzig: Quelle & Meyer, 1933 (Wissenschaft und Bildung, 288); 2. Aufl., Heidelberg: Quelle & Meyer, 1959.

Gundel, Wilhelm; Gundel, Hans Georg, *Astrologumena. Die astrologische Literatur in der Antike und ihre Geschichte*, Wiesbaden: Franz Steiner, 1966 (Sudhoffs Archiv. Vierteljahresschrift für Geschichte der Medizin und der Naturwissenschaften, der Pharmazie und der Mathematik, Beihefte, H. 6).

Habiger-Tuczay, Christa, *Magie und Magier im Mittelalter*, München: Diederichs, 1992.

Hansen, Joseph, *Zauberwahn, Inquisition und Hexenprozeß im Mittelalter und die Entstehung der großen Hexenverfolgung*, München, Leipzig: R. Oldenbourg, 1900.

–, *Quellen und Untersuchungen zur Geschichte des Hexenwahns und der Hexenverfolgung im Mittelalter*, Bonn: Georgi, 1901.

Hypnerotomachia [Francesco Colonna:] *Hypnerotomachia Poliphili, ubi humana omnia non nisi somnium esse docet. Atque obiter plurima scitu sane quam digna commemorat*, Venetiis M. ID. in aedibus Aldi Manutii [Venedig: Aldus Manutius, 1499], Nachdrucke: Westmead, Farnborough: Gregg International Publishers, 1969; New York 1976.

–, *Hypnerotomachia Poliphili*, Edizione critica e commento a cura di Giovanni Pozzi e Lucia A. Ciapponi, Vol. I: Testo, Vol. II: Commento, Padova: Antenore, 1964 (Itinera erudita, 1-2), Nachdruck 1980 (Medioevo e Umanesimo, 38-39); Rez.: Edoardo Fumagalli in: *Aevum* 55 (1981), S. 571a-583b.

–, *Le Songe de Poliphile ou Hypnérotomachie de frère Francesco Colonna*, Littéralement traduit pour la première fois, avec une Introduction et des Notes par Claudius Popelin, Tomes 1-2, Paris: Isidore Liseux, 1883; Nachdruck: Genève, Slatkine Reprints, 1971, ²1982.

–, *Hypnerotomachie, Ou Discours du songe de Poliphile, Deduisant comme Amour le combat a l'occasion de Polia* [...], Paris: Iaques Keruer, 1546, publié par Bertrand Guégan, d'après l'édition Kerver, Paris: Payot, 1926.

–, *Le Songe de Poliphile*, Traduction de l'*Hypnerotomachia Poliphili* par Jean Martin (Paris, Kerver, 1546). Présentation, translittération, notes, glossaire et index Gilles Polizzi, Paris: Imprimerie Nationale Éditions, 1994, ²1996 [moderne Rechtschreibung].

–, *Hypnerotomachia Poliphili. The Strife of Love in a Dream*. The Entire Text Translated for the First Time into English with an Introduction by Joscelyn Godwin. With the Original Illustrations, London: Thames & Hudson, 1999.

Ingegno, Alfonso, *La sommersa nave della religione. Studi sulla polemica anticristiana di Giordano Bruno*, Napoli 1984.

Kabbalistes: *Kabbalistes chrétiens*. Cahiers de l'Hermétisme, Paris: Albin Michel, 1979.

Kaske, Carol V., »Ficino's Shifting Attitude Towards Astrology in the

›De vita coelitus comparanda‹, the Letter to Poliziano, and the ›Apologia‹ to the Cardinals«, in: G. C. Garfagnini, II, S. 371-381.

Kieckhefer, Richard, *Magic in the Middle Ages*, Cambridge University Press, 1990, dt. *Magie im Mittelalter*, München: C. H. Beck, 1992.

Kingsley, Peter, *Ancient, Philosophy, Mystery, and Magic. Empedocles and Pythagorean Tradition*, Oxford: Clarendon, 1995.

Klaits, Joseph Aaron, *Servants of Satan. The Age of the Witch Hunts*, Bloomington: Indiana University Press, 1985; Culianus Rezension in: *Church History* 58 (1989), S. 393.

Klein, Robert, *La forme et l'intelligible*, ed. André Chastel, Paris: Gallimard, 1970; dt. *Gestalt und Gedanke. Zur Kunst und Theorie der Renaissance*, Berlin: Wagenbach, 1996 (Kleine kulturwissenschaftliche Bibliothek, 53). [Rez. der engl. Ausg.: F. A. Yates, *Collected Essays*, III, S. 193-201].

Klibansky, Raymond; Panofsky, Erwin; Saxl, Fritz, *Saturn and Melancholy. Studies in the History of Natural Philosophy, Religion and Art*, London: Thomas Nelson & Sons, 1964; dt. *Saturn und Melancholie. Studien zur Geschichte der Naturphilosophie und Medizin, der Religion und der Kunst*, Frankfurt am Main: Suhrkamp, 1990.

Klutstein, Ilana, »Marsile Ficin et les ›Oracles Chaldaïques‹«, in: G. C. Garfagnini, I, S. 331-338.

Koenigsberger, Dorothy, *Renaissance Man and Creative Thinking. A History of Concepts of Harmony, 1400-1700*, Atlantic Highlands, N. J.: Humanities Press, 1979.

Kristeller, Paul Oskar, *Il Pensiero filosofico di Marsilio Ficino*, durchges. u. erw. ital. Ausgabe, Firenze: Sansoni, 1953; dt. *Die Philosophie des Marsilio Ficino*, Frankfurt am Main: Vittorio Klostermann, 1972 (Das Abendland, Neue Folge, 1).

–, *Studies in Renaissance Thought and Letters*, Roma: Edizioni di Storia e Letteratura, 1956.

Lambert, M. D., *Medieval Heresy. Popular Movements from Bogomil to Hus*, London: Edward Arnold, 1977; Culianus Rezension in: *Aevum* 53 (1979), S. 427a.

Lancre, Pierre de, *Tableau de l'inconstance des mauvais anges et démons où il est amplement traité des sorciers et de la sorcellerie*, Introduction et notes par Nicole Jacques-Chaquin, Paris: Aubier, 1982.

Lauster, Jörg, *Die Erlösungslehre Marsilio Ficinos. Theologiegeschichtliche Aspekte des Renaissanceplatonismus*, Berlin, New York: W. de Gruyter, 1998 (Arbeiten zur Kirchengeschichte, Bd. 69).

Lea, Henry Charles, *Materials toward a History of Witchcraft*, Collected by Henry Charles Lea. Arranged and edited by Arthur C. Howland, with an Introduction by George Lincoln Burr, 3 vols., Philadelphia: University of Pennsylvania Press, 1939; Nachdruck: New York, London: Thomas Yoseloff, 1957.

Leibbrand, Annemarie und Werner, *Formen des Eros. Kultur- und Geistesgeschichte der Liebe*, Bd. I: Vom antiken Mythos bis zum Hexenglauben, Bd. II: Von der Reformation bis zur »sexuellen Revolution«, Freiburg, München: Karl Alber, 1972 (Orbis Academicus, 3/1-2).

Lewin, Louis, *Phantastica. Die betäubenden und erregenden Genußmittel*, 2., erw. Aufl., Berlin: Stilke [[1]1924], 1927; Nachdruck: Köln 2000.

Lewy, Hans, *Chaldaean Oracles and Theurgy. Mysticism, Magic and Platonism in the Later Roman Empire*, Kairo 1956, Nachdruck hrsg. von Michel Tardieu: Paris: Institut d'Études Augustiniennes, 1978 (Recherches d'archéologie, de philologie et d'histoire, 13).

Lowes, John Livingston, »The Loveres Maladye of Hereos«, in: *Modern Philology* (Chicago: The University of Chicago Press), Vol. 11 (April 1914), S. 491-546 [= S. 1-56].

Lubac, Henri de, *Pic de la Mirandole. Études et discussions*, Paris: Aubier Montaigne, 1974.

Magia naturalis: *Magia naturalis und die Entstehung der modernen Naturwissenschaften*, Redaktion: Albert Heinekamp, Dieter Mettler, Symposion der Leibniz-Gesellschaft Hannover, 14. u. 15. Nov. 1975 (*Studia Leibnitiana*, Sonderheft 7), Wiesbaden: Franz Steiner, 1978.

Magie: *La Magie arabe traditionnelle* [...] Introduction et notes bibliographiques de Sylvain Matton, Paris: Retz, 1976 (Bibliotheca hermetica).

Magie und Religion. Beiträge zu einer Theorie der Magie. Hrsg. von Leander Petzold, Darmstadt: Wissenschaftliche Buchgesellschaft, 1978 (Wege der Forschung, 337).

Mandrou, Robert, *Magistrats et sorciers en France au XVIIe siècle. Une analyse de psychologie historique*, Paris: Plon, 1968; S. 539-564: dt. »Die französischen Richter und die Hexenprozesse im 17. Jahrhundert«, in: *Die Hexen der Neuzeit. Studien zur Sozialgeschichte eines kulturellen Deutungsmusters*, hrsg. von Claudia Honegger, Frankfurt am Main: Suhrkamp, 1978, S. 309-334 (edition suhrkamp, 743).

Marcel, Raymond, *Marsile Ficin (1433-1499)*, Paris: Les Belles Lettres, 1958.

Masters, R. E. L., *Eros and Evil. The Sexual Psychopathology of Witchcraft*, New York: The Julian Press, 1962.

Matton, Sylvain, »Marsile Ficin et l'alchimie: sa position, son influence«, in: *Alchimie et philosophie à la Renaissance*, S. 123-192.

Maury, Louis Ferdinand Alfred, *La Magie et l'astrologie dans l'antiquité et au moyen âge, ou Étude sur les superstitions païennes qui se sont perpetuées jusqu'à nos jours*, Paris: Didier, 1860, 4e éd. Paris 1877, Nachdruck: Paris 1978 (Bibliotheca Hermetica), Hildesheim: Olms, 1980 (Volkskundliche Quellen, Reihe 2).

Mendoza, Ramon G., *The Acentric Labyrinth. Giordano Bruno's Pre-*

lude to Contemporary Cosmology, Shaftesbury, Dorset; Rockport, Massachusetts; Brisbane, Queensland: Element, 1995.

Mönch, Walter, *Die italienische Platonrenaissance und ihre Bedeutung für Frankreichs Literatur- und Geistesgeschichte (1450-1550)*, Berlin: Emil Ebering, 1936 (Romanische Studien, H. 40).

Müller-Jahncke, Wolf-Dieter, *Astrologisch-magische Theorie und Praxis in der Heilkunde der frühen Neuzeit*, Stuttgart: Franz Steiner, 1985 (Sudhoffs Archiv, Beihefte, H. 25).

Nauert, Charles Garfield, Jr., *Agrippa and the Crisis of Renaissance Thought*, Urbana: University of Illinois Press, 1965 (Illinois Studies in the Social Sciences, 55).

Nelson, John Charles, *Renaissance Theory of Love. The Context of Giordano Bruno's »Eroici furori«*, New York: Columbia University Press, 1958.

Onians, Richard Broxton, *The Origins of European Thought about the Body, the Mind, the Soul, the World, Time, and Fate. New Interpretations of Greek, Roman and kindred evidence also of some basic Jewish and Christian beliefs*, Cambridge University Press, 1951, second [revised] edition 1954.

Oracula Chaldaica: *Oracles chaldaïques. Avec un choix de commentaires anciens*. Texte établi et traduit par Édouard des Places, S.J., Paris: Les Belles Lettres, 1971.

–, Julianus the Theurgist, *The Chaldean Oracles*, Text, Translation, and Commentary by Ruth Dorothy Majercik, Leiden: E.J. Brill, 1989 (Studies in Greek and Roman Religion, 5).

Ordine, Nuccio, *La cabala dell'asino. Asinità e conoscenza in Giordano Bruno*, Napoli: Liguori editore, 1987, 1996 (Istituto Italiano per gli Studi Filosofici, Napoli); engl. *Giordano Bruno and the Philosophy of the Ass*, New Haven, London: Yale University Press, 1996; dt. *Giordano Bruno und die Philosophie des Esels*, München: Wilhelm Fink, 1999.

Pelosi, Olimpia, *Il Sogno di Polifilo: una quête dell'Umanesimo*, Salerno 1978.

–, *Influenze e concordanze ficiniane nell'Hypnerotomachia Poliphili*, Salerno 1983.

–, »Il terzo libro del ›De vita‹ et l'›Hypnerotomachia Poliphili‹«, in: G.C. Garfagnini, II, S. 555-563.

Peuckert, Will-Erich, *Pansophie. Ein Versuch zur Geschichte der weissen und schwarzen Magie*, Berlin: Erich Schmidt, 1936, 2., überarbeitete und erweiterte Auflage 1956.

–, *Gabalia. Ein Versuch zur Geschichte der magia naturalis im 16. bis 18. Jahrhundert (Pansophie II)*, Berlin: Erich Schmidt, 1967.

–, *Astrologie. Geschichte der Geheimwissenschaften, I*, Stuttgart: W. Kohlhammer, 1960.

–, *Das Rosenkreutz*, mit einer Einleitung hrsg. von Rolf Christian Zimmermann (*Pansophie III*), 2. neugefaßte Auflage, Berlin: Erich Schmidt, 1973.

Pico della Mirandola, Giovanni, *Opera omnia* Ioannis Pici, Mirandulae Concordiaeque comitis [...], fotomech. Nachdruck der Ausgabe Basel 1573 der Werke von Giovanni und Giovanni Francesco [Gianfrancesco] Pico della Mirandola, mit einer Einführung von Cesare Vasoli, 2 Bde., Hildesheim: Georg Olms, 1969.

–, *De hominis dignitate, Heptaplus, De ente et uno*, e scritti vari [*Commento sopra una Canzone de Amore*, S. 459-581], a cura di Eugenio Garin, Firenze: Vallecchi, 1942 (Edizione Nazionale dei Classici del Pensiero Italiano, 1).

Poel, Marc van der, *Cornelius Agrippa, The Humanist Theologian and his Declamations*, Leiden, New York, Köln: E.J. Brill, 1997 (Brill's Studies in Intellectual History, 77).

Porta, Giovanni Battista dalla: Johannis Baptistae Portae Neapolitani *Magiae Naturalis Libri Viginti*, Amstelodami: Apud Elizeum Weyerstraten, 1664; dt. Übersetzungen von: Christian Knorr von Rosenroth, Des Vortrefflichen Herren Johann Baptista Portae von Neapolis *Magia Naturalis oder Hauß-, Kunst- und Wunder-Buch*, Sulzbach 1680; Des Johann Baptista Portae *Magia naturalis, oder Hauß-, Kunst- und Wunder-Buch, welches zuerst von dems. latein. beschrieben, hernach von ihm selbst vermehret, nunmehro durch alle Bücher gantz aufs neu in die hochdeutsche Sprache übersetzt*, In 2 Theilen hrsg. von Christian Peganium, sonst Rautner, Nürnberg 1713-1714.

Prost, Auguste, *Les Sciences et les arts occultes au XVIe siècle. Corneille Agrippa. Sa vie et ses œuvres*, 2 Bde., Paris: Champion, 1881-1882, fotomech. Nachdruck: Nieuwkoop: B. de Graaf, 1965.

Putscher, Marielene, *Pneuma, Spiritus, Geist. Vorstellungen vom Lebensantrieb in ihren geschichtlichen Wandlungen*, Wiesbaden: Franz Steiner, 1973.

Quispel, Gilles, *Gnostic Studies*, I-II, Istanbul: Nederlands Historisch-Archaeologisch Instituut te Istanbul, 1974-1975 (Publication de l'Institut historique et archéologique néerlandais de Stamboul, XXXIV, 1-2).

Reinhardt, Heinrich, *Freiheit zu Gott. Der Grundgedanke des Systematikers Giovanni Pico della Mirandola (1463-1494)*, Weinheim: VCH Acta humaniora, 1989.

Ricklin, Thomas, *Der Traum der Philosophie im 12. Jahrhundert. Traumtheorien zwischen Constantinus Africanus und Aristoteles*, Leiden, Boston, Köln: Brill, 1998 (Mittellateinische Studien und Texte, Bd. XXIV).

Rossi, Paolo, *Clavis universalis. Arti mnemoniche e logica combinatoria da Lullo a Leibniz*, Milano, Napoli: R. Ricciardi, 1960, *Arti della memoria e logica combinatoria da Lullo a Leibniz*, Bologna: Il Mulino, ²1983

(Saggi, 244), franz. Übers. *Clavis universalis. Arts de la mémoire, logique combinatoire et langue universelle de Lulle à Leibniz*, trad. Patrick Vighetti, Grenoble: Millon, 1993 (Collection Krisis); [vgl. F. A. Yates, *Collected Essays*, III, S. 65].
–, *Philosophy, Technology and the Arts in the Early Modern Era*, New York: Harper and Row, 1970.

Russell, Jeffrey Burton, *Witchcraft in the Middle Ages*, Ithaca: Cornell University Press, London 1972; S. 265-289: dt. »Hexerei und Geist des Mittelalters«, in: *Die Hexen der Neuzeit. Studien zur Sozialgeschichte eines kulturellen Deutungsmusters*, hrsg. von Claudia Honegger, Frankfurt am Main: Suhrkamp, 1978, S. 159-187 (edition suhrkamp, 743).

Sabbatino, Pasquale, *Giordano Bruno e la »mutazione« del Rinascimento*, Firenze: Leo S. Olschki, 1993 (Biblioteca dell'»Archivum Romanicum«, Serie I, Vol. 254).

Saffrey, Henri Dominique, *Recherches sur le néoplatonisme après Plotin*, Paris: J. Vrin, 1990 (Histoire des doctrines de l'Antiquité classique, 14); darin: II. Le néoplatonisme en Syrie: Oracles Chaldaïques et théurgie, Jamblique, S. 33-123.

Scheuermann-Peilicke, Wolfgang: *Lichtmetapher und Metaphysik bei Marsilio Ficino*, Hildesheim, New York: G. Olms, 2000 (Studien und Materialien zur Geschichte der Philosophie, 57).

Schmidt, Heinz-Ulrich: *Zum Problem des Heros bei Giordano Bruno*, Bonn: H. Bouvier, 1968 (Abhandlungen zur Philosophie, Psychologie und Pädagogik, 51).

Schmidt-Biggemann, Wilhelm, *Philosophia perennis. Historische Umrisse abendländischer Spiritualität in Antike, Mittelalter und Früher Neuzeit*, Frankfurt am Main: Suhrkamp, 1998.

Seznec, Jean, *La survivance des dieux antiques. Essai sur le rôle de la tradition mythologique dans l'humanisme et dans l'art de la Renaissance*, London: The Warburg Institute, 1940 (Studies of the Warburg Institute, Vol. XI); 2., durchges. Aufl., Paris: Flammarion, 1980; dt. *Das Fortleben der antiken Götter*, München: Wilhelm Fink, 1990.

Shumaker, Wayne, *The Occult Sciences in the Renaissance. A Study in Intellectual Patterns*, Berkeley, Los Angeles: University of California Press, 1972 [Rez.: F. A. Yates, *Collected Essays*, III, S. 57-59].
–, *Renaissance Curiosa. John Dee's Conversations with Angels. Girolamo Cardano's Horoscope of Christ. Johannes Trithemius and Cryptography. George Dalgarno's Universal Language*, Binghamton, New York: Center for Medieval & Early Renaissance Studies, 1982 (Medieval & Renaissance Texts & Studies, 8).

Sladek, Mirko, *Fragmente der hermetischen Philosophie in der Naturphilosophie der Neuzeit. Historisch-kritische Beiträge zur hermetisch-alchemistischen Raum- und Naturphilosophie bei Giordano Bruno, Henry More und Goethe*, Frankfurt am Main, Bern, New York, Nancy: Peter Lang,

1984 (Europäische Hochschulschriften, Reihe XX: Philosophie, Bd. 156).

Soleil: *Le Soleil à la Renaissance. Sciences et mythes*, Colloque international tenu an avril 1963, Bruxelles, Paris: Presses Universitaires de Bruxelles, Paris: Presses Universitaires de France, 1965 (Université Libre de Bruxelles. Travaux de l'Institut pour l'Étude de la Renaissance et de l'Humanisme, II).

Spence, Jonathan D., *The Memory Palace of Matteo Ricci*, New York: Sifton/Penguin, 1983.

Stein, Ludwig, *Die Psychologie der Stoa*, I. Bd.: *Metaphysisch-anthropologischer Teil*, Berlin: S. Calvary, 1888, S. 1-216 (Berliner Studien für classische Philologie und Archaeologie, III), Nachdruck: Nendeln, Liechtenstein: Kraus Reprint 1975.

–, *Die Erkenntnistheorie der Stoa (Zweiter Band der Psychologie), Vorangeht: Umriß der Geschichte der griechischen Erkenntnistheorie bis auf Aristoteles*, Berlin: Calvary, 1888, S. 1-389 (Berliner Studien für classische Philologie und Archaeologie, VII, 1), Nachdruck: Nendeln, Liechtenstein: Kraus Reprint 1975.

Tedeschi, John, »The Roman Inquisition and Witchcraft«, in: *Revue de l'Histoire des Religions* 200 (1983), S. 163-188.

Teirlinck, Isidoor, *Flora diabolica. De plant in de demonologie*, Antwerpen: De Sikkel, 1924.

–, *Flora magica. De plant in de tooverwereld*, Antwerpen: De Sikkel, 1930.

Temps: *Le Temps chrétien de la fin de l'Antiquité au Moyen Âge, IIIe-XIIe siècles*, Jean-Marie Leroux [Hrsg.], Paris: Éditions du CNRS, 1984 (Colloques Internationaux du CNRS, no. 604); Culianus Beitrag: »Un temps à l'endroit, un temps à l'envers ...«, S. 57-61.

Thorndike, Lynn, *A History of Magic and Experimental Science*, Vol. 3-4, *Fourteenth and Fifteenth Centuries*, Vol. 5-6, *The Sixteenth Century*, New York: Columbia University Press, 1934-1941.

Thumfart, Alexander, *Die Perspektive und die Zeichen. Hermetische Verschlüsselungen bei Giovanni Pico della Mirandola*, München: Wilhelm Fink, 1996 (Die Geistesgeschichte und ihre Methoden. Quellen und Forschungen, Münchner Universitätsschriften. Institut für Geistesgeschichte und Philosophie der Renaissance, Bd. XVIII).

Toulmin, Stephen Edelston, *The Return to Cosmology. Postmodern Science and the Theology of Nature*, Berkeley, Los Angeles: University of California Press, 1982.

Trithemius, Johannes, Johannis Trithemii [...] *Steganographia* [...] *nunc tandem vindicata reserata et illustrata* [...] Authore Wolfgango Ernsto Heidel, Moguntiae [= Mainz], Sumptibus Joannis Petri Zubrodt, Anno M.DC.LXXVI [1676], S. 124-313.

Vasoli, Cesare, »Marsilio Ficino e Francesco Giorgio Veneto«, in: G. C. Garfagnini, II, S. 533-554.

Verbeke, Gérard, *L'Évolution de la doctrine du pneuma du Stoïcisme à S. Augustin. Étude philosophique*, Paris: Desclée de Brouwer; Louvain: Éditions de l'Institut Supérieur de Philosophie, 1945 (Bibliothèque de l'Institut Supérieur de Philosophie. Université de Louvain).

Verrecchia, Anacleto, *Giordano Bruno. Nachtfalter des Geistes*, Wien, Köln, Weimar: Böhlau, 1999.

Virdung: Johannes Virdung von Haßfurt, *De cognoscendis, et medendis morbis ex corporum coelestium positione Libri IIII*. Cum argumentibus, & expositionibus Ioannis Paulli Gallucij Saloensis [...], Venetijs, Ex Officina Damiani Zenarij, 1584.

Walker, Daniel Pickering, *Spiritual and Demonic Magic. From Ficino to Campanella*, London: The Warburg Institute. University of London, 1958 (Studies of the Warburg Institute, Vol. 22); Nachdrucke: Notre Dame 1975, Nendeln: Kraus, 1976, University Park: The Pennsylvania State University Press, 2000.

–, *The Ancient Theology. Studies in Christian Platonism from the Fifteenth to the Eighteenth Century*, Ithaca 1972, London 1973 [Rez.: F. A. Yates, *Collected Essays*, III, S. 105-110].

–, *Unclean Spirits. Possession and exorcism in France and England in the late sixteenth and early seventeenth centuries*, London: Scolar Press, 1981.

–, »Ficino and Astrology«, in: G. C. Garfagnini, II, S. 341-349.

Webster, Charles (Hrsg.), *Health, Medicine, and Mortality in the Sixteenth Century*, Cambridge: Cambridge University Press, 1979.

Weise, Georg, *L'Ideale eroico del Rinascimento e le sue premesse umanistiche*, Napoli: Edizioni Scientifiche Italiane, 1961, vol. II: *Diffusione europea e tramonto*, 1965.

Weisheipl, James A., Hrsg., siehe *Albertus Magnus and the Sciences*.

Weyer [= Wier], Johannes: Joannis Wieri [...] *Opera omnia* [...], Amstelodami, Apud Petrum van den Berge [...], Anno MDCLX [1660].

Wightman, W. D. P, *Science in a Renaissance Society*, London: Hutchinson University Library, 1972.

Wildgen, Wolfgang, *Das kosmische Gedächtnis. Kosmologie, Semiotik und Gedächtnistheorie im Werke Giordano Brunos (1548-1600)*, Frankfurt am Main, Berlin, Bern, New York, Paris, Wien: Peter Lang, 1998 (Philosophie und Geschichte der Wissenschaften. Studien und Quellen, 38).

Wind, Edgar, *Pagan Mysteries in the Renaissance*, Oxford: Oxford University Press, London: Faber & Faber, 1958, Oxford: Phaidon, ²1968, ³1980; dt. *Heidnische Mysterien in der Renaissance*, Frankfurt am Main: Suhrkamp, 1981.

Yates, Frances Amelia, *Giordano Bruno and the Hermetic Tradition*, London: Routledge & Kegan Paul, 1964.

–, *The Art of Memory*, London: Routledge & Kegan Paul, Chicago:

The University of Chicago Press, 1966; dt. *Gedächtnis und Erinnern. Mnemonik von Aristoteles bis Shakespeare*, Weinheim: VCH Acta humaniora, Berlin: Deutscher Verlag der Wissenschaften, 1990, 2., 3. Aufl. Berlin: Akademie, 1992, ^{5}1999.

–, *The Rosicrucian Enlightenment*, London, Boston: Routledge & Kegan Paul, 1972; dt. *Aufklärung im Zeichen des Rosenkreuzes*, Stuttgart: Ernst Klett, 1975.

–, *Astraea. The Imperial Theme in the Sixteenth Century*, London, Boston: Routledge & Kegan Paul, 1975.

–, *The Occult Philosophy in the Elizabethan Age*, London: Routledge & Kegan Paul, 1979; dt. *Die okkulte Philosophie im elisabethanischen Zeitalter*, Amsterdam: Edition Weber, 1991.

–, *Lull & Bruno. Collected Essays*, Volume I, London, Boston and Henley: Routledge & Kegan Paul, 1982; franz. Übers. *Raymond Lulle et Giordano Bruno*, Paris: Presses Universitaires de France, 1999 (Questions); z. T. dt. in: F. A. Yates, *Giordano Bruno in der englischen Renaissance*, Berlin: Klaus Wagenbach, 1989 (Kleine kulturwissenschaftliche Bibliothek, 12).

Zambelli, Paola, »Platone, Ficino e la magia«, in: *Studia humanitatis. Ernesto Grassi zum 70. Geburtstag*, München 1973, S. 121-142.

–, »Scholastiker und Humanisten, Agrippa und Trithemius zur Hexerei. Die natürliche Magie und die Entstehung kritischen Denkens«, in: *Archiv für Kulturgeschichte* 67, Köln, Wien: Böhlau, 1985, S. 41-79.

Personenregister

Nachweise

Für die deutsche Übersetzung wurden neben der zugrunde gelegten französischen Originalausgabe (Ioan Petru Culianu, *Éros et Magie à la Renaissance. 1484*, Avec une préface de Mircea Eliade, Paris: Flammarion, 1984, 418 S. [Idées et Recherches. Collection dirigée par Yves Bonnefoy]), folgende Ausgaben berücksichtigt:
Durchgesehene amerikanische Ausgabe:
Eros and Magic in the Renaissance, Translated by Margaret Cook, With a Foreword by Mircea Eliade, Chicago and London: The University of Chicago Press, 1987, xxi, 264 S.
Rumänische Übersetzung:
Eros și magie în Renaștere, 1484, Traducere de Dan Petrescu, Prefață de Mircea Eliade, postfață de Sorin Antohi [»Imaginarul Renașterii și originile spiritului modern. Modelul Ioan Petru Culianu«, S. 435-450], București: Nemira, 1994, 464 S.; 2., durchges. u. erw. Aufl. 1999, 474 S., nimmt Culianus erste Hiram Thomas Lecture in Chicago vom 5. Mai 1986 [die zweite wurde am 8. Mai gehalten] als Anhang XII, S. 364-386, auf: »The Witch and the Trickstress in Dire Straits: I. The Witch: Who Did the Hunting and Who Put and End to it?, II. The Trickstress: Religious Dualism Revisited«.

Ferner wurden die einschlägigen Aufsätze Culianus zur Philosophie und Magie der Renaissance herangezogen:

1. »Iocari serio – știință și artă în gândirea Renașterii, Introducere« (›Iocari serio – Wissenschaft und Kunst im Denken der Renaissance‹ [1979], in: *Timpul* 5 (Mai 1994).

2. das Kapitel »Originile științei în timpul Renașterii« (›Die Ursprünge der Wissenschaft zur Zeit der Renaissance‹), in: *Cotidianul, Litere, Arte & Idei*, 23. Mai 1994.

3. ein zweites Kapitel in: *Cotidianul. Supliment cultural Litere, Arte & Idei*, Nr. 27 (161), anul V, 18. Juli 1994.

4. zwei weitere Kapitel sind bisher unveröffentlicht.

5. »Magia spirituale e magia demonica nel Rinascimento«, in: *Rivista di Storia e Letteratura Religiosa* (Firenze) 17 (1981), S. 360-408.

6. »Giordano Bruno tra la Montagna di Circe e il Fiume delle Dame leggiadre«, in: *Montagna e Letteratura*, atti del convegno internazionale a cura di Aldo Audisio e Rinaldo Rinaldi, Torino: Museo Nazionale della Montagna, »Duca degli Abruzzi«, 1983, S. 71-75.

7. »La magie de Giordano Bruno«, in: *Studi e materiali di Storia delle Religioni* (Roma) 49 (n. s. VII, Fasc. 2, 1983), S. 279-301 (Volume dedicato a Raffaele Pettazzoni).

8. »Magic in Medieval and Renaissance Europe«, in: *The Encyclopedia of Religion*, Mircea Eliade (Editor in Chief), New York: Macmillan, London: Collier Macmillan, 1987, Bd. 9, S. 97b-101b.

Angaben in eckigen Klammern, im Text und in den Anmerkungen, sind vom Übersetzer für die deutsche Ausgabe hinzugefügt worden.